상업등기 실무요해

(질의 · 회신, 선례, 판례, 관련법)

편저 법률연구회

법률정보센터

목 차

제1편 개인상인에 관한 등기

제1장 상호의 등기

제1절 총 설

1. 상호의 의의 ······ 1
[선례 1] 의료업을 위한 상호등기의 가부 ······ 1
[판례 1] 등기관처분에대한이의 ······ 1
[판례 2] 등기관처분에대한이의 ······ 2

2. 상호의 선정 ······ 3
가. 상호선정의 자유 ······ 3
나. 상호선정의 제한 ······ 3
(1) 상법에 의한 제한 ······ 3
(가) 회사의 종류를 나타내는 문자의 사용강제 ······ 3
(나) 개인상인의 경우 '회사임을 표시하는 문자'의 사용제한 ······ 3
[선례 2] 먼저 상호를 등기한 자의 동의가 있는 경우 동일・유사상호의 등기가부 ······ 3
(다) 상호단일의 원칙 ······ 3
(라) 동일상호의 등기금지 ······ 4
[선례 3] 영업의 종류가 전혀 다른 경우 동일상호 내지 유사상호에 관한 상법 제22조 및 비송사건절차법 제164조가 적용되는지 여부(소극) ······ 4
[선례 4] 회사의 본점을 이전하는 경우에도 동일 또는 유사상호를 등기 할 수 없다는 상법 제22조, 비송사건절차법 제164조의 규정이 적용되는지 여부(적극) ······ 4
(마) 타인으로 오인할 수 있는 상호의 사용금지 ······ 4
[선례 5] 유사상호에 해당하는지 여부 등 ······ 4
(2) 「부정경쟁방지 및 영업비밀보호에 관한 법률」에 의한 제한 ······ 5
[판례 3] 상표권등침해금지청구의소 ······ 5

[판례 4] 부정경쟁방지법위반 ······ 6
(3) 특별법에 의한 일정한 문자의 사용강제와 사용제한 ······ 7
(가) 일정한 문자의 사용강제 ······ 7
(나) 일정한 문자의 사용제한(사용금지상호) ······ 7
(다) 등기관의 심사 ······ 8
(4) 선량한 풍속 기타 사회질서에 반하는 상호의 사용제한 ······ 9

3. 동일상호의 등기금지 ······ 9
가. 서설 ······ 9
[선례 6] 상호변경등기의 가부 ······ 9
나. 동일상호의 판단 ······ 9
(1) 등기관의 판단준칙 ······ 9
(2) 동일상호 판단을 요하는 등기사건 ······ 9
(3) 타인의 동의가 있는 경우 등 ······ 9
(4) 동일상호의 요건 ······ 9
(5) 타인이 등기한 상호의 범위 ······ 10
(6) 상호 자체의 동일성 판단 ······ 10
(7) 영업의 동종성 판단 ······ 10
다. 동일상호 등기금지 규정에 위반한 등기의 취급 ······ 10
[선례 7] 이미 등기된 상호와 유사·동일한 상호가 사실상 등기가 된 경우 그 처리방안 ······ 10

4. 상호등기의 효력 ······ 10
가. 서설 ······ 10
나. 사전등기배척권 ······ 10
(1) 의의 ······ 11
(2) 법적 성질 ······ 11
(3) 예외 ······ 11
[선례 8] 외국회사 영업소 설치등기와 유사상호 ······ 11
다. 상호전용권의 강화 ······ 11

제2절 상호신설의 등기

1. 개설 ······ 12

2. 등기사항 ········· 12
가. 상호 ········· 12
나. 영업소의 소재지 ········· 12
다. 영업의 종류 ········· 12

3. 첨부서면 ········· 12
가. 상인임을 소명하는 서면 ········· 12
나. 로마자 등의 사용을 증명하는 서면 ········· 12
다. 법정대리인임을 증명하는 서면 ········· 13
라. 성명・주소 등을 증명하는 서면 ········· 13
마. 인감신고서 등 ········· 13

4. 등록면허세 · 등기신청수수료 등의 납부 ········· 13

제3절 상호에 관한 변경등기

1. 상호의 변경 등 ········· 13
2. 등기절차 ········· 13
가. 영업소를 다른 등기소의 관할구역 내로 이전한 경우 ········· 13
(1) 등기사항 등 ········· 13
[선례 9] 상호변경등기 ········· 14
[선례 10] 상호변경등기신청시 동일 또는 유사상호의 판단 ········· 14
[선례 11] 목적변경을 함으로써 기존상호와 유사상호가 되는 경우 목적변경신청 수리여부 ········· 14
(2) 등기의 신청 및 첨부서면 ········· 14
(3) 등록면허세・등기신청수수료의 등의 납부 ········· 15
나. 상호에 관한 그 밖의 변경 ········· 15

제4절 상호폐지의 등기

1. 상호의 폐지와 폐지간주 ········· 15
2. 등기절차 ········· 15

제5절 상호의 상속 또는 양도의 등기

1. 상호의 상속 ······ 15
2. 상호의 양도 ······ 15
[판례 1] 해고무효확인및직원지위확인등 ······ 16
[판례 2] 물품대금 ······ 16
3. 등기절차 ······ 17
가. 첨부서면 ······ 17
나. 등록면허세·등기신청수수료의 등의 납부 ······ 17

제6절 상호등기의 말소

1. 말소의 사유 ······ 17
[판례 1] 상호사용금지등 ······ 17
[선례 12] 2년간 상호를 사용하지 않는 경우의 상호등기 말소 ······ 18
[선례 13] 상법 제27조에 의한 상호등기말소청구의 대상에 회사의 상호도 포함되는지 여부 ······ 18
2. 말소절차 ······ 18
가. 신청인 ······ 18
나. 첨부서면 ······ 18
[선례 14] 상법 제27조에 의한 상호등기의 말소신청에 있어서 제출할 소명자료 ······ 19
다. 등록면허세·등기신청수수료의 등의 납부 ······ 19
라. 등기소의 처리 ······ 19
[선례 15] 상호말소등기의 기재 ······ 19
3. 상호등기가 말소된 회사의 등기 ······ 20
가. 회사의 표시 ······ 20
나. 상호의 등기와 다른 등기의 신청 ······ 20

제7절 면책의 등기

1. 상호를 속용하는 영업양수인의 책임과 면책요건 ······ 20
2. 등기절차 ······ 20

제8절 상호의 가등기

1. 의의 ······ 20
2. 상호의 가등기의 유형 ······ 21
가. 회사를 설립하고자 할 때의 상호의 가등기 ······ 21
나. 상호나 목적 또는 상호와 목적을 변경하고자 할 때의 상호의 가등기 ······ 21
다. 본점을 이전하고자 할 때의 상호의 가등기 ······ 21

3. 상호의 가등기의 절차 ······ 21
가. 관할 등기소 ······ 21
나. 신청시기 ······ 21
다. 신청인 ······ 21
라. 등기사항 ······ 21
(1) 회사의 설립에 관계된 상호의 가등기 ······ 21
(2) 상호의 변경에 관계된 상호의 가등기 ······ 22
마. 첨부서면 ······ 22
(1) 공탁서 사본 ······ 22
(2) 정관 ······ 22
(3) 대리인의 권한을 증명하는 서면 ······ 22
(4) 인감증명법에 의한 인감증명서 ······ 22
바. 등록면허세·등기신청수수료의 등의 납부 ······ 22

4. 상호가등기의 변경등기 ······ 22
가. 등기사항 ······ 22
(1) 서설 ······ 22
(2) 회사의 설립에 관계된 상호의 가등기의 경우 ······ 23
(3) 상호변경에 관계된 상호의 가등기의 경우 ······ 23
나. 첨부서면 ······ 23

(1) 공탁서 사본 ······ 23
(2) 정관 ······ 23
다. 등록면허세 · 등기신청수수료의 등의 납부 ······ 23

5. 상호의 가등기의 말소 ······ 23
가. 신청에 의한 말소 ······ 23
(1) 회사 또는 발기인 등의 신청에 의한 말소 ······ 23
(가) 말소사유 ······ 23
(나) 말소절차 ······ 24
(2) 이해관계인의 신청에 의한 말소 ······ 24
나. 등기관의 직권에 의한 말소 ······ 24
(1) 본등기를 하지 아니하고 예정기간을 경과한 때 ······ 24

6. 공탁금의 회수와 국고귀속 등 ······ 24
가. 공탁금의 회수 ······ 24
(1) 회수사유 ······ 24
(2) 공탁금의 회수절차 ······ 24
나. 공탁금의 국고귀속 ······ 24
(1) 귀속사유 ······ 24
(2) 귀속절차 ······ 24
다. '상호의 가등기에 대한 공탁금 등 관리대장'의 비치 등 ······ 25

제2장 무능력자의 등기

제1절 총 설 ······ 25

제2절 무능력자가 영업 허락을 받은 경우의 등기 ······ 25

제3절 무능력자에 관한 변경등기 ······ 25

1. 영업소 이전의 등기 ······ 25

2. 그 밖의 변경등기 26
가. 영업허락의 제한 26
나. 영업종류의 추가 또는 변경 26
다. 무능력자의 성명 등의 변경 26

제4절 무능력자에 관한 소멸의 등기 26

제3장 법정대리인의 등기

제1절 총 설

1. 무능력자 제도의 변경과 법정대리인 등기 27
2. 법정대리인에 의한 영업 27
3. 법정대리인에 의한 영업과 등기 27

제2절 법정대리인의 등기 27

제3절 법정대리인에 관한 변경등기 27

제4절 법정대리인에 관한 소멸의 등기 28

1. 법정대리인의 소멸사유 28
2. 등기절차 28

제4장 지배인의 등기

제1절 총 설

1. 지배인 일반 28
가. 지배인의 의의 • 자격 28

[판례 1] 약속어음금 ······ 28
나. 지배인의 대리권 ······ 29
[판례 2] 변호사법위반 ······ 29
[선례 1] 지배인의 대리권 ······ 29
[선례 2] 지배인선임등기의 신청서에 지배인의 취임승낙서를 첨부하여야 하는지 여부 ······ 29

2. 지배인의 등기 ······ 30
가. 등기사유 ······ 30
나. 등기신청인 ······ 30

제2절 지배인의 선임등기

1. 지배인의 선임 ······ 30
2. 등기절차 ······ 30
가. 등기사항 ······ 30
나. 첨부서면 ······ 30
[선례 3] 지배인선임등기의 신청서에 지배인의 취임승낙서를 첨부하여야 하는지 여부 ······ 31
다. 개인상인의 인감 제출 ······ 31
라. 등록면허세·등기신청수수료 등의 납부 ······ 31
마. 등기의 실행방법 ······ 31
(1) 영업주가 회사인 경우 ······ 31
(2) 영업주가 개인인 경우 ······ 31

제3절 지배인에 관한 변경등기

1. 지배인에 관한 등기사항의 변경사유 ······ 32
2. 지배인을 둔 장소의 관할외 이전시 변경등기절차 ······ 32
가. 회사의 지배인의 경우 ······ 32
나. 개인상인의 지배인의 경우 ······ 32

3. 등록면허세 · 등기신청수수료 등의 납부 ········ 32

제4절 지배인의 대리권 소멸의 등기

1. 지배인의 대리권의 소멸 ········ 32
2. 등기절차 ········ 33
가. 등기신청인 등 ········ 33
나. 첨부서면 ········ 33
(1) 영업주가 회사인 경우 ········ 33
다. 등록면허세 · 등기신청수수료 등의 납부 ········ 33
라. 등기의 실행방법 ········ 33

제5장 합자조합의 등기

제1절 총 설

1. 합자조합의 의의 ········ 34
2. 조합원과 출자 ········ 34
가. 조합원의 종류 ········ 34
나. 조합원의 출자 ········ 34
3. 합자조합의 업무집행과 대리 ········ 34
가. 업무집행 ········ 34
나. 등록면허세 · 등기신청수수료 등의 납부 ········ 34

제2절 설립에 따른 등기

1. 합자조합의 설립 ········ 35
2. 등기절차 ········ 36
가. 등기신청인 · 등기기간 등 ········ 36
나. 등기사항 ········ 36

다. 첨부서면 ······ 36

제3절 명칭 · 목적 · 존속기간 또는 해산사유의 변경 및 주된 영업소의 이전 등의 등기 ······ 36

제4절 조합원 변경 등의 등기

1. 조합원의 변경 ······ 36
가. 조합원의 가입과 탈퇴 ······ 37
나. 조합원의 지분의 양도 ······ 37

2. 등기절차 ······ 37
가. 등기사항 ······ 37
나. 첨부서면 ······ 37

제5절 해산 및 청산에 관한 등기

1. 해산등기 ······ 37
2. 청산인등기 ······ 37
3. 청산종결등기 ······ 38

제6절 조합계속의 등기 ······ 38

제2편 회사에 관한 등기

제1장 합명회사의 등기

제1절 총설

1. 합명회사 일반 ………… 39
2. 등기사유에 관한 통칙 ………… 39
[판례 1] 사원결의무효확인 ………… 39
[판례 2] 소유권이전등기말소청구사건 ………… 39
가. 사원의 결의 ………… 40
(1) 업무의 집행 등 ………… 40
(2) 정관변경 등 중요한 사항의 결정 ………… 40
나. 청산인의 결의 ………… 40

3. 등기절차 통칙 ………… 40
가. 신청인 ………… 40
나. 첨부서면 ………… 40
(1) 총사원의 동의가 있음을 증명하는 서면 ………… 40
(2) 어느 사원 또는 어느 청산인의 동의가 있음을 증명하는 서면 ………… 40
(3) 정관 ………… 40

제2절 설립의 등기

1. 설립절차 ………… 41
가. 개설 ………… 41
나. 사원의 자격 ………… 41
다. 정관의 작성 ………… 41
(1) 절대적 기재사항 ………… 41
[선례 1] 합명회사의 사원 또는 대표사원의 출자의무 등 ………… 41
(2) 상대적 기재사항 ………… 42

2. 등기절차 ········· 42
가. 등기신청인, 등기기간 등 ········· 42
나. 등기사항 ········· 42
다. 첨부서면 ········· 42
[선례 2] 유한(주식)회사 설립 또는 임원변경등기 신청시 이사, 감사 등 임원의 주민등록번호 또는 주소를 증명하는 서면으로 인감증명서를 제출해서는 안 되는지 여부 ········· 42
[선례 3] 신용협동조합이 상법상 주금납입을 맡을 '은행 기타 금융기관'에 해당하는지 여부 ········· 43
[선례 4] 외국인투자에 해당하는 등기를 신청하는 경우 외국인투자신고서를 첨부하여야 하는지 여부 ········· 43
[선례 5] 주식회사 발기설립의 경우 주주총회의 소집절차가 준용되는지 여부 ········· 43
[선례 6] 주식회사 설립등기 신청시에 첨부서면으로서 본점소재지에 대한 권리관계를 증명하는 서면을 첨부하여야 하는지 여부(소극) ········· 44

제3절 상호, 목적, 존립기간 또는 해산사유의 변경, 본점의 이전, 지점의 설치 · 이전 · 폐지 등의 등기

1. 상호, 목적, 존립기간 또는 해산사유의 변경등기 ········· 44

제4절 사원 · 대표사원에 관한 변경등기

1. 개설 ········· 44
2. 사원의 입사 및 퇴사 ········· 44
가. 사원의 입사 ········· 44
[판례 1] 약정금 ········· 44
(1) 지분양수에 의한 입사 ········· 45
(2) 상속에 의한 입사 ········· 45
[판례 2] 업무집행정지및업무대행자선임가처분 ········· 45
(3) 지분의 양수 없이 회사와의 계약에 의한 입사 ········· 46

[판례 3] 업무집행정지및업무대행자선임가처분 ········· 46
나. 사원의 퇴사 ········· 47
(1) 개설 ········· 47
[판례 4] 소유권이전청구권보전가등기및본등기말소 ········· 47
(2) 퇴사원인 ········· 49
(가) 지분전부의 양도 ········· 49
(나) 고지에 의한 임의 퇴사 ········· 49
(다) 정관에 정한 사유의 발생 ········· 49
(라) 총사원의 동의 ········· 49
(마) 사망 ········· 49
(바) 파산 및 금치산 ········· 49
(사) 제명 ········· 49
[판례 5] 제명처분무효확인 ········· 49
(아) 지분압류권자에 의한 퇴사 ········· 50
(자) 기타의 퇴사원인 ········· 50

3. 대표사원의 취임 및 퇴임 등 ········· 51
가. 대표사원의 취임 ········· 51
나. 공동대표에 관한 규정의 설정 · 변경 · 폐지 ········· 51

4. 등기절차 ········· 51
가. 등기기간 등 ········· 51
나. 등기사항 ········· 51
(1) 사원의 입사 및 대표사원의 취임 ········· 51
(2) 업무집행권한 또는 대표권의 상실 ········· 51
다. 첨부서면 ········· 51
(1) 사원의 입사 ········· 51
(2) 사원의 퇴사 ········· 52
(3) 대표사원의 취임 및 퇴임 ········· 52
(4) 공동대표의 정함에 관한 변경 ········· 52

제5절 사원의 출자의 목적 등에 관한 변경등기

1. 사원의 출자의 목적 등의 변경 ······ 52
가. 사원의 지분의 이전 ······ 52

2. 등기절차 ······ 53

제6절 합병의 등기

1. 합병의 절차 ······ 53
가. 합병의 의의 및 종류 ······ 53
나. 합병결의 ······ 53
다. 채권자보호절차 ······ 53
[판례 1] 법인세부과처분취소 ······ 53
[선례 7] 주식회사의 흡수합병으로 인한 등기 등 ······ 54

2. 등기절차 ······ 54
가. 존속회사의 변경등기 ······ 54
(1) 등기신청인, 등기기간 등 ······ 54
(2) 등기사항 ······ 54
(가) 합병으로 인하여 입사한 사원의 성명·주민등록번호 ······ 54
(다) 지점소재지에서는 합병연월일 ······ 54
(3) 첨부서면 ······ 55
나. 신설회사의 설립등기 ······ 55
(1) 등기신청인, 등기기간 등 ······ 55
(2) 등기사항 ······ 55
[선례 8] 합명회사의 사원 또는 대표사원의 출자의무 등 ······ 55
(3) 첨부서면 ······ 55
(가) 설립위원의 자격을 증명하는 서면 ······ 55
(나) 채권자보호절차의 이행사실을 증명하는 서면 ······ 55
(다) 총사원의 동의로 업무집행사원 중 특히 회사를 대표할 자를 정하거나 공동대표사원을 정할 때에는 총사원의 동의가 있음을 증명하는 서면 ······ 56

(라) 대표사원의 취임승낙서 …… 56
(마) 대리인에 의하여 등기를 신청하는 경우 그 권한을 증명하는 서면, 관청의 허가서, 성명 · 주소 등의 증명서면 등 일반적인 첨부서면 …… 56
다. 소멸회사의 해산등기 …… 56
(1) 등기신청인, 등기기간 등 …… 56
(2) 등기사항 …… 56
(3) 첨부서면 …… 56

3. 합병의 효력 …… 56
[판례 2] 추심금 …… 56
[선례 9] 청산중인 합명회사에 있어서의 사원의 입 · 퇴사등기 가부 …… 57

제7절 해산의 등기

1. 해산사유 …… 57
2. 등기절차 …… 57

제8절 청산인에 관한 등기

1. 청산인 · 대표청산인의 취임, 퇴임 등 …… 58
가. 청산인의 취임 및 퇴임 …… 58
(1) 청산인의 의의, 자격 등 …… 58
[판례 1] 직무대행선임 …… 58
[선례 10] 청산중인 합명회사에 있어서의 사원의 입 · 퇴사등기 가부 …… 59
(2) 청산인의 취임 …… 59
(가) 사원의 선임에 의한 청산인과 법정청산인 …… 59
(나) 법원의 선임에 의한 청산인 …… 59
[판례 2] 임시주주총회결의무효확인 …… 59
(3) 청산인의 퇴임 …… 60
나. 대표청산인의 취임 및 퇴임 …… 60
(1) 대표청산인의 취임 …… 60
(2) 공동대표청산인에 관한 규정의 설정, 변경, 폐지 …… 60

(가) 공동대표청산인에 관한 규정의 설정 ········ 60

2. 등기절차 ········ 61
가. 등기신청인 등 ········ 61
[선례 11] 해산간주된 회사의 해산 및 청산 절차 ········ 61
나. 첨부서면 ········ 61
(1) 청산인에 관한 등기 ········ 61
(가) 청산인의 취임 ········ 61
(나) 청산인의 퇴임 ········ 61

제9절 회사계속의 등기

1. 회사의 계속 ········ 62
가. 회사계속의 의의 ········ 62
나. 회사계속의 사유와 절차 ········ 62
다. 회사계속 후의 업무집행사원, 대표사원 등 ········ 62

2. 등기절차 ········ 62
가. 등기기간 등 ········ 62
나. 등기할 사항 ········ 62
다. 첨부서면 ········ 62
라. 해산 및 청산인에 관한 등기의 직권말소 ········ 63

제10절 청산종결의 등기

1. 청산절차 ········ 63
가. 임의청산 ········ 63
(1) 의의, 사유 ········ 63
(2) 절차 ········ 63
나. 법정청산 ········ 63
(1) 의의, 사유 ········ 63
(2) 절차 ········ 63

2. 등기절차 ········ 63
가. 등기간 등 ········ 63
(1) 임의청산의 경우 ········ 63
(2) 법정청산의 경우 ········ 64
나. 첨부서면 ········ 64

제11절 조직변경의 등기

1. 조직변경절차 ········ 64
2. 등기절차 ········ 64
가. 등기기간 등 ········ 64
나. 등기사항 ········ 64
(1) 합명회사의 해산등기 ········ 64
(2) 합자회사의 설립등기 ········ 64
다. 첨부서면 ········ 65
(1) 합명회사의 해산등기 ········ 65
(2) 합자회사의 설립등기 ········ 65
(가) 정관 ········ 65
(나) 조직변경에 관하여 총사원의 동의가 있음을 증명하는 서면 ········ 65
(다) 유한책임사원을 가입시킨 때에는 그 가입을 증명하는 서면 ········ 65
(라) 유한책임사원이 출자에 관하여 이행을 한 부분을 증명하는 서면 ········ 65
라. 등록면허세 · 등기신청수수료의 등의 납부 ········ 65
[판례 1] 등록세등부과처분취소 ········ 65

3. 조직변경등기의 효력 ········ 66

제12절 설립무효의 판결 등의 재판에 따른 등기

1. 설립의 무효 및 취소의 등기 ········ 66
2. 사원의 제명, 업무집행권한 또는 대표권 상실의 등기 ········ 66
가. 사원 제명의 등기 ········ 66
나. 업무집행권한 또는 대표권 상실의 등기 ········ 67

3. 사원(청산인)의 업무집행절차, 그 직무대행자 선임의 가처분등기 67
4. 합병무효의 등기 67

제2장 합자회사의 등기

제1절 총설

1. 합자회사 일반 67
2. 등기사유에 관한 통칙 67
가. 업무집행 67
[판례 1] 소유권이전등기말소등 68
[판례 2] 대표사원업무집행권한상실등 68
나. 정관 변경, 기타 중요한 사항 68

3. 등기절차 통칙 68
[판례 3] 소유권이전등기말소등 68
[선례 1] 합자회사 무한책임사원의 출자증가로 인한 변경등기와 총사원의 동의 69

제2절 설립의 등기

[판례 1] 대표사원업무집행권한상실등 69

제3절 유한책임사원에 관한 변경등기

1. 유한책임사원의 입사 · 퇴사 70
[선례 2] 합자회사의 유한책임사원이 그 지분의 전부 또는 일부를 양도한 경우 등의 등기절차 70

2. 등기절차 70

가. 첨부서면 ··· 70

3. 유한책임사원의 퇴사등기의 효력 ··· 70

제4절 사원의 책임의 변경등기

1. 사원의 책임의 변경 ··· 71
[선례 3] 합자회사의 공동대표규정에 관한 변경등기 ··· 71

2. 등기절차 ··· 71
[선례 4] 합자회사의 무한책임사원 전원이 퇴사한 경우, 잔존한 유한책임사원 일부의 동의로 회사를 계속할 수 있는지 여부 ··· 71

3. 사원의 책임의 변경등기의 효력 ··· 72

제5절 합병의 등기 ··· 72

제6절 해산의 등기 ··· 72

1. 해산사유 ··· 72
[선례 5] 합자회사 존립기간 만료전에 정관을 변경하여 존립기간을 폐지한 경우 변경등기 가부 ··· 72
[선례 6] 합자회사의 무한책임사원 전원이 퇴사한 경우, 잔존한 유한책임사원 일부의 동의로 회사를 계속할 수 있는지 여부 ··· 72

제7절 청산인에 관한 등기

1. 청산인의 취임 · 퇴임 ··· 73
가. 청산인의 취임 ··· 73
(1) 무한책임사원이 청산인을 선임하는 경우 ··· 73

[선례 7] 합자회사의 파산관재인이 포기한 재산처분시 첨부하는 인감증명서 ······ 73
(2) 법원이 청산인을 선임하는 경우 ······ 73
(가) 설립무효의 판결 또는 설립취소의 판결이 확정된 때 ······ 73
(나) 법원의 해산명령 또는 해산판결에 의하여 해산된 때 ······ 74
(다) 유한책임사원 전원이 퇴사하고 무한책임사원 1인이 남은 때 ······ 74
(라) 무한책임사원 전원이 퇴사한 때 ······ 74
나. 청산인의 퇴임 ······ 74

제8절 회사계속의 등기

1. 회사계속의 절차 ······ 74
[선례 8] 합자회사의 무한책임사원 전원이 퇴사한 경우, 잔존한 유한책임사원 일부의 동의로 회사를 계속할 수 있는지 여부 ······ 74

제9절 조직변경의 등기

1. 조직변경의 절차 ······ 75
2. 등기절차 ······ 75
가. 등기사항, 등기기간 등 ······ 75
나. 첨부서면 ······ 75

제3장 유한책임회사의 등기

제1절 총 설

1. 의의 ······ 76
2. 유한책임회사의 사원 ······ 76
가. 사원의 의의 ······ 76
나. 사원의 입사와 퇴사 ······ 76
다. 사원의 지분 양도와 상속 ······ 76
3. 사원의 의사결정 ······ 76

제2절 설립의 등기

1. 설립절차 77
가. 정관의 작성 77
(1) 절대적 기재사항 77
(2) 상대적 기재사항 78
나. 출자의 이행 78

2. 등기절차 78
가. 등기신청인과 등기기간 78
나. 등기사항 78
다. 첨부서면 78

제3절 상호, 목적, 존립기간 또는 해산사유의 변경, 본점의 이전, 지점의 설치 · 이전 · 폐지 등의 등기

1. 상호, 목적, 존립기간 또는 해산사유의 변경등기 78
2. 본점이전의 등기 79
3. 지점의 설치 · 이전 · 폐지의 등기 79

제4절 업무집행자의 취임 · 퇴임 등으로 인한 변경등기

1. 유한책임회사의 업무집행과 대표 79
가. 업무집행 79
나. 대표 79

2. 업무집행자의 취임 · 퇴임 등 79
가. 업무집행자의 취임 79
나. 업무집행자의 퇴임 80
다. 업무집행자에 관한 기타 변경 80

3. 등기절차 80
가. 신청인과 등기기간 등 80
나. 첨부서면 80
(1) (대표)업무집행자의 취임 80
(가) 취임승낙을 증명하는 서면 등 80
(2) (대표)업무집행자 퇴임 등 80

제5절 자본금의 변경등기

1. 자본금의 증가와 감소 81
2. 등기절차 81
가. 등긱기간 등 81
나. 첨부서면 81
(1) 자본금증가의 경우 81
(가) 정관 변경을 결의한 총사원의 동의서 81
(나) 출자 전액 납입 또는 혀물출자의 목적인 재산 전부의 급여가 있음을 증명하는 서면 81
(2) 자본금감소의 경우 81
(가) 채권자보호절차를 이행하였음을 증명하는 서면 81

제6절 합병의 등기

1. 합병의 절차 82
가. 합병의 의의와 종류 82
나. 합병의 결의 82
다. 채권자보호절차 82

2. 등기절차 82
가. 등기기간 및 등기신청인 82
나. 동시신청 및 경유신청 82
다. 등기사항 82
(1) 존속회사의 등기사항 82
(가) 소멸회사의 상호 · 본점과 합병을 한 뜻 82

(2) 신설회사의 등기사항 ……… 83
(가) 통상의 설립등기사항 ……… 83
(나) 소멸회사의 상호·본점과 합병을 한 뜻 ……… 83
(3) 소멸회사의 등기사항 ……… 83
라. 첨부서면 ……… 83
(1) 존속회사 변경등기신청서의 첨부서면 ……… 83
(2) 신설회사 설립등기신청서의 첨부서면 ……… 83
(3) 소멸회사 해산등기신청서의 첨부서면 ……… 83

第7절 해산의 등기 ……… 83

第8절 청산인에 관한 등기

1. 청산인의 취임과 퇴임 등 ……… 84
가. 청산인의 취임 등 ……… 84
나. 청산인의 퇴임 ……… 84

2. 등기절차 ……… 84
[선례 1] 해산간주된 회사의 해산 및 청산 절차 ……… 84

第9절 청산종결의 등기

1. 청산의 종결 ……… 85
2. 등기절차 ……… 85

第10절 회사계속의 등기 ……… 85

第11절 조직변경의 등기

1. 조직의 변경 ……… 85
2. 등기절차 ……… 85

제4장 주식회사의 등기

제1절 총 설

1. 주식 ········· 86
가. 액면주식과 무액면주식 ········· 86
(1) 의의 ········· 86
(2) 무액면주식제도의 도입 ········· 86
(3) 액면주식과 무액면주식의 상호 전환 ········· 86
나. 종류주식 ········· 86
(1) 의의 ········· 86
(2) 발행 ········· 86
(3) 종류주식에 관한 특칙 ········· 86
[판례 1] 주주총회결의불발효확인등 ········· 87
(4) 종류주식의 분류 ········· 88
(가) 이익배당 또는 잔여재산분배에 관한 종류주식 ········· 88
(나) 의결권의 배제 또는 제한에 관한 종류주식 ········· 88
(다) 주식의 상호나에 관한 종류주식 ········· 88
(라) 주식의 전환에 관한 종류주식 ········· 88

2. 등기사유에 관한 통칙 ········· 89
가. 주주총회 ········· 89
(1) 소집권자 ········· 89
(가) 이사회의 결정 ········· 89
(나) 소규모 주식회사에서 1명 또는 2명의 이사를 두고 있는 경우 ········· 89
(다) 법원의 허가에 의한 소집 ········· 89
(라) 법원의 명령에 의한 소집 ········· 89
(2) 소집시기 ········· 89
[선례 1] 감사의 임기가 만료된 경우 상법 제410조에서 규정하는 최종의 결산기에 관한 정기주주총회에서 새로운 감사를 선임하지 않고 그 이후에 정기총회 또는 임시총회를 개최하여 감사를 선임한 경우, 그 선임행위가 유효한지 그리고 유효하다면 전임 감사의 임기 만료일을 언제로 볼 것인지 여부 ········· 89

(3) 소집장소 ········ 90
(4) 소집의 통지・공고 ········ 90
(가) 소집의 통지・공고 일반 ········ 90
(나) 상장회사의 주주총회 소집절차 등에 관한 특례 ········ 90
(5) 연기회(延期會) 및 계속회(繼續會) ········ 90
[판례 2] 주주총회결의취소 ········ 90
(6) 전원출석총회 ········ 91
[판례 3] 주주총회및이사회결의무효확인 ········ 91
[판례 4] 손해배상(기) ········ 91
(7) 의사의 진행 ········ 92
(8) 의결권 ········ 92
(가) 1주 1의결권의 원칙 ········ 92
[판례 5] 주주총회결의취소 ········ 92
(나) 1주 1의결권의 원칙에 대한 예외 ········ 93
[판례 6] 임시주주총회결의무효확인 ········ 93
(9) 의결권의 행사 ········ 94
(가) 의결권의 행사 일반 ········ 94
[선례 2] **주식회사의 주주총회 결의에서의 정족수** ········ 94
[선례 3] **독점규제 및 공정거래에 관한 법률 제11조에 따라 의결권을 행사 할 수 없는 주식의 수를 주주총회의 결의요건에 관한 발행주식의 총수에 산입하여야 하는지 여부** ········ 94
(나) 서면 또는 전자적 방법에 의한 의결권의 행사 ········ 95
(다) 의결권의 대리행사 ········ 95
[판례 7] 주주총회결의취소 ········ 95
(10) 결의의 방법 ········ 96
(가) 보통결의 ········ 96
(나) 특별결의 ········ 96
(다) 특수결의 ········ 96
(라) 정족수, 의결권수의 제한 ········ 96
[판례 8] 주주총회결의무효확인등 ········ 96
(11) 결의의 효력발생시기 ········ 97

[선례 4] 주식회사의 본점이전등기시 인감의 재제출 ········ 97
(12) 종류주주총회 ········ 97
(가) 개설 ········ 97
[판례 9] 주주총회결의불발효확인등 ········ 97
(나) 종류주주총회의 결의가 필요한 경우 ········ 98
(다) 결의의 요건 ········ 99
(13) 소규모 주식회사의 주주총회에 관한 특례 ········ 99
[선례 5] 대표이사가 소집하지 아니한 전원 출석 주주총회의 적법성 ········ 99
(가) 소집절차의 간소화 ········ 99
(나) 주주 전원의 동의에 의한 소집절차의 생략 ········ 100
[판례 10] 주주총회및이사회결의무효확인 ········ 100
(다) 서면결의 ········ 100
(라) 서면동의 ········ 100
(14) 주주총회결의의 하자 ········ 100
(가) 개설 ········ 100
(나) 주주총회결의취소의 소 ········ 100
[판례 11] 주주총회결의취소 ········ 101
[판례 12] 주주총회결의취소 ········ 101
[판례 13] 주주총회결의등부존재확인 ········ 102
[판례 14] 주주총회결의취소청구등 ········ 102
[판례 15] 주주총회결의부존재확인등 ········ 103
[판례 16] 주주총회결의취소 ········ 103
[선례 6] 하자 있는 주주총회의 결의에 의하여 결의된 사항이 등기된 경우 이를 바로 잡는 방법 ········ 104
(다) 주주총회결의무효확인의 소 ········ 104
(라) 주주총회결의부존재확인의 소 ········ 104
[판례 17] 주주총회결의무효확인등 ········ 104
(마) 주주총회결의의 하자와 등기관의 심사 ········ 106
[판례 18] 가등기말소 ········ 106
[판례 19] 등기관처분에대한이의 ········ 107

나. 이사회 ………… 108
(1) 의의 및 권한 ………… 108
(2) 이사회의 소집 ………… 108
(3) 결의방법 ………… 108
(가) 의결권의 행사방법 ………… 108
(나) 의결권의 대리행사 금지 ………… 108
[판례 20] 채권확인등 ………… 108
(다) 결의요건 ………… 109
[판례 21] 채권확정 ………… 109
[판례 22] 연대보증계약무효확인 ………… 109
[판례 23] 이사결의부존재및무효확인 ………… 110
[판례 24] 소유권이전등기 ………… 110
(라) 감사의 출석권 ………… 111
(4) 결의의 효력 등 ………… 111
[판례 25] 채권확인등 ………… 111
[판례 26] 법인세등부과처분취소 ………… 112
다. 이사회 내 위원회 ………… 112
(1) 개설 ………… 112
(2) 위원회의 구성 ………… 112
(3) 위원회의 권한 ………… 113
(4) 위원회의 결의 및 그 결의의 효력 ………… 113
(5) 위원회결의의 변경 ………… 113
라. 청산인회 ………… 113
마. 소규모 주식회사의 기관구성에 관한 특례 ………… 113
(1) 개설 ………… 113
(2) 이사의 수, 대표권의 행사, 이사회 등에 관한 특례 ………… 113
(가) 이사의 수와 대표권의 행사 ………… 113
(나) 이사가 2명인 경우 이사회의 관한 배제 ………… 113
(3) 감사에 관한 특례 ………… 114
(4) 이사가 2명 이하인 경우 등에 있어서 (대표)이사의 등기방식 ………… 114
(가) 설립등기 ………… 114

3. 첨부서면에 관한 통칙 ………… 114

가. 정관 ········· 114
(1) 개설 ········· 114
[판례 27] 주주총회결의취소 ········· 114
[선례 7] 주식회사 변경등기시 정관의 첨부 여부 ········· 115
[선례 8] 자본금 10억 미만의 주식회사를 발기설립하는 경우 설립등기신청서에 첨부할 서면인 발기인의 의사록에 정관 승인 건, 이사·감사 등의 조사·보고 건 등이 반드시 포함되어야 하는지 여부 ········· 115
(2) 등기신청서에 정관을 첨부하여야 하는 경우 ········· 116
(가) 주주총회의 정족수에 관하여 달리 정하고 있는 경우 ········· 116
(나) 본점 또는 그 인접지 이외의 장소를 주주총회의 개최장소로 정하고 있는 경우 ········· 116
(다) 이사회 소집기간을 단축하는 정함을 두고 있는 경우 ········· 116
(라) 신주발행 등에 관한 권한을 주주총회의 권한으로 정하고 있는 경우 ·· 116
(마) 주주총회에서 대표이사를 선정하도록 정하고 있는 경우 ········· 116
(바) 감사에 갈음하여 감사위원회를 설치한 경우 ········· 117
(사) 명의개서대리인을 둔 경우 ········· 117
(3) 등기신청서에 정관을 첨부할 필요가 없는 경우 ········· 117
(가) 소규모 주식회사의 특례에 따른 등기 등의 경우 ········· 117
나. 법원의 허가서 ········· 117
다. 총주주의 동의서 ········· 117
[선례 9] 주식회사의 변경등기신청서에 첨부할 서면 ········· 117
라. 주주총회의사록 ········· 117
(1) 개설 ········· 117
(2) 의장과 출석한 이사의 기명날인 또는 서명 ········· 118
[선례 10] 사회복지법인의 이사회 회의록에 기명날인하는 방법 등 ········· 118
[선례 11] 주주가 1인인 주식회사가 그 이사를 해임하고 그로 인한 변경등기를 신청하는 경우, 신청서에 첨부할 서면 ········· 118
[선례 12] 주주총회, 이사회의 의사록에 기명날인을 할 이사 및 감사 ········· 118
(3) 공증인의 인증 ········· 119
(4) 주주총회의사록에 기재된 사실에 대한 등기관의 심사 ········· 119
[판례 28] 대여금 ········· 119
[판례 29] 소유권이전등기말소 ········· 120

[선례 13] 주주총회의 소집절차 등에 중대한 하자가 있으나 형식적 요건을 갖춘 의사록을 첨부하여 등기신청을 한 경우 이를 수리할 수 있는지 여부 ······ 121
[선례 14] 특수법인 총회의사록에 무효 또는 취소의 원인이 있는지 여부에 대한 등기관의 심사범위 ······ 121
(5) 서면결의 또는 서면동의와 의사록 작성 여부 ······ 121
마. 이사회의사록 ······ 121
(1) 개설 ······ 121
(2) 이사 및 감사의 기명날인 또는 서명 ······ 122
[선례 15] 사회복지법인의 이사회 회의록에 기명날인하는 방법 등 ······ 122
바. 청산인회의사록 ······ 122
사. 최종의 대차대조표 ······ 122
[선례 16] 임의준비금의 자본전입 가부 ······ 122
[선례 17] 임의준비금의 자본전입 가부 등 ······ 122
[선례 18] 주식발행초과금의 자본전입에 의한 변경등기신청시의 준비금의 존재를 증명하는 서면 및 임시주주총회에서 대차대조표를 승인할 수 있는지 여부 등 ······ 123
[선례 19] 금융기관이 아닌 전환사채의 인수인이 발행회사에 대한 대출금채권으로써 사채의 납입에 갈음하기로 한 경우, 그에 따른 변경등기 신청서에 첨부하는 '상법 제476조의 규정에 의한 납입을 증명하는 서면' ······ 123
아. 상장회사임을 증명하는 서면 ······ 124

4. 지점소재지에서 하는 등기 ······ 124
가. 등기사항 ······ 124
나. 등기기간 ······ 124
다. 당사자 출석주의의 예외 ······ 124
라. 첨부서면의 원칙적 제출 면제 ······ 124
마. 등록면허세·등기신청수수료 등의 납부 ······ 125
바. 인감제출 및 기명날인의 예외 ······ 125

제2절 설립의 등기

1. 설립절차 ······ 125
가. 발기인 ······ 125

(1) 의의 ······ 125
(2) 발기인의 자격과 수 ······ 125
[판례 1] 주주총회결의취소 ······ 125
(3) 발기인 조합 ······ 126
[판례 2] 양도소득세부과처분취소 ······ 126
나. 정관의 성 및 인증 ······ 127
(1) 발기인의 정관 작성, 기명날인 또는 서명 ······ 127
(2) 정관의 기재사항 ······ 127
(가) 기재사항 일반 ······ 127
[선례 20] 회사가 공고를 하는 방법에서 발행지 특정의 의미 ······ 127
(나) 절대적 기재사항 ······ 127
[선례 21] 구 본점소재지에서 본점이전등기를 한 경우 구 본점소재지 관할등기소에서 인감증명을 교부할 수 있는지 여부 등 ······ 128
[선례 22] 정관에 본점소재지로 최소행정구역만 기재되어 있는 경우 본점의 구체적 장소결정기관 ······ 128
[선례 23] 이사가 1인인 회사의 최소 행정구역 내 본점 이전으로 인한 변경등기 신청시 첨부서면 ······ 128
[선례 24] 회사가 공고를 하는 방법에서 발행지 특정의 의미 ······ 129
[선례 25] 지하철역 등에서 불특정인을 상대로 하여 무료로 배포되고 있는 '○○신문'이 회사의 공고방법에 관한 상법 제289조 제3항의 '시사에 관한 사항을 게재하는 일간신문'에 해당할 수 있는지 여부(소극) ······ 129
(다) 상대적 기재사항 ······ 130
[선례 26] 변태설립사항 및 현물출자 이행 등에 관하여 검사인의 조사에 갈음할 수 있는 조사 · 보고자 ······ 130
[선례 27] 법인설립시 사무실 임차보증금 채권으로 현물출자를 할 수 있는지 여부 ······ 131
[선례 28] 신주발행시 회사에 대한 채권과 주금납입의무를 상계할 수 있는지 여부 등 ······ 131
[선례 29] 주식회사의 증자시 현물출자를 하는 방법 등 ······ 131
[선례 30] 주식회사의 신주발행시에 당해 회사에 대한 채권을 현물출자의 목적물로 할 수 있는지 여부(적극) ······ 132
[선례 31] 병존적 채무인수에 의한 현물출자 가능성 ······ 132
[선례 32] 현물출자에 의한 주식회사의 설립과 공인된 감정인 ······ 132

[선례 33] 「증권거래법」 제191조의20에 따라 현물출자 대상 주식을 평가할 경우, 「상업등기법」 제82조제3호 및 제4호의 서류제출 면제여부 및 이를 대체 할 첨부서면 ······ 133
[판례 3] 소유권이전등기말소 ······ 133
[선례 34] 주식회사의 이사회에 감사가 불출석한 경우 이사 회의사록 작성 가부 ······ 135
(3) 정관의 인증 ······ 135
[판례 4] 재산세부과처분취소등 ······ 135
[판례 5] 주주총회결의취소 ······ 136
(4) 설립 전 정관의 변경 ······ 136
다. 주시발행사항의 결정 ······ 136
[선례 35] 주식회사의 설립시 1주의 발행가액을 발기인별로 차별하여 정할 수 있는지 여부 ······ 137
라. 발기설립 ······ 137
(1) 주식의 인수와 출자의 이행 ······ 137
[선례 36] 상호신용금고가 주금납입금을 보관할 수 있는 은행 기타의 금융기관에 해당하는지 여부 ······ 137
[선례 37] 수산업협동조합법에 의하여 설립된 지구별수산업협동조합과 1995년 6월22일 이전에 설립된 업종별수산업협동조합 및 수산물가공수산업협동조합이 비송사건 절차법 제203조 제11호 및 제205조 제5호에서 정하고 있는 주금의 납입금 보관에 관한 증명서를 발급할 권한이 있는지 여부(적극) ······ 138
[선례 38] 신용협동조합이 상법상 주금납입을 맡을 '은행 기타 금융기관'에 해당하는지 여부 ······ 138
[선례 39] 새마을금고가 상법상 주금납입을 맡을 '은행 기타 금융기관'에 해당하는지 여부 ··· 139
[선례 40] 종합금융회사가 상법상 주금납입을 맡을 '은행 기타 금융기관' 인지 여부 ······ 139
(2) 이사와 감사(또는 감사위원회 위원) 등의 선임 ······ 139
(3) 설립경과의 조사보고 ······ 140
[선례 41] 발기인이었던 회사의 대표이사가 설립중인 회사의 이사 또는 감사에 취임한 경우 설립경과의 조사보고자에 해당하는지 여부 ······ 140
(4) 변태설립사항의 조사·보고 등 ······ 140
(5) 이사회의 개최 ······ 140
[선례 42] 정관에 본점소재지로 최소행정구역만 기재되어 있는 경우 본점의 구체적 장소결정기관 ······ 140

마. 모집설립 ···· 140
(1) 주주의 모집 ···· 140
(가) 모집방법 ···· 141
(나) 주식의 인수 ···· 141
[선례 43] 새마을금고가 상법상 주금납입을 맡을 '은행 기타 금융기관'에 해당하는지 여부 ··· 141
[선례 44] 농업협동조합법에 의하여 설립된 지역농업협동조합과 품목별 협동조합이 상법 제295조 제1항 등에서 규정된 납입을 맡을 은행 기타 금융기관에 속하는지 여부(적극) ···· 141
(2) 주식인수가액의 납입과 현물출자의 이행 ···· 142
(가) 현물출자의 경우 ···· 142
[선례 45] 증권투자신탁업법에 의한 위탁회사는 주금납입을 맡을 수 있는 금융기관에 포함되는지 여부 ···· 142
(나) 현물출자의 경우 ···· 142
(다) 가장납입의 경우 ···· 143
[판례 6] 특정경제범죄가중처벌등에관한법률위반(횡령) ···· 143
(3) 변태설립사항의 조사 · 보고 ···· 144
[선례 46] 모집설립에 의한 회사설립절차에서 현물출자의 이행이 감정인의 감정대상에 포함되는지 여부 ···· 144
[선례 47] 현물출자에 의한 주식회사의 설립과 공인된 감정인 ···· 145
(4) 창립총회의 개최 ···· 145
(가) 소집절차 ···· 145
[선례 48] 주식회사 발기설립의 경우 주주총회의 소집절차가 준용되는지 여부 ···· 145
(나) 결의방법 ···· 146
(다) 창립에 관한 사항의 보고 · 청취 ···· 146
(라) 이사, 감사(또는 감사위원회 위원)의 선임 ···· 146
(마) 설립경과의 조사 · 보고 ···· 146
[선례 49] 모집설립에 의한 회사설립절차에서 현물출자의 이행이 감정인의 감정대상에 포함되는지 여부 ···· 146
(바) 변태설립사항의 변경 ···· 147
(사) 정관변경 또는 설립폐지의 결의 ···· 147
(5) 이사회의 개최 ···· 147

[선례 50] 정관에 본점소재지로 최소행정구역만 기재되어 있는 경우 본점의 구체적 장소결정기관 ······ 147

2. 등기절차 ······ 147
가. 등기신청인 ······ 147
나. 등기기간 ······ 147
[선례 51] 법인설립허가를 받고 장기간이 경과한 다음에 하는 설립등기 신청의 수리 여부 ······ 148
다. 등기사항 ······ 148
라. 등기신청서 ······ 148
[선례 52] 법인등기신청시 대리권한을 증명하는 서면으로서의 위임장에 원칙적으로 법인인감을 날인하여야 하는지 여부(적극) ······ 148
마. 첨부서면 ······ 149
(1) 정관 ······ 149
[선례 53] 주식회사 모집설립의 경우 설립등기신청서의 첨부서면 ······ 149
(2) 주식의 인수를 증명하는 서면 ······ 149
(3) 주식청약서 ······ 149
(4) 발기인이 주식발행사항을 정한 때에는 이를 증명하는 서면 ······ 149
(5) 설립경과에 관한 이사와 감사 또는 감사위원회 및 공증인의 조사보고서 ······ 149
(6) 변태설립사항에 대한 검사인이나 공증인의 조사보고서 또는 감정인의 감정서 ······ 149
[선례 54] 외국투자자가 현물출자하는 경우 주식회사 설립등기신청서에 첨부할 서면 여하 ······ 150
[선례 55] 외국인투자촉진법 제30조 제3항의 규정에 의하여 설립등기에서 검사인의 조사보고서로 간주되는 관세청장의 현물출자완료확인서의 법원보고의무 등 ······ 150
[선례 56] 현물출자에 의한 주식회사의 설립과 공인된 감정인 ······ 150
[선례 57] 외국인투자촉진법 제30조 제3항의 규정에 의하여 설립등기에서 검사인의 조사보고서로 간주되는 관세청장의 현물출자완료확인서의 법원보고의무 등 ······ 151
(7) 검사인 또는 공증인의 조사보고서나 감정인의 감정결과에 관한 재판이 있은 때에는 그 재판의 등본 ······ 151
[선례 58] 변태설립사항이 있는 경우 주식회사의 설립등기신청서에 첨부 할 서류 ······ 151
(8) 이사와 감사 또는 감사위원회 위원의 선임을 증명하는 서면 ······ 152
(9) 창립총회의사록 ······ 152

(10) 이사 · 대표이사 또는 대표집행임원과 감사 또는 감사위원회 위원의 취임승낙을 증명하는 서면 ······ 152
(가) 취임승낙을 증명하는 서면 일반 ······ 152
(나) 재외국민의 경우 ······ 152
[선례 59] 재외국민이 주식회사의 감사로 취임할 때 취임승낙서에 첨부할 인감증명 ······ 152
(다) 외국인의 경우 ······ 153
[선례 60] 회사의 임원의 취임 또는 사임으로 인한 변경등기 신청시 본국에 인감증명제도가 없는 외국인의 취임승낙 또는 사임을 증명하는 서면에 대한민국 재외공관의 영사관의 인증을 받은 서면을 첨부할 수 있는지 여부 ······ 153
(11) 명의개서대리인과의 계약을 증명하는 서면 ······ 153
(12) 주금납입금 보관에 관한 증명서 ······ 153
[선례 61] 미결제 타점권이 표시된 잔고증명서가 유효한지 여부 ······ 153
(13) 은행이나 그 밖의 금융기관의 잔고증명서 ······ 154
[선례 62] 미결제 타점권이 표시된 잔고증명서가 유효한지 여부 ······ 154
(14) 이사회의사록 ······ 154
(15) 총주주의 동의가 없으면 등기할 사항에 무효 또는 취소의 원인이 있는 때에는 그 동의서 ······ 154
[판례 7] 주주총회및이사회결의무효확인 ······ 155
(16) 관청의 허가서 ······ 155
[선례 63] 외국인투자에 해당하는 등기를 신청하는 경우 외국인투자신고서를 첨부하여야 하는지 여부 ······ 155
바. 등록면허세 · 등기신청수수료 등의 납부 ······ 155
사. 인감의 제출 ······ 155

3. 설립등기의 효력 ······ 156

제3절 상호, 목적, 공고방법, 존립기간 또는 해산사유의 변경등기

1. 상호의 변경 ······ 156
2. 목적의 변경 ······ 156

[선례 64] 회사의 목적변경의 등기신청과 주무관청의 허가서 첨부 여부(1) ······ 156
[선례 65] 회사의 목적변경의 등기신청과 주무관청의 허가서 첨부 여부(2) ······ 156

3. 공고방법의 변경 ······ 157
[선례 66] 명의개서대리인의 변경등기신청 등 ······ 157

4. 존립기간 또는 해산사유의 설정 · 변경 · 폐지 ······ 157
5. 등기절차 ······ 157
가. 등기기간 등 ······ 157
나. 첨부서면 ······ 157
[선례 67] 주식회사 변경등기시 정관의 첨부 여부 ······ 158
다. 등록면허세 · 등기신청수수료 등의 납부 ······ 158

제4절 본점이전의 등기

1. 본점의 이전 ······ 158
가. 의의 ······ 158
[선례 68] 본점소재지의 소재지번 경정 · 변경, 복수의 행정구역 등기가부 등 ······ 158
나. 본점이전절차 ······ 159
(1) 독립한 최소행정구역 내에서 본점을 이전하는 경우 ······ 159
[선례 69] 이사가 1인인 회사의 최소 행정구역 내 본점 이전으로 인한 변경등기 신청시 첨부서면 ······ 159
[선례 70] 구 본점소재지에서 본점이전등기를 한 경우 구 본점소재지 관할등기소에서 인감증명을 교부할 수 있는지 여부 등 ······ 159
[선례 71] 이사가 1인인 회사의 최소 행정구역 내 본점 이전으로 인한 변경등기 신청시 첨부서면 ······ 160

2. 등기절차 ······ 160
가. 서설 ······ 160
나. 등기신청인 ······ 160
[선례 72] 파산법인의 본점이전시 파산관재인이 본점이전등기신청을 할 수 있는지 여부(소극) ···· 160

[선례 73] 법인이 파산한 경우, 파산재단 사무실 이전을 본점이전에 준하여 등기사항으로 볼 수 있는지의 여부 …… 161
[선례 74] 본점이전에 관한 주주총회결의부존재의 판결이 확정된 경우 그 처리절차 등 …… 161
다. 등기기간 …… 162
[선례 75] 주식회사의 본점이전 및 지점설치시 등기기간의 기산점 등 …… 162
라. 등기신청의 방식 …… 162
(1) 동일등기소의 관할구역 내에서 본점을 이전한 경우 …… 162
(2) 다른 등기소의 관할구역 내로 본점을 이전한 경우 …… 162
(가) 경유신청과 동시신청 …… 162
[선례 76] 정관변경이 없이 경료된 주사무소 이전등기의 효력 …… 162
(나) 일괄신청의 강제와 금지 …… 163
(3) 신청서의 작성 …… 164
(나) 다른 등기소의 관할구역 내로 이전한 경우 …… 164
마. 첨부서면 …… 164
[선례 77] 법인의 본점소재지로 표시된 지번소재의 부동산이 법인의 소유이어야 하는지 여부 등 …… 164
[선례 78] 법인의 본점소재지등기의 경우 등기신청서에 당해 부동산소유자의 사용승낙서 첨부 여부 …… 164
(1) 주주총회의사록 …… 165
[판례 1] 주주총회결의취소 …… 165
[선례 79] 주식회사 변경등기시 정관의 첨부 여부 …… 165
[선례 80] 회사의 본점이전등기신청과 정관의 첨부 여부 등 …… 166
[선례 81] 주식회사의 본점이전에서 구체적인 이전장소나 이전일자에 관한 결의를 주주총회에서 할 수 있는지 여부 …… 166
(2) 이사회의사록(청산인회의사록) 또는 이사결정서 …… 166
[선례 82] 이사가 1인인 회사의 최소 행정구역 내 본점 이전으로 인한 변경등기 신청시 첨부서면 …… 166
바. 등록면허세・등기신청수수료 등의 납부 …… 167
(1) 등록면허세 및 지방교육세 …… 167
(가) 동일 등기소의 관할구역 내에서 본점을 이전하는 경우 …… 167
(나) 다른 등기소의 관할구역 내로 본점을 이전하는 경우 …… 167

[선례 83] 서울특별시 내의 법인의 본점을 인천직할시 내로 이전하는 경우 등록세 중과 ············ 167
(다) 지배인을 둔 장소 또는 상호의 변경등기를 동시에 신청한 경우 ········· 167
(2) 등기신청수수료 ········· 167
사. 인감의 재제출 불필요 ········· 168
아. 본점이전등기신청의 처리 ········· 168
(1) 동일한 등기소의 관할구역 내에서 본점을 이전한 경우 ········· 168
(2) 다른 등기소의 관할구역 내로 본점을 이전한 경우 ········· 168
(가) 구관할 등기소에서의 신청서의 접수 ········· 168
[선례 84] 법원이 회사의 대표이사 등의 직무집행정지가처분 결정에 의한 가처분등기와 동시에 본점이전등기를 촉탁한 경우 그 촉탁등기의 수리 가부 등 ········· 168
[선례 85] 주식회사 본점부활등기의 직권말소 여부 ········· 169
(나) 구관할 등기소의 조사 · 통지 등 ········· 169
[선례 86] 주식회사의 본점이전등기시 인감의 재제출 ········· 169
(다) 신관할 등기소의 통지서 접수 · 조사 · 교환 등 ········· 169
(라) 구관할 등기소의 본점등기기록의 폐쇄 등 ········· 170
자. 관할외 보점이전등기신청의 취하 ········· 170
차. 지점소재지에서의 본점이전등기 ········· 170
[선례 87] 지점소재지에 지점설치등기를 할 경우 당사자가 출석하여야 하는지 여부 ········· 170

3. 본점이전등기의 말소 ········· 171
가. 관할외 본점이전등기의 말소 ········· 171
(1) 법원이 본점이전등기의 말소를 촉탁하는 경우 ········· 171
[선례 88] 본점이전에 관한 주주총회결의부존재의 판결이 확정된 경우 그 처리절차 등 ········· 171
(2) 당사자가 본점이전등기의 말소를 신청하는 경우 ········· 172
[선례 89] 정관변경이 없이 경료된 주사무소 이전등기의 효력 ········· 172
나. 관할내 본점이전등기의 말소 ········· 173
(1) 이사회 결의에 기초한 본점이전등기의 말소 ········· 173
(2) 주주총회결의에 기초한 본점이전등기의 말소 ········· 173

제5절 지점의 설치 · 이전 · 폐지의 등기

1. 지점의 설치 · 이전 · 폐지 ········· 173

[선례 90] 주식회사 출장소에 대한 등기 가부 등 ……… 173
[선례 91] 단순노무만을 제공하는 출장소의 지점설치등기의 가부 ……… 173

2. 등기절차 ……… 174
가. 서설 ……… 174
[선례 92] 외국회사 영업소 설치등기와 유사상호 ……… 174
[선례 93] 주식회사의 대표이사가 변경된 경우, 지점 소재지에서 그 등기를 신청하여야 하는지 여부 ……… 174
나. 등기의 신청 ……… 175
(1) 등기기간 ……… 175
[선례 94] 주식회사의 본점이전 및 지점설치시 등기기간의 기산점 등 ……… 175
[선례 95] 이사회 결의로 정한 지점설치일 이전의 지점설치등기의 가부 ……… 175
[선례 96] 국내회사가 해외에 지점을 설치한 경우 본점등기부에 해외지점 설치 등기를 하는 것의 가능 여부(적극) ……… 176
[선례 97] 주식회사의 본점이전 및 지점설치시 등기기간의 기산점 등 ……… 176
[선례 98] 지점소재지에 지점설치등기를 할 경우 당사자가 출석하여야 하는지 여부 ……… 177
[선례 99] 법인등기신청시 대리권한을 증명하는 서면으로서의 위임장에 원칙적으로 법인인감을 날인하여야 하는지 여부(적극) ……… 177
[선례 100] 각 상이한 지점명칭을 기재하여 동일한 소재, 동일한 지번에 2개의 지점설치 등기를 하는 것의 가능여부(선례 일부변경) ……… 177
다. 등기사항 ……… 177
(1) 지점의 설치등기 ……… 177
(가) 본점 또는 지점의 등기기록이 있는 등기소의 관할구역 외에 지점을 설치한 경우 ……… 177
[선례 101] 외국회사 영업소 설치등기와 유사상호 ……… 178
[선례 102] 지배인을 둔 장소와 지점의 명칭 ……… 178
(나) 본점 또는 지점의 등기기록이 있는 등기소의 관할구역 내에 지점을 설치한 경우 ……… 179
(2) 지점의 이전등기 ……… 179
(가) 관할내 지점의 이전 ……… 179
(나) 관할외 지점의 이전 ……… 179
(3) 지점의 폐지등기 ……… 179

라. 첨부서면 ······ 179
(1) 본점소재지에서 하는 신청의 경우 ······ 179
[선례 103] 이사가 1인인 회사의 최소 행정구역 내 본점 이전으로 인한 변경등기 신청시 첨부서면 ······ 179
[선례 104] 지점설치의 등기 ······ 180
마. 등록면허세·등기신청수수료 등의 납부 ······ 180
(1) 등록면허세 및 지방교육세 ······ 180
(2) 등기신청수수료 ······ 180

제6절 행정구역 등의 변경에 따른 본점·지점의 변경등기

1. 본·지점의 표시의 변경 등 ······ 180
[선례 105] 행정구역변경에 따른 등기명의인 표시변경등기와 등기관련비용부담자 ······ 181
[선례 106] 본점소재지의 소재지번 경정·변경, 복수의 행정구역 등기가부 등 ······ 181

2. 등기절차 ······ 181
[선례 107] 행정구역 개편으로 인한 사무소소재지의 변경등기 ······ 182

제7절 이사·대표이사·집행임원·감사 등에 관한 변경등기

1. 이사의 취임·퇴임 등 ······ 182
가. 이사의 의의 ······ 182
나. 이사의 자격 ······ 182
(1) 자격일반 ······ 182
[선례 108] 당연히 이사가 되는 자에 관한 정관 규정의 의미와 등기할 사항인지 여부 ······ 182
[선례 109] 주식회사의 대표이사가 외국인으로서 외국인등록을 한 경우 등기하여야 할 주소 ······ 183
[선례 110] 주식회사의 이사의 임기에 관한 상법 제383조 제2항의 해석 ······ 183
(2) 행위능력의 요부 등 ······ 183
(3) 법인이사의 허용 여부 ······ 183
(4) 사외이사의 자격 ······ 183
[선례 111] 사외이사직 상실로 인한 변경등기의 신청서에 첨부하여야 할 서면 ······ 184

(5) 그 밖의 법령에 의한 제한 184
(6) 이사 또는 대표이사의 지배인 지위의 겸임 가부 184
[판례 1] 약속어음금 184
다. 이사의 원수 184
라. 이사의 선임 185
(1) 선임기관 185
(2) 선임결의 등 185
(가) 정족수 185
(나) 주주총회 소집통지의 특례 185
[선례 112] 이사 선임을 위한 주주총회 소집절차가 상법 제363조에 위반한 경우 이사취임등기의 직권말소 가부 185
(다) 집중투표제 185
마. 예선 186
[선례 113] 주식회사 이사변경등기의 등기기간 기산점 186
바. 취임승낙 186
[판례 1] 감사선임등기 186
[선례 114] 주주총회, 이사회의 의사록에 기명날인을 할 이사 및 감사 187
[선례 115] 주식회사 임원의 등기부상 퇴임일과 취임일 187
[선례 116] 민법상 사단법인의 이사의 임기 등 188
[선례 117] 임원 변경등기에서 체류국 공증인의 공증 허용 여부 188
[선례 118] 회사의 임원의 취임 또는 사임으로 인한 변경등기 신청시 본국에 인감증명 제도가 없는 외국인의 취임승낙 또는 사임을 증명하는 서면에 대한민국 재외 공관의 영사관의 인증을 받은 서면을 첨부할 수 있는지 여부 188
사. 이사의 임기 189
(1) 임기의 최장기 189
[선례 119] 주식회사의 이사의 임기에 관한 상법 제383조 제2항의 해석 189
[선례 120] 정관에 보궐 또는 증원에 의하여 선임된 이사의 임기는 다른 이사의 잔여임기와 같이한다는 규정이 있는 회사의 주주총회에서 이사 전원을 보선한 경우 이사의 임기 189
[선례 121] 이사 및 감사의 임기만료일 190
(2) 임기의 최장기의 연장 190

[판례 2] 주주총회결의무효확인등 ···· 190
[선례 122] 사업년도 중에 임기만료되는 이사에 대한 상법 제383조 제3항의 적용 여부 ···· 191
[선례 123] 감사의 임기가 만료된 경우 상법 제410조에서 규정하는 최종의 결산기에 관한 정기주주총회에서 새로운 감사를 선임하지 않고 그 이후에 정기총회 또는 임시 총회를 개최하여 감사를 선임한 경우, 그 선임행위가 유효한지 그리고 유효 하다면 전임 감사의 임기만료일을 언제로 볼 것인지 여부 ···· 192
[선례 124] 이사 및 감사의 임기만료일 ···· 192
[선례 125] 주식회사의 이사의 임기에 관한 상법 제383조 제2항의 해석 ···· 192
[선례 126] 민법법인 이사의 임기에 상법의 임기제한규정이 적용되는지 여부 ···· 193
(3) 임기의 기산점 ···· 193
[선례 127] 주주총회, 이사회의 의사록에 기명날인을 할 이사 및 감사 ···· 193
[선례 128] 주식회사 이사변경등기의 등기기간 기산점 ···· 193
[선례 129] 주식회사 임원의 등기부상 퇴임일과 취임일 ···· 194
[선례 130] 민법상 사단법인의 이사의 임기 등 ···· 194
[선례 131] 재단법인 이사의 임기 기산일 ···· 195
[선례 132] 최초의 임원의 임기 ···· 195
[선례 133] 재건축 · 재개발조합의 최초 임원 임기 기산일 ···· 195
[선례 134] 이사 임기만료일 및 중임일 ···· 195
[선례 135] 주식회사 이사의 중임등기 ···· 196
[선례 136] 감사의 임기가 만료된 경우 상법 제410조에서 규정하는 최종의 결산기에 관한 정기주주총회에서 새로운 감사를 선임하지 않고 그 이후에 정기총회 또는 임시 총회를 개최하여 감사를 선임한 경우, 그 선임행위가 유효한지 그리고 유효 하다면 전임 감사의 임기만료일을 언제로 볼 것인지 여부 ···· 196
[선례 137] 개명으로 인한 등기기간 기산점 ···· 196
(4) 보궐 또는 증원에 의하여 선임된 이사의 임기 ···· 197
[선례 138] 이사 전원을 선임한 주주총회결의가 취소된 후 이사 전원이 정기주주총회에서 다시 선임된 경우 새로이 선임된 이사의 임기 여하 ···· 197
[선례 139] 정관에 보궐 또는 증원에 의하여 선임된 이사의 임기는 다른 이사의 잔여임기와 같이한다는 규정이 있는 회사의 주주총회에서 이사 전원을 보선한 경우 이사의 임기 ···· 197
(5) 정관상 이사 임기의 변경 ···· 197

[선례 140] 주식회사 이사의 임기에 관한 정관의 규정 방식 등 ······ 197
(6) 주식교환 또는 회사 합병시 이사의 임기 ······ 198
(7) 회생법인의 이사의 임기 특례 ······ 198
아. 이사의 퇴임 ······ 198
(1) 임기의 만료 ······ 198
(2) 사임 ······ 198
[판례 3] 대표이사직무집행정지가처분 ······ 198
[선례 141] 대표이사의 자격이 있는 이사가 사임한 경우, 대표이사의 결원만 있는 경우에도 이사의 권리의무가 있는지 여부 ······ 198
(3) 해임 ······ 199
(가) 선임기관에 의한 해임 ······ 199
(나) 법원의 해임판결에 의한 해임 ······ 199
[선례 142] 비송사건절차법 제184조의 규정이 시행되기 전에 구본점소재지에는 본점이전 등기를 신청하였으나 신본점소재지에서 그 등기를 신청하지 않은 상태에서 이사해임 및 선임결의의 부존재 확인판결이 확정된 경우의 등기 ······ 199
(다) 회생절차가 진행중인 회사의 특례 ······ 200
(4) 회사의 해산 ······ 200
(5) 회사의 파산 ······ 200
[선례 143] 회사정리법 제226조 제1항의 규정에 의한 신회사설립형식으로 정리계획안이 확정되어 정리법원이 회사설립등기를 촉탁할 경우 등록세 면제여부 등 ······ 200
(6) 사망, 파산, 성년후견개시 등에 의한 퇴임 ······ 201
자. 이사의 권리의무가 있는 자 ······ 201
[판례 4] 서비스표전용사용권설정등록등 ······ 201
[판례 5] 상법위반(이의신청) ······ 201
[선례 144] 지역 농업협동조합의 임원의 결원이 있을 경우 퇴임등기를 할 수 있는지 여부 ······ 201
[선례 145] 대표이사의 자격이 있는 이사가 사임한 경우, 대표이사의 결원만 있는 경우에도 이사의 권리의무가 있는지 여부 ······ 202
차. 일시이사 ······ 202
[판례 6] 일시이사및일시대표이사직무대행선임 ······ 202
[판례 7] 임시이사및임시공동대표이사선임 ······ 203
[판례 8] 가옥명도등 ······ 204

[판례 9] 상무외행위허가신청기각결정에대한재항고 ···· 204
카. 이사직무대행자 ···· 204

2. 대표이사의 취임 · 퇴임 등 ···· 204
가. 대표이사의 권한 ···· 204
[판례 10] 소장각하명령에대한즉시항고 ···· 205
[선례 146] 주식회사 임원의 등기부상 퇴임일과 취임일 ···· 205
나. 대표이사의 자격 ···· 206
[선례 147] 지위보전가처분이 등기사항인지 여부(소극) ···· 206
다. 대표이사의 원수 ···· 206
[판례 11] 가등기및본등기말소 ···· 206
라. 대표이사의 취임 ···· 208
(1) 선임기관 ···· 208
(2) 선임결의 ···· 208
(3) 취임승낙 ···· 208
마. 대표이사의 퇴임 ···· 208
(1) 이사지위의 상실 ···· 208
[선례 148] 임원변경등기절차 등 ···· 208
(2) 대표이사직의 사임 ···· 208
[판례 12] 소유권이전등기 ···· 208
(3) 대표이사직의 해임 ···· 209
(4) 정관소정의 사유 발생 ···· 209
바. 대표이사로서의 권리의무가 있는 자 ···· 209
사. 일시대표이사, 대표이사직무대행자 ···· 209
[선례 149] 사외이사의 퇴임등기를 후임사외이사의 취임등기와 상관없이 할 수 있는지 여부 ···· 209
아. 공동대표의 규정 ···· 209
[판례 13] 가등기및본등기말소 ···· 210

3. 집행임원의 취임 · 퇴임 등 ···· 211
가. 집행임원의 의의 ···· 211
나. 집행임원의 권한과 책임 ···· 211

다. 집행임원의 자격 ······ 211
[선례 150] 상근임원을 둘 수 없는 주식회사도 대표이사를 사내이사 중에 선임하여 등기 신청하여야 하는지 여부 ······ 211
라. 집행임원의 취임과 퇴임 ······ 211
마. 대표집행임원의 취임과 퇴임 ······ 212
바. 대표집행임원으로서의 권리의무가 있는 자 ······ 212
사. 일시집행임원 · 집행임원직무대행자 ······ 212
아. 집행임원 설치회사의 이사회의 권한 ······ 212

4. 감사 또는 감사위원회 위원의 취임 · 퇴임 등 ······ 212
가. 서설 ······ 212
나. 감사 ······ 212
(1) 감사의 의의 ······ 212
(2) 감사의 자격 등 ······ 212
(3) 감사의 취임 ······ 213
(가) 선임기관 ······ 213
[선례 151] 임원변경등기의 말소 및 회복 ······ 213
(나) 선임결의 등 ······ 213
(4) 감사의 임기 ······ 214
[선례 152] 최초의 임원의 임기 ······ 214
[선례 153] 이사 및 감사의 임기만료일 ······ 214
[선례 154] 재건축 · 재개발조합의 최초 임원 임기 기산일 ······ 214
[선례 155] 감사의 임기가 만료된 경우 상법 제410조에서 규정하는 최종의 결산기에 관한 정기주주총회에서 새로운 감사를 선임하지 않고 그 이후에 정기총회 또는 임시총회를 개최하여 감사를 선임한 경우, 그 선임행위가 유효한지 그리고 유효하다면 전임 감사의 임기만료일을 언제로 볼 것인지 여부 ······ 215
(5) 감사의 퇴임 ······ 215
[선례 156] 감사의 원수를 결하게 되는 경우, 화해권고결정에 의해 주식회사 감사의 사임등기를 할 수 있는지 여부(소극) ······ 215
(6) 감사로서의 권리의무가 있는 자, 일시감사, 감사 직무대행자 ······ 216
다. 감사위원회 위원 ······ 216
(1) 감사위원회 일반 ······ 216
(2) 감사위원의 자격 ······ 216

(3) 감사위원의 원수 등 ………… 216
(4) 감사위원의 선임 ………… 216
(가) 선임기관 ………… 216
(나) 선임결의 등 ………… 216
(5) 감사위원의 임기 ………… 216
(6) 감사위원의 퇴임 ………… 216
(7) 감사위원회 권리의무가 있는 자, 일시감사위원, 감사위원 직무대행자 ………… 217
[선례 157] 보험업법 부칙 제7조의 간주규정에 따른 임원변경등기 ………… 217

5. 이사 · 대표이사 · 집행임원 · 감사 등의 성명 ………… 217
6. 등기절차 ………… 217
가. 등기사항 ………… 217
(1) 취임의 경우 ………… 217
[선례 158] 주식회사 임원의 등기부상 퇴임일과 취임일 ………… 217
[선례 159] 상근임원을 둘 수 없는 주식회사도 대표이사를 사내이사 중에 선임하여 등기 신청하여야 하는지 여부 ………… 218
(2) 퇴임의 경우 ………… 218
(가) 퇴임의 취지 ………… 218
(나) 퇴임연월일 ………… 218
[선례 160] 주식회사 임원의 등기부상 퇴임일과 취임일 ………… 218
[선례 161] 임기만료로 인한 퇴임과 새로운 취임 사이에 시간적 간격이 있는 경우의 등기방법, 임원이 임기만료로 인하여 퇴임하게 되어 정관에 정한 임원의 정수에 결원이 발생한 경우의 등기방법 ………… 219
(3) 중임의 경우 ………… 219
[선례 162] 대표이사의 임기만료로 인한 퇴임과 재선에 의한 취임 사이에 시간적 간격이 있는 경우 중임등기 가부 ………… 219
[선례 163] 임기만료로 인한 퇴임과 새로운 취임 사이에 시간적 간격이 있는 경우의 등기방법, 임원이 임기만료로 인하여 퇴임하게 되어 정관에 정한 임원의 정수에 결원이 발생한 경우의 등기방법 ………… 220
[선례 164] 이사의 중임일 등에 관한 질의 ………… 220
[선례 165] 주식회사 이사의 임기에 관한 정관의 규정 방식 등 ………… 220
[선례 166] 주식회사 이사의 중임등기 ………… 221

[선례 167] 이사 임기만료일 및 중임일 ···· 221
[선례 168] 이사의 중임일 등에 관한 질의 ···· 221
[선례 169] 이사 임기만료일 및 중임일 ···· 222
(4) 이사등의 성명 · 주민등록번호 · 주소의 변경 등의 경우 ···· 222
(가) 성명 · 주민등록번호 · 주소의 변경 ···· 222
[선례 170] 주식회사의 이사가 퇴임 전에 그 주소변경이 있는 경우 그 변경등기를 하여야 하는지 여부 ···· 222
나. 등기기간 ···· 222
[선례 171] 개명으로 인한 등기기간 기산점 ···· 222
[판례 14] 상법위반(이의신청) ···· 223
다. 등기신청인 ···· 223
[선례 172] 위조된 서류에 의한 합자회사의 무한책임사원의 지분양도에 따른 입 · 퇴사 등기와 본점이전등기의 말소절차 등 ···· 223
[선례 173] 법인의 대표자에 관한 등기신청시 기재할 주소 ···· 224
[선례 174] 이사변경등기절차 이행판결을 받은 경우의 등기 절차 ···· 224
[선례 175] 임원변경등기절차 등 ···· 225
[선례 176] 감사의 원수를 결하게 되는 경우, 화해권고결정에 의해 주식회사 감사의 사임등기를 할 수 있는지 여부(소극) ···· 225
라. 첨부서면 ···· 225
(1) 취임의 경우 ···· 225
(가) 주주총회의사록 ···· 225
(나) 이사회의사록 ···· 226
[선례 177] 주주가 1인인 주식회사가 그 이사를 해임하고 그로 인한 변경등기를 신청하는 경우, 신청서에 첨부할 서면 ···· 226
(다) 취임승낙을 증명하는 서면 ···· 226
[선례 178] 주식회사 등의 이사 또는 감사의 취임승낙 등을 증명하는 서면에 날인할 자가 외국인인 경우 ···· 226
[선례 179] 재외국민이 주식회사의 감사로 취임할 때 취임승낙서에 첨부할 인감증명 ···· 227
[선례 180] 수용자(감사)가 우무인을 찍고 참여 교도관이 당해 수용자의 우무인임을 확인한 후 서명 또는 날인한 사임서를 첨부하여 감사의 퇴임등기를 신청하는 경우 당해 감사의 인감증명의 첨부 요부 ···· 227

[선례 181] 주식회사의 대표권 없는 이사의 취임 또는 사임으로 인한 변경등기와 취임승낙 또는 사임을 증명하는 서면 ······ 227
[선례 182] 주식회사나 유한회사에 관한 등기신청서에 이사 또는 감사의 취임승낙 또는 사임을 증명하는 서면을 첨부하는 경우 그 이사 또는 감사가 우리 나라에 거주 또는 체류하는 외국인인 때 그 서면상의 서명이 본인의 것임을 확인하는 우리나라 공증인의 인증서 첨부가능 여부 및 '체류'의 의미 ······ 228
[선례 183] 비상임당연직이사 임원변경 등기신청시 주민등록등본 첨부면제 여부 ······ 228
[선례 184] 대표권 있는 임원의 퇴임으로 인한 변경등기를 신청하는 경우 신청서에 주소증명서면을 첨부하여야 하는지 여부 ······ 228
[선례 185] 임기만료를 원인으로 대표자 퇴임등기를 할 경우 주소증명서면을 첨부하여야 하는지 여부 ······ 229
(라) 정관 ······ 229
[선례 186] 주식회사 변경등기시 정관의 첨부 여부 ······ 229
[선례 187] 사내이사와 기타비상무이사 등기신청시 첨부서면 ······ 229
(2) 퇴임의 경우 ······ 230
[선례 188] 대표권 있는 임원의 퇴임으로 인한 변경등기를 신청하는 경우 신청서에 주소증명서면을 첨부하여야 하는지 여부 ······ 230
[선례 189] 임기만료를 원인으로 대표자 퇴임등기를 할 경우 주소증명서면을 첨부하여야 하는지 여부 ······ 230
(가) 임기만료로 인한 퇴임 ······ 230
[판례 15] 손해배상(기) ······ 230
[선례 190] 임기만료로 인한 퇴임과 새로운 취임 사이에 시간적 간격이 있는 경우의 등기방법, 임원이 임기만료로 인하여 퇴임하게 되어 정관에 정한 임원의 정수에 결원이 발생한 경우의 등기방법 ······ 231
[선례 191] 이사 전원의 임기가 만료된 경우에 그 중 1인만에 대하여 사임으로 인한 퇴임등기를 할 수 있는지 여부 ······ 231
[선례 192] 주식회사의 이사가 퇴임 전에 그 주소변경이 있는 경우 그 변경등기를 하여야 하는지 여부 ······ 232
(나) 사임 ······ 232
(다) 해임 ······ 232
[선례 193] 주식회사 변경등기시 정관의 첨부 여부 ······ 232

[선례 194] 주주가 1인인 주식회사가 그 이사를 해임하고 그로 인한 변경등기를 신청하는 경우, 신청서에 첨부할 서면 232
(라) 기타 사유에 의한 퇴임 233
[선례 195] 사외이사직 상실로 인한 변경등기의 신청서에 첨부하여야 할 서면 233
[선례 196] 조합원의 자격상실로 인한 조합장의 퇴임등기신청서에 첨부할 서면 등 233
(3) 중임의 경우 234
마. 등록면허세・등기신청수수료 등의 납부 234
바. 인감의 제출과 인감에 관한 기록의 폐쇄 등 234
(1) 인감의 제출 234
(2) 인감에 관한 기록의 폐쇄, 인감카드의 계속사용 등 234

제8절 명의개서대리인에 관한 등기

1. 명의개서대리인 제도 234
2. 명의개서대리인의 설치 235
[선례 197] 명의개서대리인의 변경등기신청 등 235
3. 등기절차 235
가. 등기기간 235
[선례 198] 증권예탁원이 개정 증권거래법 제173조 제1항의 규정에 따라 증권예탁결제원으로 법인의 명칭이 변경된 경우, 종래의 증권예탁원을 명의개서대리인으로 둔 주식회사의 명의개서대리인 변경등기의 등기기간 기산점 등 235
나. 등기사항 236
다. 첨부서면 236
(1) 명의개서대리인을 설치한 경우 236
(2) 명의개서대리인을 변경한 경우 236
[선례 199] 명의개서대리인의 변경등기신청 등 236
(3) 명의개서대리인을 폐지한 경우 236
[선례 200] 주식회사 변경등기시 정관의 첨부 여부 237
[선례 201] 회사의 본점이전등기신청과 정관의 첨부 여부 등 237
라. 등록면허세・등기신청수수료 등의 납부 237

제9절 발행할 주식의 총수의 변경등기

1. 발행할 주식의 총수의 의의 237
[선례 202] 현물출자나 재평가적립금 또는 준비금의 자본전입에 따른 신주발행의 경우 회사가 발행할 주식의 총수의 변경등기 238
2. 종류주식별 발행할 주식의 수 238
3. 발행할 주식의 총수의 변경 238
[선례 203] 주식의 상환에 관한 종류주식의 상환과 회사가 발행할 주식의 총수 및 재발행 가부(선례변경) 238
[선례 204] 주식의 상환에 관한 종류주식의 상환과 회사가 발행할 주식의 총수 및 재발행 가부(선례변경) 239
[선례 205] 자본감소와 발행예정주식총수의 변경등기 외 239
4. 등기절차 240
가. 등기기간, 등기사항 등 240
[선례 206] 발행주식총수의 변경등기신청과 주주총회의사록의 첨부 여부 240
나. 등록면허세・등기신청수수료 등의 납부 241
[선례 207] 주식회사 변경등기신청시의 등록세에 관한 질의 241

제10절 주식의 양도제한에 관한 등기

1. 서설 241
2. 주식의 양도제한 규정의 신설・변경・폐지 241
[판례 1] 명의개서절차이행 242
3. 등기절차 242
가. 등기기간, 등기사항 등 242
나. 첨부서면 243
다. 등록면허세・등기신청수수료 등의 납부 243

제11절 신주발행으로 인한 변경등기

I. 신주발행절차 243
가. 결정기관 243
나. 신주발행을 위한 결정 243
[선례 208] 주식회사의 증자시 현물출자를 하는 방법 등 243
(1) 신주의 종류와 수 244
(2) 신주의 발행가액과 납입기일 244
(가) 발행가액의 결정 244
[판례 1] 특정경제범죄가중처벌등에관한법률위반(배임) 244
[선례 209] 신주발행으로 인한 변경등기가 경료되었으나 인수된 신주 중에 상법상 무효인 자기주식의 취득이 있는 경우, 상법 제428조 제1항에 의한 이사의 인수담보 책임의 이행으로 이미 경료된 변경등기의 하자가 치유되는지 여부 248
[선례 210] 신주발행으로 인한 변경등기의 신청서에 신주의 인수인별로 반드시 주식인수증을 첨부하여야 하는지 여부 248
(나) 액면미달발행 248
[선례 211] 주권상장법인의 액면미달발행에 관한 질의 249
(다) 납입기일 249
(3) 무액면주식 발행시 신주의 발행가액 중 자본금으로 계상되는 금액 249
(4) 신주의 인수방법 249
[판례 2] 특정경제범죄가중처벌등에관한법률위반(배임) 249
[선례 212] 신주발행으로 인한 변경등기신청과 신주배정일 공고문의 첨부 여부 253
[선례 213] 주주에게 신주발행하는 경우 법이 정한 첨부서면 253
[선례 214] 주주 외의 자에게 신주를 배정하는 경우 총주주의 동의로 「상법」 제418조 제4항에 따른 통지 또는 공고를 생략하고 등기신청할 수 있는지 여부 254
[선례 215] 제3자배정 신주발행 등기신청시 실권예고부 최고기간 단축동의서 첨부여부 254
(5) 현물출자에 관한 사항 255
[선례 216] 신주발행시 회사에 대한 채권과 주금납입의무를 상계할 수 있는지 여부 등 255
[선례 217] 주식회사의 신주발행시에 당해 회사에 대한 채권을 현물출자의 목적물로 할 수 있는지 여부(적극) 255

[선례 218] 「증권거래법」 제191조의20에 따라 현물출자 대상 주식을 평가할 경우, 「상업등기법」 제82조제3호 및 제4호의 서류제출 면제여부 및 이를 대체 할 첨부서면 255
[판례 3] 증여세부과처분취소 256
(6) 주주가 가지는 신주인수권을 양도할 수 있는 것에 관한 사항 256
[판례 4] 주주권확인 256
(7) 주주의 청구가 있는 때에만 신주인수권증서를 발행한다는 것과 그 청구기간 257
다. 신주배정기준일의 지정·공고 257
라. 금융위원회에의 증권신고 257
마. 실권예고부 청약최고 257
[선례 219] 주식회사의 신주발행시 신주인수권을 가진 주주가 신주인수권을 포기한 경우 변경등기신청서에 신주인수포기서를 첨부하여야 하는지 여부 258
바. 주식인수의 청약 258
사. 신주의 배정 258
[선례 220] 신주발행시 회사에 대한 채권과 주금납입의무를 상계할 수 있는지 여부 등 258
[선례 221] 금융기관 아닌 자가 기업에 대한 대출금을 출자전환하여 변경등기를 신청할 수 있는지 여부(소극) 259
[선례 222] 대출금의 출자전환에 따른 변경등기 259
아. 제3자 배정방식의 신주발행사실의 주주에 대한 통지·공고 259
[선례 223] 주주 외의 자에게 신주를 배정하는 경우 총주주의 동의로 「상법」 제418조 제4항에 따른 통지 또는 공고를 생략하고 등기신청할 수 있는지 여부 259
[선례 224] 실권주를 제3자에게 재배정하여 신주를 발행한 경우 그 변경등기신청서에 「상법」 제418조제4항에 따른 통지 또는 공고하였음을 증명하는 서면을 첨부해야 하는지 여부 260
자. 출자의 이행 260
[선례 225] 중소기업창업투자회사 대출금의 출자전환에 따른 변경등기신청에 첨부할 서면 260
[선례 226] 대출금의 출자전환에 따른 변경등기신청서에 첨부할 서면 261
[선례 227] 화의인가기업에 대하여 금융기관이 대출금을 출자전환하여 신주를 발행한 경우, 금융감독원장이 출자전환이 있었음을 증명하는 확인서를 발급할 수 있는지 여부(적극) 261

[선례 228] 기업구조조정촉진법 제24조 제5항에 근거하여 채권금융기관 협의회에 확약서를 제출한 금융기관이 아닌 채권자가 부실징후기업에 대한 대출금에 대하여 출자전환을 할 경우 등기예규 제960호의 적용을 받는지 여부 262
[선례 229] 기업구조조정전문회사의 대출금의 출자전환에 따른 변경등기절차에 등기예규 제960호를 적용할 수 있는지 여부 262
[선례 230] 기업구조조정촉진법상 채권금융기관이 기업의 구조조정을 위하여 부채를 출자전환할 경우 등기신청시 납입금 보관증명서 등을 대신하여 등기예규 제960호에서 정한 서면으로 갈음할 수 있는지 여부 등 263
[선례 231] 채권금융기관의 공동관리절차가 종료된 후 대출금채권의 출자전환이 이루어진 경우, 그로 인한 변경등기의 신청서의 첨부서면 263
차. 현물출자의 검사 263
[판례 5] 자동차소유권이전등록말소등 264
[선례 232] 현물출자에 의한 주식회사의 설립과 공인된 감정인 264
[선례 233] 외국인투자촉진법 제30조 제3항의 규정에 의하여 설립등기에서 검사인의 조사보고서로 간주되는 관세청장의 현물출자완료확인서의 법원보고의무 등 264
[선례 234] 외국투자자가 현물출자하는 경우 주식회사 설립등기신청서에 첨부할 서면 여하 265
카. 실권주의 처리 265
[선례 235] 신주를 발행함에 있어 주주 일부가 신주인수권을 포기한 경우 주식청약인을 모집하지 아니하고 주금납입이 완료된 주식에 대하여만 신주를 발행한 후 그에 따른 변경등기를 신청할 수 있는지 여부 265
[판례 6] 신주발행무효확인 266
[판례 7] 특정경제범죄가중처벌등에관한법률위반(배임) 266

2. 주권상장법인의 특례 270
가. 일반공모증자와 발행가액의 특례 270
나. 우리사주조합원에 대한 주식의 배정 등에 관한 특례 270
다. 액면미달발행의 특례 270
라. 신주인수권증서의 의무적 발행의 특례 271
마. 제3자 배정방식 신주발행사실의 주주에 대한 통지·공고의 생략 특례 271
바. 실권주 처리의 특례 271

3. 신주의 효력발생 271

[선례 236] 신주발행으로 인한 변경등기의 원인일자 및 그 등기기간의 기산일 ·························· 271
[선례 237] 기업구조조정을 위한 금융기관대출금의 출자전환에 따른 변경등기 절차 ·················· 271

4. 등기절차 ·· 272
가. 등기기간 ·· 272
나. 등기사항 ·· 272
(1) 발행주식의 총수, 그 종류와 각종 주식의 내용과 수, 자본금의 총액 ········· 272
[선례 238] 신주발행으로 인한 변경등기의 원인일자 및 그 등기기간의 기산일 ·························· 272
(2) 미상각액 ·· 272
다. 첨부서면 ·· 272
(1) 주식의 인수를 증명하는 서면 ··· 272
[선례 239] 신주발행으로 인한 변경등기의 신청서에 신주의 인수인별로 반드시 주식인수증을 첨부하여야 하는지 여부 ·· 273
[선례 240] 신주발행에 따른 변경등기신청서에 첨부하는 서면 및 인감신고서에 날인한 인장 ······ 273
[선례 241] 신주발행으로 인한 변경등기신청시 첨부하여야 하는 주식의 청약을 증명하는 서면은 지배인이 작성한 것도 가능한지 여부(적극) ··· 273
[선례 242] 주식예탁증서(DR)를 발행하는 경우의 주식 청약을 증명하는 서면 ·························· 274
(2) 주식의 청약을 증명하는 서면 ··· 274
[선례 243] 임원 변경등기에서 체류국 공증인의 공증 허용 여부 ·· 274
(3) 제3자 배정방식 신주발행사실의 주주에 대한 통지 또는 공고를 증명하는 서면 ··· 275
[선례 244] 주주 외의 자에게 신주를 배정하는 경우 총주주의 동의로 「상법」 제418조 제4항에 따른 통지 또는 공고를 생략하고 등기신청할 수 있는지 여부 ···················· 275
[선례 245] 실권주를 제3자에게 재배정하여 신주를 발행한 경우 그 변경등기신청서에 「상법」 제418조제4항에 따른 통지 또는 공고하였음을 증명하는 서면을 첨부해야 하는지 여부 ··· 275
(4) 주금납입금 보관증명서 또는 잔고증명서 ··· 276
(가) 주금납입금 보관증명서 ·· 276
(나) 잔고증명서 ·· 276
(5) 상계를 증명하는 서면 ·· 276
(6) 검사인의 조사보고서와 그 부속서류 또는 감정인의 감정서와 그 부속서류 ·· 276

[선례 246] 현물출자에 의한 주식회사의 설립과 공인된 감정인 276
[선례 247] 외국인투자촉진법 제30조 제3항의 규정에 의하여 설립등기에서 검사인의 조사보고서로 간주되는 관세청장의 현물출자완료확인서의 법원보고의무 등 277
[선례 248] 외국투자자가 현물출자하는 경우 주식회사 설립등기신청서에 첨부할 서면 여하 277
(7) 검사인의 조사보고 또는 감정인의 감정결과에 관한 재판의 등본 278
(8) 이사회의사록 또는 주주총회의사록 278
(9) 총주주의 동의서 278
[선례 249] 주식회사의 신주발행시 신주인수권을 가진 주주가 신주인수권을 포기한 경우 변경등기신청서에 신주인수포기서를 첨부하여야 하는지 여부 278
[선례 250] 제3자배정 신주발행 등기신청시 실권예고부 최고기간 단축동의서 첨부여부 278
(10) 정관 279
(11) 법원의 허가서 279
(12) 외국인투자신고서 등의 첨부 요부 279
(가) 외국인투자신고서와 증권신고서 279
[선례 251] 외국인투자에 해당하는 등기를 신청하는 경우 외국인투자신고서를 첨부하여야 하는지 여부 279
[선례 252] 외국에 영주하는 대한민국인이 내국 주식회사의 주식을 인수함에 있어서 외자도입법이 정한 외국인에 대한 특례규정의 적용을 받기 위한 절차 279
(나) 신주배정기준일 지정・공고 증명서면 280
[선례 253] 신주발행으로 인한 변경등기신청과 신주배정일 공고문의 첨부 여부 280
(다) 신주인수권 포기서 280
[선례 254] 주식회사의 신주발행시 신주인수권을 가진 주주가 신주인수권을 포기한 경우 변경등기신청서에 신주인수포기서를 첨부하여야 하는지 여부 280
라. 등록면허세・등기신청수수료 등의 납부 281
[선례 255] 주식회사 변경등기신청시의 등록세에 관한 질의 281

5. 신주발행등기의 효력 281

제12절 주식의 전환으로 인한 변경등기

1. 서설 282

가. 전환주식의 의의 ······ 282
나. 전환주식의 발행 ······ 282
[선례 256] 이미 발행한 보통주식을 우선주식으로 변경할 수 있는지 여부 등 ······ 282

2. 주식의 전환절차 ······ 282
가. 전환청구 ······ 282
[선례 257] 상법 제351조의 주식전환으로 인한 변경등기 방법 ······ 282
[선례 258] 전환권 행사에 의하여 1:1미만이 되는 주식전환의 인정여부(소극) ······ 283
나. 전환의 효과 ······ 283
(1) 전환의 효력발생시기 ······ 283
(2) 주식 및 자본금에 미치는 효과 ······ 283
[선례 259] 전환권 행사에 의하여 1:1미만이 되는 주식전환의 인정여부(소극) ······ 283

3. 등기절차 ······ 283
가. 등기기간 ······ 283
[선례 260] 전환주식 등의 등기기간(선례변경) ······ 284
나. 등기사항 ······ 284
[선례 261] 전환주식 등의 등기기간(선례변경) ······ 284
다. 첨부서면 ······ 284
라. 등록면허세 · 등기신청수수료 등의 납부 ······ 284

제13절 주식매수선택권에 관한 등기

1. 서설 ······ 285
2. 주식매수선택권의 부여방식 ······ 285
3. 주식매수선택권의 부여 ······ 285
가. 부여대상자 ······ 285
(1) 부여받을 수 있는 자 ······ 285
(2) 부여받을 수 없는 자 ······ 285
나. 부여의 한도 ······ 285
다. 정관의 규정 ······ 285

라. 주주총회의 특별결의 ········ 286
마. 주식매수선택권의 부여계약 ········ 286

4. 주식매수선택권의 행사 ········ 286
가. 행사기간 ········ 286
나. 행사절차 ········ 286
다. 행사의 효과 ········ 286
[선례 262] 자본감소와 발행예정주식총수의 변경등기 외 ········ 286

5. 등기절차 ········ 287
가. 주식매수선택권 부여에 관한 정관내용의 등기 ········ 287
(1) 등기기간 및 등기사항 ········ 287
(2) 첨부서면 등 ········ 288
나. 주식매수선택권의 행사에 따른 등기 ········ 288
(1) 등기기간 ········ 288
(2) 첨부서면 ········ 288

제14절 주식분할로 인한 변경등기

1. 주식의 분할 ········ 288
가. 주식분할의 절차 ········ 288
(1) 주주총회특별결의 ········ 288
(2) 정관의 변경 ········ 288
(3) 주권제출공고 ········ 288
[선례 263] 주식회사가 주권을 발행하지 아니하였다는 이유로 주권제출기간을 명시하지 않은 주식액면분할공고절차만을 거친 채 주식분할로 인한 변경등기를 신청할 수 있는지 여부(소극) ········ 289
[선례 264] 주권제출공고증명서에 갈음하여 주주 전원의 이의가 없다는 서면을 첨부하여 주식분할로 인한 변경등기를 신청할 수 있는지 여부(소극) ········ 289
(4) 단주의 처리 ········ 289
나. 주식분할의 효력발생 ········ 289

2. 등기절차 ········ 290

가. 첨부서면 ······ 290
(1) 주주총회의사록 ······ 290
(2) 주권제출공고를 하였음을 증명하는 서면 ······ 290
나. 등록면허세·등기신청수수료 등의 납부 ······ 290

第15절 준비금의 자본금전입으로 인한 변경등기

1. 서설 ······ 290
가. 준비금의 종류 ······ 290
(1) 법정준비금 ······ 290
(가) 개설 ······ 290
(나) 이익준비금 ······ 290
[선례 265] 자본의 2분의 1을 초과하는 이익준비금의 자본전입 가능 여부(소극) ······ 291
(다) 자본준비금 ······ 291

2. 준비금의 자본금전입 ······ 292
가. 자본금전입의 대상 ······ 292
[선례 266] 준비금의 자본전입 ······ 292
[선례 267] 임의준비금의 자본전입 가부 ······ 292
[선례 268] 임의준비금의 자본전입 가부 등 ······ 292
[선례 269] 주식발행초과금의 자본전입에 의한 변경등기신청시의 준비금의 존재를 증명하는 서면 및 임시주주총회에서 대차대조표를 승인할 수 있는지 여부 등 ······ 293
[선례 270] 자본의 2분의 1을 초과하는 이익준비금의 자본전입 가능 여부(소극) ······ 293
[선례 271] 주식발행초과금의 자본금전입으로 인한 변경등기신청서에 첨부하는 준비금의 존재를 증명하는 서면에 잔고증명서도 해당하는지 여부 ······ 294
나. 자본금전입의 결의 ······ 294
[선례 272] 주식발행초과금의 자본전입에 의한 변경등기신청시의 준비금의 존재를 증명하는 서면 및 임시주주총회에서 대차대조표를 승인할 수 있는지 여부 등 ······ 294
다. 신주배정기준일의 지정·공고 ······ 295
라. 자본금전입의 효력발생 ······ 295
(1) 효력의 발생시기 ······ 295
(2) 자본금전입의 효과 ······ 295

3. 자산재평가법에 의한 재평가적립금의 자본금전입 295
4. 등기절차 295
가. 등기기간, 등기사항 등 295
나. 첨부서면 295
(1) 준비금의 존재를 증명하는 서면 295
[선례 273] 임의준비금의 자본전입 가부 등 296
[선례 274] 주식발행초과금의 자본전입에 의한 변경등기신청시의 준비금의 존재를 증명하는 서면 및 임시주주총회에서 대차대조표를 승인할 수 있는지 여부 등 296
[선례 275] 주식발행초과금의 자본금전입으로 인한 변경등기신청서에 첨부하는 준비금의 존재를 증명하는 서면에 잔고증명서도 해당하는지 여부 297
(2) 정관, 이사회의사록 또는 주주총회의사록 297
다. 등록면허세·등기신청수수료 등의 납부 297

제16절 주식배당으로 인한 변경등기

1. 서설 297
2. 주식의 배당 절차 297
3. 주식배당의 효과 298
4. 등기절차 298

제17절 자보금 감소로 인한 변경등기

1. 자본금의 구성 298
[선례 276] 주식회사의 완전감자등기의 가부 298
2. 자본금감소의 방법 299
가. 주식의 액면금액의 인하 299
3. 자본금의 감소 299
가. 주주총회의 특별결의 299
나. 채권자보호절차 299

(1) 공고와 최고 ······ 299
[선례 277] 채권자보호절차이행증명서 ······ 299
[선례 278] 정관에서 정한 회사의 공고방법과 다른 공고를 하였을 경우 공고로서의 효력이 있는지 여부 ······ 299
(2) 이의가 있는 경우 ······ 300
[선례 279] 자본금감소절차에서의 채권자이의제출 및 주권제출공고의 내용 ······ 300
(3) 이의가 없는 경우 ······ 300
다. 주식의 액면금액의 인하, 주식의 병합·소각의 실행절차 ······ 300
(1) 주식의 액면금액을 인하하는 경우 ······ 300
(2) 주식의 병합하는 경우 ······ 300
[선례 280] 주식 6.25주를 1주로 하는 주식병합의 가부 ······ 300
[선례 281] 주식회사가 주권을 발행하지 아니하였다는 이유로 주권제출기간을 명시하지 않은 주식액면분할공고절차만을 거친 채 주식분할로 인한 변경등기를 신청할 수 있는지 여부(소극) ······ 301
[선례 282] 주권제출공고증명서에 갈음하여 주주 전원의 이의가 없다는 서면을 첨부하여 주식분할로 인한 변경등기를 신청할 수 있는지 여부(소극) ······ 301
[선례 283] 주식을 병합하는 경우의 공고절차와 주식병합에 따른 변경등기신청서에 공고문을 첨부하여야 하는지 여부 ······ 301
(3) 주식을 소각하는 경우 ······ 302
[판례 1] 감자대금 ······ 302
라. 자본금감소의 효력발생시기 ······ 302

4. 등기절차 ······ 302
가. 등기사항 ······ 302
[선례 284] 주식의 상환에 관한 종류주식의 상환과 회사가 발행할 주식의 총수 및 재발행 가부(선례변경) ······ 303
나. 첨부서면 ······ 303
(1) 주주총회의사록 ······ 303
(2) 채권자보호절차를 거쳤음을 증명하는 서면 ······ 303
(3) 주권제출공고를 하였음을 증명하는 서면 ······ 303
[선례 285] 자본감소(주금액의 감소에 의한 환급의 방법에 의함)로 인한 변경 등기신청서의 첨부서면 여하 ······ 303

다. 등록면허세・등기신청수수료 등의 납부 ······ 304

제18절 상환주식의 상환에 따른 변경등기

1. 상환주식의 의의 ······ 304
2. 상환주식의 종류와 발행 ······ 304
3. 상환절차 ······ 304
[판례 2] 감자대금 ······ 304
[선례 286] 주식의 상환에 관한 종류주식의 상환과 회사가 발행할 주식의 총수 및 재발행 가부(선례변경) ······ 305
4. 등기절차 ······ 305
가. 등기기간 ······ 305
나. 등기사항 ······ 305
(1) 회사가 발행할 주식의 총수 ······ 305
[선례 287] 주식의 상환에 관한 종류주식의 상환과 회사가 발행할 주식의 총수 및 재발행 가부(선례변경) ······ 306
(2) 변경연월일 ······ 306
[판례 3] 감자대금 ······ 306
다. 첨부서면 ······ 307
(1) 이익의 존재를 증명하는 서면 ······ 307
[선례 288] 상환주식 상환에 대한 변경등기 ······ 307
(2) 주식의 상환 청구가 있음을 증명하는 서면 ······ 307
(3) 주권제출공고를 하였음을 증명하는 서면 ······ 307
(4) 주주총회의사록 및 이사회의사록 ······ 307
라. 등록면허세・등기신청수수료 등의 납부 ······ 308

제19절 자기주식의 소각에 따른 변경등기

1. 자기주식의 소각 ······ 308
2. 등기절차 ······ 308

제20절 전환사채의 등기

1. **사채 일반론** ··· 308
가. 사채의 의의와 종류 ··· 308
[선례 289] 이익참가부전환사채가 등기능력이 있는지 여부 ··· 308
나. 사채의 분류 ··· 309
다. 사채발행의 제한 및 규제의 폐지 ··· 309

2. **전환사채 발행의 등기** ··· 309
가. 전환사채의 의의 등 ··· 309
나. 전환사채의 발행 ··· 309
(1) 이사회 또는 주주총회의 발행결의 ··· 309
[판례 1] 이사회결의무효확인 ··· 309
(가) 전환의 조건 ··· 310
[선례 290] 전환사채의 등기사항 중 전환조건의 전환가격 변경등기 ··· 310
(나) 전환을 청구할 수 있는 기간 ··· 310
(2) 전환사채의 인수 ··· 310
(가) 주주배정(배정일 공고 및 주주에 대한 실권예고부 최고 등) ··· 310
[판례 2] 특정경제범죄가중처벌등에관한법률위반(배임) ··· 311
(나) 사채청약서 등에 기재할 사항 ··· 314
(3) 납입 ··· 314
[판례 3] 주주총회결의등무효확인 ··· 315
[선례 291] 대출금의 출자전환에 따른 변경등기 ··· 315
(4) 전환사채의 효력발생 ··· 315
[판례 4] 전환사채발행무효 ··· 315
다. 등기절차 ··· 318
(1) 등기기간 ··· 318
(2) 등기할 사항 ··· 318
[선례 292] 전환사채의 등기사항 중 전환조건의 전환가격 변경등기 ··· 318
(3) 첨부서면 ··· 318
(가) 이사회의사록 또는 주주총회의사록 ··· 318

(나) 사챙의 인수를 증명하는 서면 ···· 319
[선례 293] 신주발행으로 인한 변경등기의 신청서에 신주의 인수인별로 반드시 주식인수증을 첨부하여야 하는지 여부 ···· 319
[선례 294] 사채의 등기신청서에 첨부할 "각 사채에 대하여 상법 제476조의 납입이 있는 것을 증명하는 서면" ···· 319
(다) 사채의 청약을 증명하는 서면 ···· 319
(라) 납입증명서면 ···· 319
[선례 295] 금융기관이 아닌 전환사채의 인수인이 발행회사에 대한 대출금채권으로써 사채의 납입에 갈음하기로 한 경우, 그에 따른 변경등기 신청서에 첨부하는 '상법 제476조의 규정에 의한 납입을 증명하는 서면' ···· 320
(마) 금융위원회에의 증권신고와 신고서의 첨부요부 ···· 320
(4) 등록면허세·등기신청수수료 등의 납부 ···· 320

3. 전화사채에 관한 변경등기 ···· 320
가. 전환사채의 납입금액의 변경등기 ···· 320
[선례 296] 금융기관 대출금의 일부를 전환사채로 전환하여 그에 따른 등기를 신청하는 경우 등기신청서에 첨부할 서면 여하 ···· 320
나. 전환사채의 총액의 변경등기 ···· 321
[선례 297] 특허투자조합의 사채상환완료증명서에 업무집행조합원의 인감을 날인하고 그 인감증명을 첨부하여야 하는지 여부 ···· 321
다. 전환조건의 변경등기 ···· 321
[선례 298] 전환사채의 등기사항 중 전환조건의 전환가격 변경등기 ···· 321
라. 전환청구기간의 변경등기 ···· 322
마. 전환사채의 말소등기 ···· 322
(1) 등기절차 ···· 322
[선례 299] 특허투자조합의 사채상환완료증명서에 업무집행조합원의 인감을 날인하고 그 인감증명을 첨부하여야 하는지 여부 ···· 322

4. 전환사채의 전환으로 인한 변경등기 ···· 323
가. 전환사채의 전환 ···· 323
(1) 전환의 청구 ···· 323

[선례 300] 금융기관이 아닌 전환사채의 인수인이 발행회사에 대한 대출금채권으로써 사채의 납입에 갈음하기로 한 경우, 그에 따른 변경등기 신청서에 첨부하는 '상법 제476조의 규정에 의한 납입을 증명하는 서면' 323
[선례 301] 서울특별시 내의 법인의 본점을 인천직할시 내로 이전하는 경우 등록세 중과 323
(2) 전환의 효력발생 323
[선례 302] 전환청구기간의 변경등기 여부 등 324
나. 등기절차 324
(1) 등기기간 324
(2) 첨부서면 324
[선례 303] 특허투자조합의 사채상환완료증명서에 업무집행조합원의 인감을 날인하고 그 인감증명을 첨부하여야 하는지 여부 324
다. 등록면허세·등기신청수수료 등의 납부 325

제21절 신주인수권부사채의 등기

1. 신주인수권부사채의 의의 325
2. 신주인수권부사채 발행의 등기 325
가. 신주인수권부사채의 발행 325
(1) 이사회 또는 주주총회의 발행결의 등 325
(가) 각 신주인수권부사채에 부여된 신주인수권의 내용 325
(나) 신주인수권을 행사할 수 있는 기간 325
(다) 신주인수권만을 양도할 수 있는 것에 관한 사항 325
(2) 신주인수권증권의 발행 325
나. 신주인수권부사채의 효력발생 326
[판례 1] 전환사채발행무효 326
다. 등기절차 328
[선례 304] 신주인수권부사채의 등기사항 중 신주인수권의 행사로 인하여 발행할 주식의 발행가액의 총액에 관한 등기 328
[선례 305] 전환사채의 등기사항 중 전환조건의 전환가격 변경등기 329
[선례 306] 신주인수권부사채의 등기사항 중 신주인수권의 행사로 인하여 발행할 주식의 발행가액의 총액에 관한 등기 329

3. 신주인수권부사채에 관한 변경등기 ········ 329
가. 신주인수권부사채의 납입금액의 변경등기 ········ 329
나. 신주인수권부사채의 총액의 변경등기 ········ 330
[선례 307] 특허투자조합의 사채상환완료증명서에 업무집행조합원의 인감을 날인하고 그 인감증명을 첨부하여야 하는지 여부 ········ 330
다. 각 신주인수권부사채에 부여된 신주인수권의 내용의 변경등기 ········ 330
[선례 308] 전환사채의 등기사항 중 전환조건의 전환가격 변경등기 ········ 330
라. 신주인수권을 행사할 수 있는 기간의 변경등기 ········ 330
[선례 309] 전환청구기간의 변경등기 여부 등 ········ 331
마. 신주인수권부사채의 말소등기 ········ 331

4. 신주인수권의 행사로 인한 변경등기 ········ 331
가. 신주인수권의 행사와 신주의 발행 ········ 331
(1) 행사방법 ········ 331
(2) 주금의 납입 ········ 331
(3) 신주인수권의 행사로 인하여 발행할 주식의 발행가액총액의 제한 ········ 331
(4) 효력의 발생 ········ 331
나. 등기절차 ········ 331
(1) 등기기간 ········ 331
(2) 첨부서면 ········ 332
(가) 신주인수청구서 ········ 332
(나) 주금납입보관증명서 또는 대용납입청구를 증명하는 서면 ········ 332
(3) 등록면허세 · 등기신청수수료 등의 납부 ········ 332

제22절 이익참가부사채의 등기

1. 이익참가부사채의 의의 ········ 332
[선례 310] 이익참가부전환사채가 등기능력이 있는지 여부 ········ 332

2. 이익참가부사채 발행의 등기 ········ 333
가. 이익참가부사채의 발행 ········ 333
나. 등기절차 ········ 333

(1) 등기사항 등 ······ 333
(2) 첨부서면 ······ 333

3. 이익참가부사채에 관한 변경등기 등 ······ 333

제23절 전환형 조건부자본증권의 등기

1. 전환형 조건부자본증권의 발행과 전환 등 ······ 333
2. 등기절차 ······ 333

제24절 해산의 등기

1. 회사의 해산 ······ 334
가. 해산의 의의 ······ 334
나. 해산사유 ······ 334
(1) 존립기간이 만료 기타 정관으로 정한 사유의 발생 ······ 334
[선례 311] 사단법인의 정관에 정함이 없는 존립기간이 등기된 경우 그 처리방안 ······ 334
[선례 312] 합자회사 존립기간 만료전에 정관을 변경하여 존립기간을 폐지한 경우 변경등기 가부 ······ 334
[선례 313] 주주총회의 특별결의로 존립기간을 폐지한 회사의 계속등기 방법 등 ······ 335
[선례 314] 청산회사의 대표자 ······ 335
(2) 합병 ······ 335
(3) 파산 ······ 335
(4) 법원의 해산명령 또는 해산판결 ······ 335
(가) 해산명령 ······ 335
[선례 315] 법원의 해산명령에 의한 해산등기 전에 임의로 해산등기와 청산인선임등기가 경료된 경우의 등기 처리 ······ 336
(나) 해산판결 ······ 336
[선례 316] 재산은 모두 처분되고 상호만 남은 주식회사에 대하여 채권자 등이 해산등기신청이나 직권폐쇄신청을 할 수 있는지 여부 ······ 336
(5) 분할 또는 분할합병 ······ 337
(6) 주주총회의 결의 ······ 337

[판례 1] 종중총회결의무효확인 ··· 337
[판례 2] 주주총회결의취소 ··· 337
(7) 휴면회사의 해산간주 ··· 338
(8) 영업허가의 취소 등 ··· 338
다. 해산의 효과 ··· 338
(1) 청산절차의 개시 ··· 338
[판례 3] 소유권이전등기말소등 ··· 338

2. 등기절차 ··· 340
가. 등기사항 ··· 340
나. 등기신청인 ··· 340
(1) 대표청산인 ··· 340
[선례 317] 존립시기 만료로 인한 해산등기를 당해 법인에 대한 채권자가 신청 할 수 있는지 여부 등 ··· 340
(2) 법원 등의 촉탁 등 ··· 340
다. 첨부서면 ··· 341
(1) 주주총회의사록 ··· 341
(2) 정관 ··· 341
[선례 318] 존립시기 만료로 인한 해산등기를 당해 법인에 대한 채권자가 신청 할 수 있는지 여부 등 ··· 341
[선례 319] 청산회사의 대표자 ··· 341
(3) 행정관청의 인가서 ··· 341
(4) 재판의 등본 등 ··· 342
(5) 대표청산인의 자격을 증명하는 서면 ··· 342
라. 등록면허세 · 등기신청수수료 등의 납부 ··· 342

3. 휴면회사의 해산간주 등에 관한 사무처리 ··· 342
가. 휴면회사의 해산간주등기 ··· 342
(1) 공고통지서 및 휴면회사목록의 작성 ··· 342
(2) 직권에 의한 해산등기의 수행 ··· 342
(3) 인감에 관한 기록의 정리 등 ··· 342
나. 휴면회사의 청산인에 관한 등기 ··· 342
(1) 청산인의 결정 ··· 342

[선례 320] 법정청산인의 등기에 필요한 서면과 대표청산인 변경등기 방법 ········ 343
(2) 등기절차 ········ 343
[선례 321] 해산간주된 회사의 해산 및 청산 절차 ········ 343
다. 휴면회사의 회사계속의 등기 ········ 343
(1) 회사의 계속 ········ 343
[선례 322] 해산의 등기를 한 후 10년이 경과한 주식회사의 회사계속등기 가부 ········ 344
[선례 323] 상법 제520조의2(휴면회사의 해산)의 규정에 의하여 직권에 의한 해산 및 청산종결등기가 경료된 주식회사에 있어서 잔여재산이 남아있는 경우 그 처리방법 등 ········ 344
[판례 4] 소유권이전등기말소등 ········ 344
라. 휴면회사의 청산종결간주등기 ········ 345
(1) 청산종결의 간주 ········ 345
(2) 직권에 의한 청산종결간주등기의 수행 ········ 345
(3) 지점등기기록에 대한 청산종결가주등기 ········ 346
(4) 청산종결간주등기의 말소와 등기기록의 부활 ········ 346
[판례 5] 보상금압류처분취소 ········ 346
[선례 324] 자본감소와 발행예정주식총수의 변경등기 외 ········ 347
[선례 325] 해산의 등기를 한 후 10년이 경과한 주식회사의 회사계속등기 가부 ········ 348
[선례 326] 상법 제520조의2(휴면회사의 해산)의 규정에 의하여 직권에 의한 해산 및 청산종결등기가 경료된 주식회사에 있어서 잔여재산이 남아 있는 경우 그 처리방법 등 ········ 348
마. 기록의 보존 등 ········ 348

제25절 회사계속의 등기

1. 회사의 계속 ········ 349
가. 회사계속의 의의 ········ 349
[선례 327] 해산의 등기를 한 후 10년이 경과한 주식회사의 회사계속등기 가부 ········ 349
나. 회사계속을 할 수 있는 시기 ········ 349
[선례 328] 해산간주된 휴면회사의 회사의 계속 가부 ········ 349
[선례 329] 해산의 등기를 한 후 10년이 경과한 주식회사의 회사계속등기 가부 ········ 349

[선례 330] 회사해산명령에 의하여 해산된 회사의 계속등기 가부 350
[선례 331] 회사해산명령에 의하여 해산된 회사의 계속등기 가부 350
다. 회사계속의 절차 350
(1) 회사계속의 결의 350
(2) 새로운 이사·대표이사의 선임 350
[판례 1] 가처분이의 350
라. 회사계속의 효과 351
[판례 2] 가처분이의 351

2. 등기절차 352
가. 등기기간 352
나. 등기사항 352
[선례 332] 회사해산명령에 의하여 해산된 회사의 계속등기 가부 352
[선례 333] 주주총회의 특별결의로 존립기간을 폐지한 회사의 계속등기 방법 등 352
[선례 334] 해산의 등기를 한 후 10년이 경과한 주식회사의 회사계속등기 가부 353
다. 등기신청인 353
라. 첨부서면 353
(1) 주주총회의사록 353
(2) 이사회의사록 353
마. 등록면허세·등기신청수수료 등의 납부 353

제26절 합병의 등기

1. 서설 354
가. 합병의 의의 354
[판례 1] 추심금 354
[선례 335] 주식회사의 주주와 유한회사의 사원이 1인으로서 동일인인 경우 무증자 흡수합병등기가 가능한지 여부 354
[선례 336] 주식회사의 흡수합병으로 인한 등기 등 355
나. 합병의 자유와 제한 355
(1) 합병의 자유 355

[선례 337] 흡수합병절차에서 해산하는 주식회사가 존속하는 유한회사의 지분을 보유하고 있는 경우, 존속하는 유한회사가 합병으로 취득한 위 자기지분을 합병의 대가로 해산회사의 주주에게 배정하는 것이 가능한지 여부 등 ········ 355

(2) 합병의 제한 ········ 356

(가) 상법에 의한 제한 ········ 356

[선례 338] 청산중의 회사를 소멸하는 회사로 하는 합병을 할 수 있는지 여부 ········ 356

[선례 339] 채무초과회사를 소멸회사로 하는 흡수합병의 허용 여부(선례 변경) ········ 356

(나) 「자본시장과 금융투자업에 관한 법률」 등에 의한 제한 ········ 356

(다) 「채무자 회생 및 파산에 관한 법률」에 의한 제한 ········ 357

(라) 「독점규제 및 공정거래에 관한 법률」에 의한 제한 ········ 357

(마) 채무초과회사를 소멸회사로 하는 합병의 가부 ········ 357

[선례 340] 채무초과회사를 소멸회사로 한 무증자합병등기가 가능한지 여부 (일부변경) ········ 357

[선례 341] 채무초과회사를 소멸회사로 하는 흡수합병의 허용 여부(선례 변경) ········ 357

2. 합병의 절차 ········ 358

가. 합병계약서의 작성 ········ 358

(1) 합병계약의 일반 ········ 358

(2) 합병계약서의 기재사항 ········ 358

(가) 흡수합병의 경우 ········ 358

[선례 342] 합병교부금만을 지급하는 합병이 허용되는지 여부 ········ 358

[판례 2] 주식회사합병무효청구 ········ 359

[선례 343] 채무초과회사를 소멸회사로 한 무증자합병등기가 가능한지 여부 (일부변경) ········ 360

[선례 344] 주식회사의 주주와 유한회사의 사원이 1인으로서 동일인인 경우 무증자 흡수합병등기가 가능한지 여부 ········ 360

[선례 345] 흡수합병 시 존속회사가 보유하는 소멸회사 주식의 일부에 대해 합병신주를 배정한 경우 합병으로 인한 변경등기 ········ 361

[선례 346] 흡수합병에 의하여 존속회사가 취득한 자기주식의 소각여부와 변경 등기 절차 등 ···· 361

[선례 347] 흡수합병절차에서 해산회사가 존속회사의 발행주식을 보유하고 있는 경우, 존속회사가 합병으로 취득한 위 자기주식을 합병신주로 해산회사의 주주에게 배정하는 것이 가능한지 여부 등 ········ 361

[선례 348] 합병교부금만을 지급하는 합병이 허용되는지 여부 ········ 362

[선례 349] 신설합병으로 인한 지점설치에서 등기용지를 개설한 사유를 잘못 등기한 경우, 합병의 효력이 그 신설지점에 미치는지 여부와 이를 바로잡는 방법 ······ 363
(나) 신설합병의 경우 ······ 363
나. 합병계약서 등의 공시 ······ 363
다. 합병계약의 승인 ······ 363
(1) 주주총회의 특별결의에 의한 승인 ······ 363
(2) 간이합병(합병회사) ······ 364
(3) 소규모합병(존속회사) ······ 364
[선례 350] 흡수합병 시 존속회사가 보유하는 소멸회사 주식의 일부에 대해 합병신주를 배정한 경우 합병으로 인한 변경등기 ······ 364
라. 채권자보호절차 ······ 364
[선례 351] 채권자보호절차이행증명서 ······ 364
[선례 352] 정관에서 정한 회사의 공고방법과 다른 공고를 하였을 경우 공고로서의 효력이 있는지 여부 ······ 364
[선례 353] 회사의 본점 소재지를 잘못 기재한 공고문을 첨부하여 합병으로 인한 등기를 신청할 수 있는지 여부 ······ 365
[선례 354] 합병절차진행중의 상호변경등기 가부 ······ 365
[선례 355] 상법 제527조의5의 규정에 의하여 합병에 이의를 한 채권자와 채권의 존부 및 채권액에 관하여 다툼이 있는 경우에도 합병으로 인한 변경등기신청서에 비송사건절차법 제215조 제3호의 서면을 첨부하여야 하는지 여부 ······ 365
마. 소멸회사의 주식의 병합 또는 분할 ······ 366
[선례 356] 주식회사가 주권을 발행하지 아니하였다는 이유로 주권제출기간을 명시하지 않은 주식액면분할공고절차만을 거친 채 주식분할로 인한 변경등기를 신청할 수 있는지 여부(소극) ······ 366
[선례 357] 주권제출공고증명서에 갈음하여 주주 전원의 이의가 없다는 서면을 첨부하여 주식분할로 인한 변경등기를 신청할 수 있는지 여부(소극) ······ 366
[선례 358] 주식회사의 합병등기절차 ······ 367
[선례 359] 합병으로 인하여 주식을 병합 또는 분할하는 경우 합병으로 인한 변경등기 신청서에 반드시 주권제출의 공고를 증명하는 서면을 첨부하여야 하는지 여부(적극) ······ 367
바. 공정거래위원회에의 신고 ······ 367
사. 보고총회 또는 창립총회 ······ 367

(1) 보고총회 (존속회사) ······ 367
(2) 창립총회 (신설회사) ······ 368
[판례 3] 합병철회·주주총회결의취소 ······ 368
[선례 360] 신설합병절차에서 창립총회를 이사회의 결의에 의한 공고로 갈음 할 수 있는지 여부(적극) ······ 372

3. 합병의 등기절차 ······ 372
가. 등기기간 ······ 372
나. 등기신청인 ······ 372
다. 동시신청 및 경유신청 ······ 372
라. 등기신청 ······ 372
[선례 361] 흡수합병에 의하여 존속회사가 취득한 자기주식의 소각여부와 변경등기 절차 등 ······ 373
[선례 362] 흡수합병절차에서 해산회사가 존속회사의 발행주식을 보유하고 있는 경우, 존속회사가 합병으로 취득한 위 자기주식을 합병신주로 해산회사의 주주에게 배정하는 것이 가능한지 여부 등 ······ 373
(1) 신설회사의 등기사항 ······ 374
(2) 소멸회사의 등기사항 ······ 374
마. 첨부서면 ······ 374
(1) 존속회사 변경등기신청서의 첨부서면 ······ 374
(가) 합병계약서 ······ 374
[선례 363] 주권상장법인이 주주의 주식매수청구권 행사로 취득한 자기주식을 소각하는 경우 그 변경등기신청서에 첨부할 이익의 존재를 증명하는 서면 ······ 374
(나) 존속회사의 주주총회의사록 및 이사회의사록 ······ 374
(다) 소멸회사의 (종류)주주총회 또는 이사회 의사록이나 사원총회 의사록 또는 총사원의 동의가 있음을 증명하는 서면 ······ 374
(라) 채권자보호절차를 거쳤음을 증명하는 서면 ······ 375
(마) 이사회의 공고로 합병보고총회에 대한 보고를 갈음한 경우 이를 증명하는 서면 ······ 375
[선례 364] 회사의 본점 소재지를 잘못 기재한 공고문을 첨부하여 합병으로 인한 등기를 신청할 수 있는지 여부 ······ 375
[선례 365] 정관에서 정한 회사의 공고방법과 다른 공고를 하였을 경우 공고로서의 효력이 있는지 여부 ······ 375

[선례 366] 신설합병절차에서 창립총회를 이사회의 결의에 의한 공고로 갈음할 수 있는지 여부(적극) ······ 375
(바) 간이합병 또는 소규모합병의 경우 그 관련된 사실을 증명하는 서면 ·· 376
(사) 주권제출공고를 하였음을 증명하는 서면 ······ 376
(아) 존속회사가 자본금감소를 한 경우 채권자보호절차를 거쳤음을 증명하는 서면 등 ······ 376
(자) 「독점규제 및 공정거래에 관한 법률」에 따른 합병신고를 하였음을 증명하는 서면 ······ 376
(2) 신설회사 설립등기신청서의 첨부서면 ······ 376
(가) 합병계약서 ······ 376
(나) 소멸회사의 (종류)주주총회 또는 이사회 의사록이나 사원총회 의사록 또는 총사원의 동의가 있음을 증명하는 서면 ······ 376
(다) 채권자보호절차를 거쳤음을 증명하는 서면 ······ 377
(라) 주권제출공고를 하였음을 증명하는 서면 ······ 377
(마) 신설회사의 정관 ······ 377
(바) 창립총회의사록 ······ 377
(사) 이사회의 공고로 창립총회에 대한 보고를 갈음한 경우 이를 증명하는 서면 ······ 377
(아) 이사·대표이사와 감사 또는 감사위원회 위원의 취임승낙을 증명하는 서면 ······ 377
(자) 명의개서대리인을 둔 때에는 명의개서대리인과의 계약을 증명하는 서면 ······ 377
(차) 「독점규제 및 공정거래에 관한 법률」에 따른 합병신고를 하였음을 증명하는 서면 ······ 377
(카) 설립위원의 자격을 증명하는 서면 ······ 378
(3) 소멸회사 해산등기신청서의 첨부서면 ······ 378
바. 등록면허세·등기신청수수료 등의 납부 ······ 378
(1) 등록면허세·지방교육세 ······ 378
(2) 등기신청수수료 ······ 378
사. 등기소의 처리 ······ 378

4. 합병의 효력 ······ 378
[판례 4] 추심금 ······ 378

제27절 분할 또는 분할합병의 등기

1. 서설 ······ 379
가. 분할 또는 분할합병의 종류 ······ 379
(1) 단순분할과 분할합병 ······ 379
[선례 367] 회사분할합병으로 인한 설립등기신청시 검사인 등의 조사보고서 첨부여부(소극) ······ 379
[선례 368] 주주총회의 해산 결의에 의하여 해산한 주식회사가 물적분할 또는 인적분할의 방법으로 회사를 설립할 수 있는지 여부(적극) ······ 379
[선례 369] 이른바 물적흡수분할합병의 경우에도 분할합병에 따른 변경 등기가 허용되는지 여부(적극) ······ 380
(2) 물적분할과 인적분할 ······ 380
[선례 370] 분할합병의 상대방 회사가 분할되는 회사의 주식 전부를 소유하고 있는 경우 무증자 분할합병등기의 가부 ······ 380
나. 해산회사의 분할의 제한 ······ 381

2. (단순)분할의 절차 ······ 381
가. 분할계획서의 작성(분할계획서의 기재사항) ······ 381
[선례 371] 회사 분할시 제3자의 출자 가능 여부(적극) ······ 381
[선례 372] 주식회사 분할시 피분할회사의 자본감소절차가 반드시 필요한지 여부 ······ 381
(1) 분할되는 회사가 소멸하는 경우 ······ 381
(가) 설립되는 회사의 자본금과 준비금에 관한 사항 ······ 381
(2) 분할되는 회사가 존속하는 경우 ······ 382
나. 분할계획서 등의 공시 ······ 382
[선례 373] 흡수분할합병시 무증자합병이 가능한지 여부(적극) ······ 382
다. 분할의 승인 ······ 382
라. 채권자보호절차 ······ 382
[선례 374] 회사 분할에 따른 등기시 채권자보호절차를 거쳤음을 증명하는 서면의 첨부 요부 ······ 382
[선례 375] 회사 분할에 따른 등기시 채권자보호절차를 거쳤음을 증명하는 서면의 첨부 요부 ······ 383
[선례 376] 회사분할에 의한 등기의 신청서에 채권자보호절차를 거쳤음을 증명하는 서면을 첨부해야 하는 경우 ······ 383
마. 창립총회 ······ 384

3. 분할합병의 절차 ······ 384
가. 분할합병계약서의 작성(분할합병계약서의 기재사항) ······ 384
(1) 흡수분할합병의 경우 ······ 384
[선례 377] 회사분할과 흡수합병으로 인한 등기를 동시에 신청할 수 있는지 여부 ······ 384
(가) 분할합병의 상대방 회사의 증가할 자본금의 총액과 준비금에 관한 사항 ······ 385
(나) 분할 전 분할회사의 채무에 관해 연대책임을 배제하는 정함이 있는 경우에는 그 내용 ······ 385
(다) 분할합병을 할 날 ······ 385
(2) 신설분할합병의 경우 ······ 385
(3) 분할합병을 하지 않는 부분에 관한 사항 ······ 385
나. 분할합병계약서 등의 공시 ······ 385
다. 분할합병의 승인 ······ 385
(1) 주주총회의 특별결의에 의한 승인 ······ 385
(2) 간이분할합병(분할되는 회사의 주주총회의 승인을 이사회의 승인으로 갈음) ······ 385
(3) 소규모분할합병(분할합병의 상대방회사의 주주총회의 승인을 이사회 승인으로 갈음) ······ 385
라. 채권자보호절차 ······ 386
마. 보고총회 또는 창립총회 ······ 386
(1) 보고총회 ······ 386
(2) 창립총회 ······ 386
[선례 378] 주식회사 분할시 신주인수권부사채나 전환사채의 승계가 있는 경우 승계에 따른 등기를 하여야 하는 시점 ······ 386

4. 분할 또는 분할합병의 등기절차 ······ 387
가. 등기사항 ······ 387
[선례 379] 한국증권선물거래소법에 의한 한국증권선물거래소 설립을 위한 분할합병등기시 비송사건절차법 제216조의2(분할 또는 분할합병에 의한 등기)와 등기예규 제964호(주식회사의 분할 또는 분할합병으로 인한 등기의 사무처리지침)가 유추적용될 수 있는지 여부(적극) 등 ······ 387
(1) 분할신설회사 ······ 387
[선례 380] 신설회사가 분할회사의 상호로 변경등기를 할 수 있는지 여부 ······ 387
(2) 흡수분할합병회사 ······ 388

(3) 분할존속회사 ………… 388
나. 등기기간 ………… 388
다. 등기신청인 ………… 388
라. 경유신청과 동시신청 ………… 388
마. 첨부서면 ………… 388
(1) 분할신설회사의 설립등기 ………… 388
[선례 381] 갑 주식회사가 일부를 분할하여 갑 주식회사의 출자만으로 을 주식회사를 설립하는 경우 을 주식회사의 설립등기신청서에 첨부되는 정관에 서명할 발기인 여하 등 ………… 388
[선례 382] 물적분할로 신설되는 주식회사의 설립등기신청서에 검사인이나 공증인의 조사보고서와 그 부속서류 또는 감정인의 감정서와 그 부속서류를 첨부하여야 하는지 여부 ………… 389
(가) 분할계획 또는 분할합병계약을 승인한 분할존속회사 또는 분할소멸회사의 주주총회의사록 ………… 389
(나) 정관 ………… 389
[선례 383] 갑 주식회사가 일부를 분할하여 갑 주식회사의 출자만으로 을 주식회사를 설립하는 경우 을 주식회사의 설립등기신청서에 첨부되는 정관에 서명할 발기인 여하 등 ………… 389
(다) 신설회사의 창립총회의사록 ………… 390
(라) 분할 또는 분할합병으로 신설되는 회사가 전환사채 또는 신주인수권부사채를 승계하기로 한 경우에는 이를 증명하는 서면 ………… 390
[선례 384] 주식회사 분할시 신주인수권부사채나 전환사채의 승계가 있는 경우 승계에 따른 등기를 하여야 하는 시점 ………… 390
[선례 385] 기존의 주식회사를 분할하여 회사를 설립하면서 기존 존속회사가 분할로 인하여 설립되는 회사에 건설업을 양도할 경우, 분할로 인하여 설립되는 회사의 설립등기신청서에 건설업의 양도에 관한 주무관청에의 신고를 증명하는 서면을 첨부하여야 하는지 여부(소극) ………… 391
(2) 흡수분할합병회사의 변경등기 ………… 391
(가) 분할합병을 승인한 분할되는 회사의 주주총회의사록 또는 이사회의사록 등 ………… 391
(3) 분할존속회사의 변경등기와 분할소멸회사의 해산등기 ………… 391
[선례 386] 회사 분할에 따른 등기시 채권자보호절차를 거쳤음을 증명하는 서면의 첨부 요부 ………… 391
바. 등록면허세 · 등기신청수수료 등 납부 ………… 392

(1) 등록면허세 및 지방교육세 …… 392
(2) 등기신청수수료 …… 392
사. 등기소의 처리 …… 392

5. 분할 또는 분할합병의 효력 …… 392

제28절 주식의 포괄적 교환 · 이전의 등기

1. 주식의 포괄적 교환 및 이전 제도 …… 393
가. 도입취지 …… 393
나. 주식교환과 주식이전의 의의 등 …… 393

2. 주식의 포괄적 교환 …… 393
가. 주식교환의 절차 …… 393
(1) 주식교환계약서의 작성 …… 393
(2) 주식교환계약서 등의 사전공시 …… 393
(3) 주식교환계약서의 승인 …… 393
(4) 주식교환에 반대하는 주주츼 주식매수청구권 …… 393
(5) 완전모회사의 자본금증가의 한도액 …… 393
(6) 주권의 실효절차 …… 393
(7) 간이주식교환 …… 394
(8) 소규모주식교환 …… 394
(9) 주식교환의 사후공시 …… 394
나. 주식교환의 효과 …… 394
(1) 주식의 이전 및 신주의 발행 …… 394
(2) 완전모자회사관계의 성립 및 완전자회사의 구주권의 실효 …… 394
(3) 완전모회사의 이사 및 감사의 임기 …… 394
다. 주식교환무효의 소 …… 394
라. 주식교환에 의한 완전모회사의 변경등기절차 …… 394
(1) 등기사항 및 등기기간 …… 394
(2) 첨부서면 …… 394
(3) 등록면허세 · 등기신청수수료 등의 납부 …… 395

3. 주식의 포괄적 이전 ········ 395
가. 주식이전의 절차 ········ 395
(1) 주식이전계획서의 작성 ········ 395
(가) 설립하는 완전모회사의 자본금 및 자본준비금에 관한 사항 ········ 395
(2) 주식이전계획서의 승인 ········ 395
(3) 주식이전계획서 등의 사전공시 ········ 395
(4) 완전모회사의 자본금의 한도액 ········ 395
(5) 주권의 실효절차 ········ 395
(6) 주식이전에 반대하는 주주의 주식매수청구권 등 ········ 395
나. 주식이전에 의한 완전모회사의 설립등기절차 ········ 396
(1) 첨부서면 ········ 396
(2) 등록면허세·등기신청수수료 등의 납부 ········ 396
다. 주식이전의 효과 ········ 396
라. 주식이전무효의 소 ········ 396

제29절 조직변경의 등기

1. 서설 ········ 396
[판례 1] 법인세부과처분취소 ········ 396
[선례 387] 특수법인인 지방공사를 상법상의 주식회사로 조직변경등기를 할 수 있는지 여부 ········ 397
[선례 388] 지방공기업법에 의하여 설립된 지방공사를 조례에 의하여 상법상 주식회사로 전환할 수 있는지, 동 지방공사를 상법상 주식회사 또는 농업협동조합법에 의한 업종별조합과 합병할 수 있는 지 여부 등 ········ 397

2. 주시회사의 유한회사로의 조직변경 ········ 398
가. 총주주의 일치에 의한 주주총회의 결의 ········ 398
[선례 389] 주식회사가 유한회사로 조직변경되는 경우의 등기신청과 우선주의 처리 ········ 398
[선례 390] 지방공사의 주식회사로의 변경등기 가부 ········ 398
[선례 391] 지방공기업법에 의하여 설립된 지방공사를 조례에 의하여 상법상 주식회사로 전환할 수 있는지, 동 지방공사를 상법상 주식회사 또는 농업협동조합법에 의한 업종별조합과 합병할 수 있는 지 여부 등 ········ 399
[판례 2] 상법위반(이의신청) ········ 399

나. 사채의 상환 ······ 400
다. 자본금의 총액의 제한 ······ 400
라. 채권자보호절차 ······ 400

3. 주식회사의 유한책임회사로의 조직변경 ······ 400
4. 등기절차 ······ 400
가. 등기사항 ······ 400
나. 등기기간 ······ 400
다. 해산등기와 설립등기의 동시신청 등 ······ 400
라. 첨부서면 ······ 400
(1) 유한회사 설립등기신청서의 첨부서면 ······ 400
(가) 주주총회의사록 ······ 401
(나) 정관 ······ 401
(다) 회사에 현존하는 순재산액을 증명하는 서면 ······ 401
(라) 사채의 상환을 완료하였음을 증명하는 서면 ······ 401
(마) 채권자보호절차를 이행하였음을 증명하는 서면 ······ 401
(바) 이사 등의 취임승낙을 증명하는 서면 ······ 401
(사) 이사 등의 주민등록번호, 주소를 증명하는 서면 ······ 401
(아) 인감신고서의 제출 ······ 401
(2) 주식회사 해산등기신청서의 첨부서면 ······ 401
마. 등록면허세 · 등기신청수수료 등의 납부 ······ 402
(1) 주식회사의 해산등기 ······ 402
(2) 유한회사의 설립등기 ······ 402
[판례 3] 등록세등부과처분취소 ······ 402
바. 주식회사의 유한책임회사로의 조직변경에 따른 등기절차 ······ 402

제30절 청산인에 관한 등기

1. 서설 ······ 403
가. 청산인의 의의 ······ 403
나. 청산인의 자격 및 원수 ······ 403
(1) 청산인의 자격 ······ 403
(2) 청산인의 원수 ······ 403

다. 청산인의 지위와 권한 ······ 404

2. **청산인의 취임 · 퇴임** ······ 404
가. 청산인의 결정 • 선임 ······ 404
(1) 법정청산인 ······ 404
[판례 1] 낙찰허가 ······ 404
[선례 392] 자본감소와 발행예정주식총수의 변경등기 외 ······ 405
(2) 정관의 규정 또는 주주총회의 선임결의에 의한 청산인 ······ 406
[판례 2] 소유권이전등기 ······ 406
[선례 393] 자본감소와 발행예정주식총수의 변경등기 외 ······ 406
(3) 법원의 선임에 의한 청산인 ······ 407
[판례 3] 임시주주총회결의무효확인 ······ 408
나. 청산인의 임기 ······ 409
[판례 4] 직무대행선임 ······ 409
다. 청산인의 퇴임 ······ 409
라. 청산인의 권리의무가 있는 자 ······ 409
[판례 5] 임시주주총회결의무효확인 ······ 409
마. 일시청산인 ······ 410
[판례 6] 직무대행선임 ······ 411
[판례 7] 일시이사및일시대표이사직무대행선임 ······ 411
[판례 8] 임시이사및임시공동대표이사선임 ······ 412
[판례 9] 가옥명도등 ······ 412
바. 청산인의 직무대행자 ······ 413
[판례 10] 소유권이전등기말소 ······ 414
[판례 11] 소유권이전등기 ······ 414
[판례 12] 건물명도 ······ 415
[판례 13] 사정변경에의한가처분취소 ······ 415

3. **대표청산인의 취임 · 퇴임** ······ 416
가. 대표청산인의 의의, 자격 등 ······ 416

나. 대표청산인의 결정 · 선정 ······ 416
다. 대표청산인의 퇴임 ······ 416
라. 대표청산인의 권리의무 있는 자, 일시대표청산인,
대표청산인의 직무대행자 ······ 416
마. 공동대표청산인 ······ 416

4. 등기절차 ······ 417
가. 최초 청산인 및 최초 대표청산인의 등기 ······ 417
(1) 등기사항 ······ 417
[선례 394] 주식회사 이사변경등기의 등기기간 기산점 ······ 417
[선례 395] 주식회사 임원의 등기부상 퇴임일과 취임일 ······ 417
[판례 14] 소유권이전등기말소등 ······ 417
(2) 등기신청인 ······ 419
[선례 396] 청산회사의 대표자 ······ 419
(3) 첨부서면 ······ 419
(가) 법정청산인의 등기 ······ 419
[선례 397] 법정청산인의 등기에 필요한 서면과 대표청산인 변경등기 방법 ······ 419
[선례 398] 청산종결등기 후의 회사명의 재산의 청산관계 ······ 420
(나) 정관 소정의 청산인의 등기 ······ 420
(다) 주주총회에서 선임한 청산인의 등기 ······ 420
(라) 법원에서 선임한 청산인의 등기 ······ 420
나. 청산인 및 대표청산인에 관한 변경등기 ······ 420
(1) 등기기간 ······ 420
(2) 등기사항 ······ 420
[선례 399] 법정청산인의 등기에 필요한 서면과 대표청산인 변경등기 방법 ······ 420
(3) 등기신청인 ······ 421
(4) 첨부서면 ······ 421
(가) 청산인 또는 대표청산인의 취임 ······ 421
(나) 청산인 또는 대표청산인의 취임 ······ 421
(다) 공동대표 규정의 설정, 변경, 폐지 ······ 421
(라) 청산인 또는 대표청산인의 성명, 주소 등의 변경 ······ 421
다. 등록면허세 · 등기신청수수료 등의 납부 ······ 421

제31절 청산종결의 등기

1. 서설 ········· 422
2. 청산절차 ········· 422
가. 재산목록 및 대차대조표의 작성, 승인 등 ········· 422
나. 채권시고의 공고・최고 ········· 422
[선례 400] 청산종결등기 신청서에 회사채권자에의 최고 공고문 첨부 요부 ········· 422
다. 채권신고기간 내의 변제금지와 채무의 변제 ········· 423
라. 잔여재산의 분배 ········· 423
마. 청산의 종결 ········· 423
(1) 결산보고서의 작성, 주주총회의 승인 등 ········· 423
(2) 청산종결의 등기와 회사의 소멸 ········· 423
[판례 1] 수표반환등 ········· 423
[선례 401] 상법 제520조의2(휴면회사의 해산)의 규정에 의하여 직권에 의한 해산 및 청산종결등기가 경료된 주식회사에 있어서 잔여재산이 남아 있는 경우 그 처리방법 등 ········· 423
[선례 402] 자본감소와 발행예정주식총수의 변경등기 외 ········· 424
바. 청산종결의 간주 ········· 425

3. 청산종결의 등기절차 ········· 425
가. 등기기간 ········· 425
나. 등기사항 ········· 425
다. 첨부서면 ········· 425
[선례 403] 청산종결등기 신청서에 회사채권자에의 최고 공고문 첨부 요부 ········· 425
라. 청산종결등기의 수행 ········· 426
마. 등록면허세・등기신청수수료 등의 납부 ········· 426

4. 청산종결등기의 말소와 등기기록의 부활 ········· 426
가. 청산사무의 잔존과 청산종결등기의 말소 ········· 426
[선례 404] 회사의 청산종결등기 후 잔여재산처분을 위한 청산인 등 변경등기 ········· 426
[선례 405] 자본감소와 발행예정주식총수의 변경등기 외 ········· 426

[선례 406] 폐쇄일로부터 20년이 지난 등기용지의 부활 가부 …… 428
나. 폐쇄된 등기용지상의 청산종결등기의 말소 …… 428
(1) 신청서의 접수 …… 428
(2) 신청서의 조사 …… 428
(3) 전산등기부로의 개제 …… 428
(4) 등기부 등초본 등의 발급 정지 …… 428

제32절 채무자 회생 및 파산에 관한 법률에 따른 등기

1. 개요 …… 429
가. 회생절차의 우선적용 …… 429
나. 회생절차의 실패와 파산절차의 진행 …… 429

2. 회생 또는 파산절차와 관련된 상업등기 …… 429
가. 등기촉탁 …… 429
(1) 일반 …… 429
[선례 407] 회사정리절차 종료 전에 정리계획의 일환으로 수행된 전환사채 및 신주인수권 부사채의 상환이 전부 완료되었으나 이에 대한 관할법원의 말소등기촉탁이 누락된 경우 이를 말소하는 방법 …… 429
(2) 절차의 개시 등과 관련한 등기촉탁 …… 430
(3) 채무자의 기관에 관한 등기촉탁 …… 430
(가) 관리인, 파산관재인 등의 선임 관련 등기촉탁 …… 430
(나) 등기기록상 기재방법 …… 430
(다) 인감의 제출 및 증명 …… 430
나. 촉탁등기사항 이외의 등기사항에 대한 등기신청권자 …… 430
[선례 408] 법인이 파산한 경우, 파산재단 사무실 이전을 본점이전에 준하여 등기사항으로 볼 수 있는지의 여부 …… 430
[선례 409] 회사정리법 제226조 제1항의 규정에 의한 신회사설립형식으로 정리계획안이 확정되어 정리법원이 회사설립등기를 촉탁할 경우 등록세 면제여부 등 …… 431
[선례 410] 파산법인의 본점이전시 파산관재인이 본점이전등기신청을 할 수 있는지 여부(소극) …… 431
[선례 411] 회사정리법 제226조 제1항의 규정에 의한 신회사설립형식으로 정리계획안이 확정되어 정리법원이 회사설립등기를 촉탁할 경우 등록세 면제여부 등 …… 431

[선례 412] 청산절차 진행 중 법인이 파산한 경우 등기부에 기재된 청산인과 감사등기를 신임 청산인과 감사의 취임등기를 하지 아니하고 말소 할 수 있는지 여부(소극) ········ 432
[선례 413] 법원의 촉탁에 따른 파산관재인의 선임등기를 할 수 있는지 여부(적극) ········ 432
[선례 414] 해산등기 및 정리절차종결등기를 한 때에 반드시 당해 등기용지를 폐쇄하여야 하는지 여부 ········ 432
[선례 415] 정리절차종결 후 정리계획의 수행에 따른 유상감자등기에 있어서 그 신청서에 첨부하여야 할 서면 ········ 433
다. 등록면허세 등 ········ 433

제33절 설립무효의 판결 등의 재판에 따른 등기

1. 설립무효의 등기 ········ 434
가. 설립무효의 판결 ········ 434
나. 등기절차 ········ 434

2. 주주총회결의 취소, 부존재 또는 무효 등의 등기 ········ 434
가. 주주총회결의 취소, 부존재 또는 무효 확인 등의 판결 ········ 434
(1) 주주총회결의취소의 판결 ········ 434
(2) 주주총회결의의 무효 또는 부존재 확인판결 ········ 434
(3) 주주총회결의 변경의 판결 ········ 434
나. 등기절차 ········ 435
(1) 등기사항 ········ 435
(2) 등기의 촉탁 ········ 435
[선례 416] 본점이전에 관한 주주총회결의부존재의 판결이 확정된 경우 그 처리절차 등 ········ 435
(3) 등기의 기록 ········ 435
[선례 417] 주주총회결의부존재확인판결에 의한 이사 등 취임등기말소와 종전이사 등의 등기회복 ········ 436

3. 신주발행 또는 자본금감소 무효의 등기 ········ 436
가. 신주발행 또는 자본금감소 무효의 판결 ········ 436
(1) 신주발행의 무효 ········ 436

[판례 1] 신주발행무효확인 ········ 436
[판례 2] 신주발행무효 ········ 437
[판례 3] 주주총회결의부존재확인 ········ 438
(2) 자본금감소의 무효 ········ 439
[판례 4] 감자무효 ········ 439
나. 등기절차 ········ 440
(1) 등기의 촉탁 ········ 440
(2) 등기의 기록 ········ 440

4. 이사 등의 직무집행정지가처분 등의 등기 ········ 440
가. 직무집행정지가처분 등 ········ 440
[판례 5] 소유권이전등기말소 ········ 440
[판례 6] 건물명도 ········ 441
[선례 418] 등기부에 직무집행정지 가처분등기만 되어 있고 직무대행자선임 가처분등기가 되어 있지 아니할 경우 등기예규 제359호의 적용 여부(소극) ········ 441
나. 등기절차 ········ 442
[판례 7] 건물명도 ········ 442

5. 일시이사 등의 등기 ········ 442
가. 일시이사 등의 선임 및 퇴임 ········ 442
나. 등기절차 ········ 443

6. 합병무효의 등기 ········ 443
가. 합병무효의 판결 ········ 443
나. 등기절차 ········ 443

7. 분할 또는 분할합병 무효의 등기 ········ 443
가. 분할 또는 분할합병의 무효의 판결 ········ 443
나. 등기절차 ········ 443

8. 주식교환 또는 주식이전 무효의 등기 ········ 443

가. 주식교환 또는 주식이전 무효의 판결 ········ 443
(1) 주식교환 무효의 판결 ········ 444
(2) 주식이전 무효의 판결 ········ 444
나. 등기절차 ········ 444
(1) 주식교환 무효의 경우 ········ 444
(2) 주식이전 무효의 경우 ········ 444

第5장 유한회사의 등기

제1절 총 설

1. 유한회사 일반 ········ 444
가. 유한회사의 특징 ········ 444

2. 등기사유에 관한 통칙 ········ 445
가. 사원총회 ········ 445
(1) 소집절차 ········ 445
(2) 의결권 ········ 445
(3) 결의의 방법 ········ 445
[판례 1] 채권확정 ········ 445
(4) 서면결의 ········ 446
(가) 총사원이 서면으로 결의할 것을 동의한 경우 ········ 446
(나) 결의의 목적사항에 대하여 총사원이 서면으로 동의한 경우 ········ 446
[선례 1] 정관에서 정한 해산사유의 발생으로 인한 유한회사의 해산등기신청시 사원총회의 해산결의서를 첨부하여야 하는지 여부 ········ 446
[선례 2] 유한회사의 감자결의시 사원총회의 결의를 거치지 않고 총사원동의서를 첨부하여 변경등기를 신청할 수 있는지 여부 ········ 446
(5) 의사록 작성 등 ········ 447
나. 이사 또는 청산인 과반수의 동의에 의한 결의 ········ 447

3. 등기절차에 관한 통칙 ········ 447

가. 신청인 ······ 447
나. 첨부서면 통칙 ······ 447
(1) 법원의 허가서 ······ 447
(2) 총사원의 동의서 ······ 447

제2절 설립의 등기

1. 설립절차 ······ 447
가. 개설 ······ 447
[선례 3] 유한회사의 초대 이사 및 대표이사를 정관으로 정하지 아니한 경우 사원총회가 아닌 총사원의 서면동의로 위 임원을 선임할 수 있는지 여부(적극) ······ 448
나. 정관의 작성 ······ 448
(1) 정관의 절대적 기재사항 ······ 448
(2) 정관의 상대적 기재사항 ······ 448
(가) 변태 설립사항 ······ 448
(나) 그 밖의 상대적 기재사항 ······ 448
다. 정관의 인증 ······ 449
라. 사원총회(이사 및 감사의 선임) ······ 449
마. 출자의 이행 등 ······ 449

2. 등기절차 ······ 449
가. 등기기간 등 ······ 449
나. 등기사항 ······ 449
다. 첨부서면 ······ 449
(1) 정관 ······ 449
(2) 출자 전액 납입 또는 현물출자의 목적인 재산 전부의 급여가 있었음을 증명하는 서면 ······ 450
(3) 사원총회의사록 ······ 450
(4) 이사 과반수의 동의가 있음을 증명하는 서면 ······ 450
(5) 이사의 취임승낙을 증명하는 서면 ······ 450
(6) 감사를 둔 때에는 감사의 취임승낙을 증명하는 서면 ······ 450
(7) 대표이사의 취임승낙을 증명하는 서면 ······ 450
(8) 이사 등의 주소, 주민등록번호(생년월일)를 증명하는 서면 ······ 450

(9) 인감의 제출 ······ 450

제3절 상호, 목적, 존립기간 또는 해산사유의 변경, 본점의 이전, 지점의 설치 · 이전 · 폐지 등의 등기

1. 상호, 목적, 존립기간 또는 해산사유의 변경등기 ······ 450

제4절 이사 · 대표이사 · 감사에 관한 변경등기

1. 이사 · 대표이사 · 감사의 변경절차 ······ 451
가. 이사의 취임 · 퇴임 등 ······ 451
(1) 이사의 취임 ······ 451
(2) 이사의 퇴임 ······ 451
(가) 해임 ······ 451
(나) 자격상실 또는 자격정지자로 된 경우 ······ 451
(3) 이사로서의 권리의무가 인정되는 경우 등 ······ 451
나. 대표이사의 취임 · 퇴임 등 ······ 451
(1) 대표이사의 취임 ······ 451
(2) 공동대표에 관한 규정의 설정, 변경, 폐지 ······ 451
다. 감사의 취임 · 퇴임 등 ······ 452
(1) 감사의 취임 ······ 452
(2) 감사로서의 권리의무가 인정되는 경우 등 ······ 452

2. 등기절차 ······ 452
가. 등기기간 등 ······ 452
나. 첨부서면 ······ 452
(1) 이사 · 대표이사 · 감사의 취임 ······ 452
(가) 사원총회의사록 ······ 452
(나) 정관 및 이사동의서(이사회의사록) ······ 452
(다) 취임승낙을 증명하는 서면 ······ 452
(2) 이사 · 대표이사 · 감사의 퇴임 ······ 452

제5절 자본금증가로 인한 변경등기

1. 자본금증가의 절차 ···· 453
가. 자본금증가의 방법 ···· 453
나. 사원총회의 특별결의 ···· 453
다. 출자의 인수 ···· 453
라. 출자의 이행 ···· 453

2. 등기절차 ···· 453
가. 등기기간 ···· 453
나. 첨부서면 ···· 453
(1) 출자의 인수를 증명하는 서면 ···· 453
(2) 납입 또는 현물출자의 목적인 재산의 급여가 있음을 증명하는 서면 ···· 453
(3) 사원총회의사록 등 ···· 454

3. 자본금증가에 의한 변경등기의 효력 ···· 454
가. 자본금증가의 효력발생시기 ···· 454
나. 자본금전보의 책임 ···· 454

제6절 자본금감소로 인한 변경등기

1. 자본금감소의 방법 ···· 454
2, 자본금의 감소 ···· 454
[선례 4] 유한회사의 감자결의시 사원총회의 결의를 거치지 않고 총사원동의서를 첨부하여 변경등기를 신청할 수 있는지 여부 ···· 454
3. 등기절차 ···· 455

제7절 해산 및 청산인에 관한 등기

1. 해산의 등기 ···· 455
가. 해산사유 ···· 455
나. 등기절차 ···· 455

[선례 5] 정관에서 정한 해산사유의 발생으로 인한 유한회사의 해산등기신청시 사원총회의 해산결의서를 첨부하여야 하는지 여부 ········· 455

2. 청산인에 관한 등기 ········· 456
가. 청산인의 취임・퇴임 ········· 456
(1) 청산인의 의의, 자격 등 ········· 456
[판례 1] 임시주주총회결의무효확인 ········· 456
(2) 청산인의 취임 ········· 457
(가) 합병, 파산 또는 재판(해산명령 등) 이외의 사유로 해산한 경우 ········· 457
(나) 법원의 해산명령이나 해산판결에 의하여 해산한 경우 ········· 457
(다) 설립의 무효 또는 취소의 판결이 확정된 경우 ········· 457
(3) 청산인의 퇴임 ········· 457
(4) 청산인으로서의 권리의무가 인정되는 경우 등 ········· 458
나. 대표청산인의 취임・퇴임 ········· 458
(1) 대표청산인의 의의, 자격 등 ········· 458
(2) 대표청산인의 취임 ········· 458
[판례 2] 소유권이전등기말소등 ········· 458
(3) 청산인으로서의 권리의무가 인정되는 경우 등 ········· 459
다. 대표청산인의 취임・퇴임 ········· 459
(1) 대표청산인의 의의, 자격 등 ········· 459
(2) 대표청산인의 취임 ········· 459
[판례 3] 소유권이전등기말소등 ········· 459
(3) 대표청산인의 퇴임 ········· 460
(4) 공동대표청산인 ········· 461
라. 등기절차 ········· 461
(1) 청산인 또는 대표청산인에 관한 변경등기 ········· 461
(가) 청산인 또는 대표청산인의 퇴임 ········· 461
(나) 공동대표규정의 설정, 변경, 폐지 ········· 461
(다) 청산인 또는 대표청산인의 성명, 주소 등의 변경 ········· 461

제8절 회사계속의 등기

1. 회사계속의 절차 461
2. 등기절차 461

제9절 합병의 등기

1. 서설 462
가. 합병의 의의 462
[판례 1] 추심금 462
나. 합병의 제한 462
[선례 6] 흡수합병에 의하여 존속회사가 취득한 자기주식의 소각여부와 변경등기 절차 등 462

2. 합병절차 463
가. 합병계약서의 작성 463
(1) 합병계약의 일반 463
(2) 합병계약서의 기재사항 463
(가) 유한회사를 존속회사로 하는 흡수합병계약서의 기재사항 463
(나) 유한회사를 신설회사로 하는 합병계약서의 기재사항 463
[선례 7] 유한회사의 합병에 대한 이의를 진술한 채권자가 있는 경우 상업등기법 제107조 제3호(주:현행 상업등기규칙 제159조 제4호)의 담보를 제공한 사실을 증명하는 서면 463
나. 합병계약서 등의 공시 464
다. 합병결의 464
라. 채권자보호절차와 주식 또는 지분의 병합 · 분할 464
마. 보고총회 또는 창립총회 464
(1) 보고총회 464
(2) 창립총회 464

3. 등기절차 464
가. 등기기간 및 등기신청인 464
나. 동시신청 및 경유신청 465

다. 등기사항 ······ 465
(1) 존속회사의 등기사항 ······ 465
(가) 소멸회사의 상호 · 본점과 합병을 한 뜻 ······ 465
(2) 신설회사의 등기사항 ······ 465
(가) 통상의 설립등기사항 ······ 465
(3) 소멸회사의 등기사항 ······ 465
라. 첨부서면 ······ 465
(1) 존속회사 변경등기신청서의 첨부서면 ······ 465
(2) 신설회사 설립등기신청서의 첨부서면 ······ 465
(3) 소멸회사 해산등기신청서의 첨부서면 ······ 465

4. 합병의 효과 ······ 466
가. 합병의 효력발생시기 ······ 466
나. 회사의 소멸과 설립 등 ······ 466
다. 소멸되는 회사의 사원(주주)의 수용 ······ 466
[판례 2] 추심금 ······ 466
라. 합병 전에 취임한 이사, 감사의 임기. ······ 466

제10절 조직변경의 등기

1. 서설 ······ 467
[판례 1] 법인세부과처분취소 ······ 467

2. 유한회사에서 주식회사로의 조직의 변경 ······ 467
가. 사원총회의 결의 ······ 467
나. 법원의 인가 ······ 468

3. 등기절차 ······ 468
가. 등기기간 등 ······ 468
나. 등기할 사항 ······ 468
(1) 주식회사의 설립등기 ······ 468
(2) 유한회사의 해산등기 ······ 468

다. 첨부서면 ······ 468
(1) 주시회사의 설립등기 ······ 468
(가) 조직변경에 관한 사원총회의사록 ······ 468
(나) 정관 ······ 468
(다) 회사에 현존하는 순재산액을 증명하는 서면 ······ 468
(라) 채권자보호절차를 이행한 사실을 증명하는 서면 ······ 469
(마) 이사 등의 취임승낙을 증명하는 서면 ······ 469
(바) 명의개서대리인과의 계약을 증명하는 서면 ······ 469
(사) 이사 등의 주민등록번호, 주소를 증명하는 서면 ······ 469
(아) 법원의 인가서 ······ 469
(2) 유한회사의 해산등기 ······ 469

제11절 청사종결의 등기

1. 등기절차 ······ 469

제12절 설립무효의 판결 등의 재판에 따른 등기

1. 설립의 무효 또는 취소의 등기 ······ 470
2. 사원총회결의의 취소, 부존재 또는 무효 등의 등기 ······ 470
3. 자본금증가 또는 자본금감소 무효의 등기 ······ 470
4. 이사 등의 직무집행정지가처분 등의 등기 ······ 470
5. 일시이사등의 등기 ······ 470
6. 합병무효의 등기 ······ 470

제6장 외국회사의 등기

제1절 총 설

1. 외국회사의 의의 ······ 471

[선례 1] 소련항공사의 한국 내 영업소 설치등기의 가부 ······ 471

2. 외국회사의 대한민국에서의 영업요건 ······ 471

[선례 2] 외국의 은행 및 증권회사의 대표사무소 설치등기의 가부 ······ 471

[선례 3] 외국회사 영업소 설치등기와 유사상호(주:현행은 동일상호) ······ 472

[선례 4] 외국회사(주식회사)가 국내영업소설치를 함에 있어 등기사항 중 대표이사나 국내에서의 대표자 외에 일반임원(이사, 감사 등)에 대한 사항도 등기하여야 하는지 여부(소극) ······ 472

제2절 영업소 설치의 등기

1. 영업소의 설치 ······ 473

[선례 5] 외국회사의 국내영업소 설치등기신청과 첨부서면 ······ 473

2. 대한민국에서의 대표자 ······ 473

[선례 6] 외국회사의 대한민국에서의 대표자의 대표권 ······ 473

[선례 7] 외국회사의 한국에서의 대표자에 2인의 외국인을 공동대표로 추가하는 변경등기 방법 ······ 473

[선례 8] 외국회사의 대한민국에서의 대표자 변경등기 등 ······ 474

3. 등기절차 ······ 474

가. 등기신청인과 등기기간 ······ 474

나. 등기사항 ······ 474

(1) 개설 ······ 474

[선례 9] 새마을금고의 이사장 직무대행자의 등기 가부 ······ 474

(2) 외국회사의 상호 ······ 475

(3) 대한민국에서의 대표자 ······ 475

(4) 외국회사의 종류별 구체적 등기사항 ······ 475

(가) 외국회사가 주식회사인 경우 ······ 475

(나) 외국회사가 유한회사인 경우 ······ 475

(다) 외국회사가 합명회사, 합자회사 또는 유한책임회사인 경우 ······ 475

다. 첨부서면 ··· 475
[선례 10] 외국회사 영업소 설치등기시 첨부서면의 인증 ··· 475
[선례 11] 외국회사 영업소 설치등기시 첨부서면의 인증 ··· 476
(1) 본점의 존재를 인정할 수 있는 서면 ··· 476
(2) 대한민국에서의 대표자의 자격을 증명하는 서면 ··· 476
(3) 정관 또는 회사의 성질을 식별할 수 있는 서면 ··· 476
(4) 대한민국에서의 공고방법의 결정을 증명하는 서면 ··· 476
(5) 허가서(인가서) 또는 그 인증 있는 등본 ··· 476
라. 등록면허세 등의 납부 ··· 477

제3절 영업소의 변경등기

1. 등기사항, 등기기간 등 ··· 477
2. 첨부서면 ··· 477
3. 등록면허세 등 ··· 477

제4절 영업소 폐쇄 및 청산의 등기

1. 영업소 폐쇄의 등기 ··· 477
가. 영업소의 폐쇄 ··· 477
(1) 법원의 명령에 의한 영업소 폐쇄 ··· 477
(2) 주무관청의 인가취소 등 ··· 478
나. 등기절차 ··· 478
(1) 등기신청인 등 ··· 478
(2) 등기기록의 폐쇄 등 ··· 478
[선례 12] 외국회사 한국영업소의 폐쇄등기에 관한 절차 ··· 478
[선례 13] 외국회사 영업소의 폐지등기에 관한 절차 ··· 478

2. 청산의 등기 ··· 479
가. 법원의 청산개시명령 ··· 479
나. 청산절차 ··· 479
다. 등기절차 ··· 479

❖ 상업등기선례 색인표 ··· 481

제1편 개인상인에 관한 등기

제1장 상호의 등기

제1절 총 설

1. 상호의 의의

[선례 1] 의료업을 위한 상호등기의 가부

제정 1989. 5. 23. [상업등기선례 제1-55호(등기선례 제2-676호), 시행]
의료업의 영위를 영업의 종류로 하는 개인의 상호등기의 신청은 이를 수리할 수 없다. (1989. 5. 23. 등기 제1010호)

[판례 1] 등기관처분에대한이의 (대법원 2007. 7. 26. 자 2006마334 결정)

【판시사항】

[1] 변호사가 상법 제5조 제1항에서 정한 의제상인에 해당하는지 여부(소극)

[2] '상호'가 아닌 '명칭'을 등기하도록 하는 법무법인의 설립등기를 '상호' 등을 등기사항으로 하는 상법상 회사의 설립등기나 개인 상인의 상호등기와 동일시할 수 있는지 여부(소극)

[3] 변호사는 그 직무수행과 관련하여 의제상인에 해당한다고 볼 수 없어 상호등기에 의하여 그 명칭을 보호할 필요가 없으므로 변호사의 상호등기신청을 각하한 등기관의 처분이 적법하다고 한 사례

【결정요지】

[1] 변호사의 영리추구 활동을 엄격히 제한하고 그 직무에 관하여 고도의 공공성과 윤리성을 강조하는 변호사법의 여러 규정에 비추어 보면, 위임인·위촉인과의 개별적 신뢰관계에 기초하여 개개 사건의 특성에 따라 전문적인 법률지식을 활용하여 소송에 관한 행위 및 행정처분의 청구에 관한 대리행위와 일반 법률사무를 수행하는 변호사의 활동은, 간이·신속하고 외관을 중시하는 정형적인 영업활동을 벌이고, 자유로운 광고·선전활동을 통하여 영업의 활성화를 도모하며, 영업소의 설치 및 지배인 등 상업사용인의 선임, 익명조합, 대리상 등을 통하여 인적·물적 영업기반을 자유로이 확충하여

효율적인 방법으로 최대한의 영리를 추구하는 것이 허용되는 상인의 영업활동과는 본질적으로 차이가 있다 할 것이고, 변호사의 직무 관련 활동과 그로 인하여 형성된 법률관계에 대하여 상인의 영업활동 및 그로 인한 형성된 법률관계와 동일하게 상법을 적용하지 않으면 아니 될 특별한 사회경제적 필요 내지 요청이 있다고 볼 수 도 없다. 따라서 근래에 전문직업인의 직무 관련 활동이 점차 상업적 성향을 띄게 됨에 따라 사회적 인식도 일부 변화하여 변호사가 유상의 위임계약 등을 통하여 사실상 영리를 목적으로 그 직무를 행하는 것으로 보는 경향이 생겨나고, 소득세법이 변호사의 직무수행으로 인하여 발생한 수익을 같은 법 제19조 제1항 제11호가 규정하는 '사업서비스업에서 발생하는 소득'으로 보아 과세대상으로 삼고 있는 사정 등을 감안한다 하더라도, 위에서 본 변호사법의 여러 규정과 제반 사정을 참작하여 볼 때, 변호사를 상법 제5조 제1항이 규정하는 '상인적 방법에 의하여 영업을 하는 자'라고 볼 수는 없다 할 것이므로, 변호사는 의제상인에 해당하지 아니한다.

[2] 변호사가 변호사법 제40조에 의하여 그 직무를 조직적·전문적으로 행하기 위하여 설립한 법무법인은, 같은 법 제42조 제1호에 의하여 그 정관에 '상호'가 아닌 '명칭'을 기재하고, 같은 법 제43조 제2항 제1호에 의하여 그 설립등기시 '상호'가 아닌 '명칭'을 등기하도록 되어 있으므로, 이러한 법무법인의 설립등기를 '상호' 등을 등기사항으로 하는 상법상 회사의 설립등기나 개인 상인의 상호등기와 동일시할 수 없다.

[3] 변호사는 그 직무수행과 관련하여 의제상인에 해당한다고 볼 수 없고, 조세정책적 필요에 의하여 변호사의 직무수행으로 발생한 소득을 사업소득으로 인정하여 종합소득세를 부과한다고 하여 이를 달리 볼 것은 아니며, 변호사가 상인이 아닌 이상 상호등기에 의하여 그 명칭을 보호할 필요가 있다고 볼 수 없으므로 등기관이 변호사의 상호등기신청을 각하한 처분이 적법하다고 한 사례.

[판례 2] 등기관처분에대한이의 (대법원 2008. 6. 26. 자 2007마996 결정)

【판시사항】

법무사가 상법 제5조 제1항의 의제상인에 해당할 수 있는지 여부와 이에 따라 법무사의 상호등기가 허용되는지 여부(각 소극)

【결정요지】

법령에 의하여 상당한 정도로 그 영리추구 활동이 제한됨과 아울러 직무의 공공성이 요구되는 법무사의 활동은 상인의 영업활동과는 본질적인 차이가 있고, 법무사의 직무 관련 활동과 그로 인하여 형성된 법률관계에 대하여 상인의 영업활동 및 그로 인하여 형성된 법률관계와 동일하게 상법을 적용하지 않으면 안 될 특별한 사회·경제적 필요 내지 요청이 있다고 볼 수도 없으므로, 법무사를 상법 제5조 제1항이 규정하는 '상인적 방법에 의하여 영업을 하는 자'라고 볼 수는 없다. 따라서 법무사의 상호등기 신청을 각하한 등기관의 처분은 정당하고, 법무사 합동법인의 경우 법무사법 제33조 이하에서 그 명칭의 등기를 허용하고 있다거나, 상호의 등기를 허용하는 다른 일부 전문 직종에서 관계 법령에 공익적 목적의 제한규정을 두고 있는 경우가 있다는 사정만으로 부당한 차별에 해당하여 위법하다고 볼 수는 없다.

2. 상호의 선정

가. 상호선정의 자유

- 상법 제18조

나. 상호선정의 제한

(1) 상법에 의한 제한

(가) 회사의 종류를 나타내는 문자의 사용강제

- 상법 제19조

(나) 개인상인의 경우 '회사임을 표시하는 문자'의 사용제한

- 상법 제20조, 제28조

[선례 2] 먼저 상호를 등기한 자의 동의가 있는 경우 동일·유사상호의 등기가부

제정 1993. 3. 10. [상업등기선례 제1-57호(등기선례 제3-937호), 시행]
특정한 상호 등이 유사상호에 해당하는지의 여부는 등기신청을 받은 당해 등기공무원이 판단할 사항이며, 만일 동일 또는 유사상호에 해당한다면 먼저 상호를 등기한 자의 동의가 있어도 동일 또는 유사상호의 등기를 할 수 없는 것이다. (1993. 3. 10. 등기 제570호)

(다) 상호단일의 원칙

① 개인상인의 경우

- 상법 제21조 제1항, 제2항
- 상업등기규칙 제72조

② 회사의 경우

- 상법 21조 2항

(라) 동일상호의 등기금지

- 상법 제22조
- 상업등기법 제26조 13호, 제29조

[선례 3] 영업의 종류가 전혀 다른 경우 동일상호 내지 유사상호에 관한 상법 제22조 및 비송사건절차법 제164조가 적용되는지 여부(소극)

제정 2005. 2. 18. [상업등기선례 제1-59호(등기선례 제200502-12호), 시행]
영업의 종류가 전혀 다른 주식회사간에는 동일한 특별시·광역시·시·군에서 등기할 수 없는 동일상호 내지 유사상호에 관한 상법 제22조 및 비송사건절차법 제164조 는 그 적용이 없을 것이다. (2005. 2. 18. 공탁법인 3402-48 질의회답)

[선례 4] 회사의 본점을 이전하는 경우에도 동일 또는 유사상호를 등기할 수 없다는 상법 제22조, 비송사건절차법 제164조의 규정이 적용되는지 여부(적극)

제정 2004.02.04 [상업등기선례 제1-111호(등기선례 제200402-10호), 시행]
회사의 본점을 이전하는 경우에도 동일한 특별시·광역시·시·군내에서 타인이 등기한 상호와 동일 또는 유사한 상호를 등기할 수 없다. (2004. 2. 4. 공탁법인 3402-30 질의회답)

(마) 타인으로 오인할 수 있는 상호의 사용금지

- 상법 제23조 제1항 ~ 제4항

[선례 5] 유사상호에 해당하는지 여부 등

제정 1991.01.05 [상업등기선례 제1-56호(등기선례 제3-936호), 시행]
상호의 보호는 상호가 상호로서 모용되는 경우에 한정되는 것이며(상법 제23조 참조),

상호가 상표 또는 서어비스표로 모용되는 경우에는 미치지 아니하므로, 유학 알선업을 목적으로 하는 "고려유학정보센타"라는 상호의 등기가 1988.10.28. 에 경료된 후 동종업종을 지정서어비스업으로 하여 "고려유학원"이라는 서어비스표가 1990.3.5. 에 등록되었다 하더라도 위 서어비스표 "고려유학원"에 의한 상호권침해의 문제는 원칙적으로 일어날 여지가 없으며, 다만 이 경우 위 서어비스표의 사용행위가 부정경쟁방지법 제2조 각호에 해당하는 것이라면 상호권자는 같은 법 제4조에 의하여 권리구제를 받을 수 있다. (91.1.5. 등기 제8호)

---

(2) 「부정경쟁방지 및 영업비밀보호에 관한 법률」에 의한 제한

- 부정경쟁방지 및 영업비밀보호에 관한 법률 제4조

[판례 3] 상표권등침해금지청구의소 (대법원 2004. 5. 14. 선고 2002다13782 판결)

【판시사항】

[1] 부정경쟁방지및영업비밀보호에관한법률 제4조에 의한 금지청구에 있어서 같은 법 제2조 제1호 (가)목, (다)목에서 정한 상품표지의 주지성 여부의 판단 시점(=사실심 변론종결시)

[2] 특정 도메인의 이름으로 웹사이트를 개설하여 제품을 판매하면서 그 웹사이트에서 취급하는 제품에 독자적인 상표를 부착하여 사용하는 경우, 그 도메인의 이름 자체가 상품의 출처표시로서 기능한다고 할 수 있는지 여부(소극)

[3] 부정경쟁방지및영업비밀보호에관한법률 제2조 제1호 (다)목에 규정된 '국내에 널리 인식된'이라는 용어와 '식별력의 손상'이라는 용어의 의미 및 저명한 상품표지가 타인에 의하여 영업표지로 사용되는 경우에도 '식별력의 손상'이 생기는지 여부(적극)

[4] 저명 상표인 'viagra'와 유사한 'viagra.co.kr'이라는 도메인 이름의 사용이 부정경쟁방지및영업비밀보호에관한법률 제2조 제1호 (가)목의 부정경쟁행위(상품주체혼동행위)에는 해당하지 아니하나, 같은 호 (다)목의 부정경쟁행위(식별력 손상행위)에는 해당한다고 한 사례

[5] 도메인의 이름 일부로 사용된 'viagra' 상표의 보유자는 자신의 명의로 '.kr' 도메인 이름을 등록할 적격이 있는지 여부에 관계없이 그 도메인 이름의 등록말소청구를 할 수 있다고 한 사례

【판결요지】

[1] 부정경쟁방지및영업비밀보호에관한법률 제4조에 의한 금지청구에 있어서 같은 법 제2조 제1호 (가)목 소정의 타인의 성명·상호·상표·상품의 용기·포장 기타 타인의 상품임을 표시한 표지가 국내에 널리 인식되었는지 여부는 사실심변론종결시를 기준으로

판단하여야 하며, 같은 법 제2조 제1호 (다)목의 경우에도 마찬가지이다.

[2] 도메인 이름은 원래 인터넷상에 서로 연결되어 존재하는 컴퓨터 및 통신장비가 인식하도록 만들어진 인터넷 프로토콜 주소(IP 주소)를 사람들이 인식·기억하기 쉽도록 숫자·문자·기호 또는 이들을 결합하여 만든 것으로, 상품이나 영업의 표지로서 사용할 목적으로 한 것이 아니었으므로, 특정한 도메인 이름으로 웹사이트를 개설하여 제품을 판매하는 영업을 하면서 그 웹사이트에서 취급하는 제품에 독자적인 상표를 부착·사용하고 있는 경우에는 특단의 사정이 없는 한 그 도메인 이름이 일반인들을 그 도메인 이름으로 운영하는 웹사이트로 유인하는 역할을 한다고 하더라도, 도메인 이름 자체가 곧바로 상품의 출처표시로서 기능한다고 할 수는 없다.

[3] 부정경쟁방지및영업비밀보호에관한법률 제2조 제1호 (다)목은 2001. 7. 10. 시행된 현행 부정경쟁방지및영업비밀보호에관한법률에 신설된 규정으로서, "(가)목 또는 (나)목의 규정에 의한 혼동을 하게 하는 행위 외에 비상업적 사용 등 대통령령이 정하는 정당한 사유 없이 국내에 널리 인식된 타인의 성명·상호·상표·상품의 용기·포장 그 밖에 타인의 상품 또는 영업임을 표시한 표지와 동일하거나 이와 유사한 것을 사용하거나 이러한 것을 사용한 상품을 판매·반포 또는 수입·수출하여 타인의 표지의 식별력이나 명성을 손상하게 하는 행위"를 부정경쟁행위로 규정하고 있는바, 위 규정의 입법 취지와 그 입법 과정에 비추어 볼 때, 위 규정에서 사용하고 있는 '국내에 널리 인식된'이라는 용어는 '주지의 정도를 넘어 저명 정도에 이른 것'을, '식별력의 손상'은 '특정한 표지가 상품표지나 영업표지로서의 출처표시 기능이 손상되는 것'을 의미하는 것으로 해석함이 상당하며, 이러한 식별력의 손상은 저명한 상품표지가 다른 사람에 의하여 영업표지로 사용되는 경우에도 생긴다.

[4] 저명 상표인 'viagra'와 유사한 'viagra.co.kr'이라는 도메인 이름의 사용이 부정경쟁방지및영업비밀보호에관한법률 제2조 제1호 (가)목의 부정경쟁행위(상품주체혼동행위)에는 해당하지 아니하나, 같은 호 (다)목의 부정경쟁행위(식별력 손상행위)에는 해당한다고 한 사례.

[5] 도메인의 이름 일부로 사용된 'viagra' 상표의 보유자는 자신의 명의로 '.kr' 도메인 이름을 등록할 적격이 있는지 여부에 관계없이 그 도메인 이름의 등록말소청구를 할 수 있다고 한 사례.

[판례 4] 부정경쟁방지법위반 (대법원 1996. 1. 26. 선고 95도1464 판결)

【판시사항】

[1] 부정경쟁방지법 제2조 제1호 소정의 '부정경쟁행위'의 의미와 고의·과실 요부

[2] 상표가 등록되어 있다는 사실을 알면서도 그 등록상표와 유사한 상호를 사용한 경우 비록 피해자의 승낙을 받았다고 하더라도 부정경쟁의 목적이 없었다고 할 수 있는지 여부

【판결요지】

[1] 부정경쟁방지법 제2조 제1호 소정의 행위는 상표권 침해행위와는 달라서 반드시 등록된 상표와 동일 또는 유사한 상호를 사용하는 것을 요하는 것이 아니고, 등록 여부와 관계없이 사실상 국내에 널리 인식된 타인의 성명, 상호, 상표, 상품의 용기, 포장 기타 타인의 상품임을 표시하는 표지와 동일 또는 유사한 것을 사용하거나 이러한 것을 사용한 상품을 판매 등을 하여 타인의 상품과 혼동을 일으키게 하거나 타인의 영업상의 시설 또는 활동과 혼동을 일으키게 하는 행위를 의미하고, 위와 같은 부정경쟁행위의 성립에는 상법상의 상호권의 침해에서와 같은 부정한 목적이나 부정경쟁행위자의 고의·과실은 그 요건이 아니다.

[2] 상표가 등록되어 있다는 사실을 잘 알면서도 그 등록상표와 유사한 상호를 간판에 표시하고 사용한 것이라면 비록 피해 회사가 상표를 등록하기 전부터 유사한 상호를 사용하여 온 제3자의 승낙을 받아 이를 사용한 것이라고 하더라도 부정경쟁의 목적이 없었다고 볼 수는 없다.

(3) 특별법에 의한 일정한 문자의 사용강제와 사용제한

(가) 일정한 문자의 사용강제

- 자본시장과 금융투자업에 관한 법률 제183조 제1항, 제229조
- 대부업 등의 등록 및 금융이용자 보호에 관한 법률 제5조의2조
- 대부업 등의 등록 및 금융이용자 보호에 관한 법률 시행령 제3조의2조 제1항, 제3항

(나) 일정한 문자의 사용제한(사용금지상호)

① 은행법에 의한 사용금지상호

- 은행법 제14조

② 보험업법에 의한 사용금지상호

- 보험업법 제8조 제2항

③ 「자본시장과 금융투자업에 관한 법률」에 의한 사용금지상호

- 자본시장과 금융투자업에 관한 법률 제38조 제1항 ~ 제7항
- 자본시장과 금융투자업에 관한 법률 시행령 제42조 제1항 ~ 제7항

④ 「여신전문금융업업」에 의한 사용금지상호

- 여신전문금융업업 제27조, 제51조

⑤ 「유사수신행위의 규제에 관한 법률」에 의한 사용금지상호

- 유사수신행위의 규제에 관한 법률 제2조, 제3조, 제5조
- 유사수신행위의 규제에 관한 법률 시행령 제2조 제1호 ~ 제7조
- 상업등기법 제26조 제14호

⑥ 「금융지주회사법」에 의한 사용금지상호

- 금융지주회사법 제5조의3조

⑦ 「부동산투자회사법」에 의한 사용금지상호

- 부동산투자회사법 제3조 제4항

⑧ 「부동산 가격공시 및 감정평가에 관한 법률」에 의한 사용금지상호

- 부동산 가격공시 및 감정평가에 관한 법률 제34조 제2항

⑨ 「농어업경영체 육성 및 지원에 관한 법률」에 의한 사용금지상호

- 농어업경영체 육성 및 지원에 관한 법률 제30조

⑩ 「관광진흥법」에 의한 사용금지상호

- 관광진흥법 제10조 제2항

⑪ 「중소기업진흥에 관한 법률」에 의한 사용금지상호

- 중소기업진흥에 관한 법률 제68조 제5항

(다) 등기관의 심사

- 예규 제1547호
- 상업등기법 제26조 14호

(4) 선량한 풍속 기타 사회질서에 반하는 상호의 사용제한

- 상법 제21조 2항
- 등기예규 제3조 4호 ~ 8호

3. 동일상호의 등기금지

가. 서설

- 상법 제22조
- 상업등기법 제29조
- 예규 제1547호

[선례 6] 상호변경등기의 가부

제정 1995.12.07 [상업등기선례 제1-109호(등기선례 제4-866호), 시행]
본점이 동일한 시에 있고 사업목적이 유사한 "갑"주식회사와 "을"주식회사에 있어, "갑"주식회사는 "을"주식회사 명의로, "을"주식회사는 "갑"주식회사 명의로 각 상호변경등기를 동시에 신청할 수 없다. (1995. 12. 7. 등기 3402-844 질의회답)

나. 동일상호의 판단

(1) 등기관의 판단준칙

- 예규 제1547호 제2조

(2) 동일상호 판단을 요하는 등기사건

- 예규 제1547호 제4조

(3) 타인의 동의가 있는 경우 등

- 예규 제1547호 제5조

(4) 동일상호의 요건

- 예규 제1547호 제6조

(5) 타인이 등기한 상호의 범위

- 예규 제1547호 제4조 제2항, 제7조 제1항

(6) 상호 자체의 동일성 판단

- 예규 제1547호 제8조

(7) 영업의 동종성 판단

- 예규 제1547호 제9조 제3항 제4항, 제10조

다. 동일상호 등기금지 규정에 위반한 등기의 취급

[선례 7] 이미 등기된 상호와 유사·동일한 상호가 사실상 등기가 된 경우 그 처리방안

제정 2002. 5. 15. [상업등기선례 제1-58호(등기선례 제200205-8호), 시행]

1. 이미 등기된 상호와 확연히 구별할 수 없는 상호 즉 유사상호는 동일한 특별시·광역시·시 또는 군내에서는 동일한 영업을 위하여 등기할 수 없고 신청의 각하사유에 해당되므로 사전에 배척되어야 하나,
2. 유사상호가 사실상 등기된 경우에는 비송사건절차법상 상호권자의 신청 또는 등기관이 직권으로 후에 등기된 상호를 말소하거나 등기부 등본 및 인감증명의 발급을 중단할 수는 없고, 먼저 등기한 상호권자는 상호전용권에 기한 상호사용의 폐지 및 상호등기의 말소를 구하는 판결을 받아 후에 등기된 상호를 말소할 수 있다. (2002. 5. 15. 등기 3402-281 질의회답)

---

4. 상호등기의 효력

가. 서설

- 상법 제180조 제1호, , 제271조, 제317조 제2항 제1호, 제549조 제2항 제1호

나. 사전등기배척권

(1) 의의

- 상법 제22조, 제22조의2조 제4항

(2) 법적 성질

대법원 2004. 3. 26. 선고 2001다72081 판결

(3) 예외

- 상법 제35조

[선례 8] 외국회사 영업소 설치등기와 유사상호

제정 2005. 12. 27. [상업등기선례 제2-97호, 시행]

1. 타인이 등기한 상호는 동일한 특별시, 광역시, 시, 군에서 동종영업의 상호로 등기할 수 없는바(상법 제22조), 그 제도적 취지가 상호권자의 이익보호 및 등기된 상호에 대한 일반 공중의 오인혼동을 방지하여 이에 대한 신뢰를 보호하고자 하는 것이라는 점에서, 이미 등기되어 있는 외국회사 영업소가 청산예정이고 그 외국회사 영업소가 유한회사의 설립등기로 인하여 동일 상호가 중복하여 등기되는 것에 대하여 승낙한다고 하더라도 유한회사의 설립등기신청은 수리될 수 없으며(비송사건절차법 제159조 제13호 및 제164조),
2. 이와 반대로, 외국회사 영업소 설치등기를 할 경우에 있어서는, 외국회사 영업소가 지점의 성격을 가지고 있으며 지점에 있어서의 등기는 상법상 강제되어 있기 때문에, 이미 유한회사의 설립등기가 되어 있는 관할 등기소 내에 동종영업을 목적으로, 동일 상호로 외국회사 영업소 설치등기를 하는 것이 가능할 것이다(상법 제614조 제2항 , 제35조). (2005. 12. 27. 공탁법인과-730 질의회답)

다. 상호전용권의 강화

- 상법 제23조 제2항 제4항

제2절 상호신설의 등기

1. 개설

- 상업등기법 제37조 제1항

2. 등기사항

- 상업등기법 제30조

가. 상호

- 예규 1598호 제11조 제3항
- 상업등기규칙 제2조

나. 영업소의 소재지

- 상업등기규칙 제89조 제6호

다. 영업의 종류

- 상법 제4조, 제5조

3. 첨부서면

가. 상인임을 소명하는 서면

- 예규 제1613호 별지1호 (상호신설등기신청서)

나. 로마자 등의 사용을 증명하는 서면

- 예규 제1598호 제11조 제2항

다. 법정대리인임을 증명하는 서면

- 상업등기규칙 제52조 제1항, 제4항

라. 성명 · 주소 등을 증명하는 서면

- 상업등기규칙 제84조

마. 인감신고서 등

- 상업등기법 제25조 제1항

4. 등록면허세 · 등기신청수수료 등의 납부

- 지방세법 제28조 제1항 제7호 가목, 제151조 제1항 제2호
- 수수료규칙 제5의3조 제2항, 제5의5조 제4항

제3절 상호에 관한 변경등기

1. 상호의 변경 등

- 상업등기법 제32조, 제35조

2. 등기절차

가. 영업소를 다른 등기소의 관할구역 내로 이전한 경우

(1) 등기사항 등

- 상업등기규칙 제89조 제6호
- 상법 제22조
- 상업등기법 제29조, 제31조

[선례 9] 상호변경등기

제정 2003.06.27 [상업등기선례 제1-110호(등기선례 제200306-33호), 시행] [사실상 폐지]
서울특별시 내에 본점을 둔 동ㅇ제과 주식회사를 '주식회사 000'으로 바꾸는 상호변경등기가 가능한지 여부는, '주식회사 000'이라는 상호가 이미 서울특별시 내에 등기되어 있는 다른 상호들과 구별되기 어려운 유사상호에 해당하는지 여부로서, 이는 담당등기관이 회사의 목적, 거래계의 실정, 일반인의 혼동가능성 등을 종합적으로 고려하여 구체적으로 판단할 사항이라 할 것이다. (2003.06.27. 공탁법인 3402-157 질의회답)

[선례 10] 상호변경등기신청시 동일 또는 유사상호의 판단

제정 2004.08.16 [상업등기선례 제1-112호(등기선례 제200408-15호), 시행] [사실상 폐지]

주식회사의 상호를 'OO솔루션즈(주)'로 바꾸는 상호변경등기가 가능한지 여부는, 'OO솔루션즈(주)'라는 상호가 동일한 특별시·광역시·시 또는 군 내에서 타인이 이미 등기한 상호와 동일 또는 유사한 상호에 해당하는가의 문제로서, 이는 담당 등기관이 회사의 목적, 거래계의 실정, 일반인의 혼동가능성 등을 종합적으로 고려하여 판단할 사항이라 할 것이며, 등기관의 처분에 이의가 있는 경우 관할지방법원에 이의신청을 할 수 있을 것이다. (2004. 8. 16. 공탁법인 3402-179 질의회답)

[선례 11] 목적변경을 함으로써 기존상호와 유사상호가 되는 경우 목적변경신청 수리여부

제정 1994.02.19 [상업등기선례 제1-107호(등기선례 제4-861호), 시행] [폐지 2014. 1. 1.(실질은 유효)]

타인이 등기한 상호는 동일한 서울특별시·직할시·시·읍·면에서는 동종영업의 상호로 등기하지 못하므로(상법 제22조 참조), 등기후에 목적(영업의 종류)을 변경하여 동종영업이 되는 때에는 결국 동일한 시내에서 동일한 영업을 위하여 타인이 등기한 상호와 같은 상호로 등기하는 것이 되어, 상호변경등기를 하지 아니하고는 목적변경등기를 할 수 없을 것이다. (1994. 2. 19. 등기 3402-120 질의회답)

(2) 등기의 신청 및 첨부서면

- 상업등기법 제54조, 제56조

(3) 등록면허세 · 등기신청수수료의 등의 납부

- 지방세법 제28조 제14호, 제151조 제1항 제2호

나. 상호에 관한 그 밖의 변경

- 상업등기법 제32조
- 지방세법 제28조 제1항 제14호, 제151조 제1항 제2호
- 수수료규칙 제5의3조 제2항, 제5의5조 제4항

제4절 상호폐지의 등기

1. 상호의 폐지와 폐지간주

- 상법 제26조

2. 등기절차

- 상업등기법 제32조, 제35조
- 지방세법 제28조 제1항 제14호, 제151조 제1항 제2호

제5절 상호의 상속 또는 양도의 등기

1. 상호의 상속

- 상업등기법 제33조, 제37조 제2항

2. 상호의 양도

- 상법 제25조 제1항, 제2항
- 상업등기법 제33조, 제37조 제2항

[판례 1] 해고무효확인및직원지위확인등 (대법원 2003. 5. 30. 선고 2002다23826 판결)

【판시사항】

[1] 영업양도의 의미와 영업양도의 경우, 근로관계의 승계 여부(적극)

[2] 영업양도가 이루어졌는지 여부의 판단 기준

[3] 금융감독위원회가 구 금융산업의구조개선에관한법률 제14조 제2항에 의하여 내린 계약이전결정의 법적 성질

[4] 금융감독위원회의 구 금융산업의구조개선에관한법률 제14조 제2항에 의한 계약이전결정으로 영업양도가 이루어졌다고 볼 수 있는지 여부(소극)

【판결요지】

[1] 영업의 양도라 함은 일정한 영업목적에 의하여 조직화된 업체, 즉 인적·물적 조직을 그 동일성은 유지하면서 일체로서 이전하는 것으로서, 이러한 영업양도가 이루어진 경우에는 원칙적으로 해당 근로자들의 근로관계가 양수하는 기업에 포괄적으로 승계된다.

[2] 영업양도가 이루어졌는가의 여부는 단지 어떠한 영업재산이 어느 정도로 이전되어 있는가에 의하여 결정되어야 하는 것이 아니고 거기에 종래의 영업조직이 유지되어 그 조직이 전부 또는 중요한 일부로서 기능할 수 있는가에 의하여 결정되어야 하므로 영업재산의 일부를 유보한 채 영업시설을 양도했어도 그 양도한 부분만으로도 종래의 조직이 유지되어 있다고 사회관념상 인정되면 그것을 영업의 양도라 볼 것이지만, 반면에 영업재산의 전부를 양도했어도 그 조직을 해체하여 양도했다면 영업의 양도로 볼 수 없다.

[3] 금융감독위원회가 구 금융산업의구조개선에관한법률(1998. 9. 14. 법률 제5549호로 개정되기 전의 것) 제14조 제2항에 의하여 내린 계약이전결정은 금융감독위원회의 일방적인 결정에 의하여 금융거래상의 계약상의 지위가 이전되는 사법상의 법률효과를 가져오는 행정처분으로서 부실금융기관의 자산 및 부채 중 일부만을 선택적으로 제3자인 인수금융기관에게 양도 및 인수하게 함으로써 부실금융기관을 정리하는 방법이다.

[4] 부실금융기관의 정리와 예금자보호를 위하여 그 부실금융기관의 일부 우량자산만을 다른 금융기관에게 이전시킨 구 금융산업의구조개선에관한법률(1998. 9. 14. 법률 제5549호로 개정되기 전의 것) 제14조 제2항에 의한 계약이전결정에 의하여 고용승계를 수반하는 영업양도의 효과가 발생하였다고 볼 수 없다.

[판례 2] 물품대금 (대법원 1988. 1. 19. 선고 87다카1295 판결)

【판시사항】

상법 제25조 제1항의 취지 및 동 소정 "영업의 폐지"의 의의

【판결요지】

상법 제25조 제1항은 상호는 영업을 폐지하거나 영업과 함께 하는 경우에 한하여 이를 양도할 수 있다고 규정하고 있어 영업과 분리하여 상호만을 양도할 수 있는 것은 영업의 폐지의 경우에 한하여 인정되는데 이는 양도인의 영업과 양수인의 영업과의 사이에 혼동을 일으키지 않고 또 폐업하는 상인이 상호를 재산적 가치물로서 처분할 수 있도록 하기 위한 것인점에 비추어 위 법조항에 규정된 영업의 폐지라 함은 정식으로 영업폐지에 필요한 행정절차를 밟아 폐업하는 경우에 한하지 아니하고 사실상 폐업한 경우도 이에 해당한다.

3. 등기절차

가. 첨부서면

- 상업등기규칙 제73조 제1항 1문, 2문, 제2항

나. 등록면허세・등기신청수수료의 등의 납부

- 지방세법 제28조 제1항 제14호, 제151조 제1항 제2호
- 수수료규칙 제5의3조 제2항, 제5의5조 제4항

제6절 상호등기의 말소

1. 말소의 사유

- 상법 제27조
- 상업등기법 제36조 제1항

[판례 1] 상호사용금지등 (대법원 1970. 9. 17. 선고 70다1225,1226 판결)

【판시사항】

가. "주식회사 천일약방"과 "천일한약주식회사"라는 2개의 상호는 상법상 동일상호로 볼 수 없다.

나. 상호를 등기한 후 2년 이상 사용하지 아니한데 대한 정당한 사유있음을 찾아 볼 수 없을 경우에는 폐지한 것으로 간주된다.

【판결요지】

가. 주식회사 천일약방과 천일한약주식회사라는 2개의 상호는 유사상호로 볼 수 있느냐 하는 점은 별문제로 하고 상법상 동일상호라고는 볼 수 없다.

나. 상호를 등기한 후 2년 이상 사용하지 아니한데 대한 정당한 사유 있음을 찾아볼 수 없을 경우에는 폐지한 것으로 간주된다.

[선례 12] 2년간 상호를 사용하지 않는 경우의 상호등기 말소

제정 1985. 11. 4. [상업등기선례 제1-51호(등기선례 제1-856호), 시행]

상호를 등기한 자(갑회사)가 정당한 사유 없이 2년간 상호를 사용하지 아니하는 때에는 이를 폐지한 것으로 보게 되므로, 이러한 경우 그와 동일상호로 상호를 변경하려는 자(을회사)로서는 갑회사 및 을회사의 등기부등본과 상호변경에 관한 주주총회의사록 등을 소명자료로 하여 비송사건절차법 제219조 의 규정에 따라 등기공무원에게 상호등기의 말소를 신청할 수 있다(다만 갑회사의 이의신청이 있는 때에는 등기공무원이 이에 대하여 결정하게 됨). 그러나 갑회사의 상호등기가 말소되지 않는 한 을회사는 그와 동일상호로 상호변경등기를 할 수 없다. (1985. 11. 4. 등기 제523호)

[선례 13] 상법 제27조에 의한 상호등기말소청구의 대상에 회사의 상호도 포함되는지 여부

제정 1985. 12. 31. [상업등기선례 제1-52호(등기선례 제1-857호), 시행]

상법 제27조 의 규정은 개인의 상호 뿐만 아니라 회사의 상호에 대하여도 적용된다. (1985. 12. 31. 등기 제609호)

---

2. 말소절차

가. 신청인

- 상법 제27조

나. 첨부서면

- 상업등기규칙 제76조
- 예규 제1558호 1. 나. (2)

[선례 14] 상법 제27조에 의한 상호등기의 말소신청에 있어서 제출할 소명자료

제정 1985. 12. 31. [상업등기선례 제1-53호(등기선례 제1-859호), 시행]
상법 제27조 의 규정에 의하여 상호등기의 말소를 신청하는 자는 등기에 이해관계가 있는 것만을 소명하면 된다. (1985. 12. 31. 등기 제609호)

다. 등록면허세·등기신청수수료의 등의 납부

- 지방세법 제28조 제1항 제14호, 제151조 제1항 제2호
- 수수료규칙 제5의3조 제2항, 제5의5조 제4항

라. 등기소의 처리

- 상업등기법 제36조 제2항, 제3항, 제78조 제1항, 제2항, 제79조, 제80조
- 상업등기규칙 제89조 제2호
- 예규 제1558호 2. 다. (1) (2)

[선례 15] 상호말소등기의 기재

제정 1985. 12. 31. [상업등기선례 제1-54호(등기선례 제1-860호), 시행]
상호의 말소등기는 등기용지중 변경란에 이를 기재하고 그 등기연월일은 등기공무원이 상호의 말소절차를 완료한 연월일을 기재할 것인바, 상호말소등기는 이의신청이 없는 때에는 이의신청기간이 만료한 다음날에, 이의신청이 있는 때에는 이의신청을 각하한 날에 각 행하여야 할 것이다. (1985. 12. 31. 등기 제609호)

---

3. 상호등기가 말소된 회사의 등기

가. 회사의 표시

- 예규 제1558호 3. 다.

나. 상호의 등기와 다른 등기의 신청

- 상업등기법 제26조 제15호
- 예규 제1558호 3. 가.

제7절 면책의 등기

1. 상호를 속용하는 영업양수인의 책임과 면책요건

- 상법 제42조 제1항, 제2항

2. 등기절차

- 상법 제42조 제2항
- 상업등기법 제34조
- 상업등기규칙 제73조 2항, 제74조 제1항, 제2항, 제3항

제8절 상호의 가등기

1. 의의

- 상법 제22조의2조 제4항
- 상업등기법 제45조

2. 상호의 가등기의 유형

가. 회사를 설립하고자 할 때의 상호의 가등기

- 상법 제22의2조 제1항

나. 상호나 목적 또는 상호와 목적을 변경하고자 할 때의 상호의 가등기

- 상법 제22의2조 제2항

다. 본점을 이전하고자 할 때의 상호의 가등기

- 상법 제22의2조 제3항

3. 상호의 가등기의 절차

가. 관할 등기소

- 상법 제22의2조 제1항 ~ 제3항

나. 신청시기

- 상법 제292조, 제543조 제3항
- 상업등기규칙 제80조 제2항

다. 신청인

- 상업등기법 제23조 제1항, 제38조 제1항

라. 등기사항

- 상업등기법 제38조 제3항, 제39조 제2항

(1) 회사의 설립에 관계된 상호의 가등기

- 상업등기법 제38조 제2항

(2) 상호의 변경에 관계된 상호의 가등기

- 상업등기법 제39조 제1항

마. 첨부서면

(1) 공탁서 사본

- 상업등기법 제41조
- 상업등기규칙 제79조, 제79조 별표 1, 제80조 제1항, 제81조
- 재판예규 제1231호
- 예규 제1557호 2.

(2) 정관

- 상법 제292조, 제543조 제3항

(3) 대리인의 권한을 증명하는 서면

- 상업등기법 제26조 제7호
- 상업등기규칙 제52조 제1항 제1호, 제80조 제2항

(4) 인감증명법에 의한 인감증명서

- 상업등기법 제25조 제3항 제4호, 제5호
- 상업등기규칙 제80조 제2항

바. 등록면허세 · 등기신청수수료의 등의 납부

- 지방세법 제28조 제1항 제14호, 제151조 제1항 제2호
- 수수료규칙 제5의3조 제2항, 제5의5조 제4항

4. 상호가등기의 변경등기

가. 등기사항

(1) 서설

- 상업등기법 제40조 제1항

(2) 회사의 설립에 관계된 상호의 가등기의 경우

- 상업등기법 제40조 제2항

(3) 상호변경에 관계된 상호의 가등기의 경우

- 상호등기법 제40조 제3항

나. 첨부서면

- 상업등기규칙 제52조 제1항 제1호, 제80조

(1) 공탁서 사본

- 상업등기규칙 제80조 제1항, 제81조
- 예규 제1557호 2.

(2) 정관

- 상업등기규칙 제80조 제3항

다. 등록면허세・등기신청수수료의 등의 납부

- 지방세법 제28조 제1항 제14호, 제151조 제1항 제2호
- 수수료규칙 제5의3조 제2항, 제5의5조 제4항

5. 상호의 가등기의 말소

- 상업등기규칙 제55조 제1항

가. 신청에 의한 말소

(1) 회사 또는 발기인 등의 신청에 의한 말소

(가) 말소사유

- 상업등기법 제42조 제1항

(나) 말소절차

- 상업등기규칙 제80조 제4항

(2) 이해관계인의 신청에 의한 말소

- 상법 제27조
- 상업등기법 제36조, 제42조 제2항, 제78조 제1항, 제2항, 제79조, 제80조
- 상업등기규칙 제52조 제1항 제1호, 제76조

나. 등기관의 직권에 의한 말소

- 상업등기법 제43조

(1) 본등기를 하지 아니하고 예정기간을 경과한 때

- 예규 제1557호 제3조

6. 공탁금의 회수와 국고귀속 등

가. 공탁금의 회수

(1) 회수사유

- 상업등기법 제44조 제1항

(2) 공탁금의 회수절차

- 상업등기법 제44조 제1항
- 상업등기규칙 제82조 제1항 ~ 제3항
- 예규 제1557호 별지1

나. 공탁금의 국고귀속

(1) 귀속사유

- 상업등기법 제42조 제1항 제3호, 제44조 제1항, 제2항

(2) 귀속절차

- 예규 제1557호 별지2호

다. '상호의 가등기에 대한 공탁금 등 관리대장'의 비치 등

- 예규 제1557호 제6조 별지 3호

제2장 무능력자의 등기

제1절 총 설

- 상법 제6조
- 상업등기법 제46조
- 민법 제8조, 제10조
- 지방세법 제28조 제1항 제14호, 제151조 제1항 제2호
- 수수료규칙 제5의3조 제2항, 제5의5조 제4항

제2절 무능력자가 영업 허락을 받은 경우의 등기

- 상업등기법 제25조 제1항, 제46조 제1항, 제47조 제1항
- 민법 제950조 제1항 제1호
- 상업등기규칙 제52조 제1항 제3호, 제84조 제1항 제1호, 제2호

제3절 무능력자에 관한 변경등기

- 상업등기법 제31조, 제32조, 제46조 제2항

1. 영업소 이전의 등기

- 상업등기법 제31조, 제46조 제2항
- 상업등기규칙 제89조 제6호
- 민법 제950조 제2항

2. 그 밖의 변경등기

가. 영업허락의 제한

- 상업등기법 제47조 제2항
- 상업등기규칙 제84조 제3항

나. 영업종류의 추가 또는 변경

- 민법 제950조 제1항 제1호
- 상업등기규칙 제84조 제1항, 제2항

다. 무능력자의 성명 등의 변경

- 상업등기법 제32조, 제46조 제2항

제4절 무능력자에 관한 소멸의 등기

- 상업등기법 제32조, 제46조 제2항, 제47조 제1항 ~ 제4항
- 상업등기규칙 제52조 제1항 제1호, 제89조 제4호

제3장 법정대리인의 등기

제1절 총 설

1. 무능력자 제도의 변경과 법정대리인 등기

- 상법 제8조 제1항

2. 법정대리인에 의한 영업

- 민법 제120조, 제920조, 제950조 제1항 ~ 제3항

3. 법정대리인에 의한 영업과 등기

- 상법 제8조 제1항
- 상업등기법 제31조, 제32조, 제48조 제2항
- 지방세법 제28조 제1항 제14호, 제151조 제1항 제2호
- 수수료규칙 제5의3조 제2항, 제5의5조 제4항

제2절 법정대리인의 등기

- 상업등기법 제25조 제1항, 제49조 제1항
- 상업등기규칙 제52조 제1항 제3호, 제85조 제1항

제3절 법정대리인에 관한 변경등기

- 상업등기법 제31조, 제32조 제2항, 제48조 제2항
- 상업등기규칙 제85조 제2항, 제89조 제6호

제4절 법정대리인에 관한 소멸의 등기

1. 법정대리인의 소멸사유

- 민법 제924조, 제925조, 제927조 제1항, 제937조, 제939조, 제940조

2. 등기절차

- 상업등기법 제49조
- 상업등기규칙 제85조 제3항, 제89조 제4호

제4장 지배인의 등기

제1절 총 설

1. 지배인 일반

가. 지배인의 의의 · 자격

- 상법 제11조 제1항, 제411조, 제570조
- 민법 제117조

[판례 1] 약속어음금 (대법원 1968. 7. 23. 선고 68다442 판결)

【판시사항】

가. 주식회사의 기관인 상무이사가 동 회사의 사용인을 겸임할 수 있는지의 여부.
나. 경리사무에 관한 포괄적 대리권을 가진 사용인을 겸한 상무이사가 개인적으로 쓰기 위하여 동 회사 대표이사의 동장을 위조하여 발행한 약속어음의 효력.

【판결요지】

주식회사의 기관인 상무이사가 같은 회사의 사용인을 겸할 수 있는 것이며 그와 같은 경

리사무에 관한 포괄적 대리권을 가진 위 사용인을 겸한 상무이사가 개인적으로 쓰기 위하여 동회사 대표이사의 도장을 위조하여 약속어음을 발행한 경우 수취인이 그러한 사정을 알았다고 볼만한 입증이 없는 이상 회사는 그 어음에 대한 책임을 면할 수 없다.

나. 지배인의 대리권

- 상법 제10조, 제11조 제1항 제3항, 제12조 제1항
- 민사소송규칙 제87조

[판례 2] 변호사법위반 (대법원 1978. 12. 26. 선고 78도2131 판결)

【판시사항】

지배인을 가장한 변호사법 위반이라고 본 사례

【판결요지】

변호사 사무원으로 있으면서 3개 회사의 지배인으로 등기된 것은 그 회사들이 순전히 변호사법을 어겨 변호사가 아닌 자로 하여금 그 회사의 소송사건을 맡아 처리할 수 있도록 하기 위한 하나의 방편에 불과하였던 것임을 인정할 수가 있으므로 위 소위는 각 회사의 지배인을 가장한 변호사법 위반에 해당한다.

[선례 1] 지배인의 대리권

제정 1992. 4. 28. [상업등기선례 제1-60호(등기선례 제3-938호), 시행]

상법상 상인이 지배인을 선임할 수 있는 인원수에 관하여는 제한규정이 없으므로 1개 지점에 1인 이상의 지배인을 선임할 수도 있으며, 수인의 지배인이 공동으로 대리권을 행사할 것을 정하거나 대리할 영업의 종류를 정하여 이를 등기하지 않는 한 지배인은 각자 영업주에 갈음하여 그 영업에 관한 모든 행위를 할 수 있는 것이다. (1992. 4. 28. 등기 제972호)

[선례 2] 지배인선임등기의 신청서에 지배인의 취임승낙서를 첨부하여야 하는지 여부

제정 2007.02.16 [상업등기선례 제200702-1호, 시행]

회사가 지배인 선임의 등기를 신청하는 경우에는 그 신청서에 지배인의 선임을 증명하는 서면 등을 첨부하여야 하나(비송사건절차법 제181조제1항), 지배인의 취임승낙을 증명하

는 서면(취임승낙서 등)은 첨부하지 않아도 된다. (2007. 2. 16. 공탁상업등기과-180 질의회답)

---

2. 지배인의 등기

가. 등기사유

- 상법 제13조
- 상업등기법 제31조, 제32조, 제50조 제2항

나. 등기신청인

- 상법 제13조, 제23조 제1항
- 상업등기법 제24조 제1항, 제2항

제2절 지배인의 선임등기

1. 지배인의 선임

- 상법 제10조, 제86의5, 제203조, 제274조, 제287조의18조, 제393조, 제564조 제1항, 제2항
- 상업등기법 제15조 제3항
- 채무자회생법 제486조
- 민법 제706조 제2항, 제920조, 민법 제949조

2. 등기절차

가. 등기사항

- 상업등기법 제50조 제1항

나. 첨부서면

- 상법 제86의5, 제203조, 제274조, 제287의18조, 제393조, 제564조 제1항, 제2항
- 상업등기규칙 제52조 제1항 제1호, 제3호, 제86조 제1항
- 민법 제706조 제2항
- 금융회사의 지배구조에 관한 법률 제15조 제3항

[선례 3] 지배인선임등기의 신청서에 지배인의 취임승낙서를 첨부하여야 하는지 여부

제정 2007. 2. 16. [상업등기선례 제2-9호, 시행]

회사가 지배인 선임의 등기를 신청하는 경우에는 그 신청서에 지배인의 선임을 증명하는 서면 등을 첨부하여야 하나(비송사건절차법 제181조제1항), 지배인의 취임승낙을 증명하는 서면(취임승낙서 등)은 첨부하지 않아도 된다. (2007. 2. 16. 공탁상업등기과-180 질의회답)

다. 개인상인의 인감 제출

- 상업등기법 제16조 제1항 제2호, 제25조 제1항
- 상업등기규칙 제35조 제3항

라. 등록면허세 · 등기신청수수료 등의 납부

- 지방세법 제28조 제1항 제14호, 제151조 제1항 제2호
- 수수료규칙 제5의3 제2항, 제5의5 제4항

마. 등기의 실행방법

(1) 영업주가 회사인 경우

- 상업등기법 51조 1항, 2항

(2) 영업주가 개인인 경우

- 상업등기규칙 제87조
- 상업등기법 제50조 제1항 제3호

제3절 지배인에 관한 변경등기

1. 지배인에 관한 등기사항의 변경사유

- 상법 제40조
- 상업등기법 제31조, 제32조, 제50조 제2항, 제51조 제3항

2. 지배인을 둔 장소의 관할외 이전시 변경등기절차

- 상업등기법 제31조, 제50조 제2항

가. 회사의 지배인의 경우

- 상법 제317조 제3항
- 상업등기법 제50조 제1항, 제1호, 제4호, 제5호, 제51조 제3항, 제54조, 제57조, 제58조

나. 개인상인의 지배인의 경우

- 상업등기법 제31조, 제50조 제2항
- 상업등기규칙 제55조

3. 등록면허세·등기신청수수료 등의 납부

- 지방세법 제28조 제1항 제14호, 제151조 제1항 제2호
- 수수료규칙 제5의3 제2항, 제5의5 제4항

제4절 지배인의 대리권 소멸의 등기

1. 지배인의 대리권의 소멸

- 상법 제13조, 제86의5조, 제203조, 제274조, 제287의18조, 제564조 제1항, 제2항
- 상업등기법 제32조, 제50조 제2항

- 상업등기규칙 제88조
- 민법 제706조 제2항

2. 등기절차

가. 등기신청인 등

- 상법 제13조
- 상업등기법 제23조 제1항, 제51조 제3항
- 상업등기규칙 제88조
- 채무자회생법 제24조 제3항
- 예규 제1518호 제5조 제2항

나. 첨부서면

(1) 영업주가 회사인 경우

- 상업등기규칙 제86조 제2항

다. 등록면허세 · 등기신청수수료 등의 납부

- 지방세법 제28조 제1항 제14호, 제151조 제1항 제2호
- 수수료규칙 제5의3 제2항, 제5의5 제4항

라. 등기의 실행방법

- 상업등기규칙 제89조

제5장 합자조합의 등기

제1절 총 설

1. 합자조합의 의의

- 상법 제86의2조, 제86의8
- 민법 제703조

2. 조합원과 출자

가. 조합원의 종류

- 상법 제86의6조, 제86의8조 제2항, 제4항, 제212조 제1항
- 민법 제712조, 제713조

나. 조합원의 출자

- 상법 제86의3 제6호, 제86의4 제1항 제2호, 제86의8 제3항, 제272조

3. 합자조합의 업무집행과 대리

가. 업무집행

- 상법 제86의3 제9호, 86의4 제1항 제1호, 86의5 제1항 제3항, 86의8 제2항 제3항, 제183의2조, 제278조

나. 등록면허세 · 등기신청수수료 등의 납부

- 지방세법 제28조 제1항 제6호 가목 제2항, 바목 제2항, 제151조
- 수수료규칙 제5의3 제1항, 제2항, 제5의5 제3항, 제4항
- 상업등기법 제28조 제2항

제2절 설립에 따른 등기

1. 합자조합의 설립

- 상법 제86의3조

① 유한책임조합원의 성명 또는 상호, 주소 및 주민등록번호

- 상법 제86의4조 제1항 제1호

② 조합원의 출자에 관한 사항

- 상법 제86의8 제3항, 제272조

③ 조합원에 대한 손익분배에 관한 사항

- 상법 제86의8조 제4항

④ 유한책임조합원의 지분의 양도에 관한 사항

- 상법 제86의7조 제1항, 제2항

⑤ 둘 이상의 업무집행조합원이 공동으로 합자조합의 업무를 진행하거나 대리할 것을 정한 경우에는 그 규정

- 상법 제86의4조 제1항 제1호

⑥ 업무집행조합원 중 일부 업무집행조합원만 합자조합의 업무를 집행하거나 대리할 것을 정한 경우에는 그 규정

- 상법 제86의5조 제1항

⑦ 조합의 해산시 잔여재산 분배에 관한 사항

- 민법 제724조 제2항

⑧ 조합의 존속기간이나 그 밖의 해산사유에 관한 사항

- 상법 제86의8조 제4항

⑨ 조합계약의 효력 발생일

- 상법 제86의2조

2. 등기절차

가. 등기신청인 · 등기기간 등

- 상법 제86의3조, 제172조
- 상업등기법 제23조 제2항

나. 등기사항

- 상법 제86의4조 제1항
- 상업등기규칙 제92조 제2항, 제3항

다. 첨부서면

- 상업등기규칙 제90조 제2항, 제91조 제1호 ~ 제3호

제3절 명칭 · 목적 · 존속기간 또는 해산사유의 변경 및 주된 영업소의 이전 등의 등기

- 상법 제86의4조 제2항, 제86의8조 제1항, 제182조 제1항
- 상업등기법 제53조, 제54조 ~ 제56조
- 상업등기규칙 제90조 제2항, 제96조 제1항 4항, 제99조 제1항, 제115조 제1항, 제116조 제1호

제4절 조합원 변경 등의 등기

1. 조합원의 변경

- 상법 제86의7조, 제86의8조 제2항, 제183의2조

가. 조합원의 가입과 탈퇴

- 상법 제86의8조 제3항 제4항, 제283조, 제284조
- 민법 제716조 제1항, 제2항, 제717조

나. 조합원의 지분의 양도

- 상법 제86의7 제1항 ~ 제3항, 제86의8 제2항, 제212조
- 민법 제453조, 제454조

2. 등기절차

가. 등기사항

- 상업등기규칙 제92조 제1항, 제2항

나. 첨부서면

- 상법 제86의7조 제1항, 제2항
- 상업등기규칙 제93조 제1항 ~ 제3항

제5절 해산 및 청산에 관한 등기

1. 해산등기

- 상법 제86의3조 제12호, 제86의8조 제1항, 제228조, 제285조 제1항
- 상업등기법 제53조, 제60조 제2항
- 상업등기규칙 제88조, 제94조, 제108조

2. 청산인등기

- 상법 제86의8조 제1항, 제2항, 제253조, 제287조

- 민법 제706조 제2항, 제708조, 제722조, 제723조
- 상업등기규칙 제95조 제1항, 제2항, 제96조 제2항, 제104조 제1항

3. 청산종결등기

- 상법 제86의8 제1항, 제247조, 제248조, 제253조, 제264조
- 상업등기규칙 제96조 제1항, 제110조 제2항, 제116조 제1항 제4호

제6절 조합계속의 등기

- 상법 제86의8 제1항, 제213조, 제229조 제3항, 제285조 제1항 ~ 제3항
- 상업등기법 제53조, 제61조
- 상업등기규칙 제96조 제1항, 제109조 제1항

제2편 회사에 관한 등기

제1장 합명회사의 등기

제1절 총설

1. 합명회사 일반

- 상법 제212조

2. 등기사유에 관한 통칙

[판례 1] 사원결의무효확인 (대법원 1995. 7. 11. 선고 95다5820 판결)

【판시사항】

합자회사 사원총회의 소집절차 및 결의방법

【핀결요지】

합자회사는 정관에 특별한 규정이 없는 한 소집절차라든지 결의방법에 특별한 방식이 있을 수 없고, 따라서 사원의 구두 또는 서면에 의한 개별적인 의사표시를 수집하여 본 결과 총사원의 동의나 사원 3분의 2 또는 과반수의 동의 등 법률이나 정관 및 민법의 조합에 관한 규정이 요구하고 있는 결의요건을 갖춘 것으로 판명되면 유효한 결의가 있다고 보아야 한다.

[판례 2] 소유권이전등기말소청구사건 (대구고법 1971. 11. 30. 선고 70나500 판결)

【판시사항】

합자회사의 소유의 재산처분과 사원권의 행사방법

【판결요지】

합자회사소유의 재산을 처분함에 있어서는 총사원의 동의가 있으면 족하고 그 총사원의 동의의 형식은 반드시 요식행위로서의 특별결의를 요하지 않으며, 사원권의 행사에 있어 일부사원이 사원권리자인 다른 사람에게 포괄적으로 유임하여도 유효하다

가. 사원의 결의

(1) 업무의 집행 등

- 상법 제195조, 제200조 제1항, 제2항, 제201조 제1항, 제2항, 제203조, 제207조, 제251조 제1항
- 민법 제706조 제2항

(2) 정관변경 등 중요한 사항의 결정

- 상법 제204조, 제207조, 제208조, 제227조 제2호, 제229조 제1항, 제230조, 제242조, 제265조

나. 청산인의 결의

- 상법 제254조 제2항

3. 등기절차 통칙

가. 신청인

- 상법 제207조, 제208조, 제265조
- 상업등기법 제23조 제1항

나. 첨부서면

- 상업등기규칙 제97조

(1) 총사원의 동의가 있음을 증명하는 서면

- 상법 제179조 제4호, 제204조
- 상업등기규칙 제97조 제2항

(2) 어느 사원 또는 어느 청산인의 동의가 있음을 증명하는 서면

- 상업등기규칙 제97조 제2항

(3) 정관

- 상법 제200조
- 상업등기규칙 제97조 제1항

제2절 설립의 등기

1. 설립절차

가. 개설

- 상법 제172조, 제178조, 제180조 제1호, 제2호, 제4호, 제5호, 제200조 제1항, 제201조 제1항, 제207조

나. 사원의 자격

- 상법 제7조, 제173조, 제218조 제4호

다. 정관의 작성

- 상법 제178조, 제179조

(1) 절대적 기재사항

- 상법 제195조, 제222조
- 상법 제179조, 제195조, 제205조 제1항, 제216조, 제220조 제1항 제1호
- 민법 제703조

[선례 1] 합명회사의 사원 또는 대표사원의 출자의무 등

제정 1997.11.21 [상업등기선례 제1-64호(등기선례 제5-832호), 시행]

합명회사의 사원은 재산, 노무, 신용 중 어느 하나를 반드시 출자하여야 하고 정관의 규정으로써도 그러한 출자를 하지 않은 사원을 인정할 수 없으므로, 출자가 없는 자를 사원으로 정한 합명회사의 설립등기 신청은 수리될 수 없을 것이다. (1997. 11. 21. 등기 3402-896 질의회답)

---

(2) 상대적 기재사항

- 상법 제200조 제1항, 제207조, 제208조 제1항, 제218조 제1호, 제222조, 제227조 제1호, 제247조 제1항
- 상업등기법 제207조, 제208조 제1항, 제247조 제1항

2. 등기절차

가. 등기신청인, 등기기간 등

- 상법 제172조
- 상업등기법 제23조 제1항

나. 등기사항

- 상법 제180조

다. 첨부서면

- 상업등기규칙 제52조 제1항 제3호, 제97조 제2항, 제98조 제1호 제2호

[선례 2] 유한(주식)회사 설립 또는 임원변경등기 신청시 이사, 감사 등 임원의 주민등록번호 또는 주소를 증명하는 서면으로 인감증명서를 제출해서는 안 되는지 여부

제정 2003.02.18 [상업등기선례 제1-94호(등기선례 제200302-16호), 시행]
법인의 설립 또는 변경등기 신청시 임원에 관한 등기에 있어서는 법인등의등기사항에관한특례법시행규칙 제2조 제2항, 비송사건절차법 제154조에 의거하여 주민등록번호 또는 주소를 증명하는 서면을 첨부하도록 하였는바, 주민등록번호 또는 주소를 증명하는 서면은 원칙적으로 주민등록등·초본 또는 주민등록증사본이라고 할 것이나, 자동차운전면허증도 운전면허를 받은 사람의 동일성 및 신분을 증명하기에 충분하고 그 기재내용의 진실성도 담보되어 있으므로 자동차운전면허증사본도 주민등록번호 또는 주소를 증명하는 서면에 해당될 수 있다(1992. 12. 30. 등기 제2662호 통첩 참조). 그러나 인감증명제도는 행정청이 출원자의 현재 사용하고 있는 인감을 증명함으로써 국민의 편의를 도모하기 위한 제도이므로 인감증명서는 주민등록번호 또는 주소를 증명하는 서면으로 보기 어렵다.

(2003. 2. 18. 공탁법인 3402-40 질의회답)

[선례 3] 신용협동조합이 상법상 주금납입을 맡을 '은행 기타 금융기관'에 해당하는지 여부

제정 2008.09.03 [상업등기선례 제200809-1호, 시행]

「신용협동조합법」에 의하여 설립된 신용협동조합은 「신용협동조합법」에 의하여 그 사무의 범위에 신용사업을 취급할 수 있고(신용협동조합법 제78조제1항제5호), 국고금 수납업무를 취급할 수 있는 금융기관으로서(국고금관리법시행규칙 제92조제1항제2호다목) 조합원과 예금자 등을 보호하기 위한 제도가 마련되어 있을 뿐만 아니라(신용협동조합법 제80조의2 내지 제80조의5) 금융위원회 및 금융감독원의 감독을 받으므로(신용협동조합법 제83조) 주금납입사무를 취급할 수 있는 업무능력과 공적 신용력을 갖춘 금융기관에 해당된다고 볼 수 있다. (2008. 9. 3. 공탁상업등기과-867 질의회답)

[선례 4] 외국인투자에 해당하는 등기를 신청하는 경우 외국인투자신고서를 첨부하여야 하는지 여부

제정 2011.03.07 [상업등기선례 제201103-1호, 시행]

주식회사의 설립이나 신주발행에 있어서 외국인투자(「외국인투자 촉진법」 제2조 제1항 제4호 가목, 「외국인투자 촉진법 시행령」 제2조 제2항)를 하려는 경우 미리 지식경제부장관에게 신고하여야 할 것이지만(「외국인투자 촉진법」 제5조), 당해 신고는 등기할 사항(주식회사의 설립이나 신주발행)의 효력요건에는 해당하지 아니하므로 등기신청서에 외국인투자신고서를 첨부할 필요가 없다. (2011. 3. 7. 사법등기심의관-521 질의회답)

[선례 5] 주식회사 발기설립의 경우 주주총회의 소집절차가 준용되는지 여부

제정 2011.09.08 [상업등기선례 제201109-1호, 시행]

모집설립 시에 준용되는「상법」제363조제1항은 발기설립의 경우에는 준용되지 않으므로, 납입기일과 발기인의 임원선임 결의일 간에 2주 이상의 시간적 간격을 요하는지 및 첨부서면으로 총회소집통지의 기간단축동의서를 요하는지가 문제되지 않는다. (2011. 9. 8. 사법등기심의관-2127 질의회답)

[선례 6] 주식회사 설립등기 신청시에 첨부서면으로서 본점소재지에 대한 권리관계를 증명하는 서면을 첨부하여야 하는지 여부(소극)

제정 2003. 9. 22. [상업등기선례 제1-98호(등기선례 제200309-17호), 시행]
주식회사 설립등기 신청서의 첨부서면으로는 본점소재지가 기재된 정관, 창립총회의사록(발기설립의 경우는 발기인회의사록) 또는 이사회의사록 등을 첨부하도록 하고 있으나, 본점소재지에 대한 권리관계를 증명하는 서면을 첨부할 필요는 없다. (2003. 9. 22. 공탁법인 3402-229 질의회답)

제3절 상호, 목적, 존립기간 또는 해산사유의 변경, 본점의 이전, 지점의 설치 · 이전 · 폐지 등의 등기

1. 상호, 목적, 존립기간 또는 해산사유의 변경등기

- 상법 제204조
- 상업등기규칙 제97조

제4절 사원 · 대표사원에 관한 변경등기

1. 개설

- 상법 제179조 제3호, 제180조 제1호, 제183조

2. 사원의 입사 및 퇴사

가. 사원의 입사

[판례 1] 약정금 (대법원 2002. 4. 9. 선고 2001다77567 판결)

【판시사항】

[1] 합자회사 설립 후 제3자가 합자회사의 사원으로 되는 방법
[2] 합자회사의 무한책임사원인 대표사원과 제3자 사이의 동업계약이 그 내용에 비추어 제3자가 합자회사에 출자금을 출자하고 새로 유한책임사원의 지위를 원시취득하기로 하는 입사계약이라고 본 사례

【판결요지】

[1] 합자회사 설립 후 제3자가 합자회사의 사원으로 되는 방법으로는 입사에 의하여 원시적으로 사원 자격을 취득하는 방법과 기존의 사원으로부터 지분을 양수하는 방법이 있는데, 전자의 입사 방법은 입사하려는 자와 회사 사이의 입사계약으로 이루어지고 후자의 입사 방법은 입사하려는 자와 기존 사원 개인 사이의 지분매매계약으로 이루어진다.
[2] 합자회사의 무한책임사원인 대표사원과 제3자 사이의 동업계약이 그 내용에 비추어 제3자가 대표사원 개인에게 대금을 주고 그로부터 합자회사에 대한 지분 일부를 양수하기로 하는 지분매매계약이 아니라 제3자가 합자회사와 사이에 합자회사에 출자금을 출자하고 새로 유한책임사원의 지위를 원시취득하기로 하는 입사계약이라고 본 사례.

(1) 지분양수에 의한 입사

- 상법 제197조

(2) 상속에 의한 입사

- 상법 제219조, 제246조

[판례 2] 업무집행정지및업무대행자선임가처분 (대법원 1996. 10. 29. 선고 96다19321 판결)

【판시사항】

[1] 합자회사 신입사원의 사원으로서의 지위 취득 시점
[2] 상업등기의 공신력 유무(소극)
[3] 합자회사의 무한책임사원이 추가되었으나 그에 관한 변경등기가 이루어지지 아니한 경우, 회사 또는 등기되지 아니한 무한책임사원이 등기부상 무한책임사원으로부터 그 지분을 양수한 선의의 제3자에게 대항할 수 있는지 여부(소극)

【판결요지】

[1] 합자회사의 성립 후에 신입사원이 입사하여 사원으로서의 지위를 취득하기 위하여는 정관변경을 요하고 따라서 총사원의 동의를 얻어야 하지만, 정관변경은 회사의 내부

관계에서는 총사원의 동의만으로 그 효력을 발생하는 것이므로 신입사원은 총사원의 동의가 있으면 정관인 서면의 경정이나 등기부에의 기재를 기다리지 않고 그 동의가 있는 시점에 곧바로 사원으로서의 지위를 취득한다.

[2] 회사등기에는 공신력이 인정되지 아니하므로, 합자회사의 사원 지분등기가 불실등기인 경우 그 불실등기를 믿고 합자회사 사원의 지분을 양수하였다 하여 그 지분을 양수한 것으로는 될 수 없다.

[3] 합자회사의 무한책임사원으로 갑이 등재되어 있는 상태에서 총사원의 동의로 을을 무한책임사원으로 가입시키기로 합의하였으나 그에 관한 변경등기가 이루어지기 전에 갑이 등기부상의 총사원의 동의를 얻어 제3자에게 자신의 지분 및 회사를 양도하고 사원 및 지분 변경등기까지 마친 경우, 구 상법(1995. 11. 30. 법률 제5053호로 개정되기 전의 것) 제37조 제1항에 의하면 등기할 사항은 등기와 공고 후가 아니면 선의의 제3자에게 대항하지 못하므로, 총사원의 동의로 을이 무한책임사원으로서의 지위를 취득하였다고 하더라도 그에 관한 등기가 마쳐지기 전에는 등기 당사자인 회사나 을로서는 선의의 제3자에게 을이 무한책임사원이라는 사실을 주장할 수 없으므로, 만약 제3자가 갑만이 유일한 무한책임사원이라고 믿은 데 대하여 선의라면, 회사나 을로서는 제3자가 을의 동의를 받지 아니하였음을 주장하여 그 지분양도계약이 효력이 없다고 주장할 수 없다.

(3) 지분의 양수 없이 회사와의 계약에 의한 입사

- 상법 제179조 제3호 제4호, 제204조

[판례 3] 업무집행정지및업무대행자선임가처분 (대법원 1996. 10. 29. 선고 96다19321 판결)

【판시사항】

[1] 합자회사 신입사원의 사원으로서의 지위 취득 시점

[2] 상업등기의 공신력 유무(소극)

[3] 합자회사의 무한책임사원이 추가되었으나 그에 관한 변경등기가 이루어지지 아니한 경우, 회사 또는 등기되지 아니한 무한책임사원이 등기부상 무한책임사원으로부터 그 지분을 양수한 선의의 제3자에게 대항할 수 있는지 여부(소극)

【판결요지】

[1] 합자회사의 성립 후에 신입사원이 입사하여 사원으로서의 지위를 취득하기 위하여는 정관변경을 요하고 따라서 총사원의 동의를 얻어야 하지만, 정관변경은 회사의 내부관계에서는 총사원의 동의만으로 그 효력을 발생하는 것이므로 신입사원은 총사원의 동의가 있으면 정관인 서면의 경정이나 등기부에의 기재를 기다리지 않고 그 동의가

있는 시점에 곧바로 사원으로서의 지위를 취득한다.

[2] 회사등기에는 공신력이 인정되지 아니하므로, 합자회사의 사원 지분등기가 불실등기인 경우 그 불실등기를 믿고 합자회사 사원의 지분을 양수하였다 하여 그 지분을 양수한 것으로는 될 수 없다.

[3] 합자회사의 무한책임사원으로 갑이 등재되어 있는 상태에서 총사원의 동의로 을을 무한책임사원으로 가입시키기로 합의하였으나 그에 관한 변경등기가 이루어지기 전에 갑이 등기부상의 총사원의 동의를 얻어 제3자에게 자신의 지분 및 회사를 양도하고 사원 및 지분 변경등기까지 마친 경우, 구 상법(1995. 11. 30. 법률 제5053호로 개정되기 전의 것) 제37조 제1항에 의하면 등기할 사항은 등기와 공고 후가 아니면 선의의 제3자에게 대항하지 못하므로, 총사원의 동의로 을이 무한책임사원으로서의 지위를 취득하였다고 하더라도 그에 관한 등기가 마쳐지기 전에는 등기 당사자인 회사나 을로서는 선의의 제3자에게 을이 무한책임사원이라는 사실을 주장할 수 없으므로, 만약 제3자가 갑만이 유일한 무한책임사원이라고 믿은 데 대하여 선의라면, 회사나 을로서는 제3자가 을의 동의를 받지 아니하였음을 주장하여 그 지분양도계약이 효력이 없다고 주장할 수 없다.

나. 사원의 퇴사

(1) 개설

- 상법 제225조
- 예규 제666호

[판례 4] 소유권이전청구권보전가등기및본등기말소 (대법원 2005. 7. 15. 선고 2003다 46963 판결)

【판시사항】

[1] 가등기담보등에관한법률의 시행 전에 채권자가 채권담보의 목적으로 가등기를 경료하였다가 변제를 받지 못하여 가등기에 기한 본등기를 경료한 경우의 법률관계

[2] 가등기담보등에관한법률의 시행 전에 성립한 약한 의미의 양도담보에서 채무자가 담보목적물에 대한 가등기 및 가등기에 기한 본등기의 말소를 구할 수 있는 시기

[3] 약한 의미의 양도담보가 이루어진 경우, 귀속정산의 방법으로 담보권이 실행되어 소유권이 확정적으로 채권자에게 이전되었음을 인정하기 위한 요건

[4] 양도담보권자가 본등기 이후 10여 년 동안이나 제세공과금을 납부하는 등 대외적으로 소유권을 행사해 오는 동안 양도담보설정자나 채무자가 정산절차의 이행을 촉구하거나 나아가 피담보채무의 변제를 조건으로 가등기 및 본등기의 말소를 요구하지 않았다고 하여, 이를 두고 묵시적 대물변제 또는 귀속정산이 이루어졌다고 할 수는

없다고 한 사례
[5] 실권 또는 실효의 법리의 의미

【판결요지】

[1] 가등기담보등에관한법률이 시행되기 전에 채권자가 채권담보의 목적으로 부동산에 가등기를 경료하였다가 그 후 변제기까지 변제를 받지 못하게 되어 위 가등기에 기한 소유권이전의 본등기를 경료한 경우에는 당사자들 사이에 채무자가 변제기에 피담보채무를 변제하지 아니하면 채권채무관계는 소멸하고 부동산의 소유권이 확정적으로 채권자에게 귀속된다는 명시의 특약이 없는 한, 그 본등기도 채권담보의 목적으로 경료된 것으로서 정산절차를 예정하고 있는 이른바 '약한 의미의 양도담보'가 된 것으로 보아야 한다.
[2] 가등기담보등에관한법률이 시행되기 전에 성립한 약한 의미의 양도담보에서는 채무의 변제기가 도과된 이후라 할지라도 채권자가 그 담보권을 실행하여 정산을 하기 전에는 채무자는 언제든지 채무를 변제하고 그 채무담보목적의 가등기 및 가등기에 기한 본등기의 말소를 구할 수 있다.
[3] 약한 의미의 양도담보가 이루어진 경우 부동산이 귀속정산의 방법으로 담보권이 실행되어 그 소유권이 채권자에게 확정적으로 이전되었다고 인정하려면 채권자가 가등기에 기하여 본등기를 경료하였다는 사실만으로는 부족하고 담보 부동산을 적정한 가격으로 평가한 후 그 대금으로써 피담보채권의 원리금에 충당하고 나머지 금원을 반환하거나 평가 금액이 피담보채권액에 미달하는 경우에는 채무자에게 그와 같은 내용의 통지를 하는 등 정산절차를 마친 사실이 인정되어야 한다.
[4] 양도담보권자가 본등기 이후 10여 년 동안이나 제세공과금을 납부하는 등 대외적으로 소유권을 행사해 오는 동안 양도담보설정자나 채무자가 정산절차의 이행을 촉구하거나 나아가 피담보채무의 변제를 조건으로 가등기 및 본등기의 말소를 요구하지 않았다고 하여, 이를 두고 묵시적 대물변제 또는 귀속정산이 이루어졌다고 할 수는 없다고 한 사례.
[5] 실권 또는 실효의 법리는 신의성실의 원칙에 바탕을 둔 파생적인 원리로서 이는 본래 권리행사의 기회가 있음에도 불구하고 권리자가 장기간에 걸쳐 그 권리를 행사하지 아니하였기 때문에 의무자인 상대방이 이미 그의 권리를 행사하지 아니할 것으로 믿을 만한 정당한 사유가 있게 됨으로써 새삼스럽게 그 권리를 행사하는 것이 신의성실의 원칙에 위반되는 결과가 될 때 그 권리행사를 허용하지 않는 것을 의미한다.

(2) 퇴사원인

(가) 지분전부의 양도

- 상법 제197조, 제227조 제3호

(나) 고지에 의한 임의 퇴사

- 상법 제217조 제1항, 제2항

(다) 정관에 정한 사유의 발생

- 상법 제218조 제1호

(라) 총사원의 동의

- 상법 제218조 제2호

(마) 사망

- 상법 제218조 제3호

(바) 파산 및 금치산

- 상법 제218조 제4호, 제5호

(사) 제명

- 상법 제218조 제6호, 제220조, 제269조

[판례 5] 제명처분무효확인 (대법원 2007. 5. 10. 선고 2005다60147 판결)

【판시사항】

[1] 주식회사에서 주주의 제명이 허용되는지 여부(소극)
[2] 주주 간의 분쟁 등 일정한 사유가 발생할 경우 특정 주주를 제명하고 회사가 그 주주

에게 출자금 등을 환급하도록 규정한 정관이나 내부규정의 효력(무효)

[3] 주식회사인 감정평가법인의 주주 겸 소속 감정평가사에 대한 회사의 제명처분에는 주주 제명의 의사표시뿐 아니라 소속 감정평가사의 지위에서 해고한다는 의사표시도 포함되어 있으므로 그와 같은 회사의 의사표시가 주주 제명처분의 무효 여부와 무관하게 가분적으로 유효하게 존재할 수 있는지 여부 등을 심리·판단하여야 한다고 한 사례

【판결요지】

[1] 상법은 제218조 제6호, 제220조, 제269조에서 인적 회사인 합명회사, 합자회사에 대하여 사원의 퇴사사유의 하나로서 '제명'을 규정하면서 제명의 사유가 있는 때에는 다른 사원 과반수의 결의에 의하여 그 사원의 제명의 선고를 법원에 청구할 수 있도록 규정하고 있음에 비하여, 주식회사의 경우에는 주주의 제명에 관한 근거 규정과 절차 규정을 두고 있지 아니한바, 이는 상법이 인적 결합이 아닌 자본의 결합을 본질로 하는 물적 회사로서의 주식회사의 특성을 특별히 고려한 입법이라고 해석되므로, 회사의 주주의 구성이 소수에 의하여 제한적으로 이루어져 있다거나 주주 상호간의 신뢰관계를 기초로 하고 있다는 등의 사정이 있다 하더라도, 그러한 사정만으로 인적 회사인 합명회사, 합자회사의 사원 제명에 관한 규정을 물적 회사인 주식회사에 유추적용하여 주주의 제명을 허용할 수 없다.

[2] 주주 간의 분쟁 등 일정한 사유가 발생할 경우 어느 주주를 제명시키되 회사가 그 주주에게 출자금 등을 환급해 주기로 하는 내용의 규정을 회사의 정관이나 내부규정에 두는 것은 그것이 회사 또는 주주 등에게 생길지 모르는 중대한 손해를 회피하기 위한 것이라 하더라도 법정사유 이외에는 자기주식의 취득을 금지하는 상법 제341조의 규정에 위반되므로, 결국 주주를 제명하고 회사가 그 주주에게 출자금 등을 환급하도록 하는 내용을 규정한 정관이나 내부규정은 물적 회사로서의 주식회사의 본질에 반하고 자기주식의 취득을 금지하는 상법의 규정에도 위반되어 무효이다.

[3] 주식회사인 감정평가법인의 주주 겸 소속 감정평가사에 대한 회사의 제명처분에는 주주 제명의 의사표시뿐 아니라 소속 감정평가사의 지위에서 해고한다는 의사표시도 포함되어 있으므로 그와 같은 회사의 의사표시가 주주 제명처분의 무효 여부와 무관하게 가분적으로 유효하게 존재할 수 있는지 여부 등을 심리·판단하여야 한다고 한 사례.

(아) 지분압류권자에 의한 퇴사

- 상법 제224조

(자) 기타의 퇴사원인

① 회사계획에 부동의한 사원

- 상법 제229조 제1항

② 설립의 무효 또는 취소의 원인이 있는 사원

- 상법 제194조 제2항

3. 대표사원의 취임 및 퇴임 등

가. 대표사원의 취임

- 상법 제200조 제1항, 제207조

나. 공동대표에 관한 규정의 설정・변경・폐지

- 상법 제208조 제1항

4. 등기절차

가. 등기기간 등

- 비송법 제107조 제3호, 제108조

나. 등기사항

(1) 사원의 입사 및 대표사원의 취임

- 상법 제179조 제3호, 제180조 제1호 제2호 제4호

(2) 업무집행권한 또는 대표권의 상실

- 비송법 제107조 제3호

다. 첨부서면

(1) 사원의 입사

- 상법 제180조 제1호 제2호
- 상업등기규칙 제103조 제1항 제2항

① 지분의 양수에 의한 입사

상업등기규칙 97조

② 상속에 의한 입사

- 가족관계등록 등에 관한 법률 15조 1항 2호

(2) 사원의 퇴사

- 상업등기규칙 103조 2항

① 파산 또는 금치산선고에 의한 퇴사

- 가사소송규칙 제36조
- 가사소송법 제40조
- 채무자회생법 제311조

(3) 대표사원의 취임 및 퇴임

- 상업등기규칙 제97조 제2항, 제103조 제3항, 제104조 제1항, 제2항

(4) 공동대표의 정함에 관한 변경

- 상업등기규칙 제97조 제2항

제5절 사원의 출자의 목적 등에 관한 변경등기

1. 사원의 출자의 목적 등의 변경

- 상법 제180조 제1호

가. 사원의 지분의 이전

- 상법 제197조

2. 등기절차

- 상법 제204조
- 상업등기규칙 제103조 제1항

제6절 합병의 등기

1. 합병의 절차

가. 합병의 의의 및 종류

- 상법 제174조 제1항, 제2항

나. 합병결의

- 상법 제230조, 제523조, 제524조, 제525조

다. 채권자보호절차

- 상법 제232조, 제235조, 제236조

대법원 1980. 3. 25. 선고 77누265

[판례 1] 법인세부과처분취소 (대법원 1980. 3. 25. 선고 77누265 판결)

【판시사항】

가. 피합병회사의 권리 의무가 존속한 회사에 승계되는 범위
나. 피합병회사의 증자분에 대하여 소득금액을 공제받을 수 있는 권리가 성질상 이전을 허용할 수 없는 것인지 여부

【판결요지】

가. 회사합병이 있는 경우에는 피합병회사의 권리 의무는 사법상의 관계나 공법상의 관계를 불문하고 그 성질상 이전을 허용하지 않는 것을 제외하고는 모두 합병으로 인하여 존속한 회상에서 승계된다.

나. 경제의안정과성장에관한긴급명령 제62조 제1항에 의한 권리 즉 피합병회사의 증자분에 대하여 소득금액의 공제를 받을 수 있는 권리는 그 성질상 이전을 허용할 수 없는 것이 아니다.

[선례 7] 주식회사의 흡수합병으로 인한 등기 등

제정 1992.05.19 [상업등기선례 제1-229호(등기선례 제3-939호), 시행]

가. 주식회사의 흡수합병으로 인하여 권리의무는 포괄적으로 존속회사에 이전되므로 회사에 대한 채무자에게는 별다른 통지를 할 필요가 없다(상법 제530조, 제235조참조).

나. 합병 후 존속하는 주식회사 등기부에는 합병으로 인하여 소멸하는 주식회사의 상호 및 본점과 합병을 한 뜻도 함께 기재된다(비송사건절차법 제217조, 제192조 참조).

다. 흡수합병으로 소멸하는 주식회사의 지점에도 해산등기를 하여야 하므로 소멸회사의 지점 지배인을 존속회사의 지점 지배인으로 계속하려면 존속회사의 해당 지점에 새로이 지배인 선임등기를 하여야 한다. (1992. 5. 19. 등기 제1091호)

---

2. 등기절차

가. 존속회사의 변경등기

(1) 등기신청인, 등기기간 등

- 상법 제233조
- 상업등기법 제23조 제1항, 제63조 제1항, 제3항

(2) 등기사항

(가) 합병으로 인하여 입사한 사원의 성명 · 주민등록번호

- 상법 제189조 제1호

(다) 지점소재지에서는 합병연월일

- 상법 제234조
- 상업등기법 제62조 제1항

(3) 첨부서면

- 상업등기규칙 제52조 제1항, 제97조 제2항, 제111조 제1호, 제2호

나. 신설회사의 설립등기

(1) 등기신청인, 등기기간 등

- 상법 제233조
- 상업등기법 제23조 제1항, 제63조 제1항, 제3항

(2) 등기사항

- 상법 제180조, 제233조
- 상업등기법 제62조 제1항

[선례 8] 합명회사의 사원 또는 대표사원의 출자의무 등

제정 1997.11.21 [상업등기선례 제1-64호(등기선례 제5-832호), 시행]
합명회사의 사원은 재산, 노무, 신용 중 어느 하나를 반드시 출자하여야 하고 정관의 규정으로써도 그러한 출자를 하지 않은 사원을 인정할 수 없으므로, 출자가 없는 자를 사원으로 정한 합명회사의 설립등기 신청은 수리될 수 없을 것이다. (1997. 11. 21. 등기 3402-896 질의회답)

---

(3) 첨부서면

- 상업등기규칙 제111조 제1호, 제112조 제1호 제3호

(가) 설립위원의 자격을 증명하는 서면

- 상법 제175조 제1항, 제2항
- 상업등기규칙 제112조 제2호

(나) 채권자보호절차의 이행사실을 증명하는 서면

- 상업등기규칙 제111조 제2호, 제112조 제3호

(다) 총사원의 동의로 업무집행사원 중 특히 회사를 대표할 자를 정하거나 공동대표사원을 정할 때에는 총사원의 동의가 있음을 증명하는 서면

- 상업등기규칙 제97조 제2항

(라) 대표사원의 취임승낙서

- 상업등기규칙 제103조 제3항

(마) 대리인에 의하여 등기를 신청하는 경우 그 권한을 증명하는 서면, 관청의 허가서, 성명·주소 등의 증명서면 등 일반적인 첨부서면

- 상업등기규칙 제52조 제1항

다. 소멸회사의 해산등기

(1) 등기신청인, 등기기간 등

- 상법 제233조
- 상업등기법 제63조 제1항, 제2항, 제3항

(2) 등기사항

- 상업등기법 제62조 제2항

(3) 첨부서면

- 상업등기규칙 제53조 제3항

3. 합병의 효력

- 상법 제190조, 제234조, 제235조, 제236조 제1호, 제240조
- 상업등기법 제16조 제2항

[판례 2] 추심금 (대법원 2003. 2. 11. 선고 2001다14351 판결)

【판시사항】

회사 합병의 의미 및 합병으로 소멸되는 회사의 사원(주주)의 지위

【판결요지】

회사의 합병이라 함은 두 개 이상의 회사가 계약에 의하여 신회사를 설립하거나 또는 그 중의 한 회사가 다른 회사를 흡수하고, 소멸회사의 재산과 사원(주주)이 신설회사 또는 존속회사에 법정 절차에 따라 이전·수용되는 효과를 가져오는 것으로서, 소멸회사의 사원(주주)은 합병에 의하여 1주 미만의 단주만을 취득하게 되는 경우나 혹은 합병에 반대한 주주로서의 주식매수청구권을 행사하는 경우 등과 같은 특별한 경우를 제외하고는 원칙적으로 합병계약상의 합병비율과 배정방식에 따라 존속회사 또는 신설회사의 사원권(주주권)을 취득하여, 존속회사 또는 신설회사의 사원(주주)이 된다.

[선례 9] 청산중인 합명회사에 있어서의 사원의 입·퇴사등기 가부

제정 1988.04.29 [상업등기선례 제1-63호(등기선례 제2-705호), 시행]

청산중인 합명회사는 청산의 목적범위 내에서만 존속하고 그 청산은 회사와 사원의 재산관계의 정리를 중심으로 하는 것이므로, 사원 상호 간이나 제3자에게 지분을 전부 양도함에 따른 사원의 입·퇴사의 등기 신청은 이를 수리할 수 없다. (88. 4.29 등기 제244호)

제7절 해산의 등기

1. 해산사유

- 상법 제176조, 제227조, 제241조, 제269조, 제520조 제1항, 제613조 제1항
- 채무자회생법 제305조, 제306조 제1항, 제2항

2. 등기절차

- 상업등기법 제23조 제1항
- 상업등기규칙 제88조, 제97조 제1항, 제2항, 제103조 제2항, 제106조 제1항, 제2항

제8절 청산인에 관한 등기

1. 청산인·대표청산인의 취임, 퇴임 등

- 상법 제251조 ~ 제265조

가. 청산인의 취임 및 퇴임

(1) 청산인의 의의, 자격 등

- 상법 제254조 제1항 ~ 제3항
- 민법 제690조

[판례 1] 직무대행선임 (대법원 1998. 9. 3. 자 97마1429 결정)

【판시사항】

회사가 휴면회사가 되어 해산등기가 마쳐졌음에도 대표청산인이 청산절차를 밟지 않고 있고, 회사채권자인 재항고인의 수차례에 걸친 주소보정에도 불구하고 대표청산인에 대한 재산관계 명시결정이 계속적으로 송달불능 상태에 있는 경우, 직무대행자를 선임할 필요성이 인정되는지 여부(적극)

【결정요지】

사건본인 회사가 휴면회사가 되어 해산등기가 마쳐졌음에도 사건본인 회사의 대표청산인으로서의 권리의무를 보유하고 있는 자가 해산등기 이후 상법의 규정에 따른 청산절차를 밟고 있지 아니하고, 재항고인의 수차례에 걸친 주소보정에도 불구하고 사건본인 회사의 대표청산인에 대한 재산관계 명시결정이 계속적으로 송달불능 상태에 있다면, 사건본인 회사의 채권자인 재항고인으로서는 현재의 대표청산인을 상대로 하여서는 재산관계 명시결정을 공시송달의 방법에 의하지 아니하고는 송달할 방법이 없게 되어 재산관계의 명시신청을 통하여 재항고인이 얻고자 하는 효과를 얻을 수 없게 되는바, 이와 같은 경우에는 사건본인 회사의 대표청산인이 부재한 것과 다름이 없어 대표청산인에게 그 권리의무를 보유하게 하는 것이 불가능 또는 부적당한 경우라고 할 것이므로, 이는 상법 제386조 제2항에 따라 사건본인 회사의 채권자로서 이해관계인인 재항고인의 청구에 의하여 일시 이사의 직무를 행할 자를 선임할 필요가 있다고 인정되는 때에 해당한다.

[선례 10] 청산중인 합명회사에 있어서의 사원의 입·퇴사등기 가부

제정 1988.04.29 [상업등기선례 제1-63호(등기선례 제2-705호), 시행]
청산중인 합명회사는 청산의 목적범위 내에서만 존속하고 그 청산은 회사와 사원의 재산관계의 정리를 중심으로 하는 것이므로, 사원 상호 간이나 제3자에게 지분을 전부 양도함에 따른 사원의 입·퇴사의 등기 신청은 이를 수리할 수 없다. (88. 4.29 등기 제244호)

---

(2) 청산인의 취임

(가) 사원의 선임에 의한 청산인과 법정청산인

- 상법 제251조 제1항, 제2항

(나) 법원의 선임에 의한 청산인

- 상법 제193조, 제252조
- 비송법 제119조

[판례 2] 임시주주총회결의무효확인 (대법원 1991. 11. 22. 선고 91다22131 판결)

【판시사항】

가. 주식회사가 해산된 경우 주주와 이사의 지위
나. 주식회사가 해산된 이후 해산 당시의 이사 또는 주주가 해산 전에 이루어진 주주총회 결의의 무효확인을 구하는 소와 소의 이익
다. 주식회사가 법원의 해산판결로 해산된 경우 주주와 이사의 지위
라. 법원의 해산판결로 해산등기가 마쳐졌고 법원이 선임한 청산인의 취임등기까지 경료된 경우, 해산판결 선고 전에 부적법하게 해임된 주주인 이사가 해산판결 전에 이루어진 주주총회 결의나 이사회 결의의 무효확인을 구할 법률상 이익이 있는지 여부(소극)

【판결요지】

가. 주식회사는 해산된 뒤에도 청산법인으로 되어 청산의 목적범위 내에서 존속하므로, 그 주주는 주주총회의 결의에 참여할 수 있을 뿐더러 잔여재산의 분배청구권 및 청산인의 해임청구권이 있고, 한편 해산 당시의 이사는 정관에 다른 규정이 있거나 주주총회에서 따로 청산인을 선임하지 아니한 경우에 당연히 청산인이 되고 해산 당시 또는 그 후에 임기가 만료되더라도 새로 청산인이 선임되어 취임할 때까지는 청산인으

로서 권리의무를 가진다.

나. 주식회사가 해산되었다 하더라도 해산 당시의 이사 또는 주주가 해산 전에 이루어진 주주총회 결의의 무효확인을 구하는 청구에는 청산인선임결의의 무효를 다투는 청구가 포함되어 있을 수 있고 이 경우 그 중요 쟁점은 회사의 청산인이 될 지위에 관한 것이므로 항상 소의 이익이 없다고 단정할 수 없다.

다. 주식회사가 법원의 해산판결로 해산되는 경우에 그 주주는 여전히 위 "가"항의 권리를 보유하지만 이사의 지위는 전혀 다른바, 그것은 상법상 이사는 당연히 청산인으로 되는 게 아니라 법원이 임원 기타 이해관계인 또는 검사의 청구에 의하여 또는 직권으로 청산인을 선임하도록 규정하고 있고, 청산법인에서는 이사에 갈음하여 청산인만이 회사의 청산사무를 집행하고 회사를 대표하는 기관이 되기 때문이다.

라. 주식회사에 대하여 법원의 해산판결이 선고, 확정되어 해산등기가 마쳐졌고 아울러 법원이 적법하게 그 청산인을 선임하여 그 취임등기까지 경료된 경우, 해산 당시 이사가 설사 해산판결 선고 이전에 부적법하게 해임된 바 있어 주주총회의 이사해임 결의가 무효라 하더라도 그 이사로서는 청산인의 지위에 이를 방도가 없게 되었고, 한편 그 이사가 주식회사의 주주라 하여도 위와 같이 회사가 적법하게 해산된 데다가 적법한 청산인이 선임된 이상 주주의 지위에는 아무 영향이 없다 할 것이므로, 결국 위 이사로서는 해산판결 전에 이루어진 회사의 주주총회 결의나 이사회 결의의 무효확인을 구할 법률상 이익이 없다.

(3) 청산인의 퇴임

- 상법 제261조, 제262조
- 민법 제690조

나. 대표청산인의 취임 및 퇴임

(1) 대표청산인의 취임

- 상법 제255조 제1항, 제2항, 제265조, 제207조

(2) 공동대표청산인에 관한 규정의 설정, 변경, 폐지

(가) 공동대표청산인에 관한 규정의 설정

- 상법 제208조, 제255조 제1항, 제2항, 제265조

2. 등기절차

가. 등기신청인 등

- 상법 제253조
- 상업등기법 제23조 제1항
- 상업등기규칙 제108조
- 비송법 제107조 제1호

[선례 11] 해산간주된 회사의 해산 및 청산 절차

제정 1993.05.24 [상업등기선례 제1-274호(등기선례 제3-962호), 시행]
회사가 상법 부칙 제4조 제2항의 규정에 의하여 해산간주된 경우에는 정관에 다른 정함이 없거나 주주총회에서 타인을 선임한 외에는 이사가 청산인이 되고 그 대표청산인이 상법 및 비송사건절차법의 규정에 따라 해산등기를 한 후(해산을 위하여 별도로 주주총회 결의를 거칠 필요는 없음), 그 청산이 종결되면 청산종결의 등기를 하게 되는 것이다. (1993. 5. 24. 등기 제1234호)

나. 첨부서면

(1) 청산인에 관한 등기

(가) 청산인의 취임

① 사원이 청산인을 선임한 경우

- 상업등기규칙 제97조 제2항, 제107조 제2항

② 업무집행사원이 청산인이 된 경우

- 상업등기규칙 제107조 제1항

(나) 청산인의 퇴임

- 상업등기규칙 제107조 제4항

제9절 회사계속의 등기

1. 회사의 계속

가. 회사계속의 의의

- 상법 제242조 제2항, 제286조 제2항

나. 회사계속의 사유와 절차

- 상법 제194조 제1항, 제2항, 제3항, , 제227조 제3호, 제229조 제1항, 제2항, 제242조 제2항
- 채무자회생법 제540조

다. 회사계속 후의 업무집행사원, 대표사원 등

- 상법 제200조, 제201조, 제207조

2. 등기절차

가. 등기기간 등

- 상법 제229조
- 상업등기법 제23조 제1항

나. 등기할 사항

- 상법 제180조 제1호 ~ 제5호, 제183조
- 상업등기법 제61조
- 상업등기규칙 제109조

다. 첨부서면

- 상업등기규칙 제52조 제1항 제3호, 제97조 제2항, 제103조 제1항, 제2항

라. 해산 및 청산인에 관한 등기의 직권말소

- 상업등기규칙 제109조 제1항, 제3항

제10절 청산종결의 등기

1. 청산절차

- 상법 제245조, 제531조, 제613조 제1항

가. 임의청산

(1) 의의, 사유

- 상법 제247조 제1항, 제2항, 제252조

(2) 절차

- 상법 제247조 제1항 ~ 제4항

나. 법정청산

(1) 의의, 사유

- 상법 제247조 제2항, 제250조, 제251조

(2) 절차

- 상법 제247조 제3항, 제254조, 제256조 제1항, 제2항, 제263조, 제535조, 제613조 제1항
- 민법 제88조

2. 등기절차

가. 등기간 등

(1) 임의청산의 경우

- 상법 제247조 제5항
- 상업등기법 제23조 제1항

(2) 법정청산의 경우

- 상법 제264조

나. 첨부서면

- 상업등기규칙 제110조 제1항, 제2항

제11절 조직변경의 등기

1. 조직변경절차

- 상법 제242조 제1항, 제2항, 제244조

2. 등기절차

가. 등기기간 등

- 상법 제243조
- 상업등기법 제66조, 제67조

나. 등기사항

(1) 합명회사의 해산등기

- 상업등기법 제60조 제1항, 제65조 제2항

(2) 합자회사의 설립등기

- 상법 제180조
- 상업등기법 제65조 제1항

다. 첨부서면

(1) 합명회사의 해산등기

- 상업등기규칙 제53조 제3항

(2) 합자회사의 설립등기

- 상업등기규칙 제114조

(가) 정관

- 상업등기규칙 제114조 제1호

(나) 조직변경에 관하여 총사원의 동의가 있음을 증명하는 서면

- 상업등기규칙 제97조 제2항

(다) 유한책임사원을 가입시킨 때에는 그 가입을 증명하는 서면

- 상업등기규칙 제114조 제2호

(라) 유한책임사원이 출자에 관하여 이행을 한 부분을 증명하는 서면

- 상업등기규칙 제114조 제3호

라. 등록면허세·등기신청수수료의 등의 납부

- 지방세법 제28조 제1항 6. 가. 1, 바.

[판례 1] 등록세등부과처분취소 (대법원 2012. 2. 9. 선고 2010두6731 판결)

【판시사항】

주식회사의 조직변경에 따른 유한회사 설립등기가 구 지방세법 제137조 제1항 제1호 제1목 적용대상인지 여부(소극)

【판결요지】

법인에 관한 어떠한 등기가 구 지방세법(2010. 3. 31. 법률 제10221호로 전부 개정되기 전의 것, 이하 같다) 제137조 제1항 어느 호에 해당하는지는 실질과세의 원칙에 의하여 그 명칭이나 형식과 관계없이 실질 내용에 따라 판단하여야 한다. 상법상 주식회사의 유한회사로의 조직변경은 주식회사가 법인격의 동일성을 유지하면서 조직을 변경하여 유한회사로 되는 것이다. 그럼에도 주식회사의 해산등기와 유한회사의 설립등기를 하는 것은 유한회사의 등기기록을 새로 개설하는 방편일 뿐이고, 주식회사가 해산하고 유한회사가 설립되기 때문이 아니다. 또한 이러한 조직변경이 있더라도 구 지방세법 제137조 제1항 제1호 제1목에서 등록세의 과세표준으로 삼고 있는 신규출자가 이루어지지 아니한다. 이러한 점들을 종합하여 볼 때, 주식회사의 조직변경에 따른 유한회사의 설립등기는 구 지방세법 제137조 제1항 제1호 제1목의 적용대상이라고 할 수 없다.

3. 조직변경등기의 효력

- 상법 제244조

제12절 설립무효의 판결 등의 재판에 따른 등기

1. 설립의 무효 및 취소의 등기

- 상법 제184조, 제192조, 제193조 제1항, 제2항, 제194조
- 비송법 제98조, 제107조 제2호, 제108조
- 상업등기규칙 제108조

2. 사원의 제명, 업무집행권한 또는 대표권 상실의 등기

가. 사원 제명의 등기

대법원 1976. 6. 22. 선고 75다1503

대법원 1991. 7. 26. 선고 90다19206

비송법 107조 3호

비송법 108조

나. 업무집행권한 또는 대표권 상실의 등기

- 상법 제205조, 제216조, 제218조 제6호, 제220조
- 비송법 제107조 제3호, 제108조

3. 사원(청산인)의 업무집행절차, 그 직무대행자 선임의 가처분등기

- 상법 제183의2조, 제200의2조, 제265조
- 민집법 306

4. 합병무효의 등기

- 상법 제190조, 제237조, 제238조, 제240조, 제529조, 제530조 제2항, 제603조
- 비송법 제98조, 제99조, 제108조

제2장 합자회사의 등기

제1절 총설

1. 합자회사 일반

- 상법 제268조, 제269조, 제277조, 제278조, 제279조 제1항
- 상업등기규칙 제118조

2. 등기사유에 관한 통칙

가. 업무집행

- 상법 제201조, 제205조, 제215조, 제269조, 제274조

[판례 1] 소유권이전등기말소등 (대법원 1966. 1. 25. 선고 65다2128 판결)

【판시사항】

합자회사의 유한책임사원의 정관 또는 총사원의 동의로서 회사의 대표자로 지정되어 등기가 경유된 경우에 그 유한책임사원의 회사대표권의 유무

【판결요지】

합자회사의 유한책임사원이 정관 또는 총사원의 동의로서 회사의 대표자로 지정되어 그와 같은 등기까지 경유되었다 하더라도 회사대표권을 가질 수 없다.

[판례 2] 대표사원업무집행권한상실등 (대법원 1977. 4. 26. 선고 75다1341 판결)

【판시사항】

무한책임사원이 1인 뿐인 합자회사에 있어서 업무집행사원에 대한 권한상실선고

【판결요지】

상법 205조가 규정하고 있는 합자회사의 업무집행 사원의 권한상실선고 제도는 회사의 운영에 있어서 장애사유를 제거하는데 목적이 있고 회사를 해산상태로 몰고 가자는데 목적이 있는 것이 아니므로 무한책임사원 1인 뿐인 합자회사에서 업무집행사원에 대한 권한상실신고는 회사의 업무집행사원 및 대표사원이 없는 상태로 돌아가게 되어 권한상실제도의 취지에 어긋나게 되어 회사를 운영할 수 없으므로 이를 할 수 없다.

나. 정관 변경, 기타 중요한 사항

- 상법 제204조, 제269조, 제286조 제1항

3. 등기절차 통칙

- 상법 제207조, 제269조, 제278조
- 상업등기규칙 제97조 제2항, 제118조

[판례 3] 소유권이전등기말소등 (대법원 1966. 1. 25. 선고 65다2128 판결)

【판시사항】

합자회사의 유한책임사원의 정관 또는 총사원의 동의로서 회사의 대표자로 지정되어 등기가 경유된 경우에 그 유한책임사원의 회사대표권의 유무

【판결요지】

합자회사의 유한책임사원이 정관 또는 총사원의 동의로서 회사의 대표자로 지정되어 그와 같은 등기까지 경유되었다 하더라도 회사대표권을 가질 수 없다.

[선례 1] 합자회사 무한책임사원의 출자증가로 인한 변경등기와 총사원의 동의

제정 1999.08.17 [상업등기선례 제1-69호(등기선례 제6-649호), 시행]
합자회사의 무한책임사원의 출자증가로 인한 변경등기 신청서에는 그 출자증가에 대하여 총사원의 동의가 있음을 증명하는 서면을 첨부하여야 하는바, 유한책임사원이 동의를 하지 않아 그 동의서를 첨부할 수 없는 경우에 그 동의의 의사표시를 명하는 판결을 받아 그 판결문을 첨부하였다면 위 변경등기 신청은 수리될 수 있을 것이다. (1999. 8. 17. 등기 3402-818 질의회답)

제2절 설립의 등기

- 상법 제172조, 제173조, 제178조, 제179조, 제180조, 제270조, 제269조, 제271조, 제272조, 제278조

[판례 1] **대표사원업무집행권한상실등 (대법원 1977. 4. 26. 선고 75다1341 판결)**

【판시사항】

무한책임사원이 1인 뿐인 합자회사에 있어서 업무집행사원에 대한 권한상실선고

【판결요지】

상법 205조가 규정하고 있는 합자회사의 업무집행 사원의 권한상실선고 제도는 회사의 운영에 있어서 장애사유를 제거하는데 목적이 있고 회사를 해산상태로 몰고 가자는데 목적이 있는 것이 아니므로 무한책임사원 1인 뿐인 합자회사에서 업무집행사원에 대한 권한상실신고는 회사의 업무집행사원 및 대표사원이 없는 상태로 돌아가게 되어 권한상실제도의 취지에 어긋나게 되어 회사를 운영할 수 없으므로 이를 할 수 없다.

제3절 유한책임사원에 관한 변경등기

1. 유한책임사원의 입사·퇴사

- 상법 제197조, 제204조, 제269조, 제276조, 제218조 제3호 제4호, 제219조, 제283조 제1항, 제284조, 제285조 제1항

[선례 2] 합자회사의 유한책임사원이 그 지분의 전부 또는 일부를 양도한 경우 등의 등기절차

제정 1988.01.13 [상업등기선례 제1-65호(등기선례 제2-689호), 시행]

합자회사의 유한책임사원이 그 지분의 전부 또는 일부를 양도한 경우 그에 따른 변경등기신청서에는 그 지분의 양도가 있음을 증명하는 서면과 무한책임사원 전원의 동의가 있음을 증명하는 서면을 첨부하여야 하며, 총사원의 동의를 얻어 퇴사한 경우 그에 따른 변경등기신청서에는 퇴사하는 사원을 포함한 전 사원의 동의가 있음을 증명하는 서면을 첨부하여야 할 것이다. (88. 1.13 등기 제23호)

---

2. 등기절차

가. 첨부서면

- 상법 제204조, 제269조, 제276조
- 상업등기규칙 제97조 제2항, 제103조 제2항, 제118조

3. 유한책임사원의 퇴사등기의 효력

- 상법 제225조, 제269조

제4절 사원의 책임의 변경등기

1. 사원의 책임의 변경

- 상법 제197조, 제204조, 제213조, 제225조, 제282조, 제269조

[선례 3] 합자회사의 공동대표규정에 관한 변경등기

제정 2005.01.19 [상업등기선례 제1-70호(등기선례 제200501-8호), 시행]
합자회사의 정관에 따라 공동대표규정(수인의 사원이 공동으로 회사를 대표할 것)을 등기한 경우, 먼저 그 정관규정을 변경한 후 공동대표규정을 말소하는 변경등기를 신청할 수 있을 것이다. (2005. 1. 19. 공탁법인 3402-14 질의회답)

2. 등기절차

- 상법 제183조, 제269조
- 상업등기규칙 제97조 제2항, 제118조

[선례 4] 합자회사의 무한책임사원 전원이 퇴사한 경우, 잔존한 유한책임사원 일부의 동의로 회사를 계속할 수 있는지 여부

제정 2007. 3. 14. [상업등기선례 제2-12호, 시행]

1. 합자회사의 유한책임사원은 정관에 다른 정함이 없는 한 총사원의 동의가 있어야 무한책임사원이 될 수 있고, 그로 인한 변경등기의 신청서에는 총사원의 동의가 있음을 증명하는 서면을 첨부하여야 한다(비송사건절차법 제200조, 제182조제2항).
2. 합자회사가 무한책임사원 전원이 퇴사하여 해산한 경우 잔존한 유한책임사원은 전원의 동의로 새로 무한책임사원을 가입시켜서 회사를 계속할 수 있고(상법 제285조제1항, 제2항), 이미 해산 등기를 하였을 때에는 새로 가입한 무한책임사원 또는 회사를 대표할 사원(상법 제268조, 제207조, 제208조제1항, 제278조)이 유한책임사원 전원의 동의가 있음을 증명하는 서면을 첨부하여 회사의 계속 등기를 하여야 한다(상법 제285조, 제229조제3항, 비송사건절차법 제200조, 제182조제2항). 이러한 경우, 잔존한 유한책임사원 일부의 동의로는 새로 무한책임사원을 가입시켜서 회사를 계속할 수 없다.

(2007. 3. 14. 공탁상업등기과-273 질의회답)

3. 사원의 책임의 변경등기의 효력

- 상법 제225조 제1항, 제282조

제5절 합병의 등기

- 상법 제174조 제1항, 제2항

제6절 해산의 등기

1. 해산사유

- 상법 제219조, 제227조, 제269조, 제283조 제1항, 제285조 제1항

[선례 5] 합자회사 존립기간 만료전에 정관을 변경하여 존립기간을 폐지한 경우 변경등기 가부

제정 1994.06.03 [상업등기선례 제1-68호(등기선례 제4-863호), 시행]

합자회사의 존립기간이 1994. 4. 7.까지로 되어 있으나 그 이전에 총사원의 동의로 정관을 변경하여 위 존립기간을 폐지한 경우에는 비록 위 존립기간이 지난 후라 할 지라도 위 존립기간 폐지의 변경등기를 신청할 수 있을 것이며 해산등기후 회사계속등기를 신청하여야 하는 것은 아니다. (1994. 6. 3. 등기 3402-495 질의회답)

[선례 6] 합자회사의 무한책임사원 전원이 퇴사한 경우, 잔존한 유한책임사원 일부의 동의로 회사를 계속할 수 있는지 여부

제정 2007.03.14 [상업등기선례 제200703-3호, 시행]

1. 합자회사의 유한책임사원은 정관에 다른 정함이 없는 한 총사원의 동의가 있어야 무한책임사원이 될 수 있고, 그로 인한 변경등기의 신청서에는 총사원의 동의가 있음을 증명하는 서면을 첨부하여야 한다(비송사건절차법 제200조, 제182조제2항).

2. 합자회사가 무한책임사원 전원이 퇴사하여 해산한 경우 잔존한 유한책임사원은 전원의 동의로 새로 무한책임사원을 가입시켜서 회사를 계속할 수 있고(상법 제285조제1항, 제2항), 이미 해산 등기를 하였을 때에는 새로 가입한 무한책임사원 또는 회사를 대표할 사원(상법 제268조, 제207조, 제208조제1항, 제278조)이 유한책임사원 전원의 동의가 있음을 증명하는 서면을 첨부하여 회사의 계속 등기를 하여야 한다(상법 제285조, 제229조제3항, 비송사건절차법 제200조, 제182조제2항). 이러한 경우, 잔존한 유한책임사원 일부의 동의로는 새로 무한책임사원을 가입시켜서 회사를 계속할 수 없다.
(2007. 3. 14. 공탁상업등기과-273 질의회답)

제7절 청산인에 관한 등기

1. 청산인의 취임・퇴임

가. 청산인의 취임

(1) 무한책임사원이 청산인을 선임하는 경우

- 상법 제207조, 제208조, 제265조, 제269조, 제287조

[선례 7] 합자회사의 파산관재인이 포기한 재산처분시 첨부하는 인감증명서

제정 2009.05.27 [상업등기선례 제200905-1호, 시행]

합자회사의 파산관재인이 포기한 재산을 매도하고 그에 따른 소유권이전등기를 신청하는 경우에 무한책임사원 과반수의 결의로 청산인을 선임하였다면 그 청산인이 그에 따른 등기를 파산자인 위 합자회사를 대표하여 신청할 수 있다. 이때 위 청산인은 등기소에 인감을 신고하고 인감증명을 발급받아 위 등기신청서에 첨부할 수 있다. (2009. 5. 27. 사법등기심의관-1244 질의회답)

---

(2) 법원이 청산인을 선임하는 경우

(가) 설립무효의 판결 또는 설립취소의 판결이 확정된 때

- 상법 제193조, 제269조

(나) 법원의 해산명령 또는 해산판결에 의하여 해산된 때

- 상법 제252조, 제269조

(다) 유한책임사원 전원이 퇴사하고 무한책임사원 1인이 남은 때

- 상법 제227조 제3호, 제252조, 제269조

(라) 무한책임사원 전원이 퇴사한 때

- 상법 제287조

나. 청산인의 퇴임

- 상법 제287조

제8절 회사계속의 등기

1. 회사계속의 절차

- 상법 제213조, 제229조, 제269조, 제285조 제2항, 제3항, 제286조 제2항

[선례 8] 합자회사의 무한책임사원 전원이 퇴사한 경우, 잔존한 유한책임사원 일부의 동의로 회사를 계속할 수 있는지 여부

제정 2007. 3. 14. [상업등기선례 제2-12호, 시행]

1. 합자회사의 유한책임사원은 정관에 다른 정함이 없는 한 총사원의 동의가 있어야 무한책임사원이 될 수 있고, 그로 인한 변경등기의 신청서에는 총사원의 동의가 있음을 증명하는 서면을 첨부하여야 한다(비송사건절차법 제200조, 제182조제2항).
2. 합자회사가 무한책임사원 전원이 퇴사하여 해산한 경우 잔존한 유한책임사원은 전원의 동의로 새로 무한책임사원을 가입시켜서 회사를 계속할 수 있고(상법 제285조제1항, 제2항), 이미 해산 등기를 하였을 때에는 새로 가입한 무한책임사원 또는 회사를 대표할 사원(상법 제268조, 제207조, 제208조제1항, 제278조)이 유한책임사원 전원의 동

의가 있음을 증명하는 서면을 첨부하여 회사의 계속 등기를 하여야 한다(상법 제285조, 제229조제3항, 비송사건절차법 제200조, 제182조제2항). 이러한 경우, 잔존한 유한책임사원 일부의 동의로는 새로 무한책임사원을 가입시켜서 회사를 계속할 수 없다. (2007. 3. 14. 공탁상업등기과-273 질의회답)

제9절 조직변경의 등기

1. 조직변경의 절차

- 상법 제242조 제2항, 제286조 제2항, 제269조

2. 등기절차

가. 등기사항, 등기기간 등

- 상법 제286조 제3항
- 상업등기법 제60조 제1항, 제65조 제1항, 제2항

나. 첨부서면

- 상업등기규칙 제53조 제3항, 제97조 제2항, 제103조 제1항, 제2항, 제117조, 제118조

제3장 유한책임회사의 등기

제1절 종 설

1. 의의

- 상법 제287의18조

2. 유한책임회사의 사원

가. 사원의 의의

- 상법 제287의2조, 제287의3조, 제287의4조, 제287의7조

나. 사원의 입사와 퇴사

- 상법 제179조, 제198조 제1항, 제217조 제1항, 제218조, 제220조 제1항, 제224조 제1항, 제287의2조, 제287의16조, 제287의23조 제1항, 제2항, 제287의24조, 제287의25조, 제287의27조, 제287의29조

다. 사원의 지분 양도와 상속

- 상법 제218조 제3항, 제219조, 제287의8 제1항 ~ 제3항, 제287의25조, 제287의26조

3. 사원의 의사결정

- 상법 제195조, 제203조, 제207조, 제208조, 제227조 제2호, 제230조, 제265조, 제287의11조, 제287의16조, 제287의18조, 제287의19조, 제287의38조, 제287의41조, 제287의45조
- 민법 제706조 제2항

제2절 설립의 등기

1. 설립절차

가. 정관의 작성

- 상법 제287의2조, 제287의3조, 제287의16조

(1) 절대적 기재사항

① 목적

- 상법 제169조, 제179조 제1호

② 상호

- 상법 제19조, 제179조 제2호

③ 사원의 성명・주민등록번호 및 주소

- 상법 제179조 제3호

④ 본점의 소재지

- 상법 제179조 제5호

⑤ 사원의 출자의 목적 및 가액

- 상법 제287의4 제1항

⑥ 자본금의 액

- 상법 제287의35

⑦ 업무집행자의 성명(법인인 경우에는 명칭) 및 주소

- 상법 제287의3조 제4호, 제287의5조 제1항 제4호, 제287의12조 제1항

⑧ 정관의 작성연월일

- 상법 제179조 제6호

(2) 상대적 기재사항

- 상법 제217조 제1항, 제227조 제1호, 제287의5조 제1항 제6호, 제287의16조, 제287의19조 제2항, 제3항, 제287의24조, 제287의27조, 제287의28조 제3항, 제287의37조 제4항, 제5항, 제287의38조

나. 출자의 이행

- 상법 제287의4조 제2항, 제3항

2. 등기절차

가. 등기신청인과 등기기간

- 상법 제271조 제1항, 제287의5조 제1항, 제287의12조 제1항, 제2항, 제180조, 제269조
- 상업등기법 제23조 제1항

나. 등기사항

- 상법 제287의5조 제1항
- 상업등기법 제68조 제1항

다. 첨부서면

- 상업등기규칙 제52조 제2호, 제119조 제1항, 제2항, 제120조

제3절 상호, 목적, 존립기간 또는 해산사유의 변경, 본점의 이전, 지점의 설치 · 이전 · 폐지 등의 등기

- 상법 제287의5조 제4항

1. 상호, 목적, 존립기간 또는 해산사유의 변경등기

- 상법 제287의16조
- 상업등기규칙 제119조

2. 본점이전의 등기

- 상법 제182조, 제287의5조 제3항
- 상업등기규칙 제119조

3. 지점의 설치 · 이전 · 폐지의 등기

- 상업등기규칙 제119조 제2항

제4절 업무집행자의 취임 · 퇴임 등으로 인한 변경등기

1. 유한책임회사의 업무집행과 대표

가. 입무집행

- 상법 제201조 제2항, 제287의3 제4호, 제287의5 제1항 제4호, 제5항, 제287의12 제1항, 제2항, 제3항, 제287의15 제1항

나. 대표

- 상법 제287의5조 제5항, 제287의12조 제2항, 제287의13조, 제287의19조 제1항, 제2항, 제3항

2. 업무집행자의 취임 · 퇴임 등

가. 업무집행자의 취임

- 상법 제287의3조 제4호, 제287의16조
- 상업등기규칙 제121조 제1항

나. 업무집행자의 퇴임

- 상법 제195조, 제287의3조 제4호, 제287의18조, 제287의16조
- 민법 제708조

다. 업무집행자에 관한 기타 변경

- 상법 제205조 제1항, 제287의15조 제1항, 제287의17조, 제287의19조 제2항, 제3항

3. 등기절차

가. 신청인과 등기기간 등

- 상법 제205조 제2항, 제287의5조 제4항, 제5항, 제287의17조 제1항
- 상업등기법 제23조 제1항
- 민집법 제306조
- 비송법 제107조 제3호

나. 첨부서면

(1) (대표)업무집행자의 취임

(가) 취임승낙을 증명하는 서면 등

- 상업등기규칙 제104조 제1항, 제2항, 제121조 제1항, 제127조 제2항

(2) (대표)업무집행자 퇴임 등

- 상업등기규칙 제104조 제1항, 제2항, 제121조 제2항, 제127조 제2항

제5절 자본금의 변경등기

1. 자본금의 증가와 감소

- 상법 제287의3조 제3호, 제287의16조, 제287의36조 제1항, 제2항, 제548조, 제591조

2. 등기절차

가. 등긱기간 등

- 상법 제591조
- 상업등기법 제23조 제1항

나. 첨부서면

(1) 자본금증가의 경우

(가) 정관 변경을 결의한 총사원의 동의서

- 상업등기규칙 제119조

(나) 출자 전액 납입 또는 혀물출자의 목적인 재산 전부의 급여가 있음을 증명하는 서면

- 상업등기규칙 제120조 제2호, 제122조 제1항

(2) 자본금감소의 경우

(가) 채권자보호절차를 이행하였음을 증명하는 서면

- 상업등기규칙 제111조 제2호, 제122조 제2항

제6절 합병의 등기

1. 합병의 절차

가. 합병의 의의와 종류

- 상법 제174조 제1항, 제2항, 제287의41조

나. 합병의 결의

- 상법 제230조

다. 채권자보호절차

- 상법 제232조, 제236조, 제287의5조 제1항

2. 등기절차

가. 등기기간 및 등기신청인

- 상법 제233조
- 상업등기법 제23조 제1항, 제63조 제1항

나. 동시신청 및 경유신청

- 상업등기법 제63조 제2항, 제3항

다. 등기사항

(1) 존속회사의 등기사항

(가) 소멸회사의 상호·본점과 합병을 한 뜻

- 상업등기법 제62조 제1항

(2) 신설회사의 등기사항

(가) 통상의 설립등기사항

- 상법 제233조, 제287의41조

(나) 소멸회사의 상호 · 본점과 합병을 한 뜻

- 상업등기법 제62조 제1항

(3) 소멸회사의 등기사항

- 상업등기법 제62조 제2항

라. 첨부서면

(1) 존속회사 변경등기신청서의 첨부서면

- 상법 제230조
- 상업등기규칙 제52조 제1항, 제111조 제2호, 제119조 제1항, 제124조 제1호 ~ 제4호

(2) 신설회사 설립등기신청서의 첨부서면

- 상업등기규칙 제52조 제1호, 제112조 제2호, 제124조 제1호 ~ 제5호, 제125조

(3) 소멸회사 해산등기신청서의 첨부서면

- 상업등기규칙 제53조 제3항

제7절 해산의 등기

- 상법 제287의38조, 제287의39조, 제517조 제1호, 제609조 제1호
- 상업등기규칙 제88조, 제106조 제1항, 제2항, 제119조 제1항, 제123조, 제127조 제1항, 제3항

제8절 청산인에 관한 등기

1. 청산인의 취임과 퇴임 등

가. 청산인의 취임 등

- 상법 제193조, 제207조, 제208조, 제251조 제1항, 제252조, 제254조, 제255조 제1항, 제265조, 제287의6조, 제287의45조

나. 청산인의 퇴임

- 상법 제195조, 제262조, 제287의18조
- 민법 제708조
- 비송사건절차법 제121조

2. 등기절차

- 상법 제253조, 제287의45조
- 상업등기법 제23조 제1항
- 비송법 제107조 제1호

[선례 1] 해산간주된 회사의 해산 및 청산 절차

제정 1993.05.24 [상업등기선례 제1-274호(등기선례 제3-962호), 시행]
회사가 상법 부칙 제4조 제2항의 규정에 의하여 해산간주된 경우에는 정관에 다른 정함이 없거나 주주총회에서 타인을 선임한 외에는 이사가 청산인이 되고 그 대표청산인이 상법 및 비송사건절차법의 규정에 따라 해산등기를 한 후(해산을 위하여 별도로 주주총회 결의를 거칠 필요는 없음), 그 청산이 종결되면 청산종결의 등기를 하게 되는 것이다. (1993. 5. 24. 등기 제1234호)

제9절 청산종결의 등기

1. 청산의 종결

- 상법 제254조, 제256조 제1항, 제2항, 제263조, 제284의45조, 제287의45조, 제535조, 제613조

2. 등기절차

- 상법 제263조 제1항, 제2항, 제264조, 제287의45조
- 상업등기법 제23조 제1항

제10절 회사계속의 등기

- 상법 제227조 제1호, 제2호, 제229조 제1항, 제287의40조
- 상업등기법 제68조 제1항
- 상업등기규칙 제127조 제1항, 제109조 제1항, 제3항

제11절 조직변경의 등기

1. 조직의 변경

- 상법 제232조, 제287의43조 제1항, 제287의44조, 제604조 ~ 제607조

2. 등기절차

- 상법 제287의43조 제2항, 제287의44조, 제606조, 제607조 제3항
- 상업등기규칙 제53조 제3항, 제65조 ~ 제67조, 제111조 제2호, 제119조 제1항, 제126조, 제129조 제10호, 제11호, 제152조 제4호

제4장 주식회사의 등기

제1절 총 설

1. 주식

- 상법 제329조 제2항, 제335조, 제451조 제1항, 제2항

가. 액면주식과 무액면주식

(1) 의의

- 상법 제289조 제1항 제4호, 제329조 제2항, 제3항, 제356조 제4호

(2) 무액면주식제도의 도입

- 상법 제329조 제1항, 제451조 제2항

(3) 액면주식과 무액면주식의 상호 전환

- 상법 제329조 제4항, 제440조, 제441조, 제451조 제3항
- 예규 제1445호 제23조

나. 종류주식

(1) 의의

- 상법 제344조 제1항

(2) 발행

- 상법 제291조 제1호, 제302조 제2항 제4호, 제317조 제2항 제3호, 제344조 제2항, 제352조 제1항 제2호, 제356조 제4호, 제416조 제1호, 제420의2조 제2항 제3호

(3) 종류주식에 관한 특칙

- 상법 제344조 제3항, 제4항, 제416조, 제434조, 제435조 제1항, 제2항, 제436조, 제438조

[판례 1] 주주총회결의불발효확인등 (대법원 2006. 1. 27. 선고 2004다44575,44582 판결)

【판시사항】

[1] '정관을 변경함으로써 어느 종류의 주주에게 손해를 미치게 될 때'에는 주주총회의 결의 외에 종류주주총회의 결의를 거치도록 한 상법 제435조 제1항의 규정 취지 및 여기서 '어느 종류의 주주에게 손해를 미치게 될 때'의 의미

[2] 종류주주총회의 결의의 법적 성격 및 종류주주총회의 결의가 이루어지지 않은 경우, 정관변경을 결의한 주주총회결의 자체의 효력에 하자가 있게 되는지 여부(소극)

[3] 주주총회에서의 정관의 변경결의의 내용이 '어느 종류의 주주에게 손해를 미치게 될 때'에 해당하는지 여부에 관하여 다툼이 있는 관계로 회사가 종류주주총회의 개최를 명시적으로 거부하고 있는 경우, 그 정관변경의 효력을 다투는 방법

【판결요지】

[1] 상법 제435조 제1항은 "회사가 수종의 주식을 발행한 경우에 정관을 변경함으로써 어느 종류의 주주에게 손해를 미치게 될 때에는 주주총회의 결의 외에 그 종류의 주주의 총회의 결의가 있어야 한다."고 규정하고 있는바, 위 규정의 취지는 주식회사가 보통주 이외의 수종의 주식을 발행하고 있는 경우에 보통주를 가진 다수의 주주들이 일방적으로 어느 종류의 주식을 가진 소수주주들에게 손해를 미치는 내용으로 정관을 변경할 수 있게 할 경우에 그 종류의 주식을 가진 소수주주들이 부당한 불이익을 받게 되는 결과를 방지하기 위한 것이므로, 여기서의 '어느 종류의 주주에게 손해를 미치게 될 때'라 함에는, 어느 종류의 주주에게 직접적으로 불이익을 가져오는 경우는 물론이고, 외견상 형식적으로는 평등한 것이라고 하더라도 실질적으로는 불이익한 결과를 가져오는 경우도 포함되며, 나아가 어느 종류의 주주의 지위가 정관의 변경에 따라 유리한 면이 있으면서 불이익한 면을 수반하는 경우도 이에 해당된다.

[2] 어느 종류 주주에게 손해를 미치는 내용으로 정관을 변경함에 있어서 그 정관변경에 관한 주주총회의 결의 외에 추가로 요구되는 종류주주총회의 결의는 정관변경이라는 법률효과가 발생하기 위한 하나의 특별요건이라고 할 것이므로, 그와 같은 내용의 정관변경에 관하여 종류주주총회의 결의가 아직 이루어지지 않았다면 그러한 정관변경의 효력이 아직 발생하지 않는 데에 그칠 뿐이고, 그러한 정관변경을 결의한 주주총회결의 자체의 효력에는 아무런 하자가 없다.

[3] 정관의 변경결의의 내용이 어느 종류의 주주에게 손해를 미치게 될 때에 해당하는지 여부에 관하여 다툼이 있는 관계로 회사가 종류주주총회의 개최를 명시적으로 거부하고 있는 경우에, 그 종류의 주주가 회사를 상대로 일반 민사소송상의 확인의 소를 제기함에 있어서는, 정관변경에 필요한 특별요건이 구비되지 않았음을 이유로 하여 정면으로 그 정관변경이 무효라는 확인을 구하면 족한 것이지, 그 정관변경을 내용으로 하는 주주총회결의 자체가 아직 효력을 발생하지 않고 있는 상태(이른바 불발효 상태)라는 관념을 애써 만들어서 그 주주총회결의가 그러한 '불발효 상태'에 있다는 것의 확인을 구할 필요는 없다.

(4) 종류주식의 분류

(가) 이익배당 또는 잔여재산분배에 관한 종류주식

- 상법 제344의2조 제1항, 제2항, 제462의4조

(나) 의결권의 배제 또는 제한에 관한 종류주식

- 상법 제344의3조

① 의의 등

- 상법 제344조 제1항, 제344의3조 제1항
- (구)상법 제370조

② 의결권이 배제 또는 제한되는 종류주식의 발행한도

- 상법 제344의3조 제2항
- 상업등기법 제165의15조 제1항 ~ 제3항

③ 정족수 계산과, 결의와 관련한 부가적 권한 등의 인정 여부

- 상법 제363조 제8항, 제366조, 제371조 제1항, 제376조, 제380조, 제402조, 제403조, 제542조 제2항, 제542의6 제1항, 제2항, 제5항, 제6항

④ 의결권의 행사 또는 부활과, 의결권이 배제 또는 제한되지 않는 결의

- 상법 제287의43 제1항, 제308조 제2항, 제344조 제3항, 제344의3조 제1항, 제363조 제8항, 제371조 제1항, 제400조, 제408의9조, 제415조, 제435조 제1항, 제436조, 제530의3조 제3항, 제604조

(다) 주식의 상호나에 관한 종류주식

- 상법 제345조

(라) 주식의 전환에 관한 종류주식

- 상법 제346조

2. 등기사유에 관한 통칙

가. 주주총회

(1) 소집권자

(가) 이사회의 결정

- 상법 제362조, 제542조 제2항

(나) 소규모 주식회사에서 1명 또는 2명의 이사를 두고 있는 경우

- 상법 제383조 제1항, 제6항

(다) 법원의 허가에 의한 소집

① 소수주주에 의한 소집

- 상법 제366조 제1항, 제2항

② 감사에 의한 소집

- 상법 제366조 제2항, 제412의3조, 제415의2조 제7항

(라) 법원의 명령에 의한 소집

- 상법 제467조 제1항, 제2항, 제3항

(2) 소집시기

- 상법 제365조, 제449조 제1항

[선례 1] 감사의 임기가 만료된 경우 상법 제410조에서 규정하는 최종의 결산기에 관한 정기주주총회에서 새로운 감사를 선임하지 않고 그 이후에 정기총회 또는 임시총회를 개최하여 감사를 선임한 경우, 그 선임행위가 유효한지 그리고 유효하다면 전임 감사의 임기만료일을 언제로 볼 것인지 여부

제정 2001. 11. 1. [상업등기선례 제1-162호(등기선례 제200111-10호), 시행]
제410조 는 감사의 임기에 관한 규정으로 반드시 새로운 감사를 그 정기주주총회에서 선임하여야 하는 것은 아니며, 적기에 정기주주총회가 개최되지 못하여 그 이후의 정기주주총회나 임시주주총회에서 새로운 감사가 선임된 경우 전임 감사의 임기종료일은 제410조에서 규정하는 결산기에 관한 정기주주총회를 개최할 수 있는 시기(결산기가 12월 31일이면 익년 3월 31일)까지이다. (2001. 11. 1. 등기 3402-740 질의회답)

---

(3) 소집장소

- 상법 제364조

(4) 소집의 통지·공고

(가) 소집의 통지·공고 일반

- 상법 제363조 제1항, 제2항, 제7항, 제368조 제3항, 제369조 제2항, 제3항, 제409조 제2항

(나) 상장회사의 주주총회 소집절차 등에 관한 특례

- 상법 제542의4조 제1항, 제2항, 제3항, 제542의5조

(5) 연기회(延期會) 및 계속회(繼續會)

- 상법 제372조 제1항, 제2항

[판례 2] **주주총회결의취소 (대법원 1989. 2. 14. 선고 87다카3200 판결)**

【판시사항】

속행된 주주총회 계속회의 개최에 관하여 별도의 소집절차를 밟아야 하는지 여부(소극)

【판결요지】

주주총회의 계속회가 동일한 안건토의를 위하여 당초의 회의일로부터 상당한 기간내에 적법하게 거듭 속행되어 개최되었다면 당초의 주주총회와 동일성을 유지하고 있다고 할 것이므로 별도의 소집절차를 밟을 필요가 없다.

(6) 전원출석총회

[판례 3] 주주총회및이사회결의무효확인 (대법원 2002. 7. 23. 선고 2002다15733 판결)

【판시사항】

법령이나 정관상 요구되는 이사회 결의나 소집절차를 거치지 아니하고 이루어졌으나 주주 전원이 참석하여 이의 없이 행한 주주총회 결의의 효력(유효)

【판결요지】

주식회사의 주주총회가 법령이나 정관상 요구되는 이사회의 결의나 소집절차를 거치지 아니하고 이루어졌다고 하더라도 주주 전원이 참석하여 아무런 이의 없이 일치된 의견으로 총회를 개최하는 데 동의하고 결의가 이루어졌다면 그 결의는 특별한 사정이 없는 한 유효하다.

[판례 4] 손해배상(기) (대법원 2007. 2. 22. 선고 2005다73020 판결)

【판시사항】

[1] 주식의 소유가 실질적으로 분산되어 있는 주식회사에서 총 주식 대다수를 소유하고 있는 지배주주 1인이 실제의 소집절차와 결의절차를 거치지 아니한 채 주주총회의 결의가 있었던 것처럼 의사록을 허위로 작성한 경우, 그 주주총회의 결의가 존재하는 것으로 볼 수 있는지 여부(소극)

[2] 주식회사가 타인으로부터 돈을 빌리는 소비대차계약을 체결하면서 차용금액의 일부 또는 전부를 액면가에 따라 주식으로 전환할 수 있는 권한을 대여자에게 부여하는 내용의 계약조항을 둔 경우, 그 조항의 효력(=무효)

【판결요지】

[1] 주식회사에 있어서 총 주식을 한 사람이 소유한 이른바 1인 회사의 경우 그 주주가 유일한 주주로서 주주총회에 출석하면 전원 총회로서 성립하고 그 주주의 의사대로 결의가 될 것임이 명백하므로 따로 총회소집절차가 필요 없으며, 실제로 총회를 개최한 사실이 없었다 하더라도 그 1인 주주에 의하여 의결이 있었던 것으로 주주총회 의사록이 작성되었다면 특별한 사정이 없는 한 그 내용의 결의가 있었던 것으로 볼 수 있고, 이 점은 한 사람이 다른 사람의 명의를 빌려 주주로 등재하였으나 총 주식을 실질적으로 그 한 사람이 모두 소유한 경우에도 마찬가지라고 할 수 있으나, 이와 달리 주식의 소유가 실질적으로 분산되어 있는 경우에는 상법상의 원칙으로 돌아가 실제의 소집절차와 결의절차를 거치지 아니한 채 주주총회의 결의가 있었던 것처럼 주주총회 의사록을 허위로 작성한 것이라면 설사 1인이 총 주식의 대다수를 가지고 있고 그 지배주주에 의하여 의결이 있었던 것으로 주주총회 의사록이 작성되어 있다 하더라도 도저히 그 결의가 존재한다고 볼 수 없을 정도로 중대한 하자가 있는 때에

해당하여 그 주주총회의 결의는 부존재하다고 보아야 한다.

[2] 주식회사가 타인으로부터 돈을 빌리는 소비대차계약을 체결하면서 "채권자는 만기까지 대여금액의 일부 또는 전부를 회사 주식으로 액면가에 따라 언제든지 전환할 수 있는 권한을 갖는다"는 내용의 계약조항을 둔 경우, 달리 특별한 사정이 없는 한 이는 전환의 청구를 한 때에 그 효력이 생기는 형성권으로서의 전환권을 부여하는 조항이라고 보아야 하는바, 신주의 발행과 관련하여 특별법에서 달리 정한 경우를 제외하고 신주의 발행은 상법이 정하는 방법 및 절차에 의하여만 가능하다는 점에 비추어 볼 때, 위와 같은 전환권 부여조항은 상법이 정한 방법과 절차에 의하지 아니한 신주발행 내지는 주식으로의 전환을 예정하는 것이어서 효력이 없다.

(7) 의사의 진행

- 상법 제366의2조 제1항

(8) 의결권

(가) 1주 1의결권의 원칙

- 상법 제369조

[판례 5] 주주총회결의취소 (대법원 2009. 11. 26. 선고 2009다51820 판결)

【판시사항】

[1] 1주 1의결권의 원칙을 정한 상법 제369조 제1항이 강행규정인지 여부(적극)

[2] '최대주주가 아닌 주주와 그 특수관계인 등'이 일정 비율을 초과하여 소유하는 주식에 관하여 감사의 선임 및 해임에 있어서 의결권을 제한하는 내용의 정관 규정이나 주주총회결의의 효력(무효)

【판결요지】

[1] 상법 제369조 제1항에서 주식회사의 주주는 1주마다 1개의 의결권을 가진다고 하는 1주 1의결권의 원칙을 규정하고 있는바, 위 규정은 강행규정이므로 법률에서 위 원칙에 대한 예외를 인정하는 경우를 제외하고, 정관의 규정이나 주주총회의 결의 등으로 위 원칙에 반하여 의결권을 제한하더라도 효력이 없다.

[2] 상법 제409조 제2항· 제3항은 '주주'가 일정 비율을 초과하여 소유하는 주식에 관하여 감사의 선임에 있어서 그 의결권을 제한하고 있고, 구 증권거래법(2007. 8. 3. 법률 제8635호 자본시장과 금융투자업에 관한 법률 부칙 제2조로 폐지) 제191조의11은 '최대주주와 그 특수관계인 등'이 일정 비율을 초과하여 소유하는 주권상장법인의 주식에 관하여 감사의 선임 및 해임에 있어서 의결권을 제한하고 있을 뿐이므로, '최대주주가 아닌 주주와 그 특수관계인 등'에 대하여도 일정 비율을 초과하여 소유하는

주식에 관하여 감사의 선임 및 해임에 있어서 의결권을 제한하는 내용의 정관 규정이나 주주총회결의 등은 무효이다.

(나) 1주 1의결권의 원칙에 대한 예외

① 의결권이 배제 또는 제한되는 종류주식

- 상법 제344의3조

② 의결권의 제한

(i) 자기주식

- 상법 제341조 제4항, 제342조, 제369조 제2항

(ii) 상호보유주식

- 상법 제342의2조 제1항, 제3항, 제369조 제3항

③ 의결권 행사의 제한

(i) 특별이해관계인의 소유주식

- 상법 제324조, 제368조 제3항, 제374조 제1항, 제388조, 제400조, 제408의9조, 제415조, 제415의2조

[판례 6] 임시주주총회결의무효확인 (대법원 2007. 9. 6. 선고 2007다40000 판결)

【판시사항】

[1] 주주총회결의취소소송 제기기간 내에 그 결의 무효확인의 소를 제기하였다가 취소소송 제기기간 경과 후에 동일한 하자를 원인으로 한 취소소송으로 소를 변경하거나 추가한 경우, 취소소송의 제소기간을 준수한 것인지 여부(적극)

[2] 주주총회가 재무제표를 승인한 후 2년 내에 이사와 감사의 책임을 추궁하는 결의를 하는 경우, 당해 이사와 감사인 주주가 그 결의에 관한 특별이해관계인에 해당하는지 여부(적극)

[3] 재무제표에 대한 경영진의 책임을 추궁하는 주주총회결의에 관하여, 회사의 이사, 감사 전원이 상법 제368조 제4항에 정한 특별한 이해관계가 있는 자에 해당한다고 속단한 원심을 파기한 사례

(ii) **감사 또는 감사위원회 위원의 선임 또는 해임시 일정비율을 초과하는 주식**

- 상법 제409조 제2항, 제3항, 제542의12조 제3항, 제4항

(9) 의결권의 행사

(가) 의결권의 행사 일반

- 상법 제368조 제1항, 제2항, 제368의2 제1항

[선례 2] 주식회사의 주주총회 결의에서의 정족수

제정 1999.10.05 [상업등기선례 제1-79호(등기선례 제6-637호), 시행]

상법의 규정에 의하면 주식회사의 주주총회의 결의방법은 상법 또는 정관에 다른 정함이 있는 경우를 제외하고는 출석한 주주의 의결권의 과반수와 발행주식총수의 4분의 1 이상의 수로써 하여야 하고 총회성립정족수에 대하여는 규정하지 않고 있으므로, 발행주식 총수의 4분의 1 이상을 가진 주주의 출석으로 주주총회가 성립하고 그 만장일치로 결의가 가능한 것이며, 반드시 발생주식의 총수의 과반수에 해당하는 주식을 가진 주주의 출석을 요하는 것은 아니다. (1999. 10. 5. 등기 3402-926 질의회답)

[선례 3] 독점규제 및 공정거래에 관한 법률 제11조에 따라 의결권을 행사할 수 없는 주식의 수를 주주총회의 결의요건에 관한 발행주식의 총수에 산입하여야 하는지 여부

제정 2011.12.01 [상업등기선례 제201112-1호, 시행]

「독점규제 및 공정거래에 관한 법률」제11조에 따라 의결권을 행사할 수 없는 주식의 수는 의결정족수에 관한 「상법」제368조제1항 또는 제434조의 발행주식의 총수나 출석한 주주의 의결권의 수에 산입하지 아니한다. 다만, 회사의 정관에 상법상의 의결정족수 요건에 추가하여 성립정족수(의사정족수) 요건으로 발행주식의 총수의 일정 수가 출석할 것을 규정한 경우 위 의결권을 행사할 수 없는 주식의 수는 성립정족수에 관한 발행주식의 총수에는 산입한다. (2011. 12. 1. 사법등기심의관-2947 질의회답)

(나) 서면 또는 전자적 방법에 의한 의결권의 행사

- 상법 제368의3조 제1항, 제2항, 제368의4조 제1항 ~ 제4항
- 상법시행령 제13조 제3항

(다) 의결권의 대리행사

- 상법 제368조 제2항

[판례 7] 주주총회결의취소 (대법원 2004. 4. 27. 선고 2003다29616 판결)

【판시사항】

[1] 감자무효의 소의 원인이 된 하자가 자본감소 결의의 효력에 아무런 영향을 미치지 않는 것인 경우, 그 하자가 추후 보완되지 아니하더라도 법원이 제반 사정을 참작하여 감자무효의 소를 재량 기각할 수 있는지 여부(적극)

[2] 상법 제445조에 의한 감자무효의 소에 대하여 법원이 재량 기각한 것이 정당하다고 한 사례

[3] 상법 제368조 제3항의 규정 취지 및 위 규정상 '대리권을 증명하는 서면'에 사본이나 팩스본 위임장도 포함되는지 여부(소극)

【판결요지】

[1] 법원이 감자무효의 소를 재량 기각하기 위해서는 원칙적으로 그 소제기 전이나 그 심리중에 원인이 된 하자가 보완되어야 한다고 할 수 있을 것이지만, 하자가 추후 보완될 수 없는 성질의 것으로서 자본감소 결의의 효력에는 아무런 영향을 미치지 않는 것인 경우 등에는 그 하자가 보완되지 아니하였다 하더라도 회사의 현황 등 제반 사정을 참작하여 자본감소를 무효로 하는 것이 부적당하다고 인정한 때에는 법원은 그 청구를 기각할 수 있다.

[2] 주주총회의 감자결의에 결의방법상의 하자가 있으나 그 하자가 감자결의의 결과에 아무런 영향을 미치지 아니하였고, 감자결의를 통한 자본감소 후에 이를 기초로 채권은행 등에 대하여 부채의 출자전환 형식으로 신주발행을 하고 수차례에 걸쳐 제3자에게 영업을 양도하는 등의 사정이 발생하였다면, 자본감소를 무효로 할 경우 부채의 출자전환 형식으로 발행된 신주를 인수한 채권은행 등의 이익이나 거래의 안전을 해할 염려가 있으므로 자본감소를 무효로 하는 것이 부적당하다고 볼 사정이 있다고 판단한 사례.

[3] 상법 제368조 제3항의 규정은 대리권의 존부에 관한 법률관계를 명확히 하여 주주총회 결의의 성립을 원활하게 하기 위한 데 그 목적이 있다고 할 것이므로 대리권을 증명하는 서면은 위조나 변조 여부를 쉽게 식별할 수 있는 원본이어야 하고, 특별한

사정이 없는 한 사본은 그 서면에 해당하지 아니하고, 팩스를 통하여 출력된 팩스본 위임장 역시 성질상 원본으로 볼 수 없다.

(10) 결의의 방법

(가) 보통결의

- 상법 제368조 제1항

(나) 특별결의

- 상법 제340의2조 제1항, 제374조 제1항, 제434조, 제438조 제1항, 제513조 제3항, 제516의2조 제4항, 제519조, 제522조 제3항, 제530의3조 제2항

(다) 특수결의

- 상법 제287의44조, 제308조 제2항, 제309조, 제324조, 제360의3조 제5항, 제360의16조 제4항, 제400조, 제408의9조, 제415조, 제527조 제3항, 제530의11조 제1항, 제542조 제2항, 제604조 제1항

(라) 정족수, 의결권수의 제한

- 상법 제371조 제1항, 제2항, 제409조 제3항, 제542의12조 제3항, 제4항

[판례 8] 주주총회결의무효확인등 (대법원 2016. 8. 17. 선고 2016다222996 판결)

【판시사항】

감사의 선임에서 상법 제409조 제2항의 의결권 없는 주식이 상법 제368조 제1항에서 말하는 '발행주식총수'에 산입되는지 여부(소극) 및 이는 자본금 총액이 10억 원 미만이어서 감사를 반드시 선임하지 않아도 되는 주식회사의 경우에도 마찬가지인지 여부(적극)

【판결요지】

주주총회에서 감사를 선임하려면 우선 '출석한 주주의 의결권의 과반수'라는 의결정족수를 충족하여야 하고, 나아가 의결정족수가 '발행주식총수의 4분의 1 이상의 수'이어야 하는데, 상법 제371조는 제1항에서 '발행주식총수에 산입하지 않는 주식'에 대하여 정하면서 상법 제409조 제2항의 의결권 없는 주식(이하 '3% 초과 주식'이라 한다)은 이에 포함시

키지 않고 있고, 제2항에서 '출석한 주주의 의결권 수에 산입하지 않는 주식'에 대하여 정하면서는 3% 초과 주식을 이에 포함시키고 있다.
그런데 만약 3% 초과 주식이 상법 제368조 제1항에서 말하는 '발행주식총수'에 산입된다고 보게 되면, 어느 한 주주가 발행주식총수의 78%를 초과하여 소유하는 경우와 같이 3% 초과 주식의 수가 발행주식총수의 75%를 넘는 경우에는 상법 제368조 제1항에서 말하는 '발행주식총수의 4분의 1 이상의 수'라는 요건을 충족시키는 것이 원천적으로 불가능하게 되는데, 이러한 결과는 감사를 주식회사의 필요적 상설기관으로 규정하고 있는 상법의 기본 입장과 모순된다. 따라서 감사의 선임에서 3% 초과 주식은 상법 제371조의 규정에도 불구하고 상법 제368조 제1항에서 말하는 '발행주식총수'에 산입되지 않는다. 그리고 이는 자본금 총액이 10억 원 미만이어서 감사를 반드시 선임하지 않아도 되는 주식회사라고 하여 달리 볼 것도 아니다.

(11) 결의의 효력발생시기

[선례 4] 주식회사의 본점이전등기시 인감의 재제출

제정 1992.08.10 [상업등기선례 제1-122호(등기선례 제3-951호), 시행] [사실상 폐지]
주식회사의 본점이전(동일관내 여부불문)등기를 신청함에 있어서 등기신청서에 날인할 자인 대표이사의 인감을 재제출하여야 하는 것은 인감대지상 기재된 본점 주소가 변경되기 때문이므로 특히 인감지체를 변경할 필요가 있는 경우가 아니라면 그 인감신고서에는 신고인의 (인)란에 이미 신고된 인감을 찍으면 되고, 따로 인감증명법에 의한 인감을 첨부할 필요는 없다(상업등기처리규칙 제7조 제1항, 제5조 제3항 참조). (1992. 8. 10. 등기 제1738호)

---

(12) 종류주주총회

(가) 개설

- 상법 제435조 제1항, 제5항, 제436조, 제530의3조 제5항

[판례 9] 주주총회결의불발효확인등 (대법원 2006. 1. 27. 선고 2004다44575,44582 판결)

【판시사항】

[1] '정관을 변경함으로써 어느 종류의 주주에게 손해를 미치게 될 때'에는 주주총회의 결의 외에 종류주주총회의 결의를 거치도록 한 상법 제435조 제1항의 규정 취지 및 여기서 '어느 종류의 주주에게 손해를 미치게 될 때'의 의미

[2] 종류주주총회의 결의의 법적 성격 및 종류주주총회의 결의가 이루어지지 않은 경우, 정관변경을 결의한 주주총회결의 자체의 효력에 하자가 있게 되는지 여부(소극)
[3] 주주총회에서의 정관의 변경결의의 내용이 '어느 종류의 주주에게 손해를 미치게 될 때'에 해당하는지 여부에 관하여 다툼이 있는 관계로 회사가 종류주주총회의 개최를 명시적으로 거부하고 있는 경우, 그 정관변경의 효력을 다투는 방법

【판결요지】

[1] 상법 제435조 제1항은 "회사가 수종의 주식을 발행한 경우에 정관을 변경함으로써 어느 종류의 주주에게 손해를 미치게 될 때에는 주주총회의 결의 외에 그 종류의 주주의 총회의 결의가 있어야 한다."고 규정하고 있는바, 위 규정의 취지는 주식회사가 보통주 이외의 수종의 주식을 발행하고 있는 경우에 보통주를 가진 다수의 주주들이 일방적으로 어느 종류의 주식을 가진 소수주주들에게 손해를 미치는 내용으로 정관을 변경할 수 있게 할 경우에 그 종류의 주식을 가진 소수주주들이 부당한 불이익을 받게 되는 결과를 방지하기 위한 것이므로, 여기서의 '어느 종류의 주주에게 손해를 미치게 될 때'라 함에는, 어느 종류의 주주에게 직접적으로 불이익을 가져오는 경우는 물론이고, 외견상 형식적으로는 평등한 것이라고 하더라도 실질적으로는 불이익한 결과를 가져오는 경우도 포함되며, 나아가 어느 종류의 주주의 지위가 정관의 변경에 따라 유리한 면이 있으면서 불이익한 면을 수반하는 경우도 이에 해당된다.
[2] 어느 종류 주주에게 손해를 미치는 내용으로 정관을 변경함에 있어서 그 정관변경에 관한 주주총회의 결의 외에 추가로 요구되는 종류주주총회의 결의는 정관변경이라는 법률효과가 발생하기 위한 하나의 특별요건이라고 할 것이므로, 그와 같은 내용의 정관변경에 관하여 종류주주총회의 결의가 아직 이루어지지 않았다면 그러한 정관변경의 효력이 아직 발생하지 않는 데에 그칠 뿐이고, 그러한 정관변경을 결의한 주주총회결의 자체의 효력에는 아무런 하자가 없다.
[3] 정관의 변경결의의 내용이 어느 종류의 주주에게 손해를 미치게 될 때에 해당하는지 여부에 관하여 다툼이 있는 관계로 회사가 종류주주총회의 개최를 명시적으로 거부하고 있는 경우에, 그 종류의 주주가 회사를 상대로 일반 민사소송상의 확인의 소를 제기함에 있어서는, 정관변경에 필요한 특별요건이 구비되지 않았음을 이유로 하여 정면으로 그 정관변경이 무효라는 확인을 구하면 족한 것이지, 그 정관변경을 내용으로 하는 주주총회결의 자체가 아직 효력을 발생하지 않고 있는 상태(이른바 불발효 상태)라는 관념을 애써 만들어서 그 주주총회결의가 그러한 '불발효 상태'에 있다는 것의 확인을 구할 필요는 없다.

(나) 종류주주총회의 결의가 필요한 경우

① 정관을 변경함으로써 어느 종류의 주주에게 손해를 미치게 될 때

- 상법 제435조 제1항

② 신주의 인수 등에 있어서 주식의 종류에 따라 특수하게 정함으로써 어느 종류의 주주에게 손해를 미치게 될 때

- 상법 제344조 제3항, 제416조 제3호

③ 주식교환・주식이전・합병・분할・분할합병으로 어느 종류의 주주에게 손해를 미치게 될 때

- 상법 제436조, 제530의3조 제5항

(다) 결의의 요건

- 상법 제435조 제2항, 제3항

(13) 소규모 주식회사의 주주총회에 관한 특례

- 상법 제363조 제3항 ~ 제6항

[선례 5] 대표이사가 소집하지 아니한 전원 출석 주주총회의 적법성

제정 1998.09.22 [상업등기선례 제1-76호(등기선례 제5-841호), 시행]

상법 및 정관 소정의 소집절차를 흠결하였으나 주주명부상의 주주 전원이 주주총회의 개최에 동의하고 출석하여 결의하는 이른바 전원주주총회에서의 결의는 유효하다고 해석되므로, A 주식회사의 임시주주총회에 있어서 상법 및 정관상 요구되는 이사회의 결의, 소집권자의 소집 등 적법한 소집절차가 없었다고 하더라도, 당해 주식회사의 주식을 각각 25%씩 소유하고 있는 4인 주주 전원이 임시주주총회를 열어 주주 전원의 합의로 소집절차와 방법에 아무런 이의없음을 확인한 다음, 기존의 임원 전원을 해임하고 주주 자신들을 이사 및 감사로 선임하는 내용의 안건을 주식 수의 25% 기권, 75% 찬성으로 결의하여 그 의사록을 공증받았다면, 그 의사록을 첨부하여 한 임원변경등기신청은 수리될 수 있다. (1998. 9. 22. 등기 3402-919 질의회답)

(가) 소집절차의 간소화

- 상법 제363조 제1항, 제3항

(나) 주주 전원의 동의에 의한 소집절차의 생략

- 상법 제363조 제4항

[판례 10] 주주총회및이사회결의무효확인 (대법원 2002. 7. 23. 선고 2002다15733 판결)

【판시사항】

법령이나 정관상 요구되는 이사회 결의나 소집절차를 거치지 아니하고 이루어졌으나 주주 전원이 참석하여 이의 없이 행한 주주총회 결의의 효력(유효)

【판결요지】

주식회사의 주주총회가 법령이나 정관상 요구되는 이사회의 결의나 소집절차를 거치지 아니하고 이루어졌다고 하더라도 주주 전원이 참석하여 아무런 이의 없이 일치된 의견으로 총회를 개최하는 데 동의하고 결의가 이루어졌다면 그 결의는 특별한 사정이 없는 한 유효하다.

(다) 서면결의

- 상법 제363조 제4항, 제5항, 제366의2조, 제368조 제1항, 제3항, 제369조 ~ 제371조
- 상업등기규칙 제128조 제1항

(라) 서면동의

- 상법 제363조 제4항

(14) 주주총회결의의 하자

(가) 개설

- 상법 제376조, 제380조

(나) 주주총회결의취소의 소

- 상법 제376조 제1항

[판례 11] 주주총회결의취소 (대법원 1980. 10. 27. 선고 79다1264 판결)

【판시사항】

가. 상고법원이 한 파기환송 판결의 기속력의 범위

나. 이사회의 결정없이 주주총회가 소집되었지만 외관상 이사회의 결정이 있 었던것 같은 형식을 갖추고 소집권한 있는 자가 소집한 경우와 주주총회 결의취소

【판결요지】

가. 상고법원으로 부터 사건을 환송받은 법원은 상고법원이 파기이유로 한 사실상과 법률상의 판단에 기속을 받는 것이지만 환송후의 심리과정에서 새로운 주장입증이 제출되어 기속적 판단의 기초가 된 사실관계에 변동이 생긴 때에는 그 기속을 받지 아니한다.

나. 이사회의 결정없이 주주총회가 소집되었다고 하더라도 외관상 이사회의 결정이 있었던 것과 같은 소집형식을 갖추어 소집권한 있는 자가 적법한 소집절차를 밟은 이상 이사회의 결정이 없었다는 사정은 주주총회결의부존재의 사유는 되지 않고 주주총회 결의 취소의 사유가 됨에 불과하다.

[판례 12] 주주총회결의취소 (대법원 2007. 6. 28. 선고 2006다62362 판결)

【판시사항】

[1] 상법 제408조 제1항이 규정하는 회사의 '상무'의 의미 및 대표이사 직무대행자가 회사의 경영 및 지배에 영향을 미칠 수 있는 사항이 안건으로 포함된 정기주주총회를 법원의 허가 없이 소집하여 결의한 경우 결의취소사유에 해당하는지 여부(적극)

[2] 주주총회의 특별결의에 의하여 정관변경이 이루어진 경우, 정관변경의 등기 내지 공증인의 인증 여부와 관계없이 정관변경의 효력이 발생하는지 여부(적극)

【판결요지】

[1] 상법 제408조 제1항이 규정하는 회사의 '상무'라 함은 일반적으로 회사에서 일상 행해져야 하는 사무, 회사가 영업을 계속함에 있어서 통상 행하는 영업범위 내의 사무 또는 회사경영에 중요한 영향을 주지 않는 통상의 업무 등을 의미하고, 어느 행위가 구체적으로 이 상무에 속하는가 하는 것은 당해 회사의 기구, 업무의 종류·성질, 기타 제반 사정을 고려하여 객관적으로 판단되어야 할 것인바, 직무대행자가 정기주주총회를 소집함에 있어서도 그 안건에 이사회의 구성 자체를 변경하는 행위나 상법 제374조의 특별결의사항에 해당하는 행위 등 회사의 경영 및 지배에 영향을 미칠 수 있는 것이 포함되어 있다면 그 안건의 범위에서 정기총회의 소집이 상무에 속하지 않는다고 할 것이고, 직무대행자가 정기주주총회를 소집하는 행위가 상무에 속하지 아니함에도 법원의 허가 없이 이를 소집하여 결의한 때에는 소집절차상의 하자로 결의취소사유에 해당한다.

[2] 주식회사의 원시정관은 공증인의 인증을 받음으로써 효력이 생기는 것이지만 일단 유

효하게 작성된 정관을 변경할 경우에는 주주총회의 특별결의가 있으면 그때 유효하게 정관변경이 이루어지는 것이고, 서면인 정관이 고쳐지거나 변경 내용이 등기사항인 때의 등기 여부 내지는 공증인의 인증 여부는 정관변경의 효력발생에는 아무 영향이 없다.

[판례 13] 주주총회결의등부존재확인 (대법원 1993. 10. 12. 선고 92다21692 판결)

【판시사항】

가. 임원개임의 주주총회결의가 있은 후 적법한 절차에 의하여 후임이사가 다시 선임된 경우 당초의 임원개임결의의 부존재확인을 구할 법률상 이익 유무

나. 일부 주주에 대한 소집통지가 누락되고 법정기간을 준수하지 아니한 통지에 의한 주주총회결의의 효력

【판결요지】

가. 이사가 임원개임의 주주총회결의에 의하여 임기만료 전에 이사직에서 해임당하고 그 후임이사의 선임이 있었다 하더라도 그 후에 적법한 절차에 의하여 후임이사가 선임되었을 경우에는 당초의 이사개임결의가 부존재이거나 무효라 할지라도 이에 대한 부존재 또는 무효확인을 구하는 것은 과거의 법률관계 또는 권리관계의 확인을 구하는 것에 불과하여 확인의 소로서의 권리보호요건을 결여한 것이다.

나. 정당한 소집권자에 의하여 소집된 주주총회에서 정족수가 넘는 주주의 출석으로 출석주주 전원의 찬성에 의하여 이루어진 결의라면, 설사 일부 주주에게 소집통지를 하지 아니하였거나 법정기간을 준수하지 아니한 서면통지에 의하여 주주총회가 소집되었다 하더라도 그와 같은 주주총회소집절차상의 하자는 주주총회결의의 부존재 또는 무효사유가 아니라 단순한 취소사유에 불과하다.

[판례 14] 주주총회결의취소청구등 (서울고법 2008. 7. 30. 선고 2007나66271 판결)

【판시사항】

[1] 법원으로부터 '신임 이사의 선임'을 회의 목적으로 하여 소집허가 받은 임시주주총회에서 이루어진 감사선임결의 부분은 소집절차에 하자가 있어 부적법하다고 한 사례

[2] 주식회사의 정관에 전환사채의 액, 전환의 조건, 전환으로 인하여 발행할 주식의 내용, 전환을 청구할 수 있는 기간에 관한 대부분의 사항이 공란으로 되어 있는 경우, 주주총회 특별결의 없이 이사회결의만으로 주주 외의 자에게 전환사채를 발행할 수 있는지 여부(소극)

【판결요지】

[1] 법원으로부터 '신임 이사의 선임'을 회의 목적으로 하는 임시주주총회의 소집을 허가받았음에도 위 임시주주총회에서 이사회결의나 법원의 소집허가 없이 이루어진 감사

선임결의 부분은 소집절차에 하자가 있어 부적법하다고 한 사례.

[2] 주식회사의 정관에 전환사채의 액, 전환의 조건, 전환으로 인하여 발행할 주식의 내용, 전환을 청구할 수 있는 기간에 관한 대부분의 사항이 공란으로 되어 있는 경우에는, 상법 제513조 제3항에 따라 주주 외의 자에게 전환사채를 발행하기 위하여 정관에서 규정하여야 할 사항이 제대로 규정되어 있다고 볼 수 없으므로, 이 경우 주주총회 특별결의 없이 이사회결의만으로 주주 외의 자에게 전환사채를 발행할 수 없다.

[판례 15] 주주총회결의부존재확인등
(대법원 1996. 12. 23. 선고 96다32768,32775,32782 판결)

【판시사항】

[1] 명의개서를 하지 아니한 주식양수인에게 소집통지를 하지 않고 이루어진 주주총회결의의 절차상 하자 여부(소극)

[2] 전체 주식의 43%를 취득하였으나 그 주식 취득의 효력이 다투어지고 있는 자의 명의개서 요구에 불응하고, 주주명부만을 기초로 소집통지한 것이 주주총회결의의 무효 또는 부존재사유가 되지 않는다고 본 사례

[3] 소집권자에 의하여 소집된 주주총회에서 정족수에 미달한 결의가 이루어진 경우, 그 하자가 결의취소사유인지 여부(적극)

【판결요지】

[1] 주식을 취득한 자가 회사에 대하여 의결권을 주장할 수 있기 위하여는 주주명부에 주주로서 명의개서를 하여야 하므로, 명의개서를 하지 아니한 주식양수인에 대하여 주주총회소집통지를 하지 않았다고 하여 주주총회결의에 절차상의 하자가 있다고 할 수 없다.

[2] 주식을 취득한 자가 회사에 대하여 명의개서를 요구하였다 하더라도, 그 주식 취득자에 대한 주식양도의 효력이 다투어져 주주권확인소송 및 명의개서절차이행청구의 소가 제기되어 있었고, 그 주식 취득자가 명의개서를 청구할 수 있는 주식이 전체 주식의 43%에 불과한 경우에, 회사가 그 주식 취득자의 명의개서 요구에 불응하고 주주명부에 등재되어 있는 자에 대하여만 소집통지를 하여 주주총회를 개최하였다 하더라도 그러한 소집절차상의 하자는 주주총회결의의 무효나 부존재사유가 될 수 없다고 한 사례.

[3] 주주총회가 소집권자에 의하여 소집되어 개최된 이상 정족수에 미달한 결의가 이루어졌다고 하더라도 그와 같은 하자는 결의취소의 사유에 불과하고, 무효 또는 부존재한 결의라고 할 수 없다.

[판례 16] 주주총회결의취소 (대법원 1977. 9. 28. 선고 76다2386 판결)

【판시사항】

정관상 의장이 될 사람이 아닌 자가 정당한 사유없이 주주총회 의장이 되어 진행한 주주총회결의의 효력

【판결요지】

정관상 의장이 될 사람이 아닌 자가 정당한 사유없이 주주총회의 의장이 되어 의사에 관여한 사유만으로서는 주주총회결의가 부존재한 것으로 볼 수 없고 주주총회결의취소사유에 해당한다 할 것이다.

[선례 6] 하자 있는 주주총회의 결의에 의하여 결의된 사항이 등기된 경우 이를 바로 잡는 방법

제정 1985.08.21 [상업등기선례 제1-100호(등기선례 제1-875호), 시행]

하자 있는 주주총회의 결의에 의하여 결의된 사항이 등기된 경우 그 등기사항을 말소하여 변경전의 등기사항을 회복하고자 하는 때에는 하자의 내용에 따라 결의취소, 결의무효 또는 결의부존재확인의 소(상법 제376조, 제380조)를 제기하여야 하고 그 승소판결이 확정되면 수소법원은 회사의 본점과 지점소재지의 등기소에 그 등기를 촉탁함으로써 등기를 바로 잡게 한다. (85. 8. 21 등기 제387호)

(다) 주주총회결의무효확인의 소

- 상법 제380조

(라) 주주총회결의부존재확인의 소

- 상법 제380조

[판례 17] 주주총회결의무효확인등 (대법원 2010. 6. 24. 선고 2010다13541 판결)

【판시사항】

[1] 정관으로 이사의 임기를 그 임기 중의 최종 결산기에 관한 정기주주총회 종결일까지 연장할 수 있도록 정한 상법 제383조 제3항의 규정 취지 및 그 조항이 이사의 임기가 최종 결산기의 말일과 그 결산기에 관한 정기주주총회 사이에 만료되는 경우에만 적용되는지 여부(적극)

[2] 소집권한이 없는 자가 이사회 소집결정도 없이 소집하여 이루어진 주주총회결의의 효력

[3] 임기만료로 퇴임한 이사 갑이 소집한 이사회에 갑과 임기만료로 퇴임한 이사 을 및

이사 병이 참석하여 정을 대표이사에서 해임하고 갑을 대표이사로 선임하는 결의를 한 다음, 갑이 곧바로 소집한 주주총회에 갑, 을, 병이 주주로 참석하여 정을 이사에서 해임하고 갑과 무를 이사로 선임하는 결의를 한 사안에서, 위 이사회결의는 정관에 정한 소집절차 및 의결정족수에 위배되어 무효이고, 위 주주총회결의는 소집권한 없는 자가 이사회의 소집결정 없이 소집한 주주총회에서 이루어진 것으로 그 하자가 중대하여 법률상 존재하지 않는다고 보아야 한다고 한 사례

【판결요지】

[1] 상법 제383조 제3항은 이사의 임기는 3년을 초과할 수 없도록 규정한 같은 조 제2항에 불구하고 정관으로 그 임기 중의 최종의 결산기에 관한 정기주주총회의 종결에 이르기까지 이를 연장할 수 있다고 규정하고 있는바, 위 규정은 임기가 만료되는 이사에 대하여는 임기 중의 결산에 대한 책임을 지고 주주총회에서 결산서류에 관한 주주들의 질문에 답변하고 변명할 기회를 주는 한편, 회사에 대하여는 정기주주총회를 앞두고 이사의 임기가 만료될 때마다 임시주주총회를 개최하여 이사를 선임하여야 하는 번거로움을 덜어주기 위한 것에 그 취지가 있다. 위와 같은 입법 취지 및 그 규정 내용에 비추어 보면, 위 규정상의 '임기 중의 최종의 결산기에 관한 정기주주총회'라 함은 임기 중에 도래하는 최종의 결산기에 관한 정기주주총회를 말하고, 임기 만료 후 최초로 도래하는 결산기에 관한 정기주주총회 또는 최초로 소집되는 정기주주총회를 의미하는 것은 아니므로, 위 규정은 결국 이사의 임기가 최종 결산기의 말일과 당해 결산기에 관한 정기주주총회 사이에 만료되는 경우에 정관으로 그 임기를 정기주주총회 종결일까지 연장할 수 있도록 허용하는 규정이라고 보아야 한다.

[2] 주주총회를 소집할 권한이 없는 자가 이사회의 주주총회 소집결정도 없이 소집한 주주총회에서 이루어진 결의는, 1인 회사의 1인 주주에 의한 총회 또는 주주 전원이 참석하여 총회를 개최하는 데 동의하고 아무런 이의 없이 결의가 이루어졌다는 등의 특별한 사정이 없는 이상, 총회 및 결의라고 볼 만한 것이 사실상 존재한다고 하더라도 그 성립 과정에 중대한 하자가 있어 법률상 존재하지 않는다고 보아야 한다.

[3] 임기만료로 퇴임한 이사 갑이 소집한 이사회에 갑과 임기만료로 퇴임한 이사 을 및 이사 병이 참석하여 정을 대표이사에서 해임하고 갑을 대표이사로 선임하는 결의를 한 다음, 갑이 곧바로 소집한 주주총회에 갑, 을, 병이 주주로 참석하여 정을 이사에서 해임하고 갑과 무를 이사로 선임하는 결의를 한 사안에서, 위 이사회결의는 소집권한 없는 자가 소집하였을 뿐 아니라 이사가 아닌 자를 제외하면 이사 1인만 참석하여 이루어진 것이 되어 정관에 정한 소집절차 및 의결정족수에 위배되어 무효이고, 위 주주총회결의는 소집권한 없는 자가 이사회의 소집결정 없이 소집한 주주총회에서 이루어진 것으로 그 하자가 중대하여 법률상 존재하지 않는다고 보아야 한다고 한 사례.

(마) 주주총회결의의 하자와 등기관의 심사

- 상업등기법 제26조 제10호, 제27조, 제77조 ~ 제81조

[판례 18] 가등기말소 (대법원 1992. 9. 22. 선고 91다5365 판결)

【판시사항】

가. 주주총회결의의 효력이 회사 아닌 제3자 사이의 소송에서 선결문제로 된경우 당사자가 당해 소송에서 주주총회결의의 무효 또는 부존재를 주장할 수있는지 여부(적극) 및 제3자 사이의 법률관계에 상법 제380조와 제190조가 적용되는지 여부(소극)

나. 주주총회결의부존재확인판결의 의미와 실제의 소집절차와 회의절차를 거치지 아니한 채 주주총회의사록을 허위작성하여 도저히 결의가 존재한다고 볼수 없을 정도로 중대한 하자가 있는 경우 상법 제380조 소정의 주주총회결의부존재확인판결에 해당한다고 보아 상법 제190조를 준용할 것인지 여부(소극)

다. 상법 제395조에 의하여 회사가 표현대표이사의 행위에 대하여 책임을 지기 위한 요건

라. 실제의 소집절차와 회의절차 없이 절대다수의 주식을 소유하는 대주주로부터 주주권의 위임을 받은 자에 의하여 주주총회 의결서가 작성된 경우 주주총회결의의 부존재에 해당하는지 여부(적극)

【판결요지】

가. 주주총회결의의 효력이 그 회사 아닌 제3자 사이의 소송에 있어 선결문제로 된 경우에는 당사자는 언제든지 당해 소송에서 주주총회결의가 처음부터 무효 또는 불존재하다고 다투어 주장할 수 있는 것이고, 반드시 먼저 회사를 상대로 제소하여야만 하는 것은 아니며, 이와 같이 제3자간의 법률관계에 있어서는 상법 제380조, 제190조는 적용되지 아니한다.

나. 상법 제380조가 규정하는 주주총회결의부존재확인판결은 '주주총회결의'라는 주식회사 내부의 의사결정이 일단 존재하기는 하지만 그와 같은 주주총회의 소집절차 또는 결의방법에 중대한 하자가 있기 때문에 그 결의를 법률상 유효한 주주총회의 결의라고 볼 수 없음을 확인하는 판결을 의미하는 것으로 해석함이 상당하고, 실제의 소집절차와 실제의 회의절차를 거치지 아니한 채 주주총회의사록을 허위로 작성하여 도저히 그 결의가 존재한다고 볼 수 없을 정도로 중대한 하자가 있는 경우에는 상법 제380조 소정의 주주총회결의부존재확인판결에 해당한다고 보아 상법 제190조를 준용할 것도 아니다.

다. 상법 제395조에 의하여 회사가 표현대표이사의 행위에 대하여 책임을 지기 위하여는 표현대표이사의 행위에 대하여 그를 믿었던 제3자가 선의이었어야 하고 또한 회사가 적극적 또는 묵시적으로 표현대표를 허용한 경우에 한한다고 할 것이며, 이 경우 회사가 표현대표를 허용하였다고 하기 위하여는 진정한 대표이사가 이를 허용하거나,

이사 전원이 아닐지라도 적어도 이사회의 결의의 성립을 위하여 회사의 정관에서 정한 이사의 수, 그와 같은 정관의 규정이 없다면 최소한 이사 정원의 과반수의 이사가 적극적 또는 묵시적으로 표현대표를 허용한 경우이어야 할 것이므로, 대표이사로 선임등기된 자가 부적법한 대표이사로서 사실상의 대표이사에 불과한 경우에 있어서는 먼저 위 대표이사의 선임에 있어 회사에 귀책사유가 있는지를 살피고 이에 따라 회사에게 표현대표이사로 인한 책임이 있는지 여부를 가려야 할 것이다.

라. 실제의 소집절차와 회의절차를 거치지 아니한 채 주주총회 의결서가 작성된 것이라면, 그 주주총회 의결서가 비록 절대다수의 주식을 소유하는 대주주로부터 주주권의 위임을 받은 자에 의하여 작성된 것이라고 할지라도 위 주주총회의 결의는 부존재하다고 볼 수밖에 없고 그것이 그 일부 주주에게 소집통지를 하지 아니한 정도의 하자로서 주주총회결의의 취소사유에 불과하다고 할 수는 없다.

[판례 19] 등기관처분에대한이의 (대법원 2008. 12. 15. 자 2007마1154 결정)

【판시사항】

[1] 등기가 구 비송사건절차법 제234조 제1항 각 호에 해당하지 아니하는 경우에 같은 법 제239조에 의한 이의의 방법으로 그 말소를 구할 수 있는지 여부(소극)

[2] 구 비송사건절차법 제234조 제1항 제2호에 정한 '등기된 사항에 관하여 무효의 원인이 있는 때'의 의미

[3] 동일한 등기사항에 관하여 양립할 수 없는 내용의 등기신청이 순차로 접수되고 선행된 등기신청에 따라 등기를 실행한 경우, 뒤에 접수된 등기신청의 처리방법

[4] 등기관이 구 비송사건절차법 제159조 제10호에 정한 등기할 사항에 관하여 무효 또는 취소의 원인이 있는지 여부를 심사하는 방법

【결정요지】

[1] 등기공무원이 일단 등기신청인의 등기신청을 받아들여 그 등기절차를 완료한 적극적인 처분을 하였을 때에는 비록 그 처분이 부당한 것이었다 하더라도 구 비송사건절차법(2007. 7. 27. 법률 제8569호로 개정되기 전의 것) 제234조 제1항 각 호에 해당하지 아니하는 한, 소송으로 그 등기의 효력을 다투는 것은 별론으로 하고, 같은 법 제239조에 의한 이의의 방법으로는 그 말소를 구할 수 없다.

[2] 구 비송사건절차법(2007. 7. 27. 법률 제8569호로 개정되기 전의 것) 제234조 제1항 제2호가 정하는 '등기된 사항에 관하여 무효의 원인이 있는 때'라 함은 등기신청 당시 제출된 자료만으로도 등기된 사항에 관하여 무효의 원인이 있음이 외형상 명백히 밝혀진 때를 말한다.

[3] 구 비송사건절차법(2007. 7. 27. 법률 제8569호로 개정되기 전의 것) 제158조에 의하면 등기관은 접수번호의 순서에 따라 등기를 하여야 하므로, 동일한 등기사항에 관하여 양립할 수 없는 내용의 등기신청이 순차로 접수된 경우 먼저 접수된 등기신청

에 같은 법 제159조 각 호의 사유가 없는 이상 선행 등기신청에 따라 등기를 실행한 후 나중에 접수된 등기신청은 "사건이 그 등기소에 이미 등기되어 있는 때"에 해당한다고 보아 같은 법 제159조 제3호에 따라 그 신청을 각하하여야 한다.

[4] 원칙적으로 등기공무원은 등기신청에 대하여 실체법상의 권리관계와 일치하는지 여부를 심사할 실질적 심사권한은 없고 오직 신청서 및 그 첨부서류와 등기부에 의하여 등기요건에 합당하는지 여부를 심사할 형식적 심사권한밖에는 없다. 따라서 등기관이 구 비송사건절차법(2007. 7. 27. 법률 제8569호로 개정되기 전의 것) 제159조 제10호에 의하여 등기할 사항에 관하여 무효 또는 취소의 원인이 있는지 여부를 심사할 권한이 있다고 하여도 그 심사방법에 있어서는 등기부 및 신청서와 법령에서 그 등기의 신청에 관하여 요구하는 각종 첨부서류만에 의하여 그 가운데 나타난 사실관계를 기초로 판단하여야 하고, 그 밖에 다른 서면의 제출을 받거나 그 외의 방법에 의해 사실관계의 진부를 조사할 수는 없다.

나. 이사회

(1) 의의 및 권한

- 상법 제361조, 제383조 제5항, 제6항, 제389조 제1항, 제393조 제1항, 제2항

(2) 이사회의 소집

- 상법 제364조, 제390조 제1항 ~ 제4항, 제412의4조

(3) 결의방법

(가) 의결권의 행사방법

- 상법 제391조 제2항, 제399조 제2항, 제3항

(나) 의결권의 대리행사 금지

[판례 20] **채권확인등 (대법원 1982. 7. 13. 선고 80다2441 판결)**

【판시사항】

의결권 위임에 의한 이사회 결의의 효력(무효)

【판결요지】

이사회는 주주총회의 경우와는 달리 원칙적으로 이사자신이 직접 출석하여 결의에 참가하

여야 하며 대리인에 의한 출석은 인정되지 않고 따라서 이사가 타인에게 출석과 의결권을 위임할 수도 없는 것이니 이에 위배된 이사회의 결의는 무효이며 그 무효임을 주장하는 방법에는 아무런 제한이 없다.

(다) 결의요건

① 결의요건 일반

- 상법 제386조 제1항, 제2항, 제391조 제1항, 제407조 제1항, 제408조, 제415의2조 제3항

[판례 21] 채권확정 (대법원 1995. 4. 11. 선고 94다33903 판결)

【판시사항】

가. 상법 제391조 제1항의 본문이 요구하고 있는 결의의 요건을 갖추지 못한 이사회결의의 효력

나. 주식회사의 대표이사가 이사회결의를 요하는 대외적 거래행위에 관하여 적법한 이사회결의 없이 한 거래행위의 효력

【판결요지】

가. 재적 6명의 이사 중 3인이 참석하여 참석이사의 전원의 찬성으로 연대보증을 의결하였다면 위 이사회의 결의는 과반수에 미달하는 이사가 출석하여 상법 제391조 제1항 본문 소정의 의사정족수가 충족되지 아니한 이사회에서 이루어진 것으로 무효라고 할 것이다.

나. 주식회사의 대표이사가 이사회결의를 요하는 대외적 거래행위를 함에있어서 실제로 이사회결의를 거치지 아니하였거나 이사회결의가 있었다고 하더라도 그 결의가 무효인 경우, 거래 상대방이 그 이사회결의의 부존재 또는 무효사실을 알거나 알 수 있었다면 그 거래행위는 무효라고 할 것이다.

[판례 22] 연대보증계약무효확인 (대법원 2003. 1. 24. 선고 2000다20670 판결)

【판시사항】

[1] 이사회 결의요건 충족 여부의 판단 시점(=이사회 결의시)

[2] 대표이사가 이사회의 결의를 요하는 대외적 거래행위를 이사회 결의 없이 한 경우, 그 거래행위의 효력(한정 적극)

【판결요지】

[1] 이사회 결의요건을 충족하는지 여부는 이사회 결의 당시를 기준으로 판단하여야 하고, 그 결의의 대상인 행위가 실제로 이루어진 날을 기준으로 판단할 것은 아니다.

[2] 주식회사의 대표이사가 이사회의 결의를 거쳐야 할 대외적 거래행위에 관하여 이를 거치지 아니한 경우라도, 이와 같은 이사회 결의사항은 회사의 내부적 의사결정에 불과하다 할 것이므로, 그 거래 상대방이 그와 같은 이사회 결의가 없었음을 알았거나 알 수 있었을 경우가 아니라면 그 거래행위는 유효하다 할 것이고, 이 경우 거래의 상대방이 이사회의 결의가 없었음을 알았거나 알 수 있었음은 이를 주장하는 회사측이 주장·입증하여야 한다.

[판례 23] 이사결의부존재및무효확인 (대법원 1963. 4. 18. 선고 63다15 판결)

【판시사항】

가. 임기가 만료된 재단법인 이사의 후임 이사 선임시까지의 권한 대행권
나. 재단법인 이사회 결의무효 또는 부존재확인 소송을 제기한 재단법인 설립당시의 연고권자의 당사자 적격

【판결요지】

이사전원의 임기가 만료되었다 하더라도 후임이사가 선임될 때까지는 그 이사로서의 권리를 행사할 수 있다고 해석하여야 할 것이므로 임기 만료된 정족수에 달하는 이사가 적법한 절차에 의하여 후임이사를 선임하는 결의를 하였다 하여도 그 결의를 무효라 할 수 없다.

② 특별이해관계가 있는 이사의 정족수 계산

- 상법 제368조 제3항, 제371조 제2항, 제382조 제2항, 제388조, 제391조 제3항, 제397조 제1항, 제398조
- 민법 제681조

[판례 24] 소유권이전등기 (대법원 1992. 4. 14. 선고 90다카22698 판결)

【판시사항】

가. 회사의 자기주식취득이 주식소각을 위한 경우이어서 무효라고 할 수 없다고 한 사례
나. 이사 3명 중 회사의 경영에 관한 모든 사항을 다른 이사들에게 위임하여 놓고 필요시 이사회 회의록 등에 날인만 하여 주고 있는 이사에 대한 소집통지 없이 열린 이사회에서 한 결의가 유효하다고 한 사례
다. 3명의 이사 중 대표이사와 특별이해관계 있는 이사 등 2명이 출석하여 대표이사 1인의 찬성으로 이사회결의가 이루어진 경우 그 결의의 적부(적극)

【판결요지】

가. 회사의 대표이사와 이사 겸 주주인 갑 사이에 경영권을 둘러싸고 계속되어 온 분쟁을 근원적으로 해결하기 위하여 갑이 그의 주식소유지분에 상응하는 재산을 회사로부터

양수하여 회사와는 별도로 독자적인 영업을 하는 대신 회사는 갑의 주식을 양수하여 감소된 재산에 상응하는 주식을 소각시킴으로써 갑을 제외한 대표이사 등이 회사를 명실상부하게 소유 경영하기 위한 것이라면 회사가 자기주식을 유상으로 취득한다고 하더라도 그것은 주식을 소각하기 위한 때에 해당되어 무효라고 할 수 없다고 한 사례.

나. 이사 3명 중 회사의 경영에 전혀 참여하지 않고 경영에 관한 모든 사항을 다른 이사들에게 위임하여 놓고 그들의 결정에 따르며 필요시 이사회 회의록 등에 날인만 하여주고 있는 이사에 대한 소집통지 없이 열린 이사회에서 한 결의는 위 이사가 소집통지를 받고 참석하였다 하더라도 그 결과에 영향이 없었다고 보여지므로 유효하다고 한 사례.

다. 특별이해관계가 있는 이사는 이사회에서 의결권을 행사할 수는 없으나 의사정족수 산정의 기초가 되는 이사의 수에는 포함되고 다만 결의성립에 필요한 출석이사에는 산입되지 아니하는 것이므로 회사의 3명의 이사 중 대표이사와 특별이해관계 있는 이사 등 2명이 출석하여 의결을 하였다면 이사 3명중 2명이 출석하여 과반수 출석의 요건을 구비하였고 특별이해관계 있는 이사가 행사한 의결권을 제외하더라도 결의에 참여할 수 있는 유일한 출석이사인 대표이사의 찬성으로 과반수의 찬성이 있는 것으로 되어 그 결의는 적법하다.

(라) 감사의 출석권

- 상법 제390조 제3항, 제391의2조 제1항, 제2항

(4) 결의의 효력 등

- 상법 제190조

[판례 25] 채권확인등 (대법원 1982. 7. 13. 선고 80다2441 판결)

【판시사항】

의결권 위임에 의한 이사회 결의의 효력(무효)

【판결요지】

이사회는 주주총회의 경우와는 달리 원칙적으로 이사자신이 직접 출석하여 결의에 참가하여야 하며 대리인에 의한 출석은 인정되지 않고 따라서 이사가 타인에게 출석과 의결권을 위임할 수도 없는 것이니 이에 위배된 이사회의 결의는 무효이며 그 무효임을 주장하는 방법에는 아무런 제한이 없다.

[판례 26] 법인세등부과처분취소 (대법원 1988. 4. 25. 선고 87누399 판결)

【판시사항】

가. 주주총회결의무효 혹은 부존재확인소송의 판결의 효력

나. 이사회결의무효확인소송의 판결의 대세적효력 유무

다. 구 조세감면규제법 (법률 제3275호) 제4조의2의 규정취지 및 증자후 증자 소득공제 기간만료전에 다시 자본이 감소한 경우 이미 증자소득공제의 혜택을 받은 부분의 효력

【판결요지】

가. 주주총회결의무효확인소송에 있어서 원고승소판결의 효력은 구 상법 제380조, 제190조의 규정에 의하여 판결확정전에 생긴 회사와 제3자간의 권리의무에 영향을 미치지 아니하는 것이고, 가사 그 소송이 주주총회결의부존재확인을 구하는 소송이었다고 하더라도 역시 위 구 상법 제380조, 제190조의 규정이 준용된다.

나. 이사회의 결의에 하자가 있는 경우에 관하여 상법은 아무런 규정을 두고 있지 아니하나 그 결의에 무효사유가 있는 경우에는 이해관계인은 언제든지 또 어떤 방법에 의하든지 그 무효를 주장할 수 있다고 할 것이지만 이와 같은 무효주장의 방법으로서 이사회결의무효확인소송이 제기되어 승소확정판결을 받은 경우, 그 판결의 효력에 관하여는 주주총회결의무효확인소송 등과는 달리 상법 제190조가 준용될 근거가 없으므로 대세적 효력은 없다.

다. 구 조세감면규제법 제4조의2의 규정취지는 내국법인의 자본을 충실하게 함으로써 재무구조를 개선하여 건전한 기업의 육성과 발전을 도모하게 하고자 함에 있는 것으로서 금전대출에 의하여 자본을 증가하는 경우에 각 사업연도 소득금액계산에 있어 그 증자하는 금액의 일정범위내에서 이를 공제하도록 하는 것이므로, 이와 같은 증자소득공제의 혜택은 법인이 실제로 금전출자를 받아 자본의 충실하여진 경우에 부여되는 것인 바, 만일 증자후 신주발행의 무효 또는 유상감자등으로 인하여 증자소득공제기간 만료전에 다시 자본이 감소된 경우에는 그 범위내에서 증자소득공제의 혜택이 배제되어야 할 것이지만 그렇다고 하여 자본감소 이전에 이미 증자소득공제의 혜택을 받은 부분에 대해서까지 소급하여 그 효력을 미치는 것은 아니다.

다. 이사회 내 위원회

(1) 개설

- 상법 제393의2조

(2) 위원회의 구성

- 상법 제386조 제1항, 제393의2조 제1항, 제2항, 제5항

(3) 위원회의 권한

- 상법 제393의2조 제2항

(4) 위원회의 결의 및 그 결의의 효력

- 상법 제390조, 제391조, 제391의3조, 제392조, 제393의2조

(5) 위원회결의의 변경

- 상법 제393의2조 제4항, 제415의2조 제6항

라. 청산인회

- 상법 제389조 ~ 제393조, 제542조 제2항

마. 소규모 주식회사의 기관구성에 관한 특례

(1) 개설

- 상법 제383조 제4항 ~ 제6항

(2) 이사의 수, 대표권의 행사, 이사회 등에 관한 특례

(가) 이사의 수와 대표권의 행사

- 상법 제383조 제1항, 제6항
- 예규 제1538호 제3조

(나) 이사가 2명인 경우 이사회의 관한 배제

① 주주총회의 결정사항

- 상법 제335조 제1항, 제340의3조 제1항 제5호, 제341조 제2항, 제383조 제4항, 제5항, 제397조 제1항, 제397의2조, 제398조, 제416조, 제449의2조, 제451조 제2항, 제461조 제1항, 제462조 제2항, 제462의3조 제1항, 제469조, 제513조 제2항, 제516의2조 제2항

② 대표권을 행사하는 이사의 단독결정사항

- 상법 제346조 제3항, 제362조, 제363의2조, 제366조, 제368의4조 제1항, 제393조 제1항, 제412의3조, 제462의3조 제1항, 제469조 제4항

③ 인정되지 않는 제도

- 상법 제526조 제3항, 제527의2조, 제527의3조, 제527의5조 제2항, 제527조 제4항

(3) 감사에 관한 특례

- 상법 제409조 제4항, 제5항, 제6항

(4) 이사가 2명 이하인 경우 등에 있어서 (대표)이사의 등기방식

- 예규 제1538호 제3조

(가) 설립등기

① 이사가 2명인 경우

- 상법 제383조 제6항

3. 첨부서면에 관한 통칙

가. 정관

(1) 개설

- 상법 제292조
- 상업등기규칙 제128조 제1항

[판례 27] 주주총회결의취소 (대법원 2007. 6. 28. 선고 2006다62362 판결)

【판시사항】

[1] 상법 제408조 제1항이 규정하는 회사의 '상무'의 의미 및 대표이사 직무대행자가 회사의 경영 및 지배에 영향을 미칠 수 있는 사항이 안건으로 포함된 정기주주총회를 법원의 허가 없이 소집하여 결의한 경우 결의취소사유에 해당하는지 여부(적극)

[2] 주주총회의 특별결의에 의하여 정관변경이 이루어진 경우, 정관변경의 등기 내지 공증인의 인증 여부와 관계없이 정관변경의 효력이 발생하는지 여부(적극)

【판결요지】

[1] 상법 제408조 제1항이 규정하는 회사의 '상무'라 함은 일반적으로 회사에서 일상 행해져야 하는 사무, 회사가 영업을 계속함에 있어서 통상 행하는 영업범위 내의 사무 또는 회사경영에 중요한 영향을 주지 않는 통상의 업무 등을 의미하고, 어느 행위가 구체적으로 이 상무에 속하는가 하는 것은 당해 회사의 기구, 업무의 종류·성질, 기타 제반 사정을 고려하여 객관적으로 판단되어야 할 것인바, 직무대행자가 정기주주총회를 소집함에 있어서도 그 안건에 이사회의 구성 자체를 변경하는 행위나 상법 제374조의 특별결의사항에 해당하는 행위 등 회사의 경영 및 지배에 영향을 미칠 수 있는 것이 포함되어 있다면 그 안건의 범위에서 정기총회의 소집이 상무에 속하지 않는다고 할 것이고, 직무대행자가 정기주주총회를 소집하는 행위가 상무에 속하지 아니함에도 법원의 허가 없이 이를 소집하여 결의한 때에는 소집절차상의 하자로 결의취소사유에 해당한다.

[2] 주식회사의 원시정관은 공증인의 인증을 받음으로써 효력이 생기는 것이지만 일단 유효하게 작성된 정관을 변경할 경우에는 주주총회의 특별결의가 있으면 그때 유효하게 정관변경이 이루어지는 것이고, 서면인 정관이 고쳐지거나 변경 내용이 등기사항인 때의 등기 여부 내지는 공증인의 인증 여부는 정관변경의 효력발생에는 아무 영향이 없다.

[선례 7] 주식회사 변경등기시 정관의 첨부 여부

세정 1992. 9. 21. [상업등기선례 제1-102호(등기선례 제3-952호), 시행]

등기사항인 정관의 절대적 기재사항을 주주총회 결의로 변경하거나 이사회 결의로 대표이사의 선임 등을 하고 이에 대한 등기를 신청함에 있어서는 정관으로 상법의 규정과 달리 정할 수 있는 사항으로서 정관에 규정이 없으면 무효 또는 취소의 원인이 되는 경우(예, 주주총회의 의결정족수 또는 소집지에 관한 사항, 이사회의 소집기간에 관한 사항 등) 이외에는 주주총회의사록이나 이사회의사록을 첨부하면 족하고 따로이 정관을 첨부할 필요가 없는 것이다. (1992. 9. 21. 등기 제2006호 대한법무사협회장 대 질의회답)

[선례 8] 자본금 10억 미만의 주식회사를 발기설립하는 경우 설립등기신청서에 첨부할 서면인 발기인의 의사록에 정관 승인 건, 이사·감사 등의 조사·보고 건 등이 반드시 포함되어야 하는지 여부

제정 2013.10.01 [상업등기선례 제201310-2호, 시행]

1. 설립등기를 하기 위한 설립등기신청서에는 상업등기법 제80조 제1호 내지 11호의 서류를 첨부하여야 하므로, 자본금 총액이 10억 미만의 주식회사를 발기설립하는 경우(재택창업시스템을 이용한 설립을 포함)에도 발기인의 의사록(상법 제297조 참조)을

첨부하여야 한다.

2. 자본금 총액이 10억 미만인 회사를 상법 제295조 제1항에 따라 발기설립하는 경우에 정관은 각 발기인이 정관에 기명날인 또는 서명함으로써 효력이 발생하므로(상법 제292조 단서 참조), 정관 그 자체 또는 정관의 절대적 기재사항(목적, 상호, 회사가 발행할 주식의 총수 등 상법 제289조 제1항 제1호 내지 제8호 참조)에 대해서는 별도로 발기인이 승인하는 절차가 필요없으며, 이사・감사 등의 조사・보고(상법 제298조 제1항 참조)는 발기인이 이사 등을 선임한 이후의 절차이므로, 발기인의 의사록에 정관 승인 건, 이사・감사 등의 조사・보고 건 등이 반드시 포함되어야 하는 내용은 아니다. (2013. 10. 1. 사법등기심의관-4031 질의회답)

---

(2) 등기신청서에 정관을 첨부하여야 하는 경우

(가) 주주총회의 정족수에 관하여 달리 정하고 있는 경우

- 상법 제368조 제1항

(나) 본점 또는 그 인접지 이외의 장소를 주주총회의 개최장소로 정하고 있는 경우

- 상법 제364조

(다) 이사회 소집기간을 단축하는 정함을 두고 있는 경우

- 상법 제390조 제3항

(라) 신주발행 등에 관한 권한을 주주총회의 권한으로 정하고 있는 경우

- 상법 제416조, 제513조 제2항, 제516조 제2항

(마) 주주총회에서 대표이사를 선정하도록 정하고 있는 경우

- 상법 제389조 제1항

(바) 감사에 갈음하여 감사위원회를 설치한 경우

- 상법 제415의2조

(사) 명의개서대리인을 둔 경우

- 상법 제337조 제2항

(3) 등기신청서에 정관을 첨부할 필요가 없는 경우

(가) 소규모 주식회사의 특례에 따른 등기 등의 경우

- 상법 제383조 제1항, 제409조 제4항

나. 법원의 허가서

- 상법 제306조, 제408조 제1항, 제425조 제1항, 제600조 제1항, 제607조 제1항, 제3항
- 상업등기규칙 제128조 제1항

다. 총주주의 동의서

- 상업등기규칙 제128조 제1항

[선례 9] 주식회사의 변경등기신청서에 첨부할 서면

제정 1987. 11. 30. [상업등기선례 제1-73호(등기선례 제2-687호), 시행]
주식회사의 변경등기신청서에 첨부된 주주총회의사록에 의하여 주주 전원이 총회에 출석한 사실이 인정된다면 별도로 그 주주총회가 적법하게 소집된 사실을 증명하는 서면을 첨부할 필요는 없다. (1987. 11. 30. 등기 제686호)

라. 주주총회의사록

(1) 개설

- 상법 제373조 제2항, 제435조 제3항

- 상업등기규칙 제128조 제2항

(2) 의장과 출석한 이사의 기명날인 또는 서명

- 상법 제373조 제2항

[선례 10] 사회복지법인의 이사회 회의록에 기명날인하는 방법 등

제정 1998. 6. 25. [상업등기선례 제1-384호(등기선례 제5-868호), 시행]

사회복지법인이 정관변경 또는 기본재산 처분의 승인을 얻기 위하여 주무관청에 제출하여야 하는 이사회 회의록에 반드시 인감증명법에 의한 인감을 날인하여야 하는지 여부에 관한 것은 당해 주무관청이 판단할 사항이다. 다만 등기신청시에 첨부하여야 할 이사회 의사록에는 의장 및 출석한 이사가 기명날인하여야 할 것이나, 반드시 인감증명법에 의한 인감을 날인할 필요는 없다. (1998. 6. 25. 등기 3402-570 질의회답)

[선례 11] 주주가 1인인 주식회사가 그 이사를 해임하고 그로 인한 변경등기를 신청하는 경우, 신청서에 첨부할 서면

제정 2007. 5. 25. [상업등기선례 제2-28호, 시행]

주주가 1인인 주식회사의 1인 주주가 주주총회의 소집 절차(상법 제362조, 제363조 등)를 거치지 않고 이사들이 참석하지도 아니한 상태에서 주주총회를 개최하여 어느 이사를 해임하는 결의를 한 경우, 그로 인한 변경등기의 신청서에는 1인 주주만이 기명날인 또는 서명한 주주총회 의사록을 인증받아(공증인법 제66조의2) 첨부할 수 있다. (2007. 5. 25. 공탁상업등기과-533 질의회답)

[선례 12] 주주총회, 이사회의 의사록에 기명날인을 할 이사 및 감사

제정 1994.04.01 [상업등기선례 제1-74호(등기선례 제4-852호), 시행]

1. 주식회사 주주총회의 의사록에는 의장과 출석한 이사(또는 청산인)가 각 기명날인을 하여야 하는 바, 여기서의 출석한 이사는 당해 주주총회가 개최되고 있는 동안 이사로서의 자격이 있는 자 중 주주총회에 출석한 자 전원을 말한다. 따라서 주주총회에서 이사 개선의 결의가 있을 경우 전임이사 및 후임이사중 누가 기명날인을 하는가 하는 것은 그 주주총회가 개최될 당시 누가 이사의 자격이 있는가 하는 문제로서 경우에 따라 다를 것이나, 다만 주주총회가 개최되고 있는 동안 전임이사의 임기가 종료되고

후임이사가 취임승락을 하여 임기가 개시되었다면 전임이사와 후임이사 모두가 기명날인을 하여야 할 것이며, 후임이사의 임기가 주주총회 종결 이후부터 개시되었다면 그 자는 아직 이사의 자격이 없어 기명날인을 할 수 없을 것이다. 그러나 형식적심사권 밖에 없는 등기공무원으로서는 주주총회 당시 전임이사가 출석을 하였는가 하는 것은 주주총회의 의사록에 의하여 판단할 수 밖에 없는 것이며, 따라서 그 의사록에 전임이사가 출석하였다는 취지가 기재되어 있지 않은 한, 전임이사의 기명날인이 없는 의사록을 첨부하여 등기를 신청한 경우에도 이를 수리할 수 밖에 없다.

2. 대표이사, 이사, 감사등이 선임되었을 때 등기하여야 효력이 발생하는 것은 아니며 다만 그 선임등기는 제3자에게 대항하기 위한 요건이다. (1994. 4. 1. 등기 3402-305 질의회답)

---

(3) 공증인의 인증

- 공증인법 제66의2조 제1항 ~ 제3항

(4) 주주총회의사록에 기재된 사실에 대한 등기관의 심사

[판례 28] 대여금 (대법원 1992. 7. 28. 선고 91다35816 판결)

【판시사항】

가. 이사의 자격이 없는 표현대표이사의 행위에 대한 회사의 책임
나. 공증인이 인증한 사서증서의 진정성립 추정 여부
다. 이른바 '계속적 보증'에 있어서 보증인의 책임범위와 그 제한

【판결요지】

가. 상법 제395조가 회사를 대표할 권한이 있는 것으로 인정될 만한 명칭을 사용한 이사의 행위에 대한 회사의 책임을 규정한 것이어서, 표현대표이사가 이사의 자격을 갖출 것을 그 요건으로 하고 있으나, 이 규정은 표시에 의한 금반언의 법리나 외관이론에 따라 대표이사로서의 외관을 신뢰한 제3자를 보호하기 위하여 그와 같은 외관의 존재에 관하여 귀책사유가 있는 회사로 하여금 선의의 제3자에 대하여 그들의 행위에 관한 책임을 지도록 하려는 것이므로, 회사가 이사의 자격이 없는 자에게 표현대표이사의 명칭을 사용하게 허용한 경우는 물론, 이사의 자격도 없는 사람이 임의로 표현대표이사의 명칭을 사용하고 있는 것을 회사가 알면서도 아무런 조치를 취하지 아니한 채 그대로 방치하여 소극적으로 묵인한 경우에도, 위 규정이 유추적용되는 것으로 해석함이 상당하다.

나. 공증인법에 규정된 사서증서에 대한 인증제도는 당사자로 하여금 공증인의 면전에서 사서증서에 서명 또는 날인하게 하거나 사서증서의 서명 또는 날인을 본인이나 그 대

리인으로 하여금 확인하게 한 후 그 사실을 공증인이 증서에 기재하는 것으로서, 공증인이 사서증서의 인증을 함에 있어서는 공증인법에 따라 반드시 촉탁인의 확인이나 대리촉탁인의 확인 및 그 대리권의 증명 등의 절차를 미리 거치도록 규정되어 있으므로, 공증인이 사서증서를 인증함에 있어서 그와 같은 절차를 제대로 거치지 않았다는 등의 사실이 주장·입증되는 등 특별한 사정이 없는 한, 공증인이 인증한 사서증서의 진정성립은 추정된다.

다. 채권자와 주채무자 사이의 계속적인 거래관계에서 발생하는 불확정한 채무를 보증하는 이른바 '계속적 보증'의 경우에도, 보증인은 주채무자가 이행하지 아니하는 채무를 전부 이행할 의무가 있는 것이 원칙이고, 다만 보증인이 보증을 할 당시 주채무의 범위를 예상하였거나 예상할 수 있었는데 주채무가 그 예상범위를 훨씬 초과하여 객관적인 상당성을 잃을 정도로 과다하게 발생하였고, 또 그와 같이 주채무가 과다하게 발생한 원인이, 채권자가 주채무자의 자산상태가 현저히 악화된 사정을 잘 알고 있으면서도(중대한 과실로 알지 못한 경우도 마찬가지다) 그와 같은 사정을 알 수 없었던 보증인에게 아무런 통지나 의사타진도 하지 아니한 채 고의로 거래의 규모를 확대하였기 때문인 것으로 인정되는 등, 채권자가 보증인에게 주채무의 전부이행을 청구하는 것이 신의칙에 반하는 것으로 판단될 만한 특별한 사정이 있는 경우에 한하여 보증인의 책임을 합리적인 범위 내로 제한할 수 있다.

[판례 29] 소유권이전등기말소 (대법원 1984. 5. 15. 선고 83다카1565 판결)

【판시사항】

가. 법인의 총회 또는 이사회의 의사록의 증명력

나. 새로운 증거조사 없이 환송전 원심에서 제출조사된 자료만에 의거하여 한 환송전 원심과 동일한 사실인정과 환송판결의 기속력 위반

【판결요지】

가. 법인의 총회 또는 이사회의 의사에는 의사록을 작성하여야 하고 의사록에는 의사의 경과, 요령 및 결과 등을 기재하고 이와 같은 의사의 경과요령 및 결과 등은 의사록을 작성하지 못하였다든가 또는 이를 분실하였다는 등의 특단의 사정이 없는 한 이 의사록에 의하여서만 증명된다.

나. 환송판결의 취지가 원고 종약회의 상임이사회의 결의 외에는 이 사건 토지를 매각처분하기로 하는 원고 종약회의 규약상 적법한 결의가 없었다는 것임에도 불구하고, 새로운 자료 등에 대하여 심리조사한 바 없이 환송전 원심에서 제출조사된 자료만에 의하여 증거없이 총회결의가 있었다든가 또는 임원연석회의의 결의로서 이사회의 결의와 최고회의의 인준도 있었던 것으로 간주하여 따로 그 절차를 밟지 않기로 하고 다만 총회의 추인은 차기총회에서 받도록 하였다는 등 전후 모순된 사실을 인정한 원심판단은 환송판결의 기속적 판단에 반한 것이다.

[선례 13] 주주총회의 소집절차 등에 중대한 하자가 있으나 형식적 요건을 갖춘 의사록을 첨부하여 등기신청을 한 경우 이를 수리할 수 있는지 여부

제정 1987. 6. 13. [상업등기선례 제1-72호(등기선례 제2-672호), 시행]

주주총회의 소집절차 또는 결의방법에 중대한 하자가 있다고 하더라도, 등기신청서에 첨부된 총회의 의사록이 형식적 요건을 갖추고 있고 공증인의 인증을 받았으며, 그 의사록 등의 기재에 의하여 등기할 사항이 유효하게 존재하는 것으로 인정되는 이상, 등기부 및 신청서와 그 첨부서면만에 의하여 등기신청의 적법 여부를 판단하여야 하는 등기공무원의 입장에서는 당해 등기신청의 수리를 거부할 수 없을 것이다. (1987. 6. 13. 등기 제352호)

[선례 14] 특수법인 총회의사록에 무효 또는 취소의 원인이 있는지 여부에 대한 등기관의 심사범위

제정 2014. 4. 23. [상업등기선례 제2-129호, 시행]

1. 총회의사록에는 회의가 의장에 의해 특정 시간과 장소에서 개최되고, 의사 및 의결정족수와 그 안건에 대한 결과 및 의장과 출석한 이사 등의 기명날인이 있어야 하나, 소집절차는 법령상 의사록에 기재할 사항이 아니므로 반드시 기재되어야만 하는 것은 아니며, 별도로 소집절차를 증명하는 서면을 첨부하여야 하는 것도 아니다.
2. 따라서, 임시총회가 소집권한 없는 자에 의해 소집되는 등 소집절차에 중대한 하자가 있는 경우에도 총회의사록에 소집절차에 관한 사항이 기재되어 있지 않다면 등기관은 소집절차의 하자를 심사할 수 없으며, 소집절차에 관하여 기재가 되어 있는 경우라 하더라도 그 기재 자체만으로 하자 여부를 알 수 없는 이상 소집절차의 하자를 이유로 등기신청의 수리를 거부하거나 법령에서 요구하는 첨부서류 외에 다른 서류의 제출을 요구하여서는 아니된다. (2014. 4. 23. 사법등기심의관－1752 질의회답)

(5) 서면결의 또는 서면동의와 의사록 작성 여부

- 상법 제363조 제4항, 제6항, 제373조

마. 이사회의사록

(1) 개설

- 상법 제391의3 제2항

• 상업등기규칙 제128조 제2항

(2) 이사 및 감사의 기명날인 또는 서명

[선례 15] 사회복지법인의 이사회 회의록에 기명날인하는 방법 등

제정 1998. 6. 25. [상업등기선례 제1-384호(등기선례 제5-868호), 시행]
사회복지법인이 정관변경 또는 기본재산 처분의 승인을 얻기 위하여 주무관청에 제출하여야 하는 이사회 회의록에 반드시 인감증명법에 의한 인감을 날인하여야 하는지 여부에 관한 것은 당해 주무관청이 판단할 사항이다. 다만 등기신청시에 첨부하여야 할 이사회 의사록에는 의장 및 출석한 이사가 기명날인하여야 할 것이나, 반드시 인감증명법에 의한 인감을 날인할 필요는 없다. (1998. 6. 25. 등기 3402-570 질의회답)

바. 청산인회의사록

• 상업등기규칙 제128조 제2항

사. 최종의 대차대조표

• 상법 제30조 제2항, 제86조, 제88조, 제91조 제1항 제1호, 제92조 제6호, 제447조

[선례 16] 임의준비금의 자본전입 가부

제정 1987. 5. 21. [상업등기선례 제1-175호(등기선례 제2-684호), 시행]
대차대조표(소관 세무서장이 인정한 것)에 기재된 이익준비금에 한하여 자본전입이 가능하다. (1987. 5. 21 등기 제297호)

질의요지 : 회사의 자본금이 금 5,000만원이고, 당기말 대차대조표상의 이익준비금이 2,419,410원, 미처분이익잉여금(임의준비금)이 금 63,992,573원인 경우 임시주주 총회 결의로 이익잉여금 중 일부를 이익준비금으로 항목이체하여 이익준비금이 2,500만원이 된 때에 이사회 결의로 이를 자본에 전입하여 증자등기를 할 수 있는지 여부.

[선례 17] 임의준비금의 자본전입 가부 등

제정 1994. 3. 22. [상업등기선례 제1-180호(등기선례 제4-862호), 시행]

상법 제461조 제1항 의 규정에 의하여 자본에 전입할 수 있는 준비금은 법정준비금에 한한다고 해석되므로 임의준비금은 자본에 전입할 수 없으며, 임시주주총회의 결의로 임의준비금을 자본금의 2분의 1의 범위내에서 이익준비금으로 처분한 후 이를 자본전입할 수도 없다고 생각되나 또한 준비금의 자본전입으로 인한 변경등기시 첨부되는 준비금의 존재를 증명하는 서면은 주주총회에서 승인하였거나, 소관 세무서장이 인정한 대차대조표를 의미하며 감사인(공인회계사, 감사)의 확인서는 이에 해당하지 않는다. (1994. 3. 22. 등기 3402-233 질의회답)

[선례 18] 주식발행초과금의 자본전입에 의한 변경등기신청시의 준비금의 존재를 증명하는 서면 및 임시주주총회에서 대차대조표를 승인할 수 있는지 여부 등

제정 2000. 1. 13. [상업등기선례 제1-195호(등기선례 제6-656호), 시행]

1. 주식회사가 액면 이상의 가액으로 신주를 발행한 후 그 액면을 초과한 금액의 전부 또는 일부를 자본에 전입하여 그로 인한 변경등기를 신청하는 경우에, 위 주금의 납입을 맡은 은행 기타 금융기관의 납입금보관에 관한 증명서(비송사건절차법 제205조 제5호)에 의하여 주식발행초과금의 존재가 증명되는 때에는, 위 납입금보관에 관한 증명서도 준비금의 존재를 증명하는 서면(같은 법 제208조)에 해당된다.
2. 상법의 규정에 의하면 이사는 매결산기에 대차대조표 등과 그 부속명세서를 작성하여 이사회의 승인을 얻어야 하고(상법 제447조), 위 서류를 정기총회에 제출하여 그 승인을 요구하여야 하는 것이므로(상법 제449조 제1항), 결산기중에 임시주주총회를 개최하여 당해 영업연도의 대차대조표를 승인할 수는 없다.
3. 회사는 이사회의 결의에 의하여 준비금의 전부 또는 일부를 자본에 전입할 수 있으나, 회사가 정관으로 이를 주주총회에서 결정하기로 정한 경우에는, 정관에서 이를 정기주주총회로 한정하였다는 등의 특별할 사정이 없는 한 위 주식발행초과금의 전부 또는 일부를 자본에 전입하는 결의는 반드시 정기주주총회에서 결정하여야 하는 것은 아니다. (2000. 1. 13. 등기 3402-26 질의회답)

[선례 19] 금융기관이 아닌 전환사채의 인수인이 발행회사에 대한 대출금채권으로써 사채의 납입에 갈음하기로 한 경우, 그에 따른 변경등기 신청서에 첨부하는 '상법 제476조의 규정에 의한 납입을 증명하는 서면'

제정 2002. 12. 21. [상업등기선례 제1-218호(등기선례 제6-658호), 시행]

전환사채의 발행으로 인한 등기신청서에는 최종의 대차대조표를 첨부하여야 하는바(비송사건절차법 제213조 제1항 제1호), 회사설립 후 최초의 결산기가 도래하지 않아 정기주주총회에서 대차대조표를 승인하지 못한 회사는 개시(개업)대차대조표를 첨부하여 전환사채등기를 신청할 수 있다. 또한 회사가 정관변경절차를 통해 결산기를 변경하고 이에 따라 정기주주총회를 개최하여 대차대조표를 승인한 경우, 이를 첨부한 등기신청도 수리될 수 있다. (2002. 12. 21. 등기 3402-720 질의회답)

아. 상장회사임을 증명하는 서면

- 상법 제542의2 제1항, 제542의8 제2항 제1호
- 상법 시행령 제29조 제1항
- 자본시장법 제9조 제13항, 제165의2조 ~ 제165의18조

4. 지점소재지에서 하는 등기

가. 등기사항

- 상법 제35조, 제57조, 제317조 제3항
- 상업등기규칙 제102조 제2항, 제154조 제1항

나. 등기기간

- 상법 제182조 제2항, 제183조, 제317조 제4항

다. 당사자 출석주의의 예외

- 상법 제24조 제2항 제2호, 제51조 제3항

라. 첨부서면의 원칙적 제출 면제

- 상업등기규칙 제102조 제1항, 제154조 제1항

마. 등록면허세・등기신청수수료 등의 납부

- 지방세법 제28조 제1항 제4호 마목 바목, 제151조 제1항 제2호
- 지방세법 시행령 제43조 제2항, 제3항
- 수수료규칙 제5의3 제2항, 제5의5 제4항

바. 인감제출 및 기명날인의 예외

- 상법 제25조 제3항 제2호
- 상업등기규칙 제61조

제2절 설립의 등기

1. 설립절차

가. 발기인

(1) 의의

- 상법 제289조 제1항, 제293조

(2) 발기인의 자격과 수

- 상법 제288조

[판례 1] 주주총회결의취소 (대법원 2007. 6. 28. 선고 2006다62362 판결)

【판시사항】

[1] 상법 제408조 제1항이 규정하는 회사의 '상무'의 의미 및 대표이사 직무대행자가 회사의 경영 및 지배에 영향을 미칠 수 있는 사항이 안건으로 포함된 정기주주총회를 법원의 허가 없이 소집하여 결의한 경우 결의취소사유에 해당하는지 여부(적극)

[2] 주주총회의 특별결의에 의하여 정관변경이 이루어진 경우, 정관변경의 등기 내지 공증인의 인증 여부와 관계없이 정관변경의 효력이 발생하는지 여부(적극)

【판결요지】

[1] 상법 제408조 제1항이 규정하는 회사의 '상무'라 함은 일반적으로 회사에서 일상 행

해져야 하는 사무, 회사가 영업을 계속함에 있어서 통상 행하는 영업범위 내의 사무 또는 회사경영에 중요한 영향을 주지 않는 통상의 업무 등을 의미하고, 어느 행위가 구체적으로 이 상무에 속하는가 하는 것은 당해 회사의 기구, 업무의 종류·성질, 기타 제반 사정을 고려하여 객관적으로 판단되어야 할 것인바, 직무대행자가 정기주주총회를 소집함에 있어서도 그 안건에 이사회의 구성 자체를 변경하는 행위나 상법 제374조의 특별결의사항에 해당하는 행위 등 회사의 경영 및 지배에 영향을 미칠 수 있는 것이 포함되어 있다면 그 안건의 범위에서 정기총회의 소집이 상무에 속하지 않는다고 할 것이고, 직무대행자가 정기주주총회를 소집하는 행위가 상무에 속하지 아니함에도 법원의 허가 없이 이를 소집하여 결의한 때에는 소집절차상의 하자로 결의취소사유에 해당한다.

[2] 주식회사의 원시정관은 공증인의 인증을 받음으로써 효력이 생기는 것이지만 일단 유효하게 작성된 정관을 변경할 경우에는 주주총회의 특별결의가 있으면 그때 유효하게 정관변경이 이루어지는 것이고, 서면인 정관이 고쳐지거나 변경 내용이 등기사항인 때의 등기 여부 내지는 공증인의 인증 여부는 정관변경의 효력발생에는 아무 영향이 없다.

(3) 발기인 조합

[판례 2] 양도소득세부과처분취소 (대법원 1990. 12. 26. 선고 90누2536 판결)

【판시사항】

설립 중의 회사로서의 실체가 갖추어지기 이전에 발기인이 취득한 권리의무의귀속관계

【판결요지】

설립 중의 회사라 함은 주식회사의 설립과정에 있어서 발기인이 회사의 설립을 위하여 필요한 행위로 인하여 취득하게 된 권리의무가 회사의 설립과 동시에 그 설립된 회사에 귀속되는 관계를 설명하기 위한 강학상의 개념으로서 정관이 작성되고 발기인이 적어도 1주 이상의 주식을 인수하였을 때 비로소 성립하는 것이고, 이러한 설립 중의 회사로서의 실체가 갖추어지기 이전에 발기인이 취득한 권리, 의무는 구체적 사정에 따라 발기인 개인 또는 발기인조합에 귀속되는 것으로서 이들에게 귀속된 권리의무를 설립후의 회사에 귀속시키기 위하여는 양수나 채무인수 등의 특별한 이전행위가 있어야 할 것인바, 원고앞으로 소유권이전등기가 마쳐진 이 사건 토지에 관하여 원고가 발기인이던 회사의 장부에 원고가 토지매입자금을 입금하여 회사자금으로 이 사건 토지를 매입한 것으로 기재되었다거나 설립등기 후에 위 토지의 정지작업을 하였다는 사실만으로는 위 회사가 원고로부터 위 토지의 매수인으로서의 지위를 인수하였다고 보기는 어렵다고 할 것이다.

나. 정관의 성 및 인증

(1) 발기인의 정관 작성, 기명날인 또는 서명

- 상법 제289조 제1항

(2) 정관의 기재사항

(가) 기재사항 일반

- 상법 제289조 제1항, 제290조 제1호

[선례 20] 회사가 공고를 하는 방법에서 발행지 특정의 의미

제정 2014.05.12 [상업등기선례 제201405-2호, 시행]

1. 신문을 발행하려는 자는 『신문 등의 진흥에 관한 법률』 제9조 제1항에 따라 "주된 보급대상 및 보급지역"을 주사무소 소재지를 관할하는 특별시장 ·광역시장·도지사 또는 특별자치도지사에게 등록하여야 하며, 이 경우 보급지역이란 신문이 발행되어 배포되는 지역을 의미한다.
2. 일반적으로 정관에 발행지를 특정하여 공고할 신문을 정할 필요는 없지만, 『△△에서 발행되는 ○○신문에 게재한다.』라고 발행지를 정한 경우에는 그 신문이 인쇄되어 △△지역에서 독자에게 배포되고 있다는 의미로 볼 수 있다. 따라서, 회사가 정관에 발행지를 특정하지 않은 경우에는 등록된 보급지역 전역을 대상으로 발행되는 신문에 공고하여야 하며, 발행지를 일부 지역으로 특정한 경우라면 그 지역을 대상으로 발행되는 신문에만 공고할 수도 있을 것이다. (2014. 5. 12. 사법등기심의관-2013 질의회답)

(나) 절대적 기재사항

- 상법 제289조 제1항

① 목적

- 상법 제176조 제1항 제1호

② 상호

- 상법 제19조, 제22조, 제26조 제14호, 제29조

- 상업등기규칙 제2조
- 은행법 제14조
- 예규 제1547호 제7조 제1항
- 예규 제1598호 제9조 제3항

③ **본점의 소재지**

- 민소 제5조 제1항
- 비송법 제72조 제1항

[선례 21] 구 본점소재지에서 본점이전등기를 한 경우 구 본점소재지 관할등기소에서 인감증명을 교부할 수 있는지 여부 등

제정 1986.02.15 [상업등기선례 제1-115호(등기선례 제1-877호), 시행]

주식회사의 본점의 소재지는 정관의 절대적 기재사항이므로 정관에 기재된 동일 최소행정구역 이외로 본점을 이전할 경우에는 정관을 변경하는 주주총회의 결의를 요하게 된다(상법 제289조 제1항, 제433조). 그리고 주식회사가 본점을 타관할로 이전하여 그 등기용지가 폐쇄되었다면 구 본점소재지 관할등기소에서는 그 인감증명을 교부할 수 없다. (1986. 2. 15. 등기 제70호)

[선례 22] 정관에 본점소재지로 최소행정구역만 기재되어 있는 경우 본점의 구체적 장소결정기관

제정 2004. 3. 3. [상업등기선례 제1-137호(등기선례 제200403-16호), 시행]

자본금이 5억원 미만인 회사로서 이사가 1인인 주식회사 설립시 정관에 본점소재지로 최소행정구역만 기재되어 있는 경우, 1인 이사가 본점소재장소를 결정하지만, 창립총회 내지 발기인회는 최고의사결정기관이므로 그 총회에서도 소재장소를 결의할 수 있다. (2004. 3. 3. 공탁법인 3402-54 질의회답)

[선례 23] 이사가 1인인 회사의 최소 행정구역 내 본점 이전으로 인한 변경등기 신청시 첨부서면

제정 2007. 7. 24. [상업등기선례 제2-24호, 시행]

정관에 본점의 소재지(상법 제289조제1항제6호)로서 최소 행정구역(특별시·광역시·시·군)이 기재되어 있고 상법 제383조제1항 단서와 정관 규정에 따라 이사를 1인으로 한 주식회사가 그 최소 행정구역 내에서 본점을 이전한 경우, 그로 인한 변경등기의 신청서에는 1인 이사가 본점을 이전하기로 결정하였음을 증명하는 서면(예를 들어, '결정서' 등)을 첨부하여야 한다. 그러나, 본점 이전에 관한 주주총회 의사록(상업등기법 제79조제2항 참조)은 첨부하지 않아도 된다. (2007. 7. 24. 공탁상업등기과-805 질의회답)

---

④ 회사가 공고를 하는 방법

- 상법 제289조 제3항, 제4항, 제450조
- 상법시행령 제6조 제1항, 제4항

[선례 24] 회사가 공고를 하는 방법에서 발행지 특정의 의미

제정 2014. 5. 12. [상업등기선례 제2-71호, 시행]

1. 신문을 발행하려는 자는 『신문 등의 진흥에 관한 법률』 제9조 제1항에 따라 "주된 보급대상 및 보급지역"을 주사무소 소재지를 관할하는 특별시장 ・광역시장・도지사 또는 특별자치도지사에게 등록하여야 하며, 이 경우 보급지역이란 신문이 발행되어 배포되는 지역을 의미한다.
2. 일반적으로 정관에 발행지를 특정하여 공고할 신문을 정할 필요는 없지만, 『△△에서 발행되는 ○○신문에 게재한다.』라고 발행지를 정한 경우에는 그 신문이 인쇄되어 △△지역에서 독자에게 배포되고 있다는 의미로 볼 수 있다. 따라서, 회사가 정관에 발행지를 특정하지 않은 경우에는 등록된 보급지역 전역을 대상으로 발행되는 신문에 공고하여야 하며, 발행지를 일부 지역으로 특정한 경우라면 그 지역을 대상으로 발행되는 신문에만 공고할 수도 있을 것이다. (2014. 5. 12. 사법등기심의관-2013 질의회답)

[선례 25] 지하철역 등에서 불특정인을 상대로 하여 무료로 배포되고 있는 'ㅇㅇ신문'이 회사의 공고방법에 관한 상법 제289조 제3항의 '시사에 관한 사항을 게재하는 일간신문'에 해당할 수 있는지 여부(소극)

제정 2005.08.01 [상업등기선례 제200508-1호, 시행]

1. 회사의 공고방법에 관한 상법 제289조 제3항의 규정중 '시사에 관한 사항을 게재하는 일간신문'에 해당하는지 여부를 판단함에 있어서는, 주주, 회사에 대한 채권자, 기타 이해관계인 등에게 중요한 사항들을 공고하도록 한 상법상 공고제도의 취지에 비추어, 당해 정기간행물이 공고내용을 확인하기 위한 방법으로 일반적으로 적정한지 여부 등을 기준으로 하여야 할 것인바, 당해 간행물의 발간·배포여부, 발간부수, 배포시기, 배

포장소 및 발간일이 경과한 후에도 공고내용을 쉽게 확인할 수 있는지 여부 등을 구체적인 판단기준으로 예시할 수 있을 것이다.

2. 이러한 기준에 의하면 'ㅇㅇ신문'은 출근시간을 전·후로 하여 지하철역 등에 불특정인을 상대로 하여 무료로 배포되고 있는 신문이어서 발간·배포여부, 발간부수, 배포시간, 배포장소가 전적으로 'ㅇㅇ신문사'의 자의적 의사에 좌우되고 있어 상법상 공고방법으로는 불충분하므로 상법 제289조 제3항의 '시사에 관한 사항을 게재하는 일간신문'에 해당한다고 볼 수 없을 것이다. (2005. 8. 1. 공탁법인과-359 질의회답)

(다) 상대적 기재사항

① 변태설립사항

- 상법 제290조, 제299조, 제300조, 제302조 제1항 제2호, 제310조

[선례 26] 변태설립사항 및 현물출자 이행 등에 관하여 검사인의 조사에 갈음할 수 있는 조사·보고자

제정 1997.01.28 [상업등기선례 제1-84호(등기선례 제5-831호), 시행]

상법 제299조의2의 규정에 의하여 동법 제290조 제1호 및 제4호의 사항에 관한 공증인의 조사·보고로써 검사인의 조사에 갈음하기 위하여서는, 위 사항을 기재한 정관의 인증(이는 동법 제292조의 규정에 의한 것임)이외에 위 사항에 대하여 별도로 공증인의 조사?보고가 있어야 하고, 상법 제299조의2의 규정에 의하여 동법 제290조 제2호, 제3호 및 제295조의 현물출자 이행사항에 관한 공인된 감정인의 감정으로써 검사인의 조사에 갈음하기 위하여서는 현물출자된 각 재산에 대한 공인된 감정인(출자된 재산의 종류에 따라 부동산감정평가사 또는 공인회계사 등이 있을 수 있음)의 감정으로 족하며, 각 감정인의 감정을 기초로 하여 그 감정에 참여하지 아니한 별도의 공인회계사 등이 검사인으로서 작성한 조사?보고가 있어야 하는 것은 아니다. (1997. 1. 28. 등기 3402-70 질의회답)

㉠ 발기인이 받을 특별이익과 이를 받을 자의 성명

- 상법 제290조 제1호

㉡ 현물출자를 하는 자의 성명과 그 목적인 재산의 종류 · 수량 · 가격과 이에 대하여 부여할 주식의 종류와 수

- 상법 제290조 제2호

- 외구인투자 촉진법 제30조 제3항

[선례 27] 법인설립시 사무실 임차보증금 채권으로 현물출자를 할 수 있는지 여부

제정 1997. 4. 4. [상업등기선례 제1-85호(등기선례 제5-829호), 시행]

법인설립에 따른 출자는 대차대조표의 자산에 기재할 수 있는 것이면 무엇이든지 가능하므로 사무실 임차보증금채권도 현물출자를 할 수 있을 것이다. (1997. 4. 4. 등기3402-255 질의회답)

[선례 28] 신주발행시 회사에 대한 채권과 주금납입의무를 상계할 수 있는지 여부 등

제정 1998.06.23 [상업등기선례 제1-186호(등기선례 제5-838호), 시행]

주식회사의 신주발행시에 '은행 기타 금융기관의 납입금보관증명서'에 갈음하여 대주주가 회사에 대하여 가지고 있는 채권을 주금납입의무와 상계하였다는 뜻을 기재한 서면과 채권증서를 첨부하여 변경등기를 신청한 경우, 형식적 심사권만 가지고 있는 등기관으로서는 주금납입의무와 채권을 상계할 수 있는지 여부 등에 관한 실질적 심사를 할 수 없는 관계로 비송사건절차법 제205조 제5호 및 같은 법 제159조 제8호의 규정에 의하여 그 등기신청을 각하 할 수밖에 없을 것이다. 다만, 채권도 현물출자의 목적물이 되는 것이므로 대주주의 회사에 대한 채권을 현물출자하고 그에 관한 검사인의 검사보고서와 그 부속서류를 첨부하여 한 변경등기신청은 수리될 수 있을 것이다. (1998. 6. 23. 등기3402-559 질의회답)

[선례 29] 주식회사의 증자시 현물출자를 하는 방법 등

제정 1998.09.07 [상업등기선례 제1-187호(등기선례 제5-840호), 시행]

가. 주식회사의 신주발행시 부동산을 현물출자하기 위해서는, 주식 발행사항의 하나로써 정관에 규정이 없는 한 이사회의 결의에 의하여 현물출자를 하는 자의 성명과 그 목적인 부동산의 종류, 수량, 가격과 이에 대하여 부여할 주식의 종류와 수를 결정하여야 하고, 이러한 결정사항은 상법 제422조의 규정에 의하여 이사의 신청으로 법원이 선임한 검사인의 조사를 받아야 하며, 현물출자자인 신주의 인수인은 납입기일까지 목적인 부동산을 인도하고 소유권이전등기신청에 필요한 서류를 완비하여 회사에 교부하여야 할 것이고, 위와 같은 신주발행으로 인한 변경등기를 신청하는 경우에는 일반적인 첨부서면 외에 위 검사인이 한 조사보고서와 그 부속서류를 첨부하여야 한다.

나. 수목도 현물출자의 목적물이 될 수 있다. (1998. 9. 7. 등기 3402-861 질의회답)

[선례 30] 주식회사의 신주발행시에 당해 회사에 대한 채권을 현물출자의 목적물로 할 수 있는지 여부(적극)

제정 2002. 8. 26. [상업등기선례 제1-208호(등기선례 제200208-15호), 시행]

주식회사에서 현물출자의 목적물은 특별한 제한이 없고 대차대조표상 자산으로 계상할 수 있는 재산이면 모두 그 목적물이 될 수 있으므로, 회사설립 후 신주발행시 당해 회사에 대한 채권도 현물출자의 목적물이 될 수 있다. (2002. 8. 26. 등기 3402-463 질의회답)

[선례 31] 병존적 채무인수에 의한 현물출자 가능성

제정 2003. 5. 2. [상업등기선례 제1-209호(등기선례 제200305-13호), 시행]

1. 현물출자의 목적물은 경제적 가치를 확정할 수 있고 양도가 가능한 대차대조표의 자산으로 계상할 수 있는 재산으로서, 영업의 전부나 일부도 그 적극재산이 소극재산보다 많은 경우에는 현물출자의 목적물이 될 수 있으므로 사채도 영업의 일부로 이전되는 채무에 포함될 수 있을 것이다.
2. 기존회사의 영업을 현물출자하여 신설회사를 설립함에 있어 그 영업을 구성하는 채무 중 기존회사가 발행한 사채를 기존회사와 신설회사간 병존적 채무인수의 방법으로 이전하는 것이 불가능한 것으로 보이지는 않지만, 현물출자의 이행의 타당성 여부는 검사인 또는 공증인·감정인의 조사·감정, 법원 또는 창립총회의 심사 등을 통해 구체적으로 판단되어야 할 것이다. (2003. 5. 2. 공탁법인 3402-105 질의회답)

[선례 32] 현물출자에 의한 주식회사의 설립과 공인된 감정인

제정 2006. 7. 13. [상업등기선례 제2-15호, 시행]

1. 상법 제299조의2 의 '공인된 감정인'(이하, '공인된 감정인'이라 한다)이란 현물출자된 각 재산의 유형에 따라 법률에 의하여 감정을 할 수 있는 자격이 부여된 감정인을 말하는바, 그 구체적 예로는 부동산가격공시및감정평가에관한법률(이하, '감정평가법'이라 한다)에 의해 토지 등의 감정평가를 할 수 있는 감정평가사 및 공인회계사법에 의해 회계에 관한 감정을 할 수 있는 공인회계사 등을 들 수 있다.
2. 특허권을 현물출자하는 경우, 공인된 감정인에는 감정평가업자(감정평가법 제2조 제9호)가 포함된다(동법 제2조 제1호, 동법 시행령 제2조 제1호).

3. 벤처기업에 대한 현물출자의 경우와 외국투자가가 산업재산권 등을 출자하는 경우 등에는 그 가격에 대해 벤처기업육성에 관한 특별조치법 시행령 제4조의 기술평가기관(이하, '기술평가기관'이라고 한다)이 평가한 내용을 상법 제299조의2 의 규정에 의하여 공인된 감정인이 감정한 것으로 볼 수 있으나(벤처기업육성에 관한 특별조치법 제6조 제2항 , 외국인투자촉진법 제30조 제4항 등), 그러한 법률 규정이 있는 경우 이외의 현물출자의 경우에 기술평가기관을 공인된 감정인으로 볼 수 없다.
4. 공인된 감정인의 감정서에는 현물출자의 목적인 재산의 가격(평가금액)이 표시되어야 한다. (2006. 7. 13. 공탁상업등기과-640 질의회답)

[선례 33] 「증권거래법」 제191조의20에 따라 현물출자 대상 주식을 평가할 경우, 「상업등기법」 제82조제3호 및 제4호의 서류제출 면제여부 및 이를 대체 할 첨부서면

제정 2008. 8. 28. [상업등기선례 제2-47호, 시행]

1. 주권상장법인 또는 코스닥상장법인인 "갑"이 주권상장법인 또는 코스닥상장법인인 "을"의 주주들로부터 그 보유의 "을"의 주식을 현물로 출자받고 그 대가로 "갑"의 신주를 발행하는 경우 현물출자의 목적물인 "을"의 주식의 가액을 평가함에 있어서 「증권거래법」 제191조의20 및 동시행령 제84조의7, 제84조의25에 규정된 방법에 의하여 주식의 가격을 평가한 때에는 「상업등기법」 제82조제3호 및 제4호의 검사인의 조사보고서 또는 감정인의 감정서와 그 재판의 등본 등은 제출할 필요가 없다.
2. 이 경우 주권상장법인 또는 코스닥상장법인임을 증명하는 서면과 「증권거래법시행규칙」 제36조의13에 규정된 외부평가기관(회계법인 등)이 주식가격을 평가한 서면을 첨부하여야 한다. (2008. 8. 28. 공탁상업등기과-848 질의회답)

© 회사 성립 후에 양수할 것으로 약정한 재산의 종류・수량・가격과 그 양도인의 성명

- 상법 제290조 제3호

[판례 3] 소유권이전등기말소 (대법원 1992. 9. 14. 선고 91다33087 판결)

【판시사항】

가. 상법 제290조 제3호 소정의 "회사성립 후에 양수할 것을 약정"한다 함의 의미와 발기인 자격이 없는 자가 장래 성립할 회사를 위하여 주식인수인 또는 제3자로부터 일정한 재산을 매매 형식으로 양수하기로 하는 계약을 체결한 후 회사설립을 위한 발기인이 된 경우 위 계약의 효력 유무

나. 회사성립 후 소유권이전등기의 방법으로 현물출자를 완성하기로 약정하고 회사설립절차를 거쳐 현물출자가 이루어진 것이라면 재산인수에 해당하여 정관에 기재되지 않는 한 무효이나, 현물출자가 동시에 사후설립에 해당하고 이에 대하여 주주총회의 추인이 있었다면 회사는 현물출자로 인한 부동산의 소유권을 취득한다고 한 사례
다. 법원이 당사자가 제출한 증거에 관하여 언제나 입증취지를 석명하여야 하거나 판결이유에서 증거의 채부에 관하여 판단하여야 하는지 여부(소극)

【판결요지】

가. 상법 제290조 제3호는 변태설립사항의 하나로서 회사성립 후에 양수할 것을 약정한 재산의 종류, 수량, 가격과 그 양도인의 성명은 정관에 기재함으로써 그 효력이 있다고 규정하고 있고, 이때에 회사의 성립 후에 양수할 것을 약정한다 함은 이른바 재산인수로서 발기인이 회사의 성립을 조건으로 다른 발기인이나 주식인수인 또는 제3자로부터 일정한 재산을 매매의 형식으로 양수할 것을 약정하는 계약을 의미한다고 할 것이고, 아직 원시정관의 작성 전이어서 발기인의 자격이 없는 자가 장래 성립할 회사를 위하여 위와 같은 계약을 체결하고 그 후 그 회사의 설립을 위한 발기인이 되었다면 위 계약은 재산인수에 해당하고 정관에 기재가 없는 한 무효라고 할 것이다.
나. 갑과 을이 공동으로 축산업 등을 목적으로 하는 회사를 설립하기로 합의하고 갑은 부동산을 현물로 출자하고 을은 현금을 출자하되, 현물출자에 따른 번잡함을 피하기 위하여 회사의 성립 후 회사와 갑 간의 매매계약에 의한 소유권이전등기의 방법에 의하여 위 현물출자를 완성하기로 약정하고 그 후 회사설립을 위한 소정의 절차를 거쳐 위 약정에 따른 현물출자가 이루어진 것이라면, 위 현물출자를 위한 약정은 그대로 상법 제290조 제3호가 규정하는 재산인수에 해당한다고 할 것이어서 정관에 기재되지 아니하는 한 무효라고 할 것이나, 위와 같은 방법에 의한 현물출자가 동시에 상법 제375조가 규정하는 사후설립에 해당하고 이에 대하여 주주총회의 특별결의에 의한 추인이 있었다면 회사는 유효하게 위 현물출자로 인한 부동산의 소유권을 취득한다고 한 사례.
다. 법원은 당사자가 제출한 증거에 관하여 언제나 그 입증취지를 석명하여야 하는 것은 아니며, 판결이유에서 그 증거의 채부에 관하여 판단을 하여야 하는 것도 아니다.

㉣ 회사가 부담할 설립비용과 발기인이 받을 보수

- 상법 제290조 제4호

② 주식에 관한 사항

- 상법 제291조, 제335조 제1항, 제337조 제2항, 제340의2조, 제344조 제2항, 제346조, 제352의2조 제1항, 제354조 제4항, 제358의2조 제1항, 제416조 제1항, 제418조 제2항

③ **주주총회에 관한 사항**

- 상법 제361조, 제364조, 제366의2조 제1항, 제368조 제1항, 제368의3조, 제542의4조

④ **이사·감사·청산인·집행임원에 관한 사항**

- 상법 제382의2 제1항, 제383조 제3항, 제383조 제6항, 제387조, 제389조 제1항, 제390조 제3항, 제391조 제1항 제2항, 제393의2조, 제408의2조 제4항, 제408의3조, 제409조 제3항, 제415의2조, 제542조 제2항, 제542조 제2항

[선례 34] 주식회사의 이사회에 감사가 불출석한 경우 이사 회의사록 작성 가부

제정 1997.11.24 [상업등기선례 제1-75호(등기선례 제5-823호), 시행]
주식회사의 감사는 이사회에 출석하여 의견을 진술할 권리가 있으므로 회일(회일) 1주간 전에 감사에 대하여도 소집통지를 발송하여야 하지만, 주식회사의 이사회는 이사만으로 구성되고 감사는 그 구성원이라고 할 수 없으므로, 감사 2인이 있는 주식회사의 이사회에 감사들이 모두 불출석한 경우에도 출석한 이사들만으로 이사회를 개최하고 이사회의사록을 작성할 수 있다. (1997. 11. 24. 등기 3402-908 질의회답)

---

⑤ **기타**

- 상법 제227조 제1호, 제461조 제1항, 제462의3 제1항, 제517조 제1호, 제531조 제1항

(3) 정관의 인증

- 상법 제289조 제1항, 제292조
- 공증인법 제63조 제1항, 제2항

[판례 4] **재산세부과처분취소등 (대법원 1978. 12. 26. 선고 78누167 판결)**

【판시사항】

상법 제37조 소정의 "선의의 제3자"의 범위

【판결요지】

상법 제37조 소정의 "선의의 제3자"라 함은 대등한 지위에서 하는 보통의 거래관계의 상대방을 말한다 할 것이므로 조세권에 기하여 조세의 부과처분을 하는 경우의 국가는 동조 소정의 제3자라 할 수 없다.

[판례 5] 주주총회결의취소 (대법원 2007. 6. 28. 선고 2006다62362 판결)

【판시사항】

[1] 상법 제408조 제1항이 규정하는 회사의 '상무'의 의미 및 대표이사 직무대행자가 회사의 경영 및 지배에 영향을 미칠 수 있는 사항이 안건으로 포함된 정기주주총회를 법원의 허가 없이 소집하여 결의한 경우 결의취소사유에 해당하는지 여부(적극)

[2] 주주총회의 특별결의에 의하여 정관변경이 이루어진 경우, 정관변경의 등기 내지 공증인의 인증 여부와 관계없이 정관변경의 효력이 발생하는지 여부(적극)

【판결요지】

[1] 상법 제408조 제1항이 규정하는 회사의 '상무'라 함은 일반적으로 회사에서 일상 행해져야 하는 사무, 회사가 영업을 계속함에 있어서 통상 행하는 영업범위 내의 사무 또는 회사경영에 중요한 영향을 주지 않는 통상의 업무 등을 의미하고, 어느 행위가 구체적으로 이 상무에 속하는가 하는 것은 당해 회사의 기구, 업무의 종류·성질, 기타 제반 사정을 고려하여 객관적으로 판단되어야 할 것인바, 직무대행자가 정기주주총회를 소집함에 있어서도 그 안건에 이사회의 구성 자체를 변경하는 행위나 상법 제374조의 특별결의사항에 해당하는 행위 등 회사의 경영 및 지배에 영향을 미칠 수 있는 것이 포함되어 있다면 그 안건의 범위에서 정기총회의 소집이 상무에 속하지 않는다고 할 것이고, 직무대행자가 정기주주총회를 소집하는 행위가 상무에 속하지 아니함에도 법원의 허가 없이 이를 소집하여 결의한 때에는 소집절차상의 하자로 결의취소사유에 해당한다.

[2] 주식회사의 원시정관은 공증인의 인증을 받음으로써 효력이 생기는 것이지만 일단 유효하게 작성된 정관을 변경할 경우에는 주주총회의 특별결의가 있으면 그때 유효하게 정관변경이 이루어지는 것이고, 서면인 정관이 고쳐지거나 변경 내용이 등기사항인 때의 등기 여부 내지는 공증인의 인증 여부는 정관변경의 효력발생에는 아무 영향이 없다.

(4) 설립 전 정관의 변경

- 상업등기규칙 제129조 제4호

다. 주시발행사항의 결정

- 상법 제289조 제1항, 제291조 제1호, 제330조, 제344조 제1항, 제2항, 제3항, 제417조 제1항
- 민법 제706조 제2항

[선례 35] 주식회사의 설립시 1주의 발행가액을 발기인별로 차별하여 정할 수 있는지 여부

제정 1999. 1. 7. [상업등기선례 제1-87호(등기선례 제6-630호), 시행]

주식회사의 설립시 1주의 액면가액이 금5,000원인 주식의 발행가액을 A발기인에 대해서는 금5,000원, B발기인에 대하여는 금100,000원, C발기인에 대하여는 금200,000원으로 각각 달리한 설립등기신청이 있을 경우, 등기관은 형식적 심사권만 가지고 있으므로 주주평등의 원칙에 반하는지 여부와 관계없이 위와 같은 내용의 설립등기신청을 수리할 수 있다. (1999. 1. 7. 등기 3402-14 질의회답)

라. 발기설립

(1) 주식의 인수와 출자의 이행

- 상법 제295조 제1항, 제2항
- 은행법 제2조, 제7조, 제8조

[선례 36] 상호신용금고가 주금납입금을 보관할 수 있는 은행 기타의 금융기관에 해당하는지 여부

제정 1997. 11. 27. [상업등기선례 제1-86호(등기선례 제5-824호), 시행]

상법 제305조 제2항 및 제302조 제2항 제9호 는 주금납입업무를 취급할 수 있는 기관을 은행 기타 금융기관으로 한정하여 규정하고 있고, 여기서 금융기관은 위 각 조문의 입법취지가 납입가장행위의 방지라는 점에 비추어 볼 때 납입금의 수납 및 보관사무를 처리할 수 있는 업무능력과 공적 신용을 갖춘 금융기관이라고 해석되므로, 상호신용금고도 위 각 조문상의 금융기관으로 볼 수 있다. 다만, 상호신용금고가 주금납입보관업무를 취급하려면 상호신용금고법 제11조 제1항 제9호 에 의하여 재정경제부장관의 승인을 얻어야 되는바, 재정경제부장관이 전국 상호신용금고연합회에 주식납입금수납대행사무취급규정을 제정·시행토록 지시하고, 전국 상호신용금고연합회가 제정한 위 규정에 대하여 재정경제부장관과 협의가 이루어진 점 등에 비추어 볼 때 재정경제부장관의 승인이 있었다고 보여지므로, 결국 상호신용금고도 상법 제305조 제2항 및 제302조 제2항 제9호 에 규정된 은행 기타의 금융기관에 포함된다고 할 것이다. (1997. 11. 27. 등기 3402-932 질의회답)

[선례 37] 수산업협동조합법에 의하여 설립된 지구별수산업협동조합과 1995년 6월22일 이전에 설립된 업종별수산업협동조합 및 수산물가공수산업협동조합이 비송사건절차법 제203조 제11호 및 제205조 제5호에서 정하고 있는 주금의 납입금 보관에 관한 증명서를 발급할 권한이 있는지 여부(적극)

제정 2005. 8. 22. [상업등기선례 제2-45호, 시행]

1. 비송사건절차법 제203조제11호 및 제205조제5호 에서 주금의 납입금 보관에 관한 증명서의 발급자로 은행 기타 금융기관으로 규정하고 있는 취지는 주금납입과 관련하여 납입가장행위 등을 방지하기 위함이고, 금융기관의 개념은 규정법률마다 그 범위가 상이하여 일률적으로 정의할 수는 없으므로 상법상 주금납입사무를 담당할 수 있는 금융기관인지는 위 취지에 따라 주금납입에 관한 업무능력, 공적신용력이 확보될 수 있는 규모 및 신용도, 예수금에 대한 보장제도 등을 검토하여 판단하여야 할 것이다.
2. 수산업협동조합법에 의하여 설립된 지구별수산업협동조합과 1995년 6월 22일 이전에 설립된 업종별수산업협동조합 및 수산물가공수산업협동조합은 수산업협동조합법에 의하여 신용사업을 취급할 수 있고, 조합은 국고금 수납업무를 취급할 수 있는 금융기관으로서 예금자 등을 보호하기 위한 제도가 마련되어 있을 뿐만 아니라 해양수산부장관 및 금융감독위원회의 감독을 받으므로 주금납입사무를 취급할 수 있는 업무능력과 공적신용력을 갖춘 금융기관에 해당한다 할 것이다. (2005. 8. 22. 공탁법인과-401 질의회답)

[선례 38] 신용협동조합이 상법상 주금납입을 맡을 '은행 기타 금융기관'에 해당하는지 여부

제정 2008. 9. 3. [상업등기선례 제2-48호, 시행]

「신용협동조합법」에 의하여 설립된 신용협동조합은 「신용협동조합법」에 의하여 그 사무의 범위에 신용사업을 취급할 수 있고(신용협동조합법 제78조제1항제5호), 국고금 수납업무를 취급할 수 있는 금융기관으로서(국고금관리법시행규칙 제92조제1항제2호다목) 조합원과 예금자 등을 보호하기 위한 제도가 마련되어 있을 뿐만 아니라(신용협동조합법 제80조의2 내지 제80조의5) 금융위원회 및 금융감독원의 감독을 받으므로(신용협동조합법 제83조) 주금납입사무를 취급할 수 있는 업무능력과 공적 신용력을 갖춘 금융기관에 해당된다고 볼 수 있다. (2008. 9. 3. 공탁상업등기과-867 질의회답)

[선례 39] 새마을금고가 상법상 주금납입을 맡을 '은행 기타 금융기관'에 해당하는지 여부

제정 2008.05.02 [상업등기선례 제200805-1호, 시행]

1. 상법 제295조제1항, 제302조제2항제9호에서 주금납입장소를 은행 기타 금융기관으로 규정하고 있는 취지는 주금납입과 관련하여 납입가장행위 등을 방지함으로써 회사의 자본충실을 기하기 위함이다. 금융기관의 개념은 규정 법률마다 그 범위가 상이하므로 일률적으로 정의할 수는 없고, 따라서 상법상 주금납입업무를 담당할 수 있는 금융기관인지 여부는 위 취지에 따라 주금납입에 관한 업무능력, 공적 신용력이 확보될 수 있는 규모 및 신용도, 예수금에 대한 보장제도 등을 검토하여 판단하여야 할 것이다.
2. 새마을금고법에 의하여 설립된 새마을금고는 새마을금고법에 의하여 그 사무의 범위에 신용사업을 취급할 수 있고(새마을금고법 제28조제1항제1호), 국고금 수납업무를 취급할 수 있는 금융기관으로서(국고금관리법시행규칙 제92조제1항제2호라목) 조합원과 예금자 등을 보호하기 위한 제도가 마련되어 있을 뿐만 아니라(새마을금고법 제71조 내지 제73조) 행정안전부장관의 감독 및 간접적으로 금융위원회의 감독을 받으므로(새마을금고법 제74조) 주금납입사무를 취급할 수 있는 업무능력과 공적 신용력을 갖춘 금융기관에 해당된다고 볼 수 있을 것이다. (2008. 5. 2. 공탁상업등기과-500 질의회답)

[신례 40] 종합금융회사가 상법상 주금납입을 맡을 '은행 기타 금융기관'인지 여부

제정 2009.01.21 [상업등기선례 제200901-2호, 시행]

상법 제295조제1항, 제302조제2항제9호에서 주금납입장소를 은행 기타 금융기관으로 규정하고 있는 취지는 주금납입과 관련하여 납입가장행위 등을 방지함으로써 회사의 자본충실을 기하기 위함이다. 따라서 상법상 주금납입업무를 담당할 수 있는 금융기관인지 여부는 위 취지에 따라 주금납입에 관한 업무능력, 공적 신용력이 확보될 수 있는 규모 및 신용도, 예수금에 대한 보장제도 등을 검토하여 판단하여야 할 것인바, 종합금융회사에 관한 법률에 의하여 설립된 종합금융회사는 위 주금납입을 맡을 '은행 기타 금융기관'에 해당하지 않는다. (2009. 1. 21. 사법등기심의관-169 질의회답)

(2) 이사와 감사(또는 감사위원회 위원) 등의 선임

- 상법 제296조, 제296조 제2항, 제383조 제1항, 제389조 제제1항, 제409조 제4항, 제415의2조 제2항, 제7항

(3) 설립경과의 조사보고

- 상법 제298조 제1항, 제2항, 제3항

[선례 41] 발기인이었던 회사의 대표이사가 설립중인 회사의 이사 또는 감사에 취임한 경우 설립경과의 조사보고자에 해당하는지 여부

제정 2012.06.25 [상업등기선례 제201206-3호, 시행]

회사가 발기인이었고 그 대표이사가 설립중인 회사의 이사 또는 감사에 취임한 경우, 그 자는 「상법」 제298조 제1항, 제313조 제1항의 조사보고를 하여야 할 자에 해당한다. (2012. 06. 25. 사법등기심의관-1784 질의회답)

---

(4) 변태설립사항의 조사·보고 등

- 상법 제298조 제4항, 제299조 제1항, 제2항, 제3항, 제300조 제2항, 제3항
- 상법시행령 제7조
- 재판예규 제719호 제7조 제2항 2.

(5) 이사회의 개최

- 상법 제383조 제6항, 제389조 제1항, 제393조 제1항, 제408의2조 제3항

[선례 42] 정관에 본점소재지로 최소행정구역만 기재되어 있는 경우 본점의 구체적 장소결정기관

제정 2004. 3. 3. [상업등기선례 제1-137호(등기선례 제200403-16호), 시행]

자본금이 5억원 미만인 회사로서 이사가 1인인 주식회사 설립시 정관에 본점소재지로 최소행정구역만 기재되어 있는 경우, 1인 이사가 본점소재장소를 결정하지만, 창립총회 내지 발기인회는 최고의사결정기관이므로 그 총회에서도 소재장소를 결의할 수 있다. (2004. 3. 3. 공탁법인 3402-54 질의회답)

마. 모집설립

(1) 주주의 모집

(가) 모집방법

- 상법 제301조, 제302조 제1항
- 자본시장법 제119조 제1항, 제120조 제1항
- 자본시장법 시행령 제120조 제1항
- 자본시장법 시행규칙 제12조 제1항 제2호

(나) 주식의 인수

- 상법 제302조 제1항, 제2항, 제303조

[선례 43] 새마을금고가 상법상 주금납입을 맡을 '은행 기타 금융기관'에 해당하는지 여부

제정 2008.05.02 [상업등기선례 제200805-1호, 시행]

1. 상법 제295조제1항, 제302조제2항제9호에서 주금납입장소를 은행 기타 금융기관으로 규정하고 있는 취지는 주금납입과 관련하여 납입가장행위 등을 방지함으로써 회사의 자본충실을 기하기 위함이다. 금융기관의 개념은 규정 법률마다 그 범위가 상이하므로 일률적으로 정의할 수는 없고, 따라서 상법상 주금납입업무를 담당할 수 있는 금융기관인지 여부는 위 취지에 따라 주금납입에 관한 업무능력, 공적 신용력이 확보될 수 있는 규모 및 신용도, 예수금에 대한 보장제도 등을 검토하여 판단하여야 할 것이다.
2. 새마을금고법에 의하여 설립된 새마을금고는 새마을금고법에 의하여 그 사무의 범위에 신용사업을 취급할 수 있고(새마을금고법 제28조제1항제1호), 국고금 수납업무를 취급할 수 있는 금융기관으로서(국고금관리법시행규칙 제92조제1항제2호라목) 조합원과 예금자 등을 보호하기 위한 제도가 마련되어 있을 뿐만 아니라(새마을금고법 제71조 내지 제73조) 행정안전부장관의 감독 및 간접적으로 금융위원회의 감독을 받으므로(새마을금고법 제74조) 주금납입사무를 취급할 수 있는 업무능력과 공적 신용력을 갖춘 금융기관에 해당된다고 볼 수 있을 것이다. (2008. 5. 2. 공탁상업등기과-500 질의회답)

[선례 44] 농업협동조합법에 의하여 설립된 지역농업협동조합과 품목별 협동조합이 상법 제295조 제1항 등에서 규정된 납입을 맡을 은행 기타 금융기관에 속하는지 여부(적극)

제정 2003.05.20 [상업등기선례 제1-97호, 시행]

1. 상법 제295조 제1항, ">제302조 제2항 제9호, ">제305조 제2항 및 ">제420조에서 주금납입장소를 은행 기타 금융기관으로 규정하고 있는 취지는 주금납입과 관련하여 납입가장행위 등을 방지함으로써 회사의 자본충실을 기하기 위함이나, 금융기관의 개념은 규정 법률마다 그 범위가 상이하므로 일률적으로 정의할 수는 없고, 따라서 상법상 주금납입사무를 담당할 수 있는 금융기관인지 여부는 위 취지에 따라 주금납입에 관한 업무능력, 공적 신용력이 확보될 수 있는 규모 및 신용도, 예수금에 대한 보장제도 등을 검토하여 판단하여야 할 것이다.
2. 농업협동조합법에 의하여 설립된 지역농업협동조합과 농업협동조합법 부칙 제14조의 경과규정에 따라 종전 법률규정에 의해 신용사업을 실시하고 있는 품목별협동조합(이하 조합이라 함)은 농업협동조합법에 의하여 그 사무의 범위에 신용사업을 취급할 수 있고, 또한 조합은 국고금 수납업무를 취급할 수 있는 금융기관으로서(한국은행 국고금취급규칙 제3조) 조합원과 예금자 등을 보호하기 위한 제도가 마련되어 있을 뿐만 아니라 농림부장관 및 금융감독위원회의 감독을 받으므로 조합은 주금납입사무를 취급할 수 있는 업무능력과 공적신용력을 갖춘 금융기관에 해당된다고 볼 수 있다.
(2003. 5. 20. 공탁법인 3402-118 질의회답)

---

(2) 주식인수가액의 납입과 현물출자의 이행

(가) 현물출자의 경우

- 상법 제305조 제1항, 제2항, 제421조 제2항

[선례 45] 증권투자신탁업법에 의한 위탁회사는 주금납입을 맡을 수 있는 금융기관에 포함되는지 여부

제정 1989.11.07 [상업등기선례 제1-81호(등기선례 제2-679호), 시행]
증권투자신탁업법에 의한 위탁회사는 상법 제302조 제2항 제9호 및 제318조에서 규정하고 있는 주금납입을 맡을 은행 기타의 금융기관으로는 볼 수 없다. (1989. 11. 7. 등기 제2091호)

(나) 현물출자의 경우

- 상법 제295조 제2항, 제305조 제3항
- 민법 제389조, 제390조

(다) 가장납입의 경우

[판례 6] 특정경제범죄가중처벌등에관한법률위반(횡령)
(대법원 2004. 6. 17. 선고 2003도7645 판결)

【판시사항】

[1] 타인으로부터 금원을 차용하여 주금을 납입하고 설립등기나 증자등기 후 바로 인출하여 차용금 변제에 사용하는 경우, 상법상 납입가장죄의 성립 외에 공정증서원본불실기재·동행사죄의 성립 여부(적극) 및 업무상횡령죄의 성립 여부(소극)

[2] 해외전환사채를 공모함에 있어서 내국인이 최초 인수자인 해외투자자로부터 재매수하기로 하는 이면계약을 별도로 체결한 경우, 증권거래법 제8조 제1항에 의한 유가증권발행신고서 제출의무가 인정되는지 여부(소극)

[3] 배임죄의 주체인 '타인의 사무를 처리하는 자'의 의미

【판결요지】

[1] [다수의견] 상법 제628조 제1항 소정의 납입가장죄는 회사의 자본충실을 기하려는 법의 취지를 유린하는 행위를 단속하려는 데 그 목적이 있는 것이므로, 당초부터 진실한 주금납입으로 회사의 자금을 확보할 의사 없이 형식상 또는 일시적으로 주금을 납입하고 이 돈을 은행에 예치하여 납입의 외형을 갖추고 주금납입증명서를 교부받아 설립등기나 증자등기의 절차를 마친 다음 바로 그 납입한 돈을 인출한 경우에는, 이를 회사를 위하여 사용하였다는 특별한 사정이 없는 한 실질적으로 회사의 자본이 늘어난 것이 아니어서 납입가장죄 및 공정증서원본불실기재죄와 불실기재공정증서원본행사죄가 성립하고, 다만 납입한 돈을 곧바로 인출하였다고 하더라도 그 인출한 돈을 회사를 위하여 사용한 것이라면 자본충실을 해친다고 할 수 없으므로 주금납입의 의사 없이 납입한 것으로 볼 수는 없고, 한편 주식회사의 설립업무 또는 증자업무를 담당한 자와 주식인수인이 사전 공모하여 주금납입취급은행 이외의 제3자로부터 납입금에 해당하는 금액을 차입하여 주금을 납입하고 납입취급은행으로부터 납입금보관증명서를 교부받아 회사의 설립등기절차 또는 증자등기절차를 마친 직후 이를 인출하여 위 차용금채무의 변제에 사용하는 경우, 위와 같은 행위는 실질적으로 회사의 자본을 증가시키는 것이 아니고 등기를 위하여 납입을 가장하는 편법에 불과하여 주금의 납입 및 인출의 전과정에서 회사의 자본금에는 실제 아무런 변동이 없다고 보아야 할 것이므로, 그들에게 회사의 돈을 임의로 유용한다는 불법영득의 의사가 있다고 보기 어렵다 할 것이고, 이러한 관점에서 상법상 납입가장죄의 성립을 인정하는 이상 회사 자본이 실질적으로 증가됨을 전제로 한 업무상횡령죄가 성립한다고 할 수는 없다.

[반대의견] 이른바 견금 방식의 가장납입의 경우에도 납입으로서의 효력을 인정하는 종래 대법원의 견해를 따르는 한 납입이 완료된 것은 진실이고, 따라서 등기공무원에

대하여 설립 또는 증자를 한 취지의 등기신청을 함으로써 상업등기부원본에 발행주식의 총수, 자본의 총액에 관한 기재가 이루어졌다 할지라도 이를 두고 '허위신고'를 하여 '불실의 사실의 기재'를 하게 한 경우에 해당한다고 할 수 없어 공정증서원본불실기재·동행사죄가 성립할 여지가 없으며, 또한 주금납입과 동시에 그 납입금은 회사의 자본금이 되는 것이기 때문에 회사의 기관이 이를 인출하여 자신의 개인 채무의 변제에 사용하는 것은 회사에 손해를 가하는 것이 될 뿐만 아니라 불법영득의사의 발현으로서 업무상횡령죄가 성립한다고 볼 수밖에 없다.

[2] 상장회사가 해외에서 해외투자자를 상대로 전환사채를 공모함에 있어서 내국인이 최초 인수자인 해외투자자로부터 재매수하기로 하는 이면계약을 별도로 체결하였다 할지라도, 해외투자자와 발행회사 사이의 투자계약은 여전히 유효한 것이고, 또한 증권거래법 제8조 제1항에 의한 유가증권발행신고서 제출의무는 국내 발행시장에서 모집에 응하는 투자자를 보호하기 위한 것임에 비추어 볼 때, 국내 투자자가 유통시장에서 그 이면약정에 따라 이를 다시 인수하였는지 여부를 불문하고 해외에서 발행된 전환사채에 대하여는 증권거래법 제8조 제1항에 의한 유가증권발행신고서 제출의무가 인정되지 아니한다.

[3] 배임죄는 타인의 사무를 처리하는 자가 그 임무에 위배하는 행위에 의하여 재산상의 이익을 취득하거나 제3자로 하여금 이를 취득하게 하여 본인에게 손해를 가함으로써 성립하는 것으로, 여기에서 그 주체인 '타인의 사무를 처리하는 자'란 양자 간의 신임관계에 기초를 두고 타인의 재산관리에 관한 사무를 대행하거나 타인 재산의 보전행위에 협력하는 자의 경우 등을 가리킨다.

(3) 변태설립사항의 조사 · 보고

- 상법 제298조 제4항, 제299의2조, 제310조 제1항, 제2항, 제3항, 제313조
- 비송법 제72조 제1항
- 재판예규 제719호 제7조 제1항

[선례 46] 모집설립에 의한 회사설립절차에서 현물출자의 이행이 감정인의 감정대상에 포함되는지 여부

제정 2003. 2. 25. [상업등기선례 제1-95호(등기선례 제200302-17호), 시행]

현물출자가 있는 모집설립 방식으로 주식회사를 설립하는 경우, 출자의 이행과 관련하여 현물출자자는 납일기일까지 그 목적인 재산의 전부를 인도하고, 등기·등록 기타 권리의 설정·이전을 요할 경우에는 이에 관한 서류를 완비하여 교부하여야 하는바, 상법 제310조의 규정에 의한 검사인의 조사나 공인된 감정인의 감정의 대상에는 변태설립사항인 현물출자의 내용만이 포함되며, 현물출자의 이행에 관한 것은 같은 법 제313조 의 규정에 의

하여 이사와 감사가 이를 조사하여 창립총회에 보고하여야 할 사항이다. (2003. 2. 25. 공탁법인 3402-43 질의회답)

[선례 47] 현물출자에 의한 주식회사의 설립과 공인된 감정인

제정 2006.07.13 [상업등기선례 제200607-2호, 시행]

1. 상법 제299조의2의 '공인된 감정인'(이하, '공인된 감정인'이라 한다)이란 현물출자된 각 재산의 유형에 따라 법률에 의하여 감정을 할 수 있는 자격이 부여된 감정인을 말하는바, 그 구체적 예로는 부동산가격공시및감정평가에관한법률(이하, '감정평가법'이라 한다)에 의해 토지 등의 감정평가를 할 수 있는 감정평가사 및 공인회계사법에 의해 회계에 관한 감정을 할 수 있는 공인회계사 등을 들 수 있다.
2. 특허권을 현물출자하는 경우, 공인된 감정인에는 감정평가업자(감정평가법 제2조 제9호)가 포함된다(동법 제2조 제1호, 동법 시행령 제2조 제1호).
3. 벤처기업에 대한 현물출자의 경우와 외국투자가가 산업재산권 등을 출자하는 경우 등에는 그 가격에 대해 벤처기업육성에 관한 특별조치법 시행령 제4조의 기술평가기관(이하, '기술평가기관'이라고 한다)이 평가한 내용을 상법 제299조의2의 규정에 의하여 공인된 감정인이 감정한 것으로 볼 수 있으나(벤처기업육성에 관한 특별조치법 제6조 제2항, 외국인투자촉진법 제30조 제4항 등), 그러한 법률 규정이 있는 경우 이외의 현물출자의 경우에 기술평가기관을 공인된 감정인으로 볼 수 없다.
4. 공인된 감정인의 감정서에는 현물출자의 목적인 재산의 가격(평가금액)이 표시되어야 한다. (2006. 7. 13. 공탁상업등기과-640 질의회답)

---

(4) 창립총회의 개최

(가) 소집절차

- 상법 제308조 제1항, 제2항, 제363조 제1항, 제2항

[선례 48] 주식회사 발기설립의 경우 주주총회의 소집절차가 준용되는지 여부

제정 2011.09.08 [상업등기선례 제201109-1호, 시행]

모집설립 시에 준용되는「상법」제363조제1항은 발기설립의 경우에는 준용되지 않으므로, 납입기일과 발기인의 임원선임 결의일 간에 2주 이상의 시간적 간격을 요하는지 및 첨부서면으로 총회소집통지의 기간단축동의서를 요하는지가 문제되지 않는다. (2011. 9.

8. 사법등기심의관-2127 질의회답)

(나) 결의방법

- 상법 제308조 제2항, 제368조 제3항, 제369조 제1항, 제371조 제2항

(다) 창립에 관한 사항의 보고 · 청취

- 상법 제310조 제2항, 제311조 제1항, 제2항
- 재판예규 제719호 제7조 제1항

(라) 이사, 감사(또는 감사위원회 위원)의 선임

- 상법 제308조 제2항, 제312조, 제409조 제4항, 제415의2조 제7항

(마) 설립경과의 조사 · 보고

- 상법 제298조 제2항, 제3항, 제313조 제1항, 제2항

[선례 49] 모집설립에 의한 회사설립절차에서 현물출자의 이행이 감정인의 감정 대상에 포함되는지 여부

제정 2003. 2. 25. [상업등기선례 제1-95호(등기선례 제200302-17호), 시행]
현물출자가 있는 모집설립 방식으로 주식회사를 설립하는 경우, 출자의 이행과 관련하여 현물출자자는 납일기일까지 그 목적인 재산의 전부를 인도하고, 등기·등록 기타 권리의 설정·이전을 요할 경우에는 이에 관한 서류를 완비하여 교부하여야 하는바, 상법 제310조의 규정에 의한 검사인의 조사나 공인된 감정인의 감정의 대상에는 변태설립사항인 현물출자의 내용만이 포함되며, 현물출자의 이행에 관한 것은 같은 법 제313조 의 규정에 의하여 이사와 감사가 이를 조사하여 창립총회에 보고하여야 할 사항이다. (2003. 2. 25. 공탁법인 3402-43 질의회답)

(바) 변태설립사항의 변경

- 상법 제300조 제2항, 제3항, 제314조 제1항, 제2항

(사) 정관변경 또는 설립폐지의 결의

- 상법 제308조 제2항, 제316조, 제435조 제1항

(5) 이사회의 개최

- 상법 제383조 제6항, 제389조 제1항, 제393조 제1항, 제408의2조 제3항

[선례 50] 정관에 본점소재지로 최소행정구역만 기재되어 있는 경우 본점의 구체적 장소결정기관

제정 2004. 3. 3. [상업등기선례 제1-137호(등기선례 제200403-16호), 시행]
자본금이 5억원 미만인 회사로서 이사가 1인인 주식회사 설립시 정관에 본점소재지로 최소행정구역만 기재되어 있는 경우, 1인 이사가 본점소재장소를 결정하지만, 창립총회 내지 발기인회는 최고의사결정기관이므로 그 총회에서도 소재장소를 결의할 수 있다. (2004. 3. 3. 공탁법인 3402-54 질의회답)

---

2. 등기절차

가. 등기신청인

- 상법 제383조 제6항, 제389조 제1항
- 상업등기법 제23조 제1항

나. 등기기간

- 상법 제317조 제1항, 제635조 제1항 제1호

[선례 51] 법인설립허가를 받고 장기간이 경과한 다음에 하는 설립등기 신청의 수리 여부

제정 1987. 4. 21. [상업등기선례 제1-299호, 시행]

법인설립허가서에 설립기한이 허가의 조건으로 명시되어 있지 아니하다면 다른 하자가 없는 한 설립허가 후 장기간이 경과하였다 하더라도 그 허가서를 첨부하여 법인설립등기를 할 수 있다. (1987. 4. 21. 등기 제250호 환경청장 대 법원행정처장)

질의요지 : 환경청은 1981. 12. 26. 그 소관 사단법인의 설립을 허가하면서 그 허가조건으로 7일 이내에 법인등기부등본 1통을, 1개월 이내에 재산이전보고서를 제출하도록 하였으나 그 허가 후 5년이 경과하도록 그 법인설립등기가 되지 않고 있는데 이제라도 위 허가증을 제출하고 과태료를 납부하여 그 설립등기를 할 수 있는지 여부.

다. 등기사항

상법 제13조, 제317조 제2항

라. 등기신청서

- 상업등기법 제24조 제4항
- 상업등기규칙 제51조 제1항

[선례 52] 법인등기신청시 대리권한을 증명하는 서면으로서의 위임장에 원칙적으로 법인인감을 날인하여야 하는지 여부(적극)

제정 2004. 3. 31. [상업등기선례 제1-16호(등기선례 제200403-19호), 시행]

대리인에 의하여 법인등기를 신청할 때에는 신청서에 그 권한을 증명하는 서면을 첨부하여야 하는바, 그 권한을 증명하는 서면으로서의 위임장에는 지점소재지에서 하는 목적변경등기 등의 일정한 경우를 제외하고는 원칙적으로 관할등기소에 제출한 법인인감을 날인하여야 한다. (2004. 3. 31. 공탁법인 3402-77 질의회답)

마. 첨부서면

(1) 정관

- 상법 제292조
- 상업등기규칙 제129조 제1호

[선례 53] 주식회사 모집설립의 경우 설립등기신청서의 첨부서면

제정 1999.06.02 [상업등기선례 제1-91호(등기선례 제6-636호), 시행]

주식회사의 모집설립으로 인한 설립등기를 신청함에 있어 변태설립사항이 있는 경우 그 등기신청서에 반드시 법원이 선임한 검사인의 조사보고서와 그 부속서류를 첨부하여야 하는 것은 아니며, 이에 갈음하여 공증인의 조사보고서와 그 부속서류 또는 감정인의 감정서와 그 부속서류를 첨부할 수 있다.

다만, 공증인의 조사보고서 또는 감정인의 감정서는 법원에 보고한 후 법원으로부터 송달받은 부본을 첨부하여야 할 것이다. (1999. 6. 2. 등기 3402-577 질의회답)

---

(2) 주식의 인수를 증명하는 서면

- 상업등기규칙 제129조 제2호

(3) 주식청약서

- 상업등기규칙 제129조 제3호

(4) 발기인이 주식발행사항을 정한 때에는 이를 증명하는 서면

- 상법 제291조
- 상업등기규칙 제129조 제4호

(5) 설립경과에 관한 이사와 감사 또는 감사위원회 및 공증인의 조사보고서

- 상업등기규칙 제129조 제5호

(6) 변태설립사항에 대한 검사인이나 공증인의 조사보고서 또는 감정인의 감정서

- 상업등기규칙 제129조 제6호
- 외국인투자촉진법 제30조 제3항, 제4항

- 벤처기업육성에 관한 특별조치법 제6조 제1항, 제2항
- 예규 제979호 제1조

[선례 54] 외국투자자가 현물출자하는 경우 주식회사 설립등기신청서에 첨부할 서면 여하

제정 1999. 3. 10. [상업등기선례 제1-88호(등기선례 제6-631호), 시행]

외국투자가가 현물출자하여 주식회사를 설립하는 경우, 외국인투자촉진법 제30조 제3항의 규정에 의하여 관세청장이 현물출자의 이행과 그 목적물의 종류·수량·가격 등을 확인한 현물출자완료확인서가 비송사건절차법 제203조 제5호의 규정에 의한 검사인의 조사보고서로 간주되는 것이므로, 설립등기 신청서에 관세청장 발행의 현물출자완료확인서 외에 별도로 검사인의 조사보고서를 첨부할 필요는 없으며, 관세청장이 발행한 현물출자완료확인서의 내용을 법원에 보고할 필요도 없다. (1999. 3. 10. 등기 3402-242 질의회답)

[선례 55] 외국인투자촉진법 제30조 제3항의 규정에 의하여 설립등기에서 검사인의 조사보고서로 간주되는 관세청장의 현물출자완료확인서의 법원 보고의무 등

제정 2003. 1. 27. [상업등기선례 제1-93호(등기선례 제200301-14호), 시행]

외국인의 현물출자에서 외국인투자촉진법 제30조 제3항 의 규정에 의하여 검사인의 조사보고서로 간주되는 관세청장의 현물출자완료확인서는 설립등기절차에서 그 내용을 법원에 보고할 필요가 없으나, 같은 법 제30조 제4항의 규정에 의한 소정의 기술평가기관이 외국인의 현물출자대상인 산업재산권 등에 대하여 작성한 평가서는 그 내용을 법원에 보고하여야 하며, 설립등기신청서 등에는 법원으로부터 송달받은 부본을 첨부하여야 한다. (2003. 1. 27. 공탁법인 3402-21 질의회답)

[선례 56] 현물출자에 의한 주식회사의 설립과 공인된 감정인

제정 2006. 7. 13. [상업등기선례 제2-15호, 시행]

1. 상법 제299조의2 의 '공인된 감정인'(이하, '공인된 감정인'이라 한다)이란 현물출자된 각 재산의 유형에 따라 법률에 의하여 감정을 할 수 있는 자격이 부여된 감정인을 말하는바, 그 구체적 예로는 부동산가격공시및감정평가에관한법률(이하, '감정평가법'이라 한다)에 의해 토지 등의 감정평가를 할 수 있는 감정평가사 및 공인회계사법에 의

해 회계에 관한 감정을 할 수 있는 공인회계사 등을 들 수 있다.
2. 특허권을 현물출자하는 경우, 공인된 감정인에는 감정평가업자(감정평가법 제2조 제9호)가 포함된다(동법 제2조 제1호, 동법 시행령 제2조 제1호).
3. 벤처기업에 대한 현물출자의 경우와 외국투자가가 산업재산권 등을 출자하는 경우 등에는 그 가격에 대해 벤처기업육성에 관한 특별조치법 시행령 제4조의 기술평가기관(이하, '기술평가기관'이라고 한다)이 평가한 내용을 상법 제299조의2 의 규정에 의하여 공인된 감정인이 감정한 것으로 볼 수 있으나(벤처기업육성에 관한 특별조치법 제6조 제2항 , 외국인투자촉진법 제30조 제4항 등), 그러한 법률 규정이 있는 경우 이외의 현물출자의 경우에 기술평가기관을 공인된 감정인으로 볼 수 없다.
4. 공인된 감정인의 감정서에는 현물출자의 목적인 재산의 가격(평가금액)이 표시되어야 한다. (2006. 7. 13. 공탁상업등기과-640 질의회답)

[선례 57] 외국인투자촉진법 제30조 제3항의 규정에 의하여 설립등기에서 검사인의 조사보고서로 간주되는 관세청장의 현물출자완료확인서의 법원 보고의무 등

제정 2003. 1. 27. [상업등기선례 제1-93호(등기선례 제200301-14호), 시행]
외국인의 현물출자에서 외국인투자촉진법 제30조 제3항 의 규정에 의하여 검사인의 조사보고서로 간주되는 관세청장의 현물출자완료확인서는 설립등기절차에서 그 내용을 법원에 보고할 필요가 없으나, 같은 법 제30조 제4항의 규정에 의한 소정의 기술평가기관이 외국인의 현물출자대상인 산업재산권 등에 대하여 작성한 평가서는 그 내용을 법원에 보고하여야 하며, 설립등기신청서 등에는 법원으로부터 송달받은 부본을 첨부하여야 한다. (2003. 1. 27. 공탁법인 3402-21 질의회답)

---

(7) 검사인 또는 공증인의 조사보고서나 감정인의 감정결과에 관한 재판이 있은 때에는 그 재판의 등본

- 상업등기규칙 제129조 제7호

[선례 58] 변태설립사항이 있는 경우 주식회사의 설립등기신청서에 첨부 할 서류

제정 1999.04.22 [상업등기선례 제1-90호(등기선례 제6-633호), 시행]
주식회사를 설립함에 있어 상법 제290조 제2호의 사항에 대하여 공인된 감정인의 감정결과를 법원에 보고한 경우, 설립등기신청서에는 위 감정결과에 대하여 법원이 변경하는 결

정을 한 경우에는 감정결과보고서(법원에 제출되었다가 환부받은 감정결과보고서를 의미함. 이하 같다)와 결정의 등본을, 법원이 변경하는 결정을 하지 않은 경우에는 감정결과보고서를 각 첨부하여야 할 것이다. (1999. 4. 22. 등기 3402-444 질의회답)

---

(8) 이사와 감사 또는 감사위원회 위원의 선임을 증명하는 서면

- 상업등기규칙 제129조 제8호
- 공증인법 제66의2조 제1항

(9) 창립총회의사록

- 상법 제308조 제2항, 제373조
- 상업등기규칙 제129조 제9호
- 공증인법 제66의2조 제1항

(10) 이사·대표이사 또는 대표집행임원과 감사 또는 감사위원회 위원의 취임승낙을 증명하는 서면

- 상업등기규칙 제129조 제10호

(가) 취임승낙을 증명하는 서면 일반

- 상법 제382조 제2항, 제415조
- 상업등기규칙 제52조 제4항, 제104조 제1항, 제154조 제4항

(나) 재외국민의 경우

[선례 59] 재외국민이 주식회사의 감사로 취임할 때 취임승낙서에 첨부할 인감증명

제정 1993.09.16 [상업등기선례 제1-147호(등기선례 제4-873호), 시행]

재외국민(일본거주)이 국내에 있는 주식회사의 감사로 취임할 때 그 취임승낙을 증명하는 서면에는 인감증명법에 의하여 작성된 인감증명을 제출하여야 하나, 인감증명의 날인제도가 있는 외국(일본)의 관공서가 발행한 인감증명으로 갈음할 수 있다. (1993. 9. 16. 등기 제2341호 질의회답)

(다) 외국인의 경우

- 상업등기규칙 제104조 제2항, 제154조 제2항

[선례 60] 회사의 임원의 취임 또는 사임으로 인한 변경등기 신청시 본국에 인감증명제도가 없는 외국인의 취임승낙 또는 사임을 증명하는 서면에 대한민국 재외공관의 영사관의 인증을 받은 서면을 첨부할 수 있는지 여부

제정 2011. 1. 3. [상업등기선례 제2-34호, 시행]

대한민국 영토 밖에서의 공증에 관한 사무는 대한민국 재외공관의 영사관이 담당하는 바, 영사관의 인증도 우리나라 공증인이 한 인증과 다를 바 없으므로(「재외공관공증법」 제1조, 제2조, 제13조, 제27조, 제33조 참조), 회사의 임원의 취임 또는 사임으로 인한 변경등기 신청시 본국에 인감증명제도가 없는 외국인의 취임승낙 또는 사임을 증명하는 서면에 본인이 서명을 하였다는 대한민국 재외공관의 영사관의 인증을 받아 첨부할 수 있다.
(2011. 1. 3. 사법등기심의관-4 질의회답)

---

(11) 명의개서대리인과의 계약을 증명하는 서면

- 상법 제317조 제2항 제11호, 제337조 제2항
- 상법시행령 제8조
- 상업등기규칙 제129조 제11호

(12) 주금납입금 보관에 관한 증명서

- 상업등기규칙 제128조 제1항, 제129조 제12호
- 예규 제1612호 제6조 제5항

[선례 61] 미결제 타점권이 표시된 잔고증명서가 유효한지 여부

제정 2013.10.25 [상업등기선례 제201310-4호, 시행]

1. 상업등기법에서는 자본금 총액이 10억원 미만인 회사를 발기설립하여 설립등기를 신청하거나 신주발행의 결과 자본금 총액이 10억원 미만인 회사가 신주발행으로 인한 변경등기를 신청할 경우에는 "주금의 납입을 맡은 금융기관의 납입금보관에 관한 증명서" 대신 "금융기관의 잔고증명서"를 첨부할 수 있도록 하고 있다(상업등기법 제80조

제11호 및 제82조 제5호 참조).
2. 등기신청서에 첨부한 잔고증명서에 “미결제타점금액(Uncleared Checks & Bills)”이 표시되어 있다면 해당 금액이 이상 없이 결제되어 확정적으로 예금이 되었다는 사실을 소명하는 서면(예 : 입금한 자기앞수표가 다음날 결제된 경우에는 결제된 날의 잔고증명서와 예금한 날부터 결제된 날까지의 거래내역이 나타나는 통장 사본)도 함께 제출하여야 할 것이다. (2013. 10. 25. 사법등기심의관－4386 질의회답)

---

(13) 은행이나 그 밖의 금융기관의 잔고증명서

- 상법 제318조 제3항
- 상업등기규칙 제129조 제12호

[선례 62] 미결제 타점권이 표시된 잔고증명서가 유효한지 여부

제정 2013. 10. 25. [상업등기선례 제2-62호, 시행]

1. 상업등기법에서는 자본금 총액이 10억원 미만인 회사를 발기설립하여 설립등기를 신청하거나 신주발행의 결과 자본금 총액이 10억원 미만인 회사가 신주발행으로 인한 변경등기를 신청할 경우에는 “주금의 납입을 맡은 금융기관의 납입금보관에 관한 증명서” 대신 “금융기관의 잔고증명서”를 첨부할 수 있도록 하고 있다(상업등기법 제80조 제11호 및 제82조 제5호 참조).
2. 등기신청서에 첨부한 잔고증명서에 “미결제타점금액(Uncleared Checks & Bills)”이 표시되어 있다면 해당 금액이 이상 없이 결제되어 확정적으로 예금이 되었다는 사실을 소명하는 서면(예 : 입금한 자기앞수표가 다음날 결제된 경우에는 결제된 날의 잔고증명서와 예금한 날부터 결제된 날까지의 거래내역이 나타나는 통장 사본)도 함께 제출하여야 할 것이다. (2013. 10. 25. 사법등기심의관－4386 질의회답)

---

(14) 이사회의사록

- 상법 제393조 제1항
- 공증인법 제66의2조 제1항

(15) 총주주의 동의가 없으면 등기할 사항에 무효 또는 취소의 원인이 있는 때에는 그 동의서

- 상법 제328조 제1항

[판례 7] 주주총회및이사회결의무효확인 (대법원 2002. 7. 23. 선고 2002다15733 판결)

【판시사항】

법령이나 정관상 요구되는 이사회 결의나 소집절차를 거치지 아니하고 이루어졌으나 주주 전원이 참석하여 이의 없이 행한 주주총회 결의의 효력(유효)

【판결요지】

주식회사의 주주총회가 법령이나 정관상 요구되는 이사회의 결의나 소집절차를 거치지 아니하고 이루어졌다고 하더라도 주주 전원이 참석하여 아무런 이의 없이 일치된 의견으로 총회를 개최하는 데 동의하고 결의가 이루어졌다면 그 결의는 특별한 사정이 없는 한 유효하다.

(16) 관청의 허가서

- 상업등기규칙 제52조 제1항 제2호

[선례 63] 외국인투자에 해당하는 등기를 신청하는 경우 외국인투자신고서를 첨부하여야 하는지 여부

제정 2011. 3. 7. [상업등기선례 제2-52호, 시행]

주식회사의 설립이나 신주발행에 있어서 외국인투자(「외국인투자 촉진법」 제2조 제1항 제4호 가목, 「외국인투자 촉진법 시행령」 제2조 제2항)를 하려는 경우 미리 지식경제부장관에게 신고하여야 할 것이지만(「외국인투자 촉진법」 제5조), 당해 신고는 등기할 사항(주식회사의 설립이나 신주발행)의 효력요건에는 해당하지 아니하므로 등기신청서에 외국인투자신고서를 첨부할 필요가 없다. (2011. 3. 7. 사법등기심의관-521 질의회답)

바. 등록면허세·등기신청수수료 등의 납부

- 지방세법 제28조 제1항 제6호 가목 1, 제151조 제1항 제2호
- 수수료규칙 제5의3 제1항, 제5의5 제3항
- 예규 제1038호 2. 5.
- 예규 제1565호 3. 라. (1)

사. 인감의 제출

- 상업등기법 제25조 제1항, 제2항

3. 설립등기의 효력

- 상법 제193조 제1항, 제320조 제1항, 제321조, 제328조

제3절 상호, 목적, 공고방법, 존립기간 또는 해산사유의 변경등기

1. 상호의 변경

- 상법 제27조, 제433조, 제434조
- 상업등기법 제34조, 제36조

2. 목적의 변경

- 상법 제433조, 제434조

[선례 64] 회사의 목적변경의 등기신청과 주무관청의 허가서 첨부 여부(1)

제정 1984.12.31 [상업등기선례 제1-103호(등기선례 제1-872호), 시행]

관청의 허가를 필요로 하는 사항의 등기를 신청함에는 신청서에 관청의 허가서(등록증 포함)를 첨부하여야 하나(비송사건절차법 제202조), 이것은 당해 허가(등록)가 등기할 사항의 효력요건인 경우에 한하므로 회사가 주택건설촉진법 제6조의 규정에 의한 주택건설사업 및 대지조성사업을 새로 목적으로 추가하는 변경등기를 신청함에 있어서는 주무관청의 등록증을 첨부할 필요가 없다. (1984. 12. 31. 등기 제579호)

[선례 65] 회사의 목적변경의 등기신청과 주무관청의 허가서 첨부 여부(2)

제정 1985.01.15 [상업등기선례 제1-104호(등기선례 제1-873호), 시행]

관청의 허가를 필요로 하는 사항의 등기를 신청함에는 신청서에 관청의 허가서를 첨부하

여야 하나(비송사건절차법 제202조), 이것은 당해 허가가 등기할 사항의 효력요건인 경우에 한하므로, 회사가 토건업을 새로 목적으로 추가하는 변경등기를 신청함에 있어서는 주무관청의 허가서를 첨부할 필요가 없다. (1985. 1. 15. 등기 제20호)

---

3. 공고방법의 변경

- 상법 제433조, 제434조

[선례 66] 명의개서대리인의 변경등기신청 등

제정 1998. 12. 10. [상업등기선례 제1-224호(등기선례 제4-854호), 시행]
주식회사가 그 공고방법으로 정한 일간신문사의 상호가 변경된 경우는, 행정구역의 명칭변경에 따라 본점소재지의 명칭이 변경되는 경우와 마찬가지로, 일간신문사의 상호라는 사실에 기초를 둔 정관의 규정이 상호의 변경이라는 사실의 변경에 의하여 당연히 변경되는 경우에 해당되는 것으로서 이를 위하여 주주총회의 특별결의 절차를 밟을 필요는 없을 것이므로, 정관변경 전에도 그 변경사실을 증명하는 서면(일간신문사의 법인등기부등본 등)을 첨부하여 등기부상의 공고방법 변경등기를 신청할 수 있다. (1998. 12. 10. 등기 3402-1222 질의회답)

---

4. 존립기간 또는 해산사유의 설정 · 변경 · 폐지

- 상법 제317조 제2항 제4호, 제433조, 제434조

5. 등기절차

가. 등기기간 등

- 상법 제183조, 제317조 제3항, 제4항

나. 첨부서면

- 상업등기규칙 제128조 제2항

[선례 67] 주식회사 변경등기시 정관의 첨부 여부

제정 1992. 9. 21. [상업등기선례 제1-102호(등기선례 제3-952호), 시행]

등기사항인 정관의 절대적 기재사항을 주주총회 결의로 변경하거나 이사회 결의로 대표이사의 선임 등을 하고 이에 대한 등기를 신청함에 있어서는 정관으로 상법의 규정과 달리 정할 수 있는 사항으로서 정관에 규정이 없으면 무효 또는 취소의 원인이 되는 경우(예, 주주총회의 의결정족수 또는 소집지에 관한 사항, 이사회의 소집기간에 관한 사항 등) 이외에는 주주총회의사록이나 이사회의사록을 첨부하면 족하고 따로이 정관을 첨부할 필요가 없는 것이다. (1992. 9. 21. 등기 제2006호 대한법무사협회장 대 질의회답)

다. 등록면허세 · 등기신청수수료 등의 납부

- 지방세법 제28조 제1항 제6호 바목, 제151조 제1항 제2호
- 수수료규칙 제5의3 제2항, 제5의5 제4항

제4절 본점이전의 등기

1. 본점의 이전

가. 의의

[선례 68] 본점소재지의 소재지번 경정·변경, 복수의 행정구역 등기가부 등

제정 2004. 2. 6. [상업등기선례 제1-136호(등기선례 제200402-12호), 시행]

1. 본점소재지는 독립된 행정구역(구획포함)으로서의 지번·동·호수 등이어야 하므로 당사자가 임의적으로 정한 건물명칭·호수 등은 등기사항이 아니다.
2. 본점소재지의 지번 등에 관하여 착오로 인하여 잘못 등기된 경우에는 제232조 의 규정에 따라 착오가 있었음을 증명하는 서면을 첨부하여 경정등기신청을 할 수 있을 것이다.
3. 본점소재지의 실질적 장소이전은 없으나 소재지번 등이 변경된 경우에는 제161조 의 규정에 따라 당연히 변경된 것으로 보게 되나, 법인의 대표자는 그 변경사실을 증명하는 서면을 첨부하여 변경등기신청을 할 수도 있을 것이다.

4. 본점소재지는 독립된 행정구역으로서 등기부상 단일하여야 하므로 동시에 복수의 행정구역을 본점소재지로 등기할 수는 없으며, 추가된 지번·동·호수 등에 본점을 둔다는 취지라면 본점이전등기신청을 하여야 한다. (2004. 2. 6. 공탁법인 3402-37 질의회답)

나. 본점이전절차

(1) 독립한 최소행정구역 내에서 본점을 이전하는 경우

- 상법 제383조 제1항, 제5항, 제6항, 제393조 제1항, 제433조, 제434조, 제542조 제2항

[선례 69] 이사가 1인인 회사의 최소 행정구역 내 본점 이전으로 인한 변경등기 신청시 첨부서면

제정 2007. 7. 24. [상업등기선례 제2-24호, 시행]

정관에 본점의 소재지(상법 제289조제1항제6호)로서 최소 행정구역(특별시·광역시·시·군)이 기재되어 있고 상법 제383조제1항 단서와 정관 규정에 따라 이사를 1인으로 한 주식회사가 그 최소 행정구역 내에서 본점을 이전한 경우, 그로 인한 변경등기의 신청서에는 1인 이사가 본점을 이전하기로 결정하였음을 증명하는 서면(예를 들어, '결정서' 등)을 첨부하여야 한다. 그러나, 본점 이전에 관한 주주총회 의사록(상업등기법 제79조제2항 참조)은 첨부하지 않아도 된다. (2007. 7. 24. 공탁상업등기과-805 질의회답)

[선례 70] 구 본점소재지에서 본점이전등기를 한 경우 구 본점소재지 관할등기소에서 인감증명을 교부할 수 있는지 여부 등

제정 1986.02.15 [상업등기선례 제1-115호(등기선례 제1-877호), 시행]

주식회사의 본점의 소재지는 정관의 절대적 기재사항이므로 정관에 기재된 동일 최소행정구역 이외로 본점을 이전할 경우에는 정관을 변경하는 주주총회의 결의를 요하게 된다(상법 제289조 제1항, 제433조). 그리고 주식회사가 본점을 타관할로 이전하여 그 등기용지가 폐쇄되었다면 구 본점소재지 관할등기소에서는 그 인감증명을 교부할 수 없다. (1986. 2. 15. 등기 제70호)

[선례 71] 이사가 1인인 회사의 최소 행정구역 내 본점 이전으로 인한 변경등기 신청시 첨부서면

제정 2007.07.24 [상업등기선례 제200707-5호, 시행]

정관에 본점의 소재지(상법 제289조제1항제6호)로서 최소 행정구역(특별시·광역시·시·군)이 기재되어 있고 상법 제383조제1항 단서와 정관 규정에 따라 이사를 1인으로 한 주식회사가 그 최소 행정구역 내에서 본점을 이전한 경우, 그로 인한 변경등기의 신청서에는 1인 이사가 본점을 이전하기로 결정하였음을 증명하는 서면(예를 들어, '결정서' 등)을 첨부하여야 한다. 그러나, 본점 이전에 관한 주주총회 의사록(상업등기법 제79조제2항 참조)은 첨부하지 않아도 된다. (2007. 7. 24. 공탁상업등기과-805 질의회답)

2. 등기절차

가. 서설

- 상법 제182조 제1항, 제317조 제4항

나. 등기신청인

- 예규 제1518호 제4조 제1항

[선례 72] 파산법인의 본점이전시 파산관재인이 본점이전등기신청을 할 수 있는지 여부(소극)

제정 2004. 2. 4. [상업등기선례 제1-134호(등기선례 제200402-9호), 시행]

파산법인과 파산재단은 법인격상 동일하지 않으므로 파산재단의 사무실이전을 파산법인의 본점이전으로 보아 등기할 수는 없으며, 파산법인의 본점이전은 비재산적 활동범위에 속하므로 일반절차에 따라 법인의 대표자가 본점이전등기신청을 하여야 한다. (2004. 2. 4. 공탁법인 3402-29 질의회답)

[선례 73] 법인이 파산한 경우, 파산재단 사무실 이전을 본점이전에 준하여 등기사항으로 볼 수 있는지의 여부

제정 2002. 4. 16. [상업등기선례 제1-264호(등기선례 제200204-13호), 시행]

1. 법인이 파산선고를 받게 되면 파산법인은 파산재단에 속하게 된 자신의 재산에 관하여 관리처분권을 상실하고 파산관재인이 그 관리, 환가, 배당 등에 관하여 전권을 행사함으로써 파산절차는 그 개시부터 종료에 이르기까지 파산관재인을 통하여 이루어지지만, 회사의 비재산적 활동범위에 속하는 사항(회사의 조직법적 사단활동)에 관한 권한은 여전히 법인에게 있으며,
2. 파산법인과 파산재단은 법인격상 동일하지 않으므로 파산재단의 사무실 이전을 파산법인의 본점이전으로 보아 등기할 수는 없으며, 파산법인의 본점이전은 비재산적 활동범위에 속하므로 일반절차에 따라 대표이사가 변경등기를 신청한다. (2002. 4. 16. 등기 3402-232 질의회답)

[선례 74] 본점이전에 관한 주주총회결의부존재의 판결이 확정된 경우 그 처리절차 등

제전 2003.04.02 [상업등기선례 제1-132호(등기선례 제200304-22호), 시행]

1. 주식회사의 본점이전에 관한 주주총회의 결의에 대하여 취소, 무효, 부존재의 판결이 확정된 때에는 제1심 수소법원은 회사의 본점과 지점소재지의 등기소에 그 등기를 촉탁하여야 한다(비송사건절차법 제107조.
2. 구 비송사건절차법(1991. 12. 14. 법률제4423호 전문개정전 법률)에 의하면 본점이전등기신청을 구본점과 신본점 소재지 등기소에 각각 신청하도록 되어 있으므로, 이 경우의 등기촉탁은 원칙적으로 신본점 소재지 등기소에는 본점이전등기의 말소촉탁을, 구본점 소재지 등기소에는 폐쇄된 등기부의 회복촉탁을 각각 하여야 하지만, 동시처리를 위하여 제1심 수소법원은 신본점 소재지 등기소에만 그 등기촉탁을 하고, 신본점 소재지 등기소는 그 촉탁에 따라 본점이전등기를 말소함과 동시에 구본점 소재지 등기소에 그 뜻을 통지하며, 구본점 소재지 등기소는 그 통지에 따라 폐쇄된 구본점등기를 회복하고 있다(1992. 1. 15. 제751항).
3. 그러나 구본점 소재지 등기소에서만 본점이전등기를 신청하고 신본점 소재지 등기소에서는 본점이전등기를 신청하지 않은 경우에는 신본점 소재지 등기소에 본점이전등기의 말소촉탁을 할 필요가 없으므로, 제1심 수소법원은 구본점 소재지 등기소로 폐쇄된 등기부를 회복하라는 촉탁을 보내야 할 것이고, 구본점 소재지 등기소는 이 촉탁에 따라 폐쇄된 등기부를 회복시켜야 한다. (2003. 4. 2. 공탁법인 3402-82 질의회답)

다. 등기기간

- 상법 제183조, 제317조 제4항

[선례 75] 주식회사의 본점이전 및 지점설치시 등기기간의 기산점 등

제정 2003. 7. 9. [상업등기선례 제1-133호(등기선례 제200307-11호), 시행]

1. 주식회사의 본점이전 및 지점설치시 등기기간의 기산점은 주주총회나 이사회에서 결의한 일자가 아니라 실제로 본점을 이전하거나 지점을 설치한 일자가 될 것이나, 사전에 본점이전 및 지점설치를 한 다음에 이사회 결의가 있는 경우에는 그 이사회의 결의가 있는 날로부터 등기기간이 진행된다고 보아야 할 것이다.
2. 주주총회의 결의는 주식회사의 본질에 반하지 아니하고 법령, 정관에 저촉되지 아니한 것이면 조건부나 기한부 결의를 할 수 있으며, 그 기한의 범위는 사적자치에 의하여 자유로이 정할 수 있다. (2003. 7. 9. 공탁법인 3402-164 질의회답)

라. 등기신청의 방식

(1) 동일등기소의 관할구역 내에서 본점을 이전한 경우

- 상업등기법 제51조 제3항

(2) 다른 등기소의 관할구역 내로 본점을 이전한 경우

(가) 경유신청과 동시신청

- 상업등기법 제55조

[선례 76] 정관변경이 없이 경료된 주사무소 이전등기의 효력

제정 2006.11.17 [상업등기선례 제200611-2호, 시행]

1. 민법상의 사단법인이 정관에 기재된 사무소의 소재지(민법 제40조 제3호) 이외의 장소로 주사무소를 이전할 경우에는 정관을 변경하여야 하는데, 정관 변경은 주무관청의 허가를 얻지 아니하면 그 효력이 없다(민법 제42조). 따라서, 정관 변경에 대해 주무관청의 허가를 얻지 않은 채 변경 전 정관에 기재된 사무소의 소재지 이외의 장소로 주사무소를 이전한 것과 그 이전 등기는 정관에 위반되어 효력이 없다. 이 경우, 주사무소를 이전한 후에 주무관청의 허가를 얻는다 해도 이미 이루어진 이전 등기가 유효

한 것으로 되지는 않는다.

2. 신·구 소재지를 관할하는 등기소(이하, '신등기소', '구등기소'라 하는데, 주사무소이전등기시의 신·구 등기소를 말한다)가 다른 경우, 주사무소이전등기 말소 신청의 절차와 방법, 그 처리는 주사무소이전등기의 경우(비송사건절차법 제66조 제2항, 제184조, 제185조)에 준한다.
   ① 신·구 등기소에서 할 주사무소이전등기 말소의 신청서와 구등기소에 제출할 인감은 신등기소에 동시에 제출하여야 한다.
   ② 신등기소에서 할 주사무소이전등기 말소의 신청서에는 주사무소이전등기에 무효의 원인이 있음을 증명하는 서면을 첨부하여야 한다(비송사건절차법 제66조 제1항, 제234조 제1항 제2호, 제2항). 예를 들어, 정관 변경에 대해 주무관청의 허가를 얻지 않은 채 정관을 위반하여 주사무소를 이전하였음을 증명하는 서면이 이에 해당할 것이다.
   ③ 신등기소의 등기관은 각하사유가 있는 경우를 제외하고는 지체없이 구등기소에서 할 주사무소이전등기 말소의 신청서 및 그 첨부서면과 인감을 구등기소에 송부하여야 한다.
   ④ 구등기소의 등기관은 등기용지를 부활하여 주사무소이전등기를 말소한 때 또는 신청을 각하한 때에는 지체없이 그 뜻을 신등기소에 통지하여야 한다. 신등기소의 등기관은 구등기소의 등기관으로부터 주사무소이전등기를 말소한 뜻의 통지를 받을 때까지는 신등기소 등기용지의 주사무소이전등기를 말소하고 그 등기용지를 폐쇄하여서는 안된다. (2006. 11. 17. 공탁상업등기과-1292 질의회답)

(나) 일괄신청의 강제와 금지

① 신·구소재지 관할 등기소에 하는 본점이전등기신청의 일괄신청

- 상업등기규칙 제99조, 제154조 제1항

② 지배인을 둔 장소의 변경등기와의 일괄신청

- 상업등기법 제51조 제3항
- 예규 제1613호 별지양식 제66-2호

③ 상호변경등기와의 일괄신청

- 상업등기법 제26조 제13호
- 상업등기규칙 제100조 제1항, 제154조 제1항

④ 그 밖의 다른 변경등기와의 일괄신청 금지

- 상업등기규칙 제53조 제1항

(3) 신청서의 작성

(가) 다른 등기소의 관할구역 내로 이전한 경우

- 상업등기규칙 제51조 제2항, 제99조 제1항, 제154조 제1항
- 예규 1613호 별지양식 66-2호

마. 첨부서면

[선례 77] 법인의 본점소재지로 표시된 지번소재의 부동산이 법인의 소유이어야 하는지 여부 등

제정 1990.06.21 [상업등기선례 제1-120호(등기선례 제3-948호), 시행]
법인의 본점(또는 지점)소재지로 표시된 지번소재의 부동산이 당해 법인소유의 부동산이어야 하는 것은 아니므로, 법인의 설립이나 본점(또는 지점)변경등기신청이 있는 경우 등기공무원이 본점(또는 지점)소재지로 표시된 지번소재 부동산에 관한 소유관계를 조사할 필요는 없다. (1990. 6. 21. 등기 제1247호)

[선례 78] 법인의 본점소재지등기의 경우 등기신청서에 당해 부동산소유자의 사용승낙서 첨부 여부

제정 1993.03.31 [상업등기선례 제1-125호(등기예규 제3-199호), 시행]
법인에 있어서는 그 본점의 소재지를 그 주소로 하는 바, 그 소재지의 토지 및 건물이 법인의 소유가 아닌 경우에도 위 소재지를 당해 법인의 소재지로 등기할 수 있으며, 이 때 그 부동산소유자의 사용승낙서 등은 필요하지 아니하다. (1993. 3. 31. 등기 제753호)

(1) 주주총회의사록

[판례 1] 주주총회결의취소 (대법원 2007. 6. 28. 선고 2006다62362 판결)

【판시사항】

[1] 상법 제408조 제1항이 규정하는 회사의 '상무'의 의미 및 대표이사 직무대행자가 회사의 경영 및 지배에 영향을 미칠 수 있는 사항이 안건으로 포함된 정기주주총회를 법원의 허가 없이 소집하여 결의한 경우 결의취소사유에 해당하는지 여부(적극)

[2] 주주총회의 특별결의에 의하여 정관변경이 이루어진 경우, 정관변경의 등기 내지 공증인의 인증 여부와 관계없이 정관변경의 효력이 발생하는지 여부(적극)

【판결요지】

[1] 상법 제408조 제1항이 규정하는 회사의 '상무'라 함은 일반적으로 회사에서 일상 행해져야 하는 사무, 회사가 영업을 계속함에 있어서 통상 행하는 영업범위 내의 사무 또는 회사경영에 중요한 영향을 주지 않는 통상의 업무 등을 의미하고, 어느 행위가 구체적으로 이 상무에 속하는가 하는 것은 당해 회사의 기구, 업무의 종류·성질, 기타 제반 사정을 고려하여 객관적으로 판단되어야 할 것인바, 직무대행자가 정기주주총회를 소집함에 있어서도 그 안건에 이사회의 구성 자체를 변경하는 행위나 상법 제374조의 특별결의사항에 해당하는 행위 등 회사의 경영 및 지배에 영향을 미칠 수 있는 것이 포함되어 있다면 그 안건의 범위에서 정기총회의 소집이 상무에 속하지 않는다고 할 것이고, 직무대행자가 정기주주총회를 소집하는 행위가 상무에 속하지 아니함에도 법원의 허가 없이 이를 소집하여 결의한 때에는 소집절차상의 하자로 결의취소사유에 해당한다.

[2] 주식회사의 원시정관은 공증인의 인증을 받음으로써 효력이 생기는 것이지만 일단 유효하게 작성된 정관을 변경할 경우에는 주주총회의 특별결의가 있으면 그때 유효하게 정관변경이 이루어지는 것이고, 서면인 정관이 고쳐지거나 변경 내용이 등기사항인 때의 등기 여부 내지는 공증인의 인증 여부는 정관변경의 효력발생에는 아무 영향이 없다.

[선례 79] 주식회사 변경등기시 정관의 첨부 여부

제정 1992. 9. 21. [상업등기선례 제1-102호(등기선례 제3-952호), 시행]

등기사항인 정관의 절대적 기재사항을 주주총회 결의로 변경하거나 이사회 결의로 대표이사의 선임 등을 하고 이에 대한 등기를 신청함에 있어서는 정관으로 상법의 규정과 달리 정할 수 있는 사항으로서 정관에 규정이 없으면 무효 또는 취소의 원인이 되는 경우(예, 주주총회의 의결정족수 또는 소집지에 관한 사항, 이사회의 소집기간에 관한 사항 등) 이외에는 주주총회의사록이나 이사회의사록을 첨부하면 족하고 따로이 정관을 첨부할 필요

가 없는 것이다. (1992. 9. 21. 등기 제2006호 대한법무사협회장 대 질의회답)

[선례 80] 회사의 본점이전등기신청과 정관의 첨부 여부 등

제정 1988. 7. 15. [상업등기선례 제1-117호(등기선례 제2-691호), 시행]

회사의 본점이전등기신청을 함에 있어 신본점소재지가 기재된 정관은 그 등기신청서에 첨부하여야 할 서면으로는 볼 수 없으며, 회사가 본점을 타등기소 관할로 이전하여 그 등기용지가 폐쇄되었다면 구본점소재지 관할등기소에서는 그 인감증명을 교부할 수는 없다. 또한 본점이전등기를 한 회사가 구본점소재지 관할등기소에 본점의 부활(회복)을 목적으로 하는 등기신청은 이를 수리할 수 없고, 회사가 본점을 타등기소 관할로 이전하여 그 등기용지가 폐쇄되고 신본점소재지 관할등기소에서는 아직 본점이전등기를 경료하지 않았다 하더라도 그 회사가 상법상 해산된 것으로 볼 수는 없다. (1988. 7. 15. 등기 제389호)

[선례 81] 주식회사의 본점이전에서 구체적인 이전장소나 이전일자에 관한 결의를 주주총회에서 할 수 있는지 여부

제정 2001. 11. 1. [상업등기선례 제1-130호(등기선례 제200111-11호), 시행]

본점의 구체적인 이전장소나 이전일자에 관한 사항은 회사의 업무집행에 관한 사항으로 법률이나 정관에서 주주총회의 결의사항으로 규정되어 있지 않는 한, 이는 이사회의 권한으로 주주총회의 결의로 대신할 수 없다. (2001. 11. 1. 등기 3402-740 질의회답)

(2) 이사회의사록(청산인회의사록) 또는 이사결정서

- 상업등기규칙 제128조 제2항

[선례 82] 이사가 1인인 회사의 최소 행정구역 내 본점 이전으로 인한 변경등기 신청시 첨부서면

제정 2007. 7. 24. [상업등기선례 제2-24호, 시행]

정관에 본점의 소재지(상법 제289조제1항제6호)로서 최소 행정구역(특별시·광역시·시·군)이 기재되어 있고 상법 제383조제1항 단서와 정관 규정에 따라 이사를 1인으로 한 주식회사가 그 최소 행정구역 내에서 본점을 이전한 경우, 그로 인한 변경등기의 신청서에는

1인 이사가 본점을 이전하기로 결정하였음을 증명하는 서면(예를 들어, '결정서' 등)을 첨부하여야 한다. 그러나, 본점 이전에 관한 주주총회 의사록(상업등기법 제79조제2항 참조)은 첨부하지 않아도 된다. (2007. 7. 24. 공탁상업등기과-805 질의회답)

바. 등록면허세 · 등기신청수수료 등의 납부

(1) 등록면허세 및 지방교육세

(가) 동일 등기소의 관할구역 내에서 본점을 이전하는 경우

- 지방세법 제28조 제1항 제2호 제6호 가목 1 라목, 제2항 제2호

(나) 다른 등기소의 관할구역 내로 본점을 이전하는 경우

지방세법 28조 1항 6호 바목
지방세법 151조 2호

- 지방세법 제28조 제1항 제6호 바목, 제151조 제1항 제2호
- 지방세법 시행령 제27조 제3항, 제43조 제1항, 제45조 제4항
- 농어촌특별세법 제4조
- 농어촌특별세법 시행령 제4조 제6항 제5호

[선례 83] 서울특별시 내의 법인의 본점을 인천직할시 내로 이전하는 경우 등록세 중과

제정 1993.03.13 [상업등기선례 제1-44호(등기선례 제3-1018호), 시행]
서울특별시 내에 있는 법인의 본점을 인천직할시 내로 이전하는 경우에는 당해 대도시 내의 이전으로 보아 등록세가 중과하지 아니할 것이다(지방세법 제138조, 동법시행령 제102조 참조). (93.3.13. 등기 제613호)

(다) 지배인을 둔 장소 또는 상호의 변경등기를 동시에 신청한 경우

- 예규 제1038호

(2) 등기신청수수료

- 수수료규칙 제5의3 제1항 제2호, 제2항, 제5의5 제3항, 제4항

사. 인감의 재제출 불필요

- 예규 제1615호 2. 바. 1

아. 본점이전등기신청의 처리

(1) 동일한 등기소의 관할구역 내에서 본점을 이전한 경우

- 상업등기법 제51조 제3항
- 상업등기규칙 제3조 제3항, 제55조 제1항, 제3항

(2) 다른 등기소의 관할구역 내로 본점을 이전한 경우

(가) 구관할 등기소에서의 신청서의 접수

- 상업등기법 제51조 제3항, 제55조
- 상업등기규칙 제99조 제1항, 제100조 제1항, 제154조 제1항

[선례 84] 법원이 회사의 대표이사 등의 직무집행정지가처분 결정에 의한 가처분등기와 동시에 본점이전등기를 촉탁한 경우 그 촉탁등기의 수리 가부 등

제정 1988.11.29 [상업등기선례 제1-118호(등기선례 제2-593호), 시행]

가. 회사가 본점을 다른 등기소의 관할구역내로 이전하고 구본점소재지 관할등기소에 그 본점이전등기신청을 하여 그에 따른 등기가 경료되면서 등기용지가 폐쇄되었으나, 신본점소재지 관할등기소에는 아직 그 본점이전등기신청을 하지 않아 그 회사의 등기용지가 개설되지 않은 경우, 회사의 대표이사 등의 직무집행정지가처분 결정이 있어 법원이 그 가처분등기의 촉탁과 함께 본점이전등기의 촉탁을 하더라도 등기공무원은 그러한 등기촉탁을 수리할 수는 없다. 다만 위 가처분으로 대표이사의 직무대행자가 선임되었다면 그 대행자는 자격을 증명하는 서면(가처분결정의 등본)을 첨부하여 신본점소재지 관할등기소에 본점이전등기를 신청하고 그 등기용지가 개설된 후에 위 가처분등기의 촉탁에 따른 등기를 실행할 수 있다.

나. 회사가 본점을 다른 곳으로 이전하지 못하도록 하는 본점이전금지가처분 결정이 있다 하더라도 그것은 등기할 사항이 아니므로 그 가처분의 촉탁등기는 수리할 수 없다.
(1988. 11. 29 등기 제674호)

[선례 85] 주식회사 본점부활등기의 직권말소 여부

제정 1990.06.14 [상업등기선례 제1-119호(등기선례 제3-973호), 시행] [사실상 폐지]
주식회사가 본점을 이전하고 구본점소재지 관할등기소에는 그 등기를 신청하였으나 신본점소재지 관할등기소에는 본점이전등기를 경료하지 아니한 사이에, 구본점소재지로 다시 본점을 이전한 것으로 신청서를 작성하여 본점부활등기를 신청함으로써 등기공무원이 폐쇄된 종전의 등기용지를 부활시켰으나, 그 후 신본점소재지 관할등기소에다 본점이전등기를 다시 경료함으로써, 동일한 회사에 대하여 대표이사를 서로 달리하여 두 개의 등기용지가 개설되어 각각 본점이전등기를 거듭하고 있는 경우라면, 형식적심사권 밖에 없는 등기공무원으로서는 어느 등기용지가 실체관계에 부합하는지의 여부를 알 수 없는 것이므로 어느 일방의 등기용지를 직권으로 말소할 수 없고 이는 소송절차 등을 통하여 해결하여야 한다. (1990. 6. 14. 등기 제1206호)

(나) 구관할 등기소의 조사·통지 등

- 상업등기법 제56조 제1항, 제2항
- 상업등기규칙 제31조 제3항, 제100조 제1항, 제2항, 제154조 제1항

[선례 86] 주식회사의 본점이전등기시 인감의 재제출

제정 1992.08.10 [상업등기선례 제1-122호(등기선례 제3-951호), 시행] [사실상 폐지]
주식회사의 본점이전(동일관내 여부불문)등기를 신청함에 있어서 등기신청서에 날인할 자인 대표이사의 인감을 재제출하여야 하는 것은 인감대지상 기재된 본점 주소가 변경되기 때문이므로 특히 인감자체를 변경할 필요가 있는 경우가 아니라면 그 인감신고서에는 신고인의 (인)란에 이미 신고된 인감을 찍으면 되고, 따로 인감증명법에 의한 인감을 첨부할 필요는 없다(상업등기처리규칙 제7조 제1항, 제5조 제3항 참조). (1992. 8. 10. 등기 제1738호)

(다) 신관할 등기소의 통지서 접수·조사·교환 등

① 접수·기입

- 상업등기법 제56조 제3항

② 신본점등기기록의 개설 등

- 상업등기법 제50조 제1항 제1호, 제4호, 제5호, 제51조 제3항, 제54조
- 상업등기규칙 제51조 제2항, 제58조 제1항, 제115조 제1항, 제154조 제1항

③ 구관할 등기소에의 처리결과 통지 등

- 상업등기법 제56조 제6항

(라) 구관할 등기소의 본점등기기록의 폐쇄 등

① 구본점의 등기기록의 폐쇄

- 상업등기법 제56조 제5항
- 상업등기규칙 제116조 제1항, 제154조 제1항

② 구관할 등기소에 지점등기기록의 개설

- 예규 제943호 제6조

자. 관할외 보점이전등기신청의 취하

- 상업등기규칙 제56조 제1항
- 예규 제1551호 제7조 제1항 ~ 제5항

차. 지점소재지에서의 본점이전등기

- 상법 제183조, 제317조 제4항
- 상업등기법 제24조 제2항 제3호, 제25조 제3항 제2호, 제58조
- 상업등기규칙 제61조 제1항 제1호

[선례 87] 지점소재지에 지점설치등기를 할 경우 당사자가 출석하여야 하는지 여부

제정 1994. 5. 4. [상업등기선례 제1-126호(등기선례 제4-853호), 시행]

주식회사의 이사회가 지점설치 결의를 하고 본점소재지에서 지점설치등기를 한 후 그 지점소재지에 지점설치등기를 신청할 경우에는 비송사건절차법 제148조 제2항 에 따라 당사자 또는 그 대리인이 등기소에 출석을 하지 않아도 무방하다. (1994. 5. 4. 등기

3402-401 질의회답)

---

3. 본점이전등기의 말소

가. 관할외 본점이전등기의 말소

(1) 법원이 본점이전등기의 말소를 촉탁하는 경우

- 비송법 제107조 제7호
- 상업등기규칙 제55조 제1항, 제2항, 제58조 2항
- 예규 제751호
- 예규 제943호 제6조

[선례 88] 본점이전에 관한 주주총회결의부존재의 판결이 확정된 경우 그 처리절차 등

제정 2003.04.02 [상업등기선례 제1-132호(등기선례 제200304-22호), 시행]

1. 주식회사의 본점이전에 관한 주주총회의 결의에 대하여 취소, 무효, 부존재의 판결이 확정된 때에는 제1심 수소법원은 회사의 본점과 지점소재지의 등기소에 그 등기를 촉탁하여야 한다(비송사건절차법 제107조.
2. 구 비송사건절차법(1991. 12. 14. 법률제4423호 전문개정전 법률)에 의하면 본점이전 등기신청을 구본점과 신본점 소재지 등기소에 각각 신청하도록 되어 있으므로, 이 경우의 등기촉탁은 원칙적으로 신본점 소재지 등기소에는 본점이전등기의 말소촉탁을, 구본점 소재지 등기소에는 폐쇄된 등기부의 회복촉탁을 각각 하여야 하지만, 동시처리를 위하여 제1심 수소법원은 신본점 소재지 등기소에만 그 등기촉탁을 하고, 신본점 소재지 등기소는 그 촉탁에 따라 본점이전등기를 말소함과 동시에 구본점 소재지 등기소에 그 뜻을 통지하며, 구본점 소재지 등기소는 그 통지에 따라 폐쇄된 구본점등기를 회복하고 있다(1992. 1. 15. 제751항).
3. 그러나 구본점 소재지 등기소에서만 본점이전등기를 신청하고 신본점 소재지 등기소에서는 본점이전등기를 신청하지 않은 경우에는 신본점 소재지 등기소에 본점이전등기의 말소촉탁을 할 필요가 없으므로, 제1심 수소법원은 구본점 소재지 등기소로 폐쇄된 등기부를 회복하라는 촉탁을 보내야 할 것이고, 구본점 소재지 등기소는 이 촉탁에 따라 폐쇄된 등기부를 회복시켜야 한다. (2003. 4. 2. 공탁법인 3402-82 질의회답)

---

(2) 당사자가 본점이전등기의 말소를 신청하는 경우

[선례 89] 정관변경이 없이 경료된 주사무소 이전등기의 효력

제정 2006. 11. 17. [상업등기선례 제2-105호, 시행]

1. 민법상의 사단법인이 정관에 기재된 사무소의 소재지(민법 제40조 제3호) 이외의 장소로 주사무소를 이전할 경우에는 정관을 변경하여야 하는데, 정관 변경은 주무관청의 허가를 얻지 아니하면 그 효력이 없다(민법 제42조). 따라서, 정관 변경에 대해 주무관청의 허가를 얻지 않은 채 변경 전 정관에 기재된 사무소의 소재지 이외의 장소로 주사무소를 이전한 것과 그 이전 등기는 정관에 위반되어 효력이 없다. 이 경우, 주사무소를 이전한 후에 주무관청의 허가를 얻는다 해도 이미 이루어진 이전 등기가 유효한 것으로 되지는 않는다.
2. 신·구 소재지를 관할하는 등기소(이하, '신등기소', '구등기소'라 하는데, 주사무소이전등기시의 신·구 등기소를 말한다)가 다른 경우, 주사무소이전등기 말소 신청의 절차와 방법, 그 처리는 주사무소이전등기의 경우(비송사건절차법 제66조 제2항 , 제184조 , 제185조)에 준한다.
   ① 신·구 등기소에서 할 주사무소이전등기 말소의 신청서와 구등기소에 제출할 인감은 신등기소에 동시에 제출하여야 한다.
   ② 신등기소에서 할 주사무소이전등기 말소의 신청서에는 주사무소이전등기에 무효의 원인이 있음을 증명하는 서면을 첨부하여야 한다(비송사건절차법 제66조 제1항 , 제234조 제1항 제2호 , 제2항). 예를 들어, 정관 변경에 대해 주무관청의 허가를 얻지 않은 채 정관을 위반하여 주사무소를 이전하였음을 증명하는 서면이 이에 해당할 것이다.
   ③ 신등기소의 등기관은 각하사유가 있는 경우를 제외하고는 지체없이 구등기소에서 할 주사무소이전등기 말소의 신청서 및 그 첨부서면과 인감을 구등기소에 송부하여야 한다.
   ④ 구등기소의 등기관은 등기용지를 부활하여 주사무소이전등기를 말소한 때 또는 신청을 각하한 때에는 지체없이 그 뜻을 신등기소에 통지하여야 한다. 신등기소의 등기관은 구등기소의 등기관으로부터 주사무소이전등기를 말소한 뜻의 통지를 받을 때까지는 신등기소 등기용지의 주사무소이전등기를 말소하고 그 등기용지를 폐쇄하여서는 안된다.

   (2006. 11. 17. 공탁상업등기과-1292 질의회답)

나. 관할내 본점이전등기의 말소

(1) 이사회 결의에 기초한 본점이전등기의 말소

- 상법 제393조 제1항
- 상업등기규칙 제153조

(2) 주주총회결의에 기초한 본점이전등기의 말소

- 비송법 제107조 제7호

제5절 지점의 설치 · 이전 · 폐지의 등기

1. 지점의 설치 · 이전 · 폐지

- 상법 제393조 제1항, 제6항
- 금융회사의 지배구조에 관한 법률 제15조 제3항

[선례 90] 주식회사 출장소에 대한 등기 가부 등

제정 1992. 5. 19. [상업등기선례 제1-121호(등기선례 제3-945호), 시행]
주식회사가 정관 소정의 절차를 밟아 출장소를 설치하였으나 그 출장소가 지점과 동일한 업무를 집행하거나 지점으로서의 요건을 갖춘 이상 반드시 지점설치등기를 하여야 할 것이며, 이 경우 그 명칭은 ○○출장소라고 등기할 수 있으며 아울러 출장소장을 지배인으로 등기할 수도 있다. (1992. 5. 19. 등기 제1095호 한국투자신탁주식회사 대 질의회답)

[선례 91] 단순노무만을 제공하는 출장소의 지점설치등기의 가부

제정 2002. 2. 2. [상업등기선례 제1-131호(등기선례 제200202-13호), 시행]
출장소가 지점으로서 등기능력이 있기 위해서는, 본점의 지휘를 받으면서도 부분적으로 독립된 결정권을 가지며 인적 및 회계조직에 있어서 유기적인 단위를 이루는 장소적 중심지로서 그 실체가 객관적인 사실에 의해 판명되어야 하는바, 출장소가 독립적인 지휘명령권을 갖지 못하고 본점의 지휘명령에 따라 단순노무만을 제공하고 있다면 이는 영업소의 실질을 갖추었다고 볼 수 없으므로 지점으로서 등기할 수 없다. (2002. 2. 2. 등기

3402-83 질의회답)

---

2. 등기절차

가. 서설

- 상법 제181조, 제182조 제2항, 제317조 제3항, 제4항
- 상업등기법 제51조 제3항
- 상업등기규칙 제102조 제2항, 제154조 제1항
- 법인등의 등기사항에 관한 특례규칙 제4조 제2항
- 예규 제1547호 제4조 제2항

[선례 92] 외국회사 영업소 설치등기와 유사상호

제정 2005. 12. 27. [상업등기선례 제2-97호, 시행]

1. 타인이 등기한 상호는 동일한 특별시, 광역시, 시, 군에서 동종영업의 상호로 등기할 수 없는바(상법 제22조), 그 제도적 취지가 상호권자의 이익보호 및 등기된 상호에 대한 일반 공중의 오인혼동을 방지하여 이에 대한 신뢰를 보호하고자 하는 것이라는 점에서, 이미 등기되어 있는 외국회사 영업소가 청산예정이고 그 외국회사 영업소가 유한회사의 설립등기로 인하여 동일 상호가 중복하여 등기되는 것에 대하여 승낙한다고 하더라도 유한회사의 설립등기신청은 수리될 수 없으며(비송사건절차법 제159조 제13호 및 제164조),
2. 이와 반대로, 외국회사 영업소 설치등기를 할 경우에 있어서는, 외국회사 영업소가 지점의 성격을 가지고 있으며 지점에 있어서의 등기는 상법상 강제되어 있기 때문에, 이미 유한회사의 설립등기가 되어 있는 관할 등기소 내에 동종영업을 목적으로, 동일 상호로 외국회사 영업소 설치등기를 하는 것이 가능할 것이다(상법 제614조 제2항 , 제35조). (2005. 12. 27. 공탁법인과-730 질의회답)

[선례 93] 주식회사의 대표이사가 변경된 경우, 지점 소재지에서 그 등기를 신청하여야 하는지 여부

제정 2007.04.18 [상업등기선례 제200704-1호, 시행]

등기는 법령에 다른 규정이 있는 경우를 제외하고는 당사자의 신청 또는 관공서의 촉탁이

있어야 할 수 있다(상법 제34조, 비송사건절차법 제147조제1항 등). 이것은 지점 소재지에서 등기를 하는 경우에도 마찬가지이므로, 주식회사의 대표이사에 변경이 있을 때에는 지점 소재지에서 3주간 내에 그 변경등기를 신청하여야 한다(상법 제183조, 제317조제2항제9호, 제4항). (2007. 4. 18. 공탁상업등기과-410 질의회답)

나. 등기의 신청

(1) 등기기간

- 상법 제181조 제1항, 제2항, 제182조 2항, 제317조 제1항, 제4항

[선례 94] 주식회사의 본점이전 및 지점설치시 등기기간의 기산점 등

제정 2003. 7. 9. [상업등기선례 제1-133호(등기선례 제200307-11호), 시행]

1. 주식회사의 본점이전 및 지점설치시 등기기간의 기산점은 주주총회나 이사회에서 결의한 일자가 아니라 실제로 본점을 이전하거나 지점을 설치한 일자가 될 것이나, 사전에 본점이전 및 지점설치를 한 다음에 이사회 결의가 있는 경우에는 그 이사회의 결의가 있는 날로부터 등기기간이 진행된다고 보아야 할 것이다.
2. 주주총회의 결의는 주식회사의 본질에 반하지 아니하고 법령, 정관에 지촉되지 아니한 것이면 조건부나 기한부 결의를 할 수 있으며, 그 기한의 범위는 사적자치에 의하여 자유로이 정할 수 있다. (2003. 7. 9. 공탁법인 3402-164 질의회답)

[선례 95] 이사회 결의로 정한 지점설치일 이전의 지점설치등기의 가부

제정 2006. 11. 15. [상업등기선례 제2-23호, 시행]

지점 또는 분사무소 설치의 등기는 법령과 정관에 따라 권한 있는 기관이 그 설치의 결정을 하고, 지점 또는 분사무소의 실체를 갖추었을 때 신청할 수 있다. 지점 또는 분사무소 설치에 따른 모든 준비가 완료되어 그 실체가 갖추어졌다 하더라도, 이사회 결의로 정한 설치일 이전에 그 등기를 신청할 수는 없다. (2006. 11. 15. 공탁상업등기과-1287 질의회답)

[선례 96] 국내회사가 해외에 지점을 설치한 경우 본점등기부에 해외지점 설치 등기를 하는 것의 가능 여부(적극)

제정 2005.12.20 [상업등기선례 제200512-2호, 시행]

1. 주식회사의 지점소재지는 상법 제317조 제2항 제3의4호에 의거 본점소재지에서 등기하여야 하는바, 국내회사가 외국에 지점을 설치한 경우 그 외국지점소재지도 등조에서 정하는 지점의 소재지에 해당하여 본점소재지에서 등기할 수 있으며,
2. 외국에 지점을 설치한 경우에는 상법 제317조 제4항 및 제181조 제2항에 의하여 본점소재지에서 그 지점소재지를 등기하여야 할 것이다. 다만, 현재의 전산시스템상 해외지점을 등기하기 위한 방법이 마련되어 있지 아니하여, 해외지점의 등기를 위한 전산시스템 개발이 완료되는 2006. 2. 20.일 이후에 본점등기부에 해외지점의 등기가 가능할 것이며, 전산시스템 미비로 인한 해외지점 등기지연에 대하여는 등기해태에 대한 과태료 통지를 하지 않도록 하여야 할 것이다. (2005. 12. 20. 공탁법인과-707 질의회답)

[선례 97] 주식회사의 본점이전 및 지점설치시 등기기간의 기산점 등

제정 2003. 7. 9. [등기선례 제200307-11호, 시행]

1. 주식회사의 본점이전 및 지점설치시 등기기간의 기산점은 주주총회나 이사회에서 결의한 일자가 아니라 실제로 본점을 이전하거나 지점을 설치한 일자가 될 것이나, 사전에 본점이전 및 지점설치를 한 다음에 이사회 결의가 있는 경우에는 그 이사회의 결의가 있는 날로부터 등기기간이 진행된다고 보아야 할 것이다.
2. 주주총회의 결의는 주식회사의 본질에 반하지 아니하고 법령, 정관에 저촉되지 아니한 것이면 조건부나 기한부 결의를 할 수 있으며, 그 기한의 범위는 사적자치에 의하여 자유로이 정할 수 있다. (2003. 7. 9. 공탁법인 3402-164 질의회답)

(2) 지점소재지에서 하는 등기신청의 특례 등

- 상법 제24조 제2항 제2호, 제25조 제3항
- 상업등기규칙 제101조 제1항 제1호, 제154조 제1항

[선례 98] 지점소재지에 지점설치등기를 할 경우 당사자가 출석하여야 하는지 여부

제정 1994. 5. 4. [상업등기선례 제1-126호(등기선례 제4-853호), 시행]
주식회사의 이사회가 지점설치 결의를 하고 본점소재지에서 지점설치등기를 한 후 그 지점소재지에 지점설치등기를 신청할 경우에는 비송사건절차법 제148조 제2항 에 따라 당사자 또는 그 대리인이 등기소에 출석을 하지 않아도 무방하다. (1994. 5. 4. 등기 3402-401 질의회답)

[선례 99] 법인등기신청시 대리권한을 증명하는 서면으로서의 위임장에 원칙적으로 법인인감을 날인하여야 하는지 여부(적극)

제정 2004. 3. 31. [상업등기선례 제1-16호(등기선례 제200403-19호), 시행]
대리인에 의하여 법인등기를 신청할 때에는 신청서에 그 권한을 증명하는 서면을 첨부하여야 하는바, 그 권한을 증명하는 서면으로서의 위임장에는 지점소재지에서 하는 목적변경등기 등의 일정한 경우를 제외하고는 원칙적으로 관할등기소에 제출한 법인인감을 날인하여야 한다. (2004. 3. 31. 공탁법인 3402-77 질의회답)

[선례 100] 각 상이한 지점명칭을 기재하여 동일한 소재, 동일한 지번에 2개의 지점설치등기를 하는 것의 가능여부(선례 일부변경)

제정 2005.10.31 [상업등기선례 제200510-2호, 시행]
「상법」 제317조 제2항 제3의4호 및 제4항에 의하여 등기부에 기재되는 각 지점소재지는 특정될 수 있어야 하므로, 각 상이한 지점명칭을 기재하여 지점등기를 신청한다면 동일한 행정구역 내의 동일한 지번에 2개의 지점설치등기를 하는 것이 가능할 것이다. (2005. 10. 31. 공탁법인과-597 질의회답)

다. 등기사항

(1) 지점의 설치등기

(가) 본점 또는 지점의 등기기록이 있는 등기소의 관할구역 외에 지점을 설치한 경우

- 상법 제57조
- 상업등기규칙 제102조 제2항, 제154조 제1항

[선례 101] 외국회사 영업소 설치등기와 유사상호

제정 2005. 12. 27. [상업등기선례 제2-97호, 시행]

1. 타인이 등기한 상호는 동일한 특별시, 광역시, 시, 군에서 동종영업의 상호로 등기할 수 없는바(상법 제22조), 그 제도적 취지가 상호권자의 이익보호 및 등기된 상호에 대한 일반 공중의 오인혼동을 방지하여 이에 대한 신뢰를 보호하고자 하는 것이라는 점에서, 이미 등기되어 있는 외국회사 영업소가 청산예정이고 그 외국회사 영업소가 유한회사의 설립등기로 인하여 동일 상호가 중복하여 등기되는 것에 대하여 승낙한다고 하더라도 유한회사의 설립등기신청은 수리될 수 없으며(비송사건절차법 제159조 제13호 및 제164조),
2. 이와 반대로, 외국회사 영업소 설치등기를 할 경우에 있어서는, 외국회사 영업소가 지점의 성격을 가지고 있으며 지점에 있어서의 등기는 상법상 강제되어 있기 때문에, 이미 유한회사의 설립등기가 되어 있는 관할 등기소 내에 동종영업을 목적으로, 동일 상호로 외국회사 영업소 설치등기를 하는 것이 가능할 것이다(상법 제614조 제2항 , 제35조). (2005. 12. 27. 공탁법인과-730 질의회답)

[선례 102] 지배인을 둔 장소와 지점의 명칭

제정 2006.10.11 [상업등기선례 제200610-1호, 시행]

지배인은 본점 또는 지점에서 영업을 하고 지점의 명칭은 지점의 소재지와 함께 지점을 특정하는 역할을 한다는 점, 동일한 장소에 상이한 지점명칭을 사용하여 2개의 지점설치등기를 할 수 있다는 점을 감안하면, 비송사건절차법 제179조 제1항 제4호, 제180조의 "지배인을 둔 장소"는 그 지배인을 둔 본점 또는 지점의 소재지와 지점의 명칭(지점의 명칭이 등기되어 있는 경우에 한한다)이라고 해석된다. 따라서, 지점의 명칭이 등기되어 있는 경우(상업등기처리규칙 제69조 제1항, 제78조, 제92조, 제93조 제1항)에는 지배인을 둔 장소로 지점의 소재지만을 등기하거나 등기되어 있는 지점의 명칭과 다른 명칭을 등기할 수 없다. (2006. 10. 11. 공탁상업등기과-1122 질의회답)

(나) 본점 또는 지점의 등기기록이 있는 등기소의 관할구역 내에 지점을 설치한 경우

- 상법 제181조 제2항, 제317조 제4항
- 상업등기규칙 제102조 제2항, 제154조 제1항
- 법인등의 등기사항에 관한 특례규칙 제4조 제2항

(2) 지점의 이전등기

(가) 관할내 지점의 이전

- 상법 제182조 제2항, 제317조 제4항
- 상업등기규칙 제55조 제3항

(나) 관할외 지점의 이전

- 상법 제181조 제2항, 제317조 제3항, 제4항
- 상업등기법 제57조
- 상업등기규칙 제116조 제1항 제2호, 제154조 제1항

(3) 지점의 폐지등기

- 상법 제317조 제4항, 제183조
- 상업등기규칙 제55조 제1항, 제3항 , 제154조 제1항, 제116조 제1항 제3호

라. 첨부서면

(1) 본점소재지에서 하는 신청의 경우

- 상법 제393조 제1항, 제6항
- 상업등기규칙 제128조 제2항

[선례 103] 이사가 1인인 회사의 최소 행정구역 내 본점 이전으로 인한 변경등기 신청시 첨부서면

제정 2007. 7. 24. [상업등기선례 제2-24호, 시행]

정관에 본점의 소재지(상법 제289조제1항제6호)로서 최소 행정구역(특별시·광역시·시·군)

이 기재되어 있고 상법 제383조제1항 단서와 정관 규정에 따라 이사를 1인으로 한 주식회사가 그 최소 행정구역 내에서 본점을 이전한 경우, 그로 인한 변경등기의 신청서에는 1인 이사가 본점을 이전하기로 결정하였음을 증명하는 서면(예를 들어, '결정서' 등)을 첨부하여야 한다. 그러나, 본점 이전에 관한 주주총회 의사록(상업등기법 제79조제2항 참조)은 첨부하지 않아도 된다. (2007. 7. 24. 공탁상업등기과-805 질의회답)

[선례 104] 지점설치의 등기

제정 1986. 6. 5. [상업등기선례 제1-116호(등기선례 제1-879호), 시행]
정관에 주주총회의 결의로 지점을 둘 수 있다고 규정하고 있는 이상 현행법상 지점설치가 이사회의 결의사항으로 되어 있다 하더라도 주주총회에서 이에 관한 정관의 규정을 변경하지 않고서는 이사회의 결의만으로 지점을 설치할 수는 없다. (1986.06.05. 등기 제273호 대한사법서사협회장 대 법원행정처장 회답)

마. 등록면허세·등기신청수수료 등의 납부

(1) 등록면허세 및 지방교육세

- 지방세법 제28조 제1항 제6호 바목, 제151조 제1항 제2호, 제28조 제2항
- 지방세법시행령 제43조 제2항
- 예규 제1038호 제5조, 제6조, 제8조

(2) 등기신청수수료

- 수수료규칙 제5의3조 제2항, 제5의5조 제4항

제6절 행정구역 등의 변경에 따른 본점·지점의 변경등기

1. 본·지점의 표시의 변경 등

- 상법 제28조, 제317조 제4항, 제183조

- 상업등기규칙 제57조

[선례 105] 행정구역변경에 따른 등기명의인 표시변경등기와 등기관련비용부담자

제정 1997. 11. 12. [상업등기선례 제1-128호(등기선례 제5-877호), 시행]

행정구역 또는 그 명칭의 변경이 있을 때에는 등기부에 기재한 행정구역 또는 그 명칭은 당연히 변경된 것으로 보므로, 별도로 등기명의인 표시변경등기를 하지 않고도 다른 등기를 할 수 있다. 이 경우 등기관이 직권으로 그 변경등기를 할 수 있으나 등기명의인이 그 변경등기를 신청할 수도 있다. 후자의 경우에 변경등기에 따른 등록세와 등기신청수수료는 면제되는 것이나, 등기명의인이 법무사에게 등기신청을 위임했다면 위임에 따른 비용(법무사보수 등)은 등기명의인이 부담하여야 한다. (1997. 11. 12. 등기 3402-868 질의회답)

[선례 106] 본점소재지의 소재지번 경정·변경, 복수의 행정구역 등기가부 등

제정 2004. 2. 6. [상업등기선례 제1-136호(등기선례 제200402-12호), 시행]

1. 본점소재지는 독립된 행정구역(구획포함)으로서의 지번·동·호수 등이어야 하므로 당사자가 임의적으로 정한 건물명칭·호수 등은 등기사항이 아니다.
2. 본점소재지의 지번 등에 관하여 착오로 인하여 잘못 등기된 경우에는 제232조 의 규정에 따라 착오가 있었음을 증명하는 서면을 첨부하여 경정등기신청을 할 수 있을 것이다.
3. 본점소재지의 실질적 장소이전은 없으나 소재지번 등이 변경된 경우에는 제161조 의 규정에 따라 당연히 변경된 것으로 보게 되나, 법인의 대표자는 그 변경사실을 증명하는 서면을 첨부하여 변경등기신청을 할 수도 있을 것이다.
4. 본점소재지는 독립된 행정구역으로서 등기부상 단일하여야 하므로 동시에 복수의 행정구역을 본점소재지로 등기할 수는 없으며, 추가된 지번·동·호수 등에 본점을 둔다는 취지라면 본점이전등기신청을 하여야 한다. (2004. 2. 6. 공탁법인 3402-37 질의회답)

2. 등기절차

- 지방세법 제26조 제2항 제2호
- 수수료규칙 제5의3조 제2항 제3호

[선례 107] 행정구역 개편으로 인한 사무소소재지의 변경등기

제정 1995. 2. 22. [상업등기선례 제1-127호(등기선례 제4-878호), 시행]
지방자치법의 개정(법률 제4787호)으로 인한 행정구역 개편으로 사무소소재지 변경등기를 신청함에 있어 위 행정구역이 개편되었다는 사실을 증명하는 서면(예컨데, 관보 등)을 첨부하면 될 것이며, 그 이외에 총회의사록 또는 관할행정청의 인가증 등을 첨부할 필요는 없다. (1995. 2. 22. 등기 3402-152 질의회답)

제7절 이사 · 대표이사 · 집행임원 · 감사 등에 관한 변경등기

1. 이사의 취임 · 퇴임 등

가. 이사의 의의

- 상법 제317조 제2항 제7호

나. 이사의 자격

(1) 자격일반

- 상법 제382조 제2항 제3항, 제542의8조 제2항, 제411조, 제387조, 제415의2조 제7항
- 민법 제690조

[선례 108] 당연히 이사가 되는 자에 관한 정관 규정의 의미와 등기할 사항인지 여부

제정 2012.06.25 [상업등기선례 제201206-2호, 시행]
법인의 임원에 관한 정관 규정의 의미와 등기할 사항인지 여부는 해당 법인에 관한 등기신청사건에서 등기관이 판단하여야 할 것이다. 다만, 어느 법인의 정관에 특정한 직위에 있는 사람은 별도의 선임절차 없이 당연히 이사가 되도록 하는 규정이 있다면, 이는 그 직위에 있는 동안 이사의 지위도 변함이 없다는 취지에서 이와 같이 정하는 것이 일반적

일 것이므로, 특별한 사정이 없는 한 그 직위에 있는 기간이 해당 이사의 임기가 되며 해당 법인의 정관에 규정된 이사의 임기는 적용될 수 없다. (2012. 06. 25. 사법등기심의관-1765 질의회답)

[선례 109] 주식회사의 대표이사가 외국인으로서 외국인등록을 한 경우 등기하여야 할 주소

제정 1999.04.08 [상업등기선례 제1-154호(등기선례 제6-642호), 시행]

주식회사의 설립등기 또는 새로운 대표이사의 취임으로 인한 변경등기를 신청함에 있어 대표이사 또는 새로이 취임하는 대표이사가 국내에 외국인등록을 한 외국국적자라면, 등기신청서에는 주소를 증명하는 서면으로 외국인등록표등본을 첨부하고 주소는 외국인등록표등본에 나타난 국내 체류지로 하여야 할 것이다. (1999. 4. 8. 등기 3402-379 질의회답)

[선례 110] 주식회사의 이사의 임기에 관한 상법 제383조 제2항의 해석

제정 1989.10.18 [상업등기선례 제1-142호(등기선례 제2-686호), 시행]
[폐지 2014.11.21. (실질은 유효)]

주식회사의 이사 전원을 대표이사로 선임하고 그에 따른 등기신청이 있다면 이를 수리하여야 한다. (1989. 10. 18. 등기 제1958호)

---

(2) 행위능력의 요부 등

- 상법 제7조, 제542의8조 제2항 제1호
- 민법 제8조 제1항, 제117조

(3) 법인이사의 허용 여부

- 자본시장 금융투자업에 관한 법률 제197조, 제198조

(4) 사외이사의 자격

- 상법 제382조 제3항, 제542의8조 제2항

[선례 111] 사외이사직 상실로 인한 변경등기의 신청서에 첨부하여야 할 서면

제정 2007.06.20 [상업등기선례 제200706-3호, 시행]

사외이사가 일정 수 이상이 되도록 하여야 하는 주권상장법인(증권거래법 제191조의16제1항, 제2항)의 사외이사가 당해 법인과 법률자문계약을 체결하여 그 직을 상실한 경우(증권거래법 제54조의5제4항제9호, 제191조의16제3항, 증권거래법 시행령 제37조의6제3항제2호), 퇴임을 증명하는 서면(비송사건절차법 제204조제2항)으로서 '사외이사가 당해 법인과 법률자문계약을 체결하였음을 증명하는 서면'을 첨부하여 퇴임으로 인한 변경등기를 신청할 수 있고, 그 신청서에 등기의 사유로서 이사가 퇴임한 뜻을 기재하면 된다. (2007. 6. 20. 공탁상업등기과-685 질의회답)

(5) 그 밖의 법령에 의한 제한

- 형법 제43조 제1항 제4호, 제44조
- 채무자회생법 제203조 제2항, 제284조

(6) 이사 또는 대표이사의 지배인 지위의 겸임 가부

[판례 1] 약속어음금 (대법원 1968. 7. 23. 선고 68다442 판결)

【판시사항】

가. 주식회사의 기관인 상무이사가 동 회사의 사용인을 겸임할 수 있는지의 여부.

나. 경리사무에 관한 포괄적 대리권을 가진 사용인을 겸한 상무이사가 개인적으로 쓰기 위하여 동 회사 대표이사의 동장을 위조하여 발행한 약속어음의 효력.

【판결요지】

주식회사의 기관인 상무이사가 같은 회사의 사용인을 겸할 수 있는 것이며 그와 같은 경리사무에 관한 포괄적 대리권을 가진 위 사용인을 겸한 상무이사가 개인적으로 쓰기 위하여 동회사 대표이사의 도장을 위조하여 약속어음을 발행한 경우 수취인이 그러한 사정을 알았다고 볼만한 입증이 없는 이상 회사는 그 어음에 대한 책임을 면할 수 없다.

다. 이사의 원수

- 상법 제383조 제1항, 제415의2조 제1항 제2항, 제542의8조 제1항
- 상법 시행령 제34조

라. 이사의 선임

(1) 선임기관

- 상법 제361조, 제382조 제1항, 제542의8조 제4항, 제5항
- 채무자회생법 제193조 제2항 제3호, 제203조 제1항, 제246조, 제263조 제1항 제2항

(2) 선임결의 등

(가) 정족수

- 상법 제368조 제1항, 제3항

(나) 주주총회 소집통지의 특례

- 상법 제542의4조 제2항, 제542의5조
- 상법시행령 제31조 제3항

[선례 112] 이사 선임을 위한 주주총회 소집절차가 상법 제363조에 위반한 경우 이사취임등기의 직권말소 가부

제정 1985.07.29 [상업등기선례 제1-139호(등기선례 제1-874호), 시행]

주식회사의 이사 선임을 위한 주주총회를 소집함에 있어서 상법 제363조 소정의 절차에 위반한 때에도 등기공무원이 그 등기신청을 수리하여 등기를 하였다면 이를 직권으로 말소할 수는 없다. (1985. 7. 29. 등기 제360호)

(다) 집중투표제

- 상법 제382의2조 제1항 제3항 제4항, 제542의7조 제2항, 제368조 제1항
- 상법시행령 제33조

마. 예선

[선례 113] 주식회사 이사변경등기의 등기기간 기산점

제정 1998.10.08 [상업등기선례 제1-152호(등기선례 제5-842호), 시행]

주식회사 이사의 취임등기기간은 그 취임의 효력이 발생한 날로부터 진행된다고 할 것이므로, 이사 홍길동의 임기만료 전에 개최된 정기주주총회에서 미리 이사 홍길동을 중임하기로 하는 결의가 이루어진 경우, 상법 제317조 제4항 및 제183조의 규정에 의한 등기기간은 그 취임의 효력이 발생한 날, 즉 이사 홍길동이 임기만료로 퇴임함과 동시에 주주총회의 결의에 의하여 중임되어 새로이 임기를 개시하게 된 날로부터 진행된다고 할 것이다. (1998. 10. 8. 등기 3402-985 질의회답)

바. 취임승낙

- 민법 제680조

[판례 1] 감사선임등기 (대법원 1995. 2. 28. 선고 94다31440 판결)

【판시사항】

주주총회에서 감사선임의 결의만 있었을 뿐 회사와 임용계약을 체결하지 아니한 자가 회사에 대하여 감사변경등기절차의 이행을 구할 수 있는지 여부

【판결요지】

주식회사와 임용계약을 체결하고 새로이 회사의 감사의 지위에 취임하여 감사로서의 직무를 수행할 권리와 의무를 가지게 된 자로서는, 아직 감사로서 회사등기부에 등재되지 아니한 상태라면 등기에 의하여 선의의 제3자에 대항할 수 없어 완전한 감사로서의 직무를 수행할 수 없으므로, 회사에 대하여 회사와의 임용계약에 기하여 회사등기부상 감사변경의 등기절차의 이행을 구할 수 있으나, 감사의 선임에 관한 주주총회의 결의는 피선임자를 회사의 기관인 감사로 한다는 취지의 회사 내부의 결정에 불과한 것이므로, 주주총회에서 감사선임결의가 있었다고 하여 바로 피선임자가 감사의 지위를 취득하게 되는 것은 아니고, 주주총회의 선임결의에 따라 회사의 대표기관이 임용계약의 청약을 하고 피선임자가 이에 승낙을 함으로써 비로소 피선임자가 감사의 지위에 취임하여 감사로서의 직무를 수행할 수 있게 되는 것이므로, 주주총회에서 감사선임의 결의만 있었을 뿐 회사와 임용계약을 체결하지 아니한 자는 아직 감사로서의 지위를 취득하였다고 할 수 없고, 따라서 감사로서의 지위에서 회사와의 임용계약에 기하여 회사에 대하여 감사선임등기가 지연

됨을 이유로 감사변경의 등기절차의 이행을 구할 수 없다.

[선례 114] 주주총회, 이사회의 의사록에 기명날인을 할 이사 및 감사

제정 1994.04.01 [상업등기선례 제1-74호(등기선례 제4-852호), 시행]

1. 주식회사 주주총회의 의사록에는 의장과 출석한 이사(또는 청산인)가 각 기명날인을 하여야 하는 바, 여기서의 출석한 이사는 당해 주주총회가 개최되고 있는 동안 이사로서의 자격이 있는 자 중 주주총회에 출석한 자 전원을 말한다. 따라서 주주총회에서 이사 개선의 결의가 있을 경우 전임이사 및 후임이사중 누가 기명날인을 하는가 하는 것은 그 주주총회가 개최될 당시 누가 이사의 자격이 있는가 하는 문제로서 경우에 따라 다를 것이나, 다만 주주총회가 개최되고 있는 동안 전임이사의 임기가 종료되고 후임이사가 취임승락을 하여 임기가 개시되었다면 전임이사와 후임이사 모두가 기명날인을 하여야 할 것이며, 후임이사의 임기가 주주총회 종결 이후부터 개시되었다면 그 자는 아직 이사의 자격이 없어 기명날인을 할 수 없을 것이다. 그러나 형식적심사권 밖에 없는 등기공무원으로서는 주주총회 당시 전임이사가 출석을 하였는가 하는 것은 주주총회의 의사록에 의하여 판단할 수 밖에 없는 것이며, 따라서 그 의사록에 전임이사가 출석하였다는 취지가 기재되어 있지 않은 한, 전임이사의 기명날인이 없는 의사록을 첨부하여 등기를 신청한 경우에도 이를 수리할 수 밖에 없다.
2. 대표이사, 이사, 감사등이 선임되었을 때 등기하여야 효력이 발생하는 것은 아니며 다만 그 선임등기는 제3자에게 대항하기 위한 요건이다. (1994. 4. 1. 등기 3402-305 질의회답)

[선례 115] 주식회사 임원의 등기부상 퇴임일과 취임일

제정 2005.03.15 [상업등기선례 제1-169호(등기선례 제200503-9호), 시행]

1. 임기만료로 인한 주식회사 임원의 등기부상 퇴임일은 상법 제386조 제1항, 제389조 제3항, 제415조의 규정에 의하여 새로 선임된 임원이 취임할 때까지 임원으로서의 권리의무를 행사하고 있었다 하더라도 권리의무행사기간종료일이 아니라 본래의 임기만료일이 될 것이다.
2. 주식회사 임원의 등기부상 취임일은 임기개시일을 별도로 정하지 않는 한 선임결의와 해당 임원의 취임승낙이 있는 때가 될 것이나, 실제에 있어서는 대부분 미리 해당 임원의 의사를 확인할 것이므로 특별한 소명이 없는 경우 선임결의일로 등기될 것이다.

(2005. 3. 15. 공탁법인 3402-71 질의회답)

[선례 116] 민법상 사단법인의 이사의 임기 등

제정 1992. 6. 17. [상업등기선례 제1-306호(등기선례 제3-980호), 시행]
민법상 사단법인인 택시운송사업조합의 정관상 전무이사의 임기는 2년이며, 보궐임원의 임기는 전임자의 잔임기간으로 하고, 임기만료 후라도 후임자가 취임할 때까지는 그 직무를 행할 수 있고 또 연임할 수 있다고 규정되어 있는 경우, 전임 전무이사가 89. 5. 1.에 취임하였다가 90. 5. 3. 사임하고 후임자가 90. 5. 4. 취임하였다면 후임자의 임기는 91. 4. 30.까지이며, 임기만료 후에도 임기산정에 대한 업무착오로 개임 없이 그 전무이사가 계속 근무하고 있다가 다시 이사회에서 전무이사로 선임되었다면 그 전무이사의 임기는 취임일(선임결의일 또는 취임승낙일 중 늦은 날)부터 개시되는 것이다. (1992. 6. 17. 등기 제1288호)

[선례 117] 임원 변경등기에서 체류국 공증인의 공증 허용 여부

제정 2006.07.10 [상업등기선례 제200607-1호, 시행]
주식회사나 유한회사에 관한 등기신청서에 대표권 없는 이사 또는 감사 등의 취임승낙 또는 사임을 증명하는 서면을 첨부하는 경우 그 이사 또는 감사 등이 본국 또는 우리나라가 아닌 다른 나라에 거주 또는 체류하는 외국인인 때에는, 그 서면상의 서명이 본인의 것임을 확인하는 거주 또는 체류하는 국가의 공증인의 인증서를 첨부하여 본국 관공서의 증명이나 본국 공증인의 인증에 갈음할 수 있다. 그러나, 대표권 있는 이사·청산인 등의 취임승낙 또는 사임을 증명하는 서면에는 본국 관공서의 증명이나 본국 공증인 또는 우리나라 공증인의 인증서를 첨부하여야 하며, 거주 또는 체류하는 국가의 공증인의 인증서는 허용될 수 없을 것이다. (2006. 7. 10. 공탁상업등기과-627 질의회답)

[선례 118] 회사의 임원의 취임 또는 사임으로 인한 변경등기 신청시 본국에 인감증명제도가 없는 외국인의 취임승낙 또는 사임을 증명하는 서면에 대한민국 재외공관의 영사관의 인증을 받은 서면을 첨부할 수 있는지 여부

제정 2011.01.03 [상업등기선례 제201101-2호, 시행]
대한민국 영토 밖에서의 공증에 관한 사무는 대한민국 재외공관의 영사관이 담당하는 바, 영사관의 인증도 우리나라 공증인이 한 인증과 다를 바 없으므로(「재외공관공증법」 제1조, 제2조, 제13조, 제27조, 제33조 참조), 회사의 임원의 취임 또는 사임으로 인한 변경등기 신청시 본국에 인감증명제도가 없는 외국인의 취임승낙 또는 사임을 증명하는 서면에 본인이 서명을 하였다는 대한민국 재외공관의 영사관의 인증을 받아 첨부할 수 있다. (2011. 1. 3. 사법등기심의관-4 질의회답)

사. 이사의 임기

(1) 임기의 최장기

- 상법 제383조 제2항
- 자본시장과 금융투자업에 관한 법률 제9조 제18항 제2호, 제206조 제2항

[선례 119] 주식회사의 이사의 임기에 관한 상법 제383조 제2항의 해석

제정 1987.07.31 [상업등기선례 제1-141호(등기선례 제2-686호), 시행]

주식회사의 이사의 임기에 관한 상법규정은 임기의 법정기간이 아니라 임기의 최장기를 정한 규정이므로(상법 제383조 제2항 참조), 회사는 3년 이내에서 그 임기를 단축할 수 있는 바, 기존 정관에 이사의 임기를 2년으로 정한 주식회사에 있어서는 정관을 변경하지 않는 한 개정 상법의 시행 후에도 그 이사의 임기는 2년이 되는 것이다. (1987. 7. 31. 등기 제453호)

[선례 120] 정관에 보궐 또는 증원에 의하여 선임된 이사의 임기는 다른 이사의 잔여임기와 같이한다는 규정이 있는 회사의 주주총회에서 이사 전원을 보선한 경우 이사의 임기

제정 2003. 6. 10. [상업등기선례 제1-165호(등기선례 제200306-31호), 시행]

1. 이사의 임기에 관하여 상법은 최장기한에 관하여만 규정을 두고 있으므로 회사의 정관으로 이사의 임기를 3년을 초과하지 아니하는 범위에서 1년 또는 2년 등으로 정할 수 있다.
2. 보궐 또는 증원에 의하여 선임된 이사의 임기는 다른 이사의 잔여임기와 같이 한다는 정관 규정이 있더라도 이는 이사의 일부에 결원이 생긴 경우에만 적용될 뿐 이사전원을 새로 선임하는 경우에는 적용되지 않는다고 할 것이므로, 주주총회에서 이사 전원을 새로 선임한 경우 이사의 임기는 정관이 정한 임기가 될 것이다.

(2003. 6. 10. 공탁법인 3402-138 질의회답)

[선례 121] 이사 및 감사의 임기만료일

제정 2005.08.29 [상업등기선례 제200508-5호, 시행]

2001년 12월 21일 설립등기를 하고 그 영업연도를 1월 1일부터 12월 31일까지로 하는 갑 주식회사의 정관에, 이사 및 감사의 임기에 관하여 이사의 임기는 3년으로 하면서 상법 제383조 제3항의 임기연장규정을 두고 있고, 감사의 임기에 대하여는 상법 제410조와 동일한 내용의 규정을 두고 있는 경우, 설립등기일에 취임한 이사는 2004년 12월 21일에, 같은 날에 취임한 감사는 임기중의 최종의 결산기인 2003년의 결산기에 관한 정기주주총회의 종결일(2004년 3월 31일까지 주주총회가 개최되지 아니하였다면 2004년 3월 31일)에 임기가 만료된다고 할 것이다. (2005. 8. 29. 공탁법인과-429 질의회답)

(2) 임기의 최장기의 연장

- 상법 제383조 제2항, 제3항

[판례 2] 주주총회결의무효확인등 (대법원 2010. 6. 24. 선고 2010다13541 판결)

【판시사항】

[1] 정관으로 이사의 임기를 그 임기 중의 최종 결산기에 관한 정기주주총회 종결일까지 연장할 수 있도록 정한 상법 제383조 제3항의 규정 취지 및 그 조항이 이사의 임기가 최종 결산기의 말일과 그 결산기에 관한 정기주주총회 사이에 만료되는 경우에만 적용되는지 여부(적극)

[2] 소집권한이 없는 자가 이사회 소집결정도 없이 소집하여 이루어진 주주총회결의의 효력

[3] 임기만료로 퇴임한 이사 갑이 소집한 이사회에 갑과 임기만료로 퇴임한 이사 을 및 이사 병이 참석하여 정을 대표이사에서 해임하고 갑을 대표이사로 선임하는 결의를 한 다음, 갑이 곧바로 소집한 주주총회에 갑, 을, 병이 주주로 참석하여 정을 이사에서 해임하고 갑과 무를 이사로 선임하는 결의를 한 사안에서, 위 이사회결의는 정관에 정한 소집절차 및 의결정족수에 위배되어 무효이고, 위 주주총회결의는 소집권한 없는 자가 이사회의 소집결정 없이 소집한 주주총회에서 이루어진 것으로 그 하자가 중대하여 법률상 존재하지 않는다고 보아야 한다고 한 사례

【판결요지】

[1] 상법 제383조 제3항은 이사의 임기는 3년을 초과할 수 없도록 규정한 같은 조 제2항에 불구하고 정관으로 그 임기 중의 최종의 결산기에 관한 정기주주총회의 종결에 이르기까지 이를 연장할 수 있다고 규정하고 있는바, 위 규정은 임기가 만료되는 이사에 대하여는 임기 중의 결산에 대한 책임을 지고 주주총회에서 결산서류에 관한

주주들의 질문에 답변하고 변명할 기회를 주는 한편, 회사에 대하여는 정기주주총회를 앞두고 이사의 임기가 만료될 때마다 임시주주총회를 개최하여 이사를 선임하여야 하는 번거로움을 덜어주기 위한 것에 그 취지가 있다. 위와 같은 입법 취지 및 그 규정 내용에 비추어 보면, 위 규정상의 '임기 중의 최종의 결산기에 관한 정기주주총회'라 함은 임기 중에 도래하는 최종의 결산기에 관한 정기주주총회를 말하고, 임기 만료 후 최초로 도래하는 결산기에 관한 정기주주총회 또는 최초로 소집되는 정기주주총회를 의미하는 것은 아니므로, 위 규정은 결국 이사의 임기가 최종 결산기의 말일과 당해 결산기에 관한 정기주주총회 사이에 만료되는 경우에 정관으로 그 임기를 정기주주총회 종결일까지 연장할 수 있도록 허용하는 규정이라고 보아야 한다.

[2] 주주총회를 소집할 권한이 없는 자가 이사회의 주주총회 소집결정도 없이 소집한 주주총회에서 이루어진 결의는, 1인 회사의 1인 주주에 의한 총회 또는 주주 전원이 참석하여 총회를 개최하는 데 동의하고 아무런 이의 없이 결의가 이루어졌다는 등의 특별한 사정이 없는 이상, 총회 및 결의라고 볼 만한 것이 사실상 존재한다고 하더라도 그 성립 과정에 중대한 하자가 있어 법률상 존재하지 않는다고 보아야 한다.

[3] 임기만료로 퇴임한 이사 갑이 소집한 이사회에 갑과 임기만료로 퇴임한 이사 을 및 이사 병이 참석하여 정을 대표이사에서 해임하고 갑을 대표이사로 선임하는 결의를 한 다음, 갑이 곧바로 소집한 주주총회에 갑, 을, 병이 주주로 참석하여 정을 이사에서 해임하고 갑과 무를 이사로 선임하는 결의를 한 사안에서, 위 이사회결의는 소집권한 없는 자가 소집하였을 뿐 아니라 이사가 아닌 자를 제외하면 이사 1인만 참석하여 이루어진 것이 되어 정관에 정한 소집절차 및 의결정족수에 위배되어 무효이고, 위 주주총회결의는 소집권한 없는 자가 이사회의 소집결정 없이 소집한 주주총회에서 이루어진 것으로 그 하자가 중대하여 법률상 존재하지 않는다고 보아야 한다고 한 사례.

[선례 122] 사업년도 중에 임기만료되는 이사에 대한 상법 제383조 제3항의 적용 여부

제정 1984. 12. 21. [상업등기선례 제1-138호(등기선례 제1-871호), 시행]
[2014.11.21 폐지(실질은 유효)]

상법 제383조 제3항 의 규정은 임원의 임기가 최종의 결산기 말일로부터 당해 결산기에 관한 정기주주총회의 종결일까지 사이에 만료되는 경우에 한하여 정관으로 그 임기를 당해 정기주주총회 종결일까지 연장할 수 있다는 것이므로, 이사의 임기가 사업년도 중에 만료된 경우에는 위 규정은 적용되지 않는다. (1984. 12. 21. 등기 제558호)

[선례 123] 감사의 임기가 만료된 경우 상법 제410조에서 규정하는 최종의 결산기에 관한 정기주주총회에서 새로운 감사를 선임하지 않고 그 이후에 정기총회 또는 임시총회를 개최하여 감사를 선임한 경우, 그 선임행위가 유효한지 그리고 유효하다면 전임 감사의 임기만료일을 언제로 볼 것인지 여부

제정 2001. 11. 1. [상업등기선례 제1-162호(등기선례 제200111-10호), 시행]
제410조 는 감사의 임기에 관한 규정으로 반드시 새로운 감사를 그 정기주주총회에서 선임하여야 하는 것은 아니며, 적기에 정기주주총회가 개최되지 못하여 그 이후의 정기주주총회나 임시주주총회에서 새로운 감사가 선임된 경우 전임 감사의 임기종료일은 제410조에서 규정하는 결산기에 관한 정기주주총회를 개최할 수 있는 시기(결산기가 12월 31일이면 익년 3월 31일)까지이다. (2001. 11. 1. 등기 3402-740 질의회답)

[선례 124] 이사 및 감사의 임기만료일

제정 2005. 8. 29. [상업등기선례 제2-25호, 시행]
2001년 12월 21일 설립등기를 하고 그 영업연도를 1월 1일부터 12월 31일까지로 하는 갑 주식회사의 정관에, 이사 및 감사의 임기에 관하여 이사의 임기는 3년으로 하면서 상법 제383조 제3항의 임기연장규정을 두고 있고, 감사의 임기에 대하여는 상법 제410조와 동일한 내용의 규정을 두고 있는 경우, 설립등기일에 취임한 이사는 2004년 12월 21일에, 같은 날에 취임한 감사는 임기중의 최종의 결산기인 2003년의 결산기에 관한 정기주주총회의 종결일(2004년 3월 31일까지 주주총회가 개최되지 아니하였다면 2004년 3월 31일)에 임기가 만료된다고 할 것이다. (2005. 8. 29. 공탁법인과-429 질의회답)

[선례 125] 주식회사의 이사의 임기에 관한 상법 제383조 제2항의 해석

제정 1987.07.31 [상업등기선례 제1-141호(등기선례 제2-686호), 시행]
주식회사의 이사의 임기에 관한 상법규정은 임기의 법정기간이 아니라 임기의 최장기를 정한 규정이므로(상법 제383조 제2항 참조), 회사는 3년 이내에서 그 임기를 단축할 수 있는 바, 기존 정관에 이사의 임기를 2년으로 정한 주식회사에 있어서는 정관을 변경하지 않는 한 개정 상법의 시행 후에도 그 이사의 임기는 2년이 되는 것이다. (1987. 7. 31. 등기 제453호)

[선례 126] 민법법인 이사의 임기에 상법의 임기제한규정이 적용되는지 여부

제정 2013.10.25 [상업등기선례 제201310-3호, 시행]

민법에는 법인의 이사의 임기에 대해 규정이 없고 이사의 임면에 관한 규정처럼 정관에 필요적으로 기재하여야 할 사항으로 규정하고 있지는 않지만, 민법법인은 통상 정관에 이를 정하고 있다(민법 제40조 참조). 민법법인은 영리를 목적으로 하는 법인이 아니므로 상법의 이사의 임기제한규정(상법 제383조 제2항 참조)은 적용되지 않는다. (2013. 10. 25. 사법등기심의관－4385 질의회답)

(3) 임기의 기산점

[선례 127] 주주총회, 이사회의 의사록에 기명날인을 할 이사 및 감사

제정 1994.04.01 [상업등기선례 제1-74호(등기선례 제4-852호), 시행]

1. 주식회사 주주총회의 의사록에는 의장과 출석한 이사(또는 청산인)가 각 기명날인을 하여야 하는 바, 여기서의 출석한 이사는 당해 주주총회가 개최되고 있는 동안 이사로서의 자격이 있는 자 중 주주총회에 출석한 자 전원을 말한다. 따라서 주주총회에서 이사 개선의 결의가 있을 경우 전임이사 및 후임이사중 누가 기명날인을 하는가 하는 것은 그 수수총회가 개최될 당시 누가 이사의 자격이 있는가 하는 문제로서 경우에 따라 다를 것이나, 다만 주주총회가 개최되고 있는 동안 전임이사의 임기가 종료되고 후임이사가 취임승락을 하여 임기가 개시되었다면 전임이사와 후임이사 모두가 기명날인을 하여야 할 것이며, 후임이사의 임기가 주주총회 종결 이후부터 개시되었다면 그 자는 아직 이사의 자격이 없어 기명날인을 할 수 없을 것이다. 그러나 형식적심사권 밖에 없는 등기공무원으로서는 주주총회 당시 전임이사가 출석을 하였는가 하는 것은 주주총회의 의사록에 의하여 판단할 수 밖에 없는 것이며, 따라서 그 의사록에 전임이사가 출석하였다는 취지가 기재되어 있지 않은 한, 전임이사의 기명날인이 없는 의사록을 첨부하여 등기를 신청한 경우에도 이를 수리할 수 밖에 없다.
2. 대표이사, 이사, 감사등이 선임되었을 때 등기하여야 효력이 발생하는 것은 아니며 다만 그 선임등기는 제3자에게 대항하기 위한 요건이다. (1994. 4. 1. 등기 3402-305 질의회답)

[선례 128] 주식회사 이사변경등기의 등기기간 기산점

제정 1998.10.08 [상업등기선례 제1-152호(등기선례 제5-842호), 시행]

주식회사 이사의 취임등기기간은 그 취임의 효력이 발생한 날로부터 진행된다고 할 것이므로, 이사 홍길동의 임기만료 전에 개최된 정기주주총회에서 미리 이사 홍길동을 중임하기로 하는 결의가 이루어진 경우, 상법 제317조 제4항 및 제183조의 규정에 의한 등기기간은 그 취임의 효력이 발생한 날, 즉 이사 홍길동이 임기만료로 퇴임함과 동시에 주주총회의 결의에 의하여 중임되어 새로이 임기를 개시하게 된 날로부터 진행된다고 할 것이다. (1998. 10. 8. 등기 3402-985 질의회답)

[선례 129] 주식회사 임원의 등기부상 퇴임일과 취임일

제정 2005.03.15 [상업등기선례 제1-169호(등기선례 제200503-9호), 시행]

1. 임기만료로 인한 주식회사 임원의 등기부상 퇴임일은 상법 제386조 제1항, 제389조 제3항, 제415조의 규정에 의하여 새로 선임된 임원이 취임할 때까지 임원으로서의 권리의무를 행사하고 있었다 하더라도 권리의무행사기간종료일이 아니라 본래의 임기만료일이 될 것이다.
2. 주식회사 임원의 등기부상 취임일은 임기개시일을 별도로 정하지 않는 한 선임결의와 해당 임원의 취임승낙이 있는 때가 될 것이나, 실제에 있어서는 대부분 미리 해당 임원의 의사를 확인할 것이므로 특별한 소명이 없는 경우 선임결의일로 등기될 것이다.

(2005. 3. 15. 공탁법인 3402-71 질의회답)

[선례 130] 민법상 사단법인의 이사의 임기 등

제정 1992. 6. 17. [상업등기선례 제1-306호(등기선례 제3-980호), 시행]

민법상 사단법인인 택시운송사업조합의 정관상 전무이사의 임기는 2년이며, 보궐임원의 임기는 전임자의 잔임기간으로 하고, 임기만료 후라도 후임자가 취임할 때까지는 그 직무를 행할 수 있고 또 연임할 수 있다고 규정되어 있는 경우, 전임 전무이사가 89. 5. 1.에 취임하였다가 90. 5. 3. 사임하고 후임자가 90. 5. 4. 취임하였다면 후임자의 임기는 91. 4. 30.까지이며, 임기만료 후에도 임기산정에 대한 업무착오로 개임 없이 그 전무이사가 계속 근무하고 있다가 다시 이사회에서 전무이사로 선임되었다면 그 전무이사의 임기는 취임일(선임결의일 또는 취임승낙일 중 늦은 날)부터 개시되는 것이다. (1992. 6. 17. 등기 제1288호)

[선례 131] 재단법인 이사의 임기 기산일

제정 1993. 11. 29. [상업등기선례 제1-311호(등기선례 제4-881호), 시행]

재단법인의 이사의 임기 기산일은 그 취임일자로부터 기산하여야 하며 재단법인은 설립등기를 함으로써 성립하는 것으로(법인의 성립요건) 되어 있으므로(민법 제33조) 설립당시의 이사의 임기는 설립등기일로부터 기산하여야 한다. (1993. 11. 29. 등기 제2989호 질의회답)

[선례 132] 최초의 임원의 임기

제정 1991. 7. 30. [상업등기선례 제1-408호(등기선례 제3-989호), 시행]

중소기업협동조합법의 규정에 의하여 설립된 협동조합의 최초임원의 임기는 법인(조합) 성립일 즉 설립등기일로부터 진행한다. (1991. 7. 30. 등기 제1598호 중소기업협동조합 중앙회장 대 질의회답)

[선례 133] 재건축·재개발조합의 최초 임원 임기 기산일

제정 2009. 4. 8. [상업등기선례 제2-125호, 시행]

도시 및 주거환경정비법의 규정에 의하여 설립된 재건축·재개발조합의 최초임원의 임기는 법인(조합) 성립일, 설립등기일로부터 진행한다. (2009. 4. 8. 사법등기심의관-840 질의회답)

[선례 134] 이사 임기만료일 및 중임일

제정 2009. 9. 9. [상업등기선례 제2-32호, 시행]

정관에 이사의 임기를 3년으로 정한 경우 2006년 7월 30일에 설립등기를 한 회사의 이사의 임기만료일은 2009년 7월 30일이며, 이사가 임기만료 직전의 주주총회에서 다시 이사로 선임되고 그 임기만료 전에 취임을 승낙한 경우에는 임기만료일의 다음날인 2009년 7월 31일이 중임일이 된다. (2009. 9. 9. 사법등기심의관-2031 질의회답)

[선례 135] 주식회사 이사의 중임등기

제정 1999. 5. 10. [상업등기선례 제1-157호(등기선례 제6-645호), 시행]

"이사의 임기는 3년으로 하되 그 임기가 임기 내에 도래하는 최종의 결산기에 관한 정기주주총회 종결 전에 만료되는 때에는 이사의 임기는 그 총회 종결시까지 연장한다."는 취지의 정관 규정에 의하여 1996. 1. 12.자로 임기가 만료되는 이사의 임기가 정기주주총회종결일인 1996. 3. 25.까지 연장되었고, 그 총회에서 동일인이 다시 이사로 선임되어 '1996. 3. 25.'을 중임일로 하는 중임등기가 경료된 후, 임기 중인 1999. 3. 10.자 정기주주총회에서 동일인이 다시 이사로 선임되었다면 특별한 사정이 없는 한 중임등기를 신청할 수 있을 것이고, 이 경우 중임일은 먼저 중임된 이사의 임기만료일의 다음날인 '1999. 3. 26.'로 하여야 할 것이다. (1999. 5. 11. 등기 3402-506 질의회답)

[선례 136] 감사의 임기가 만료된 경우 상법 제410조에서 규정하는 최종의 결산기에 관한 정기주주총회에서 새로운 감사를 선임하지 않고 그 이후에 정기총회 또는 임시총회를 개최하여 감사를 선임한 경우, 그 선임행위가 유효한지 그리고 유효하다면 전임 감사의 임기만료일을 언제로 볼 것인지 여부

제정 2001. 11. 1. [등기선례 제200111-10호, 시행]

상법 제410조 는 감사의 임기에 관한 규정으로 반드시 새로운 감사를 그 정기주주총회에서 선임하여야 하는 것은 아니며, 적기에 정기주주총회가 개최되지 못하여 그 이후의 정기주주총회나 임시주주총회에서 새로운 감사가 선임된 경우 전임 감사의 임기종료일은 상법 제410조 에서 규정하는 결산기에 관한 정기주주총회를 개최할 수 있는 시기(결산기가 12월 31일이면 익년 3월 31일)까지이다. (2001. 11. 1. 등기 3402-740 질의회답)

[선례 137] 개명으로 인한 등기기간 기산점

제정 2012.10.19 [상업등기선례 제201210-1호, 시행]

개명은 가정법원의 허가를 필요로 하는 것으로서 그 재판은 「비송사건절차법」 제18조제1항에 의하여 이를 받은 자에게 고지함으로써 효력이 생기는 것이므로, 주식회사의 대표이사가 개명을 하여 그에 따른 변경등기를 하는 경우 그 등기기간은 재판을 받은 자가 개명허가 결정의 고지를 받은 날로부터 기산한다. (2012. 10. 19. 사법등기심의관-3259 질의회답)

(4) 보궐 또는 증원에 의하여 선임된 이사의 임기

[선례 138] 이사 전원을 선임한 주주총회결의가 취소된 후 이사 전원이 정기주주총회에서 다시 선임된 경우 새로이 선임된 이사의 임기 여하

제정 1999. 4. 21. [상업등기선례 제1-155호(등기선례 제6-643호), 시행]

'보결에 의하여 선임된 이사의 임기는 전임자 또는 현재 임원의 나머지 기간으로 한다.'는 취지의 정관규정이 있더라도, 이는 이사의 일부에 결원이 생긴 경우에만 적용될 뿐 이사 전원을 선임하는 경우에는 적용되지 않는다고 할 것이므로, 주식회사의 이사 전원을 선임한 주주총회결의에 대한 취소판결이 확정된 후 정기주주총회에서 이사 전원을 다시 선임한 경우에 있어서 새로이 선임된 이사의 임기는 정관에서 이사의 임기로 정하고 있는 3년이 될 것이다. (1999. 4. 21. 등기 3402-434 질의회답)

[선례 139] 정관에 보궐 또는 증원에 의하여 선임된 이사의 임기는 다른 이사의 잔여임기와 같이한다는 규정이 있는 회사의 주주총회에서 이사 전원을 보선한 경우 이사의 임기

제정 2003. 6. 10. [상업등기선례 제1-165호(등기선례 제200306-31호), 시행]

1. 이사의 임기에 관하여 상법은 최장기한에 관하여만 규정을 두고 있으므로 회사의 정관으로 이사의 임기를 3년을 초과하지 아니하는 범위에서 1년 또는 2년 등으로 정할 수 있다.
2. 보궐 또는 증원에 의하여 선임된 이사의 임기는 다른 이사의 잔여임기와 같이 한다는 정관 규정이 있더라도 이는 이사의 일부에 결원이 생긴 경우에만 적용될 뿐 이사전원을 새로 선임하는 경우에는 적용되지 않는다고 할 것이므로, 주주총회에서 이사 전원을 새로 선임한 경우 이사의 임기는 정관이 정한 임기가 될 것이다.

(2003. 6. 10. 공탁법인 3402-138 질의회답)

(5) 정관상 이사 임기의 변경

- 상법 제383조 제2항 제3항

[선례 140] 주식회사 이사의 임기에 관한 정관의 규정 방식 등

제정 1989.04.12 [상업등기선례 제1-144호(등기선례 제3-947호), 시행]

주식회사 이사의 임기를 정관에 『이사의 임기는 취임 후 3년 내의 최종의 결산기에 관한 정기주주총회의 종결시까지로 한다』로 규정할 수 있는 것이므로, 이사의 취임 후 3년 내의 최종의 결산기에 관한 정기주주총회에서 종전의 이사를 재선하여 그에 따른 이사의 중임등기신청이 있다면 등기공무원은 이를 수리하여야 한다. (1990. 4. 12. 등기 제725호)

---

(6) 주식교환 또는 회사 합병시 이사의 임기

- 상법 제360의13조, 제527의4조 제1항

(7) 회생법인의 이사의 임기 특례

- 채무자회생법 제193조 제2항 제3호, 제203조 제1항 제2항 제5항

아. 이사의 퇴임

(1) 임기의 만료

- 상법 제386조 제1항

(2) 사임

- 상법 제386조 제1항
- 민법 제689조

[판례 3] 대표이사직무집행정지가처분 (대법원 1998. 4. 28. 선고 98다8615 판결)

【판시사항】

주식회사의 이사가 대표이사에게 사표의 처리를 일임한 경우, 그 사임의 효력 발생 시기

【판결요지】

주식회사와 이사의 관계는 위임에 관한 규정이 준용되므로, 이사는 언제든지 사임할 수 있고 사임의 의사표시가 대표이사에게 도달하면 그 효과가 발생하나, 대표이사에게 사표의 처리를 일임한 경우에는 사임 의사표시의 효과 발생 여부를 대표이사의 의사에 따르도록 한 것이므로 대표이사가 사표를 수리함으로써 사임의 효과가 생긴다.

[선례 141] 대표이사의 자격이 있는 이사가 사임한 경우, 대표이사의 결원만 있는 경우에도 이사의 권리의무가 있는지 여부

제정 2011.05.30 [상업등기선례 제201105-2호, 시행]

주식회사의 대표이사가 이사직을 사임함으로 인하여 법률과 정관에서 정한 대표이사의 원수를 결하게 되었지만 이사의 원수를 결하지는 않는 경우, 당해 퇴임한 이사에 관하여는 이사의 결원에 관한「상법」 제386조 제1항이 적용되지 않으므로 그 이사는 이사로서의 권리의무가 없으며, 대표이사직의 전제인 이사 또는 이사로서의 권리의무가 있는 자의 자격이 없으므로 대표이사로서의 권리의무도 없다. 따라서 이러한 경우 이사직을 사임한 대표이사는 후임대표이사를 선임하는 이사회의 재적이사의 수에 포함되지 않는다. (2011. 5. 30. 사법등기심의관-1239 질의회답)

---

(3) 해임

(가) 선임기관에 의한 해임

- 상법 제382조 제1항, 제385조 제1항, 제409조 제1항

(나) 법원의 해임판결에 의한 해임

- 상법 제385조 제2항, 제186조, 제415조
- 비송법 제107조 제6호

[선례 142] 비송사건절차법 제184조의 규정이 시행되기 전에 구본점소재지에는 본점이전등기를 신청하였으나 신본점소재지에서 그 등기를 신청하지 않은 상태에서 이사해임 및 선임결의의 부존재 확인판결이 확정된 경우의 등기

제정 1999.12.16 [상업등기선례 제1-158호(등기선례 제6-655호), 시행]

주주총회에서 기존의 이사와 감사를 해임하고 새로운 이사와 감사를 선임하였고, 그 후 이사회에서 새로이 선임된 대표이사가 구본점소재지 관할등기소에 본점이전등기를 신청하여 그 등기용지가 폐쇄되었으나 신본점소재지에는 본점이전에 따른 등기를 신청하지 않은 상태에서(비송사건절차법 제184조 의 규정이 시행되기 전임), 해임된 대표이사가 회사를 상대로 위 주주총회결의에 대한 부존재확인의 소를 제기하여 승소의 확정판결을 받은 경우에 위 주주총회결의부존재확인판결에 의한 새로운 이사 취임등기의 말소 및 그 결의에 의하여 말소된 종전 이사등기의 회복등기는 위 판결의 제1심 수소법원이 위 주식회사의 본점과 지점소재지의 등기소에 촉탁하여야 하므로(비송사건절차법 제107조제7호), 위 해임된 대표이사가 위 판결에 따른 등기를 신청할 수는 없다.

그리고 위 촉탁에 따른 등기를 실행하기 위하여는 신본점소재지 관할등기소에서의 본점이전등기가 경료되어 있어야 할 것이므로, 종전 대표이사는 먼저 폐쇄된 등기부등본을 첨부하여 신본점소재지 관할등기소에서의 본점이전등기를 신청하여야 할 것이다(1991. 12. 14. 법률 제4423호로 전문개정된 비송사건절차법 부칙 제5조).
이 때 기존이사를 해임하고 새로운 이사를 선임한 위 주주총회결의부존재확인판결의 이유중에 주주명부가 위조되었다는 사실이 나타난다고 하더라도, 위 판결을 첨부하여 본점이전에 의하여 폐쇄된 등기용지의 부활을 구본점소재지 관할등기소에 신청할 수는 없을 것이다. (1999. 12. 16. 등기 3402-1145 질의회답)

(다) 회생절차가 진행중인 회사의 특례

- 채무자회생법 제203조 제2항, 제263조 제4항
- 채무자회생규칙 제9조 제1항

(4) 회사의 해산

상법 제517조, 제520의2조 제1항, 제521의2조, 제228조

(5) 회사의 파산

[선례 143] 회사정리법 제226조 제1항의 규정에 의한 신회사설립형식으로 정리계획안이 확정되어 정리법원이 회사설립등기를 촉탁할 경우 등록세 면제여부 등

제정 2003. 3. 12. [상업등기선례 제1-266호(등기선례 제200211-15호), 시행]

1. 파산선고를 받은 법인도 파산절차가 진행되는 동안은 파산의 목적범위 내에서는 아직 존속되는 것으로 보므로(파산법 제4조 참조), 파산재단 이외의 관계에 있어서는 업무를 집행하여야 할 집행기관이 필요한바 이사가 그 집행기관이 된다.
2. 파산선고에 의하여 기존이사는 상법 제382조 제2항의 준용에 의한 민법 제690조에 근거하여 위임관계가 종료되어 당연 퇴임될 것이나, 후임이사가 선임될 때까지는 등기관이 기존이사에 관한 등기사항을 직권으로 주말할 수는 없다.
3. 파산법인이 신임이사를 선임한 경우에는 법인의 대표자는 기존이사의 퇴임등기와 신임이사의 취임등기를 신청할 수 있다. (2003. 3. 12. 공탁법인 3402-68 질의회답)

---

(6) 사망, 파산, 성년후견개시 등에 의한 퇴임

- 상법 제382조 제2항 제3항, 제387조, 제542의8조 제2항
- 민법 제690조
- 형법 제43조 제1항 제4호, 제44조

자. 이사의 권리의무가 있는 자

[판례 4] 서비스표전용사용권설정등록등 (대법원 2007. 3. 29. 선고 2006다83697 판결)

【판시사항】

수인의 이사가 동시에 퇴임하여 법률 또는 정관에 정한 최저인원수를 채우지 못하게 되는 경우, 퇴임한 이사 전원이 이사로서의 권리의무를 가지는지 여부(적극)

[판례 5] 상법위반(이의신청) (대법원 2005. 3. 8. 자 2004마800 전원합의체 결정)

【판시사항】

임기의 만료나 사임에 의하여 퇴임한 이사가 그 퇴임으로 법률 또는 정관에 정한 이사의 원수를 채우지 못하게 되어 후임이사의 취임시까지 이사로서의 권리의무를 유지하게 되는 경우, 이사의 퇴임으로 인한 변경등기기간의 기산일(=후임이사의 취임일) 및 후임이사의 취임 전에 위 변경등기만을 따로 신청하는 것이 허용되는지 여부(소극)

【결정요지】

대표이사를 포함한 이사가 임기의 만료나 사임에 의하여 퇴임함으로 말미암아 법률 또는 정관에 정한 대표이사나 이사의 원수(최저인원수 또는 특정한 인원수)를 채우지 못하게 되는 결과가 일어나는 경우에, 그 퇴임한 이사는 새로 선임된 이사(후임이사)가 취임할 때까지 이사로서의 권리의무가 있는 것인바(상법 제386조 제1항, 제389조 제3항), 이러한 경우에는 이사의 퇴임등기를 하여야 하는 2주 또는 3주의 기간은 일반의 경우처럼 퇴임한 이사의 퇴임일부터 기산하는 것이 아니라 후임이사의 취임일부터 기산한다고 보아야 하며, 후임이사가 취임하기 전에는 퇴임한 이사의 퇴임등기만을 따로 신청할 수 없다고 봄이 상당하다.

[선례 144] 지역 농업협동조합의 임원의 결원이 있을 경우 퇴임등기를 할 수 있는지 여부

제정 2014. 4. 2. [상업등기선례 제2-119호, 시행]

1. 지역 농업협동조합의 정관에 정한 이사의 원수(최저 인원수 또는 특정한 인원수)를 채

우지 못하거나 수인의 이사가 동시에 임기만료로 퇴임한 경우에는 특별한 사정이 없는 한 그 퇴임한 이사 전원은 후임 이사가 선임되어 취임될 때까지 이사로서의 권리의무가 있다.

2. 또한, 결원된 이사 일부를 선임하였지만 새로 취임한 이사와 잔존 이사만으로는 이사의 정원에 미달한 경우에도, 퇴임하는 이사는 이사로서의 권리의무가 있으므로 퇴임하는 이사만의 퇴임등기를 할 수도 없다. 다만, 새로 이사를 선임한 결과 이사의 수가 정관에서 정한 원수를 초과하더라도 적법하게 취임한 후임 이사의 취임등기는 가능하다 할 것이다. (2014. 4. 2. 사법등기심의관－1495 질의회답)

[선례 145] 대표이사의 자격이 있는 이사가 사임한 경우, 대표이사의 결원만 있는 경우에도 이사의 권리의무가 있는지 여부

제정 2011. 5. 30. [상업등기선례 제2-35호, 시행]

주식회사의 대표이사가 이사직을 사임함으로 인하여 법률과 정관에서 정한 대표이사의 원수를 결하게 되었지만 이사의 원수를 결하지는 않는 경우, 당해 퇴임한 이사에 관하여는 이사의 결원에 관한「상법」 제386조 제1항이 적용되지 않으므로 그 이사는 이사로서의 권리의무가 없으며, 대표이사직의 전제인 이사 또는 이사로서의 권리의무가 있는 자의 자격이 없으므로 대표이사로서의 권리의무도 없다. 따라서 이러한 경우 이사직을 사임한 대표이사는 후임대표이사를 선임하는 이사회의 재적이사의 수에 포함되지 않는다. (2011. 5. 30. 사법등기심의관-1239 질의회답)

차. 일시이사

- 상법 제386조 제2항
- 상업등기규칙 제131조 제1항 제2항
- 비송법 제107조 제4호
- 법인등의 등기사항에 관한 특례규칙 제3조 제1호

[판례 6] 일시이사및일시대표이사직무대행선임 (대법원 2000. 11. 17. 자 2000마5632 결정)

【판시사항】

[1] 법원이 일시 이사의 직무를 행할 자를 선임할 수 있는 요건인 상법 제386조 제2항 소정의 '필요한 때'의 의미 및 그 판단 기준

[2] 회사의 대표이사 및 이사의 임기 만료로 법률 또는 정관에 정한 이사의 원수(원수)에 결원이 발생한 경우, 회사 동업자들 사이에 동업을 둘러싼 분쟁이 계속되고 있다는 사정만으로는 그 임기 만료된 대표이사 및 이사에게 회사의 대표이사 및 이사로서의 권리의무를 보유하게 하는 것이 불가능하거나 부적당한 경우에 해당한다고 할 수 없다고 한 사례

【결정요지】

[1] 상법 제386조는 이사의 퇴임으로 말미암아 법률 또는 정관에 정한 원수를 결한 경우에 임기의 만료 또는 사임으로 인하여 퇴임한 이사로 하여금 새로 선임된 이사가 취임할 때까지 이사의 권리의무를 행하도록 하는 한편 필요하다고 인정할 때에는 법원은 이사, 감사, 기타의 이해관계인의 청구에 의하여 일시이사의 직무를 행할 자를 선임할 수 있도록 규정하고, 같은 법 제389조에 의하여 이를 대표이사의 경우에 준용하고 있는바, 여기에서 필요한 때라 함은 이사의 사망으로 결원이 생기거나 종전의 이사가 해임된 경우, 이사가 중병으로 사임하거나 장기간 부재중인 경우 등과 같이 퇴임이사로 하여금 이사로서의 권리의무를 가지게 하는 것이 불가능하거나 부적당한 경우를 의미한다고 할 것이나, 구체적으로 어떠한 경우가 이에 해당할 것인지에 관하여는 일시이사 및 직무대행자 제도의 취지와 관련하여 사안에 따라 개별적으로 판단하여야 할 것이다.

[2] 회사의 대표이사 및 이사의 임기 만료로 법률 또는 정관에 정한 원수에 결원이 발생한 경우, 회사 동업자들 사이에 동업을 둘러싼 분쟁이 계속되고 있다는 사정만으로는 그 임기 만료된 대표이사 및 이사에게 회사의 대표이사 및 이사로서의 권리의무를 보유하게 하는 것이 불가능하거나 부적당한 경우에 해당한다고 할 수 없다고 한 사례.

[판례 7] 임시이사및임시공동대표이사선임 (대법원 2001. 12. 6. 자 2001그113 결정)

【판시사항】

[1] 상법 제386조 소정의 '임시이사선임이 필요하다고 인정되는 때'의 의미 및 그 판단 기준

[2] 비송사건절차법 제84조 제1항의 '직무대행자의 선임에 관한 재판을 하는 경우 이사와 감사의 진술을 들어야 한다.'는 규정의 의미

【결정요지】

[1] 상법 제386조가 규정한 '임시이사선임이 필요하다고 인정되는 때'라 함은 이사가 사임하거나 장기간 부재중인 경우와 같이 퇴임이사로 하여금 이사로서의 권리의무를 가지게 하는 것이 불가능하거나 부적당한 경우를 의미하는 것으로서 그의 필요성은 임시이사 제도의 취지와 관련하여 사안에 따라 개별적으로 판단되어야 한다.

[2] 비송사건절차법 제84조에 의하여 이사와 감사의 진술을 할 기회를 부여한 이상 법원

은 그 진술 중의 의견에 기속됨이 없이, 그 의견과 다른 인선을 결정할 수도 있는 터이어서 이해관계를 달리하는 이사나 감사가 있는 경우 각 이해관계별로 빠짐없이 진술의 기회를 주지 않았다고 하여 그 사정이 재판의 결과에 영향을 주게 되는 것은 아니다.

[판례 8] 가옥명도등 (대법원 1964. 4. 28. 선고 63다518 판결)

【판시사항】

가. 퇴임이사의 새로 선임된 이사가 취임 할때까지의 이사로서의 권리의무
나. 상법 제386조 제1항의 이른바 “법률 또는 정관에 정한 이사의 원수를 결한 경우”의 의의와 법원의 직무를 행할 자의 선임

【판결요지】

가. 이유야 어떻던 임기의 만료 또는 사임으로 인하여 퇴임한 이사는 새로 선임된 이사가 취임할 때까지 이사의 권리의무가 있다.
나. 법원에 의한 이사의 직무를 행할 자의 선임은 어떠한 경우이던 이사의 결원이 있을 때에는 상법 제386조 제2항에 의하여 이사직무를 행할 자를 선임할 수 있다.

[판례 9] 상무외행위허가신청기각결정에대한재항고 (대법원 1968. 5. 22. 자 68마119 결정)

【판시사항】

법원에서 선임한 일시 이사의 직무 대행할 자의 권한과 상법 제408조 제1항

【판결요지】

법원에서 일시 이사의 직무를 행할 자로 선임된 이사직무 대행자의 권한

카. 이사직무대행자

- 상법 제407조 제1항 제2항, 제408조 제1항

2. 대표이사의 취임·퇴임 등

가. 대표이사의 권한

- 상법 제389조 제2항 제3항, 제209조 제1항 제2항, 제394조 제1항, 제415의2조 제7항, 제409조 제5항

[판례 10] 소장각하명령에대한즉시항고 (대법원 2013. 9. 9. 자 2013마1273 결정)

【판시사항】

[1] 등기이사이던 사람이 회사를 상대로 사임을 주장하며 이사직을 사임한 취지의 변경등기를 구하는 소를 제기한 경우, 그 소에 관하여 회사를 대표할 사람(=대표이사)

[2] 소장에 대표자의 표시가 되어 있으나 그 표시에 잘못이 있는 경우, 재판장이 보정명령을 하고 그에 대한 불응을 이유로 소장을 각하할 수 있는지 여부(소극)

【결정요지】

[1] 회사의 이사로 등기되어 있던 사람이 회사를 상대로 사임을 주장하면서 이사직을 사임한 취지의 변경등기를 구하는 소에서 상법 제394조 제1항은 적용되지 아니하므로 그 소에 관하여 회사를 대표할 사람은 감사가 아니라 대표이사라고 보아야 한다. 그 이유는 다음과 같다. 이러한 소에서 적법하게 이사직 사임이 이루어졌는지는 심리의 대상 그 자체로서 소송 도중에는 이를 알 수 없으므로 법원으로서는 소송관계의 안정을 위하여 일응 외관에 따라 회사의 대표자를 확정할 필요가 있다. 그런데 위 상법 규정이 이사와 회사의 소에서 감사로 하여금 회사를 대표하도록 규정하고 있는 이유는 공정한 소송수행을 확보하기 위한 데 있고, 회사의 이사가 사임으로 이미 이사직을 떠난 경우에는 특별한 사정이 없는 한 위 상법 규정은 적용될 여지가 없다. 한편 사임은 상대방 있는 단독행위로서 그 의사표시가 상대방에게 도달함과 동시에 효력이 발생하므로 그에 따른 등기가 마쳐지지 아니한 경우에도 이로써 이사의 지위를 상실함이 원칙이다. 따라서 이사가 회사를 상대로 소를 제기하면서 스스로 사임으로 이사의 지위를 상실하였다고 주장한다면, 적어도 그 이사와 회사의 관계에서는 외관상 이미 이사직을 떠난 것으로 보기에 충분하고, 또한 대표이사로 하여금 회사를 대표하도록 하더라도 공정한 소송수행이 이루어지지 아니할 염려는 거의 없기 때문이다.

[2] 민사소송법 제254조에 의한 재판장의 소장심사권은 소장이 같은 법 제249조 제1항의 규정에 어긋나거나 소장에 법률의 규정에 따른 인지를 붙이지 아니하였을 경우에 재판장이 원고에 대하여 상당한 기간을 정하여 그 흠결의 보정을 명할 수 있고, 원고가 그 기간 내에 이를 보정하지 않을 때에 명령으로써 그 소장을 각하한다는 것일 뿐이므로, 소장에 일응 대표자의 표시가 되어 있는 이상 설령 그 표시에 잘못이 있다고 하더라도 이를 정정 표시하라는 보정명령을 하고 그에 대한 불응을 이유로 소장을 각하하는 것은 허용되지 아니한다. 이러한 경우에는 오로지 판결로써 소를 각하할 수 있을 뿐이다.

[선례 146] 주식회사 임원의 등기부상 퇴임일과 취임일

제정 2005.03.15 [상업등기선례 제1-169호(등기선례 제200503-9호), 시행]

1. 임기만료로 인한 주식회사 임원의 등기부상 퇴임일은 상법 제386조 제1항, 제389조

제3항, 제415조의 규정에 의하여 새로 선임된 임원이 취임할 때까지 임원으로서의 권리의무를 행사하고 있었다 하더라도 권리의무행사기간종료일이 아니라 본래의 임기만료일이 될 것이다.

2. 주식회사 임원의 등기부상 취임일은 임기개시일을 별도로 정하지 않는 한 선임결의와 해당 임원의 취임승낙이 있는 때가 될 것이나, 실제에 있어서는 대부분 미리 해당 임원의 의사를 확인할 것이므로 특별한 소명이 없는 경우 선임결의일로 등기될 것이다.

(2005. 3. 15. 공탁법인 3402-71 질의회답)

나. 대표이사의 자격

- 상법 제389조 제1항, 제386조 제1항 제2항, 제407조 제1항, 제317조 제2항 제7호, 제383조 제3항
- 채무자회생법 제203조 제2항, 제284조

[선례 147] 지위보전가처분이 등기사항인지 여부(소극)

제정 2006.06.13 [상업등기선례 제200606-2호, 시행]

1. 이사 등의 직무집행정지 또는 직무대행자선임의 가처분(상법 제183조의2, 제265조, 제407조, 제415조, 제542조 제2항, 제567조, 제570조, 제613조 제2항, 민법 제52조의2 등)과 달리, '신청인의 피신청인을 상대로 한 이사회결의무효확인등청구사건의 본안판결 확정시까지 신청인은 피신청인의 공동대표이사의 지위에 있음을 임시로 정한다.'는 내용의 가처분(이하, '지위보전가처분'이라 한다)은 그것을 등기할 수 있도록 하는 법령의 규정이 없으므로 등기할 수 없다.
2. 지위보전가처분은 등기할 사항이 아니므로, 등기되었더라도 일정한 절차를 거쳐 등기관에 의해 직권으로 말소되어야 한다(비송사건절차법 제159조 제2호, 제234조 내지 제237조). (2006. 6. 13. 공탁상업등기과-547 질의회답)

다. 대표이사의 원수

- 상법 제389조 제2항

[판례 11] 가등기및본등기말소 (대법원 1993. 1. 26. 선고 92다11008 판결)

【판시사항】

가. 공동대표이사 1인이 단독으로 주주총회를 소집하고, 다른 공동대표이사와 41%의 주식을 보유한 주주에게 소집통지를 하지 않은 것이 주주총회결의의 부존재나 무효의 사유에 해당하는지 여부(소극)

나. 정관에 공동대표이사에 관한 규정이 없는 경우 이사회가 공동대표이사제도를 폐지하는 결의를 함에 있어 정관변경의 절차를 거쳐야 하는지 여부(소극)

다. 주식회사의 주주명부에 주주로 기재되었다는 사실에 관한 주장입증책임의 소재(=주주라는 것을 주장하는 자) 및 이 점에 관한 상대방의 주장 없이 법원이 이를 판단할 수 있는지 여부(적극)

라. 사해행위의 취소를 소송상 공격방어방법으로 주장할 수 있는지 여부(소극)

마. 가등기에 기한 소유권이전등기의 본등기가 경료된 경우 채권자취소권행사의 제척기간의 기산점

바. 위 "마"항의 경우 가등기의 등기원인인 법률행위가 사해행위라는 사실을 안 날을 채권자취소권 행사의 제척기간의 기산점으로 본 원심의 판단을 수긍한 사례

【판결요지】

가. 2인의 공동대표이사 중 1인이 다른 공동대표이사와 공동으로 임시주주총회를 소집하지 않았다거나 다른 공동대표이사와 41%의 주식을 보유한 주주에게 소집통지를 하지 않았다는 등의 소집절차상의 하자만으로 임시주주총회의 결의가 부존재한다거나 무효라고 할 정도의 중대한 하자라고 볼 수 없다.

나. 주식회사의 정관으로 수인의 대표이사가 공동으로 회사를 대표할 것을 특별히 정하지 않은 이상 이사회가 공동대표이사제도를 폐지하는 결의를 함에 있어서 반드시 정관변경의 절차를 거쳐야 되는 것은 아니다.

다. 어떤 사람이 주식회사의 주주명부에 주주로 기재되었다는 점은 그가 기명주식의 이전을 회사에 대항할 수 있는 주주라는 사실을 주장하는 자가 주장입증하여야 되므로, 상대방이 이 점에 관하여 주장을 하지 아니하였다 하더라도 법원이 그 점에 관하여 판단할 수 있다.

라. 채무자가 채권자를 해함을 알고 재산권을 목적으로 한 법률행위를 한 때에는 채권자는 사해행위의 취소를 법원에 소를 제기하는 방법으로 청구할 수 있을 뿐 소송상의 공격방어방법으로 주장할 수 없다.

마. 채무자 소유의 부동산에 관하여 수익자 명의로 소유권이전청구권의 보전을 위한 가등기가 경료되었다가 가등기에 기한 소유권이전등기의 본등기가 경료된 경우 가등기의 등기원인인 법률행위와 본등기의 등기원인인 법률행위가 명백히 다른 것이 아닌 한 본등기의 기초가 된 가등기의 등기원인인 법률행위를 제쳐놓고 본등기의 등기원인인 법률행위만이 취소의 대상이 되는 사해행위라고 볼 것은 아니므로, 채권자가 가등기의 등기원인인 법률행위를 안 날이 언제인지와 관계없이 본등기가 경료된 것을 안 날로부터 따로 사해행위의 취소를 청구하는 소의 제척기간이 진행된다고 볼 수 없다.

바. 위 "마"항의 경우 가등기의 등기원인인 법률행위가 사해행위라는 사실을 안 날을 채권자취소권 행사의 제척기간의 기산점으로 본 원심의 판단을 수긍한 사례.

라. 대표이사의 취임

(1) 선임기관

- 상법 제389조 제1항
- 채무자회생법 제193조 제2항 제3호, 제203조 제1항, 제263조 제1항 제2항

(2) 선임결의

- 상법 제391조 제1항, 제368조 제1항

(3) 취임승낙

- 상업등기규칙 제130조, 제154조 제2항, 제104조 제1항

마. 대표이사의 퇴임

(1) 이사지위의 상실

- 상법 제386조 제1항 제2항, 제407조 제1항

[선례 148] 임원변경등기절차 등

제정 2003.04.23 [상업등기선례 제1-164호(등기선례 제200304-24호), 시행] 주식회사의 이사나 대표이사가 회사에 사임의 의사표시를 했음에도 불구하고 회사가 사임등기를 신청하지 아니할 경우에는 법원으로부터 이사나 대표이사의 사임등기절차이행판결을 받아 주식회사를 대위하여 등기를 신청할 수 있으나, 이 사임등기에 의하여 법률 또는 정관에서 정한 이사나 대표이사의 원수를 결하게 된 경우 사임이사나 사임대표이사는 후임이사나 후임대표이사가 취임할 때까지 이사나 대표이사의 권리의무가 있으므로, 그 사임등기는 후임이사나 후임대표이사의 취임등기와 동시에 하거나 또는 일시이사나 일시대표이사 취임등기를 한 후에 할 수 있다. (2003. 4. 23. 공탁법인 3402-95 질의회답)

---

(2) 대표이사직의 사임

[판례 12] 소유권이전등기 (대법원 2007. 5. 10. 선고 2007다7256 판결)

【판시사항】

[1] 법인의 대표이사가 자신의 사임으로 권한을 대행하게 될 자에게 사임서를 제출하면서

그 처리를 일임한 경우, 대표이사 사임의 효력발생시기(=권한 대행자의 수리행위시)
[2] 법인 대표자의 대표권 소멸사실이 상대방에게 통지되지 않은 상태에서 구 대표자가 한 항소취하의 효력(유효)

(3) 대표이사직의 해임

- 상법 제389조 제1항

(4) 정관소정의 사유 발생

- 채무자회생법 제193조 제2항 제3호, 제203조 제1항 제2항 제5항

바. 대표이사로서의 권리의무가 있는 자

- 상법 제389조 제3항, 제386조 제1항

사. 일시대표이사, 대표이사직무대행자

- 상법 제389조 제3항, 제386조 제2항

[선례 149] 사외이사의 퇴임등기를 후임사외이사의 취임등기와 상관없이 할 수 있는지 여부

제정 2003.07.08 [상업등기선례 제1-166호(등기선례 제200307-10호), 시행]
현재 사외이사는 사내이사와 구별하여 등기되어 있지 않으므로 상호저축은행 사외이사의 사임이 법률 또는 정관에서 정한 사외이사의 수를 충족시키지 못하는 결과가 된다 하더라도 전체 잔여 이사의 수가 법률 또는 정관에서 정한 이사의 수를 충족시킨다면 그 사외이사의 퇴임등기는 후임사외이사의 취임등기와 상관없이 할 수 있다. (2003. 7. 8. 공탁법인 3402-163 질의회답)

아. 공동대표의 규정

- 상법 제389조 제2항 제3항, 제208조 제2항

[판례 13] 가등기및본등기말소 (대법원 1993. 1. 26. 선고 92다11008 판결)

【판시사항】

가. 공동대표이사 1인이 단독으로 주주총회를 소집하고, 다른 공동대표이사와 41%의 주식을 보유한 주주에게 소집통지를 하지 않은 것이 주주총회결의의 부존재나 무효의 사유에 해당하는지 여부(소극)

나. 정관에 공동대표이사에 관한 규정이 없는 경우 이사회가 공동대표이사제도를 폐지하는 결의를 함에 있어 정관변경의 절차를 거쳐야 하는지 여부(소극)

다. 주식회사의 주주명부에 주주로 기재되었다는 사실에 관한 주장입증책임의 소재(=주주라는 것을 주장하는 자) 및 이 점에 관한 상대방의 주장 없이 법원이 이를 판단할 수 있는지 여부(적극)

라. 사해행위의 취소를 소송상 공격방어방법으로 주장할 수 있는지 여부(소극)

마. 가등기에 기한 소유권이전등기의 본등기가 경료된 경우 채권자취소권행사의 제척기간의 기산점

바. 위 "마"항의 경우 가등기의 등기원인인 법률행위가 사해행위라는 사실을 안 날을 채권자취소권 행사의 제척기간의 기산점으로 본 원심의 판단을 수긍한 사례

【판결요지】

가. 2인의 공동대표이사 중 1인이 다른 공동대표이사와 공동으로 임시주주총회를 소집하지 않았다거나 다른 공동대표이사와 41%의 주식을 보유한 주주에게 소집통지를 하지 않았다는 등의 소집절차상의 하자만으로 임시주주총회의 결의가 부존재한다거나 무효라고 할 정도의 중대한 하자라고 볼 수 없다.

나. 주식회사의 정관으로 수인의 대표이사가 공동으로 회사를 대표할 것을 특별히 정하지 않은 이상 이사회가 공동대표이사제도를 폐지하는 결의를 함에 있어서 반드시 정관변경의 절차를 거쳐야 되는 것은 아니다.

다. 어떤 사람이 주식회사의 주주명부에 주주로 기재되었다는 점은 그가 기명주식의 이전을 회사에 대항할 수 있는 주주라는 사실을 주장하는 자가 주장입증하여야 되므로, 상대방이 이 점에 관하여 주장을 하지 아니하였다 하더라도 법원이 그 점에 관하여 판단할 수 있다.

라. 채무자가 채권자를 해함을 알고 재산권을 목적으로 한 법률행위를 한 때에는 채권자는 사해행위의 취소를 법원에 소를 제기하는 방법으로 청구할 수 있을 뿐 소송상의 공격방어방법으로 주장할 수 없다.

마. 채무자 소유의 부동산에 관하여 수익자 명의로 소유권이전청구권의 보전을 위한 가등기가 경료되었다가 가등기에 기한 소유권이전등기의 본등기가 경료된 경우 가등기의 등기원인인 법률행위와 본등기의 등기원인인 법률행위가 명백히 다른 것이 아닌 한 본등기의 기초가 된 가등기의 등기원인인 법률행위를 제쳐놓고 본등기의 등기원인인 법률행위만이 취소의 대상이 되는 사해행위라고 볼 것은 아니므로, 채권자가 가등기

의 등기원인인 법률행위를 안 날이 언제인지와 관계없이 본등기가 경료된 것을 안 날로부터 따로 사해행위의 취소를 청구하는 소의 제척기간이 진행된다고 볼 수 없다.

바. 위 “마”항의 경우 가등기의 등기원인인 법률행위가 사해행위라는 사실을 안 날을 채권자취소권 행사의 제척기간의 기산점으로 본 원심의 판단을 수긍한 사례.

3. 집행임원의 취임·퇴임 등

가. 집행임원의 의의

- 상법 제408의2조 제1항

나. 집행임원의 권한과 책임

- 상법 제408의4조, 제408의7조

다. 집행임원의 자격

- 상법 제411조

[선례 150] 상근임원을 둘 수 없는 주식회사도 대표이사를 사내이사 중에 선임하여 등기 신청하여야 하는지 여부

제정 2010.12.27 [상업등기선례 제201012-2호, 시행]

주식회사의 대표이사는 사내이사이어야 할 것인 바, 상근하는 임원을 둘 수 없는 주식회사도(「법인세법」 제51조의2 참조) 사내이사 중에 대표이사를 선임하여 등기신청을 하여야 한다 (2010. 12. 27. 사법등기심의관-3336 질의회답)

라. 집행임원의 취임과 퇴임

- 상법 제391조 제1항, 제368조 제3항, 제389조 제2항 제3항, 제408의2조 제2항
- 상업등기규칙 제130조, 제154조 제2항, 제104조 제1항

마. 대표집행임원의 취임과 퇴임

- 상법 제408의5조 제1항 제2항, 제408의2조 제3항 제1호, 제391조 제1항, 제389조 제2항

바. 대표집행임원으로서의 권리의무가 있는 자

- 상법 제408의5조 제2항, 제389조 제3항, 제386조 제1항

사. 일시집행임원・집행임원직무대행자

- 상법 제408의5조 제2항, 제389조 제3항, 제386조 제2항, 제408의9조, 제407조, 제408조 제1항
- 민법 제306조

아. 집행임원 설치회사의 이사회의 권한

- 상법 제408의2조 제3항 제4항

4. 감사 또는 감사위원회 위원의 취임・퇴임 등

가. 서설

- 상법 제296조 제1항, 제312조, 제409조 제4항, 제415의2조, 제542의10조 제1항, 제542의11조
- 상법 시행령 제36조 제1항, 제37조 제1항

나. 감사

(1) 감사의 의의

- 상법 제412조 제1항

(2) 감사의 자격 등

- 상법 제411조, 제415조, 제382조 제2항, 제542의10조 제2항 제1호
- 민법 제690조, 제5조 제1항, 제10조

- 자본시장법 제24조
- 은행법 제18조 제1항
- 형법 제43조 제1항 제4호

(3) 감사의 취임

(가) 선임기관

- 상법 제409조 제1항, 제361조
- 채무자회생법 제203조 제4항, 제21조 제1항 제3호 제5항, 제263조 제3항

[선례 151] 임원변경등기의 말소 및 회복

제정 2006.05.02 [상업등기선례 제200605-3호, 시행]

1. 등기된 사항에 관하여 무효의 원인이 있는 때(소로써만 그 무효를 주장할 수 있는 경우는 제외한다)에는 당사자는 그 등기의 말소를 청구할 수 있는데, 그 신청서에는 무효의 원인이 있음을 증명하는 서면을 첨부하여야 한다(비송사건절차법 제234조 제1항 제2호, 제2항). 위조된 이사회 의사록으로 임원 변경등기가 경료된 경우에, 그 등기에 관해 공정증서원본불실기재죄의 유죄 확정판결이 있고 그 판결이유 중에 그 등기가 불실기재라는 내용이 설시되어 있다면 무효의 원인이 있음을 증명하는 서면으로서 위 판결등본을 첨부하여 말소등기를 신청할 수 있다.
2. 위조된 이사회 의사록으로 경료된 임원 변경등기(이하, '부실등기'라 한다) 이후에 수차에 걸쳐 임원 변경등기가 이루어진 경우, 부실등기 이후의 등기가 무효라고 단정할 수 없고 그 무효 여부는 각 등기별로 검토하여야 한다. 따라서, 부실등기에 관한 공정증서원본불실기재죄의 유죄 확정판결만으로는 부실등기와 그 부실등기 이후의 임원 변경등기를 말소하고 부실등기로 말소된 등기를 직권으로 회복하는 등기를 할 수 없고, 각 등기별로 그 등기가 무효의 원인이 있음을 증명하는 서면을 첨부하여야 한다. 다만, 예외적으로 등기부, 등기신청서와 첨부서면 자체에 의하여 부실등기 이후의 등기가 무효임이 명백한 경우가 있을 것이나, 그 판단은 구체적인 등기신청사건을 담당하는 등기관이 하여야 할 것이다. (2006. 5. 2. 공탁상업등기과-375 질의회답)

(나) 선임결의 등

- 상법 제368조 제1항, 제370조 제1항, 제409조 제2항 제3항, 제542의12조 제3항 제5항, 제542의5조

(4) 감사의 임기

- 상법 제410조, 제360의13조, 제527의4조 제1항, 제354조

[선례 152] 최초의 임원의 임기

제정 1991. 7. 30. [상업등기선례 제1-408호(등기선례 제3-989호), 시행]
중소기업협동조합법의 규정에 의하여 설립된 협동조합의 최초임원의 임기는 법인(조합) 성립일 즉 설립등기일로부터 진행한다. (1991. 7. 30. 등기 제1598호 중소기업협동조합 중앙회장 대 질의회답)

[선례 153] 이사 및 감사의 임기만료일

제정 2005. 8. 29. [상업등기선례 제2-25호, 시행]
2001년 12월 21일 설립등기를 하고 그 영업연도를 1월 1일부터 12월 31일까지로 하는 갑 주식회사의 정관에, 이사 및 감사의 임기에 관하여 이사의 임기는 3년으로 하면서 상법 제383조 제3항의 임기연장규정을 두고 있고, 감사의 임기에 대하여는 상법 제410조와 동일한 내용의 규정을 두고 있는 경우, 설립등기일에 취임한 이사는 2004년 12월 21일에, 같은 날에 취임한 감사는 임기중의 최종의 결산기인 2003년의 결산기에 관한 정기주주총회의 종결일(2004년 3월 31일까지 주주총회가 개최되지 아니하였다면 2004년 3월 31일)에 임기가 만료된다고 할 것이다. (2005. 8. 29. 공탁법인과-429 질의회답)

[선례 154] 재건축·재개발조합의 최초 임원 임기 기산일

제정 2009. 4. 8. [상업등기선례 제2-125호, 시행]
도시 및 주거환경정비법의 규정에 의하여 설립된 재건축·재개발조합의 최초임원의 임기는 법인(조합) 성립일, 설립등기일로부터 진행한다. (2009. 4. 8. 사법등기심의관-840 질의회답)

[선례 155] 감사의 임기가 만료된 경우 상법 제410조에서 규정하는 최종의 결산기에 관한 정기주주총회에서 새로운 감사를 선임하지 않고 그 이후에 정기총회 또는 임시총회를 개최하여 감사를 선임한 경우, 그 선임행위가 유효한지 그리고 유효하다면 전임 감사의 임기만료일을 언제로 볼 것인지 여부

제정 2001. 11. 1. [상업등기선례 제1-162호(등기선례 제200111-10호), 시행]
제410조 는 감사의 임기에 관한 규정으로 반드시 새로운 감사를 그 정기주주총회에서 선임하여야 하는 것은 아니며, 적기에 정기주주총회가 개최되지 못하여 그 이후의 정기주주총회나 임시주주총회에서 새로운 감사가 선임된 경우 전임 감사의 임기종료일은 제410조에서 규정하는 결산기에 관한 정기주주총회를 개최할 수 있는 시기(결산기가 12월 31일이면 익년 3월 31일)까지이다. (2001. 11. 1. 등기 3402-740 질의회답)

---

(5) 감사의 퇴임

- 상법 제415조, 제382조 제2항, 제542의12조 제3항
- 민법 제690조
- 채무자회생법 제203조 제4항, 제21조 제1항 제3호 제5항, 제263조 제4항

[선례 156] 감사의 원수를 결하게 되는 경우, 화해권고결정에 의해 주식회사 감사의 사임등기를 할 수 있는지 여부(소극)

제정 2006.05.29 [상업등기선례 제200605-5호, 시행]

1. 감사는 주식회사의 필수적 상설기관으로서, 법률 또는 정관에 정한 감사의 원수를 결한 경우에는 임기만료 또는 사임으로 인해 퇴임한 감사는 후임 감사가 취임할 때까지 감사의 권리의무가 있다(상법 제415조, 제386조 제1항). 이 경우 후임 감사가 취임하기 전에는 퇴임한 감사의 퇴임등기만을 따로 신청할 수 없고, 퇴임한 감사가 회사를 상대로 감사 사임에 따른 사임등기절차 이행청구의 소를 제기하여 감사 사임에 따른 사임등기절차를 이행하라는 취지의 확정판결 또는 화해권고결정(재판상 화해와 같은 효력을 가지게 된 것을 말한다)을 받은 경우에도 다르지 않다.
2. 퇴임한 감사는 법원에 일시 감사의 직무를 행할 자(이하, '일시감사'라 한다)의 선임청구를 할 수 있다(상법 제415조, 제386조). 그에 대해 법원의 선임결정(비송사건절차법 제84조, 제81조)이 있고 그 촉탁에 의해 일시감사의 등기가 경료된다면(동법 제107조 제4호), 퇴임한 감사는 그 후에 위 화해권고결정으로 주식회사를 대위하여 사임등기의 신청을 할 수 있다. (2006. 5. 29. 공탁상업등기과-477 질의회답)

---

(6) 감사로서의 권리의무가 있는 자, 일시감사, 감사 직무대행자

- 상법 제415조, 제386조, 제407조

다. 감사위원회 위원

(1) 감사위원회 일반

- 상법 제393의2조, 제415의2조 제1항 제4항, 제542의11조 제1항 제2항
- 상법시행령 제37조 제1항
- 은행법 제23의2조 제1항
- 자본시장법 제26조

(2) 감사위원의 자격

- 상법 제415의2조 제2항, 제542의11조 제3항, 제415의2조 제7항, 제387조

(3) 감사위원의 원수 등

- 상법 제383의2조 제3항, 제415의2조 제2항, 제542의11조 제4항

(4) 감사위원의 선임

(가) 선임기관

- 상법 제415의2조 제1항, 제393의2조 제1항 제2항 제3호, 제542의12조 제1항 제2항, 제415의2조 제7항, 제296조 제1항, 제312조, 제203조 제4항, 제542의10조 제1항

(나) 선임결의 등

- 상법 제391조 제1항, 제542의12조 제2항 제3항 제4항, 제368조 제1항

(5) 감사위원의 임기

- 상법 제415의2조 제7항, 제527의4조 제1항

(6) 감사위원의 퇴임

- 상법 제393의2조 제2항, 제415의2조 제3항, 제542의12조 제1항 제3항

(7) 감사위원회 권리의무가 있는 자, 일시감사위원, 감사위원 직무대행자

- 상법 제393의2조 제5항, 제415의2조 제7항, 제386조 제1항 제2항, 제407조

[선례 157] 보험업법 부칙 제7조의 간주규정에 따른 임원변경등기

제정 2000.04.19 [상업등기선례 제1-161호(등기선례 제6-707호), 시행]
보험업법 부칙 제7조 간주규정에 따라 종전의 감사가 일정한 요건하에 감사위원회 위원겸 이사로 되는 경우의 공시방법으로는 종래의 감사가 이사 및 감사위원이 되는 변경등기를 동시에 하여야 한다. (2001. 8. 1. 등기 3402-525 질의회답)

---

5. 이사 · 대표이사 · 집행임원 · 감사 등의 성명

- 상법 제317조 제2항 제9호, 제3항, 제4항, 제183조

6. 등기절차

가. 등기사항

(1) 취임의 경우

- 상법 제317조 제2항 제7호, 제8호, 제9호, 제10호, 제542의10조 제1항
- 상법 시행령 제36조 제1항
- 상업등기규칙 제55조 제1항
- 법인등의 등기사항에 관한 특례규칙 제2조

[선례 158] 주식회사 임원의 등기부상 퇴임일과 취임일

제정 2005.03.15 [상업등기선례 제1-169호(등기선례 제200503-9호), 시행]

1. 임기만료로 인한 주식회사 임원의 등기부상 퇴임일은 상법 제386조 제1항, 제389조 제3항, 제415조의 규정에 의하여 새로 선임된 임원이 취임할 때까지 임원으로서의 권리의무를 행사하고 있었다 하더라도 권리의무행사기간종료일이 아니라 본래의 임기만료일이 될 것이다.
2. 주식회사 임원의 등기부상 취임일은 임기개시일을 별도로 정하지 않는 한 선임결의와

해당 임원의 취임승낙이 있는 때가 될 것이나, 실제에 있어서는 대부분 미리 해당 임원의 의사를 확인할 것이므로 특별한 소명이 없는 경우 선임결의일로 등기될 것이다. (2005. 3. 15. 공탁법인 3402-71 질의회답)

[선례 159] 상근임원을 둘 수 없는 주식회사도 대표이사를 사내이사 중에 선임하여 등기 신청하여야 하는지 여부

제정 2010. 12. 27. [상업등기선례 제2-33호, 시행]

주식회사의 대표이사는 사내이사이어야 할 것인 바, 상근하는 임원을 둘 수 없는 주식회사도(「법인세법」 제51조의2 참조) 사내이사 중에 대표이사를 선임하여 등기신청을 하여야 한다 (2010. 12. 27. 사법등기심의관-3336 질의회답)

---

(2) 퇴임의 경우

- 상업등기규칙 제55조 제1항 제3항

(가) 퇴임의 취지

- 상법 제387조, 제360의13조, 제527의4조 제1항, 제415의2조 제7항, 제527의4조
- 채무자회생법 제263조 제4항

(나) 퇴임연월일

[선례 160] 주식회사 임원의 등기부상 퇴임일과 취임일

제정 2005.03.15 [상업등기선례 제1-169호(등기선례 제200503-9호), 시행]

1. 임기만료로 인한 주식회사 임원의 등기부상 퇴임일은 상법 제386조 제1항, 제389조 제3항, 제415조의 규정에 의하여 새로 선임된 임원이 취임할 때까지 임원으로서의 권리의무를 행사하고 있었다 하더라도 권리의무행사기간종료일이 아니라 본래의 임기만료일이 될 것이다.
2. 주식회사 임원의 등기부상 취임일은 임기개시일을 별도로 정하지 않는 한 선임결의와 해당 임원의 취임승낙이 있는 때가 될 것이나, 실제에 있어서는 대부분 미리 해당 임원의 의사를 확인할 것이므로 특별한 소명이 없는 경우 선임결의일로 등기될 것이다.

(2005. 3. 15. 공탁법인 3402-71 질의회답)

[선례 161] 임기만료로 인한 퇴임과 새로운 취임 사이에 시간적 간격이 있는 경우의 등기방법, 임원이 임기만료로 인하여 퇴임하게 되어 정관에 정한 임원의 정수에 결원이 발생한 경우의 등기방법

제정 2003.11.14 [상업등기선례 제1-373호(등기선례 제200311-12호), 시행]

1. 동일한 조합원 총회에서 재선된 임원들이라도 등기요건(예컨대, 취임승낙서·인감증명서 등)을 일부 임원만 구비하였다면 등기요건이 갖추어진 임원만을 먼저 등기하는 것은 가능할 것이다.
2. 정관에 '임기가 만료된 임원은 그 후임자가 선임될 때까지 그 직무를 행한다.'는 규정이 있다하더라도 임기만료일은 권리의무행사기간 종료일이 아니라 본래의 임기만료일이므로 동일인이 다시 선임된 경우에도 임기만료로 인한 퇴임과 새로운 취임사이에 시간적 간격이 있다면 시간적 간격이 없는 경우에 하는 중임등기를 할 수는 없고 임기만료로 인한 퇴임등기 및 새로운 취임등기를 하여야 한다.
3. 임원이 임기만료로 인하여 퇴임하게 되어 정관에 정한 임원의 정수에 결원이 발생하였다면 임원의 퇴임으로 인한 변경등기는 후임임원의 선임등기와 동시에 하여야 한다.

(2003. 11. 14. 공탁법인 3402-269 질의회답)

---

(3) 중임의 경우

- 상업등기규칙 제154조 제2항, 제104조 제1항

[선례 162] 대표이사의 임기만료로 인한 퇴임과 재선에 의한 취임 사이에 시간적 간격이 있는 경우 중임등기 가부

제정 1998. 11. 11. [상업등기선례 제1-153호(등기선례 제5-843호), 시행]

주식회사 대표이사 홍길동의 임기가 1994. 6. 25.자로 이미 만료되었고 임시주주총회에서 1996. 3. 25.자로 다시 홍길동을 대표이사로 선임한 경우에는, 홍길동이 임기만료로 인한 퇴임과 새로운 취임 사이에 사실상 대표이사직을 수행하였는지 여부에 관계없이 임기만료로 인한 퇴임등기 및 새로운 취임등기를 하여야 하고, 임기만료로 인한 퇴임과 재선에 의한 취임 사이에 시간적 간격이 없는 경우에 하는 중임등기를 할 수는 없다. (1998. 11. 11. 등기 3402-1127 질의회답)

[선례 163] 임기만료로 인한 퇴임과 새로운 취임 사이에 시간적 간격이 있는 경우의 등기방법, 임원이 임기만료로 인하여 퇴임하게 되어 정관에 정한 임원의 정수에 결원이 발생한 경우의 등기방법

제정 2003.11.14 [상업등기선례 제1-373호(등기선례 제200311-12호), 시행]

1. 동일한 조합원 총회에서 재선된 임원들이라도 등기요건(예컨대, 취임승낙서·인감증명서 등)을 일부 임원만 구비하였다면 등기요건이 갖추어진 임원만을 먼저 등기하는 것은 가능할 것이다.
2. 정관에 '임기가 만료된 임원은 그 후임자가 선임될 때까지 그 직무를 행한다.'는 규정이 있다하더라도 임기만료일은 권리의무행사기간 종료일이 아니라 본래의 임기만료일이므로 동일인이 다시 선임된 경우에도 임기만료로 인한 퇴임과 새로운 취임사이에 시간적 간격이 있다면 시간적 간격이 없는 경우에 하는 중임등기를 할 수는 없고 임기만료로 인한 퇴임등기 및 새로운 취임등기를 하여야 한다.
3. 임원이 임기만료로 인하여 퇴임하게 되어 정관에 정한 임원의 정수에 결원이 발생하였다면 임원의 퇴임으로 인한 변경등기는 후임임원의 선임등기와 동시에 하여야 한다.

(2003. 11. 14. 공탁법인 3402-269 질의회답)

[선례 164] 이사의 중임일 등에 관한 질의

제정 2007. 5. 3. [상업등기선례 제2-27호, 시행]

1. 주식회사의 감사가 그 취임 후 3년 내의 최종 결산기에 관한 정기총회에서 다시 감사로 선임되고 그 정기총회가 종결되기 전에 취임을 승낙한 경우에는, 공증인의 인증을 받은 그 정기총회 의사록과 취임 승낙을 증명하는 서면을 첨부하고 정기총회의 종결일을 중임일로 하여(상법 제410조) 감사의 중임으로 인한 변경등기를 신청할 수 있고, 이는 등기를 해태하다가 신청한 것인지 여부와는 관계가 없다.
2. 이사가 임기만료 직전의 주주총회에서 다시 이사로 선임되고 그 임기만료 전에 취임을 승낙한 경우에는, 임기만료일의 다음날이 중임일이 되며 그 날부터 2주 이내에 이사의 중임으로 인한 변경등기를 신청하여야 한다. (2007. 5. 3. 공탁상업등기과-467 질의회답)

[선례 165] 주식회사 이사의 임기에 관한 정관의 규정 방식 등

제정 1989.04.12 [상업등기선례 제1-144호(등기선례 제3-947호), 시행]

주식회사 이사의 임기를 정관에 『이사의 임기는 취임 후 3년 내의 최종의 결산기에 관한 정기주주총회의 종결시까지로 한다』로 규정할 수 있는 것이므로, 이사의 취임 후 3년 내의 최종의 결산기에 관한 정기주주총회에서 종전의 이사를 재선하여 그에 따른 이사의 중임등기신청이 있다면 등기공무원은 이를 수리하여야 한다. (1990. 4. 12. 등기 제725호)

[선례 166] 주식회사 이사의 중임등기

제정 1999. 5. 10. [상업등기선례 제1-157호(등기선례 제6-645호), 시행]

"이사의 임기는 3년으로 하되 그 임기가 임기 내에 도래하는 최종의 결산기에 관한 정기주주총회 종결 전에 만료되는 때에는 이사의 임기는 그 총회 종결시까지 연장한다."는 취지의 정관 규정에 의하여 1996. 1. 12.자로 임기가 만료되는 이사의 임기가 정기주주총회종결일인 1996. 3. 25.까지 연장되었고, 그 총회에서 동일인이 다시 이사로 선임되어 '1996. 3. 25.'을 중임일로 하는 중임등기가 경료된 후, 임기 중인 1999. 3. 10.자 정기주주총회에서 동일인이 다시 이사로 선임되었다면 특별한 사정이 없는 한 중임등기를 신청할 수 있을 것이고, 이 경우 중임일은 먼저 중임된 이사의 임기만료일의 다음날인 '1999. 3. 26.'로 하여야 할 것이다. (1999. 5. 11. 등기 3402-506 질의회답)

[선례 167] 이사 임기만료일 및 중임일

제정 2009. 9. 9. [상업등기선례 제2-32호, 시행]

정관에 이사의 임기를 3년으로 정한 경우 2006년 7월 30일에 설립등기를 한 회사의 이사의 임기만료일은 2009년 7월 30일이며, 이사가 임기만료 직전의 주주총회에서 다시 이사로 선임되고 그 임기만료 전에 취임을 승낙한 경우에는 임기만료일의 다음날인 2009년 7월 31일이 중임일이 된다. (2009. 9. 9. 사법등기심의관-2031 질의회답)

[선례 168] 이사의 중임일 등에 관한 질의

제정 2007.05.03 [상업등기선례 제200705-1호, 시행]

1. 주식회사의 감사가 그 취임 후 3년 내의 최종 결산기에 관한 정기총회에서 다시 감사로 선임되고 그 정기총회가 종결되기 전에 취임을 승낙한 경우에는, 공증인의 인증을 받은 그 정기총회 의사록과 취임 승낙을 증명하는 서면을 첨부하고 정기총회의 종결일을 중임일로 하여(상법 제410조) 감사의 중임으로 인한 변경등기를 신청할 수 있고, 이는 등기를 해태하다가 신청한 것인지 여부와는 관계가 없다.

2. 이사가 임기만료 직전의 주주총회에서 다시 이사로 선임되고 그 임기만료 전에 취임을 승낙한 경우에는, 임기만료일의 다음날이 중임일이 되며 그 날부터 2주 이내에 이사의 중임으로 인한 변경등기를 신청하여야 한다. (2007. 5. 3. 공탁상업등기과-467 질의회답)

[선례 169] 이사 임기만료일 및 중임일

제정 2009.09.09 [상업등기선례 제200909-2호, 시행]

정관에 이사의 임기를 3년으로 정한 경우 2006년 7월 30일에 설립등기를 한 회사의 이사의 임기만료일은 2009년 7월 30일이며, 이사가 임기만료 직전의 주주총회에서 다시 이사로 선임되고 그 임기만료 전에 취임을 승낙한 경우에는 임기만료일의 다음날인 2009년 7월 31일이 중임일이 된다. (2009. 9. 9. 사법등기심의관-2031 질의회답)

---

(4) 이사등의 성명・주민등록번호・주소의 변경 등의 경우

(가) 성명・주민등록번호・주소의 변경

[선례 170] 주식회사의 이사가 퇴임 전에 그 주소변경이 있는 경우 그 변경등기를 하여야 하는지 여부

제정 1987.06.13 [상업등기선례 제1-140호(등기선례 제2-685호), 시행]

주식회사의 이사가 퇴임 전에 전거함으로 인하여 그 주소가 변경되었다면 주소변경등기를 하여야 한다. (1987. 6. 13. 등기 제351호)

나. 등기기간

- 상법 제317조 제4항, 제183조, 제386조 제1항, 제389조 제3항, 제393의2조 제5항, 제415조
- 예규 제1508호 4. 가.

[선례 171] 개명으로 인한 등기기간 기산점

제정 2012. 10. 19. [상업등기선례 제2-37호, 시행]

개명은 가정법원의 허가를 필요로 하는 것으로서 그 재판은 「비송사건절차법」 제18조제1항에 의하여 이를 받은 자에게 고지함으로써 효력이 생기는 것이므로, 주식회사의 대표이사가 개명을 하여 그에 따른 변경등기를 하는 경우 그 등기기간은 재판을 받은 자가 개명허가결정의 고지를 받은 날로부터 기산한다. (2012. 10. 19. 사법등기심의관-3259 질의회답)

[판례 14] 상법위반(이의신청) (대법원 2005. 3. 8. 자 2004마800 전원합의체 결정)

【판시사항】

임기의 만료나 사임에 의하여 퇴임한 이사가 그 퇴임으로 법률 또는 정관에 정한 이사의 원수를 채우지 못하게 되어 후임이사의 취임시까지 이사로서의 권리의무를 유지하게 되는 경우, 이사의 퇴임으로 인한 변경등기기간의 기산일(=후임이사의 취임일) 및 후임이사의 취임 전에 위 변경등기만을 따로 신청하는 것이 허용되는지 여부(소극)

【결정요지】

대표이사를 포함한 이사가 임기의 만료나 사임에 의하여 퇴임함으로 말미암아 법률 또는 정관에 정한 대표이사나 이사의 원수(최저인원수 또는 특정한 인원수)를 채우지 못하게 되는 결과가 일어나는 경우에, 그 퇴임한 이사는 새로 선임된 이사(후임이사)가 취임할 때까지 이사로서의 권리의무가 있는 것인바(상법 제386조 제1항, 제389조 제3항), 이러한 경우에는 이사의 퇴임등기를 하여야 하는 2주 또는 3주의 기간은 일반의 경우처럼 퇴임한 이사의 퇴임일부터 기산하는 것이 아니라 후임이사의 취임일부터 기산한다고 보아야 하며, 후임이사가 취임하기 전에는 퇴임한 이사의 퇴임등기만을 따로 신청할 수 없다고 봄이 상당하다.

다. 등기신청인

- 상업등기법 제23조 제1항

[선례 172] 위조된 서류에 의한 합자회사의 무한책임사원의 지분양도에 따른 입·퇴사 등기와 본점이전등기의 말소절차 등

제정 1990. 2. 16. [상업등기선례 제1-66호(등기선례 제3-946호), 시행]
등기된 사항에 관하여 무효의 원인이 있는 경우 당사자는 무효원인이 있음을 증명하는 서면을 첨부하여 그 등기의 말소를 신청할 수 있고(소로써만 그 무효를 주장할 수 있는 경우를 제외한다. 비송사건절차법 제234조 등 참조), 이러한 증명서면의 형식에 관하여는

법령에 아무런 규정이 없으므로, 사인이 작성한 서면이라도 무효의 원인이 있음을 증명함에 족한 형식적 요건을 갖추고 있으면 그 증명서면이 될 수 있는바, 합자회사의 무한책임사원의 지분전부양도에 따른 입·퇴사등기와 본점이전등기가 위조된 서류를 첨부한 등기신청에 의하여 이루어진 것이라면, 그 각 등기의 말소등기를 신청함에 있어서는, 위 각 등기의 신청인 및 그 신청서의 첨부서면에 말소사유와 모순된 기재를 한 자 전원(이 사건의 경우 지분전부양도증서와 동의서에 날인한 자)이 위 등기신청시 첨부된 서면들은 위조된 것이라는 뜻을 기재한 서면을 작성하고 이에 각자의 인감증명서를 첨부하여 무효원인에 대한 증명서면으로 제출할 수 있을 것이며(다만, 위 말소등기에 의하여 불이익을 받는 등기부상의 이해관계인이 있는 경우에는 그 자의 동의서와 인감증명서도 첨부하여야 할 것임), 그러한 말소등기는 회사의 실제상의 대표사원(위조된 서면에 의하여 퇴사등기가 된 대표사원)이 먼저 구본점소재지의 관할등기소에 본점이전등기와 입·퇴사등기의 말소등기를 신청함으로써 등기공무원으로 하여금 그 등기용지를 부활시킨 후 그 말소등기를 함과 동시에 말소할 등기에 의하여 주말된 등기사항을 회복하게 하고, 다시 그 등기부등본을 첨부하여 신본점소재지의 관할등기소에 본점이전등기의 말소등기를 신청하여 그 등기용지를 폐쇄시켜야 한다. (1990. 2. 16. 등기 제317호)

[선례 173] 법인의 대표자에 관한 등기신청시 기재할 주소

제정 1993.05.11 [상업등기선례 제1-146호(등기선례 제3-979호), 시행]
법인대표자를 등기할 때 주소는 주민등록지 주소로 해야 한다. (1993. 5. 11. 등기 제1138호 대한주택공사사장 대 질의회답)

[선례 174] 이사변경등기절차 이행판결을 받은 경우의 등기 절차

제정 1996. 10. 23. [상업등기선례 제1-149호(등기선례 제5-834호), 시행]
갑 주식회사의 이사 을이 사임하였음에도 불구하고 갑 주식회사가 을에 대한 사임등기를 하지 아니함에 따라 을이 갑 주식회사를 상대로 위 사임을 원인으로 한 이사변경등기 절차의 이행을 구하는 소를 제기하여 승소확정판결을 받은 경우, 법령에 등기촉탁에 관한 규정이 없으므로 을이 위 판결에 기하여 갑 주식회사를 대위하여 이사변경등기를 신청하여야 한다. (1996. 10. 23. 등기 3402-818 질의회답)

[선례 175] 임원변경등기절차 등

제정 2003.04.23 [상업등기선례 제1-164호(등기선례 제200304-24호), 시행]
주식회사의 이사나 대표이사가 회사에 사임의 의사표시를 했음에도 불구하고 회사가 사임등기를 신청하지 아니할 경우에는 법원으로부터 이사나 대표이사의 사임등기절차이행판결을 받아 주식회사를 대위하여 등기를 신청할 수 있으나, 이 사임등기에 의하여 법률 또는 정관에서 정한 이사나 대표이사의 원수를 결하게 된 경우 사임이사나 사임대표이사는 후임이사나 후임대표이사가 취임할 때까지 이사나 대표이사의 권리의무가 있으므로, 그 사임등기는 후임이사나 후임대표이사의 취임등기와 동시에 하거나 또는 일시이사나 일시대표이사 취임등기를 한 후에 할 수 있다. (2003. 4. 23. 공탁법인 3402-95 질의회답)

[선례 176] 감사의 원수를 결하게 되는 경우, 화해권고결정에 의해 주식회사 감사의 사임등기를 할 수 있는지 여부(소극)

제정 2006. 5. 29. [상업등기선례 제2-87호, 시행]

1. 감사는 주식회사의 필수적 상설기관으로서, 법률 또는 정관에 정한 감사의 원수를 결한 경우에는 임기만료 또는 사임으로 인해 퇴임한 감사는 후임 감사가 취임할 때까지 감사의 권리의무가 있다(상법 제415조 , 제386조 제1항). 이 경우 후임 감사가 취임하기 전에는 퇴임한 감사의 퇴임등기만을 따로 신청할 수 없고, 퇴임한 감사가 회사를 상대로 감사 사임에 따른 사임등기절차 이행청구의 소를 제기하여 감사 사임에 따른 사임등기절차를 이행하라는 취지의 확정판결 또는 화해권고결정(재판상 화해와 같은 효력을 가지게 된 것을 말한다)을 받은 경우에도 다르지 않다.
2. 퇴임한 감사는 법원에 일시 감사의 직무를 행할 자(이하, '일시감사'라 한다)의 선임청구를 할 수 있다(상법 제415조 , 제386조). 그에 대해 법원의 선임결정(비송사건절차법 제84조 , 제81조)이 있고 그 촉탁에 의해 일시감사의 등기가 경료된다면(동법 제107조 제4호), 퇴임한 감사는 그 후에 위 화해권고결정으로 주식회사를 대위하여 사임등기의 신청을 할 수 있다. (2006. 5. 29. 공탁상업등기과-477 질의회답)

라. 첨부서면

(1) 취임의 경우

(가) 주주총회의사록

- 상법 제542의12조 제1항
- 상업등기규칙 제128조 제2항

(나) 이사회의사록

- 상법 제415의2조 제1항, 제393의2조 제2항 제3호
- 상업등기규칙 제128조 제2항

[선례 177] 주주가 1인인 주식회사가 그 이사를 해임하고 그로 인한 변경등기를 신청하는 경우, 신청서에 첨부할 서면

제정 2007.05.25 [상업등기선례 제200705-5호, 시행]

주주가 1인인 주식회사의 1인 주주가 주주총회의 소집 절차(상법 제362조, 제363조 등)를 거치지 않고 이사들이 참석하지도 아니한 상태에서 주주총회를 개최하여 어느 이사를 해임하는 결의를 한 경우, 그로 인한 변경등기의 신청서에는 1인 주주만이 기명날인 또는 서명한 주주총회 의사록을 인증받아(공증인법 제66조의2) 첨부할 수 있다. (2007. 5. 25. 공탁상업등기과-533 질의회답)

(다) 취임승낙을 증명하는 서면

- 상업등기규칙 제52조 제4항, 제154조 제2항, 제104조 제1항

[선례 178] 주식회사 등의 이사 또는 감사의 취임승낙 등을 증명하는 서면에 날인할 자가 외국인인 경우

제정 1992.12.26 [상업등기선례 제1-145호(등기선례 제3-953호), 시행]

주식회사나 유한회사에 관한 등기신청서에 이사 또는 감사의 취임승낙 또는 사임을 증명하는 서면을 첨부하는 경우 그 이사 또는 감사가 우리나라에 거주(체류 포함)하는 외국인인 때에는 그 서면상의 서명이 본인의 것임을 확인하는 우리나라 공증인의 증명서를 첨부하여도 무방할 것이다. (1992. 12. 26. 등기 제2632호)

[선례 179] 재외국민이 주식회사의 감사로 취임할 때 취임승낙서에 첨부할 인감증명

제정 1993.09.16 [상업등기선례 제1-147호(등기선례 제4-873호), 시행]
재외국민(일본거주)이 국내에 있는 주식회사의 감사로 취임할 때 그 취임승낙을 증명하는 서면에는 인감증명법에 의하여 작성된 인감증명을 제출하여야 하나, 인감증명의 날인제도가 있는 외국(일본)의 관공서가 발행한 인감증명으로 갈음할 수 있다. (1993. 9. 16. 등기 제2341호 질의회답)

[선례 180] 수용자(감사)가 우무인을 찍고 참여 교도관이 당해 수용자의 우무인임을 확인한 후 서명 또는 날인한 사임서를 첨부하여 감사의 퇴임등기를 신청하는 경우 당해 감사의 인감증명의 첨부 요부

제정 1999.05.10 [상업등기선례 제1-156호(등기선례 제6-680호), 시행]
수용중인 주식회사의 감사가 사임서를 작성한 후 교도관집무규칙 제13조의 규정에 의하여 오른손 엄지손가락으로 손도장을 찍고, 사임서의 작성시 참여한 교도관이 서명 또는 날인하여 당해 감사의 손도장임을 증명한 경우에도 당해 감사의 퇴임등기신청서에는 위 사임서의 인감에 관하여 인감증명법에 의하여 작성된 인감증명을 첨부하여야 한다. (1999. 5. 10. 등기 3402-490 질의회답)

[선례 181] 주식회사의 대표권 없는 이사의 취임 또는 사임으로 인한 변경등기와 취임승낙 또는 사임을 증명하는 서면

제정 2000.01.14 [상업등기선례 제1-159호(등기선례 제6-657호), 시행] [사실상 폐지]
주식회사의 대표권 없는 이사의 취임 또는 사임으로 인한 변경등기의 신청서에는 그 취임승낙 또는 사임을 증명하는 서면을 첨부하여야 하나(비송사건절차법 제204조), 위 등기신청서에 첨부된 공증받은 의사록에 위 이사의 취임승낙 또는 사임의 뜻이 기재되고 당해 이사의 날인이 있는 때에는 이와 별도로 취임승낙서 또는 사임서를 첨부하여야 하는 것은 아니다. (2000. 1. 14. 등기 3402-32 질의회답)

[선례 182] 주식회사나 유한회사에 관한 등기신청서에 이사 또는 감사의 취임승낙 또는 사임을 증명하는 서면을 첨부하는 경우 그 이사 또는 감사가 우리 나라에 거주 또는 체류하는 외국인인 때 그 서면상의 서명이 본인의 것임을 확인하는 우리나라 공증인의 인증서 첨부가능 여부 및 '체류'의 의미

제정 2005.02.18 [상업등기선례 제1-168호(등기선례 제200502-13호), 시행]

주식회사나 유한회사에 관한 등기신청서에 이사 또는 감사의 취임승낙 또는 사임을 증명하는 서면을 첨부하는 경우 그 이사 또는 감사가 우리나라에 거주 또는 체류하는 외국인인 때에는 그 서면상의 서명이 본인의 것임을 확인하는 우리나라 공증인의 인증서를 첨부하여 본국 관공서의 증명이나 본국 공증인의 인증을 갈음할 수 있을 것이며, 이 때 체류는 출입국관리법 제31조에 의한 외국인등록을 한 경우에 제한되지 아니하고 출입국관리법 제10조, 같은 법 시행령 제12조에서 정한 체류자격을 갖추고 있는 경우라면 무방하다 할 것이다. (2005. 2. 18. 공탁법인 3402-49 질의회답)

[선례 183] 비상임당연직이사 임원변경 등기신청시 주민등록등본 첨부면제 여부

제정 2009.01.21 [상업등기선례 제200901-3호, 시행]

법인의 설립 또는 변경등기 신청시 임원에 관한 등기에 있어서는 상업등기법 제23조, 상업등기규칙 제59조에 의거하여 주민등록번호를 증명하는 서면을 첨부하여야 하는바, 주민등록번호를 증명하는 서면은 원칙적으로 주민등록등·초본 또는 주민등록증사본이고 자동차운전면허증사본도 이러한 서면에 해당될 수 있으나 비상임당연직이사 인사발령공문은 이러한 서면으로 볼 수 없다. (2009. 1. 21. 사법등기심의관-171 질의회답)

[선례 184] 대표권 있는 임원의 퇴임으로 인한 변경등기를 신청하는 경우 신청서에 주소증명서면을 첨부하여야 하는지 여부

제정 2013.05.14 [상업등기선례 제201305-1호, 시행]

대표권 있는 임원의 퇴임으로 인한 변경등기를 신청하는 경우 신청서에 그 퇴임을 증명하는 서면을 첨부하여야 하는데, 주소를 증명하는 서면은 특별한 사정이 있는 경우가 아니면 첨부하여야 하는 서면이 아니다. (2013. 5. 14. 사법등기심의관－1781 질의회답)

[선례 185] 임기만료를 원인으로 대표자 퇴임등기를 할 경우 주소증명서면을 첨부하여야 하는지 여부

제정 2014.05.16 [상업등기선례 제201405-3호, 시행]
대표자의 임기만료를 원인으로 퇴임등기를 신청할 경우에는 그 자가 다시 대표자로 선임되어 취임등기를 동시에 신청하지 않는 이상 대표자의 주소변경 사실을 증명하는 서면을 첨부하여야 하는 것은 아니다. (2014. 5. 16. 사법등기심의관－2055 질의회답)

(라) 정관

- 상법 제389조 제1항, 제383조 제1항, 제415의2조 제1항
- 상업등기규칙 제128조 제1항

[선례 186] 주식회사 변경등기시 정관의 첨부 여부

제정 1992. 9. 21. [상업등기선례 제1-102호(등기선례 제3-952호), 시행]
등기사항인 정관의 절대적 기재사항을 주주총회 결의로 변경하거나 이사회 결의로 대표이사의 선임 등을 하고 이에 대한 등기를 신청함에 있어서는 정관으로 상법의 규정과 달리 정할 수 있는 사항으로서 정관에 규정이 없으면 무효 또는 취소의 원인이 되는 경우(예, 주주총회의 의결정족수 또는 소집지에 관한 사항, 이사회의 소집기간에 관한 사항 등) 이외에는 주주총회의사록이나 이사회의사록을 첨부하면 족하고 따로이 정관을 첨부할 필요가 없는 것이다. (1992. 9. 21. 등기 제2006호 대한법무사협회장 대 질의회답)

[선례 187] 사내이사와 기타비상무이사 등기신청시 첨부서면

제정 2009.07.02 [상업등기선례 제200907-1호, 시행]
주식회사의 정관에 이사와 사외이사는 주주총회에서 구분하여 선임하되, 주주총회에서 선임된 이사 중 사내이사와 기타비상무이사를 이사회에서 선임하도록 규정하고 있는 경우, 정관과 이사로 선임한 주주총회의사록 및 사내이사와 기타비상무이사를 구분하여 선임한 이사회의사록을 첨부하여 위 사내이사와 기타비상무이사의 선임에 따른 등기를 신청할 수 있다. (2009. 7. 2. 사법등기심의관-1538 질의회답)

(2) 퇴임의 경우

- 상업등기규칙 제130조

[선례 188] 대표권 있는 임원의 퇴임으로 인한 변경등기를 신청하는 경우 신청서에 주소증명서면을 첨부하여야 하는지 여부

제정 2013. 5. 14. [상업등기선례 제2-38호, 시행]

대표권 있는 임원의 퇴임으로 인한 변경등기를 신청하는 경우 신청서에 그 퇴임을 증명하는 서면을 첨부하여야 하는데, 주소를 증명하는 서면은 특별한 사정이 있는 경우가 아니면 첨부하여야 하는 서면이 아니다. (2013. 5. 14. 사법등기심의관-1781 질의회답)

[선례 189] 임기만료를 원인으로 대표자 퇴임등기를 할 경우 주소증명서면을 첨부하여야 하는지 여부

제정 2014. 5. 16. [상업등기선례 제2-39호, 시행]

대표자의 임기만료를 원인으로 퇴임등기를 신청할 경우에는 그 자가 다시 대표자로 선임되어 취임등기를 동시에 신청하지 않는 이상 대표자의 주소변경 사실을 증명하는 서면을 첨부하여야 하는 것은 아니다. (2014. 5. 16. 사법등기심의관-2055 질의회답)

(가) 임기만료로 인한 퇴임

- 상법 제410조, 제383조 제2항 제3항, 제360의13조, 제527의4조 제1항, 제415의2조 제7항

[판례 15] 손해배상(기) (대법원 2001. 6. 15. 선고 2001다23928 판결)

【판시사항】

이사의 임기만료 전 해임에 대한 손해배상청구

【판결요지】

상법 제385조 제1항에 의하면 "이사는 언제든지 주주총회의 특별결의로 해임할 수 있으나, 이사의 임기를 정한 경우에 정당한 이유 없이 그 임기만료 전에 이를 해임한 때에는 그 이사는 회사에 대하여 해임으로 인한 손해의 배상을 청구할 수 있다"고 규정하고 있는바, 이 때 이사의 임기를 정한 경우라 함은 정관 또는 주주총회의 결의로 임기를 정하고

있는 경우를 말하고, 이사의 임기를 정하지 않은 때에는 이사의 임기의 최장기인 3년을 경과하지 않는 동안에 해임되더라도 그로 인한 손해의 배상을 청구할 수 없다고 할 것이고, 회사의 정관에서 상법 제383조 제2항과 동일하게 "이사의 임기는 3년을 초과하지 못한다."고 규정한 것이 이사의 임기를 3년으로 정하는 취지라고 해석할 수는 없다.

[선례 190] 임기만료로 인한 퇴임과 새로운 취임 사이에 시간적 간격이 있는 경우의 등기방법, 임원이 임기만료로 인하여 퇴임하게 되어 정관에 정한 임원의 정수에 결원이 발생한 경우의 등기방법

제정 2003.11.14 [상업등기선례 제1-373호(등기선례 제200311-12호), 시행]

1. 동일한 조합원 총회에서 재선된 임원들이라도 등기요건(예컨대, 취임승낙서·인감증명서 등)을 일부 임원만 구비하였다면 등기요건이 갖추어진 임원만을 먼저 등기하는 것은 가능할 것이다.
2. 정관에 '임기가 만료된 임원은 그 후임자가 선임될 때까지 그 직무를 행한다.'는 규정이 있다하더라도 임기만료일은 권리의무행사기간 종료일이 아니라 본래의 임기만료일이므로 동일인이 다시 선임된 경우에도 임기만료로 인한 퇴임과 새로운 취임사이에 시간적 간격이 있다면 시간적 간격이 없는 경우에 하는 중임등기를 할 수는 없고 임기만료로 인한 퇴임등기 및 새로운 취임등기를 하여야 한다.
3. 임원이 임기만료로 인하여 퇴임하게 되어 정관에 정한 임원의 정수에 결원이 발생하였다면 임원의 퇴임으로 인한 변경등기는 후임임원의 선임등기와 동시에 하여야 한다.

(2003. 11. 14. 공탁법인 3402-269 질의회답)

[선례 191] 이사 전원의 임기가 만료된 경우에 그 중 1인만에 대하여 사임으로 인한 퇴임등기를 할 수 있는지 여부

제정 2000.04.19 [상업등기선례 제1-160호(등기선례 제6-659호), 시행]

이사 전원의 임기가 모두 만료되었으나 퇴임등기가 되어 있지 않은 경우에는 그 이사들 사이에 순위 등의 구별을 하는 것이 불가능하여, 임기가 만료된 이사 전원이 이사의 권리의무를 갖는 자로 되므로(상법 제386조 제1항 참조), 후임이사의 취임등기를 동시에 신청하지 않는 한, 이사들 중 일부에 대한 퇴임등기는 신청할 수 없을 것이다. (2000. 4. 19. 등기 3402-282 질의회답)

[선례 192] 주식회사의 이사가 퇴임 전에 그 주소변경이 있는 경우 그 변경등기를 하여야 하는지 여부

제정 1987.06.13 [상업등기선례 제1-140호(등기선례 제2-685호), 시행]
주식회사의 이사가 퇴임 전에 전거함으로 인하여 그 주소가 변경되었다면 주소변경등기를 하여야 한다. (1987. 6. 13. 등기 제351호)

(나) 사임

- 상업등기규칙 제52조 제4항, 제154조 제2항, 제104조 제1항

(다) 해임

- 상업등기규칙 제128조 제2항, 제130조
- 상법 제382조 제1항, 제409조 제1항, 제389조 제1항, 제79조 제1항, 제393의2조 제2항 제3호, 제415의2조 제3항, 제542의12조 제1항
- 채무자회생법 제263조 제4항

[선례 193] 주식회사 변경등기시 정관의 첨부 여부

제정 1992. 9. 21. [상업등기선례 제1-102호(등기선례 제3-952호), 시행]
등기사항인 정관의 절대적 기재사항을 주주총회 결의로 변경하거나 이사회 결의로 대표이사의 선임 등을 하고 이에 대한 등기를 신청함에 있어서는 정관으로 상법의 규정과 달리 정할 수 있는 사항으로서 정관에 규정이 없으면 무효 또는 취소의 원인이 되는 경우(예, 주주총회의 의결정족수 또는 소집지에 관한 사항, 이사회의 소집기간에 관한 사항 등) 이외에는 주주총회의사록이나 이사회의사록을 첨부하면 족하고 따로이 정관을 첨부할 필요가 없는 것이다. (1992. 9. 21. 등기 제2006호 대한법무사협회장 대 질의회답)

[선례 194] 주주가 1인인 주식회사가 그 이사를 해임하고 그로 인한 변경등기를 신청하는 경우, 신청서에 첨부할 서면

제정 2007.05.25 [상업등기선례 제200705-5호, 시행]
주주가 1인인 주식회사의 1인 주주가 주주총회의 소집 절차(상법 제362조, 제363조 등)

를 거치지 않고 이사들이 참석하지도 아니한 상태에서 주주총회를 개최하여 어느 이사를 해임하는 결의를 한 경우, 그로 인한 변경등기의 신청서에는 1인 주주만이 기명날인 또는 서명한 주주총회 의사록을 인증받아(공증인법 제66조의2) 첨부할 수 있다. (2007. 5. 25. 공탁상업등기과-533 질의회답)

(라) 기타 사유에 의한 퇴임

- 상법 제387조, 제352조, 제396조 제1항, 제383조 제3항 제5호, 제542의8조 제2항 제7호
- 상법시행령 제34조 제5항 제4호
- 상업등기규칙 제130조
- 가사소송법 제40조
- 가사소송규칙 제36조
- 채무자회생법 제311조

[선례 195] 사외이사직 상실로 인한 변경등기의 신청서에 첨부하여야 할 서면

제정 2007. 6. 20. [상업등기선례 제2-29호, 시행]

사외이사가 일정 수 이상이 되도록 하여야 하는 주권상장법인(증권거래법 제191조의16제1항, 제2항)의 사외이사가 당해 법인과 법률자문계약을 체결하여 그 직을 상실한 경우(증권거래법 제54조의5제4항제9호, 제191조의16제3항, 증권거래법 시행령 제37조의6제3항제2호), 퇴임을 증명하는 서면(비송사건절차법 제204조제2항)으로서 '사외이사가 당해 법인과 법률자문계약을 체결하였음을 증명하는 서면'을 첨부하여 퇴임으로 인한 변경등기를 신청할 수 있고, 그 신청서에 등기의 사유로서 이사가 퇴임한 뜻을 기재하면 된다.
(2007. 6. 20. 공탁상업등기과-685 질의회답)

[선례 196] 조합원의 자격상실로 인한 조합장의 퇴임등기신청서에 첨부할 서면 등

제정 1989. 6. 8. [상업등기선례 제1-353호(등기선례 제2-725호), 시행]

지역별 축산업협동조합의 조합장은 조합원 중에서 선출하도록 규정되어 있으므로(축산업협동조합법 제41조 제2항) 조합장이 조합원의 자격을 상실하게 되면 조합장의 자격도 당연히 상실하는 것으로 보아야 하며, 따라서 조합원의 자격상실로 인한 조합장의 퇴임등기신청서에는 조합원의 자격이 상실된 사실을 증명하는 서면인 이사회의 회의록(동법 제27조 제2항, 제3항 , 제40조 제3항)을 첨부하면 족하고 별도로 총회의 결의서를 첨부할

필요는 없으며, 그 퇴임등기는 조합장이 신청함이 원칙이나(동법 제85조 제3항), 조합장이 유고가 있거나 궐위된 때에는 그 직무를 대행하는 자가 그 자격을 증명하는 서면을 첨부하여 신청할 수 있다(동법 제42조 제2항). (1989. 6. 8. 등기 제1099호)

---

(3) 중임의 경우

- 상업등기규칙 제130조, 제154조 제2항, 제104조 제1항, 제52조 제1항 제3호
- 예규 제943호 5. 나.

마. 등록면허세·등기신청수수료 등의 납부

- 지방세법 제28조 제1항 제6호 바목, 제151조 제1항 제2호
- 수수료규칙 제5의3조 제2항, 제5의5저 제4항
- 예규 제1565호 3. 다. (1)

바. 인감의 제출과 인감에 관한 기록의 폐쇄 등

(1) 인감의 제출

- 상업등기법 제25조 제1항 제2항
- 상업등기규칙 제35조 제1항 제2항, 제154조 제2항, 제104조 제1항, 제54조 제2항
- 예규 제1615호 2. 나.

(2) 인감에 관한 기록의 폐쇄, 인감카드의 계속사용 등

- 상업등기규칙 제38조 제1항
- 예규 제1615호 4. 라. 1, 4. 마. 2

제8절 명의개서대리인에 관한 등기

1. 명의개서대리인 제도

- 상법 제337조 제1항 제2항, 제396조 제1항, 제479조

2. 명의개서대리인의 설치

- 상법 제337조 제2항, 제393조 제1항

[선례 197] 명의개서대리인의 변경등기신청 등

제정 1994.06.20 [상업등기선례 제1-223호(등기선례 제4-854호), 시행]
증권거래법이 개정(법률 제4701호 94. 1. 5.시행)됨에 따라 한국증권대체결제 주식회사(이하 갑이라 함)가 소멸하고 대신 개정 후 같은법 제173조에 의하여 증권예탁원(이하 을이라고 함)이 설립된 경우, 같은법 부칙 제5조 제4항에 의하여 을은 갑의 권리의무를 포괄승계하였으므로 갑을 명의개서대리인으로 선임하여 등기를 마친 주식회사는 위 법조항을 근거로 명의개서대리인을 갑에서 을로 하는 변경등기를 신청할 수 있을 것이나, 이미 갑을 명의개서대리인으로 한 등기를 위 같은법 부칙 제5조 제4항 후단의 규정에 의하여 말소하였다면 종전 갑과 체결하였던 계약서(또는 계약서를 재작성한 경우에는 그 계약서)를 첨부하여 을을 명의개서대리인으로 하는 선임등기를 신청할 수 있을 것이다. 아울러 위 주식회사의 명의개서대리인이 변경된 것은 그 주식회사의 이사회의 결의에 의한 것이 아니라 위 법률에 의한 것이므로 위 변경등기나 선임등기신청시 이사회의 결의서를 첨부할 필요가 없다. (1994. 6. 20. 등기 3402-536 질의회답)

3. 등기절차

가. 등기기간

- 상법 제317조 제4항, 제183조

[선례 198] 증권예탁원이 개정 증권거래법 제173조 제1항의 규정에 따라 증권예탁결제원으로 법인의 명칭이 변경된 경우, 종래의 증권예탁원을 명의개서대리인으로 둔 주식회사의 명의개서대리인 변경등기의 등기기간 기산점 등

제정 2005.01.26 [상업등기선례 제1-226호(등기선례 제200501-11호), 시행]
증권예탁원이 개정 증권거래법 제173조 제1항의 규정에 따라 증권예탁결제원으로 법인의 명칭이 변경된 경우, 종래의 증권예탁원을 명의개서대리인으로 둔 주식회사는 상법 제183조, 제317조 제4항의 규정에 따라 명의개서대리인 변경등기를 신청하여야 하고, 변경등기기간의 기산점은 개정 증권거래법의 시행일이 될 것이며, 주식회사의 명의개서대리인의 명칭이 변경된 것은 위 증권거래법의 개정에 의한 것이므로 변경등기신청시 법인의 명칭을 변경한 증권예탁원의 등기부등본이나 해당회사의 주주총회의사록 또는 이사회의사록을 첨부할 필요는 없을 것이다. (2005. 1. 26. 공탁법인 3402-22 질의회답)

나. 등기사항

- 상업등기규칙 제55조 제1항, 제3항

다. 첨부서면

(1) 명의개서대리인을 설치한 경우

- 상업등기법 제90조
- 상업등기규칙 제128조 제1항 제2항

(2) 명의개서대리인을 변경한 경우

- 상업등기규칙 제143조, 제128조 제2항

[선례 199] 명의개서대리인의 변경등기신청 등

제정 1998. 12. 10. [상업등기선례 제1-224호(등기선례 제4-854호), 시행]

주식회사가 그 공고방법으로 정한 일간신문사의 상호가 변경된 경우는, 행정구역의 명칭변경에 따라 본점소재지의 명칭이 변경되는 경우와 마찬가지로, 일간신문사의 상호라는 사실에 기초를 둔 정관의 규정이 상호의 변경이라는 사실의 변경에 의하여 당연히 변경되는 경우에 해당되는 것으로서 이를 위하여 주주총회의 특별결의 절차를 밟을 필요는 없을 것이므로, 정관변경 전에도 그 변경사실을 증명하는 서면(일간신문사의 법인등기부등본 등)을 첨부하여 등기부상의 공고방법 변경등기를 신청할 수 있다. (1998. 12. 10. 등기 3402-1222 질의회답)

---

(3) 명의개서대리인을 폐지한 경우

- 상업등기규칙 제128조 제2항

[선례 200] 주식회사 변경등기시 정관의 첨부 여부

제정 1992. 9. 21. [상업등기선례 제1-102호(등기선례 제3-952호), 시행]
등기사항인 정관의 절대적 기재사항을 주주총회 결의로 변경하거나 이사회 결의로 대표이사의 선임 등을 하고 이에 대한 등기를 신청함에 있어서는 정관으로 상법의 규정과 달리 정할 수 있는 사항으로서 정관에 규정이 없으면 무효 또는 취소의 원인이 되는 경우(예, 주주총회의 의결정족수 또는 소집지에 관한 사항, 이사회의 소집기간에 관한 사항 등) 이외에는 주주총회의사록이나 이사회의사록을 첨부하면 족하고 따로이 정관을 첨부할 필요가 없는 것이다. (1992. 9. 21. 등기 제2006호 대한법무사협회장 대 질의회답)

[선례 201] 회사의 본점이전등기신청과 정관의 첨부 여부 등

제정 1988. 7. 15. [상업등기선례 제1-117호(등기선례 제2-691호), 시행]
회사의 본점이전등기신청을 함에 있어 신본점소재지가 기재된 정관은 그 등기신청서에 첨부하여야 할 서면으로는 볼 수 없으며, 회사가 본점을 타등기소 관할로 이전하여 그 등기용지가 폐쇄되었다면 구본점소재지 관할등기소에서는 그 인감증명을 교부할 수는 없다. 또한 본점이전등기를 한 회사가 구본점소재지 관할등기소에 본점의 부활(회복)을 목적으로 하는 등기신청은 이를 수리할 수 없고, 회사가 본점을 타등기소 관할로 이전하여 그 등기용지가 폐쇄되고 신본점소재지 관할등기소에서는 아직 본점이전등기를 경료하지 않았다 하더라도 그 회사가 상법상 해산된 것으로 볼 수는 없다. (1988. 7. 15. 등기 제389호)

라. 등록면허세·등기신청수수료 등의 납부

- 지방세법 제28조 제1항 제6호 바목, 제151조 제1항 제2호
- 수수료규칙 제5의3조 제2항, 제5의5조 제4항

제9절 발행할 주식의 총수의 변경등기

1. 발행할 주식의 총수의 의의

- 상법 제289조 제1항 제3호

[선례 202] 현물출자나 재평가적립금 또는 준비금의 자본전입에 따른 신주발행의 경우 회사가 발행할 주식의 총수의 변경등기

제정 1982.06.18 [상업등기선례 제1-170호(등기선례 제1-867호), 시행]

회사가 신주의 발행을 조건으로 하여 발행예정주식총수 증가의 변경 결의를 하고 그 조건이 된 신주를 발행한 후 발행예정주식총수의 변경등기와 신주발행의 등기신청을 할 경우, 그 조건이 된 신주가 증가변경 결의 당시의 발행예정주식총수의 범위내에 속하는 것인 때에는 그 등기신청을 수리할 수 있으나, 그 조건이 된 신주가 증가변경결의 당시의 발행예정주식총수중 미발행 주식의 범위를 초과하는 것인 때에는 그 등기신청을 수리할 수 없다. 그리고 이 점은 현물출자에 인한 신주를 발행하는 경우나 자산재평가법 제30조 제3항의 규정에 의한 재평가적립금 또는 상법 제461조 제1항의 규정에 의한 준비금의 자본전입에 따라 신주를 발행하는 경우에도 마찬가지이다. (1982. 6. 18. 등기 제250호 대한사법서사협회장 대 법원행정처장 회답)

---

2. 종류주식별 발행할 주식의 수

상법 344조 1항 2항, 317조 2항 3호

3. 발행할 주식의 총수의 변경

상법 433조 1항, 434조

[선례 203] 주식의 상환에 관한 종류주식의 상환과 회사가 발행할 주식의 총수 및 재발행 가부(선례변경)

제정 2012. 7. 9. [상업등기선례 제2-55호, 시행]

1. 주식의 상환에 관한 종류주식을 상환하는 경우, 주식을 병합하거나 소각하는 방법으로 자본금을 감소하는 경우 및 이사회의 결의에 의하여 회사가 보유하는 자기 주식을 소각하는 경우에 소각된 주식 수만큼 회사가 발행할 주식의 총수는 당연히 감소하지 아니하므로 정관의 변경 없이는 회사가 발행할 주식의 총수에 관한 변경등기를 할 수가 없다.
2. 회사가 발행할 주식의 총수 범위 안에서 주식의 상환에 관한 종류주식의 상환으로 소각된 주식 수만큼 새로운 주식의 상환에 관한 종류주식을 다시 발행하여 변경등기를 신청하는 경우 등기관은 특별한 사정이 없는 한 수리하여야 한다. (2012. 07. 09. 사

법등기심의관-1989 질의회답)

[선례 204] 주식의 상환에 관한 종류주식의 상환과 회사가 발행할 주식의 총수 및 재발행 가부(선례변경)

제정 2012.07.09 [상업등기선례 제201207-1호, 시행]

1. 주식의 상환에 관한 종류주식을 상환하는 경우, 주식을 병합하거나 소각하는 방법으로 자본금을 감소하는 경우 및 이사회의 결의에 의하여 회사가 보유하는 자기 주식을 소각하는 경우에 소각된 주식 수만큼 회사가 발행할 주식의 총수는 당연히 감소하지 아니하므로 정관의 변경 없이는 회사가 발행할 주식의 총수에 관한 변경등기를 할 수가 없다.
2. 회사가 발행할 주식의 총수 범위 안에서 주식의 상환에 관한 종류주식의 상환으로 소각된 주식 수만큼 새로운 주식의 상환에 관한 종류주식을 다시 발행하여 변경등기를 신청하는 경우 등기관은 특별한 사정이 없는 한 수리하여야 한다. (2012. 07. 09. 사법등기심의관-1989 질의회답)

[선례 205] 자본감소와 발행예정주식총수의 변경등기 외

제정 2006.11.23 [상업등기선례 제200611-3호, 시행]

1. 상법 제340조의2의 규정에 의한 주식매수선택권을 행사하여 신주를 인수한 자는 행사가액의 전액을 납입한 때에 주주가 된다(상법 제340조의5, 제516조의9 전단).
2. 주식을 소각하거나 병합하는 방법으로 자본을 감소(상법 제343조 제1항 본문, 제440조, 제441조)하는 경우, 상환주식을 상환하는 경우(상법 제345조), 정관의 정한 바에 의하여 주주에게 배당할 이익으로써 주식을 소각하는 경우(상법 제343조 제1항 단서), 정기총회에서 특별결의에 의하여 주식을 매수하여 소각하는 경우(상법 제343조의2) 등에는 감소된 주식수만큼 회사가 발행할 주식의 총수(상법 제317조 제2항 제1호. 이하 '발행예정주식총수'라 한다)도 감소한다. 따라서, 회사는 발행한 주식의 총수(이하, '발행주식총수'라 한다)의 변경등기뿐 아니라 발행예정주식총수의 변경등기도 신청하여야 한다(상법 제317조 제2항, 제4항, 제183조).
   ① 위의 경우에 발행예정주식총수의 변경등기는 발행주식총수의 변경등기와 동시에 신청하는 것이 바람직하나, 동시에 신청할 것을 강제하는 규정(비송사건절차법 제184조 제2항, 제159조 제12호, 상업등기처리규칙 제66조 등)이 없으므로 발행주식총수의 변경등기가 경료된 후에 신청하더라도 등기관은 수리하여야 한다.
   ② 자본감소 등에 의해 발행예정주식총수가 감소하였음이 발행주식총수 변경등기신청

서의 첨부서면이나(동시에 신청하는 경우) 등기부에 의해(발행주식총수의 변경등기가 경료된 후에 신청하는 경우) 명백하게 나타나는 경우에는, 그 변경을 증명하는 서면을 따로 첨부할 필요가 없다. 다만, 발행예정주식총수에 관하여 다른 정함이 있는지 여부를 등기관이 확인할 수 있도록 하기 위해 정관을 첨부하여야 한다.

③ 등기예규 제1038호 3.의 취지에 비추어 볼 때, 발행주식총수의 변경등기와 발행예정주식총수의 변경등기를 같은 신청서에 의해 함께 신청한다면 발행주식총수의 변경등기에 필요한 등록세(지방세법 제137조 제1항 제6호)만을 납부하면 될 것이다.

3. 상법 제520조의2(휴면회사의 해산) 제4항의 규정에 의하여 청산이 종결된 것으로 보는 주식회사(이하, '청산종결 간주된 회사'라 합니다)도 청산사무가 종결되지 않았음을 소명하여 청산종결등기의 말소를 신청할 수 있다(비송사건절차법 제234조 제1항 제2호). 청산종결등기의 말소 신청이 있으면 등기관은 그 등기용지를 부활하고 청산종결등기를 말소한다(상업등기처리규칙 제53조). 또한, 청산종결 간주된 회사라도 어떤 권리관계가 남아 있어 현실적으로 정리할 필요가 있으면 그 범위 내에서는 아직 완전히 소멸하지 아니하고 청산의 목적범위 내에서 여전히 존속하는데, 이러한 경우 그 회사의 해산 당시의 이사는 정관에 다른 규정이 있거나 주주총회에서 따로 청산인을 선임하지 아니한 경우에 청산인이 되는 것이므로(대법원 1994. 5. 27. 선고 94다7607 판결 등 참조), 주주총회에서 청산인을 선임할 수 있다. (2006. 11. 23. 공탁상업등기과-1315 질의회답)

---

4. 등기절차

가. 등기기간, 등기사항 등

- 상법 제317조 제3항
- 상업등기법 제23조 제1항
- 법인등의 등기사항에 관한 특례법 제3조

[선례 206] 발행주식총수의 변경등기신청과 주주총회의사록의 첨부 여부

제정 1986.01.27 [상업등기선례 제1-173호(등기선례 제1-876호), 시행]
(1986. 1. 27. 등기 제25호 사단법인 한국상장회사협의회 회장 대 법원행정처장 회답)

나. 등록면허세 · 등기신청수수료 등의 납부

- 지방세법 제28조 제1항 제6호 바목, 제151조 제1항 제2호, 제28조 제1항 제6호 가목, 제151조 제1항 제2호
- 예규 제1038호 3.
- 수수료규칙 제5의3조 제2항, 제5의5조 제4항

[선례 207] 주식회사 변경등기신청시의 등록세에 관한 질의

제정 2006. 8. 2. [상업등기선례 제2-7호, 시행]

1. 주식회사의 대표이사가 사임 후 취임하거나 중임하여 변경등기를 신청하는 경우, 그 변경등기의 신청 전에 주소가 변경되어 주소변경등기도 같은 신청서에 의해 함께 신청한다면 1건의 등록세(및 지방교육세)만을 납부하면 된다(지방세법 제137조 제1항 제6호 , 제260조의2 , 제260조의4 제1항 , 지방세법 시행령 제89조 제1항 . 지방세법 운용세칙 131-7 3. 참조). 다만, 주소변경등기신청을 해태한 사실이 있다면, 등기관은 위 등록세의 문제와는 상관없이 과태료 통지를 하여야 한다(상법 제317조 제2항 제9호 , 제4항 , 제183조 , 제635조 제1호).
2. 주식회사의 증자등기를 신청하는 때에, 회사가 발행할 주식의 총수가 부족하여 그 변경등기도 같은 신청서에 의해 함께 신청한다면 증자등기에 필요한 등록세(및 지방교육세)만을 납부하면 된다(등기예규 제1038호 3 , 지방세법 제137조 제1항 제1호 (2)목, 제260조의2 , 제260조의4 제1항 , 지방세법 시행령 제89조 제1항).

(2006. 8. 2. 공탁상업등기과-759 질의회답)

제10절 주식의 양도제한에 관한 등기

1. 서설

상법 제335조, 제383조 제4항

2. 주식의 양도제한 규정의 신설 · 변경 · 폐지

- 상법 제383조 제4항, 제302조 제2항 제5호의2조, 제356조 제6호의2,

제514조 제1항 제5호, 제516의4조 제4호, 제516의5조 제2항 제5호, 제434조

[판례 1] 명의개서절차이행 (대법원 2000. 9. 26. 선고 99다48429 판결)

【판시사항】

[1] 상법 제335조 제1항 단서의 취지 및 정관의 규정으로 주식의 양도를 전면적으로 금지할 수 있는지 여부(소극)

[2] 회사와 주주들 사이에서, 혹은 주주들 사이에서 회사의 설립일로부터 5년 동안 주식의 전부 또는 일부를 다른 당사자 또는 제3자에게 매각·양도할 수 없다는 내용의 약정을 한 경우, 그 약정은 주식양도에 이사회의 승인을 얻도록 하는 등 그 양도를 제한하는 것이 아니라 설립 후 5년간 일체 주식의 양도를 금지하는 내용으로 이를 정관으로 규정하였다고 하더라도 주주의 투하자본회수의 가능성을 전면적으로 부정하는 것으로서 무효라는 이유로 정관으로 규정하여도 무효가 되는 내용을 나아가 회사와 주주들 사이에서, 혹은 주주들 사이에서 약정하였다고 하더라도 이 또한 무효라고 한 사례

【판결요지】

[1] 상법 제335조 제1항 단서는 주식의 양도를 전제로 하고, 다만 이를 제한하는 방법으로서 이사회의 승인을 요하도록 정관에 정할 수 있다는 취지이지 주식의 양도 그 자체를 금지할 수 있음을 정할 수 있다는 뜻은 아니기 때문에, 정관의 규정으로 주식의 양도를 제한하는 경우에도 주식양도를 전면적으로 금지하는 규정을 둘 수는 없다.

[2] 회사와 주주들 사이에서, 혹은 주주들 사이에서 회사의 설립일로부터 5년 동안 주식의 전부 또는 일부를 다른 당사자 또는 제3자에게 매각·양도할 수 없다는 내용의 약정을 한 경우, 그 약정은 주식양도에 이사회의 승인을 얻도록 하는 등 그 양도를 제한하는 것이 아니라 설립 후 5년간 일체 주식의 양도를 금지하는 내용으로 이를 정관으로 규정하였다고 하더라도 주주의 투하자본회수의 가능성을 전면적으로 부정하는 것으로서 무효라는 이유로 정관으로 규정하여도 무효가 되는 내용을 나아가 회사와 주주들 사이에서, 혹은 주주들 사이에서 약정하였다고 하더라도 이 또한 무효라고 한 사례.

3. 등기절차

가. 등기기간, 등기사항 등

- 상법 제317조 제3항 제4항, 제183조
- 상업등기법 제23조 제1항

• 법인등의 등기사항에 관한 특례법 제3조

나. 첨부서면

• 상업등기규칙 제128조 제2항

다. 등록면허세·등기신청수수료 등의 납부

• 지방세법 제28조 제1항 제6호 바목, 제151조 제1항 제2호
• 수수료규칙 제5의3조 제2항, 제5의5조 제4항

제11절 신주발행으로 인한 변경등기

1. 신주발행절차

가. 결정기관

• 상법 제416조, 제383조 제4항

나. 신주발행을 위한 결정

• 상법 제416조

[선례 208] 주식회사의 증자시 현물출자를 하는 방법 등

제정 1998.09.07 [상업등기선례 제1-187호(등기선례 제5-840호), 시행]

가. 주식회사의 신주발행시 부동산을 현물출자하기 위해서는, 주식 발행사항의 하나로써 정관에 규정이 없는 한 이사회의 결의에 의하여 현물출자를 하는 자의 성명과 그 목적인 부동산의 종류, 수량, 가격과 이에 대하여 부여할 주식의 종류와 수를 결정하여야 하고, 이러한 결정사항은 상법 제422조의 규정에 의하여 이사의 신청으로 법원이 선임한 검사인의 조사를 받아야 하며, 현물출자자인 신주의 인수인은 납입기일까지 목적인 부동산을 인도하고 소유권이전등기신청에 필요한 서류를 완비하여 회사에 교부하여야 할 것이고, 위와 같은 신주발행으로 인한 변경등기를 신청하는 경우에는 일

반적인 첨부서면 외에 위 검사인이 한 조사보고서와 그 부속서류를 첨부하여야 한다.
나. 수목도 현물출자의 목적물이 될 수 있다. (1998. 9. 7. 등기 3402-861 질의회답)

---

(1) 신주의 종류와 수

- 예규 제1535호

(2) 신주의 발행가액과 납입기일

(가) 발행가액의 결정

- 상법 제417조

[판례 1] 특정경제범죄가중처벌등에관한법률위반(배임) (대법원 2009. 5. 29. 선고 2007도4949 전원합의체 판결)

【판시사항】

[1] 회사의 이사가 시가보다 현저하게 낮은 가액으로 신주 등을 발행한 경우 업무상배임죄가 성립하는지 여부

[2] 신주 등의 발행에서 주주 배정방식과 제3자 배정방식을 구별하는 기준 및 회사가 기존 주주들에게 지분비율대로 신주 등을 인수할 기회를 부여하였다면 주주들이 그 인수를 포기함에 따라 발생한 실권주 등을 시가보다 현저히 낮은 가액으로 제3자에게 배정한 경우에도 주주 배정방식으로 볼 수 있는지 여부

[3] 주주 배정방식에 의한 전환사채 발행시 주주가 인수하지 아니하여 실권된 부분을 제3자에게 발행하는 경우 전환가액 등 발행조건을 변경하여야 하는지 여부

[4] 전환사채 발행을 위한 이사회 결의에는 하자가 있었다 하더라도 실권된 전환사채를 제3자에게 배정하기로 의결한 이사회 결의에는 하자가 없는 경우, 전환사채 발행절차를 진행한 것이 업무상배임죄의 임무위배에 해당하지 않는다고 한 사례

[5] 회사 지배권 이전을 목적으로 한 전환사채의 발행이 이사의 임무위배에 해당하는지 여부(소극)

【판결요지】

[1] [다수의견] 주주는 회사에 대하여 주식의 인수가액에 대한 납입의무를 부담할 뿐 인수가액 전액을 납입하여 주식을 취득한 후에는 주주 유한책임의 원칙에 따라 회사에 대하여 추가 출자의무를 부담하지 않는 점, 회사가 준비금을 자본으로 전입하거나 이익을 주식으로 배당할 경우에는 주주들에게 지분비율에 따라 무상으로 신주를 발행할 수 있는 점 등에 비추어 볼 때, 회사가 주주 배정의 방법, 즉 주주가 가진 주식

수에 따라 신주, 전환사채나 신주인수권부사채(이하 '신주 등'이라 한다)의 배정을 하는 방법으로 신주 등을 발행하는 경우에는 발행가액 등을 반드시 시가에 의하여야 하는 것은 아니다. 따라서, 회사의 이사로서는 주주 배정의 방법으로 신주를 발행하는 경우 원칙적으로 액면가를 하회하여서는 아니 된다는 제약 외에는 주주 전체의 이익, 회사의 자금조달의 필요성, 급박성 등을 감안하여 경영판단에 따라 자유로이 그 발행조건을 정할 수 있다고 보아야 하므로, 시가보다 낮게 발행가액 등을 정함으로써 주주들로부터 가능한 최대한의 자금을 유치하지 못하였다고 하여 배임죄의 구성요건인 임무위배, 즉 회사의 재산보호의무를 위반하였다고 볼 것은 아니다. 그러나 주주배정의 방법이 아니라 제3자에게 인수권을 부여하는 제3자 배정방법의 경우, 제3자는 신주 등을 인수함으로써 회사의 지분을 새로 취득하게 되므로 그 제3자와 회사와의 관계를 주주의 경우와 동일하게 볼 수는 없다. 제3자에게 시가보다 현저하게 낮은 가액으로 신주 등을 발행하는 경우에는 시가를 적정하게 반영하여 발행조건을 정하거나 또는 주식의 실질가액을 고려한 적정한 가격에 의하여 발행하는 경우와 비교하여 그 차이에 상당한 만큼 회사의 자산을 증가시키지 못하게 되는 결과가 발생하는데, 이 경우에는 회사법상 공정한 발행가액과 실제 발행가액과의 차액에 발행주식수를 곱하여 산출된 액수만큼 회사가 손해를 입은 것으로 보아야 한다. 이와 같이 현저하게 불공정한 가액으로 제3자 배정방식에 의하여 신주 등을 발행하는 행위는 이사의 임무위배행위에 해당하는 것으로서 그로 인하여 회사에 공정한 발행가액과의 차액에 상당하는 자금을 취득하지 못하게 되는 손해를 입힌 이상 이사에 대하여 배임죄의 죄책을 물을 수 있다. 다만, 회사가 제3자 배정의 방법으로 신주 등을 발행하는 경우에는 회사의 재무구조, 영업전망과 그에 대한 시장의 평가, 주식의 실질가액, 금융시장의 상황, 신주의 인수가능성 등 여러 사정을 종합적으로 고려하여, 이사가 그 임무에 위배하여 신주의 발행가액 등을 공정한 가액보다 현저히 낮추어 발행한 경우에 해당하는지를 살펴 이사의 업무상배임죄의 성립 여부를 판단하여야 한다.

[대법관 양승태의 별개의견] 회사에 자금이 필요한 때에는 이사는 가능한 방법을 동원하여 그 자금을 형성할 의무가 있다 할 것이나, 이사는 회사에 필요한 만큼의 자금을 형성하면 될 뿐 그 이상 가능한 한 많은 자금을 형성하여야 할 의무를 지는 것은 아니고, 또 회사에 어느 정도 규모의 자금이 필요한지, 어떠한 방법으로 이를 형성할 것인지는 원칙적으로 이사의 경영판단에 속하는 사항이다. 그런데 신주발행에 의한 자금형성의 과정에서 신주를 저가 발행하여 제3자에게 배정하게 되면 기존 주주의 지분율이 떨어지고 주식가치의 희석화로 말미암아 구 주식의 가치도 하락하게 되어 기존 주주의 회사에 대한 지배력이 그만큼 약화되므로 기존 주주에게 손해가 발생하나, 신주발행을 통하여 회사에 필요한 자금을 형성하였다면 회사에 대한 관계에서는 임무를 위배하였다고 할 수 없고, 신주발행으로 인해 종전 주식의 가격이 하락한다 하여 회사에 손해가 있다고 볼 수도 없으며, 주주의 이익과 회사의 이익을 분리하여 평가하는 배임죄의 원칙상 이를 회사에 대한 임무위배로 볼 수 없어, 배임죄가 성립

한다고 볼 수 없다.

[2] [다수의견] 신주 등의 발행에서 주주 배정방식과 제3자 배정방식을 구별하는 기준은 회사가 신주 등을 발행하는 때에 주주들에게 그들의 지분비율에 따라 신주 등을 우선적으로 인수할 기회를 부여하였는지 여부에 따라 객관적으로 결정되어야 할 성질의 것이지, 신주 등의 인수권을 부여받은 주주들이 실제로 인수권을 행사함으로써 신주 등을 배정받았는지 여부에 좌우되는 것은 아니다. 회사가 기존 주주들에게 지분비율대로 신주 등을 인수할 기회를 부여하였는데도 주주들이 그 인수를 포기함에 따라 발생한 실권주 등을 제3자에게 배정한 결과 회사 지분비율에 변화가 생기고, 이 경우 신주 등의 발행가액이 시가보다 현저하게 낮아 그 인수권을 행사하지 아니한 주주들이 보유한 주식의 가치가 희석되어 기존 주주들의 부(부)가 새로이 주주가 된 사람들에게 이전되는 효과가 발생하더라도, 그로 인한 불이익은 기존 주주들 자신의 선택에 의한 것일 뿐이다. 또한, 회사의 입장에서 보더라도 기존 주주들이 신주 등을 인수하여 이를 제3자에게 양도한 경우와 이사회가 기존 주주들이 인수하지 아니한 신주 등을 제3자에게 배정한 경우를 비교하여 보면 회사에 유입되는 자금의 규모에 아무런 차이가 없을 것이므로, 이사가 회사에 대한 관계에서 어떠한 임무에 위배하여 손해를 끼쳤다고 볼 수는 없다.

[대법관 김영란, 대법관 박시환, 대법관 이홍훈, 대법관 김능환, 대법관 전수안의 반대의견] 신주 등의 발행이 주주 배정방식인지 여부는, 발행되는 모든 신주 등을 모든 주주가 그 가진 주식 수에 따라서 배정받아 이를 인수할 기회가 부여되었는지 여부에 따라 결정되어야 하고, 주주에게 배정된 신주 등을 주주가 인수하지 아니함으로써 생기는 실권주의 처리에 관하여는 상법에 특별한 규정이 없으므로 이사는 그 부분에 해당하는 신주 등의 발행을 중단하거나 동일한 발행가액으로 제3자에게 배정할 수 있다. 그러나 주주 배정방식으로 발행되는 것을 전제로 하여 신주 등의 발행가액을 시가보다 현저히 저가로 발행한 경우에, 그 신주 등의 상당 부분이 주주에 의하여 인수되지 아니하고 실권되는 것과 같은 특별한 사정이 있는 때에는, 그와 달리 보아야 한다. 주주 배정방식인지 제3자 배정방식인지에 따라 회사의 이해관계 및 이사의 임무 내용이 달라지는 것이므로, 회사에 대한 관계에서 위임의 본지에 따른 선관의무상 제3자 배정방식의 신주 등 발행에 있어 시가발행의무를 지는 이사로서는, 위와 같이 대량으로 발생한 실권주에 대하여 발행을 중단하고 추후에 그 부분에 관하여 새로이 제3자 배정방식에 의한 발행을 모색할 의무가 있고, 그렇게 하지 아니하고 그 실권주를 제3자에게 배정하여 발행을 계속할 경우에는 그 실권주를 처음부터 제3자 배정방식으로 발행하였을 경우와 마찬가지로 취급하여 발행가액을 시가로 변경할 의무가 있다고 봄이 상당하다. 이와 같이 대량으로 발생한 실권주를 제3자에게 배정하는 것은, 비록 그것이 주주 배정방식으로 발행한 결과라고 하더라도, 그 실질에 있어 당초부터 제3자 배정방식으로 발행하는 것과 다를 바 없고, 이를 구별할 이유도 없기 때문이다. 그러므로 신주 등을 주주 배정방식으로 발행하였다고 하더라도, 상당 부분이

실권되었음에도, 이사가 그 실권된 부분에 관한 신주 등의 발행을 중단하지도 아니하고 그 발행가액 등의 발행조건을 제3자 배정방식으로 발행하는 경우와 마찬가지로 취급하여 시가로 변경하지도 아니한 채 발행을 계속하여 그 실권주 해당부분을 제3자에게 배정하고 인수되도록 하였다면, 이는 이사가 회사에 대한 관계에서 선관의무를 다하지 아니한 것에 해당하고, 그로 인하여 회사에 자금이 덜 유입되는 손해가 발행하였다면 업무상배임죄가 성립한다.

[3] [다수의견] 상법상 전환사채를 주주 배정방식에 의하여 발행하는 경우에도 주주가 그 인수권을 잃은 때에는 회사는 이사회의 결의에 의하여 그 인수가 없는 부분에 대하여 자유로이 이를 제3자에게 처분할 수 있는 것인데, 단일한 기회에 발행되는 전환사채의 발행조건은 동일하여야 하므로, 주주배정으로 전환사채를 발행하는 경우에 주주가 인수하지 아니하여 실권된 부분에 관하여 이를 주주가 인수한 부분과 별도로 취급하여 전환가액 등 발행조건을 변경하여 발행할 여지가 없다. 주주배정의 방법으로 주주에게 전환사채인수권을 부여하였지만 주주들이 인수청약하지 아니하여 실권된 부분을 제3자에게 발행하더라도 주주의 경우와 같은 조건으로 발행할 수밖에 없고, 이러한 법리는 주주들이 전환사채의 인수청약을 하지 아니함으로써 발생하는 실권의 규모에 따라 달라지는 것은 아니다.

[대법관 김영란, 대법관 박시환, 대법관 이홍훈, 대법관 김능환, 대법관 전수안의 반대의견] 상법에 특별한 규정은 없지만, 일반적으로 동일한 기회에 발행되는 전환사채의 발행조건은 균등하여야 한다고 해석된다. 그러나 주주에게 배정하여 인수된 전환사채와 실권되어 제3자에게 배정되는 전환사채를 '동일한 기회에 발행되는 전환사채'로 보아야 할 논리필연적인 이유나 근거는 없다. 실권된 부분의 제3자 배정에 관하여는 다시 이사회 결의를 거쳐야 하는 것이므로, 당초의 발행결의와는 동일한 기회가 아니라고 볼 수 있다. 그 실권된 전환사채에 대하여는 발행을 중단하였다가 추후에 새로이 제3자 배정방식으로 발행할 수도 있는 것이므로, 이 경우와 달리 볼 것은 아니다. 그리고 주주 각자가 신주 등의 인수권을 행사하지 아니하고 포기하여 실권하는 것과 주주총회에서 집단적 의사결정 방법으로 의결권을 행사하여 의결하는 것을 동일하게 평가할 수는 없는 것이므로, 대량의 실권이 발생하였다고 하여 이를 전환사채 등의 제3자 배정방식의 발행에 있어서 요구되는 주주총회의 특별결의가 있었던 것으로 간주할 수도 없다.

[4] 전환사채 발행을 위한 이사회 결의에는 하자가 있었다 하더라도 실권된 전환사채를 제3자에게 배정하기로 의결한 이사회 결의에는 하자가 없는 경우, 전환사채의 발행절차를 진행한 것이 재산보호의무 위반으로서의 임무위배에 해당하지 않는다고 한 사례.

[5] 이사가 주식회사의 지배권을 기존 주주의 의사에 반하여 제3자에게 이전하는 것은 기존 주주의 이익을 침해하는 행위일 뿐 지배권의 객체인 주식회사의 이익을 침해하는 것으로 볼 수는 없는데, 주식회사의 이사는 주식회사의 사무를 처리하는 자의 지위에 있다고 할 수 있지만 주식회사와 별개인 주주들에 대한 관계에서 직접 그들의

사무를 처리하는 자의 지위에 있는 것은 아니고, 더욱이 경영권의 이전은 지배주식을 확보하는 데 따르는 부수적인 효과에 불과한 것이어서, 회사 지분비율의 변화가 기존 주주 자신의 선택에 기인한 것이라면 지배권 이전과 관련하여 이사에게 임무위배가 있다고 할 수 없다.

[선례 209] 신주발행으로 인한 변경등기가 경료되었으나 인수된 신주 중에 상법상 무효인 자기주식의 취득이 있는 경우, 상법 제428조 제1항에 의한 이사의 인수담보책임의 이행으로 이미 경료된 변경등기의 하자가 치유되는지 여부

제정 2002. 4. 9. [등기선례 제200204-14호, 시행]

신주발행시 신주인수권자가 청약을 하지 않거나 신주인수인이 납입기일에 납입하지 않음으로써 발생한 실권주를 당해 회사가 인수·납입하여 자기주식인수 부분을 포함한 신주발행에 관하여 변경등기를 경료한 경우, 상법에 위반된 위의 자기주식 취득행위는 자본충실의 원칙상 무효이나, 상법 제428조 제1항 의 규정에 의하여 이사들이 인수담보책임을 지게 되므로 이미 경료한 변경등기의 효력은 유지된다. (2002. 4. 9. 등기 3402-218 질의회답)

[선례 210] 신주발행으로 인한 변경등기의 신청서에 신주의 인수인별로 반드시 주식인수증을 첨부하여야 하는지 여부

제정 2007.01.10 [상업등기선례 제200701-2호, 시행]

신주발행으로 인한 변경등기의 신청서(비송사건절차법 제205조)에는 주식의 청약을 증명하는 서면뿐만 아니라 주식의 인수를 증명하는 서면도 첨부하여야 한다. 다만, 그 주식의 인수를 증명하는 서면이 신주의 인수인이 작성한 주식인수증에 한정되는 것은 아니다. 현물출자를 하는 자와 회사 간의 신주인수계약서, 주주명부 기타 주식의 배정 상황(각 인수인에게 배정한 주식의 수)에 관하여 대표이사가 작성한 서면도 주식의 인수를 증명하는 서면에 해당한다. (2007. 1. 10. 공탁상업등기과-45 질의회답)

(나) 액면미달발행

- 상법 제330조, 제417조 제1항 제2항 제3항 제4항, 제426조
- 기업구조조정 촉진법 제25조 제2항

[선례 211] 주권상장법인의 액면미달발행에 관한 질의

제정 2011.07.18 [상업등기선례 제201107-3호, 시행]

1. 주권상장법인이 주식을 액면미달의 가액으로 발행함에 있어서, 주식의 액면미달발행 여부를 결정하는 주주총회 결의일 이전에 종전에 실행된 액면미달발행으로 인한 미상각액이 있는 경우에는 상각을 완료하여야만 신주를 발행할 수 있다(「자본시장과 금융투자업에 관한 법률」 제165조의8 제1항).
2. 그러나 주권상장법인이 주식을 액면미달의 가액으로 발행하기로 결정한 후, 주주총회에서 결정한 최저발행가액 및 주식발행시기의 범위 내에서 2회로 분할하여 신주를 발행한 경우, 제2회 신주발행을 하기에 앞서 제1회 신주발행에 따른 미상각액의 상각을 완료하여야 하는 것은 아니다. (2011. 7. 18. 사법등기심의관-1664 질의회답)

(다) 납입기일

- 상법 제423조 제1항 제2항

(3) 무액면주식 발행시 신주의 발행가액 중 자본금으로 계상되는 금액

- 상법 제451조 제1항

(4) 신주의 인수방법

- 상법 제418조 제1항 제2항
- 자본시장법 제165의6조 제1항

[판례 2] 특정경제범죄가중처벌등에관한법률위반(배임) (대법원 2009. 5. 29. 선고 2007도4949 전원합의체 판결)

【판시사항】

[1] 회사의 이사가 시가보다 현저하게 낮은 가액으로 신주 등을 발행한 경우 업무상배임죄가 성립하는지 여부

[2] 신주 등의 발행에서 주주 배정방식과 제3자 배정방식을 구별하는 기준 및 회사가 기존 주주들에게 지분비율대로 신주 등을 인수할 기회를 부여하였다면 주주들이 그 인수를 포기함에 따라 발생한 실권주 등을 시가보다 현저히 낮은 가액으로 제3자에게 배정한 경우에도 주주 배정방식으로 볼 수 있는지 여부

[3] 주주 배정방식에 의한 전환사채 발행시 주주가 인수하지 아니하여 실권된 부분을 제

3자에게 발행하는 경우 전환가액 등 발행조건을 변경하여야 하는지 여부

[4] 전환사채 발행을 위한 이사회 결의에는 하자가 있었다 하더라도 실권된 전환사채를 제3자에게 배정하기로 의결한 이사회 결의에는 하자가 없는 경우, 전환사채 발행절차를 진행한 것이 업무상배임죄의 임무위배에 해당하지 않는다고 한 사례

[5] 회사 지배권 이전을 목적으로 한 전환사채의 발행이 이사의 임무위배에 해당하는지 여부(소극)

【판결요지】

[1] [다수의견] 주주는 회사에 대하여 주식의 인수가액에 대한 납입의무를 부담할 뿐 인수가액 전액을 납입하여 주식을 취득한 후에는 주주 유한책임의 원칙에 따라 회사에 대하여 추가 출자의무를 부담하지 않는 점, 회사가 준비금을 자본으로 전입하거나 이익을 주식으로 배당할 경우에는 주주들에게 지분비율에 따라 무상으로 신주를 발행할 수 있는 점 등에 비추어 볼 때, 회사가 주주 배정의 방법, 즉 주주가 가진 주식수에 따라 신주, 전환사채나 신주인수권부사채(이하 '신주 등'이라 한다)의 배정을 하는 방법으로 신주 등을 발행하는 경우에는 발행가액 등을 반드시 시가에 의하여야 하는 것은 아니다. 따라서, 회사의 이사로서는 주주 배정의 방법으로 신주를 발행하는 경우 원칙적으로 액면가를 하회하여서는 아니 된다는 제약 외에는 주주 전체의 이익, 회사의 자금조달의 필요성, 급박성 등을 감안하여 경영판단에 따라 자유로이 그 발행조건을 정할 수 있다고 보아야 하므로, 시가보다 낮게 발행가액 등을 정함으로써 주주들로부터 가능한 최대한의 자금을 유치하지 못하였다고 하여 배임죄의 구성요건인 임무위배, 즉 회사의 재산보호의무를 위반하였다고 볼 것은 아니다. 그러나 주주배정의 방법이 아니라 제3자에게 인수권을 부여하는 제3자 배정방법의 경우, 제3자는 신주 등을 인수함으로써 회사의 지분을 새로 취득하게 되므로 그 제3자와 회사와의 관계를 주주의 경우와 동일하게 볼 수는 없다. 제3자에게 시가보다 현저하게 낮은 가액으로 신주 등을 발행하는 경우에는 시가를 적정하게 반영하여 발행조건을 정하거나 또는 주식의 실질가액을 고려한 적정한 가격에 의하여 발행하는 경우와 비교하여 그 차이에 상당한 만큼 회사의 자산을 증가시키지 못하게 되는 결과가 발생하는데, 이 경우에는 회사법상 공정한 발행가액과 실제 발행가액과의 차액에 발행주식수를 곱하여 산출된 액수만큼 회사가 손해를 입은 것으로 보아야 한다. 이와 같이 현저하게 불공정한 가액으로 제3자 배정방식에 의하여 신주 등을 발행하는 행위는 이사의 임무위배행위에 해당하는 것으로서 그로 인하여 회사에 공정한 발행가액과의 차액에 상당하는 자금을 취득하지 못하게 되는 손해를 입힌 이상 이사에 대하여 배임죄의 죄책을 물을 수 있다. 다만, 회사가 제3자 배정의 방법으로 신주 등을 발행하는 경우에는 회사의 재무구조, 영업전망과 그에 대한 시장의 평가, 주식의 실질가액, 금융시장의 상황, 신주의 인수가능성 등 여러 사정을 종합적으로 고려하여, 이사가 그 임무에 위배하여 신주의 발행가액 등을 공정한 가액보다 현저히 낮추어 발행한 경우에 해당하는지를 살펴 이사의 업무상배임죄의 성립 여부를 판단하여야 한다.

[대법관 양승태의 별개의견] 회사에 자금이 필요한 때에는 이사는 가능한 방법을 동원하여 그 자금을 형성할 의무가 있다 할 것이나, 이사는 회사에 필요한 만큼의 자금을 형성하면 될 뿐 그 이상 가능한 한 많은 자금을 형성하여야 할 의무를 지는 것은 아니고, 또 회사에 어느 정도 규모의 자금이 필요한지, 어떠한 방법으로 이를 형성할 것인지는 원칙적으로 이사의 경영판단에 속하는 사항이다. 그런데 신주발행에 의한 자금형성의 과정에서 신주를 저가 발행하여 제3자에게 배정하게 되면 기존 주주의 지분율이 떨어지고 주식가치의 희석화로 말미암아 구 주식의 가치도 하락하게 되어 기존 주주의 회사에 대한 지배력이 그만큼 약화되므로 기존 주주에게 손해가 발생하나, 신주발행을 통하여 회사에 필요한 자금을 형성하였다면 회사에 대한 관계에서는 임무를 위배하였다고 할 수 없고, 신주발행으로 인해 종전 주식의 가격이 하락한다 하여 회사에 손해가 있다고 볼 수도 없으며, 주주의 이익과 회사의 이익을 분리하여 평가하는 배임죄의 원칙상 이를 회사에 대한 임무위배로 볼 수 없어, 배임죄가 성립한다고 볼 수 없다.

[2] [다수의견] 신주 등의 발행에서 주주 배정방식과 제3자 배정방식을 구별하는 기준은 회사가 신주 등을 발행하는 때에 주주들에게 그들의 지분비율에 따라 신주 등을 우선적으로 인수할 기회를 부여하였는지 여부에 따라 객관적으로 결정되어야 할 성질의 것이지, 신주 등의 인수권을 부여받은 주주들이 실제로 인수권을 행사함으로써 신주 등을 배정받았는지 여부에 좌우되는 것은 아니다. 회사가 기존 주주들에게 지분비율대로 신주 등을 인수할 기회를 부여하였는데도 주주들이 그 인수를 포기함에 따라 발생한 실권주 등을 제3자에게 배정한 결과 회사 지분비율에 변화가 생기고, 이 경우 신주 등의 발행가액이 시가보다 현저하게 낮아 그 인수권을 행사하지 아니한 주주들이 보유한 주식의 가치가 희석되어 기존 주주들의 부(부)가 새로이 주주가 된 사람들에게 이전되는 효과가 발생하더라도, 그로 인한 불이익은 기존 주주들 자신의 선택에 의한 것일 뿐이다. 또한, 회사의 입장에서 보더라도 기존 주주들이 신주 등을 인수하여 이를 제3자에게 양도한 경우와 이사회가 기존 주주들이 인수하지 아니한 신주 등을 제3자에게 배정한 경우를 비교하여 보면 회사에 유입되는 자금의 규모에 아무런 차이가 없을 것이므로, 이사가 회사에 대한 관계에서 어떠한 임무에 위배하여 손해를 끼쳤다고 볼 수는 없다.

[대법관 김영란, 대법관 박시환, 대법관 이홍훈, 대법관 김능환, 대법관 전수안의 반대의견] 신주 등의 발행이 주주 배정방식인지 여부는, 발행되는 모든 신주 등을 모든 주주가 그 가진 주식 수에 따라서 배정받아 이를 인수할 기회가 부여되었는지 여부에 따라 결정되어야 하고, 주주에게 배정된 신주 등을 주주가 인수하지 아니함으로써 생기는 실권주의 처리에 관하여는 상법에 특별한 규정이 없으므로 이사는 그 부분에 해당하는 신주 등의 발행을 중단하거나 동일한 발행가액으로 제3자에게 배정할 수 있다. 그러나 주주 배정방식으로 발행되는 것을 전제로 하여 신주 등의 발행가액을 시가보다 현저히 저가로 발행한 경우에, 그 신주 등의 상당 부분이 주주에 의하여 인

수되지 아니하고 실권되는 것과 같은 특별한 사정이 있는 때에는, 그와 달리 보아야 한다. 주주 배정방식인지 제3자 배정방식인지에 따라 회사의 이해관계 및 이사의 임무 내용이 달라지는 것이므로, 회사에 대한 관계에서 위임의 본지에 따른 선관의무상 제3자 배정방식의 신주 등 발행에 있어 시가발행의무를 지는 이사로서는, 위와 같이 대량으로 발생한 실권주에 대하여 발행을 중단하고 추후에 그 부분에 관하여 새로이 제3자 배정방식에 의한 발행을 모색할 의무가 있고, 그렇게 하지 아니하고 그 실권주를 제3자에게 배정하여 발행을 계속할 경우에는 그 실권주를 처음부터 제3자 배정방식으로 발행하였을 경우와 마찬가지로 취급하여 발행가액을 시가로 변경할 의무가 있다고 봄이 상당하다. 이와 같이 대량으로 발생한 실권주를 제3자에게 배정하는 것은, 비록 그것이 주주 배정방식으로 발행한 결과라고 하더라도, 그 실질에 있어 당초부터 제3자 배정방식으로 발행하는 것과 다를 바 없고, 이를 구별할 이유도 없기 때문이다. 그러므로 신주 등을 주주 배정방식으로 발행하였다고 하더라도, 상당 부분이 실권되었음에도, 이사가 그 실권된 부분에 관한 신주 등의 발행을 중단하지도 아니하고 그 발행가액 등의 발행조건을 제3자 배정방식으로 발행하는 경우와 마찬가지로 취급하여 시가로 변경하지도 아니한 채 발행을 계속하여 그 실권주 해당부분을 제3자에게 배정하고 인수되도록 하였다면, 이는 이사가 회사에 대한 관계에서 선관의무를 다하지 아니한 것에 해당하고, 그로 인하여 회사에 자금이 덜 유입되는 손해가 발행하였다면 업무상배임죄가 성립한다.

[3] [다수의견] 상법상 전환사채를 주주 배정방식에 의하여 발행하는 경우에도 주주가 그 인수권을 잃은 때에는 회사는 이사회의 결의에 의하여 그 인수가 없는 부분에 대하여 자유로이 이를 제3자에게 처분할 수 있는 것인데, 단일한 기회에 발행되는 전환사채의 발행조건은 동일하여야 하므로, 주주배정으로 전환사채를 발행하는 경우에 주주가 인수하지 아니하여 실권된 부분에 관하여 이를 주주가 인수한 부분과 별도로 취급하여 전환가액 등 발행조건을 변경하여 발행할 여지가 없다. 주주배정의 방법으로 주주에게 전환사채인수권을 부여하였지만 주주들이 인수청약하지 아니하여 실권된 부분을 제3자에게 발행하더라도 주주의 경우와 같은 조건으로 발행할 수밖에 없고, 이러한 법리는 주주들이 전환사채의 인수청약을 하지 아니함으로써 발생하는 실권의 규모에 따라 달라지는 것은 아니다.

[대법관 김영란, 대법관 박시환, 대법관 이홍훈, 대법관 김능환, 대법관 전수안의 반대의견] 상법에 특별한 규정은 없지만, 일반적으로 동일한 기회에 발행되는 전환사채의 발행조건은 균등하여야 한다고 해석된다. 그러나 주주에게 배정하여 인수된 전환사채와 실권되어 제3자에게 배정되는 전환사채를 '동일한 기회에 발행되는 전환사채'로 보아야 할 논리필연적인 이유나 근거는 없다. 실권된 부분의 제3자 배정에 관하여는 다시 이사회 결의를 거쳐야 하는 것이므로, 당초의 발행결의와는 동일한 기회가 아니라고 볼 수 있다. 그 실권된 전환사채에 대하여는 발행을 중단하였다가 추후에 새로이 제3자 배정방식으로 발행할 수도 있는 것이므로, 이 경우와 달리 볼 것은 아

니다. 그리고 주주 각자가 신주 등의 인수권을 행사하지 아니하고 포기하여 실권하는 것과 주주총회에서 집단적 의사결정 방법으로 의결권을 행사하여 의결하는 것을 동일하게 평가할 수는 없는 것이므로, 대량의 실권이 발생하였다고 하여 이를 전환사채 등의 제3자 배정방식의 발행에 있어서 요구되는 주주총회의 특별결의가 있었던 것으로 간주할 수도 없다.

[4] 전환사채 발행을 위한 이사회 결의에는 하자가 있었다 하더라도 실권된 전환사채를 제3자에게 배정하기로 의결한 이사회 결의에는 하자가 없는 경우, 전환사채의 발행절차를 진행한 것이 재산보호의무 위반으로서의 임무위배에 해당하지 않는다고 한 사례.

[5] 이사가 주식회사의 지배권을 기존 주주의 의사에 반하여 제3자에게 이전하는 것은 기존 주주의 이익을 침해하는 행위일 뿐 지배권의 객체인 주식회사의 이익을 침해하는 것으로 볼 수는 없는데, 주식회사의 이사는 주식회사의 사무를 처리하는 자의 지위에 있다고 할 수 있지만 주식회사와 별개인 주주들에 대한 관계에서 직접 그들의 사무를 처리하는 자의 지위에 있는 것은 아니고, 더욱이 경영권의 이전은 지배주식을 확보하는 데 따르는 부수적인 효과에 불과한 것이어서, 회사 지분비율의 변화가 기존 주주 자신의 선택에 기인한 것이라면 지배권 이전과 관련하여 이사에게 임무위배가 있다고 할 수 없다.

[선례 212] 신주발행으로 인한 변경등기신청과 신주배정일 공고문의 첨부 여부

제정 1984.10.22 [상업등기선례 제1-171호(등기선례 제1-869호), 시행]

회사가 신주를 발행하는 경우에는 신주인수권의 내용 및 배정일을 지정하여 공고하도록 규정하고 있으나(상법 제418조 제2항), 비송사건절차법이 그 공고문을 등기신청에 필요한 서면으로 규정하고 있지 아니하므로, 신주발행으로 인한 변경등기신청서에 그 공고문을 첨부할 필요는 없다. (1984. 10. 22. 등기 제446호 대한사법서사협회장 대 법원행정처장 회답)

[선례 213] 주주에게 신주발행하는 경우 법이 정한 첨부서면

제정 2013.10.25 [상업등기선례 제201310-5호, 시행]

1. 상법의 규정에 따라 주식회사가 주주에게 신주를 발행하는 경우에, 통상 발행사항의 결정, 배정일의 지정 공고, 신주인수권자에 대한 최고, 인수(청약 및 배정), 납입 및 등기절차를 거치게 된다. 이 경우, 신주발행으로 인한 변경등기신청서에는 주식의 청약을 증명하는 서면, 주식의 인수를 증명하는 서면 등 상업등기법 제82조 제1호 내지 제5호에서 정한 서류만을 첨부하면 되고 별도의 서류(신주배정일공고문이나 주주에게 한 청약 및 실권통지문 등)를 첨부할 필요는 없다.

2. 주식회사의 신주발행절차에서 상법 제418조 및 제419조의 규정에 의한 신주인수권의 내용 및 배정일의 지정공고와 신주인수권자에 대한 실권예고부 최고기간을 단축하는 경우에, 이를 증명하는 서면으로서 실무상 신주인수권포기서를 첨부하게 하는 경우도 있으나 이는 현행법상 첨부서면은 아니며, 위 사항이 총주주의 동의가 없으면 효력이 없거나 취소할 수 있는 사항에 해당될 경우에는 총주주가 동의하였음을 증명하는 서면(총주주의 동의서 또는 신주인수권을 행사하지 않는 주주의 기간단축동의서 등)을 첨부하여 변경등기를 신청하여야 한다(상업등기선례 제1-207호 참조). (2013. 10. 25. 사법등기심의관－4409 질의회답)

[선례 214] 주주 외의 자에게 신주를 배정하는 경우 총주주의 동의로 「상법」 제418조 제4항에 따른 통지 또는 공고를 생략하고 등기신청할 수 있는지 여부

제정 2012.04.23 [상업등기선례 제201204-2호, 시행]

주주 외의 자에게 신주를 배정하는 경우 회사는 신주발행사항을 납입기일의 2주 전까지 주주에게 통지하거나 공고하여야 하는 바, 총주주의 동의가 있는 때에는 그 기간을 단축하거나 통지 또는 공고를 생략할 수 있을 것이다. 신주발행을 결정한 이사회결의일과 납입기일과의 시간적 간격이 2주가 되지 않아 통지 또는 공고 기간을 단축한 경우에는 그 변경등기신청서에 당해기간의 단축에 관한 총주주의 동의가 있음을 증명하는 서면을 첨부하여야 한다. 또한 통지 또는 공고를 생략한 경우에는 통지 또는 공고를 하였음을 증명하는 서면에 갈음하여 통지 또는 공고 생략에 관하여 총주주의 동의가 있음을 증명하는 서면을 첨부하여 변경등기를 신청할 수 있다. (2012. 04. 23. 사법등기심의관-1144 질의회답)

[선례 215] 제3자배정 신주발행 등기신청시 실권예고부 최고기간 단축동의서 첨부여부

제정 2013.04.17 [상업등기선례 제201304-1호, 시행]

「상법」 제418조 제2항에 의하여 정관에 정하는 바에 따라 이사회에서 주주 외의 자에게 신주를 발행하는 결의를 하고 그에 따른 변경등기를 신청하는 경우, 신주발행을 결의한 이사회 결의일과 청약기일 사이의 시간적 간격이 2주간이 되지 아니하여 상법 제419조 제3항의 최고기간을 준수하지 못하는 경우에도 그에 관한 신주인수권자 전원의 동의서는 첨부할 서면이 아니다. (2013. 4. 17. 사법등기심의관－1388 질의회답)

---

(5) 현물출자에 관한 사항

[선례 216] 신주발행시 회사에 대한 채권과 주금납입의무를 상계할 수 있는지 여부 등

제정 1998.06.23 [상업등기선례 제1-186호(등기선례 제5-838호), 시행]

주식회사의 신주발행시에 '은행 기타 금융기관의 납입금보관증명서'에 갈음하여 대주주가 회사에 대하여 가지고 있는 채권을 주금납입의무와 상계하였다는 뜻을 기재한 서면과 채권증서를 첨부하여 변경등기를 신청한 경우, 형식적 심사권만 가지고 있는 등기관으로서는 주금납입의무와 채권을 상계할 수 있는지 여부 등에 관한 실질적 심사를 할 수 없는 관계로 비송사건절차법 제205조 제5호 및 같은 법 제159조 제8호의 규정에 의하여 그 등기신청을 각하 할 수밖에 없을 것이다. 다만, 채권도 현물출자의 목적물이 되는 것이므로 대주주의 회사에 대한 채권을 현물출자하고 그에 관한 검사인의 검사보고서와 그 부속서류를 첨부하여 한 변경등기신청은 수리될 수 있을 것이다. (1998. 6. 23. 등기 3402-559 질의회답)

[선례 217] 주식회사의 신주발행시에 당해 회사에 대한 채권을 현물출자의 목적물로 할 수 있는지 여부(적극)

제정 2002. 8. 26. [상업등기선례 제1-208호(등기선례 제200208-15호), 시행]

주식회사에서 현물출자의 목적물은 특별한 제한이 없고 대차대조표상 자산으로 계상할 수 있는 재산이면 모두 그 목적물이 될 수 있으므로, 회사설립 후 신주발행시 당해 회사에 대한 채권도 현물출자의 목적물이 될 수 있다. (2002. 8. 26. 등기 3402-463 질의회답)

[선례 218] 「증권거래법」제191조의20에 따라 현물출자 대상 주식을 평가할 경우, 「상업등기법」제82조제3호 및 제4호의 서류제출 면제여부 및 이를 대체 할 첨부서면

제정 2008.08.28 [상업등기선례 제200808-1호, 시행]

1. 주권상장법인 또는 코스닥상장법인인 "갑"이 주권상장법인 또는 코스닥상장법인인 "을"의 주주들로부터 그 보유의 "을"의 주식을 현물로 출자받고 그 대가로 "갑"의 신주를 발행하는 경우 현물출자의 목적물인 "을"의 주식의 가액을 평가함에 있어서「증권거래법」제191조의20 및 동시행령 제84조의7, 제84조의25에 규정된 방법에 의하

여 주식의 가격을 평가한 때에는 「상업등기법」 제82조제3호 및 제4호의 검사인의 조사보고서 또는 감정인의 감정서와 그 재판의 등본 등은 제출할 필요가 없다.

2. 이 경우 주권상장법인 또는 코스닥상장법인임을 증명하는 서면과 「증권거래법시행규칙」 제36조의13에 규정된 외부평가기관(회계법인 등)이 주식가격을 평가한 서면을 첨부하여야 한다. (2008. 8. 28. 공탁상업등기과-848 질의회답)

[판례 3] 증여세부과처분취소 (대법원 1989. 3. 14. 선고 88누889 판결)

【판시사항】

현물출자자에 대하여 발행하는 신주와 일반주주의 신주인수권

【판결요지】

주주의 신주인수권은 주주가 종래 가지고 있던 주식의 수에 비례하여 우선적으로 인수의 배정을 받을 수 있는 권리로서 주주의 자격에 기하여 법률상 당연히 인정되는 것이지만 현물출자자에 대하여 발행하는 신주에 대하여는 일반주주의 신주인수권이 미치지 않는다.

(6) 주주가 가지는 신주인수권을 양도할 수 있는 것에 관한 사항

- 상법 제420의3조 제1항

[판례 4] 주주권확인 (대법원 1995. 5. 23. 선고 94다36421 판결)

【판시사항】

가. 주권발행 전의 주식양도의 방법 및 효력
나. 정관 또는 이사회의 결의로 신주인수권의 양도에 관한 사항을 결정하지 아니한 경우의 신주인수권 양도의 가부
다. 주권발행 전의 주식양도 및 신주인수권증서가 교부되지 아니한 신주인수권 양도의 방법 및 제3자에 대한 대항요건

【판결요지】

가. 상법 제335조 제2항 소정의 주권발행 전에 한 주식의 양도는 회사성립후 또는 신주의 납입기일 후 6월이 경과한 때에는 회사에 대하여 효력이 있는 것으로서, 이 경우 주식의 양도는 지명채권의 양도에 관한 일반원칙에 따라 당사자의 의사표시만으로 효력이 발생하는 것이고, 상법 제337조 제1항에 규정된 주주명부상의 명의개서는 주식의 양수인이 회사에 대한 관계에서 주주의 권리를 행사하기 위한 대항요건에 지나지 아니하므로, 주권발행 전 주식을 양수한 사람은 특별한 사정이 없는 한 양도인의 협

력을 받을 필요 없이 단독으로 자신이 주식을 양수한 사실을 증명함으로써 회사에 대하여 그 명의개서를 청구할 수 있으므로, 주주명부상의 명의개서가 없어도 회사에 대하여 자신이 적법하게 주식을 양수한 자로서 주주권자임을 주장할 수 있다.

나. 상법 제416조 제5호에 의하면, 회사의 정관 또는 이사회의 결의로 주주가 가지는 신주인수권을 양도할 수 있는 것에 관한 사항을 결정하도록 되어있는바, 신주인수권의 양도성을 제한할 필요성은 주로 회사측의 신주발행사무의 편의를 위한 것에서 비롯된 것으로 볼 수 있고, 또 상법이 주권발행 전 주식의 양도는 회사에 대하여 효력이 없다고 엄격하게 규정한 것과는 달리 신주인수권의 양도에 대하여는 정관이나 이사회의 결의를 통하여 자유롭게 결정할수 있도록 한 점에 비추어 보면, 회사가 정관이나 이사회의 결의로 신주인수권의 양도에 관한 사항을 결정하지 아니하였다 하여 신주인수권의 양도가 전혀 허용되지 아니하는 것은 아니고, 회사가 그와 같은 양도를 승낙한 경우에는 회사에 대하여도 그 효력이 있다.

다. 주권발행 전의 주식의 양도는 지명채권 양도의 일반원칙에 따르고, 신주인수권증서가 발행되지 아니한 신주인수권의 양도 또한 주권발행 전의 주식양도에 준하여 지명채권 양도의 일반원칙에 따른다고 보아야 하므로, 주권발행 전의 주식양도나 신주인수권증서가 발행되지 아니한 신주인수권 양도의 제3자에 대한 대항요건으로는 지명채권의 양도와 마찬가지로 확정일자 있는 증서에 의한 양도통지 또는 회사의 승낙이라고 보는 것이 상당하고, 주주명부상의 명의개서는 주식 또는 신주인수권의 양수인들 상호간의 대항요건이 아니라 적법한 양수인이 회사에 대한 관계에서 주주의 권리를 행사하기 위한 대항요건에 지나지 아니한다.

(7) 주주의 청구가 있는 때에만 신주인수권증서를 발행한다는 것과 그 청구기간

- 상법 제420의2조 제1항, 제420의4조, 제356의2조 제2항

다. 신주배정기준일의 지정・공고

- 상법 제418조 제3항

라. 금융위원회에의 증권신고

- 상법 제119조, 제120조

마. 실권예고부 청약최고

- 상법 제419조 제1항 제2항 제3항, 제416조 제5호, 제6호

[선례 219] 주식회사의 신주발행시 신주인수권을 가진 주주가 신주인수권을 포기한 경우 변경등기신청서에 신주인수포기서를 첨부하여야 하는지 여부

제정 2002. 6. 24. [상업등기선례 제1-207호(등기선례 제200206-14호), 시행]

1. 주식회사의 신주발행에 있어서 신주인수권을 가진 주주의 일부가 신주인수권을 포기하여 발생한 실권주를 이사회의 결의로 다른 주주나 제3자에게 배정하여 납입이 이루어진 경우, 이에 따른 변경등기의 신청서의 첨부서면으로 실권주의 배정을 결정한 이사회의 의사록 외에 주주의 신주인수권포기서는 현행법상 첨부서면으로 하고 있지 않다.
2. 신주발행절차에서 상법 제418조 및 제419조 의 규정에 의한 신주인수권의 내용 및 배정일 지정공고와 신주인수권자에 대한 실권예고부 최고기간을 단축한 경우에, 이를 증명하는 서면으로서 실무상 신주인수권포기서를 첨부하게 하는 경우도 있으나 이는 현행법상 첨부서면은 아니며, 위 사항이 총주주의 동의가 없으면 효력이 없거나 취소할 수 있는 사항에 해당될 경우에는 총주주가 동의하였음을 증명하는 서면(총주주의 동의서 또는 신주인수권을 행사하지 않은 주주의 기간단축동의서 등)을 첨부하여 변경등기를 신청하여야 한다. (2002. 6. 24. 등기 3402-344 질의회답)

바. 주식인수의 청약

- 상법 제425조 제1항, 제302조 제1항, 제420의4조

사. 신주의 배정

- 상법 제421조

[선례 220] 신주발행시 회사에 대한 채권과 주금납입의무를 상계할 수 있는지 여부 등

제정 1998.06.23 [상업등기선례 제1-186호(등기선례 제5-838호), 시행]

주식회사의 신주발행시에 '은행 기타 금융기관의 납입금보관증명서'에 갈음하여 대주주가 회사에 대하여 가지고 있는 채권을 주금납입의무와 상계하였다는 뜻을 기재한 서면과 채권증서를 첨부하여 변경등기를 신청한 경우, 형식적 심사권만 가지고 있는 등기관으로서는 주금납입의무와 채권을 상계할 수 있는지 여부 등에 관한 실질적 심사를 할 수 없는 관계로 비송사건절차법 제205조 제5호 및 같은 법 제159조 제8호의 규정에 의하여 그 등기신청을 각하 할 수밖에 없을 것이다. 다만, 채권도 현물출자의 목적물이 되는 것이므

로 대주주의 회사에 대한 채권을 현물출자하고 그에 관한 검사인의 검사보고서와 그 부속서류를 첨부하여 한 변경등기신청은 수리될 수 있을 것이다. (1998. 6. 23. 등기 3402-559 질의회답)

[선례 221] 금융기관 아닌 자가 기업에 대한 대출금을 출자전환하여 변경등기를 신청할 수 있는지 여부(소극)

제정 2001.04.12 [상업등기선례 제1-201호(등기선례 제6-665호), 시행] [사실상 폐지]
금융기관이 아닌 자가 당해 기업에 가지는 대출금을 출자전환하여 그에 따른 변경등기신청을 할 수는 없다. (2001. 4. 12. 등기 3402-264 질의회답)

[선례 222] 대출금의 출자전환에 따른 변경등기

제정 1999.08.24 [상업등기선례 제1-190호(등기선례 제6-651호), 시행]

1. 기업구조조정을 위한 금융기관대출금의 출자전환에 따른 변경등기신청에 첨부할 서면에 관한 등기예규 제960호는 금융기관이 당해 기업에 대하여 가지는 대출금을 출자전환하는 경우에 관한 것으로서, 금융기관이 아닌 자가 당해 기업에 대하여 가지는 대출금을 출자전환하여 그에 따른 변경등기를 신청하는 경우에 대하여는 적용되지 않는다.
2. 전환사채 발행의 등기를 신청하는 경우에는 상법 제476조의 규정에 의한 납입이 있음을 증명하는 서면을 첨부하여야 하나, 사채의 납입은 반드시 금융기관에 할 필요가 없는 것이므로 사채의 납입이 있었음을 증명하는 서면은 발행회사가 작성한 것이어도 무방하며, 사채의 납입은 상계로도 가능하다. (1999. 8. 24. 등기 3402-844 질의회답)

아. 제3자 배정방식의 신주발행사실의 주주에 대한 통지·공고

- 상법 제418조 제4항

[선례 223] 주주 외의 자에게 신주를 배정하는 경우 총주주의 동의로 「상법」 제418조 제4항에 따른 통지 또는 공고를 생략하고 등기신청할 수 있는지 여부

제정 2012. 4. 23. [상업등기선례 제2-54호, 시행]

주주 외의 자에게 신주를 배정하는 경우 회사는 신주발행사항을 납입기일의 2주 전까지 주주에게 통지하거나 공고하여야 하는 바, 총주주의 동의가 있는 때에는 그 기간을 단축하거나 통지 또는 공고를 생략할 수 있을 것이다. 신주발행을 결정한 이사회결의일과 납입기일과의 시간적 간격이 2주가 되지 않아 통지 또는 공고 기간을 단축한 경우에는 그 변경등기신청서에 당해기간의 단축에 관한 총주주의 동의가 있음을 증명하는 서면을 첨부하여야 한다. 또한 통지 또는 공고를 생략한 경우에는 통지 또는 공고를 하였음을 증명하는 서면에 갈음하여 통지 또는 공고 생략에 관하여 총주주의 동의가 있음을 증명하는 서면을 첨부하여 변경등기를 신청할 수 있다. (2012. 04. 23. 사법등기심의관-1144 질의회답)

[선례 224] 실권수를 제3자에게 재배정하여 신주를 발행한 경우 그 변경등기신청서에 「상법」 제418조제4항에 따른 통지 또는 공고하였음을 증명하는 서면을 첨부해야 하는지 여부

제정 2012.08.20 [상업등기선례 제201208-1호, 시행]

주주에게 신주의 인수기회를 부여하였으나 그 인수를 하지 않아 발생한 실권주를 제3자에게 재배정하여 신주를 발행한 것은 「상법」 제418조제2항에 따라 주주 외의 자에게 신주를 배정한 경우가 아니므로 그 변경등기신청서에 「상법」 제418조제4항에 따른 통지 또는 공고하였음을 증명하는 서면을 첨부할 것은 아니다. (2012. 08. 20. 사법등기심의관-2458 질의회답)

자. 출자의 이행

- 상법 제425조 제1항, 제318조, 제423조 제2항, 제421조 제2항
- (구)상법 제334조
- 예규 제1450호

[선례 225] 중소기업창업투자회사 대출금의 출자전환에 따른 변경등기신청에 첨부할 서면

제정 1999.10.28 [상업등기선례 제1-193호(등기선례 제6-700호), 시행] [사실상 폐지]

기업구조조정을 위하여 금융기관이 당해 기업에 대한 대출금을 출자전환하여 신주를 발행하고 그에 따른 변경등기를 신청하는 경우, 비송사건절차법 제205조 제5호에 규정된 '주금을 납입한 은행 기타 금융기관의 납입금보관에 관한 증명서'에 갈음하여 (1) 회사가 주

식인수인(금융기관)에 대하여 채무를 부담하고 있다는 사실을 증명하는 서면, (2) 그 채무에 대하여 회사로부터 상계의 의사표시가 있음을 증명하는 서면 또는 주식인수인의 상계의사표시에 대하여 회사가 이를 승인하였음을 증명하는 서면, (3) 위와 같은 출자전환이 있었음을 증명하는 금융감독원장의 확인서를 제출할 수 있는바, 중소기업창업지원법에 의하여 중소기업청에 등록된 중소기업창업투자회사(금융기관부실자산등의효율적처리및성업공사의설립에관한법률 제2조 및 같은법시행령 제2조는 이를 동법상의 금융기관으로 보고 있음)가 중소기업에 대한 대출금을 출자전환하는 경우에는 위 금융감독원장의 확인서에 갈음하여 위와 같은 출자전환이 있었음을 증명하는 중소기업청장의 확인서를 첨부할 수 있을 것이다. (1999. 10. 28. 등기 3402-1003 질의회답)

[선례 226] 대출금의 출자전환에 따른 변경등기신청서에 첨부할 서면

제정 1999.11.23 [상업등기선례 제1-194호(등기선례 제6-701호), 시행] [사실상 폐지]
금융기관이 보유하고 있는 부실자산을 신속하게 정리하기 위하여, 금융기관부실자산등의효율적처리및성업공사의설립에관한법률에 의하여 설립된 성업공사가 위 법의 규정에 따라 금융기관이 보유하고 있는 당해 기업에 대한 대출금채권을 인수하고 이를 출자전환하여 신주를 발행하고 그에 따른 변경등기를 신청하는 경우에, 기업구조조정을 위한 금융기관 대출금의 출자전환에 따른 변경등기신청에 첨부할 서면에 관한 예규가 적용될 수 있을 것이다. 또한 종합금융회사에관한법률에 의한 종합금융회사가 파산선고를 받은 때에도 그 종합금융회사가 당해 기업에 대하여 가지는 대출금을 출자전환하여 신주를 발행하고 그에 따른 변경등기를 신청하는 경우에도 마찬가지이다. (1999. 11. 23. 등기 3402-1067 질의회답)

[선례 227] 화의인가기업에 대하여 금융기관이 대출금을 출자전환하여 신주를 발행한 경우, 금융감독원장이 출자전환이 있었음을 증명하는 확인서를 발급할 수 있는지 여부(적극)

제정 2001.02.13 [상업등기선례 제1-200호(등기선례 제6-511호), 시행] [사실상 폐지]
기업구조조정을 위하여 금융기관이 당해 기업에 대한 대출금을 출자전환하여 신주를 발행하고 그에 따른 변경등기를 신청하는 경우, 비송사건절차법 제205조 제5호에 규정된 '주금을 납입한 은행 기타 금융기관의 납입금보관에 관한 증명서'에 갈음하여 ① 회사가 주식인수인(금융기관)에 대하여 채무를 부담하고 있다는 사실을 증명하는 서면, ② 그 채무에 대하여 회사로부터 상계의 의사표시가 있음을 증명하는 서면 또는 주식인수인의 상계의사표시에 대하여 회사가 이를 승인하였음을 증명하는 서면, ③ 위와 같은 출자전환이

있었음을 증명하는 금융감독원장의 확인서(은행법 제37조 제2항에 해당하는 경우에는 금융감독위원회의 승인서)를 제출할 수 있는바, 이는 당해 기업이 화의법원의 화의인가결정이 확정된 기업인 경우에도 마찬가지이므로, 위 화의인가기업에 대하여 위와 같은 출자전환이 있었던 사실이 인정된다면 금융감독원장은 그러한 출자전환이 있었음을 증명하는 확인서를 발급할 수 있으며, 이는 그 출자전환내용이 화의의 내용과 다른 경우에도 마찬가지이다. (2001. 2. 13. 등기 3402-103, 104 질의회답)

[선례 228] 기업구조조정촉진법 제24조 제5항에 근거하여 채권금융기관 협의회에 확약서를 제출한 금융기관이 아닌 채권자가 부실징후기업에 대한 대출금에 대하여 출자전환을 할 경우 등기예규 제960호의 적용을 받는지 여부

제정 2002.01.02 [상업등기선례 제1-204호(등기선례 제200201-18호), 시행]

[사실상 폐지]

1. 기업구조조정촉진법 제24조 제5항에 의하여 채권금융기관협의회에 이 법의 규정에 따른다는 확약서를 제출한 채권금융기관 이외의 채권자는 이 법에 의한 채권금융기관으로 간주되므로 이러한 확약서를 제출한 채권금융기관 이외의 채권자가 동법 제17조의 규정에 의한 출자전환을 한 경우에는 등기예규 제960호에서 규정한 금융기관에 해당되어 비송사건절차법 제205조 제5호의 '주금의 납입을 맡은 은행 기타 금융기관의 납입금보관에 관한 증명서'에 갈음하여 위 예규에서 정한 첨부서면을 제출하여 변경등기할 수 있다고 보며,
2. 금융기관이 아닌 채권자의 대출금에 대한 출자전환을 위하여는 채권금융기관협의회에 확약서가 제출되었음을 소명하여 출자전환에 관한 금융감독원장의 확인서를 발급받아야 하며, 변경등기신청서의 첨부서면으로는 위 예규에서 정한 서면만 제출하면 되고 확약서는 첨부할 필요가 없다. (2002. 1. 2. 등기 3402-3 질의회답)

[선례 229] 기업구조조정전문회사의 대출금의 출자전환에 따른 변경등기절차에 등기예규 제960호를 적용할 수 있는지 여부

제정 2002.06.14 [상업등기선례 제1-206호(등기선례 제200206-12호), 시행]

[사실상 폐지]

산업발전법에 의하여 산업자원부에 등록된 기업구조조정전문회사가 기업구조조정촉진법의 적용을 받는 기업에 대하여 동법 절차에 의한 출자전환을 하는 경우에는 채권금융기관협의회를 통하여 금융감독원장의 확인서를 받아 등기예규 제960호에 따른 변경등기를 신청할 수 있으나, 기업구조조정전문회사가 기업구조조정촉진법의 적용을 받지 않는 기업에

대한 채권을 출자전환할 경우에는 위 예규의 적용을 받을 수 없다. (2002. 6. 14. 등기 3402-325 질의회답)

[선례 230] 기업구조조정촉진법상 채권금융기관이 기업의 구조조정을 위하여 부채를 출자전환할 경우 등기신청시 납입금 보관증명서 등을 대신하여 등기예규 제960호에서 정한 서면으로 갈음할 수 있는지 여부 등

제정 2003.07.16 [상업등기선례 제1-211호(등기선례 제200307-12호), 시행] [사실상 폐지]

1. 신주발행으로 인한 변경등기의 신청서에는 납입금 보관증명서나 검사보고서 또는 감정서(현물출자의 경우)를 첨부하여야 하나 기업구조조정촉진법은 채권금융기관이 기업의 구조조정을 위하여 부채를 출자전환할 수 있는 것을 전제로 하고 있으므로 이 경우에는 위 첨부서면 대신 제960호(1999. 1. 25.자)에서 정한 서면으로 갈음할 수 있다.
2. 그러나 위 경우 이외에 일반적으로 주식회사의 주주에 대한 채무를 자본으로 전환하는 주식회사와 주주 사이의 "공증받은 출자전환 합의서"는 위 납입금 보관증명서나 검사보고서 또는 감정서에 갈음할 수 없다. (2003. 7. 16. 공탁법인 3402-169 질의회답)

[선례 231] 채권금융기관의 공동관리절차가 종료된 후 대출금채권의 출자전환이 이루어진 경우, 그로 인한 변경등기의 신청서의 첨부서면

제정 2007.02.28 [상업등기선례 제200702-2호, 시행] [사실상 폐지]

갑 회사에 대한 채권금융기관의 공동관리절차가 진행되던 중에 갑 회사에 대한 채권금융기관의 대출금채권을 갑 회사의 주식으로 전환(이하, '출자전환'이라 한다)하기로 하는 채권금융기관협의회(이하, '협의회'라 한다)의 결의가 있었는데, 협의회를 구성하는 채권금융기관 중 일부 기관의 대출금채권이 출자전환되지 않은 상태에서 공동관리절차가 종료된 후 위 결의에 따라 출자전환을 하는 경우에는, 등기예규 제960호에서 정한 서면을 첨부하여 신주발행으로 인한 변경등기를 신청할 수 있다. (2007. 2. 28. 공탁상업등기과-222 질의회답)

차. 현물출자의 검사

- 상법 제422조 제1항 ~ 제5항
- 벤처기업육성에 관한 특별조치법 제6조

• 외국인투자 촉진법 제30조 제4항

[판례 5] 자동차소유권이전등록말소등 (대법원 1980. 2. 12. 선고 79다509 판결)

【판시사항】

검사인의 선임 및 그 조사보고가 없는 주식회사의 현물출자에 따른 신주발행 및 변경등기가 당연무효인지 여부

【판결요지】

주식회사의 현물출자에 있어서 이사는 법원에 검사인의 선임을 청구하여 일정한 사항을 조사하도록 하고 법원은 그 보고서를 심사하도록 되어 있으나 이와 같은 절차를 거치지 아니한 신주발행 및 변경등기가 당연무효가 된다고 볼 수 없다.

[선례 232] 현물출자에 의한 주식회사의 설립과 공인된 감정인

제정 2006. 7. 13. [상업등기선례 제2-15호, 시행]

1. 상법 제299조의2 의 '공인된 감정인'(이하, '공인된 감정인'이라 한다)이란 현물출자된 각 재산의 유형에 따라 법률에 의하여 감정을 할 수 있는 자격이 부여된 감정인을 말하는바, 그 구체적 예로는 부동산가격공시및감정평가에관한법률(이하, '감정평가법'이라 한다)에 의해 토지 등의 감정평가를 할 수 있는 감정평가사 및 공인회계사법에 의해 회계에 관한 감정을 할 수 있는 공인회계사 등을 들 수 있다.
2. 특허권을 현물출자하는 경우, 공인된 감정인에는 감정평가업자(감정평가법 제2조 제9호)가 포함된다(동법 제2조 제1호, 동법 시행령 제2조 제1호).
3. 벤처기업에 대한 현물출자의 경우와 외국투자가가 산업재산권 등을 출자하는 경우 등에는 그 가격에 대해 벤처기업육성에 관한 특별조치법 시행령 제4조의 기술평가기관(이하, '기술평가기관'이라고 한다)이 평가한 내용을 상법 제299조의2 의 규정에 의하여 공인된 감정인이 감정한 것으로 볼 수 있으나(벤처기업육성에 관한 특별조치법 제6조 제2항 , 외국인투자촉진법 제30조 제4항 등), 그러한 법률 규정이 있는 경우 이외의 현물출자의 경우에 기술평가기관을 공인된 감정인으로 볼 수 없다.
4. 공인된 감정인의 감정서에는 현물출자의 목적인 재산의 가격(평가금액)이 표시되어야 한다. (2006. 7. 13. 공탁상업등기과-640 질의회답)

[선례 233] 외국인투자촉진법 제30조 제3항의 규정에 의하여 설립등기에서 검사인의 조사보고서로 간주되는 관세청장의 현물출자완료확인서의 법원보고의무 등

제정 2003. 1. 27. [상업등기선례 제1-93호(등기선례 제200301-14호), 시행]
외국인의 현물출자에서 외국인투자촉진법 제30조 제3항 의 규정에 의하여 검사인의 조사보고서로 간주되는 관세청장의 현물출자완료확인서는 설립등기절차에서 그 내용을 법원에 보고할 필요가 없으나, 같은 법 제30조 제4항의 규정에 의한 소정의 기술평가기관이 외국인의 현물출자대상인 산업재산권 등에 대하여 작성한 평가서는 그 내용을 법원에 보고하여야 하며, 설립등기신청서 등에는 법원으로부터 송달받은 부본을 첨부하여야 한다. (2003. 1. 27. 공탁법인 3402-21 질의회답)

[선례 234] 외국투자자가 현물출자하는 경우 주식회사 설립등기신청서에 첨부할 서면 여하

제정 1999. 3. 10. [상업등기선례 제1-88호(등기선례 제6-631호), 시행]
외국투자가가 현물출자하여 주식회사를 설립하는 경우, 외국인투자촉진법 제30조 제3항의 규정에 의하여 관세청장이 현물출자의 이행과 그 목적물의 종류·수량·가격 등을 확인한 현물출자완료확인서가 비송사건절차법 제203조 제5호의 규정에 의한 검사인의 조사보고서로 간주되는 것이므로, 설립등기 신청서에 관세청장 발행의 현물출자완료확인서 외에 별도로 검사인의 조사보고서를 첨부할 필요는 없으며, 관세청장이 발행한 현물출자완료확인서의 내용을 법원에 보고할 필요도 없다. (1999. 3. 10. 등기 3402-242 질의회답)

카. 실권주의 처리

- 상법 제419조 제4항, 제423조 제2항

[선례 235] 신주를 발행함에 있어 주주 일부가 신주인수권을 포기한 경우 주식청약인을 모집하지 아니하고 주금납입이 완료된 주식에 대하여만 신주를 발행한 후 그에 따른 변경등기를 신청할 수 있는지 여부

제정 1990. 10. 31. [상업등기선례 제1-179호(등기선례 제3-949호), 시행]
주식회사에서 신주식을 발행하여 자본을 증가함에 있어 주식을 배정받은 일부주주가 자기에게 배정된 신주인수권을 포기한 경우 미 인수주식에 대하여 별도의 주식청약인을 모집하지 아니하고 납입완료된 신주의 주식금액의 총액만을 자본의 총액으로 하여 변경등기를 신청할 수 있다. (1990. 10. 31. 등기 제2141호)

[판례 6] 신주발행무효확인 (대법원 2012. 11. 15. 선고 2010다49380 판결)

【판시사항】

[1] 신주발행무효의 소에서 출소기간 경과 후 새로운 무효사유를 추가하여 주장하는 것이 허용되는지 여부(소극)

[2] 신주 등의 발행에서 주주배정방식과 제3자배정방식을 구별하는 기준

[3] 회사가 주주배정방식으로 신주를 발행하면서 주주가 인수를 포기하거나 청약을 하지 아니하여 실권된 신주를 이사회 결의로 제3자에게 처분할 수 있는지 여부(적극) 및 이때 실권된 신주를 제3자에게 발행하는 것에 관하여 정관에 근거 규정이 있어야 하는지 여부(소극)

【판결요지】

[1] 상법 제429조는 신주발행의 무효는 주주·이사 또는 감사에 한하여 신주를 발행한 날부터 6월 내에 소만으로 주장할 수 있다고 규정하고 있는데, 이는 신주발행에 수반되는 복잡한 법률관계를 조기에 확정하고자 하는 것으로서, 새로운 무효사유를 출소기간 경과 후에도 주장할 수 있도록 하면 법률관계가 불안정하게 되어 위 규정의 취지가 몰각된다는 점에 비추어, 위 규정은 무효사유의 주장시기도 제한하고 있는 것이라고 해석함이 타당하므로, 신주발행무효의 소에서 신주를 발행한 날부터 6월의 출소기간이 경과한 후에는 새로운 무효사유를 추가하여 주장할 수 없다.

[2] 신주 등의 발행에서 주주배정방식과 제3자배정방식을 구별하는 기준은 회사가 신주 등을 발행하면서 주주들에게 그들의 지분비율에 따라 신주 등을 우선적으로 인수할 기회를 부여하였는지 여부에 따라 객관적으로 결정되어야 하고, 신주 등의 인수권을 부여받은 주주들이 실제로 인수권을 행사함으로써 신주 등을 배정받았는지 여부에 좌우되는 것은 아니다.

[3] 회사가 주주배정방식에 의하여 신주를 발행하려는데 주주가 인수를 포기하거나 청약을 하지 아니함으로써 그 인수권을 잃은 때에는(상법 제419조 제4항) 회사는 이사회 결의로 인수가 없는 부분에 대하여 자유로이 이를 제3자에게 처분할 수 있고, 이 경우 실권된 신주를 제3자에게 발행하는 것에 관하여 정관에 반드시 근거 규정이 있어야 하는 것은 아니다.

[판례 7] 특정경제범죄가중처벌등에관한법률위반(배임) (대법원 2009. 5. 29. 선고 2007도4949 전원합의체 판결)

【판시사항】

[1] 회사의 이사가 시가보다 현저하게 낮은 가액으로 신주 등을 발행한 경우 업무상배임죄가 성립하는지 여부

[2] 신주 등의 발행에서 주주 배정방식과 제3자 배정방식을 구별하는 기준 및 회사가 기

존 주주들에게 지분비율대로 신주 등을 인수할 기회를 부여하였다면 주주들이 그 인수를 포기함에 따라 발생한 실권주 등을 시가보다 현저히 낮은 가액으로 제3자에게 배정한 경우에도 주주 배정방식으로 볼 수 있는지 여부

[3] 주주 배정방식에 의한 전환사채 발행시 주주가 인수하지 아니하여 실권된 부분을 제3자에게 발행하는 경우 전환가액 등 발행조건을 변경하여야 하는지 여부

[4] 전환사채 발행을 위한 이사회 결의에는 하자가 있었다 하더라도 실권된 전환사채를 제3자에게 배정하기로 의결한 이사회 결의에는 하자가 없는 경우, 전환사채 발행절차를 진행한 것이 업무상배임죄의 임무위배에 해당하지 않는다고 한 사례

[5] 회사 지배권 이전을 목적으로 한 전환사채의 발행이 이사의 임무위배에 해당하는지 여부(소극)

【판결요지】

[1] [다수의견] 주주는 회사에 대하여 주식의 인수가액에 대한 납입의무를 부담할 뿐 인수가액 전액을 납입하여 주식을 취득한 후에는 주주 유한책임의 원칙에 따라 회사에 대하여 추가 출자의무를 부담하지 않는 점, 회사가 준비금을 자본으로 전입하거나 이익을 주식으로 배당할 경우에는 주주들에게 지분비율에 따라 무상으로 신주를 발행할 수 있는 점 등에 비추어 볼 때, 회사가 주주 배정의 방법, 즉 주주가 가진 주식수에 따라 신주, 전환사채나 신주인수권부사채(이하 '신주 등'이라 한다)의 배정을 하는 방법으로 신주 등을 발행하는 경우에는 발행가액 등을 반드시 시가에 의하여야 하는 것은 아니다. 따라서, 회사의 이사로서는 주주 배정의 방법으로 신주를 발행하는 경우 원칙적으로 액면가를 하회하여서는 아니 된다는 제약 외에는 주주 전체의 이익, 회사의 자금조달의 필요성, 급박성 등을 감안하여 경영판단에 따라 자유로이 그 발행조건을 정할 수 있다고 보아야 하므로, 시가보다 낮게 발행가액 등을 정함으로써 주주들로부터 가능한 최대한의 자금을 유치하지 못하였다고 하여 배임죄의 구성요건인 임무위배, 즉 회사의 재산보호의무를 위반하였다고 볼 것은 아니다. 그러나 주주배정의 방법이 아니라 제3자에게 인수권을 부여하는 제3자 배정방법의 경우, 제3자는 신주 등을 인수함으로써 회사의 지분을 새로 취득하게 되므로 그 제3자와 회사와의 관계를 주주의 경우와 동일하게 볼 수는 없다. 제3자에게 시가보다 현저하게 낮은 가액으로 신주 등을 발행하는 경우에는 시가를 적정하게 반영하여 발행조건을 정하거나 또는 주식의 실질가액을 고려한 적정한 가격에 의하여 발행하는 경우와 비교하여 그 차이에 상당한 만큼 회사의 자산을 증가시키지 못하게 되는 결과가 발생하는데, 이 경우에는 회사법상 공정한 발행가액과 실제 발행가액과의 차액에 발행주식수를 곱하여 산출된 액수만큼 회사가 손해를 입은 것으로 보아야 한다. 이와 같이 현저하게 불공정한 가액으로 제3자 배정방식에 의하여 신주 등을 발행하는 행위는 이사의 임무위배행위에 해당하는 것으로서 그로 인하여 회사에 공정한 발행가액과의 차액에 상당하는 자금을 취득하지 못하게 되는 손해를 입힌 이상 이사에 대하여 배임죄의 죄책을 물을 수 있다. 다만, 회사가 제3자 배정의 방법으로 신주 등을 발행하

는 경우에는 회사의 재무구조, 영업전망과 그에 대한 시장의 평가, 주식의 실질가액, 금융시장의 상황, 신주의 인수가능성 등 여러 사정을 종합적으로 고려하여, 이사가 그 임무에 위배하여 신주의 발행가액 등을 공정한 가액보다 현저히 낮추어 발행한 경우에 해당하는지를 살펴 이사의 업무상배임죄의 성립 여부를 판단하여야 한다.

[대법관 양승태의 별개의견] 회사에 자금이 필요한 때에는 이사는 가능한 방법을 동원하여 그 자금을 형성할 의무가 있다 할 것이나, 이사는 회사에 필요한 만큼의 자금을 형성하면 될 뿐 그 이상 가능한 한 많은 자금을 형성하여야 할 의무를 지는 것은 아니고, 또 회사에 어느 정도 규모의 자금이 필요한지, 어떠한 방법으로 이를 형성할 것인지는 원칙적으로 이사의 경영판단에 속하는 사항이다. 그런데 신주발행에 의한 자금형성의 과정에서 신주를 저가 발행하여 제3자에게 배정하게 되면 기존 주주의 지분율이 떨어지고 주식가치의 희석화로 말미암아 구 주식의 가치도 하락하게 되어 기존 주주의 회사에 대한 지배력이 그만큼 약화되므로 기존 주주에게 손해가 발생하나, 신주발행을 통하여 회사에 필요한 자금을 형성하였다면 회사에 대한 관계에서는 임무를 위배하였다고 할 수 없고, 신주발행으로 인해 종전 주식의 가격이 하락한다 하여 회사에 손해가 있다고 볼 수도 없으며, 주주의 이익과 회사의 이익을 분리하여 평가하는 배임죄의 원칙상 이를 회사에 대한 임무위배로 볼 수 없어, 배임죄가 성립한다고 볼 수 없다.

[2] [다수의견] 신주 등의 발행에서 주주 배정방식과 제3자 배정방식을 구별하는 기준은 회사가 신주 등을 발행하는 때에 주주들에게 그들의 지분비율에 따라 신주 등을 우선적으로 인수할 기회를 부여하였는지 여부에 따라 객관적으로 결정되어야 할 성질의 것이지, 신주 등의 인수권을 부여받은 주주들이 실제로 인수권을 행사함으로써 신주 등을 배정받았는지 여부에 좌우되는 것은 아니다. 회사가 기존 주주들에게 지분비율대로 신주 등을 인수할 기회를 부여하였는데도 주주들이 그 인수를 포기함에 따라 발생한 실권주 등을 제3자에게 배정한 결과 회사 지분비율에 변화가 생기고, 이 경우 신주 등의 발행가액이 시가보다 현저하게 낮아 그 인수권을 행사하지 아니한 주주들이 보유한 주식의 가치가 희석되어 기존 주주들의 부(부)가 새로이 주주가 된 사람들에게 이전되는 효과가 발생하더라도, 그로 인한 불이익은 기존 주주들 자신의 선택에 의한 것일 뿐이다. 또한, 회사의 입장에서 보더라도 기존 주주들이 신주 등을 인수하여 이를 제3자에게 양도한 경우와 이사회가 기존 주주들이 인수하지 아니한 신주 등을 제3자에게 배정한 경우를 비교하여 보면 회사에 유입되는 자금의 규모에 아무런 차이가 없을 것이므로, 이사가 회사에 대한 관계에서 어떠한 임무에 위배하여 손해를 끼쳤다고 볼 수는 없다.

[대법관 김영란, 대법관 박시환, 대법관 이홍훈, 대법관 김능환, 대법관 전수안의 반대의견] 신주 등의 발행이 주주 배정방식인지 여부는, 발행되는 모든 신주 등을 모든 주주가 그 가진 주식 수에 따라서 배정받아 이를 인수할 기회가 부여되었는지 여부에 따라 결정되어야 하고, 주주에게 배정된 신주 등을 주주가 인수하지 아니함으로써

생기는 실권주의 처리에 관하여는 상법에 특별한 규정이 없으므로 이사는 그 부분에 해당하는 신주 등의 발행을 중단하거나 동일한 발행가액으로 제3자에게 배정할 수 있다. 그러나 주주 배정방식으로 발행되는 것을 전제로 하여 신주 등의 발행가액을 시가보다 현저히 저가로 발행한 경우에, 그 신주 등의 상당 부분이 주주에 의하여 인수되지 아니하고 실권되는 것과 같은 특별한 사정이 있는 때에는, 그와 달리 보아야 한다. 주주 배정방식인지 제3자 배정방식인지에 따라 회사의 이해관계 및 이사의 임무 내용이 달라지는 것이므로, 회사에 대한 관계에서 위임의 본지에 따른 선관의무상 제3자 배정방식의 신주 등 발행에 있어 시가발행의무를 지는 이사로서는, 위와 같이 대량으로 발생한 실권주에 대하여 발행을 중단하고 추후에 그 부분에 관하여 새로이 제3자 배정방식에 의한 발행을 모색할 의무가 있고, 그렇게 하지 아니하고 그 실권주를 제3자에게 배정하여 발행을 계속할 경우에는 그 실권주를 처음부터 제3자 배정방식으로 발행하였을 경우와 마찬가지로 취급하여 발행가액을 시가로 변경할 의무가 있다고 봄이 상당하다. 이와 같이 대량으로 발생한 실권주를 제3자에게 배정하는 것은, 비록 그것이 주주 배정방식으로 발행한 결과라고 하더라도, 그 실질에 있어 당초부터 제3자 배정방식으로 발행하는 것과 다를 바 없고, 이를 구별할 이유도 없기 때문이다. 그러므로 신주 등을 주주 배정방식으로 발행하였다고 하더라도, 상당 부분이 실권되었음에도, 이사가 그 실권된 부분에 관한 신주 등의 발행을 중단하지도 아니하고 그 발행가액 등의 발행조건을 제3자 배정방식으로 발행하는 경우와 마찬가지로 취급하여 시가로 변경하지도 아니한 채 발행을 계속하여 그 실권주 해당부분을 제3자에게 배정하고 인수되도록 하였다면, 이는 이사가 회사에 대한 관계에서 선관의무를 다하지 아니한 것에 해당하고, 그로 인하여 회사에 자금이 덜 유입되는 손해가 발행하였다면 업무상배임죄가 성립한다.

[3] [다수의견] 상법상 전환사채를 주주 배정방식에 의하여 발행하는 경우에도 주주가 그 인수권을 잃은 때에는 회사는 이사회의 결의에 의하여 그 인수가 없는 부분에 대하여 자유로이 이를 제3자에게 처분할 수 있는 것인데, 단일한 기회에 발행되는 전환사채의 발행조건은 동일하여야 하므로, 주주배정으로 전환사채를 발행하는 경우에 주주가 인수하지 아니하여 실권된 부분에 관하여 이를 주주가 인수한 부분과 별도로 취급하여 전환가액 등 발행조건을 변경하여 발행할 여지가 없다. 주주배정의 방법으로 주주에게 전환사채인수권을 부여하였지만 주주들이 인수청약하지 아니하여 실권된 부분을 제3자에게 발행하더라도 주주의 경우와 같은 조건으로 발행할 수밖에 없고, 이러한 법리는 주주들이 전환사채의 인수청약을 하지 아니함으로써 발생하는 실권의 규모에 따라 달라지는 것은 아니다.

[대법관 김영란, 대법관 박시환, 대법관 이홍훈, 대법관 김능환, 대법관 전수안의 반대의견] 상법에 특별한 규정은 없지만, 일반적으로 동일한 기회에 발행되는 전환사채의 발행조건은 균등하여야 한다고 해석된다. 그러나 주주에게 배정하여 인수된 전환사채와 실권되어 제3자에게 배정되는 전환사채를 '동일한 기회에 발행되는 전환사채'

로 보아야 할 논리필연적인 이유나 근거는 없다. 실권된 부분의 제3자 배정에 관하여는 다시 이사회 결의를 거쳐야 하는 것이므로, 당초의 발행결의와는 동일한 기회가 아니라고 볼 수 있다. 그 실권된 전환사채에 대하여는 발행을 중단하였다가 추후에 새로이 제3자 배정방식으로 발행할 수도 있는 것이므로, 이 경우와 달리 볼 것은 아니다. 그리고 주주 각자가 신주 등의 인수권을 행사하지 아니하고 포기하여 실권하는 것과 주주총회에서 집단적 의사결정 방법으로 의결권을 행사하여 의결하는 것을 동일하게 평가할 수는 없는 것이므로, 대량의 실권이 발생하였다고 하여 이를 전환사채 등의 제3자 배정방식의 발행에 있어서 요구되는 주주총회의 특별결의가 있었던 것으로 간주할 수도 없다.

[4] 전환사채 발행을 위한 이사회 결의에는 하자가 있었다 하더라도 실권된 전환사채를 제3자에게 배정하기로 의결한 이사회 결의에는 하자가 없는 경우, 전환사채의 발행절차를 진행한 것이 재산보호의무 위반으로서의 임무위배에 해당하지 않는다고 한 사례.

[5] 이사가 주식회사의 지배권을 기존 주주의 의사에 반하여 제3자에게 이전하는 것은 기존 주주의 이익을 침해하는 행위일 뿐 지배권의 객체인 주식회사의 이익을 침해하는 것으로 볼 수는 없는데, 주식회사의 이사는 주식회사의 사무를 처리하는 자의 지위에 있다고 할 수 있지만 주식회사와 별개인 주주들에 대한 관계에서 직접 그들의 사무를 처리하는 자의 지위에 있는 것은 아니고, 더욱이 경영권의 이전은 지배주식을 확보하는 데 따르는 부수적인 효과에 불과한 것이어서, 회사 지분비율의 변화가 기존 주주 자신의 선택에 기인한 것이라면 지배권 이전과 관련하여 이사에게 임무위배가 있다고 할 수 없다.

2. 주권상장법인의 특례

가. 일반공모증자와 발행가액의 특례

- 자본시장법 제165의6조 제1항 제2호, 제165의16조
- 자본시장법 시행령 제176의8조
- 증권의 발행 및 공시 등에 관한 규정 제5-18조

나. 우리사주조합원에 대한 주식의 배정 등에 관한 특례

- 자본시장법 제165의7조

다. 액면미달발행의 특례

- 자본시장법 제165의8조 제1항 제2항 제3항

상업선례 2-53

라. 신주인수권증서의 의무적 발행의 특례

- 자본시장법 제165의6조 제3항

마. 제3자 배정방식 신주발행사실의 주주에 대한 통지·공고의 생략 특례

- 자본시장법 제165의9조

바. 실권주 처리의 특례

- 자본시장법 제165의6조 제2항

3. 신주의 효력발생

- 상법 제423조 제1항, 제424조, 제429조

[선례 236] 신주발행으로 인한 변경등기의 원인일자 및 그 등기기간의 기산일

제정 1984.12.13 [상업등기선례 제1-172호(등기선례 제1-870호), 시행]

신주인수인이 신주의 주금납입 또는 현물출자의 이행을 한 때에는 그 납입기일의 다음날부터 신주발행의 효력이 발생하여 그날부터 주주로서의 권리, 의무가 생기므로(상법 제423조 제1항), 신주발행으로 인한 변경등기의 원인일자 및 그 등기기간의 기산일은 주금납입기일의 다음날이다. (1984. 12. 13. 등기 제540호 대한사법서사협회장 대 법원행정처장 회답)

[선례 237] 기업구조조정을 위한 금융기관대출금의 출자전환에 따른 변경등기 절차

제정 2000.11.08 [상업등기선례 제1-198호(등기선례 제6-663호), 시행]

기업구조조정을 위하여 금융기관이 당해 기업에 대한 대출금을 출자전환하여 신주를 발행하고 그에 따른 변경등기를 신청하는 경우, '발행주식의 총수'(상법 제317조 제2항 제3호)와 '자본의 총액'(같은 항 제2호)에 대한 변경연월일은 신주발행절차에서 정한 '납입기일의 다음날'(상법 제423조)이다. (2000. 11. 8. 등기 3402-799 질의회답)

---

4. 등기절차

가. 등기기간

- 상법 제317조 제4항, 제183조

나. 등기사항

(1) 발행주식의 총수, 그 종류와 각종 주식의 내용과 수, 자본금의 총액

- 상법 제317조 제2항 제2호 제3호

[선례 238] 신주발행으로 인한 변경등기의 원인일자 및 그 등기기간의 기산일

제정 1984.12.13 [상업등기선례 제1-172호(등기선례 제1-870호), 시행]

신주인수인이 신주의 주금납입 또는 현물출자의 이행을 한 때에는 그 납입기일의 다음날부터 신주발행의 효력이 발생하여 그날부터 주주로서의 권리, 의무가 생기므로(상법 제423조 제1항), 신주발행으로 인한 변경등기의 원인일자 및 그 등기기간의 기산일은 주금납입기일의 다음날이다. (1984. 12. 13. 등기 제540호 대한사법서사협회장 대 법원행정처장 회답)

---

(2) 미상각액

- 상법 제426조

다. 첨부서면

(1) 주식의 인수를 증명하는 서면

- 상업등기규칙 제133조 제1호

[선례 239] 신주발행으로 인한 변경등기의 신청서에 신주의 인수인별로 반드시 주식인수증을 첨부하여야 하는지 여부

제정 2007. 1. 10. [상업등기선례 제2-42호, 시행]

신주발행으로 인한 변경등기의 신청서(비송사건절차법 제205조)에는 주식의 청약을 증명하는 서면뿐만 아니라 주식의 인수를 증명하는 서면도 첨부하여야 한다. 다만, 그 주식의 인수를 증명하는 서면이 신주의 인수인이 작성한 주식인수증에 한정되는 것은 아니다. 현물출자를 하는 자와 회사 간의 신주인수계약서, 주주명부 기타 주식의 배정 상황(각 인수인에게 배정한 주식의 수)에 관하여 대표이사가 작성한 서면도 주식의 인수를 증명하는 서면에 해당한다. (2007. 1. 10. 공탁상업등기과-45 질의회답)

[선례 240] 신주발행에 따른 변경등기신청서에 첨부하는 서면 및 인감신고서에 날인한 인장

제정 1997. 1. 31. [상업등기선례 제1-183호(등기선례 제5-836호), 시행]

가. 주식회사의 신주발행으로 인한 변경등기의 신청서에는 비송사건절차법 제205조 의 규정에 의하여 주식의 청약을 증명하는 서면 및 주식의 인수를 증명하는 서면을 첨부하어야 하는바, 발행된 신주를 기존 주주가 그 소유주식의 비율에 따라 전부 인수하고 그 변경등기를 신청하는 경우에도 마찬가지이다.

나. 등기소에 인감을 제출하고자 할 때의 인감신고서 또는 신고된 인감을 개인하고자 할 때의 개인신고서의 신고인 성명 다음에는 인감증명법에 의하여 신고된 인감만을 날인하고 그 인감증명서를 첨부하면 되므로, 그 이외에 신고하는 인감을 함께 날인할 필요는 없으며, 개인신고서의 경우 등기소에 제출되어 있는 종전의 인감을 날인하면 인감증명법에 의하여 신고된 인감의 날인 및 그 인감증명서의 첨부가 필요 없다.

(1997. 1. 31. 등기 3402-81 질의회답)

[선례 241] 신주발행으로 인한 변경등기신청시 첨부하여야 하는 주식의 청약을 증명하는 서면은 지배인이 작성한 것도 가능한지 여부(적극)

제정 1999.10.21 [상업등기선례 제1-192호(등기선례 제6-653호), 시행]

지점의 지배인은 그 지점의 영업에 관하여 영업주에 갈음하여 재판상 또는 재판외의 모든 행위를 할 수 있는바, 신기술사업자에 대한 투자 등을 목적으로 하는 갑 주식회사의 지점의 지배인은 신기술사업자인을 주식회사가 발행하는 신주에 대한 청약이 그 지점의 영업에 속하는 경우에는 영업주에 갈음하여 청약을 할 수 있다. 따라서 위 을 주식회사의 신주발행으로 인한 변경등기신청서에 첨부되는 주식의 청약을 증명하는 서면은 갑 주식회사의 지점의 지배인이 날인한 것을 첨부할 수 있다. (1999. 10. 21. 등기 3402-976 질의회답)

[선례 242] 주식예탁증서(DR)를 발행하는 경우의 주식 청약을 증명하는 서면

제정 2007.06.21 [상업등기선례 제200706-4호, 시행]

1. 기업이 해외에서 주식을 발행하여 자금을 조달하기 위한 목적으로 주권(주권)에 대체하여 주식예탁증서(Depository Receipt)를 발행하는 경우, 그 신주발행으로 인한 변경등기의 신청서에는 주식을 발행하는 회사(이하 '발행회사'라 한다)와 예탁기관(발행회사와 예탁계약을 체결하고 이에 의거하여 외국인 투자자에 대한 주식예탁증서 발행 및 그에 따른 권리 행사 업무를 주로 수행하는 자를 말한다) 간의 예탁계약서를 첨부할 수 있으며, 반드시 주식청약서(상법 제420조)를 첨부할 필요는 없다.
2. 이 경우, 주간사(주식예탁증서 발행의 사실상의 주역으로서 발행회사와의 협의하에 발행 전체의 기획을 담당하는 자인데, 주식예탁증서의 조건, 금액, 모집 방법 등에 대하여 해외 시장의 동향을 참작해 발행회사에 제안하고 최종적으로 발행회사와 발행 및 인수 조건을 합의한다)와 발행회사 간의 주식예탁증서 발행에 관한 계약서를 첨부할 수도 있다. 다만, 위의 계약서들에는 반드시 발행 주식의 종류와 수가 나타나 있어야 하고, 주간사의 자격 내지 지위에 대하여는 예탁기관의 증명이 있어야 한다.

(2007. 6. 21. 공탁상업등기과-696 질의회답)

---

(2) 주식의 청약을 증명하는 서면

- 상법 제420조, 제420의2조 제2항
- 상업등기규칙 제133조 제2호
- 자본시장법 제165의7조 제1항
- 자본시장법 시행령 제176의9조 제3항

[선례 243] 임원 변경등기에서 체류국 공증인의 공증 허용 여부

제정 2006. 7. 10. [상업등기선례 제2-3호, 시행]

주식회사나 유한회사에 관한 등기신청서에 대표권 없는 이사 또는 감사 등의 취임승낙 또는 사임을 증명하는 서면을 첨부하는 경우 그 이사 또는 감사 등이 본국 또는 우리나라가 아닌 다른 나라에 거주 또는 체류하는 외국인인 때에는, 그 서면상의 서명이 본인의 것임을 확인하는 거주 또는 체류하는 국가의 공증인의 인증서를 첨부하여 본국 관공서의 증명이나 본국 공증인의 인증에 갈음할 수 있다. 그러나, 대표권 있는 이사·청산인 등의 취임승낙 또는 사임을 증명하는 서면에는 본국 관공서의 증명이나 본국 공증인 또는 우리나라 공증인의 인증서를 첨부하여야 하며, 거주 또는 체류하는 국가의 공증인의 인증서는 허용될 수 없을 것이다. (2006. 7. 10. 공탁상업등기과-627 질의회답)

---

(3) 제3자 배정방식 신주발행사실의 주주에 대한 통지 또는 공고를 증명하는 서면

- 상업등기규칙 제133조 제3호

[선례 244] 주주 외의 자에게 신주를 배정하는 경우 총주주의 동의로 「상법」 제418조 제4항에 따른 통지 또는 공고를 생략하고 등기신청할 수 있는지 여부

제정 2012. 4. 23. [상업등기선례 제2-54호, 시행]

주주 외의 자에게 신주를 배정하는 경우 회사는 신주발행사항을 납입기일의 2주 전까지 주주에게 통지하거나 공고하여야 하는 바, 총주주의 동의가 있는 때에는 그 기간을 단축하거나 통지 또는 공고를 생략할 수 있을 것이다. 신주발행을 결정한 이사회결의일과 납입기일과의 시간적 간격이 2주가 되지 않아 통지 또는 공고 기간을 단축한 경우에는 그 변경등기신청서에 당해기간의 단축에 관한 총주주의 동의가 있음을 증명하는 서면을 첨부하여야 한다. 또한 통지 또는 공고를 생략한 경우에는 통지 또는 공고를 하였음을 증명하는 서면에 갈음하여 통지 또는 공고 생략에 관하여 총주주의 동의가 있음을 증명하는 서면을 첨부하여 변경등기를 신청할 수 있다. (2012. 04. 23. 사법등기심의관-1144 질의회답)

[선례 245] 실권주를 제3자에게 재배정하여 신주를 발행한 경우 그 변경등기신청서에 「상법」 제418조제4항에 따른 통지 또는 공고하였음을 증명하는 서면을 첨부해야 하는지 여부

제정 2012. 8. 20. [상업등기선례 제2-57호, 시행]

주주에게 신주의 인수기회를 부여하였으나 그 인수를 하지 않아 발생한 실권주를 제3자에게 재배정하여 신주를 발행한 것은 「상법」 제418조제2항에 따라 주주 외의 자에게 신주를 배정한 경우가 아니므로 그 변경등기신청서에 「상법」제418조제4항에 따른 통지 또는 공고하였음을 증명하는 서면을 첨부할 것은 아니다. (2012. 08. 20. 사법등기심의관-2458 질의회답)

---

(4) 주금납입금 보관증명서 또는 잔고증명서

(가) 주금납입금 보관증명서

- 상업등기규칙 제133조 제4호

(나) 잔고증명서

- 상법 제425조 제1항, 제318조 제3항
- 상업등기규칙 제133조 제4호

(5) 상계를 증명하는 서면

- 상업등기규칙 제133조 제5호
- 예규 제1445호 제21조 제2호
- 예규 제1450호 3, 4

(6) 검사인의 조사보고서와 그 부속서류 또는 감정인의 감정서와 그 부속서류

- 상업등기규칙 제133조 제6호
- 예규 제979호 1.
- 재판예규 제719호 제7조 제2항

[선례 246] 현물출자에 의한 주식회사의 설립과 공인된 감정인

제정 2006. 7. 13. [상업등기선례 제2-15호, 시행]

1. 상법 제299조의2 의 '공인된 감정인'(이하, '공인된 감정인'이라 한다)이란 현물출자된 각 재산의 유형에 따라 법률에 의하여 감정을 할 수 있는 자격이 부여된 감정인을 말하는바, 그 구체적 예로는 부동산가격공시및감정평가에관한법률(이하, '감정평가법'이라 한다)에 의해 토지 등의 감정평가를 할 수 있는 감정평가사 및 공인회계사법에 의해 회계에 관한 감정을 할 수 있는 공인회계사 등을 들 수 있다.

2. 특허권을 현물출자하는 경우, 공인된 감정인에는 감정평가업자(감정평가법 제2조 제9호)가 포함된다(동법 제2조 제1호, 동법 시행령 제2조 제1호).
3. 벤처기업에 대한 현물출자의 경우와 외국투자가가 산업재산권 등을 출자하는 경우 등에는 그 가격에 대해 벤처기업육성에 관한 특별조치법 시행령 제4조의 기술평가기관(이하, '기술평가기관'이라고 한다)이 평가한 내용을 상법 제299조의2 의 규정에 의하여 공인된 감정인이 감정한 것으로 볼 수 있으나(벤처기업육성에 관한 특별조치법 제6조 제2항 , 외국인투자촉진법 제30조 제4항 등), 그러한 법률 규정이 있는 경우 이외의 현물출자의 경우에 기술평가기관을 공인된 감정인으로 볼 수 없다.
4. 공인된 감정인의 감정서에는 현물출자의 목적인 재산의 가격(평가금액)이 표시되어야 한다. (2006. 7. 13. 공탁상업등기과-640 질의회답)

[선례 247] 외국인투자촉진법 제30조 제3항의 규정에 의하여 설립등기에서 검사인의 조사보고서로 간주되는 관세청장의 현물출자완료확인서의 법원보고의무 등

제정 2003. 1. 27. [상업등기선례 제1-93호(등기선례 제200301-14호), 시행]

외국인의 현물출자에서 외국인투자촉진법 제30조 제3항 의 규정에 의하여 검사인의 조사보고서로 간주되는 관세청장의 현물출자완료확인서는 설립등기절차에서 그 내용을 법원에 보고할 필요가 없으나, 같은 법 제30조 제4항의 규정에 의한 소정의 기술평가기관이 외국인의 현물출자대상인 산업재산권 등에 대하여 작성한 평가서는 그 내용을 법원에 보고하여야 하며, 설립등기신청서 등에는 법원으로부터 송달받은 부본을 첨부하여야 한다. (2003. 1. 27. 공탁법인 3402-21 질의회답)

[선례 248] 외국투자자가 현물출자하는 경우 주식회사 설립등기신청서에 첨부할 서면 여하

제정 1999. 3. 10. [상업등기선례 제1-88호(등기선례 제6-631호), 시행]

외국투자가가 현물출자하여 주식회사를 설립하는 경우, 외국인투자촉진법 제30조 제3항의 규정에 의하여 관세청장이 현물출자의 이행과 그 목적물의 종류·수량·가격 등을 확인한 현물출자완료확인서가 비송사건절차법 제203조 제5호의 규정에 의한 검사인의 조사보고서로 간주되는 것이므로, 설립등기 신청서에 관세청장 발행의 현물출자완료확인서 외에 별도로 검사인의 조사보고서를 첨부할 필요는 없으며, 관세청장이 발행한 현물출자완료확인서의 내용을 법원에 보고할 필요도 없다. (1999. 3. 10. 등기 3402-242 질의회답)

---

(7) 검사인의 조사보고 또는 감정인의 감정결과에 관한 재판의 등본

- 상업등기규칙 제133조 제7호
- 재판예규 제719호 제7조 제2항 제2호
- 예규 제979호 2.

(8) 이사회의사록 또는 주주총회의사록

- 상법 제416조, 제383조 제4항, 제417조
- 상업등기규칙 제128조
- 공증인법 제66의2조 제1항

(9) 총주주의 동의서

- 상법 제418조 제2항

[선례 249] 주식회사의 신주발행시 신주인수권을 가진 주주가 신주인수권을 포기한 경우 변경등기신청서에 신주인수포기서를 첨부하여야 하는지 여부

제정 2002. 6. 24. [상업등기선례 제1-207호(등기선례 제200206-14호), 시행]

1. 주식회사의 신주발행에 있어서 신주인수권을 가진 주주의 일부가 신주인수권을 포기하여 발생한 실권주를 이사회의 결의로 다른 주주나 제3자에게 배정하여 납입이 이루어진 경우, 이에 따른 변경등기의 신청서의 첨부서면으로 실권주의 배정을 결정한 이사회의 의사록 외에 주주의 신주인수권포기서는 현행법상 첨부서면으로 하고 있지 않다.
2. 신주발행절차에서 상법 제418조 및 제419조 의 규정에 의한 신주인수권의 내용 및 배정일 지정공고와 신주인수권자에 대한 실권예고부 최고기간을 단축한 경우에, 이를 증명하는 서면으로서 실무상 신주인수권포기서를 첨부하게 하는 경우도 있으나 이는 현행법상 첨부서면은 아니며, 위 사항이 총주주의 동의가 없으면 효력이 없거나 취소할 수 있는 사항에 해당될 경우에는 총주주가 동의하였음을 증명하는 서면(총주주의 동의서 또는 신주인수권을 행사하지 않은 주주의 기간단축동의서 등)을 첨부하여 변경등기를 신청하여야 한다. (2002. 6. 24. 등기 3402-344 질의회답)

[선례 250] 제3자배정 신주발행 등기신청시 실권예고부 최고기간 단축동의서 첨부여부

제정 2013. 4. 17. [상업등기선례 제2-60호, 시행]
「상법」 제418조 제2항에 의하여 정관에 정하는 바에 따라 이사회에서 주주 외의 자에게 신주를 발행하는 결의를 하고 그에 따른 변경등기를 신청하는 경우, 신주발행을 결의한 이사회 결의일과 청약기일 사이의 시간적 간격이 2주간이 되지 아니하여 상법 제419조 제3항의 최고기간을 준수하지 못하는 경우에도 그에 관한 신주인수권자 전원의 동의서는 첨부할 서면이 아니다. (2013. 4. 17. 사법등기심의관-1388 질의회답)

---

(10) 정관

- 상법 제416조, 제418조 제2항

(11) 법원의 허가서

- 상법 제417조, 제425조, 제306조
- 상업등기규칙 제128조 제1항
- 기업구조조정 촉진법 제25조 제2항

(12) 외국인투자신고서 등의 첨부 요부

(가) 외국인투자신고서와 증권신고서

[선례 251] 외국인투자에 해당하는 등기를 신청하는 경우 외국인투자신고서를 첨부하여야 하는지 여부

제정 2011. 3. 7. [상업등기선례 제2-52호, 시행]
주식회사의 설립이나 신주발행에 있어서 외국인투자(「외국인투자 촉진법」 제2조 제1항 제4호 가목, 「외국인투자 촉진법 시행령」 제2조 제2항)를 하려는 경우 미리 지식경제부장관에게 신고하여야 할 것이지만(「외국인투자 촉진법」 제5조), 당해 신고는 등기할 사항(주식회사의 설립이나 신주발행)의 효력요건에는 해당하지 아니하므로 등기신청서에 외국인투자신고서를 첨부할 필요가 없다. (2011. 3. 7. 사법등기심의관-521 질의회답)

[선례 252] 외국에 영주하는 대한민국인이 내국 주식회사의 주식을 인수함에 있어서 외자도입법이 정한 외국인에 대한 특례규정의 적용을 받기 위한 절차

제정 1987.12.23 [상업등기선례 제1-177호(등기선례 제2-688호), 시행] [사실상 폐지]
대한민국의 국적을 보유하는 개인으로서 외국에 영주하고 있는 자(예 : 재일교포)가 대한민국법인(설립 중인 법인을 포함한다)인 주식회사의 주식을 인수함에 있어서 외자도입법이 정한 외국인에 대한 특례규정의 적용을 받고자 할 때에는 재무부장관의 인가(외자도입법 제8조가 규정하는 경우 제외)를 받아야 하고 그 인가서를 등기신청서에 첨부하여야 할 것이다. (1987. 12. 23. 등기 제737호)

(나) 신주배정기준일 지정 · 공고 증명서면

- 상법 제418조 제3항

[선례 253] 신주발행으로 인한 변경등기신청과 신주배정일 공고문의 첨부 여부

제정 1984.10.22 [상업등기선례 제1-171호(등기선례 제1-869호), 시행]
회사가 신주를 발행하는 경우에는 신주인수권의 내용 및 배정일을 지정하여 공고하도록 규정하고 있으나(상법 제418조 제2항), 비송사건절차법이 그 공고문을 등기신청에 필요한 서면으로 규정하고 있지 아니하므로, 신주발행으로 인한 변경등기신청서에 그 공고문을 첨부할 필요는 없다. (1984. 10. 22. 등기 제446호 대한사법서사협회장 대 법원행정처장 회답)

(다) 신주인수권 포기서

[선례 254] 주식회사의 신주발행시 신주인수권을 가진 주주가 신주인수권을 포기한 경우 변경등기신청서에 신주인수포기서를 첨부하여야 하는지 여부

제정 2002. 6. 24. [상업등기선례 제1-207호(등기선례 제200206-14호), 시행]

1. 주식회사의 신주발행에 있어서 신주인수권을 가진 주주의 일부가 신주인수권을 포기하여 발생한 실권주를 이사회의 결의로 다른 주주나 제3자에게 배정하여 납입이 이루어진 경우, 이에 따른 변경등기의 신청서의 첨부서면으로 실권주의 배정을 결정한 이사회의 의사록 외에 주주의 신주인수권포기서는 현행법상 첨부서면으로 하고 있지 않다.
2. 신주발행절차에서 상법 제418조 및 제419조 의 규정에 의한 신주인수권의 내용 및 배

정일 지정공고와 신주인수권자에 대한 실권예고부 최고기간을 단축한 경우에, 이를 증명하는 서면으로서 실무상 신주인수권포기서를 첨부하게 하는 경우도 있으나 이는 현행법상 첨부서면은 아니며, 위 사항이 총주주의 동의가 없으면 효력이 없거나 취소할 수 있는 사항에 해당될 경우에는 총주주가 동의하였음을 증명하는 서면(총주주의 동의서 또는 신주인수권을 행사하지 않은 주주의 기간단축동의서 등)을 첨부하여 변경등기를 신청하여야 한다. (2002. 6. 24. 등기 3402-344 질의회답)

라. 등록면허세·등기신청수수료 등의 납부

- 지방세법 제28조 제1항 제6호 가목2, 제2항, 제151조 제1항 제2호
- 수수료규칙 제5의3조 제2항, 제5의5조 제4항
- 예규 제1565호 3. 다. (1)

[선례 255] 주식회사 변경등기신청시의 등록세에 관한 질의

제정 2006. 8. 2. [상업등기선례 제2-7호, 시행]

1. 주식회사의 대표이사가 사임 후 취임하거나 중임하여 변경등기를 신청하는 경우, 그 변경등기의 신청 전에 주소가 변경되어 주소변경등기도 같은 신청서에 의해 함께 신청한다면 1건의 등록세(및 지방교육세)만을 납부하면 된다(지방세법 제137조 제1항 제6호 , 제260조의2 , 제260조의4 제1항 , 지방세법 시행령 제89조 제1항 . 지방세법 운용세칙 131-7 3. 참조). 다만, 주소변경등기신청을 해태한 사실이 있다면, 등기관은 위 등록세의 문제와는 상관없이 과태료 통지를 하여야 한다(상법 제317조 제2항 제9호 , 제4항 , 제183조 , 제635조 제1호).
2. 주식회사의 증자등기를 신청하는 때에, 회사가 발행할 주식의 총수가 부족하여 그 변경등기도 같은 신청서에 의해 함께 신청한다면 증자등기에 필요한 등록세(및 지방교육세)만을 납부하면 된다(등기예규 제1038호 3 , 지방세법 제137조 제1항 제1호 (2)목, 제260조의2 , 제260조의4 제1항 , 지방세법 시행령 제89조 제1항). (2006. 8. 2. 공탁상업등기과-759 질의회답)

5. 신주발행등기의 효력

- 상법 제37조, 제427조, 제428조 제1항

제12절 주식의 전환으로 인한 변경등기

1. 서설

가. 전환주식의 의의

- 상법 제346조, 제344조 제2항, 제346조 제1항

나. 전환주식의 발행

- 상법 제346조 제1항 제2항 제4항, 제317조 제2항 제7호

[선례 256] 이미 발행한 보통주식을 우선주식으로 변경할 수 있는지 여부 등

제정 2000.07.13 [상업등기선례 제1-197호(등기선례 제6-661호), 시행]
이미 발행한 보통주식을 우선주식으로 변경함에는 회사와 우선주식으로 변경을 희망하는 주주와의 합의 및 보통주식으로 남는 주주 전원의 동의가 있으면 가능할 것이며, 그 변경등기신청서에는 그러한 합의 및 동의가 있음을 증명하는 서면과 정관을 첨부하여야 할 것이고, 이때 정관에 우선주식에 관한 규정이 없다면 이에 관한 정관의 규정을 신설하기 위한 정관변경절차가 선행되어야 할 것이다. (2000. 7. 13. 등기 3402-490 질의회답)

2. 주식의 전환절차

가. 전환청구

- 상법 제349조, 제346조 제3항, 제350조 제2항

[선례 257] 상법 제351조의 주식전환으로 인한 변경등기 방법

제정 1996.10.07 [상업등기선례 제1-181호(등기선례 제5-833호), 시행]
상법 제351조는 "주식의 전환으로 인한 변경등기는 전환을 청구한 날이 속하는 달의 말일로부터 2주간 내에 본점소재지에서 이를 하여야 한다"라고 규정하고 있는바, 이에 따른 등기기간은 말일부터 기산하되 전환청구를 함으로서 전환의 효력이 발생할 때마다 하나의

등기사항이 발생하므로, 그 등기사항마다 별개의 변경등기를 하여야 한다. (1996. 10. 7. 등기 3402-797 질의회답)

[선례 258] 전환권 행사에 의하여 1:1미만이 되는 주식전환의 인정여부(소극)

제정 2005.01.06 [상업등기선례 제200510-1호, 시행]

자본감소절차에 있어서 엄격한 채권자보호 등의 절차를 이행할 것을 규정하고 있는 상법의 취지에 비추어, 전환권의 행사에 의하여 자본감소의 효과가 발생하는 전환, 즉 전환주식과 전환권의 행사에 의하여 새로이 발행되는 주식의 비율이 1:1미만이 되는 주식의 전환은 인정되지 아니할 것이다. (2005. 10. 6. 공탁법인과-520 질의회답)

나. 전환의 효과

(1) 전환의 효력발생시기

- 상법 제350조 제1항

(2) 주식 및 자본금에 미치는 효과

- 상법 제348조

[선례 259] 전환권 행사에 의하여 1:1미만이 되는 주식전환의 인정여부(소극)

제정 2005. 1. 6. [상업등기선례 제2-40호, 시행]

자본감소절차에 있어서 엄격한 채권자보호 등의 절차를 이행할 것을 규정하고 있는 상법의 취지에 비추어, 전환권의 행사에 의하여 자본감소의 효과가 발생하는 전환, 즉 전환주식과 전환권의 행사에 의하여 새로이 발행되는 주식의 비율이 1:1미만이 되는 주식의 전환은 인정되지 아니할 것이다. (2005. 10. 6. 공탁법인과-520 질의회답)

---

3. 등기절차

가. 등기기간

- 상법 제351조
- 상업등기법 제23조 제1항
- 법인등의 등기사항에 관한 특례법 제3조

[선례 260] 전환주식 등의 등기기간(선례변경)

제정 2003.10.17 [상업등기선례 제1-212호(등기선례 제200310-18호), 시행]
주식의 전환은 그 청구를 한 때에 효력이 생기므로 그 변경등기는 전환청구를 한 날로부터 할 수 있을 것이나, 그 변경등기의 종기는 전환을 청구한 날이 속하는 달의 말일부터 2주간 내라고 할 것이다. (2003. 10. 17. 공탁법인 3402-248 질의회답)

나. 등기사항

[선례 261] 전환주식 등의 등기기간(선례변경)

제정 2003.10.17 [상업등기선례 제1-212호(등기선례 제200310-18호), 시행]
주식의 전환은 그 청구를 한 때에 효력이 생기므로 그 변경등기는 전환청구를 한 날로부터 할 수 있을 것이나, 그 변경등기의 종기는 전환을 청구한 날이 속하는 달의 말일부터 2주간 내라고 할 것이다. (2003. 10. 17. 공탁법인 3402-248 질의회답)

다. 첨부서면

- 상업등기규칙 제136조

라. 등록면허세·등기신청수수료 등의 납부

- 지방세법 제28조 제1항 제6호 가목2, 제2항, 제151조 제1항 제2호
- 수수료규칙 제5의3조 제2항, 제5의5조 제4항
- 예규 제1038호 3.

제13절 주식매수선택권에 관한 등기

1. 서설

- 상법 제340의2조 ~ 제340의5조
- 벤처기업육성에 관한 특별조치법 제16의3조

2. 주식매수선택권의 부여방식

- 상법 제340의2조 제1항

3. 주식매수선택권의 부여

가. 부여대상자

(1) 부여받을 수 있는 자

- 상법 제542의3조 제1항
- 자본시장법 제9조 제15항 제3호
- 부품·소재전문기업 등의 육성에 관한 특별조치법 제15조

(2) 부여받을 수 없는 자

- 상법 제340의2조 제2항, 제542의3조 제1항
- 상법시행령 제30조 제2항

나. 부여의 한도

- 상법 제340의2조 제3항, 제542의3조 제2항
- 상법시행령 제30조 제3항
- 벤처기업육성에 관한 특별조치법 제16의3조 제8항
- 벤처기업육성에 관한 특별조치법 시행령 제11의3조 제6항

다. 정관의 규정

- 상법 제340의2조 제1항, 제340의3조 제1항

라. 주주총회의 특별결의

- 상법 제340의3조 제2항 제3항, 제542의3조 제3항, 제340의2조 제4항

마. 주식매수선택권의 부여계약

- 상법 제340의3조 제3항 제4항

4. 주식매수선택권의 행사

가. 행사기간

- 상법 제340의4조 제1항 제2항, 제542의3조 제4항
- 상법시행령 제30조 제5항 제7항

나. 행사절차

- 상법 제340의5조, 제516의8조 제1항 제3항
- 예규 제1450호 2.

다. 행사의 효과

- 상법 제340의5조, 제516의10조, 제340의5조, 제350조 제2항

[선례 262] 자본감소와 발행예정주식총수의 변경등기 외

제정 2006. 11. 23. [상업등기선례 제2-41호, 시행]

1. 상법 제340조의2 의 규정에 의한 주식매수선택권을 행사하여 신주를 인수한 자는 행사 가액의 전액을 납입한 때에 주주가 된다(상법 제340조의5 , 제516조의9 전단).
2. 주식을 소각하거나 병합하는 방법으로 자본을 감소(상법 제343조 제1항 본문, 제440조 , 제441조)하는 경우, 상환주식을 상환하는 경우(상법 제345조), 정관의 정한 바에 의하여 주주에게 배당할 이익으로써 주식을 소각하는 경우(상법 제343조 제1항

단서), 정기총회에서 특별결의에 의하여 주식을 매수하여 소각하는 경우(상법 제343조의2) 등에는 감소된 주식수만큼 회사가 발행할 주식의 총수(상법 제317조 제2항 제1호 . 이하 '발행예정주식총수'라 한다)도 감소한다. 따라서, 회사는 발행한 주식의 총수(이하, '발행주식총수'라 한다)의 변경등기뿐 아니라 발행예정주식총수의 변경등기도 신청하여야 한다(상법 제317조 제2항 , 제4항 , 제183조).

① 위의 경우에 발행예정주식총수의 변경등기는 발행주식총수의 변경등기와 동시에 신청하는 것이 바람직하나, 동시에 신청할 것을 강제하는 규정(비송사건절차법 제184조 제2항 , 제159조 제12호 , 상업등기처리규칙 제66조 등)이 없으므로 발행주식총수의 변경등기가 경료된 후에 신청하더라도 등기관은 수리하여야 한다.

② 자본감소 등에 의해 발행예정주식총수가 감소하였음이 발행주식총수 변경등기신청서의 첨부서면이나(동시에 신청하는 경우) 등기부에 의해(발행주식총수의 변경등기가 경료된 후에 신청하는 경우) 명백하게 나타나는 경우에는, 그 변경을 증명하는 서면을 따로 첨부할 필요가 없다. 다만, 발행예정주식총수에 관하여 다른 정함이 있는지 여부를 등기관이 확인할 수 있도록 하기 위해 정관을 첨부하여야 한다.

③ 등기예규 제1038호 3.의 취지에 비추어 볼 때, 발행주식총수의 변경등기와 발행예정주식총수의 변경등기를 같은 신청서에 의해 함께 신청한다면 발행주식총수의 변경등기에 필요한 등록세(지방세법 제137조 제1항 제6호)만을 납부하면 될 것이다.

3. 상법 제520조의2(휴면회사의 해산) 제4항 의 규정에 의하여 청산이 종결된 것으로 보는 주식회사(이하, '청산종결 간주된 회사'라 합니다)도 청산사무가 종결되지 않았음을 소명하여 청산종결등기의 말소를 신청할 수 있다(비송사건절차법 제234조 제1항 제2호). 청산종결등기의 말소 신청이 있으면 등기관은 그 등기용지를 부활하고 청산종결등기를 말소한다(상업등기처리규칙 제53조). 또한, 청산종결 간주된 회사라도 어떤 권리관계가 남아 있어 현실적으로 정리할 필요가 있으면 그 범위 내에서는 아직 완전히 소멸하지 아니하고 청산의 목적범위 내에서 여전히 존속하는데, 이러한 경우 그 회사의 해산 당시의 이사는 정관에 다른 규정이 있거나 주주총회에서 따로 청산인을 선임하지 아니한 경우에 청산인이 되는 것이므로(대법원 1994. 5. 27. 선고 94다7607 판결 등 참조), 주주총회에서 청산인을 선임할 수 있다. (2006. 11. 23. 공탁상업등기과-1315 질의회답)

---

5. 등기절차

가. 주식매수선택권 부여에 관한 정관내용의 등기

(1) 등기기간 및 등기사항

- 상법 제317조 제2항 제3호의3조 제4항, 제183조, 제340의3조 제1항
- 상업등기법 제83조 제1항

(2) 첨부서면 등

- 상업등기규칙 제128조
- 지방세법 제28조 제1항 제6호 가목2, 제2항, 제151조 제1항 제2호
- 수수료규칙 제5의3조 제2항, 제5의5조 제4항

나. 주식매수선택권의 행사에 따른 등기

(1) 등기기간

- 상법 제340의5조, 제351조

(2) 첨부서면

- 예규 제1445호 제21조 제2호

제14절 주식분할로 인한 변경등기

1. 주식의 분할

가. 주식분할의 절차

(1) 주주총회특별결의

- 상법 제329의2조 제1항

(2) 정관의 변경

- 상법 제289조 제1항 제4호, 제329조 제3항 제4항, 제329의2조 제2항

(3) 주권제출공고

- 상법 제329의2조 제3항, 제440조, 제442조

[선례 263] 주식회사가 주권을 발행하지 아니하였다는 이유로 주권제출기간을 명시하지 않은 주식액면분할공고절차만을 거친 채 주식분할로 인한 변경등기를 신청할 수 있는지 여부(소극)

제정 2000. 7. 3. [상업등기선례 제1-196호(등기선례 제6-660호), 시행]
주식분할로 인한 변경등기신청서에는 회사가 1개월 이상의 기간을 정하여 주식분할의 뜻과 그 기간 내에 주권을 회사에 제출할 것을 공고하였음을 증명하는 서면을 첨부하여야 하는바(비송사건절차법 제209조 , 상법 제329조의2 , 제440조 참조), 이러한 주권제출의 공고는 주식회사가 사실상 주권을 발행하지 아니하였다는 이유로 이를 생략할 수 없다고 할 것이므로, 주식회사가 주권을 발행하지 아니하였다는 이유로 주권제출기간을 명시하지 않은 주식액면분할공고절차만을 거친 채 주식분할로 인한 변경등기를 신청할 수는 없다. (2000. 7. 3. 등기 3402-471 질의회답)

[선례 264] 주권제출공고증명서에 갈음하여 주주 전원의 이의가 없다는 서면을 첨부하여 주식분할로 인한 변경등기를 신청할 수 있는지 여부(소극)

제정 2000. 11. 8. [상업등기선례 제1-199호(등기선례 제6-664호), 시행]
주식분할로 인한 변경등기신청서에는 회사가 1개월 이상의 기간을 정하여 주식분할의 뜻과 그 기간 내에 주권을 회사에 제출할 것을 공고하였음을 증명하는 서면을 첨부하여야 하는바(비송사건절차법 제209조 비송사건절차법 제209조, 상법 제329조의2 , 제440조), 이러한 주권제출공고절차는 주주 전원의 이의가 없다는 이유로 이를 생략할 수 없다고 할 것이므로, 주권제출공고증명서에 갈음하여 주주 전원의 이의가 없다는 서면을 첨부하여 주식분할로 인한 변경등기를 신청할 수는 없다. (2000. 11. 8. 등기 3402-800 질의회답)

(4) 단주의 처리

- 상법 제329의2조 제3항, 제443조

나. 주식분할의 효력발생

- 상법 제329의2조 제3항, 제441조

2. 등기절차

가. 첨부서면

(1) 주주총회의사록

- 상업등기규칙 제128조 제2항

(2) 주권제출공고를 하였음을 증명하는 서면

- 상업등기규칙 제139조 제2항

나. 등록면허세·등기신청수수료 등의 납부

- 지방세법 제28조 제1항 제6호 가목2, 제2항, 제151조 제1항 제2호
- 수수료규칙 제5의3조 제2항, 제5의5조 제4항
- 예규 제1038호 3.

제15절 준비금의 자본금전입으로 인한 변경등기

1. 서설

가. 준비금의 종류

(1) 법정준비금

- 상법 제459조

(가) 개설

- (구)상법 제460조 제2항
- 상법 제461의2조

(나) 이익준비금

- 상법 제458조, 제462의4조, 제462조 제2항
- 은행법 제40조

[선례 265] 자본의 2분의 1을 초과하는 이익준비금의 자본전입 가능 여부(소극)

제정 1999. 9. 27. [상업등기선례 제1-191호(등기선례 제6-652호), 시행]
상법 제461조 제1항의 규정에 의하여 자본에 전입할 수 있는 준비금은 법정준비금에 한한다고 해석되므로 임의준비금은 자본에 전입할 수 없으며, 자본의 2분의 1을 초과하여 이익준비금이 적립된 경우에 그 초과액은 임의준비금으로 보아야 할 것이므로 그 초과액은 자본에 전입할 수 없다. (1999. 9. 27. 등기 3402-914 질의회답)

(다) 자본준비금

- 상법 제459조

① 주식발행초과금

- (구)상법 제459조 제1항 제1호

② 주식의 교환차익·이전차익

- (구)상법 제459조 제1항 제1호의2조, 제1호의3조

③ 감자차익

- (구)상법 제459조 제1항 제2호

④ 합병차익

- (구)상법 제459조 제1항 제3호

⑤ 회사분할차익

- (구)상법 제459조 제1항 제3호의2조

⑥ 기타 자본거래에서 발생한 잉여금

- (구)상법 제459조 제1항 제4호

2. 준비금의 자본금전입

가. 자본금전입의 대상

[선례 266] 준비금의 자본전입

제정 2001. 8. 4. [상업등기선례 제1-202호(등기선례 제6-666호), 시행]

1. 준비금의 자본전입은 이사회의 결의로 법정준비금의 일부 또는 전부를 자본에 전입하여 무상으로 신주를 교부하는 절차인바, 자본전입이 가능한 준비금은 법정준비금 즉 자본준비금과 이익준비금에 한한다.
2. 상장법인의 경우 증권거래법에서 재무구조개선적립금의 적립이 의무화되어 있고 이를 이월결손금의 보전이나 자본전입에만 사용할 수 있도록 한 규정에 의하여 재무구조개선적립금을 이사회의 결의로 자본전입할 수 있는데 반하여, 비상장법인의 경우 주주총회의 결의나 정관의 규정에 의하여 위와 유사한 적립금을 조성할 수는 있지만 이는 임의준비금의 성격을 가지므로 이를 주주총회의 결의나 이사회의 결의로써 자본전입할 수 없다. (2001. 8. 4. 등기 3402-534 질의회답)

[선례 267] 임의준비금의 자본전입 가부

제정 1987. 5. 21. [상업등기선례 제1-175호, 시행]

대차대조표(소관 세무서장이 인정한 것)에 기재된 이익준비금에 한하여 자본전입이 가능하다. (1987. 5. 21 등기 제297호)

질의요지 : 회사의 자본금이 금 5,000만원이고, 당기말 대차대조표상의 이익준비금이 2,419,410원, 미처분이익잉여금(임의준비금)이 금 63,992,573원인 경우 임시주주 총회결의로 이익잉여금 중 일부를 이익준비금으로 항목이체하여 이익준비금이 2,500만원이 된 때에 이사회 결의로 이를 자본에 전입하여 증자등기를 할 수 있는지 여부.

[선례 268] 임의준비금의 자본전입 가부 등

제정 1994. 3. 22. [상업등기선례 제1-180호(등기선례 제4-862호), 시행]

상법 제461조 제1항 의 규정에 의하여 자본에 전입할 수 있는 준비금은 법정준비금에 한한다고 해석되므로 임의준비금은 자본에 전입할 수 없으며, 임시주주총회의 결의로 임의준비금을 자본금의 2분의 1의 범위내에서 이익준비금으로 처분한 후 이를 자본전입할 수도 없다고 생각되나 또한 준비금의 자본전입으로 인한 변경등기시 첨부되는 준비금의 존재를 증명하는 서면은 주주총회에서 승인하였거나, 소관 세무서장이 인정한 대차대조표를 의미하며 감사인(공인회계사, 감사)의 확인서는 이에 해당하지 않는다. (1994. 3. 22. 등기 3402-233 질의회답)

[선례 269] 주식발행초과금의 자본전입에 의한 변경등기신청시의 준비금의 존재를 증명하는 서면 및 임시주주총회에서 대차대조표를 승인할 수 있는지 여부 등

제정 2000. 1. 13. [상업등기선례 제1-195호, 시행]

1. 주식회사가 액면 이상의 가액으로 신주를 발행한 후 그 액면을 초과한 금액의 전부 또는 일부를 자본에 전입하여 그로 인한 변경등기를 신청하는 경우에, 위 주금의 납입을 맡은 은행 기타 금융기관의 납입금보관에 관한 증명서(비송사건절차법 제205조 제5호)에 의하여 주식발행초과금의 존재가 증명되는 때에는, 위 납입금보관에 관한 증명서도 준비금의 존재를 증명하는 서면(같은 법 제208조)에 해당된다.
2. 상법의 규정에 의하면 이사는 매결산기에 대차대조표 등과 그 부속명세서를 작성하여 이사회의 승인을 얻어야 하고(상법 제447조), 위 서류를 정기총회에 제출하여 그 승인을 요구하여야 하는 것이므로(상법 제449조 제1항), 결산기중에 임시주주총회를 개최하여 당해 영업연도의 대차대조표를 승인할 수는 없다.
3. 회사는 이사회의 결의에 의하여 준비금의 전부 또는 일부를 자본에 전입할 수 있으나, 회사가 정관으로 이를 주주총회에서 결정하기로 정한 경우에는, 정관에서 이를 정기주주총회로 한정하였다는 등의 특별할 사정이 없는 한 위 주식발행초과금의 전부 또는 일부를 자본에 전입하는 결의는 반드시 정기주주총회에서 결정하여야 하는 것은 아니다. (2000. 1. 13. 등기 3402-26 질의회답)

[선례 270] 자본의 2분의 1을 초과하는 이익준비금의 자본전입 가능 여부(소극)

제정 1999. 9. 27. [상업등기선례 제1-191호(등기선례 제6-652호), 시행]

상법 제461조 제1항의 규정에 의하여 자본에 전입할 수 있는 준비금은 법정준비금에 한한다고 해석되므로 임의준비금은 자본에 전입할 수 없으며, 자본의 2분의 1을 초과하여 이익준비금이 적립된 경우에 그 초과액은 임의준비금으로 보아야 할 것이므로 그 초과액은 자본에 전입할 수 없다. (1999. 9. 27. 등기 3402-914 질의회답)

[선례 271] 주식발행초과금의 자본금전입으로 인한 변경등기신청서에 첨부하는 준비금의 존재를 증명하는 서면에 잔고증명서도 해당하는지 여부

제정 2012.08.20 [상업등기선례 제201208-2호, 시행]

주식회사가 영업연도 중간에 액면금액을 초과한 가액으로 주식을 발행한 후 그 초과금을 준비금으로 자본금에 전입하고 그에 따른 변경등기를 신청하는 경우 은행 기타 금융기관의 잔고증명서는 원칙적으로 준비금의 존재를 증명하는 서면이 될 수 없지만, 준비금의 자본금전입결과 자본금의 총액이 10억 원 미만이고, 액면금액을 초과한 가액으로 주식을 발행한 사실(액면을 초과한 금액으로 주식발행을 결정하고 신주인수의 청약과 신주배정 등이 있었다는 사실)을 알 수 있는 자료를 첨부하여 그 주식발행초과금이 얼마인지 확정할 수 있다면 은행 및 기타 금융기관의 잔고승명서도 준비금의 존재를 증명하는 서면이 될 수 있다. (2012. 08. 20. 사법등기심의관-2456 질의회답)

나. 자본금전입의 결의

- 상법 제461조 제1항

[선례 272] 주식발행초과금의 자본전입에 의한 변경등기신청시의 준비금의 존재를 증명하는 서면 및 임시주주총회에서 대차대조표를 승인할 수 있는지 여부 등

제정 2000. 1. 13. [상업등기선례 제1-195호, 시행]

1. 주식회사가 액면 이상의 가액으로 신주를 발행한 후 그 액면을 초과한 금액의 전부 또는 일부를 자본에 전입하여 그로 인한 변경등기를 신청하는 경우에, 위 주금의 납입을 맡은 은행 기타 금융기관의 납입금보관에 관한 증명서(비송사건절차법 제205조 제5호)에 의하여 주식발행초과금의 존재가 증명되는 때에는, 위 납입금보관에 관한 증명서도 준비금의 존재를 증명하는 서면(같은 법 제208조)에 해당된다.
2. 상법의 규정에 의하면 이사는 매결산기에 대차대조표 등과 그 부속명세서를 작성하여 이사회의 승인을 얻어야 하고(상법 제447조), 위 서류를 정기총회에 제출하여 그 승인을 요구하여야 하는 것이므로(상법 제449조 제1항), 결산기중에 임시주주총회를 개최하여 당해 영업연도의 대차대조표를 승인할 수는 없다.
3. 회사는 이사회의 결의에 의하여 준비금의 전부 또는 일부를 자본에 전입할 수 있으나, 회사가 정관으로 이를 주주총회에서 결정하기로 정한 경우에는, 정관에서 이를 정기주주총회로 한정하였다는 등의 특별할 사정이 없는 한 위 주식발행초과금의 전부 또는

일부를 자본에 전입하는 결의는 반드시 정기주주총회에서 결정하여야 하는 것은 아니다. (2000. 1. 13. 등기 3402-26 질의회답)

다. 신주배정기준일의 지정 · 공고

- 상법 제461조 제3항

라. 자본금전입의 효력발생

(1) 효력의 발생시기

- 상법 제461조 제3항 제4항

(2) 자본금전입의 효과

- 상법 제461조 제2항

3. 자산재평가법에 의한 재평가적립금의 자본금전입

- 자산재평가법 제28조 제2항 제2호, 제30조, 제41조, 제37조 제1항
- 자산재평가법 시행령 제24조 제4항
- 지방세법 제28조 제1항 제6호

4. 등기절차

가. 등기기간, 등기사항 등

- 상법 제317조 제4항, 제183조, 제416조 제3항 제4항

나. 첨부서면

(1) 준비금의 존재를 증명하는 서면

- 상법 제447조, 제449조 제1항
- 상업등기규칙 제137조

[선례 273] 임의준비금의 자본전입 가부 등

제정 1994. 3. 22. [상업등기선례 제1-180호(등기선례 제4-862호), 시행]

상법 제461조 제1항 의 규정에 의하여 자본에 전입할 수 있는 준비금은 법정준비금에 한한다고 해석되므로 임의준비금은 자본에 전입할 수 없으며, 임시주주총회의 결의로 임의준비금을 자본금의 2분의 1의 범위내에서 이익준비금으로 처분한 후 이를 자본전입할 수도 없다고 생각되나 또한 준비금의 자본전입으로 인한 변경등기시 첨부되는 준비금의 존재를 증명하는 서면은 주주총회에서 승인하였거나, 소관 세무서장이 인정한 대차대조표를 의미하며 감사인(공인회계사, 감사)의 확인서는 이에 해당하지 않는다. (1994. 3. 22. 등기 3402-233 질의회답)

[선례 274] 주식발행초과금의 자본전입에 의한 변경등기신청시의 준비금의 존재를 증명하는 서면 및 임시주주총회에서 대차대조표를 승인할 수 있는지 여부 등

제정 2000. 1. 13. [상업등기선례 제1-195호, 시행]

1. 주식회사가 액면 이상의 가액으로 신주를 발행한 후 그 액면을 초과한 금액의 전부 또는 일부를 자본에 전입하여 그로 인한 변경등기를 신청하는 경우에, 위 주금의 납입을 맡은 은행 기타 금융기관의 납입금보관에 관한 증명서(비송사건절차법 제205조 제5호)에 의하여 주식발행초과금의 존재가 증명되는 때에는, 위 납입금보관에 관한 증명서도 준비금의 존재를 증명하는 서면(같은 법 제208조)에 해당된다.
2. 상법의 규정에 의하면 이사는 매결산기에 대차대조표 등과 그 부속명세서를 작성하여 이사회의 승인을 얻어야 하고(상법 제447조), 위 서류를 정기총회에 제출하여 그 승인을 요구하여야 하는 것이므로(상법 제449조 제1항), 결산기중에 임시주주총회를 개최하여 당해 영업연도의 대차대조표를 승인할 수는 없다.
3. 회사는 이사회의 결의에 의하여 준비금의 전부 또는 일부를 자본에 전입할 수 있으나, 회사가 정관으로 이를 주주총회에서 결정하기로 정한 경우에는, 정관에서 이를 정기주주총회로 한정하였다는 등의 특별할 사정이 없는 한 위 주식발행초과금의 전부 또는 일부를 자본에 전입하는 결의는 반드시 정기주주총회에서 결정하여야 하는 것은 아니다. (2000. 1. 13. 등기 3402-26 질의회답)

[선례 275] 주식발행초과금의 자본금전입으로 인한 변경등기신청서에 첨부하는 준비금의 존재를 증명하는 서면에 잔고증명서도 해당하는지 여부

제정 2012. 8. 20. [상업등기선례 제2-58호, 시행]

주식회사가 영업연도 중간에 액면금액을 초과한 가액으로 주식을 발행한 후 그 초과금을 준비금으로 자본금에 전입하고 그에 따른 변경등기를 신청하는 경우 은행 기타 금융기관의 잔고증명서는 원칙적으로 준비금의 존재를 증명하는 서면이 될 수 없지만, 준비금의 자본금전입결과 자본금의 총액이 10억 원 미만이고, 액면금액을 초과한 가액으로 주식을 발행한 사실(액면을 초과한 금액으로 주식발행을 결정하고 신주인수의 청약과 신주배정 등이 있었다는 사실)을 알 수 있는 자료를 첨부하여 그 주식발행초과금이 얼마인지 확정할 수 있다면 은행 및 기타 금융기관의 잔고증명서도 준비금의 존재를 증명하는 서면이 될 수 있다. (2012. 08. 20. 사법등기심의관-2456 질의회답)

---

(2) 정관, 이사회의사록 또는 주주총회의사록

- 상업등기규칙 제128조

다. 등록면허세 · 등기신청수수료 등의 납부

- 지방세법 제28조 제1항 제6호 가목2, 제2항, 제151조 제1항 제2호

제16절 주식배당으로 인한 변경등기

1. 서설

- 상법 제462의2조 제1항
- 자본시장법 제165의13 제1항
- 외국인투자 촉진법 제30조 제2항

2. 주식의 배당 절차

- 상법 제462의2조 제1항 제2항, 제449의2조 제1항 제2항

3. 주식배당의 효과

- 상법 제462의2조 제3항 제4항, 제443조 제1항, 제350조 제3항

4. 등기절차

- 상업등기규칙 제128조 제2항, 제138조

제17절 자보금 감소로 인한 변경등기

1. 자본금의 구성

상법 제329조 (자본금의 구성) ① 회사는 정관으로 정한 경우에는 주식의 전부를 무액면주식으로 발행할 수 있다. 다만, 무액면주식을 발행하는 경우에는 액면주식을 발행할 수 없다.
② 액면주식의 금액은 균일하여야 한다.
③ 액면주식 1주의 금액은 100원 이상으로 하여야 한다.
④ 회사는 정관으로 정하는 바에 따라 발행된 액면주식을 무액면주식으로 전환하거나 무액면주식을 액면주식으로 전환할 수 있다.
⑤ 제4항의 경우에는 제440조, 제441조 본문 및 제442조를 준용한다.
[전문개정 2011.4.14]

[선례 276] 주식회사의 완전감자등기의 가부

제정 2001.12.07 [상업등기선례 제1-203호(등기선례 제200112-19호), 시행]
주식회사는 최저자본제도를 도입하고 있으므로 실질상의 자본감소이든 명의상의 자본감소이든 5,000만원 미만으로 자본감소할 수 없지만, 최저자본 미만으로의 자본감소등기와 최저자본 이상으로의 자본증가등기가 순차로 동시에 접수되고 감자와 증자사이에 효력의 공백이 없을 경우에는 위 등기신청은 허용된다고 보며, 완전감자의 등기도 5,000만원 이상으로의 증자의 등기와 동시에 신청되고 완전감자와 최저자본이상으로의 증자사이에 효력의 공백이 없을 경우에는 허용된다. (2001. 12. 7. 등기 3402-795 질의회답)

---

2. 자본금감소의 방법

가. 주식의 액면금액의 인하

- 상법 제289조 제1항 제4호, 제434조, 제329조 제3항 제4항

3. 자본금의 감소

가. 주주총회의 특별결의

- 상법 제438조 제2항, 제439조 제1항

나. 채권자보호절차

(1) 공고와 최고

- 상법 제439조 제2항, 제232조 제1항

[선례 277] 채권자보호절차이행증명서

제정 1991. 8. 1. [상업등기선례 제1-228호, 시행]

회사가 합병을 하는 경우에는 상법 제232조 또는 그 준용규정에 따른 회사 채권자의 보호절차를 반드시 밟아야 하는 것으로서, 합병 후 소멸하는 회사의 재무제표상 채무가 없다는 이유만으로는 그 절차를 생략하거나 보다 간이한 방법으로 채권자의 보호절차를 밟을 수는 없다. (1991. 8. 1. 등기 제1617호)

[선례 278] 정관에서 정한 회사의 공고방법과 다른 공고를 하였을 경우 공고로서의 효력이 있는지 여부

제정 2001.10.31 [상업등기선례 제1-225호(등기선례 제6-673호), 시행]

회사합병등기에서는 채권자보호절차로서 채권자에 대한 이의제출 공고 및 최고를 한 사실을 증명하는 서면을 제출하도록 하고 있는바, 정관에서 정한 공고방법과 다른 공고를 한 경우에는 상법상 채권자보호절차를 이행하였다고 볼 수 없으므로 공고로서의 효력이 발생하지 않는다. (2001. 10. 31. 등기 3402-735 질의회답)

---

(2) 이의가 있는 경우

- 상법 제439조 제3항, 제232조 제3항

[선례 279] 자본금감소절차에서의 채권자이의제출 및 주권제출공고의 내용

제정 2012.11.29 [상업등기선례 제201211-1호, 시행]

주식의 강제소각방법으로 하는 자본금 감소절차에서 주권제출공고와 채권자이의제출공고를 동시에 하나의 공고로 하는 경우, 그 공고에는 채권자 보호를 위하여 회사채권자가 자본금 감소 내용을 알 수 있도록 하는데 필요한 사항(예 : 자본금 감소의 방법, 소각하는 주식의 종류와 수, 변경되는 자본금의 총액 등 자본금 감소에 관한 주주총회 결의사항)이 나타나야 할 것이다. 다만, 구체적인 사건에서 공고내용이 적정한지 여부는 등기신청서를 기초로 등기관이 판단하여야 할 것이다. (2012. 11. 29. 사법등기심의관-3682 질의회답)

(3) 이의가 없는 경우

- 상법 제439조 제2항, 제232조 제2항

다. 주식의 액면금액의 인하, 주식의 병합·소각의 실행절차

(1) 주식의 액면금액을 인하하는 경우

- 상법 제356조 제4호

(2) 주식의 병합하는 경우

- 상법 제440조, 제442, 제443조 제2항

[선례 280] 주식 6.25주를 1주로 하는 주식병합의 가부

제정 1987.05.19 [상업등기선례 제1-174호(등기선례 제2-683호), 시행]

액면 800원의 주식 6.25주를 1주로 병합하여 액면 5,000원의 주식으로 할 수 있다. (1987. 5. 19. 등기 제261호)

[선례 281] 주식회사가 주권을 발행하지 아니하였다는 이유로 주권제출기간을 명시하지 않은 주식액면분할공고절차만을 거친 채 주식분할로 인한 변경등기를 신청할 수 있는지 여부(소극)

제정 2000. 7. 3. [상업등기선례 제1-196호(등기선례 제6-660호), 시행]

주식분할로 인한 변경등기신청서에는 회사가 1개월 이상의 기간을 정하여 주식분할의 뜻과 그 기간 내에 주권을 회사에 제출할 것을 공고하였음을 증명하는 서면을 첨부하여야 하는바(비송사건절차법 제209조 , 상법 제329조의2 , 제440조 참조), 이러한 주권제출의 공고는 주식회사가 사실상 주권을 발행하지 아니하였다는 이유로 이를 생략할 수 없다고 할 것이므로, 주식회사가 주권을 발행하지 아니하였다는 이유로 주권제출기간을 명시하지 않은 주식액면분할공고절차만을 거친 채 주식분할로 인한 변경등기를 신청할 수는 없다. (2000. 7. 3. 등기 3402-471 질의회답)

[선례 282] 주권제출공고증명서에 갈음하여 주주 전원의 이의가 없다는 서면을 첨부하여 주식분할로 인한 변경등기를 신청할 수 있는지 여부(소극)

제정 2000. 11. 8. [상업등기선례 제1-199호(등기선례 제6-664호), 시행]

주식분할로 인한 변경등기신청서에는 회사가 1개월 이상의 기간을 정하여 주식분할의 뜻과 그 기간 내에 주권을 회사에 제출할 것을 공고하였음을 증명하는 서면을 첨부하여야 하는바(비송사건절차법 제209조 비송사건절차법 제209조, 상법 제329조의2 , 제440조), 이러한 주권제출공고절차는 주주 전원의 이의가 없다는 이유로 이를 생략할 수 없다고 할 것이므로, 주권제출공고증명서에 갈음하여 주주 전원의 이의가 없다는 서면을 첨부하여 주식분할로 인한 변경등기를 신청할 수는 없다. (2000. 11. 8. 등기 3402-800 질의회답)

[선례 283] 주식을 병합하는 경우의 공고절차와 주식병합에 따른 변경등기신청서에 공고문을 첨부하여야 하는지 여부

제정 1987.07.07 [상업등기선례 제1-176호(등기선례 제2-673호), 시행]

주식을 병합하는 경우의 공고는 정관에 정한 공고방법에 따라야 하며, 다만 비송사건절차법이 그 공고문을 등기신청에 필요한 서면으로 규정하고 있지 아니하므로 주식의 병합에 따른 변경등기신청서에 이를 첨부할 필요는 없다. (1987. 7. 7. 등기 제406호)

(3) 주식을 소각하는 경우

- 상법 제343조 제2항, 제440조, 제441조

[판례 1] 감자대금 (대법원 2008. 7. 10. 선고 2005다24981 판결)

【판시사항】

[1] 주식 임의소각의 효력발생시기

[2] 주식 임의소각의 경우, 주식소각대금채권의 발생시기

[3] 소송 외에서 어음채권을 자동채권으로 하여 상계의 의사표시를 하는 경우 어음의 교부가 상계의 효력발생요건인지 여부(원칙적 적극)

【판결요지】

[1] 주식의 강제소각의 경우와 달리, 회사가 특정 주식의 소각에 관하여 주주의 동의를 얻고 그 주식을 자기주식으로서 취득하여 소각하는 이른바 주식의 임의소각에 있어서는, 회사가 그 주식을 취득하고 상법 소정의 자본감소의 절차뿐만 아니라 상법 제342조가 정한 주식실효 절차까지 마친 때에 소각의 효력이 생긴다.

[2] 주식 임의소각의 경우 그 소각의 효력이 상법 제342조의 주식실효 절차까지 마쳐진 때에 발생한다 하더라도, 주주가 주식소각대금채권을 취득하는 시점은 임의소각의 효력발생시점과 동일한 것은 아니며, 적어도 임의소각에 관한 주주의 동의가 있고 상법 소정의 자본감소의 절차가 마쳐진 때에는 주식소각대금채권이 발생하고, 다만 그때까지 주주로부터 회사에 주권이 교부되지 않은 경우에는 회사는 주주의 주식소각대금청구에 대하여 주권의 교부를 동시이행항변 사유로 주장할 수 있을 뿐이다.

[3] 소송 외에서 어음채권을 자동채권으로 하여 상계의 의사표시를 하는 경우에는 어음채무자의 승낙이 있다는 등의 사정이 없는 이상 어음의 교부가 필요불가결하고 어음의 교부가 없으면 상계의 효력이 생기지 않으며, 이때 어음의 교부는 상계의 효력발생요건이라 할 것이므로 상계의 의사표시를 하는 자가 이를 주장·입증하여야 한다.

라. 자본금감소의 효력발생시기

- 상법 제441조

4. 등기절차

가. 등기사항

[선례 284] 주식의 상환에 관한 종류주식의 상환과 회사가 발행할 주식의 총수 및 재발행 가부(선례변경)

제정 2012. 7. 9. [상업등기선례 제2-55호, 시행]

1. 주식의 상환에 관한 종류주식을 상환하는 경우, 주식을 병합하거나 소각하는 방법으로 자본금을 감소하는 경우 및 이사회의 결의에 의하여 회사가 보유하는 자기 주식을 소각하는 경우에 소각된 주식 수만큼 회사가 발행할 주식의 총수는 당연히 감소하지 아니하므로 정관의 변경 없이는 회사가 발행할 주식의 총수에 관한 변경등기를 할 수가 없다.
2. 회사가 발행할 주식의 총수 범위 안에서 주식의 상환에 관한 종류주식의 상환으로 소각된 주식 수만큼 새로운 주식의 상환에 관한 종류주식을 다시 발행하여 변경등기를 신청하는 경우 등기관은 특별한 사정이 없는 한 수리하여야 한다. (2012. 07. 09. 사법등기심의관-1989 질의회답)

나. 첨부서면

(1) 주주총회의사록

- 상업등기규칙 제128조 제2항

(2) 채권자보호절차를 거쳤음을 증명하는 서면

- 상업등기규칙 제142조 제1호, 제111조 제2호

(3) 주권제출공고를 하였음을 증명하는 서면

- 상업등기법 제142조 제2호, 제139조 제1항

[선례 285] 자본감소(주금액의 감소에 의한 환급의 방법에 의함)로 인한 변경등기신청서의 첨부서면 여하

제정 1999. 4. 8. [상업등기선례 제1-188호(등기선례 제6-641호), 시행]

주식회사가 주금액의 감소에 의한 환급의 방법으로 자본을 감소하는 경우에는 자본감소로 인한 변경등기신청서에 비송사건절차법 제209조 제1항의 서면을 첨부할 필요가 없다. (1999. 4. 8. 등기 3402-377 질의회답)

다. 등록면허세 · 등기신청수수료 등의 납부

- 지방세법 제28조 제1항 제6호 가목2, 제2항, 제151조 제1항 제2호
- 수수료규칙 제5의3조 제2항, 제5의5조 제4항

제18절 상환주식의 상환에 따른 변경등기

1. 상환주식의 의의

- 상법 제345조 제5항, 제344조 제1항

2. 상환주식의 종류와 발행

- 상법 제345조 제1항 제3항, 제302조 제2항 제7호, 제416조

3. 상환절차

- 상법 제345조 제2항 제4항, 제343조, 제440조, 제441조

[판례 2] 감자대금 (대법원 2008. 7. 10. 선고 2005다24981 판결)

【판시사항】

[1] 주식 임의소각의 효력발생시기
[2] 주식 임의소각의 경우, 주식소각대금채권의 발생시기
[3] 소송 외에서 어음채권을 자동채권으로 하여 상계의 의사표시를 하는 경우 어음의 교부가 상계의 효력발생요건인지 여부(원칙적 적극)

【판결요지】

[1] 주식의 강제소각의 경우와 달리, 회사가 특정 주식의 소각에 관하여 주주의 동의를 얻고 그 주식을 자기주식으로서 취득하여 소각하는 이른바 주식의 임의소각에 있어서는, 회사가 그 주식을 취득하고 상법 소정의 자본감소의 절차뿐만 아니라 상법 제342조가 정한 주식실효 절차까지 마친 때에 소각의 효력이 생긴다.
[2] 주식 임의소각의 경우 그 소각의 효력이 상법 제342조의 주식실효 절차까지 마쳐진 때에 발생한다 하더라도, 주주가 주식소각대금채권을 취득하는 시점은 임의소각의 효

력발생시점과 동일한 것은 아니며, 적어도 임의소각에 관한 주주의 동의가 있고 상법 소정의 자본감소의 절차가 마쳐진 때에는 주식소각대금채권이 발생하고, 다만 그때까지 주주로부터 회사에 주권이 교부되지 않은 경우에는 회사는 주주의 주식소각대금 청구에 대하여 주권의 교부를 동시이행항변 사유로 주장할 수 있을 뿐이다.

[3] 소송 외에서 어음채권을 자동채권으로 하여 상계의 의사표시를 하는 경우에는 어음채무자의 승낙이 있다는 등의 사정이 없는 이상 어음의 교부가 필요불가결하고 어음의 교부가 없으면 상계의 효력이 생기지 않으며, 이때 어음의 교부는 상계의 효력발생요건이라 할 것이므로 상계의 의사표시를 하는 자가 이를 주장·입증하여야 한다.

[선례 286] 주식의 상환에 관한 종류주식의 상환과 회사가 발행할 주식의 총수 및 재발행 가부(선례변경)

제정 2012. 7. 9. [상업등기선례 제2-55호, 시행]

1. 주식의 상환에 관한 종류주식을 상환하는 경우, 주식을 병합하거나 소각하는 방법으로 자본금을 감소하는 경우 및 이사회의 결의에 의하여 회사가 보유하는 자기 주식을 소각하는 경우에 소각된 주식 수만큼 회사가 발행할 주식의 총수는 당연히 감소하지 아니하므로 정관의 변경 없이는 회사가 발행할 주식의 총수에 관한 변경등기를 할 수가 없다.
2. 회사가 발행할 주식의 총수 범위 안에서 주식의 상환에 관한 종류주식의 상환으로 소각된 주식 수만큼 새로운 주식의 상환에 관한 종류주식을 다시 발행하여 변경등기를 신청하는 경우 등기관은 특별한 사정이 없는 한 수리하여야 한다. (2012. 07. 09. 사법등기심의관-1989 질의회답)

4. 등기절차

가. 등기기간

- 상법 제317조 제4항, 제183조

나. 등기사항

(1) 회사가 발행할 주식의 총수

[선례 287] 주식의 상환에 관한 종류주식의 상환과 회사가 발행할 주식의 총수 및 재발행 가부(선례변경)

제정 2012. 7. 9. [상업등기선례 제2-55호, 시행]

1. 주식의 상환에 관한 종류주식을 상환하는 경우, 주식을 병합하거나 소각하는 방법으로 자본금을 감소하는 경우 및 이사회의 결의에 의하여 회사가 보유하는 자기 주식을 소각하는 경우에 소각된 주식 수만큼 회사가 발행할 주식의 총수는 당연히 감소하지 아니하므로 정관의 변경 없이는 회사가 발행할 주식의 총수에 관한 변경등기를 할 수가 없다.
2. 회사가 발행할 주식의 총수 범위 안에서 주식의 상환에 관한 종류주식의 상환으로 소각된 주식 수만큼 새로운 주식의 상환에 관한 종류주식을 다시 발행하여 변경등기를 신청하는 경우 등기관은 특별한 사정이 없는 한 수리하여야 한다. (2012. 07. 09. 사법등기심의관-1989 질의회답)

(2) 변경연월일

- 상법 제343조 제2항, 제441조

[판례 3] 감자대금 (대법원 2008. 7. 10. 선고 2005다24981 판결)

【판시사항】

[1] 주식 임의소각의 효력발생시기
[2] 주식 임의소각의 경우, 주식소각대금채권의 발생시기
[3] 소송 외에서 어음채권을 자동채권으로 하여 상계의 의사표시를 하는 경우 어음의 교부가 상계의 효력발생요건인지 여부(원칙적 적극)

【판결요지】

[1] 주식의 강제소각의 경우와 달리, 회사가 특정 주식의 소각에 관하여 주주의 동의를 얻고 그 주식을 자기주식으로서 취득하여 소각하는 이른바 주식의 임의소각에 있어서는, 회사가 그 주식을 취득하고 상법 소정의 자본감소의 절차뿐만 아니라 상법 제342조가 정한 주식실효 절차까지 마친 때에 소각의 효력이 생긴다.
[2] 주식 임의소각의 경우 그 소각의 효력이 상법 제342조의 주식실효 절차까지 마쳐진 때에 발생한다 하더라도, 주주가 주식소각대금채권을 취득하는 시점은 임의소각의 효력발생시점과 동일한 것은 아니며, 적어도 임의소각에 관한 주주의 동의가 있고 상법 소정의 자본감소의 절차가 마쳐진 때에는 주식소각대금채권이 발생하고, 다만 그때까

지 주주로부터 회사에 주권이 교부되지 않은 경우에는 회사는 주주의 주식소각대금 청구에 대하여 주권의 교부를 동시이행항변 사유로 주장할 수 있을 뿐이다.

[3] 소송 외에서 어음채권을 자동채권으로 하여 상계의 의사표시를 하는 경우에는 어음채무자의 승낙이 있다는 등의 사정이 없는 이상 어음의 교부가 필요불가결하고 어음의 교부가 없으면 상계의 효력이 생기지 않으며, 이때 어음의 교부는 상계의 효력발생요건이라 할 것이므로 상계의 의사표시를 하는 자가 이를 주장·입증하여야 한다.

다. 첨부서면

(1) 이익의 존재를 증명하는 서면

- 상업등기규칙 제141조 제1항

[선례 288] 상환주식 상환에 대한 변경등기

제정 2013. 6. 24. [상업등기선례 제2-61호, 시행]

주주총회에서 법정준비금 감소 결의로 배당가능이익이 증가되고 이 증가된 배당가능이익을 재원으로 하여 곧바로 상환주식을 소각하기로 주주총회에서 결의한 경우, 상환주식 소각에 따른 변경등기신청서에 첨부하는 이익의 존재를 증명하는 서면은 법정준비금 감소 및 상환주식을 소각하기로 결의한 주주총회의 승인을 얻은 대차대조표이며, 이 대차대조표에는 배당가능이익이 있다는 내용이 명확히 나타나야 할 것이다. (2013. 6. 24. 사법등기심의관-2252 질의회답)

---

(2) 주식의 상환 청구가 있음을 증명하는 서면

- 상업등기규칙 제141조 제1항 제1호

(3) 주권제출공고를 하였음을 증명하는 서면

- 상업등기규칙 제141조 제1항 제2호

(4) 주주총회의사록 및 이사회의사록

- 상업등기규칙 제128조 제2항
- 상법 제449의2 제1항
- 상법 시행령 제16조 제1항

라. 등록면허세·등기신청수수료 등의 납부

- 지방세법 제28조 제1항 제6호 바목, 제151조 제1항 제2호
- 수수료규칙 제5의3조 제2항

제19절 자기주식의 소각에 따른 변경등기

1. 자기주식의 소각

- 상법 제343조 제1항

2. 등기절차

- 상업등기규칙 제128조 제2항
- 지방세법 제28조 제1항 제6호 바목, 제151조 제1항 제2호
- 수수료규칙 제5의3조 제2항

제20절 전환사채의 등기

1. 사채 일반론

가. 사채의 의의와 종류

- 상법 제469조 제2항 제1호 제2호 제3호, 제165조의11조, 제514의2조, 제516의8조
- 상법 시행령 제21조 제10항
- 자본시장법 시행령 제176조의12조 제6항

[선례 289] 이익참가부전환사채가 등기능력이 있는지 여부

제정 2014. 7. 8. [상업등기선례 제2-69호, 시행]

1. 회사는 이사회의 결의에 의하여 다양한 종류의 사채를 발행할 수 있지만, 등기할 수

있는 사채는 법률에 그 근거가 있어야 한다.

2. 전환사채와 이익참가부사채의 성질을 함께 가진 이익참가부전환사채의 발행이 가능한지 여부는 별론으로 하더라도, 발행될 경우에 그 등기를 하기 위하여는 법률에 근거가 있어야 한다. 또한, 이익참가부전환사채가 전혀 새로운 사채의 유형이 아닌 단순히 전환사채 또는 이익참가부사채의 한 종류로써 발행된다 하여도 올바른 공시를 목적으로 하는 현행 상업등기 제도 하에서는 결합사채에 대한 공시방법이 없으므로 등기할 수 없을 것이다. (2014. 7. 8. 사법등기심의관-2730 질의회답)

나. 사채의 분류

- 공사채등록법 제3조
- 공사채등록법 시행령 제1의2조 제1항 제1호 제2호
- 자본시장법 제10조 제2항 제1호 ~ 제3호

다. 사채발행의 제한 및 규제의 폐지

- (구)상법 제470조 제1항, 제471조, 제472조, 제473조

2. 전환사채 발행의 등기

가. 전환사채의 의의 등

- 상법 제516조 제1항, 제346조 제4항

나. 전환사채의 발행

(1) 이사회 또는 주주총회의 발행결의

- 상법 제513조 제2항, 제383조 제4항, 제418조 제2항

[판례 1] 이사회결의무효확인 (대법원 1999. 6. 25. 선고 99다18435 판결)

【판시사항】

회사의 정관에 신주발행 및 인수에 관한 사항은 주주총회에서 결정하고 자본의 증가 및 감소는 주주총회의 특별결의에 의하도록 규정하고 있는 경우, 전환사채의 발행에도 정관

에 따른 주주총회의 특별결의를 요하는지 여부(적극)

【판결요지】

회사의 정관에 신주발행 및 인수에 관한 사항은 주주총회에서 결정하고 자본의 증가 및 감소는 발행주식 총수의 과반수에 상당한 주식을 가진 주주의 출석과 출석주주가 가진 의결권의 2/3 이상의 찬성으로 의결하도록 규정되어 있는 경우, 전환사채는 전환권의 행사에 의하여 장차 주식으로 전환될 수 있어 이를 발행하는 것은 사실상 신주발행으로서의 의미를 가지므로, 회사가 전환사채를 발행하기 위하여는 주주총회의 특별결의를 요한다.

(가) 전환의 조건

- 상법 제516조 제2항, 제348조
- 자본시장법 시행령 제176의17조 제2항 제1호
- 증권의 발행 및 공시 등에 관한 규정 5-22, 5-23

[선례 290] 전환사채의 등기사항 중 전환조건의 전환가격 변경등기

제정 1997. 6. 20. [상업등기선례 제1-214호(등기선례 제5-837호), 시행]
주식회사가 전환사채를 발행함에 있어 전환조건으로서 전환가액 및 전환가액을 조정할 수 있는 조정산식을 설정하여 이를 등기한 후 유상증자 등의 사유로 전환가액이 위 조정산식에 의하여 수정된 경우에는 그 수정된 전환가액으로의 변경등기를 하여야 할 것이다. (1997. 6. 20. 등기 3402-441 질의회답)

(나) 전환을 청구할 수 있는 기간

- 자본시장법 제165의16조
- 증권의 발행 및 공시 등에 관한 규정 5-21 2항

(2) 전환사채의 인수

(가) 주주배정(배정일 공고 및 주주에 대한 실권예고부 최고 등)

- 상법 제513의2조 제1항 제2항, 제418조 제3항, 제513의3조 제1항 제2항, 제419조 제2항 제3항, 제474조 제2항 제14호
- 자본시장법 제165의10조 제1항, 제165의6조 제2항 제1호 ~ 제3호

[판례 2] 특정경제범죄가중처벌등에관한법률위반(배임) (대법원 2009. 5. 29. 선고 2007도4949 전원합의체 판결)

【판시사항】

[1] 회사의 이사가 시가보다 현저하게 낮은 가액으로 신주 등을 발행한 경우 업무상배임죄가 성립하는지 여부

[2] 신주 등의 발행에서 주주 배정방식과 제3자 배정방식을 구별하는 기준 및 회사가 기존 주주들에게 지분비율대로 신주 등을 인수할 기회를 부여하였다면 주주들이 그 인수를 포기함에 따라 발생한 실권주 등을 시가보다 현저히 낮은 가액으로 제3자에게 배정한 경우에도 주주 배정방식으로 볼 수 있는지 여부

[3] 주주 배정방식에 의한 전환사채 발행시 주주가 인수하지 아니하여 실권된 부분을 제3자에게 발행하는 경우 전환가액 등 발행조건을 변경하여야 하는지 여부

[4] 전환사채 발행을 위한 이사회 결의에는 하자가 있었다 하더라도 실권된 전환사채를 제3자에게 배정하기로 의결한 이사회 결의에는 하자가 없는 경우, 전환사채 발행절차를 진행한 것이 업무상배임죄의 임무위배에 해당하지 않는다고 한 사례

[5] 회사 지배권 이전을 목적으로 한 전환사채의 발행이 이사의 임무위배에 해당하는지 여부(소극)

【판결요지】

[1] [다수의견] 주주는 회사에 대하여 주식의 인수가액에 대한 납입의무를 부담할 뿐 인수가액 전액을 납입하여 주식을 취득한 후에는 주주 유한책임의 원칙에 따라 회사에 대하여 추가 출자의무를 부담하지 않는 점, 회사가 준비금을 자본으로 전입하거나 이익을 주식으로 배당할 경우에는 주주들에게 지분비율에 따라 무상으로 신주를 발행할 수 있는 점 등에 비추어 볼 때, 회사가 주주 배정의 방법, 즉 주주가 가진 주식 수에 따라 신주, 전환사채나 신주인수권부사채(이하 '신주 등'이라 한다)의 배정을 하는 방법으로 신주 등을 발행하는 경우에는 발행가액 등을 반드시 시가에 의하여야 하는 것은 아니다. 따라서, 회사의 이사로서는 주주 배정의 방법으로 신주를 발행하는 경우 원칙적으로 액면가를 하회하여서는 아니 된다는 제약 외에는 주주 전체의 이익, 회사의 자금조달의 필요성, 급박성 등을 감안하여 경영판단에 따라 자유로이 그 발행조건을 정할 수 있다고 보아야 하므로, 시가보다 낮게 발행가액 등을 정함으로써 주주들로부터 가능한 최대한의 자금을 유치하지 못하였다고 하여 배임죄의 구성요건인 임무위배, 즉 회사의 재산보호의무를 위반하였다고 볼 것은 아니다. 그러나 주주배정의 방법이 아니라 제3자에게 인수권을 부여하는 제3자 배정방법의 경우, 제3자는 신주 등을 인수함으로써 회사의 지분을 새로 취득하게 되므로 그 제3자와 회사와의 관계를 주주의 경우와 동일하게 볼 수는 없다. 제3자에게 시가보다 현저하게 낮은 가액으로 신주 등을 발행하는 경우에는 시가를 적정하게 반영하여 발행조건을 정하거나 또는 주식의 실질가액을 고려한 적정한 가격에 의하여 발행하는 경우와 비

교하여 그 차이에 상당한 만큼 회사의 자산을 증가시키지 못하게 되는 결과가 발생하는데, 이 경우에는 회사법상 공정한 발행가액과 실제 발행가액과의 차액에 발행주식수를 곱하여 산출된 액수만큼 회사가 손해를 입은 것으로 보아야 한다. 이와 같이 현저하게 불공정한 가액으로 제3자 배정방식에 의하여 신주 등을 발행하는 행위는 이사의 임무위배행위에 해당하는 것으로서 그로 인하여 회사에 공정한 발행가액과의 차액에 상당하는 자금을 취득하지 못하게 되는 손해를 입힌 이상 이사에 대하여 배임죄의 죄책을 물을 수 있다. 다만, 회사가 제3자 배정의 방법으로 신주 등을 발행하는 경우에는 회사의 재무구조, 영업전망과 그에 대한 시장의 평가, 주식의 실질가액, 금융시장의 상황, 신주의 인수가능성 등 여러 사정을 종합적으로 고려하여, 이사가 그 임무에 위배하여 신주의 발행가액 등을 공정한 가액보다 현저히 낮추어 발행한 경우에 해당하는지를 살펴 이사의 업무상배임죄의 성립 여부를 판단하여야 한다.

[대법관 양승태의 별개의견] 회사에 자금이 필요한 때에는 이사는 가능한 방법을 동원하여 그 자금을 형성할 의무가 있다 할 것이나, 이사는 회사에 필요한 만큼의 자금을 형성하면 될 뿐 그 이상 가능한 한 많은 자금을 형성하여야 할 의무를 지는 것은 아니고, 또 회사에 어느 정도 규모의 자금이 필요한지, 어떠한 방법으로 이를 형성할 것인지는 원칙적으로 이사의 경영판단에 속하는 사항이다. 그런데 신주발행에 의한 자금형성의 과정에서 신주를 저가 발행하여 제3자에게 배정하게 되면 기존 주주의 지분율이 떨어지고 주식가치의 희석화로 말미암아 구 주식의 가치도 하락하게 되어 기존 주주의 회사에 대한 지배력이 그만큼 약화되므로 기존 주주에게 손해가 발생하나, 신주발행을 통하여 회사에 필요한 자금을 형성하였다면 회사에 대한 관계에서는 임무를 위배하였다고 할 수 없고, 신주발행으로 인해 종전 주식의 가격이 하락한다 하여 회사에 손해가 있다고 볼 수도 없으며, 주주의 이익과 회사의 이익을 분리하여 평가하는 배임죄의 원칙상 이를 회사에 대한 임무위배로 볼 수 없어, 배임죄가 성립한다고 볼 수 없다.

[2] [다수의견] 신주 등의 발행에서 주주 배정방식과 제3자 배정방식을 구별하는 기준은 회사가 신주 등을 발행하는 때에 주주들에게 그들의 지분비율에 따라 신주 등을 우선적으로 인수할 기회를 부여하였는지 여부에 따라 객관적으로 결정되어야 할 성질의 것이지, 신주 등의 인수권을 부여받은 주주들이 실제로 인수권을 행사함으로써 신주 등을 배정받았는지 여부에 좌우되는 것은 아니다. 회사가 기존 주주들에게 지분비율대로 신주 등을 인수할 기회를 부여하였는데도 주주들이 그 인수를 포기함에 따라 발생한 실권주 등을 제3자에게 배정한 결과 회사 지분비율에 변화가 생기고, 이 경우 신주 등의 발행가액이 시가보다 현저하게 낮아 그 인수권을 행사하지 아니한 주주들이 보유한 주식의 가치가 희석되어 기존 주주들의 부(부)가 새로이 주주가 된 사람들에게 이전되는 효과가 발생하더라도, 그로 인한 불이익은 기존 주주들 자신의 선택에 의한 것일 뿐이다. 또한, 회사의 입장에서 보더라도 기존 주주들이 신주 등을 인수하여 이를 제3자에게 양도한 경우와 이사회가 기존 주주들이 인수하지 아니한 신주 등

을 제3자에게 배정한 경우를 비교하여 보면 회사에 유입되는 자금의 규모에 아무런 차이가 없을 것이므로, 이사가 회사에 대한 관계에서 어떠한 임무에 위배하여 손해를 끼쳤다고 볼 수는 없다.

[대법관 김영란, 대법관 박시환, 대법관 이홍훈, 대법관 김능환, 대법관 전수안의 반대의견] 신주 등의 발행이 주주 배정방식인지 여부는, 발행되는 모든 신주 등을 모든 주주가 그 가진 주식 수에 따라서 배정받아 이를 인수할 기회가 부여되었는지 여부에 따라 결정되어야 하고, 주주에게 배정된 신주 등을 주주가 인수하지 아니함으로써 생기는 실권주의 처리에 관하여는 상법에 특별한 규정이 없으므로 이사는 그 부분에 해당하는 신주 등의 발행을 중단하거나 동일한 발행가액으로 제3자에게 배정할 수 있다. 그러나 주주 배정방식으로 발행되는 것을 전제로 하여 신주 등의 발행가액을 시가보다 현저히 저가로 발행한 경우에, 그 신주 등의 상당 부분이 주주에 의하여 인수되지 아니하고 실권되는 것과 같은 특별한 사정이 있는 때에는, 그와 달리 보아야 한다. 주주 배정방식인지 제3자 배정방식인지에 따라 회사의 이해관계 및 이사의 임무 내용이 달라지는 것이므로, 회사에 대한 관계에서 위임의 본지에 따른 선관의무상 제3자 배정방식의 신주 등 발행에 있어 시가발행의무를 지는 이사로서는, 위와 같이 대량으로 발생한 실권주에 대하여 발행을 중단하고 추후에 그 부분에 관하여 새로이 제3자 배정방식에 의한 발행을 모색할 의무가 있고, 그렇게 하지 아니하고 그 실권주를 제3자에게 배정하여 발행을 계속할 경우에는 그 실권주를 처음부터 제3자 배정방식으로 발행하였을 경우와 마찬가지로 취급하여 발행가액을 시가로 변경할 의무가 있다고 봄이 상당하다. 이와 같이 대량으로 발생한 실권주를 제3자에게 배정하는 것은, 비록 그것이 주주 배정방식으로 발행한 결과라고 하더라도, 그 실질에 있어 당초부터 제3자 배정방식으로 발행하는 것과 다를 바 없고, 이를 구별할 이유도 없기 때문이다. 그러므로 신주 등을 주주 배정방식으로 발행하였다고 하더라도, 상당 부분이 실권되었음에도, 이사가 그 실권된 부분에 관한 신주 등의 발행을 중단하지도 아니하고 그 발행가액 등의 발행조건을 제3자 배정방식으로 발행하는 경우와 마찬가지로 취급하여 시가로 변경하지도 아니한 채 발행을 계속하여 그 실권주 해당부분을 제3자에게 배정하고 인수되도록 하였다면, 이는 이사가 회사에 대한 관계에서 선관의무를 다하지 아니한 것에 해당하고, 그로 인하여 회사에 자금이 덜 유입되는 손해가 발생하였다면 업무상배임죄가 성립한다.

[3] [다수의견] 상법상 전환사채를 주주 배정방식에 의하여 발행하는 경우에도 주주가 그 인수권을 잃은 때에는 회사는 이사회의 결의에 의하여 그 인수가 없는 부분에 대하여 자유로이 이를 제3자에게 처분할 수 있는 것인데, 단일한 기회에 발행되는 전환사채의 발행조건은 동일하여야 하므로, 주주배정으로 전환사채를 발행하는 경우에 주주가 인수하지 아니하여 실권된 부분에 관하여 이를 주주가 인수한 부분과 별도로 취급하여 전환가액 등 발행조건을 변경하여 발행할 여지가 없다. 주주배정의 방법으로 주주에게 전환사채인수권을 부여하였지만 주주들이 인수청약하지 아니하여 실권된

부분을 제3자에게 발행하더라도 주주의 경우와 같은 조건으로 발행할 수밖에 없고, 이러한 법리는 주주들이 전환사채의 인수청약을 하지 아니함으로써 발생하는 실권의 규모에 따라 달라지는 것은 아니다.

[대법관 김영란, 대법관 박시환, 대법관 이홍훈, 대법관 김능환, 대법관 전수안의 반대의견] 상법에 특별한 규정은 없지만, 일반적으로 동일한 기회에 발행되는 전환사채의 발행조건은 균등하여야 한다고 해석된다. 그러나 주주에게 배정하여 인수된 전환사채와 실권되어 제3자에게 배정되는 전환사채를 '동일한 기회에 발행되는 전환사채'로 보아야 할 논리필연적인 이유나 근거는 없다. 실권된 부분의 제3자 배정에 관하여는 다시 이사회 결의를 거쳐야 하는 것이므로, 당초의 발행결의와는 동일한 기회가 아니라고 볼 수 있다. 그 실권된 전환사채에 대하여는 발행을 중단하였다가 추후에 새로이 제3자 배정방식으로 발행할 수도 있는 것이므로, 이 경우와 달리 볼 것은 아니다. 그리고 주주 각자가 신주 등의 인수권을 행사하지 아니하고 포기하여 실권하는 것과 주주총회에서 집단적 의사결정 방법으로 의결권을 행사하여 의결하는 것을 동일하게 평가할 수는 없는 것이므로, 대량의 실권이 발생하였다고 하여 이를 전환사채 등의 제3자 배정방식의 발행에 있어서 요구되는 주주총회의 특별결의가 있었던 것으로 간주할 수도 없다.

[4] 전환사채 발행을 위한 이사회 결의에는 하자가 있었다 하더라도 실권된 전환사채를 제3자에게 배정하기로 의결한 이사회 결의에는 하자가 없는 경우, 전환사채의 발행절차를 진행한 것이 재산보호의무 위반으로서의 임무위배에 해당하지 않는다고 한 사례.

[5] 이사가 주식회사의 지배권을 기존 주주의 의사에 반하여 제3자에게 이전하는 것은 기존 주주의 이익을 침해하는 행위일 뿐 지배권의 객체인 주식회사의 이익을 침해하는 것으로 볼 수는 없는데, 주식회사의 이사는 주식회사의 사무를 처리하는 자의 지위에 있다고 할 수 있지만 주식회사와 별개인 주주들에 대한 관계에서 직접 그들의 사무를 처리하는 자의 지위에 있는 것은 아니고, 더욱이 경영권의 이전은 지배주식을 확보하는 데 따르는 부수적인 효과에 불과한 것이어서, 회사 지분비율의 변화가 기존 주주 자신의 선택에 기인한 것이라면 지배권 이전과 관련하여 이사에게 임무위배가 있다고 할 수 없다.

(나) 사채청약서 등에 기재할 사항

- 상법 제474조 제2항, 제478조 제2항, 제488조, 제514조 제1항

(3) 납입

- 상법 제476조, 제470조 제3항

[판례 3] 주주총회결의등무효확인 (대법원 2004. 8. 20. 선고 2003다20060 판결)

【판시사항】

[1] 전환사채 발행의 경우에도 신주발행무효의 소에 관한 상법 제429조가 유추적용되는지 여부(적극)

[2] 이사회나 주주총회의 신주발행 결의에 취소 또는 무효의 하자가 있더라도 신주발행의 효력이 발생한 후에는 신주발행무효의 소로 다투어야 하는지 여부(한정 적극)

[3] 전환사채발행부존재 확인의 소에 있어서 상법 제429조에 정한 6월의 제소기간의 제한이 적용되는지 여부(소극)

[4] 전환사채발행유지청구의 행사 기한

[5] 전환사채의 인수에 관하여 상계금지에 관한 상법 제334조가 적용되는지 여부(소극)

[6] 실제의 소집절차와 회의절차를 거치지 아니한 채 주주총회의사록을 허위로 작성하여 그 결의가 존재한다고 볼 수 없을 정도로 중대한 하자가 있는 경우, 주주총회의 결의가 부존재한다고 보아야 하는지 여부(적극)

[선례 291] 대출금의 출자전환에 따른 변경등기

제정 1999.08.24 [상업등기선례 제1-190호(등기선례 제6-651호), 시행]

1. 기업구조조정을 위한 금융기관대출금의 출자전환에 따른 변경등기신청에 첨부할 서면에 관한 등기예규 제960호는 금융기관이 당해 기업에 내하여 가지는 대출금을 출자전환하는 경우에 관한 것으로서, 금융기관이 아닌 자가 당해 기업에 대하여 가지는 대출금을 출자전환하여 그에 따른 변경등기를 신청하는 경우에 대하여는 적용되지 않는다.
2. 전환사채 발행의 등기를 신청하는 경우에는 상법 제476조의 규정에 의한 납입이 있음을 증명하는 서면을 첨부하여야 하나, 사채의 납입은 반드시 금융기관에 할 필요가 없는 것이므로 사채의 납입이 있었음을 증명하는 서면은 발행회사가 작성한 것이어도 무방하며, 사채의 납입은 상계로도 가능하다. (1999. 8. 24. 등기 3402-844 질의회답)

---

(4) 전환사채의 효력발생

- 상법 제478조 제1항 제3항, 제429조

[판례 4] 전환사채발행무효 (대법원 2004. 6. 25. 선고 2000다37326 판결)

【판시사항】

[1] 상법상 전환사채발행무효의 소가 허용되는지 여부(적극) 및 그 무효원인의 판단 방법

[2] 주주 외의 자에게 전환사채를 발행하는 경우, 전환의 조건 등이 정관에 이미 규정되어 있어서 주주총회의 특별결의를 다시 거칠 필요가 없다고 하기 위한 구체적인 특정의 정도

[3] 정관이 전환사채의 발행에 관하여 "전환가액은 주식의 액면금액 또는 그 이상의 가액으로 사채발행시 이사회가 정한다."라고 규정하고 있는 경우, 이는 구 상법 제513조 제3항이 요구하는 최소한도의 요건을 충족하고 있어 무효라고 볼 수 없다고 한 사례

[4] 신주발행무효의 소의 출소기간이 경과한 이후 새로운 무효사유를 추가하는 것이 허용되는지 여부(소극) 및 같은 법리를 전환사채발행무효의 소에도 적용할 수 있는지 여부(적극)

[5] 전환사채발행무효의 소에 있어서 무효원인

[6] 전환사채의 인수인이 회사의 지배주주와 특별한 관계에 있는 자라거나 그 전환가액이 발행시점의 주가 등에 비추어 다소 낮은 가격이라는 것 등의 사유는 이미 발행된 전환사채 또는 그 전환권의 행사로 발행된 주식을 무효화할 만한 원인이 되지 못한다고 한 사례

【판결요지】

[1] 상법은 제516조 제1항에서 신주발행의 유지청구권에 관한 제424조 및 불공정한 가액으로 주식을 인수한 자의 책임에 관한 제424조의2 등을 전환사채의 발행의 경우에 준용한다고 규정하면서도 신주발행무효의 소에 관한 제429조의 준용 여부에 대해서는 아무런 규정을 두고 있지 않으나, 전환사채는 전환권의 행사에 의하여 장차 주식으로 전환될 수 있는 권리가 부여된 사채로서, 이러한 전환사채의 발행은 주식회사의 물적 기초와 기존 주주들의 이해관계에 영향을 미친다는 점에서 사실상 신주를 발행하는 것과 유사하므로, 전환사채의 발행의 경우에도 신주발행무효의 소에 관한 상법 제429조가 유추적용된다고 봄이 상당하고, 이 경우 당사자가 주장하는 개개의 공격방법으로서의 구체적인 무효원인은 각각 어느 정도 개별성을 가지고 판단할 수밖에 없는 것이기는 하지만, 전환사채의 발행에 무효원인이 있다는 것이 전체로서 하나의 청구원인이 된다는 점을 감안할 때 전환사채의 발행을 무효라고 볼 것인지 여부를 판단함에 있어서는 구체적인 무효원인에 개재된 여러 위법 요소가 종합적으로 고려되어야 한다.

[2] 구 상법(2001. 7. 24. 법률 제6488호로 개정되기 전의 것) 제513조 제3항은 주주 외의 자에 대하여 전환사채를 발행하는 경우에 그 발행할 수 있는 전환사채의 액, 전환의 조건, 전환으로 인하여 발행할 주식의 내용과 전환을 청구할 수 있는 기간에 관하여 정관에 규정이 없으면 상법 제434조의 결의로써 이를 정하여야 한다고 규정하고 있는바, 전환의 조건 등이 정관에 이미 규정되어 있어 주주총회의 특별결의를 다시 거칠 필요가 없다고 하기 위해서는 전환의 조건 등이 정관에 상당한 정도로 특정되어 있을 것이 요구된다고 하겠으나, 주식회사가 필요한 자금수요에 대응한 다양한 자금조달의 방법 중에서 주주 외의 자에게 전환사채를 발행하는 방법을 선택하여 자

금을 조달함에 있어서는 전환가액 등 전환의 조건을 그때그때의 필요자금의 규모와 긴급성, 발행회사의 주가, 이자율과 시장상황 등 구체적인 경제사정에 즉응하여 신축적으로 결정할 수 있도록 하는 것이 바람직하다 할 것이고, 따라서 주주총회의 특별결의에 의해서만 변경이 가능한 정관에 전환의 조건 등을 미리 획일적으로 확정하여 규정하도록 요구할 것은 아니며, 정관에 일응의 기준을 정해 놓은 다음 이에 기하여 실제로 발행할 전환사채의 구체적인 전환의 조건 등은 그 발행시마다 정관에 벗어나지 않는 범위에서 이사회에서 결정하도록 위임하는 방법을 취하는 것도 허용된다.

[3] 정관이 전환사채의 발행에 관하여 "전환가액은 주식의 액면금액 또는 그 이상의 가액으로 사채발행시 이사회가 정한다."라고 규정하고 있는 경우, 이는 구 상법(2001. 7. 24. 법률 제6488호로 개정되기 전의 것) 제513조 제3항에 정한 여러 사항을 정관에 규정하면서 전환의 조건 중의 하나인 전환가액에 관하여는 주식의 액면금액 이상이라는 일응의 기준을 정하되 구체적인 전환가액은 전환사채의 발행시마다 이사회에서 결정하도록 위임하고 있는 것이라고 할 것인데, 전환가액 등 전환의 조건의 결정방법과 관련하여 고려되어야 할 특수성을 감안할 때, 이러한 정관의 규정은 같은 법 제513조 제3항이 요구하는 최소한도의 요건을 충족하고 있는 것이라고 봄이 상당하고, 그 기준 또는 위임방식이 지나치게 추상적이거나 포괄적이어서 무효라고 볼 수는 없다고 한 사례.

[4] 상법 제429조는 신주발행의 무효는 주주·이사 또는 감사에 한하여 신주를 발행한 날로부터 6월 내에 소만으로 이를 주장할 수 있다고 규정하고 있는바, 이는 신주발행에 수반되는 복잡한 법률관계를 조기에 확정하고자 하는 것이므로, 새로운 무효사유를 출소시간의 경과 후에도 주장할 수 있도록 하면 법률관계가 불안정하게 되어 위 규정의 취지가 몰각된다는 점에 비추어 위 규정은 무효사유의 주장시기도 제한하고 있는 것이라고 해석함이 상당하고, 한편 상법 제429조의 유추적용에 의한 전환사채발행무효의 소에 있어서도 전환사채를 발행한 날로부터 6월의 출소기간이 경과한 후에는 새로운 무효사유를 추가하여 주장할 수 없다고 보아야 한다.

[5] 신주발행무효의 소에 관한 상법 제429조에도 무효원인이 규정되어 있지 않고 다만, 전환사채의 발행의 경우에도 준용되는 상법 제424조에 '법령이나 정관의 위반 또는 현저하게 불공정한 방법에 의한 주식의 발행'이 신주발행유지청구의 요건으로 규정되어 있으므로, 위와 같은 요건을 전환사채 발행의 무효원인으로 일응 고려할 수 있다고 하겠으나 다른 한편, 전환사채가 일단 발행되면 그 인수인의 이익을 고려할 필요가 있고 또 전환사채나 전환권의 행사에 의하여 발행된 주식은 유가증권으로서 유통되는 것이므로 거래의 안전을 보호하여야 할 필요가 크다고 할 것인데, 전환사채발행유지청구권은 위법한 발행에 대한 사전 구제수단임에 반하여, 전환사채발행무효의 소는 사후에 이를 무효로 함으로써 거래의 안전과 법적 안정성을 해칠 위험이 큰 점을 고려할 때, 그 무효원인은 가급적 엄격하게 해석하여야 하고, 따라서 법령이나 정관의 중대한 위반 또는 현저한 불공정이 있어 그것이 주식회사의 본질이나 회사법의

기본원칙에 반하거나 기존 주주들의 이익과 회사의 경영권 내지 지배권에 중대한 영향을 미치는 경우로서 전환사채와 관련된 거래의 안전, 주주 기타 이해관계인의 이익 등을 고려하더라도 도저히 묵과할 수 없는 정도라고 평가되는 경우에 한하여 전환사채의 발행 또는 그 전환권의 행사에 의한 주식의 발행을 무효로 할 수 있을 것이며, 그 무효원인을 회사의 경영권 분쟁이 현재 계속중이거나 임박해 있는 등 오직 지배권의 변경을 초래하거나 이를 저지할 목적으로 전환사채를 발행하였음이 객관적으로 명백한 경우에 한정할 것은 아니다.

[6] 전환사채의 인수인이 회사의 지배주주와 특별한 관계에 있는 자라거나 그 전환가액이 발행시점의 주가 등에 비추어 다소 낮은 가격이라는 것과 같은 사유는 일반적으로 전환사채발행유지청구의 원인이 될 수 있음은 별론으로 하고 이미 발행된 전환사채 또는 그 전환권의 행사로 발행된 주식을 무효화할 만한 원인이 되지는 못한다고 한 사례.

다. 등기절차

(1) 등기기간

- 상법 제514의2조 제1항 제4항, 제476조
- 상업등기규칙 제51조 제3항

(2) 등기할 사항

- 상법 제514의2조 제2항

[선례 292] 전환사채의 등기사항 중 전환조건의 전환가격 변경등기

제정 1997. 6. 20. [상업등기선례 제1-214호(등기선례 제5-837호), 시행]

주식회사가 전환사채를 발행함에 있어 전환조건으로서 전환가액 및 전환가액을 조정할 수 있는 조정산식을 설정하여 이를 등기한 후 유상증자 등의 사유로 전환가액이 위 조정산식에 의하여 수정된 경우에는 그 수정된 전환가액으로의 변경등기를 하여야 할 것이다. (1997. 6. 20. 등기 3402-441 질의회답)

---

(3) 첨부서면

(가) 이사회의사록 또는 주주총회의사록

- 상업등기규칙 제128조

(나) 사채의 인수를 증명하는 서면

[선례 293] 신주발행으로 인한 변경등기의 신청서에 신주의 인수인별로 반드시 주식인수증을 첨부하여야 하는지 여부

제정 2007. 1. 10. [상업등기선례 제2-42호, 시행]

신주발행으로 인한 변경등기의 신청서(비송사건절차법 제205조)에는 주식의 청약을 증명하는 서면뿐만 아니라 주식의 인수를 증명하는 서면도 첨부하여야 한다. 다만, 그 주식의 인수를 증명하는 서면이 신주의 인수인이 작성한 주식인수증에 한정되는 것은 아니다. 현물출자를 하는 자와 회사 간의 신주인수계약서, 주주명부 기타 주식의 배정 상황(각 인수인에게 배정한 주식의 수)에 관하여 대표이사가 작성한 서면도 주식의 인수를 증명하는 서면에 해당한다. (2007. 1. 10. 공탁상업등기과-45 질의회답)

[선례 294] 사채의 등기신청서에 첨부할 "각 사채에 대하여 상법 제476조의 납입이 있는 것을 증명하는 서면"

제정 1981.11.25 [상업등기선례 제1-213호(등기선례 제1-861호), 시행]

사채의 등기신칭서의 첨부서면중 "긱 사채에 대하어 상빕 제476조의 납입이 있는 것을 증명하는 서면"에는 우체국의 납입증명도 포함된다. (1981. 11. 25. 등기 제536호 체신부장관 대 법원행정처장 회답)

- 상업등기규칙 제144조 제1항 제1호

(다) 사채의 청약을 증명하는 서면

- 상업등기규칙 제144조 제1항 제2호

(라) 납입증명서면

- 상업등기규칙 제144조 제1항 제3호

[선례 295] 금융기관이 아닌 전환사채의 인수인이 발행회사에 대한 대출금채권으로써 사채의 납입에 갈음하기로 한 경우, 그에 따른 변경등기 신청서에 첨부하는 '상법 제476조의 규정에 의한 납입을 증명하는 서면'

제정 2000.02.16 [상업등기선례 제1-217호(등기선례 제6-658호), 시행]

주식회사가 발행하는 전환사채를 인수한 자가 당해 주식회사에 대하여 가지고 있는 대출금채권으로써 사채의 납입에 갈음하기로 한 경우, 그에 따른 변경등기를 신청할 때 비송사건절차법 제213조 제4호에 따라 첨부하는 '상법 제476조의 규정에 의한 납입이 있음을 증명하는 서면'으로는, (1)회사가 전환사채의 인수인에 대하여 채무를 부담하고 있다는 사실을 증명하는 서면과 (2)위 전환사채의 인수인으로부터 상계의 의사표시가 있음을 증명하는 서면을 첨부하면 될 것이며, 이는 전환사채의 인수인이 금융기관이 아닌 경우에도 마찬가지이다. (2000. 2. 16. 등기 3402-113 질의회답)

(마) 금융위원회에의 증권신고와 신고서의 첨부요부

- 상법 제119조, 제120조

(4) 등록면허세 · 등기신청수수료 등의 납부

- 지방세법 제28조 제1항 제6호 바목, 제151조 제1항 제2호
- 수수료규칙 제5의3조 제2항, 제5의5조 제4항

3. 전화사채에 관한 변경등기

가. 전환사채의 납입금액의 변경등기

- 상업등기규칙 제144조 제2항

[선례 296] 금융기관 대출금의 일부를 전환사채로 전환하여 그에 따른 등기를 신청하는 경우 등기신청서에 첨부할 서면 여하

제정 1999.05.19 [상업등기선례 제1-215호(등기선례 제6-646호), 시행]

주식회사가 발행하는 전환사채를 인수한 금융기관이 당해 주식회사에 대하여 가지고 있는 대출금채권으로써 사채의 납입에 갈음하기로 한 경우, 그에 따른 변경등기신청에는 등기

예규 제960호가 적용되지 아니하므로, 이 경우 첨부서면의 하나로 비송사건절차법 제213조 제4호에 규정된 '상법 제476조의 규정에 의한 납입이 있음을 증명하는 서면'으로는, (1)회사가 위 금융기관에 대하여 채무를 부담하고 있다는 사실을 증명하는 서면과 (2)당해 금융기관으로부터 상계의 의사표시가 있음을 증명하는 서면을 첨부하면 될 것이다. (1999. 5. 19. 등기 3402-528 질의회답)

나. 전환사채의 총액의 변경등기

[선례 297] 특허투자조합의 사채상환완료증명서에 업무집행조합원의 인감을 날인하고 그 인감증명을 첨부하여야 하는지 여부

제정 2007. 1. 10. [상업등기선례 제2-64호, 시행]

1. 전환사채를 발행한 회사가 그 사채를 전부 상환한 후 전환사채가 전부 상환되었음을 증명하는 서면으로서 사채권자의 확인서(이하, '사채상환완료증명서'라 한다)를 첨부하여 전환사채 등기의 말소를 신청하는 경우, 사채상환완료증명서에는 사채권자의 기명날인 또는 서명이 있어야 하지만 인감이 날인되거나 인감증명이 첨부되어야 하는 것은 아니다. 또, 사채상환완료증명서를 작성한 자가 사채권자임을 소명하기 위해 사채인수계약서 사본 등을 첨부하여야 하나 세무서장이 교부하는 고유번호증은 원칙적으로 첨부할 필요가 없다.
2. 위의 경우에 사채권자가 특허투자조합 1호(여신전문금융업법 제41조제3항, 제44조 참조)라면 그 업무집행조합원인 '주식회사 ○○○'이 업무집행조합원임을 표시하여 조합명의로 사채상환완료증명서를 작성할 수 있다. 이 때, '주식회사 ○○○'의 대표이사가 기명날인 또는 서명을 하게 되는데, 날인하는 인영에 대하여 특별한 제한은 없으므로 특허투자조합 1호의 도장이 있다면 그것으로 날인하여도 된다. (2007. 1. 10. 공탁상업등기과-44 질의회답)

다. 전환조건의 변경등기

[선례 298] 전환사채의 등기사항 중 전환조건의 전환가격 변경등기

제정 1997. 6. 20. [상업등기선례 제1-214호(등기선례 제5-837호), 시행]

주식회사가 전환사채를 발행함에 있어 전환조건으로서 전환가액 및 전환가액을 조정할 수 있는 조정산식을 설정하여 이를 등기한 후 유상증자 등의 사유로 전환가액이 위 조정산식에 의하여 수정된 경우에는 그 수정된 전환가액으로의 변경등기를 하여야 할 것이다. (1997. 6. 20. 등기 3402-441 질의회답)

라. 전환청구기간의 변경등기

- 상법 제498조 제1항
- 상업등기규칙 제128조

마. 전환사채의 말소등기

(1) 등기절차

- 상업등기규칙 제144조 제2항

[선례 299] 특허투자조합의 사채상환완료증명서에 업무집행조합원의 인감을 날인하고 그 인감증명을 첨부하여야 하는지 여부

제정 2007. 1. 10. [상업등기선례 제2-64호, 시행]

1. 전환사채를 발행한 회사가 그 사채를 전부 상환한 후 전환사채가 전부 상환되었음을 증명하는 서면으로서 사채권자의 확인서(이하, '사채상환완료증명서'라 한다)를 첨부하여 전환사채 등기의 말소를 신청하는 경우, 사채상환완료증명서에는 사채권자의 기명날인 또는 서명이 있어야 하지만 인감이 날인되거나 인감증명이 첨부되어야 하는 것은 아니다. 또, 사채상환완료증명서를 작성한 자가 사채권자임을 소명하기 위해 사채인수계약서 사본 등을 첨부하여야 하나 세무서장이 교부하는 고유번호증은 원칙적으로 첨부할 필요가 없다.
2. 위의 경우에 사채권자가 특허투자조합 1호(여신전문금융업법 제41조제3항, 제44조 참조)라면 그 업무집행조합원인 '주식회사 ○○○'이 업무집행조합원임을 표시하여 조합명의로 사채상환완료증명서를 작성할 수 있다. 이 때, '주식회사 ○○○'의 대표이사가 기명날인 또는 서명을 하게 되는데, 날인하는 인영에 대하여 특별한 제한은 없으므로 특허투자조합 1호의 도장이 있다면 그것으로 날인하여도 된다. (2007. 1. 10. 공탁상업등기과-44 질의회답)

---

4. 전환사채의 전환으로 인한 변경등기

가. 전환사채의 전환

(1) 전환의 청구

- 상법 515조 1항 2항, 516조 2항, 350조 2항

[선례 300] 금융기관이 아닌 전환사채의 인수인이 발행회사에 대한 대출금채권으로써 사채의 납입에 갈음하기로 한 경우, 그에 따른 변경등기 신청서에 첨부하는 '상법 제476조의 규정에 의한 납입을 증명하는 서면'

제정 2000.02.16 [상업등기선례 제1-217호(등기선례 제6-658호), 시행]
주식회사가 발행하는 전환사채를 인수한 자가 당해 주식회사에 대하여 가지고 있는 대출금채권으로써 사채의 납입에 갈음하기로 한 경우, 그에 따른 변경등기를 신청할 때 비송사건절차법 제213조 제4호에 따라 첨부하는 '상법 제476조의 규정에 의한 납입이 있음을 증명하는 서면'으로는, (1)회사가 전환사채의 인수인에 대하여 채무를 부담하고 있다는 사실을 증명하는 서면과 (2)위 전환사채의 인수인으로부터 상계의 의사표시가 있음을 증명하는 서면을 첨부하면 될 것이며, 이는 전환사채의 인수인이 금융기관이 아닌 경우에도 마찬가지이다. (2000. 2. 16. 등기 3402-113 질의회답)

[선례 301] 서울특별시 내의 법인의 본점을 인천직할시 내로 이전하는 경우 등록세 중과

제정 1993.03.13 [상업등기선례 제1-44호(등기선례 제3-1018호), 시행]
서울특별시 내에 있는 법인의 본점을 인천직할시 내로 이전하는 경우에는 당해 대도시 내의 이전으로 보아 등록세가 중과하지 아니할 것이다(지방세법 제138조, 동법시행령 제102조 참조). (93.3.13. 등기 제613호)

---

(2) 전환의 효력발생

- 상법 350조 1항 3항, 516조 2항, 348조, 330조, 417조

[선례 302] 전환청구기간의 변경등기 여부 등

제정 2009.06.03 [상업등기선례 제200906-1호, 시행]

주식회사가 전환사채를 발행한 후 청구기간의 변경등기를 신청하는 경우에는 그 기간이 적법하게 변경되었음을 증명하는 서면을 첨부해야 할 것이나 구체적으로 그 서면이 무엇인가는 정관의 규정이나 발행 방법에 따라 다르며, 반드시 주주총회특별결의가 필요한 것은 아니다. (2009. 6. 3. 사법등기심의관-1309 질의회답)

나. 등기절차

(1) 등기기간

- 상법 제516조 제2항, 제351조

(2) 첨부서면

- 상업등기규칙 제136조 제1항

[선례 303] 특허투자조합의 사채상환완료증명서에 업무집행조합원의 인감을 날인하고 그 인감증명을 첨부하여야 하는지 여부

제정 2007.01.10 [상업등기선례 제200701-1호, 시행]

1. 전환사채를 발행한 회사가 그 사채를 전부 상환한 후 전환사채가 전부 상환되었음을 증명하는 서면으로서 사채권자의 확인서(이하, '사채상환완료증명서'라 한다)를 첨부하여 전환사채 등기의 말소를 신청하는 경우, 사채상환완료증명서에는 사채권자의 기명날인 또는 서명이 있어야 하지만 인감이 날인되거나 인감증명이 첨부되어야 하는 것은 아니다. 또, 사채상환완료증명서를 작성한 자가 사채권자임을 소명하기 위해 사채인수계약서 사본 등을 첨부하여야 하나 세무서장이 교부하는 고유번호증은 원칙적으로 첨부할 필요가 없다.
2. 위의 경우에 사채권자가 특허투자조합 1호(여신전문금융업법 제41조제3항, 제44조 참조)라면 그 업무집행조합원인 '주식회사 ○○○'이 업무집행조합원임을 표시하여 조합명의로 사채상환완료증명서를 작성할 수 있다. 이 때, '주식회사 ○○○'의 대표이사가 기명날인 또는 서명을 하게 되는데, 날인하는 인영에 대하여 특별한 제한은 없으므로 특허투자조합 1호의 도장이 있다면 그것으로 날인하여도 된다. (2007. 1. 10. 공탁상업등기과-44 질의회답)

다. 등록면허세 · 등기신청수수료 등의 납부

- 지방세법 제28조 제1항 제6호 가목2, 제2항, 제151조 제1항 제2호
- 수수료규칙 제5의3조 제2항, 제5의5조 제4항

제21절 신주인수권부사채의 등기

1. 신주인수권부사채의 의의

- 상법 제516의11조, 제516조 제1항

2. 신주인수권부사채 발행의 등기

가. 신주인수권부사채의 발행

(1) 이사회 또는 주주총회의 발행결의 등

- 상법 제516의2조 제2항

(가) 각 신주인수권부사채에 부여된 신주인수권의 내용

- 상법 제516의2조 제3항, 제516의11조, 제516조 제1항, 제346조 제4항

(나) 신주인수권을 행사할 수 있는 기간

- 자본시장법 제165의16조
- 증권의 발행 및 공시 등에 관한 규정 5-21 제2항

(다) 신주인수권만을 양도할 수 있는 것에 관한 사항

- 자본시장법 제165의10조 제2항

(2) 신주인수권증권의 발행

- 상법 제516의5조 제1항 제2항, 제516의6조 제1항, 제516의7조, 제516의9조 제2항, 제356의2조 제2항

나. 신주인수권부사채의 효력발생

- 상법 제478조 제1항, 제516의5조 제1항

[판례 1] 전환사채발행무효 (대법원 2004. 6. 25. 선고 2000다37326 판결)

【판시사항】

[1] 상법상 전환사채발행무효의 소가 허용되는지 여부(적극) 및 그 무효원인의 판단 방법

[2] 주주 외의 자에게 전환사채를 발행하는 경우, 전환의 조건 등이 정관에 이미 규정되어 있어서 주주총회의 특별결의를 다시 거칠 필요가 없다고 하기 위한 구체적인 특정의 정도

[3] 정관이 전환사채의 발행에 관하여 "전환가액은 주식의 액면금액 또는 그 이상의 가액으로 사채발행시 이사회가 정한다."라고 규정하고 있는 경우, 이는 구 상법 제513조 제3항이 요구하는 최소한도의 요건을 충족하고 있어 무효라고 볼 수 없다고 한 사례

[4] 신주발행무효의 소의 출소기간이 경과한 이후 새로운 무효사유를 추가하는 것이 허용되는지 여부(소극) 및 같은 법리를 전환사채발행무효의 소에도 적용할 수 있는지 여부(적극)

[5] 전환사채발행무효의 소에 있어서 무효원인

[6] 전환사채의 인수인이 회사의 지배주주와 특별한 관계에 있는 자라거나 그 전환가액이 발행시점의 주가 등에 비추어 다소 낮은 가격이라는 것 등의 사유는 이미 발행된 전환사채 또는 그 전환권의 행사로 발행된 주식을 무효화할 만한 원인이 되지 못한다고 한 사례

【판결요지】

[1] 상법은 제516조 제1항에서 신주발행의 유지청구권에 관한 제424조 및 불공정한 가액으로 주식을 인수한 자의 책임에 관한 제424조의2 등을 전환사채의 발행의 경우에 준용한다고 규정하면서도 신주발행무효의 소에 관한 제429조의 준용 여부에 대해서는 아무런 규정을 두고 있지 않으나, 전환사채는 전환권의 행사에 의하여 장차 주식으로 전환될 수 있는 권리가 부여된 사채로서, 이러한 전환사채의 발행은 주식회사의 물적 기초와 기존 주주들의 이해관계에 영향을 미친다는 점에서 사실상 신주를 발행하는 것과 유사하므로, 전환사채의 발행의 경우에도 신주발행무효의 소에 관한 상법 제429조가 유추적용된다고 봄이 상당하고, 이 경우 당사자가 주장하는 개개의 공격방법으로서의 구체적인 무효원인은 각각 어느 정도 개별성을 가지고 판단할 수밖에 없는 것이기는 하지만, 전환사채의 발행에 무효원인이 있다는 것이 전체로서 하나의

청구원인이 된다는 점을 감안할 때 전환사채의 발행을 무효라고 볼 것인지 여부를 판단함에 있어서는 구체적인 무효원인에 개재된 여러 위법 요소가 종합적으로 고려되어야 한다.

[2] 구 상법(2001. 7. 24. 법률 제6488호로 개정되기 전의 것) 제513조 제3항은 주주 외의 자에 대하여 전환사채를 발행하는 경우에 그 발행할 수 있는 전환사채의 액, 전환의 조건, 전환으로 인하여 발행할 주식의 내용과 전환을 청구할 수 있는 기간에 관하여 정관에 규정이 없으면 상법 제434조의 결의로써 이를 정하여야 한다고 규정하고 있는바, 전환의 조건 등이 정관에 이미 규정되어 있어 주주총회의 특별결의를 다시 거칠 필요가 없다고 하기 위해서는 전환의 조건 등이 정관에 상당한 정도로 특정되어 있을 것이 요구된다고 하겠으나, 주식회사가 필요한 자금수요에 대응한 다양한 자금조달의 방법 중에서 주주 외의 자에게 전환사채를 발행하는 방법을 선택하여 자금을 조달함에 있어서는 전환가액 등 전환의 조건을 그때그때의 필요자금의 규모와 긴급성, 발행회사의 주가, 이자율과 시장상황 등 구체적인 경제사정에 즉응하여 신축적으로 결정할 수 있도록 하는 것이 바람직하다 할 것이고, 따라서 주주총회의 특별결의에 의해서만 변경이 가능한 정관에 전환의 조건 등을 미리 획일적으로 확정하여 규정하도록 요구할 것은 아니며, 정관에 일응의 기준을 정해 놓은 다음 이에 기하여 실제로 발행할 전환사채의 구체적인 전환의 조건 등은 그 발행시마다 정관에 벗어나지 않는 범위에서 이사회에서 결정하도록 위임하는 방법을 취하는 것도 허용된다.

[3] 정관이 전환사채의 발행에 관하여 "전환가액은 주식의 액면금액 또는 그 이상의 가액으로 사채발행시 이사회가 정한다."라고 규정하고 있는 경우, 이는 구 상법(2001. 7. 24. 법률 제6488호로 개정되기 전의 것) 제513조 제3항에 정한 여러 사항을 정관에 규정하면서 전환의 조건 중의 하나인 전환가액에 관하여는 주식의 액면금액 이상이라는 일응의 기준을 정하되 구체적인 전환가액은 전환사채의 발행시마다 이사회에서 결정하도록 위임하고 있는 것이라고 할 것인데, 전환가액 등 전환의 조건의 결정방법과 관련하여 고려되어야 할 특수성을 감안할 때, 이러한 정관의 규정은 같은 법 제513조 제3항이 요구하는 최소한도의 요건을 충족하고 있는 것이라고 봄이 상당하고, 그 기준 또는 위임방식이 지나치게 추상적이거나 포괄적이어서 무효라고 볼 수는 없다고 한 사례.

[4] 상법 제429조는 신주발행의 무효는 주주·이사 또는 감사에 한하여 신주를 발행한 날로부터 6월 내에 소만으로 이를 주장할 수 있다고 규정하고 있는바, 이는 신주발행에 수반되는 복잡한 법률관계를 조기에 확정하고자 하는 것이므로, 새로운 무효사유를 출소시간의 경과 후에도 주장할 수 있도록 하면 법률관계가 불안정하게 되어 위 규정의 취지가 몰각된다는 점에 비추어 위 규정은 무효사유의 주장시기도 제한하고 있는 것이라고 해석함이 상당하고, 한편 상법 제429조의 유추적용에 의한 전환사채발행무효의 소에 있어서도 전환사채를 발행한 날로부터 6월의 출소기간이 경과한 후에는 새로운 무효사유를 추가하여 주장할 수 없다고 보아야 한다.

[5] 신주발행무효의 소에 관한 상법 제429조에도 무효원인이 규정되어 있지 않고 다만, 전환사채의 발행의 경우에도 준용되는 상법 제424조에 '법령이나 정관의 위반 또는 현저하게 불공정한 방법에 의한 주식의 발행'이 신주발행유지청구의 요건으로 규정되어 있으므로, 위와 같은 요건을 전환사채 발행의 무효원인으로 일응 고려할 수 있다고 하겠으나 다른 한편, 전환사채가 일단 발행되면 그 인수인의 이익을 고려할 필요가 있고 또 전환사채나 전환권의 행사에 의하여 발행된 주식은 유가증권으로서 유통되는 것이므로 거래의 안전을 보호하여야 할 필요가 크다고 할 것인데, 전환사채발행유지청구권은 위법한 발행에 대한 사전 구제수단임에 반하여, 전환사채발행무효의 소는 사후에 이를 무효로 함으로써 거래의 안전과 법적 안정성을 해칠 위험이 큰 점을 고려할 때, 그 무효원인은 가급적 엄격하게 해석하여야 하고, 따라서 법령이나 정관의 중대한 위반 또는 현저한 불공정이 있어 그것이 주식회사의 본질이나 회사법의 기본원칙에 반하거나 기존 주주들의 이익과 회사의 경영권 내지 지배권에 중대한 영향을 미치는 경우로서 전환사채와 관련된 거래의 안전, 주주 기타 이해관계인의 이익 등을 고려하더라도 도저히 묵과할 수 없는 정도라고 평가되는 경우에 한하여 전환사채의 발행 또는 그 전환권의 행사에 의한 주식의 발행을 무효로 할 수 있을 것이며, 그 무효원인을 회사의 경영권 분쟁이 현재 계속중이거나 임박해 있는 등 오직 지배권의 변경을 초래하거나 이를 저지할 목적으로 전환사채를 발행하였음이 객관적으로 명백한 경우에 한정할 것은 아니다.

[6] 전환사채의 인수인이 회사의 지배주주와 특별한 관계에 있는 자라거나 그 전환가액이 발행시점의 주가 등에 비추어 다소 낮은 가격이라는 것과 같은 사유는 일반적으로 전환사채발행유지청구의 원인이 될 수 있음은 별론으로 하고 이미 발행된 전환사채 또는 그 전환권의 행사로 발행된 주식을 무효화할 만한 원인이 되지는 못한다고 한 사례.

다. 등기절차

- 상법 제516의8조 제1항

[선례 304] 신주인수권부사채의 등기사항 중 신주인수권의 행사로 인하여 발행할 주식의 발행가액의 총액에 관한 등기

제정 2013. 1. 10. [상업등기선례 제2-68호, 시행]

1. 「상법」 제516조의8제1항제2호는 회사가 신주인수권부사채를 발행한 때에 신주인수권의 행사로 인하여 발행할 주식의 "발행가액의 총액"을 등기하도록 하고 있으므로 액면가액의 총액은 등기할 것이 아니다.
2. 신주인수권부사채에 부여된 신주인수권의 내용으로 발행가액 및 발행가액을 조정할 수

있는 조정산식을 정하여 이를 등기한 경우, 위 발행가액 또는 조정산식을 변경한 때에는 그 변경내용을 등기하여야 하지만 이 경우에도 신주인수권의 행사로 인하여 발행할 주식의 발행가액 총액이 변경되는 것은 아니므로 그에 따른 변경등기를 할 수 없을 것이다. (2013. 01. 10. 사법등기심의관-123 질의회답)

[선례 305] 전환사채의 등기사항 중 전환조건의 전환가격 변경등기

제정 1997. 6. 20. [상업등기선례 제1-214호(등기선례 제5-837호), 시행]

주식회사가 전환사채를 발행함에 있어 전환조건으로서 전환가액 및 전환가액을 조정할 수 있는 조정산식을 설정하여 이를 등기한 후 유상증자 등의 사유로 전환가액이 위 조정산식에 의하여 수정된 경우에는 그 수정된 전환가액으로의 변경등기를 하여야 할 것이다. (1997. 6. 20. 등기 3402-441 질의회답)

[선례 306] 신주인수권부사채의 등기사항 중 신주인수권의 행사로 인하여 발행할 주식의 발행가액의 총액에 관한 등기

제정 2013.01.10 [상업등기선례 제201301-2호, 시행]

1. 「상법」 제516조의8제1항제2호는 회사가 신주인수권부사채를 발행한 때에 신주인수권의 행사로 인하여 발행할 주식의 "발행가액의 총액"을 등기하도록 하고 있으므로 액면가액의 총액은 등기할 것이 아니다.
2. 신주인수권부사채에 부여된 신주인수권의 내용으로 발행가액 및 발행가액을 조정할 수 있는 조정산식을 정하여 이를 등기한 경우, 위 발행가액 또는 조정산식을 변경한 때에는 그 변경내용을 등기하여야 하지만 이 경우에도 신주인수권의 행사로 인하여 발행할 주식의 발행가액 총액이 변경되는 것은 아니므로 그에 따른 변경등기를 할 수 없을 것이다. (2013. 01. 10. 사법등기심의관-123 질의회답)

3. 신주인수권부사채에 관한 변경등기

가. 신주인수권부사채의 납입금액의 변경등기

- 상업등기규칙 제144조 제2항

나. 신주인수권부사채의 총액의 변경등기

[선례 307] 특허투자조합의 사채상환완료증명서에 업무집행조합원의 인감을 날인하고 그 인감증명을 첨부하여야 하는지 여부

제정 2007. 1. 10. [상업등기선례 제2-64호, 시행]

1. 전환사채를 발행한 회사가 그 사채를 전부 상환한 후 전환사채가 전부 상환되었음을 증명하는 서면으로서 사채권자의 확인서(이하, '사채상환완료증명서'라 한다)를 첨부하여 전환사채 등기의 말소를 신청하는 경우, 사채상환완료증명서에는 사채권자의 기명날인 또는 서명이 있어야 하지만 인감이 날인되거나 인감증명이 첨부되어야 하는 것은 아니다. 또, 사채상환완료증명서를 작성한 자가 사채권자임을 소명하기 위해 사채인수계약서 사본 등을 첨부하여야 하나 세무서장이 교부하는 고유번호증은 원칙적으로 첨부할 필요가 없다.
2. 위의 경우에 사채권자가 특허투자조합 1호(여신전문금융업법 제41조제3항, 제44조 참조)라면 그 업무집행조합원인 '주식회사 ○○○'이 업무집행조합원임을 표시하여 조합명의로 사채상환완료증명서를 작성할 수 있다. 이 때, '주식회사 ○○○'의 대표이사가 기명날인 또는 서명을 하게 되는데, 날인하는 인영에 대하여 특별한 제한은 없으므로 특허투자조합 1호의 도장이 있다면 그것으로 날인하여도 된다. (2007. 1. 10. 공탁상업등기과-44 질의회답)

다. 각 신주인수권부사채에 부여된 신주인수권의 내용의 변경등기

[선례 308] 전환사채의 등기사항 중 전환조건의 전환가격 변경등기

제정 1997. 6. 20. [상업등기선례 제1-214호(등기선례 제5-837호), 시행]

주식회사가 전환사채를 발행함에 있어 전환조건으로서 전환가액 및 전환가액을 조정할 수 있는 조정산식을 설정하여 이를 등기한 후 유상증자 등의 사유로 전환가액이 위 조정산식에 의하여 수정된 경우에는 그 수정된 전환가액으로의 변경등기를 하여야 할 것이다. (1997. 6. 20. 등기 3402-441 질의회답)

라. 신주인수권을 행사할 수 있는 기간의 변경등기

- 상법 제498조 제1항

[선례 309] 전환청구기간의 변경등기 여부 등

제정 2009. 6. 3. [상업등기선례 제2-67호, 시행]

주식회사가 전환사채를 발행한 후 청구기간의 변경등기를 신청하는 경우에는 그 기간이 적법하게 변경되었음을 증명하는 서면을 첨부해야 할 것이나 구체적으로 그 서면이 무엇인가는 정관의 규정이나 발행 방법에 따라 다르며, 반드시 주주총회특별결의가 필요한 것은 아니다. (2009. 6. 3. 사법등기심의관-1309 질의회답)

마. 신주인수권부사채의 말소등기

- 상업등기규칙 제144조 제2항

4. 신주인수권의 행사로 인한 변경등기

가. 신주인수권의 행사와 신주의 발행

(1) 행사방법

- 상법 제516의5조 제1항, 제516의9조 제1항 제2항, 제350조 제2항

(2) 주금의 납입

- 상법 제516의9조 제1항, 제3항, 제516의2조 제2항 제5호

(3) 신주인수권의 행사로 인하여 발행할 주식의 발행가액총액의 제한

- 상법 제516의2조 제3항

(4) 효력의 발생

- 상법 제516의10조

나. 등기절차

(1) 등기기간

- 상법 제516의11조, 제351조

(2) 첨부서면

(가) 신주인수청구서

- 상업등기규칙 제135조 제1호

(나) 주금납입보관증명서 또는 대용납입청구를 증명하는 서면

- 상업등기규칙 제135조 제2호

(3) 등록면허세·등기신청수수료 등의 납부

- 지방세법 제28조 제1항 제6호 가목, 바목, 제2항, 제151조 제1항 제2호
- 수수료규칙 제5의3조 제2항, 제5의5조 제4항

제22절 이익참가부사채의 등기

1. 이익참가부사채의 의의

- 상법 제469조 제2항 제1호
- 상법 시행령 제21조 제10항 제11항

[선례 310] 이익참가부전환사채가 등기능력이 있는지 여부

제정 2014.07.08 [상업등기선례 제201407-1호, 시행]

1. 회사는 이사회의 결의에 의하여 다양한 종류의 사채를 발행할 수 있지만, 등기할 수 있는 사채는 법률에 그 근거가 있어야 한다.
2. 전환사채와 이익참가부사채의 성질을 함께 가진 이익참가부전환사채의 발행이 가능한지 여부는 별론으로 하더라도, 발행될 경우에 그 등기를 하기 위하여는 법률에 근거가 있어야 한다. 또한, 이익참가부전환사채가 전혀 새로운 사채의 유형이 아닌 단순히 전환사채 또는 이익참가부사채의 한 종류로써 발행된다 하여도 올바른 공시를 목적으로 하는 현행 상업등기 제도 하에서는 결합사채에 대한 공시방법이 없으므로 등기할 수 없을 것이다. (2014. 7. 8. 사법등기심의관-2730 질의회답)

2. 이익참가부사채 발행의 등기

가. 이익참가부사채의 발행

- 상법 시행령 제21조 제1항 제2항

나. 등기절차

(1) 등기사항 등

- 상법 시행령 제21조 제10항, 제12항
- 상업등기규칙 제13조 제2항

(2) 첨부서면

- 상업등기규칙 제128조 제2항, 제144조 제1항

3. 이익참가부사채에 관한 변경등기 등

- 상법 시행령 제21조 제11항
- 상업등기규칙 제144조 제2항

제23절 전환형 조건부자본증권의 등기

1. 전환형 조건부자본증권의 발행과 전환 등

- 상법 제348조
- 자본시장법 제165조의11조
- 자본시장법 시행령 제176의12조 제1항, 제3항, 제5항, 제7항

2. 등기절차

- 자본시장법 시행령 제176의12조 제6항
- 상업등기규칙 제128조, 제144조, 제136조 제2항

제24절 해산의 등기

1. 회사의 해산

가. 해산의 의의

- 상법 제542조 제1항, 제245조

나. 해산사유

(1) 존립기간이 만료 기타 정관으로 정한 사유의 발생

- 상법 제517조 제1호, 제227조 제1호, 제317조 제2항 제4호

[선례 311] 사단법인의 정관에 정함이 없는 존립기간이 등기된 경우 그 처리방안

제정 2001. 10. 31. [상업등기선례 제1-332호(등기선례 제6-693호), 시행]

사단법인의 존립시기나 해산사유는 정관에 그 정함이 있을 경우에 등기하는 것인바, 정관에서 존립시기에 관한 규정이 없음에도 등기가 된 경우에는 유효한 등기사항이 아니므로 사단법인은 존립시기의 도래여부와는 상관없이 소명자료를 첨부하여 존립시기의 말소를 신청할 수 있으며, 위의 존립시기가 도래한 경우에도 해산등기 없이 다른 등기를 신청할 수 있다. (2001. 10. 31. 등기 3402-737 질의회답)

[선례 312] 합자회사 존립기간 만료전에 정관을 변경하여 존립기간을 폐지한 경우 변경등기 가부

제정 1994.06.03 [상업등기선례 제1-68호(등기선례 제4-863호), 시행]

합자회사의 존립기간이 1994. 4. 7.까지로 되어 있으나 그 이전에 총사원의 동의로 정관을 변경하여 위 존립기간을 폐지한 경우에는 비록 위 존립기간이 지난 후라 할 지라도 위 존립기간 폐지의 변경등기를 신청할 수 있을 것이며 해산등기후 회사계속등기를 신청하여야 하는 것은 아니다. (1994. 6. 3. 등기 3402-495 질의회답)

[선례 313] 주주총회의 특별결의로 존립기간을 폐지한 회사의 계속등기 방법 등

제정 1993. 11. 18. [상업등기선례 제1-256호(등기선례 제4-870호), 시행]
등기부상 주식회사 ○○상호신용금고의 존립기간만료일은 회사성립일(1969. 6. 13.)로부터 만 20년이 되는 1989. 6. 13.이라 할 것인데 존립기간 만료이전인 1989. 6. 13. 적법한 주주총회의 특별결의로 존립기간을 폐지하였다면 그 기간이 지났다 하더라도 해산된 것이 아니므로 회사를 계속하기 위하여는 존립기간변경등기만 하면 되고 해산등기 후 회사계속의 등기를 하여야 하는 것은 아니며, 주주총회가 적법한 것이 아니라면 존립기간만료로 해산된 것이므로 회사를 계속하기 위하여는 해산등기 후 회사계속의 등기를 하여야 한다. (1993. 11. 18. 등기 제2855호 질의회답)

[선례 314] 청산회사의 대표자

제정 1988.04.25 [상업등기선례 제1-272호(등기선례 제2-701호), 시행]
상법 부칙 제4조 제2항의 규정에 의한 해산간주는 법률의 규정에 의한 것이므로 해산을 위하여 별도로 주주총회의 결의를 거칠 필요는 없는 것이며, 회사가 해산한 때에 그 청산인은 원칙적으로 이사가 당연히 되는 것이지만 정관에서 따로 지정하거나 주주총회의 결의로 이사 이외의 자를 선임할 수 있다. (1988. 4. 25. 등기 제234호)

(2) 합병

- 상법 제530조 제2항, 제234조

(3) 파산

- 상법 제542조 제1항, 제254조 제4항
- 채무자회생법 제328조, 제298조
- 민법 제93조

(4) 법원의 해산명령 또는 해산판결

(가) 해산명령

- 상법 제176조 제1항, 제517조 제1호, 제227조 제6호

- 비송법 제90조, 제75조 제1항, 제92조, 제88조 제4항

[선례 315] 법원의 해산명령에 의한 해산등기 전에 임의로 해산등기와 청산인선임등기가 경료된 경우의 등기 처리

제정 1998. 3. 17. [상업등기선례 제1-275호(등기선례 제5-845호), 시행]
주식회사에 대하여 상법 제176조 의 규정에 의한 해산명령이 확정되면 그에 따른 등기가 경료되지 아니하더라도 동 회사는 당연히 해산되고, 해산 전의 대표이사는 그 권한을 상실하며 법원의 해산명령에 의한 해산등기는 법원의 촉탁에 의하도록 되어 있으므로, 주식회사에 대한 해산명령이 확정된 후에는 같은 회사가 임의로 주주총회의 결의에 의하여 해산하고 그에 따른 해산등기를 신청할 수는 없으나, 해산명령 확정 후 등기촉탁 전에 그러한 신청에 의한 해산등기와 청산인선임등기가 이미 경료되었다면, 그 등기는 비송사건절차법 제234조 제1항 제2호 에 해당되는 무효의 등기라고 할 것이므로, 해산명령을 한 법원의 촉탁이 있으면, 등기관은 먼저 비송사건절차법 제235조 내지 비송사건절차법 제237조 의 규정에 의하여 임의해산등기와 청산인선임등기를 직권말소한 후, 해산명령에 따른 해산등기를 경료하여야 할 것이다. (1998. 3. 17. 등기 3402-223 질의회답)

(나) 해산판결

- 상법 제517조 제1호, 제520조 제1항 제1호 제2호, 제186조, 제227조 제6호
- 비송법 제93조

[선례 316] 재산은 모두 처분되고 상호만 남은 주식회사에 대하여 채권자 등이 해산등기신청이나 직권폐쇄신청을 할 수 있는지 여부

제정 1998.10.02 [상업등기선례 제1-276호(등기선례 제5-846호), 시행]
주식회사가 경영부실로 부도되어 회사재산은 모두 경매 등으로 처분되고 상호만 남아 있는 경우라 할지라도, 상법이 정하고 있는 주주총회의 결의 및 권한 있는 자의 신청 등 적법한 절차를 밟지 아니하고서는, 신청권자가 아닌 채권자, 이해관계인 또는 연고권자(종전 대표이사 직무대행자 등)가 위 주식회사의 해산등기신청 또는 직권폐쇄신청을 할 수는 없다. (1998. 10. 2. 등기 3402-957 질의회답)

(5) 분할 또는 분할합병

- 상법 제530의11조, 제528조 제1항, 제234조

(6) 주주총회의 결의

- 상법 제518조
- 은행법 제55조 제1항 제2호
- 보험업법 제138조, 제139조
- 상호저축은행법 제10조 제1항 제1호
- 자본시장법 제417조 제1항 제3호

[판례 1] 종중총회결의무효확인 (대법원 2010. 2. 11. 선고 2009다70395 판결)

【판시사항】

법인 등 대표자의 직무대행자가 선임된 상태에서 적법하게 소집된 총회의 결의에 따라 피대행자의 후임자가 새로 선출된 경우, 총회에서 선임된 후임자가 대표권을 가지는지 여부(소극)

【판결요지】

가처분재판에 의하여 법인 등 대표자의 직무대행자가 선임된 상태에서 피대행자의 후임자가 적법하게 소집된 총회의 결의에 따라 새로 선출되었다 해도 그 직무대행자의 권한은 위 총회의 결의에 의하여 당연히 소멸하는 것은 아니므로 사정변경 등을 이유로 가처분결정이 취소되지 않는 한 직무대행자만이 적법하게 위 법인 등을 대표할 수 있고, 총회에서 선임된 후임자는 그 선임결의의 적법 여부에 관계없이 대표권을 가지지 못한다.

[판례 2] 주주총회결의취소 (대법원 2007. 6. 28. 선고 2006다62362 판결)

【판시사항】

[1] 상법 제408조 제1항이 규정하는 회사의 '상무'의 의미 및 대표이사 직무대행자가 회사의 경영 및 지배에 영향을 미칠 수 있는 사항이 안건으로 포함된 정기주주총회를 법원의 허가 없이 소집하여 결의한 경우 결의취소사유에 해당하는지 여부(적극)
[2] 주주총회의 특별결의에 의하여 정관변경이 이루어진 경우, 정관변경의 등기 내지 공증인의 인증 여부와 관계없이 정관변경의 효력이 발생하는지 여부(적극)

【판결요지】

[1] 상법 제408조 제1항이 규정하는 회사의 '상무'라 함은 일반적으로 회사에서 일상 행해져야 하는 사무, 회사가 영업을 계속함에 있어서 통상 행하는 영업범위 내의 사무

또는 회사경영에 중요한 영향을 주지 않는 통상의 업무 등을 의미하고, 어느 행위가 구체적으로 이 상무에 속하는가 하는 것은 당해 회사의 기구, 업무의 종류·성질, 기타 제반 사정을 고려하여 객관적으로 판단되어야 할 것인바, 직무대행자가 정기주주총회를 소집함에 있어서도 그 안건에 이사회의 구성 자체를 변경하는 행위나 상법 제374조의 특별결의사항에 해당하는 행위 등 회사의 경영 및 지배에 영향을 미칠 수 있는 것이 포함되어 있다면 그 안건의 범위에서 정기총회의 소집이 상무에 속하지 않는다고 할 것이고, 직무대행자가 정기주주총회를 소집하는 행위가 상무에 속하지 아니함에도 법원의 허가 없이 이를 소집하여 결의한 때에는 소집절차상의 하자로 결의취소사유에 해당한다.

[2] 주식회사의 원시정관은 공증인의 인증을 받음으로써 효력이 생기는 것이지만 일단 유효하게 작성된 정관을 변경할 경우에는 주주총회의 특별결의가 있으면 그때 유효하게 정관변경이 이루어지는 것이고, 서면인 정관이 고쳐지거나 변경 내용이 등기사항인 때의 등기 여부 내지는 공증인의 인증 여부는 정관변경의 효력발생에는 아무 영향이 없다.

(7) 휴면회사의 해산간주

- 상법 제520의2조 제1항

(8) 영업허가의 취소 등

- 은행법 제56조 제2항
- 보험업법 제137조 제1항 제6호
- 상호저축은행법 제21조 제1호
- 자본시장법 제202조 제1항 제6호, 제420조 제2항

다. 해산의 효과

(1) 청산절차의 개시

- 상법 제530조 제1항, 제234조, 제530의11조 제1항
- 채무자회생법 제313조, 제23조

[판례 3] 소유권이전등기말소등 (대법원 1981. 9. 8. 선고 80다2511 판결)

【판시사항】

가. 일시이사 및 일시대표이사의 자격

나. 일시이사 및 일시대표이사가 청산인 및 대표청산인의 자격이 있는지의 여부(적극)
다. 해산등기 및 청산인 취임등기의 대항력
라. 대표청산인이 청산인회의 승인없이 회사로부터 회사재산을 매수하여 제 3 자에게 매도한 경우 회사가 제3 취득자를 상대로 대표청산인의 위 매수행 위의 무효를 주장하기 위한 요건
마. 대표청산인이 청산인회의 승인없이 회사로부터 회사 부동산을 매수하여 제3자에게 매도 하였으나 회사가 제 3 취득자를 상대로 한, 대표청산인의 위 매수행위의 무효를 원인으로 한 이전등기말소청구가 기각되는 경우에 회사가 대표청산인을 상대로 한 이전등기말소청구소송의 소의 이익 유무(소극)

【판결요지】

가. 주식회사의 이사 및 대표이사 전원이 결원인 경우에 법원이 선임하는 일시이사 및 일시대표이사의 자격에는 아무런 제한이 없으므로 동 회사와 무슨 이해관계가 있는 자만이 일시이사 등으로 선임될 자격이 있는 것이 아니다.
나. 주식회사가 해산(상법시행법 제15조 제3항에 의하여 해산간주 된 경우를 포함)한 경우(합병 또는 파산의 경우 제외)에 정관에 다른 규정이 있거나 주주총회에서 타인을 선임한 때를 제외하고는 해산 당시의 일시이사 및 일시대표이사는 청산인 및 대표청산인이 된다.
다. 주식회사의 해산등기 및 청산인등기는 제3자에 대한 대항요건에 불과하므로 상법시행법 제15조 제3항에 의한 해산간주에 따른 해산등기 및 상법 제531조 제1항에 의한 당연청산인 취임등기가 없다 하여도 동 해산 및 대표청산인의 자격에 아무런 소장이 없다.
라. 주식회사의 이사 또는 청산인이 이사회 또는 청산인회의 승인없이 회사를 대표하여 자기를 위하여 회사 이외의 제3자와의 사이에 회사와 이해상반하는 거래를 한 경우 및 회사와 직접 거래하여 취득한 목적물을 제3자에게 매도한 경우에 회사는 당해 이사 또는 청산인에 대하여는 이사회 또는 청산인회의 승인이 없었다는 이유로 그 행위의 무효를 주장할 수 있지만, 위 제3자에 대하여는 그 거래에 대하여 이사회 또는 청산인회의 승인이 없었다는 것 외에 상대방인 제3자가 악의라는 사실을 주장 입증하여야만 비로소 그 무효를 제3자에게 주장할 수 있다.
마. 주식회사의 청산인이 청산인회의 승인없이 회사소유 부동산을 매수하여 타에 매도한 경우에 회사의 제3취득자에 대한 동 부동산소유권이전등기청구가 청산인회의 승인이 없었다는 점에 관한 제3취득자의 악의를 입증하지 못하여 기각되는 때에는 위 청산인에 대한 관계에 있어서도 청산인회의 승인이 없다는 무효주장으로 동 부동산소유권이전등기의 말소를 구할 이익이 없다.

2. 등기절차

가. 등기사항

- 상법 제521의2조, 제228조
- 상업등기법 제60조 제1항
- 상업등기규칙 제88조, 제145조
- 채무자회생법 제23조 제1항 제2항

나. 등기신청인

(1) 대표청산인

- 상업등기법 제23조 제1항, 제73조

[선례 317] 존립시기 만료로 인한 해산등기를 당해 법인에 대한 채권자가 신청할 수 있는지 여부 등

제정 2005. 7. 25. [상업등기선례 제2-101호, 시행]

1. 사단법인의 존립시기가 설립 당시부터 정하여지지 아니하였거나 설립이후 존립시기가 적법하게 폐지되었다면, 당해 법인은 존립시기를 정하지 않은 사단법인으로서 별도의 해산사유가 발생하지 않는 한 유효하게 존속하는 법인이다.
2. 존립시기 만료로 인한 해산등기는 사단법인을 대표할 자가 신청하여야 하므로 당해 법인에 대한 채권자가 해산등기를 신청할 수는 없을 것이다.

(2005. 7. 25. 공탁법인과-329 질의회답)

---

(2) 법원 등의 촉탁 등

- 상업등기법 제73조
- 비송법 제93조
- 보험업법 제137조 제2항
- 자본시장법 제202조 제9항 제1호
- 채무자회생규칙 제9조 제1항

다. 첨부서면

(1) 주주총회의사록

- 상업등기규칙 제128조 제2항

(2) 정관

- 상업등기규칙 제128조 제1항, 제154조 제1항, 제106조 제2항

[선례 318] 존립시기 만료로 인한 해산등기를 당해 법인에 대한 채권자가 신청할 수 있는지 여부 등

제정 2005.07.25 [상업등기선례 제200507-2호, 시행]

1. 사단법인의 존립시기가 설립 당시부터 정하여지지 아니하였거나 설립이후 존립시기가 적법하게 폐지되었다면, 당해 법인은 존립시기를 정하지 않은 사단법인으로서 별도의 해산사유가 발생하지 않는 한 유효하게 존속하는 법인이다.
2. 존립시기 만료로 인한 해산등기는 사단법인을 대표할 자가 신청하여야 하므로 당해 법인에 대한 채권자가 해산등기를 신청할 수는 없을 것이다.

(2005. 7. 25. 공탁법인과-329 질의회답)

[선례 319] 청산회사의 대표자

제정 1987.09.29 [상업등기선례 제1-271호(등기선례 제2-704호), 시행]

회사가 해산되면 청산의 목적범위 내에서만 존속하게 되어 영업의 담당자인 이사는 그 지위를 잃고 청산인(상법 제531조 참조)이 청산사무의 집행과 청산회사를 대표하게 되므로, 청산회사 명의로 하는 등기신청은 청산인이 하여야 할 것이다. (1987. 9. 29. 등기 제574호)

---

(3) 행정관청의 인가서

- 은행법 제55조 제1항 제2호
- 보험업법 제138조, 제139조
- 상호저축은행법 제10조 제1항 제1호

(4) 재판의 등본 등

- 비송법 제108조, 제202조 제9항 제1호

(5) 대표청산인의 자격을 증명하는 서면

- 상업등기규칙 제154조 제1항, 제106조 제1항

라. 등록면허세 · 등기신청수수료 등의 납부

- 제지방세법 제28조 제1항 제6호 바목, 제151조 제1항 제2호
- 수수료규칙 제5의3조 제2항, 제5의5조 제4항, 제7조 제3항

3. 휴면회사의 해산간주 등에 관한 사무처리

가. 휴면회사의 해산간주등기

(1) 공고통지서 및 휴면회사목록의 작성

- 상법 제520의2조 제2항

(2) 직권에 의한 해산등기의 수행

- 상법 제520의2조 제1항
- 상업등기법 제73조 제1항 제3항
- 상업등기규칙 제88조, 제145조
- 예규 제1556호 별지5호, 제11조 제3항, 제7조 제1항 제2항 제4항

(3) 인감에 관한 기록의 정리 등

- 예규 제1556호 제7조 제3항, 제8조
- 예규 제1615호 3. 라. 1

나. 휴면회사의 청산인에 관한 등기

(1) 청산인의 결정

- 상법 제531조 제1항, 제2항

[선례 320] 법정청산인의 등기에 필요한 서면과 대표청산인 변경등기 방법

제정 2014.04.21 [상업등기선례 제201404-2호, 시행]

1. 주식회사의 법정청산인은 법률에 의하여 당연히 청산인 또는 대표청산인의 지위를 취득하는 것이므로 청산인등기를 하기 위해 별도의 주주총회의사록이나 취임승낙을 증명하는 서면 등은 필요하지 않으나, 정관에 청산인에 관하여 정함이 없다는 것을 증명하기 위하여 정관을 첨부하여야 한다.
2. 해산간주 상태인 회사가 청산인회 결의로 대표청산인을 해임한 경우, 새로 선임된 대표청산인의 변경등기(취임등기 및 해임등기)를 신청하기 위해서는 그 전제로서 종전의 법정청산인의 등기를 선행하거나 동시에 하여야 한다. (2014. 4. 21. 사법등기심의관 −1715 질의회답)

(2) 등기절차

- 상업등기법 제23조 제1항, 제73조 제1항
- 예규 제1556호 제7조 제2항

[선례 321] 해산간주된 회사의 해산 및 청산 절차

제정 1993.05.24 [상업등기선례 제1-274호(등기선례 제3-962호), 시행]

회사가 상법 부칙 제4조 제2항의 규정에 의하여 해산간주된 경우에는 정관에 다른 정함이 없거나 주주총회에서 타인을 선임한 외에는 이사가 청산인이 되고 그 대표청산인이 상법 및 비송사건절차법의 규정에 따라 해산등기를 한 후(해산을 위하여 별도로 주주총회 결의를 거칠 필요는 없음), 그 청산이 종결되면 청산종결의 등기를 하게 되는 것이다. (1993. 5. 24. 등기 제1234호)

다. 휴면회사의 회사계속의 등기

(1) 회사의 계속

- 상법 제520의2조 제3항

[선례 322] 해산의 등기를 한 후 10년이 경과한 주식회사의 회사계속등기 가부

제정 2000. 6. 21. [상업등기선례 제1-258호(등기선례 제6-677호), 시행]
상법 제520조의2조 제1항에 의하여 해산한 것으로 간주된 휴면회사는 해산한 것으로 간주된 후 3년 이내에는 상법 제434조 의 결의에 의하여 회사를 계속할 수 있으나(상법 제520조의2 제3항), 그 기간동안 회사계속의 결의를 하지 않아 상법 제520조의2조 제4항에 의하여 청산이 종결된 것으로 간주된 경우에는 회사를 계속할 수 없다. (2000. 6. 21. 등기 3402-438 질의회답)

[선례 323] 상법 제520조의2(휴면회사의 해산)의 규정에 의하여 직권에 의한 해산 및 청산종결등기가 경료된 주식회사에 있어서 잔여재산이 남아있는 경우 그 처리방법 등

제정 2004. 6. 9. [상업등기선례 제1-281호(등기선례 제200406-11호), 시행]
상법 제520조의2 (휴면회사의 해산)의 규정에 의하여 직권에 의한 해산 및 청산종결등기가 경료된 주식회사의 경우, 회사계속등기를 할 수는 없으나, 잔여재산이 남아 있는 경우에는 등기용지 폐쇄일로부터 20년이 경과하지 아니하였다면, 청산사무가 종결되지 않았음을 증명하여 청산종결등기의 말소등기를 신청함으로써 폐쇄된 등기용지를 부활시키고 청산종결등기를 말소한 다음, 청산인 등기를 하는 등 청산절차를 진행할 수 있을 것이다. (2004. 6. 9. 공탁법인 3402-131 질의회답)

[판례 4] 소유권이전등기말소등 (대법원 1981. 9. 8. 선고 80다2511 판결)

【판시사항】

가. 일시이사 및 일시대표이사의 자격
나. 일시이사 및 일시대표이사가 청산인 및 대표청산인의 자격이 있는지의 여부(적극)
다. 해산등기 및 청산인 취임등기의 대항력
라. 대표청산인이 청산인회의 승인없이 회사로부터 회사재산을 매수하여 제 3 자에게 매도한 경우 회사가 제3 취득자를 상대로 대표청산인의 위 매수행 위의 무효를 주장하기 위한 요건
마. 대표청산인이 청산인회의 승인없이 회사로부터 회사 부동산을 매수하여 제3자에게 매도 하였으나 회사가 제 3 취득자를 상대로 한, 대표청산인의 위 매수행위의 무효를 원인으로 한 이전등기말소청구가 기각되는 경우에 회사가 대표청산인을 상대로 한 이전등기말소청구소송의 소의 이익 유무(소극)

【판결요지】

가. 주식회사의 이사 및 대표이사 전원이 결원인 경우에 법원이 선임하는 일시이사 및 일시대표이사의 자격에는 아무런 제한이 없으므로 동 회사와 무슨 이해관계가 있는 자만이 일시이사 등으로 선임될 자격이 있는 것이 아니다.

나. 주식회사가 해산(상법시행법 제15조 제3항에 의하여 해산간주 된 경우를 포함)한 경우(합병 또는 파산의 경우 제외)에 정관에 다른 규정이 있거나 주주총회에서 타인을 선임한 때를 제외하고는 해산 당시의 일시이사 및 일시대표이사는 청산인 및 대표청산인이 된다.

다. 주식회사의 해산등기 및 청산인등기는 제3자에 대한 대항요건에 불과하므로 상법시행법 제15조 제3항에 의한 해산간주에 따른 해산등기 및 상법 제531조 제1항에 의한 당연청산인 취임등기가 없다 하여도 동 해산 및 대표청산인의 자격에 아무런 소장이 없다.

라. 주식회사의 이사 또는 청산인이 이사회 또는 청산인회의 승인없이 회사를 대표하여 자기를 위하여 회사 이외의 제3자와의 사이에 회사와 이해상반하는 거래를 한 경우 및 회사와 직접 거래하여 취득한 목적물을 제3자에게 매도한 경우에 회사는 당해 이사 또는 청산인에 대하여는 이사회 또는 청산인회의 승인이 없었다는 이유로 그 행위의 무효를 주장할 수 있지만, 위 제3자에 대하여는 그 거래에 대하여 이사회 또는 청산인회의 승인이 없었다는 것 외에 상대방인 제3자가 악의라는 사실을 주장 입증하여야만 비로소 그 무효를 제3자에게 주장할 수 있다.

마. 주식회사의 청산인이 청산인회의 승인없이 회사소유 부동산을 매수하여 타에 매도한 경우에 회사의 제3취득자에 대한 동 부동산소유권이전등기청구가 청산인회의 승인이 없었다는 점에 관한 제3취득자의 악의를 입증하지 못하여 기각되는 때에는 위 청산인에 대한 관계에 있어서도 청산인회의 승인이 없다는 무효주장으로 동 부동산소유권이전등기의 말소를 구할 이익이 없다.

라. 휴면회사의 청산종결간주등기

(1) 청산종결의 간주

- 상법 제520의2조 제4항

(2) 직권에 의한 청산종결간주등기의 수행

- 상법 제520의2조 제4항
- 상업등기법 제73조 제1항 제4항,
- 상업등기규칙 제116조 제1항 제4호
- 예규 제1556호 제10조 제1항

(3) 지점등기기록에 대한 청산종결가주등기

- 상업등기법 제73조 제2항 제3항 제4항
- 예규 제1556호 제11조 제1항 제4항

(4) 청산종결간주등기의 말소와 등기기록의 부활

- 상법 제520의2조 제3항
- 상업등기법 제77조 제2호
- 상업등기규칙 제58조 제2항, 제170조 제1항

[판례 5] 보상금압류처분취소 (대법원 2001. 7. 13. 선고 2000두5333 판결)

【판시사항】

[1] 국세징수법상 압류등기가 된 부동산을 양도받아 소유권이전등기를 마친 취득자가 압류해제신청을 하였으나 거부처분이 있는 경우, 그 취소를 구할 법률상 이익이 있는지 여부(적극)

[2] 결손처분의 취소에 있어서 통지가 그 효력발생요건인지 여부(적극)

[3] 해산 및 청산종결 간주된 휴면회사의 소멸 여부

[4] 납세자에 대한 통지를 누락하여 효력이 발생하지 않은 결손처분의 취소로 인하여 압류해제거부처분이 위법하게 된 경우, 사후의 결손처분의 취소 통지로써 그 압류해제거부처분의 하자가 치유되지 않는다고 한 사례

【판결요지】

[1] 국세징수법상의 압류등기가 된 부동산을 양도받아 그 이름으로 소유권이전등기를 마친 부동산취득자는 같은 법 제24조 제5항 및 제53조의 압류해제의 요건이 충족되었음을 이유로 세무서장에게 압류해제의 신청을 할 수 있고, 그 압류해제신청을 거부한 행정처분이 있는 경우 그 행정처분의 취소를 구할 법률상 이익이 있다.

[2] 결손처분의 취소는 결손처분에 의하여 일단 소멸된 납세의무를 부활시켜 다시 체납처분을 가능하게 하는 행정처분으로서 법령상 그 결손처분취소의 고지절차에 대하여 아무런 규정을 두고 있지 아니하지만, 납세자로서는 결손처분이 취소되면 다시 납세의 부담을 지는 불이익을 당하게 되는 것이므로, 조세법률주의의 원칙에 비추어 조세행정의 명확성과 납세자의 법적 안정성과 예측가능성을 보장하기 위하여 그 처분의 취소는 납세고지절차, 혹은 징수유예의 취소절차에 준하여 적어도 그 취소의 사유와 범위를 구체적으로 특정한 서면에 의하여 납세자에게 통지함으로써 그 효력이 발생한다.

[3] 상법 제520조의2의 규정에 의하여 주식회사가 해산되고 그 청산이 종결된 것으로 보

게 되는 회사라도 어떤 권리관계가 남아 있어 현실적으로 정리할 필요가 있으면 그 범위 내에서는 아직 완전히 소멸하지 아니한다.

[4] 납세자에 대한 통지를 누락하여 효력이 발생하지 않은 결손처분의 취소로 인하여 압류해제거부처분이 위법하게 된 경우, 사후의 결손처분의 취소 통지로써 그 압류해제거부처분의 하자가 치유되지 않는다고 한 사례.

[선례 324] 자본감소와 발행예정주식총수의 변경등기 외

제정 2006. 11. 23. [상업등기선례 제2-41호, 시행]

1. 상법 제340조의2 의 규정에 의한 주식매수선택권을 행사하여 신주를 인수한 자는 행사 가액의 전액을 납입한 때에 주주가 된다(상법 제340조의5 , 제516조의9 전단).
2. 주식을 소각하거나 병합하는 방법으로 자본을 감소(상법 제343조 제1항 본문, 제440조 , 제441조)하는 경우, 상환주식을 상환하는 경우(상법 제345조), 정관의 정한 바에 의하여 주주에게 배당할 이익으로써 주식을 소각하는 경우(상법 제343조 제1항 단서), 정기총회에서 특별결의에 의하여 주식을 매수하여 소각하는 경우(상법 제343조의2) 등에는 감소된 주식수만큼 회사가 발행할 주식의 총수(상법 제317조 제2항 제1호 . 이하 '발행예정주식총수'라 한다)도 감소한다. 따라서, 회사는 발행한 주식의 총수(이하, '발행주식총수'라 한다)의 변경등기뿐 아니라 발행예정주식총수의 변경등기도 신청하여야 한다(상법 제317조 제2항 , 제4항 , 제183조).
   ① 위의 경우에 발행예정주식총수의 변경등기는 발행주식총수의 변경등기와 동시에 신청하는 것이 바람직하나, 동시에 신청할 것을 강제하는 규정(비송사건절차법 제184조 제2항 , 제159조 제12호 , 상업등기처리규칙 제66조 등)이 없으므로 발행주식총수의 변경등기가 경료된 후에 신청하더라도 등기관은 수리하여야 한다.
   ② 자본감소 등에 의해 발행예정주식총수가 감소하였음이 발행주식총수 변경등기신청서의 첨부서면이나(동시에 신청하는 경우) 등기부에 의해(발행주식총수의 변경등기가 경료된 후에 신청하는 경우) 명백하게 나타나는 경우에는, 그 변경을 증명하는 서면을 따로 첨부할 필요가 없다. 다만, 발행예정주식총수에 관하여 다른 정함이 있는지 여부를 등기관이 확인할 수 있도록 하기 위해 정관을 첨부하여야 한다.
   ③ 등기예규 제1038호 3.의 취지에 비추어 볼 때, 발행주식총수의 변경등기와 발행예정주식총수의 변경등기를 같은 신청서에 의해 함께 신청한다면 발행주식총수의 변경등기에 필요한 등록세(지방세법 제137조 제1항 제6호)만을 납부하면 될 것이다.
3. 상법 제520조의2(휴면회사의 해산) 제4항 의 규정에 의하여 청산이 종결된 것으로 보는 주식회사(이하, '청산종결 간주된 회사'라 합니다)도 청산사무가 종결되지 않았음을 소명하여 청산종결등기의 말소를 신청할 수 있다(비송사건절차법 제234조 제1항 제2호). 청산종결등기의 말소 신청이 있으면 등기관은 그 등기용지를 부활하고 청산종결등기를 말소한다(상업등기처리규칙 제53조). 또한, 청산종결 간주된 회사라도 어떤

권리관계가 남아 있어 현실적으로 정리할 필요가 있으면 그 범위 내에서는 아직 완전히 소멸하지 아니하고 청산의 목적범위 내에서 여전히 존속하는데, 이러한 경우 그 회사의 해산 당시의 이사는 정관에 다른 규정이 있거나 주주총회에서 따로 청산인을 선임하지 아니한 경우에 청산인이 되는 것이므로(대법원 1994. 5. 27. 선고 94다7607 판결 등 참조), 주주총회에서 청산인을 선임할 수 있다. (2006. 11. 23. 공탁상업등기과-1315 질의회답)

[선례 325] 해산의 등기를 한 후 10년이 경과한 주식회사의 회사계속등기 가부

제정 2000. 6. 21. [상업등기선례 제1-258호(등기선례 제6-677호), 시행]
상법 제520조의2조 제1항에 의하여 해산한 것으로 간주된 휴면회사는 해산한 것으로 간주된 후 3년 이내에는 상법 제434조 의 결의에 의하여 회사를 계속할 수 있으나(상법 제520조의2 제3항), 그 기간동안 회사계속의 결의를 하지 않아 상법 제520조의2조 제4항에 의하여 청산이 종결된 것으로 간주된 경우에는 회사를 계속할 수 없다. (2000. 6. 21. 등기 3402-438 질의회답)

[선례 326] 상법 제520조의2(휴면회사의 해산)의 규정에 의하여 직권에 의한 해산 및 청산종결등기가 경료된 주식회사에 있어서 잔여재산이 남아있는 경우 그 처리방법 등

제정 2004. 6. 9. [상업등기선례 제1-281호(등기선례 제200406-11호), 시행]
상법 제520조의2 (휴면회사의 해산)의 규정에 의하여 직권에 의한 해산 및 청산종결등기가 경료된 주식회사의 경우, 회사계속등기를 할 수는 없으나, 잔여재산이 남아 있는 경우에는 등기용지 폐쇄일로부터 20년이 경과하지 아니하였다면, 청산사무가 종결되지 않았음을 증명하여 청산종결등기의 말소등기를 신청함으로써 폐쇄된 등기용지를 부활시키고 청산종결등기를 말소한 다음, 청산인 등기를 하는 등 청산절차를 진행할 수 있을 것이다. (2004. 6. 9. 공탁법인 3402-131 질의회답)

마. 기록의 보존 등

- 예규 제1556호 제12조, 제13조 별지 제6-1호, 제6-2호

제25절 회사계속의 등기

1. 회사의 계속

가. 회사계속의 의의

- 상법 제519조, 제520의2조 제3항

[선례 327] 해산의 등기를 한 후 10년이 경과한 주식회사의 회사계속등기 가부

제정 1994.09.12 [상업등기선례 제1-257호(등기선례 제4-872호), 시행]
주식회사가 주주총회의 결의에 의하여 해산을 한 경우 주주총회의 특별결의에 의하여 회사를 계속할 수 있는바(제519조 참조), 이 경우 해산등기를 한 후 10년이 경과한 경우라도 가능하다고 생각되나, 청산절차의 종료에 의하여 회사가 소멸한 경우에는 회사를 계속할 수 없다. (1994. 9. 12. 등기 3402-1115 질의회답)

나. 회사계속을 할 수 있는 시기

- 상법 제250의2조 제3항

[선례 328] 해산간주된 휴면회사의 회사의 계속 가부

제정 1988. 12. 12. [상업등기선례 제1-255호(등기선례 제2-702호), 시행]
휴면회사(상법 제520의2 제1항 참조)로서 자본금액이 5천만원 이상인 회사는 해산간주된 날로부터 3년 이내에는 주주총회의 특별결의(상법 제434조)에 의하여 회사를 계속 할 수 있다. (1988. 12. 12. 등기 제693호)

[선례 329] 해산의 등기를 한 후 10년이 경과한 주식회사의 회사계속등기 가부

제정 2000. 6. 21. [상업등기선례 제1-258호(등기선례 제6-677호), 시행]
상법 제520조의2조 제1항에 의하여 해산한 것으로 간주된 휴면회사는 해산한 것으로 간주된 후 3년 이내에는 상법 제434조 의 결의에 의하여 회사를 계속할 수 있으나(상법 제

520조의2 제3항), 그 기간동안 회사계속의 결의를 하지 않아 상법 제520조의2조 제4항에 의하여 청산이 종결된 것으로 간주된 경우에는 회사를 계속할 수 없다. (2000. 6. 21. 등기 3402-438 질의회답)

[선례 330] 회사해산명령에 의하여 해산된 회사의 계속등기 가부

제정 1982.11.20 [상업등기선례 제1-253호(등기선례 제1-882호), 시행]
회사의 해산명령에 의하여 해산등기를 경료하였으나 아직 청산종결을 하지 아니한 회사는 회사계속의 등기를 할 수 없다. (1982. 11. 20. 등기 제429호)

[선례 331] 회사해산명령에 의하여 해산된 회사의 계속등기 가부

제정 1985.05.25 [상업등기선례 제1-254호(등기선례 제1-882호), 시행]
주식회사는 존립기간의 만료로 해산되나(상법 제517조 제1호, 제227조 제1호), 상법 제434조의 규정에 의한 주주총회의 특별결의로써 회사를 계속할 수 있고(상법 제519조), 그 결의에 따라 존립기간 등에 관한 변경등기신청을 할 수 있다. 그러나 존립기간 만료일로부터 본점소재지에서는 2주간내, 지점소재지에서는 3주간내에 해산등기를 하여야 하는 것이므로(상법 제530조 제1항, 제228조), 이 등기를 해태한 경우에는 과태료의 처분을 받게 된다(상법 제635조 제1항 제1호). (1985. 5. 25. 등기 제275호)

다. 회사계속의 절차

(1) 회사계속의 결의

- 상법 제519조, 제520의2조 제3항
- 채무자회생법 제538조, 제540조, 제35조, 제55조 제1항 제6호

(2) 새로운 이사・대표이사의 선임

- 상법 제383조 제1항

[판례 1] 가처분이의 (대법원 1997. 9. 9. 선고 97다12167 판결)

【판시사항】

[1] 주식회사의 청산인 직무집행정지 및 직무대행자선임 가처분결정 후 주주총회에서 회사 계속의 결의 및 새로운 이사 선임 결의가 있은 경우, 청산인 직무대행자의 권한이 당연히 소멸하는지 여부(소극)

[2] 청산인 직무집행정지 가처분결정 후 주주총회에서 회사계속의 결의 및 새로운 이사 선임 결의가 있은 경우 직무집행이 정지되었던 청산인이 사정변경을 이유로 한 가처분이의의 소를 제기할 수 있는지 여부(적극)

【판결요지】

[1] 청산 중인 주식회사의 청산인을 피신청인으로 하여 그 직무집행을 정지하고 직무대행자를 선임하는 가처분결정이 있은 후, 그 선임된 청산인 직무대행자가 주주들의 요구에 따라 소집한 주주총회에서 회사를 계속하기로 하는 결의와 아울러 새로운 이사들과 감사를 선임하는 결의가 있었다고 하여, 그 주주총회의 결의에 의하여 청산인 직무대행자의 권한이 당연히 소멸하는 것은 아니다.

[2] 청산인 직무집행정지 및 직무대행자 선임의 가처분결정이 있은 후 소집된 주주총회에서 회사를 계속하기로 하는 결의 및 새로운 이사들과 감사를 선임하는 결의가 있었다면, 특별한 사정이 없는 한 위 주주총회의 결의에 의하여 위 직무집행정지 및 직무대행자선임의 가처분결정은 더 이상 유지할 필요가 없는 사정변경이 생겼다고 할 것이므로, 위 가처분에 의하여 직무집행이 정지되었던 피신청인으로서는 그 사정변경을 이유로 가처분이의의 소를 제기하여 위 가처분의 취소를 구할 수 있다.

라. 회사계속의 효과

- 채무자회생법 제538조, 제540조

[판례 2] 가처분이의 (대법원 1997. 9. 9. 선고 97다12167 판결)

【판시사항】

[1] 주식회사의 청산인 직무집행정지 및 직무대행자선임 가처분결정 후 주주총회에서 회사 계속의 결의 및 새로운 이사 선임 결의가 있은 경우, 청산인 직무대행자의 권한이 당연히 소멸하는지 여부(소극)

[2] 청산인 직무집행정지 가처분결정 후 주주총회에서 회사계속의 결의 및 새로운 이사 선임 결의가 있은 경우 직무집행이 정지되었던 청산인이 사정변경을 이유로 한 가처분이의의 소를 제기할 수 있는지 여부(적극)

【판결요지】

[1] 청산 중인 주식회사의 청산인을 피신청인으로 하여 그 직무집행을 정지하고 직무대행자를 선임하는 가처분결정이 있은 후, 그 선임된 청산인 직무대행자가 주주들의 요구

에 따라 소집한 주주총회에서 회사를 계속하기로 하는 결의와 아울러 새로운 이사들과 감사를 선임하는 결의가 있었다고 하여, 그 주주총회의 결의에 의하여 청산인 직무대행자의 권한이 당연히 소멸하는 것은 아니다.

[2] 청산인 직무집행정지 및 직무대행자 선임의 가처분결정이 있은 후 소집된 주주총회에서 회사를 계속하기로 하는 결의 및 새로운 이사들과 감사를 선임하는 결의가 있었다면, 특별한 사정이 없는 한 위 주주총회의 결의에 의하여 위 직무집행정지 및 직무대행자선임의 가처분결정은 더 이상 유지할 필요가 없는 사정변경이 생겼다고 할 것이므로, 위 가처분에 의하여 직무집행이 정지되었던 피신청인으로서는 그 사정변경을 이유로 가처분이의의 소를 제기하여 위 가처분의 취소를 구할 수 있다.

2. 등기절차

가. 등기기간

- 상법 제521의2조, 제229조 제3항

나. 등기사항

- 상업등기법 제61조
- 상업등기규칙 제154조 제1항, 제109조 제1항

[선례 332] 회사해산명령에 의하여 해산된 회사의 계속등기 가부

제정 1985.05.25 [상업등기선례 제1-254호(등기선례 제1-882호), 시행]

주식회사는 존립기간의 만료로 해산되나(상법 제517조 제1호, 제227조 제1호), 상법 제434조의 규정에 의한 주주총회의 특별결의로써 회사를 계속할 수 있고(상법 제519조), 그 결의에 따라 존립기간 등에 관한 변경등기신청을 할 수 있다. 그러나 존립기간 만료일로부터 본점소재지에서는 2주간내, 지점소재지에서는 3주간내에 해산등기를 하여야 하는 것이므로(상법 제530조 제1항, 제228조), 이 등기를 해태한 경우에는 과태료의 처분을 받게 된다(상법 제635조 제1항 제1호). (1985. 5. 25. 등기 제275호)

[선례 333] 주주총회의 특별결의로 존립기간을 폐지한 회사의 계속등기 방법 등

제정 1993. 11. 18. [상업등기선례 제1-256호(등기선례 제4-870호), 시행]

등기부상 주식회사 ○○상호신용금고의 존립기간만료일은 회사성립일(1969. 6. 13.)로부터 만 20년이 되는 1989. 6. 13.이라 할 것인데 존립기간 만료이전인 1989. 6. 13. 적법한 주주총회의 특별결의로 존립기간을 폐지하였다면 그 기간이 지났다 하더라도 해산된 것이 아니므로 회사를 계속하기 위하여는 존립기간변경등기만 하면 되고 해산등기 후 회사계속의 등기를 하여야 하는 것은 아니며, 주주총회가 적법한 것이 아니라면 존립기간만료로 해산된 것이므로 회사를 계속하기 위하여는 해산등기 후 회사계속의 등기를 하여야 한다. (1993. 11. 18. 등기 제2855호 질의회답)

[선례 334] 해산의 등기를 한 후 10년이 경과한 주식회사의 회사계속등기 가부

제정 1994.09.12 [상업등기선례 제1-257호(등기선례 제4-872호), 시행]

주식회사가 주주총회의 결의에 의하여 해산을 한 경우 주주총회의 특별결의에 의하여 회사를 계속할 수 있는바(제519조 참조), 이 경우 해산등기를 한 후 10년이 경과한 경우라도 가능하다고 생각되나, 청산절차의 종료에 의하여 회사가 소멸한 경우에는 회사를 계속할 수 없다. (1994. 9. 12. 등기 3402-1115 질의회답)

다. 등기신청인

- 상업등기법 제23조 제1항

라. 첨부서면

(1) 주주총회의사록

- 상업등기규칙 제128조 제2항

(2) 이사회의사록

- 상법 제389조 제1항

마. 등록면허세 · 등기신청수수료 등의 납부

- 지방세법 제28조 제1항 제6호 바목, 제151조 제1항 제2호
- 수수료규칙 제5의3조 제2항, 제5의5조 제4항

제26절 합병의 등기

1. 서설

가. 합병의 의의

- 상법 제235조, 제523조 제4호

[판례 1] 추심금 (대법원 2003. 2. 11. 선고 2001다14351 판결)

【판시사항】

회사 합병의 의미 및 합병으로 소멸되는 회사의 사원(주주)의 지위

【판결요지】

회사의 합병이라 함은 두 개 이상의 회사가 계약에 의하여 신회사를 설립하거나 또는 그 중의 한 회사가 다른 회사를 흡수하고, 소멸회사의 재산과 사원(주주)이 신설회사 또는 존속회사에 법정 절차에 따라 이전·수용되는 효과를 가져오는 것으로서, 소멸회사의 사원(주주)은 합병에 의하여 1주 미만의 단주만을 취득하게 되는 경우나 혹은 합병에 반대한 주주로서의 주식매수청구권을 행사하는 경우 등과 같은 특별한 경우를 제외하고는 원칙적으로 합병계약상의 합병비율과 배정방식에 따라 존속회사 또는 신설회사의 사원권(주주권)을 취득하여, 존속회사 또는 신설회사의 사원(주주)이 된다.

[선례 335] 주식회사의 주주와 유한회사의 사원이 1인으로서 동일인인 경우 무증자 흡수합병등기가 가능한지 여부

제정 2008.09.26 [상업등기선례 제200809-2호, 시행]

1인주주인 주식회사와 1인사원인 유한회사의 주주와 사원이 동일한 경우에 유한회사가 주식회사에 흡수합병하여 해산하고 주식회사가 존속하기로 하는 흡수합병을 하는 경우에 주식회사와 유한회사의 합병으로 인하여 증가할 주식의 수를 0으로, 증가할 자본금을 0원으로 하는 무증자합병등기는 채권자 보호절차를 거쳐 법원의 인가를 받은 때에는 가능하다. (2008. 9. 26. 공탁상업등기과-1002 질의회답)

[선례 336] 주식회사의 흡수합병으로 인한 등기 등

제정 1992.05.19 [상업등기선례 제1-229호(등기선례 제3-939호), 시행]

가. 주식회사의 흡수합병으로 인하여 권리의무는 포괄적으로 존속회사에 이전되므로 회사에 대한 채무자에게는 별다른 통지를 할 필요가 없다(상법 제530조, 제235조참조).

나. 합병 후 존속하는 주식회사 등기부에는 합병으로 인하여 소멸하는 주식회사의 상호 및 본점과 합병을 한 뜻도 함께 기재된다(비송사건절차법 제217조, 제192조 참조).

다. 흡수합병으로 소멸하는 주식회사의 지점에도 해산등기를 하여야 하므로 소멸회사의 지점 지배인을 존속회사의 지점 지배인으로 계속하려면 존속회사의 해당 지점에 새로이 지배인 선임등기를 하여야 한다. (1992. 5. 19. 등기 제1091호)

나. 합병의 자유와 제한

(1) 합병의 자유

- 상법 제174조 제1항

[선례 337] 흡수합병절차에서 해산하는 주식회사가 존속하는 유한회사의 지분을 보유하고 있는 경우, 존속하는 유한회사가 합병으로 취득한 위 자기지분을 합병의 대가로 해산회사의 주주에게 배정하는 것이 가능한지 여부 등

제정 2005.08.03 [상업등기선례 제200508-2호, 시행]

1. 흡수합병절차에서 해산하는 주식회사가 존속하는 유한회사의 지분의 전부를 보유하고 있는 경우에 존속하는 유한회사는 합병에 의하여 이를 승계하게 되는바, 존속하는 유한회사는 합병의 대가로 합병으로 승계할 위 자기지분을 해산회사의 주주에게 지급하는 것을 내용으로 하는 합병계약을 체결하고 그에 대한 합병등기를 신청할 수 있을 것이다.
2. 위 흡수합병절차의 (1) 합병계약에서 '존속하는 유한회사가 합병으로 승계할 위 자기지분을 자본감소에 의하여 전부 소각하고 해산회사의 주주에게는 합병에 의한 신지분을 배정하는 것'으로 정한 경우, 존속회사인 유한회사의 자본의 총액의 등기부상 기록방법은 합병시 신지분의 배정으로 인한 자본증가의 변경등기를 먼저 한 후에 지분소각으로 인한 변경등기를 하여야 하며, (2) 또한 위 경우에, 자본감소 없이 자기지분의 전부를 소각하는 것으로 합병계약에서 정한 때에는, 자기지분의 소각으로 인한 자본의 총액의 변경은 없으며 합병시의 신지분의 배정으로 인하여 증가하는 자본액만큼의 변경

등기를 하여야 할 것이다. (2005. 8. 3. 공탁법인과-365 질의회답)

---

(2) 합병의 제한

(가) 상법에 의한 제한

- 상법 제174조 제2항 제3항, 제600조 제1항 제2항

[선례 338] 청산중의 회사를 소멸하는 회사로 하는 합병을 할 수 있는지 여부

제정 2012.09.18 [상업등기선례 제201209-2호, 시행]

「상법」 제520조의2의 규정에 의하여 주식회사가 해산되고 청산이 종결된 것으로 보게 되는 회사에 대하여 「상업등기법」 제100조에 의하여 등기관의 직권으로 해산등기와 청산종결등기가 이루어지고, 그 후 청산사무가 남아있어 청산종결등기가 말소되고 등기기록이 부활된 주식회사의 경우도 해산된 후 청산중인 회사인 것이고, 이와 같이 해산후의 회사가 합병을 하는 경우 존속하는 회사는 존립중의 회사이어야 하므로 해산후의 회사를 소멸하는 회사로 하는 경우에는 합병을 할 수 있다. (2012. 09. 18. 사법등기심의관-2896 질의회답)

[선례 339] 채무초과회사를 소멸회사로 하는 흡수합병의 허용 여부(선례 변경)

제정 2014.01.09 [상업등기선례 제201401-1호, 시행]

채무초과회사를 소멸회사로 하는 흡수합병등기신청의 경우, 흡수합병으로 소멸하는 회사가 채무초과회사가 아님을 소명하는 서면(예컨대 소멸회사의 재무상태표 등)은 신청서에 첨부하여야 하는 서면이 아니며, 이러한 서면을 첨부하였다 하더라도 등기관은 소멸회사가 채무초과회사인지 여부를 심사할 수 없다. (2014. 1. 9. 사법등기심의관-174 질의회답)

(나) 「자본시장과 금융투자업에 관한 법률」 등에 의한 제한

- 은행법 제55조 제1항 제1호
- 보험업법 제139조
- 자본시장법 제417조 제1항 제1호, 제4조 제1항, 제204조

(다) 「채무자 회생 및 파산에 관한 법률」에 의한 제한

- 채무자회생법 제55조 제1항 제5호

(라) 「독점규제 및 공정거래에 관한 법률」에 의한 제한

- 독점규제 및 공정거래에 관한 법률 제7조 제1항 제2항, 제16조 제2항

(마) 채무초과회사를 소멸회사로 하는 합병의 가부

[선례 340] 채무초과회사를 소멸회사로 한 무증자합병등기가 가능한지 여부 (일부변경)

제정 2001. 10. 31. [상업등기선례 제1-237호(등기선례 제6-667호), 시행]

1. 채무초과회사를 해산회사로 하는 합병은 자본충실의 원칙 그리고 합병의 공정성을 유지하여 존속회사의 주주와 채권자를 보호해야 하는 점 및 합병차익을 전제로 한 상법 규정(제523조 제1호 내지 제3호, 제459조 제2항)을 종합하여 보면 인정하기 어렵다.
2. 채무초과회사가 아닌 회사를 피합병회사로 한 흡수합병에서 무증자합병은 ① 존속회사가 해산회사의 주식을 전부 소유한 경우 ② 존속회사가 해산회사 주주에게 배정함에 충분한 자기주식을 소유하고 있는 경우 등과 같이 관련회사 주주나 채권자의 지위에 영향이 미치지 아니할 때에는 가능하다. (2001. 10. 31. 등기 3402-736 질의회답)

[선례 341] 채무초과회사를 소멸회사로 하는 흡수합병의 허용 여부(선례 변경)

제정 2014. 1. 9. [상업등기선례 제2-78호, 시행]

채무초과회사를 소멸회사로 하는 흡수합병등기신청의 경우, 흡수합병으로 소멸하는 회사가 채무초과회사가 아님을 소명하는 서면(예컨대 소멸회사의 재무상태표 등)은 신청서에 첨부하여야 하는 서면이 아니며, 이러한 서면을 첨부하였다 하더라도 등기관은 소멸회사가 채무초과회사인지 여부를 심사할 수 없다. (2014. 1. 9. 사법등기심의관-174 질의회답)

---

2. 합병의 절차

가. 합병계약서의 작성

(1) 합병계약의 일반

- 상법 제525조

(2) 합병계약서의 기재사항

(가) 흡수합병의 경우

- 상법 제523조

[선례 342] 합병교부금만을 지급하는 합병이 허용되는지 여부

제정 2006.08.29 [상업등기선례 제200608-5호, 시행]

1. 회사의 합병이라 함은 두 개 이상의 회사가 계약에 의하여 신회사를 설립하거나 또는 그 중의 한 회사가 다른 회사를 흡수하고, 소멸회사의 재산과 사원(주주)이 신설회사 또는 존속회사에 법정 절차에 따라 이전·수용되는 효과를 가져오는 것이다. 소멸회사의 사원(주주)은 합병에 의하여 1주 미만의 단주만을 취득하게 되는 경우나 혹은 합병에 반대한 주주로서의 주식매수청구권을 행사하는 경우 등과 같은 특별한 경우를 제외하고는 원칙적으로 합병계약상의 합병비율과 배정방식에 따라 존속회사 또는 신설회사의 사원권(주주권)을 취득하여, 존속회사 또는 신설회사의 사원(주주)이 된다(대법원 2003. 2. 11. 선고 2001다14351 판결).
2. 우리 상법의 해석상, 신설회사 또는 존속회사가 소멸회사의 사원(주주)을 수용하는 것은 합병의 본질적 요소라고 할 것이므로, 소멸회사의 사원(주주) 전원이 동의하더라도, 합병대가로 존속회사 또는 신설회사의 사원권(주주권)을 주지 아니하고 합병교부금(상법 제523조 제4호, 제524조 제4호)만을 지급하는 이른바 교부금합병은 허용되지 않는다. (2006. 8. 29. 공탁상업등기과-897 질의회답)

---

① 존속회사의 증가할 자본금과 준비금의 총액

- 상법 제459조 제2항

[판례 2] 주식회사합병무효청구 (대법원 2008. 1. 10. 선고 2007다64136 판결)

【판시사항】

[1] 흡수합병 당사자의 전부 또는 일방이 주권상장법인인 경우, 존속회사의 증가할 자본액이 소멸회사의 순자산가액의 범위 내로 제한되는지 여부(소극)

[2] 흡수합병시 합병비율이 현저하게 불공정한 경우, 합병할 각 회사의 주주 등이 상법 제529조에 의한 합병무효의 소를 제기할 수 있는지 여부(적극)

[3] 흡수합병시 합병비율이 현저하게 불공정하여 합병계약이 무효인지 여부의 판단 방법

【판결요지】

[1] 상법 제523조 제2호가 흡수합병계약서의 절대적 기재사항으로 '존속하는 회사의 증가할 자본'을 규정한 것은 원칙적으로 자본충실을 도모하기 위하여 존속회사의 증가할 자본액(즉, 소멸회사의 주주들에게 배정·교부할 합병신주의 액면총액)이 소멸회사의 순자산가액 범위 내로 제한되어야 한다는 취지라고 볼 여지가 있기는 하나, 합병 당사자의 전부 또는 일방이 주권상장법인인 경우 그 합병가액 및 합병비율의 산정에 있어서는 증권거래법과 그 시행령 등이 특별법으로서 일반법인 상법에 우선하여 적용되고, 증권거래법 시행령 제84조의7 소정의 합병가액 산정기준에 의하면 주권상장법인은 합병가액을 최근 유가증권시장에서의 거래가격을 기준으로 재정경제부령이 정하는 방법에 따라 산정한 가격에 의하므로 경우에 따라 주당 자산가치를 상회하는 가격이 합병가액으로 산정될 수 있고, 주권비상장법인도 합병가액을 자산가치·수익가치 및 상대가치를 종합하여 산정한 가격에 의하는 이상 역시 주당 자산가치를 상회하는 가격이 합병가액으로 산정될 수 있으므로, 결국 소멸회사가 주권상장법인이든 주권비상장법인이든 어느 경우나 존속회사가 발행할 합병신주의 액면총액이 소멸회사의 순자산가액을 초과할 수 있게 된다. 따라서 증권거래법 및 그 시행령이 적용되는 흡수합병의 경우에는 존속회사의 증가할 자본액이 반드시 소멸회사의 순자산가액의 범위 내로 제한된다고 할 수 없다.

[2] 합병비율을 정하는 것은 합병계약의 가장 중요한 내용이고, 그 합병비율은 합병할 각 회사의 재산 상태와 그에 따른 주식의 실제적 가치에 비추어 공정하게 정함이 원칙이며, 만일 그 비율이 합병할 각 회사의 일방에게 불리하게 정해진 경우에는 그 회사의 주주가 합병 전 회사의 재산에 대하여 가지고 있던 지분비율을 합병 후에 유지할 수 없게 됨으로써 실질적으로 주식의 일부를 상실케 되는 결과를 초래하므로, 현저하게 불공정한 합병비율을 정한 합병계약은 사법관계를 지배하는 신의성실의 원칙이나 공평의 원칙 등에 비추어 무효이고, 따라서 합병비율이 현저하게 불공정한 경우 합병할 각 회사의 주주 등은 상법 제529조에 의하여 소로써 합병의 무효를 구할 수 있다.

[3] 흡수합병시 존속회사가 발행하는 합병신주를 소멸회사의 주주에게 배정·교부함에 있어서 적용할 합병비율은 자산가치 이외에 시장가치, 수익가치, 상대가치 등의 다양한 요소를 고려하여 결정되어야 하는 만큼 엄밀한 객관적 정확성에 기하여 유일한 수치

로 확정할 수 없고, 그 제반 요소의 고려가 합리적인 범위 내에서 이루어졌다면 결정된 합병비율이 현저하게 부당하다고 할 수 없으므로, 합병당사자 회사의 전부 또는 일부가 주권상장법인인 경우 증권거래법과 그 시행령 등 관련 법령이 정한 요건과 방법 및 절차 등에 기하여 합병가액을 산정하고 그에 따라 합병비율을 정하였다면 그 합병가액 산정이 허위자료에 의한 것이라거나 터무니없는 예상 수치에 근거한 것이라는 등의 특별한 사정이 없는 한, 그 합병비율이 현저하게 불공정하여 합병계약이 무효로 된다고 볼 수 없다.

[선례 343] 채무초과회사를 소멸회사로 한 무증자합병등기가 가능한지 여부 (일부변경)

제정 2001. 10. 31. [상업등기선례 제1-237호(등기선례 제6-667호), 시행]

1. 채무초과회사를 해산회사로 하는 합병은 자본충실의 원칙 그리고 합병의 공정성을 유지하여 존속회사의 주주와 채권자를 보호해야 하는 점 및 합병차익을 전제로 한 상법 규정(제523조 제1호 내지 제3호, 제459조 제2항)을 종합하여 보면 인정하기 어렵다.
2. 채무초과회사가 아닌 회사를 피합병회사로 한 흡수합병에서 무증자합병은 ① 존속회사가 해산회사의 주식을 전부 소유한 경우 ② 존속회사가 해산회사 주주에게 배정함에 충분한 자기주식을 소유하고 있는 경우 등과 같이 관련회사 주주나 채권자의 지위에 영향이 미치지 아니할 때에는 가능하다. (2001. 10. 31. 등기 3402-736 질의회답)

[선례 344] 주식회사의 주주와 유한회사의 사원이 1인으로서 동일인인 경우 무증자 흡수합병등기가 가능한지 여부

제정 2008. 9. 26. [상업등기선례 제2-76호, 시행]

1인주주인 주식회사와 1인사원인 유한회사의 주주와 사원이 동일한 경우에 유한회사가 주식회사에 흡수합병하여 해산하고 주식회사가 존속하기로 하는 흡수합병을 하는 경우에 주식회사와 유한회사의 합병으로 인하여 증가할 주식의 수를 0으로, 증가할 자본금을 0원으로 하는 무증자합병등기는 채권자 보호절차를 거쳐 법원의 인가를 받은 때에는 가능하다. (2008. 9. 26. 공탁상업등기과-1002 질의회답)

② 합병신주 및 합병비율에 관한 사항

- 상법 제438조, 제439조

[선례 345] 흡수합병 시 존속회사가 보유하는 소멸회사 주식의 일부에 대해 합병신주를 배정한 경우 합병으로 인한 변경등기

제정 2008. 6. 23. [상업등기선례 제2-75호, 시행]

흡수합병을 함에 있어 존속회사가 보유하고 있던 소멸회사의 주식 일부에 대해서만 합병신주를 배정한 경우 이를 증명하는 서면(합병계약서 등) 등을 첨부하여 합병으로 인한 변경(발행주식 총수, 자본의 총액 등)등기를 신청할 수 있다. (2008. 6. 23. 공탁상업등기과-648 질의회답)

[선례 346] 흡수합병에 의하여 존속회사가 취득한 자기주식의 소각여부와 변경등기 절차 등

제정 2000. 8. 1. [상업등기선례 제1-235호(등기선례 제6-671호), 시행]

1. 유한회사가 주식회사와 합병하는 경우에 합병 후 존속하는 회사가 주식회사인 때에는 법원의 인가를 얻어야 하는바(상법 제600조 제1항 참조), 법원에 대한 합병인가신청은 합병보고총회 전에는 이루어져야 할 것이다.
2. 회사가 합병하는 경우에 해산회사가 존속회사의 주식을 가지고 있다면 이는 존속회사가 자기주식을 취득하게 되는 경우에 해당하는바, 합병계약서에 합병으로 취득하는 자기주식을 소각하는 뜻과 그 주식의 수 및 소각으로 인한 자본액의 변동이 없다는 사실을 기재하는 경우에는 합병절차 외에 별도의 절차를 거치지 않고도 자본감소가 없는 주식소각이 가능할 것이며, 이 때 발행주식의 총수가 변경되므로 '발행주식의 총수, 그 종류와 각종주식의 내용과 수'(상법 제317조 제2항 제3호)에 대하여는 변경등기를 하여야 하나, '자본의 총액'(같은 항 제2호)에 대해서는 변경등기를 하지 않는다.

(2000. 8. 1. 등기 3402-534 질의회답)

[선례 347] 흡수합병절차에서 해산회사가 존속회사의 발행주식을 보유하고 있는 경우, 존속회사가 합병으로 취득한 위 자기주식을 합병신주로 해산회사의 주주에게 배정하는 것이 가능한지 여부 등

제정 2003. 1. 29. [상업등기선례 제1-239호(등기선례 제200301-15호), 시행]

1. 흡수합병절차에서 해산회사가 존속회사의 발행주식을 보유하고 있는 경우에 존속회사는 합병에 의하여 이를 승계하게 되는바, 존속회사는 합병의 대가로 합병으로 승계할 위 자기주식을 해산회사 주주에게 지급하는 것을 내용으로 하는 합병계약을 체결하고

그에 대한 합병등기를 신청할 수 있다.

2. 흡수합병절차에서 해산회사가 존속회사의 발행주식 전부를 소유하고 있고 존속회사는 합병으로 승계할 위 자기주식을 자본감소에 의하여 전부 소각하며, 해산회사의 주주에게는 합병신주를 발행하여 교부하는 것으로 합병계약에서 정한 경우, 합병으로 인한 존속회사의 발행주식총수 및 자본의 총액의 등기부상 각 기록방법은 합병신주의 발행으로 인한 변경등기를 먼저 한 후에 주식소각으로 인한 변경등기를 하여야 하며, 합병신주발행과 주식소각으로 인하여 최종적으로 변동되는 부분만의 변경등기를 경료할 수는 없다. 또한 위 경우에 자본감소가 없이 자기주식의 전부를 소각하는 것으로 합병계약에서 정한 때에는, 자본의 총액(발행주식총수는 위와 동일함)은 소각으로 인하여 변동이 없으며 합병신주의 발행으로 인하여 증가하는 자본액 만큼의 변경등기를 하여야 한다. (2003. 1. 29. 공탁법인 3402-27 질의회답)

---

③ 합병교부금에 관한 사항

- 상법 제523의2조

[선례 348] 합병교부금만을 지급하는 합병이 허용되는지 여부

제정 2006. 8. 29. [상업등기선례 제2-73호, 시행]

1. 회사의 합병이라 함은 두 개 이상의 회사가 계약에 의하여 신회사를 설립하거나 또는 그 중의 한 회사가 다른 회사를 흡수하고, 소멸회사의 재산과 사원(주주)이 신설회사 또는 존속회사에 법정 절차에 따라 이전·수용되는 효과를 가져오는 것이다. 소멸회사의 사원(주주)은 합병에 의하여 1주 미만의 단주만을 취득하게 되는 경우나 혹은 합병에 반대한 주주로서의 주식매수청구권을 행사하는 경우 등과 같은 특별한 경우를 제외하고는 원칙적으로 합병계약상의 합병비율과 배정방식에 따라 존속회사 또는 신설회사의 사원권(주주권)을 취득하여, 존속회사 또는 신설회사의 사원(주주)이 된다(대법원 2003. 2. 11. 선고 2001다14351 판결).
2. 우리 상법의 해석상, 신설회사 또는 존속회사가 소멸회사의 사원(주주)을 수용하는 것은 합병의 본질적 요소라고 할 것이므로, 소멸회사의 사원(주주) 전원이 동의하더라도, 합병대가로 존속회사 또는 신설회사의 사원권(주주권)을 주지 아니하고 합병교부금(상법 제523조 제4호, 제524조 제4호)만을 지급하는 이른바 교부금합병은 허용되지 않는다. (2006. 8. 29. 공탁상업등기과-897 질의회답)

---

④ 합병을 할 날

• 상법 제530조 제2항, 제234조

[선례 349] 신설합병으로 인한 지점설치에서 등기용지를 개설한 사유를 잘못 등기한 경우, 합병의 효력이 그 신설지점에 미치는지 여부와 이를 바로잡는 방법

제정 2002.02.02 [상업등기선례 제1-238호(등기선례 제200202-12호), 시행]

1. 신설합병으로 인한 지점설치등기에는 합병으로 인하여 소멸하는 회사의 상호 및 본점과 합병을 한 뜻을 등기용지개설의 사유 및 연월일란에 등기하여야 하는바, 이에 반하는 등기가 경료된 경우 합병의 효력이 그 지점에 미치는가에 대하여 보면, 신설합병에서 합병의 효력은 신설회사의 본점소재지에서 합병의 등기를 한 때에 발생하므로 위 지점의 합병의 효력에는 영향이 없다고 보며,
2. 위와 같이 등기용지개설의 사유 및 연월일란에 기재할 사항을 잘못 등기한 경우, 이를 바로잡는 방법은 등기관의 직권 또는 당사자의 신청에 의하여 그 등기를 경정할 수 있다. (2002. 2. 2. 등기 3402-82 질의회답)

---

⑤ 소규모합병을 하는 때에는 그 뜻

• 상법 제527의3조 제2항

(나) 신설합병의 경우

• 상법 제524조

나. 합병계약서 등의 공시

• 상법 제522의2조

다. 합병계약의 승인

(1) 주주총회의 특별결의에 의한 승인

• 상법 제522조 제1항 제2항 제3항, 제436조

(2) 간이합병(합병회사)

- 상법 제527의2조

(3) 소규모합병(존속회사)

- 상법 제527의3조 제1항 ~ 제5항

[선례 350] 흡수합병 시 존속회사가 보유하는 소멸회사 주식의 일부에 대해 합병신주를 배정한 경우 합병으로 인한 변경등기

제정 2008.06.23 [상업등기선례 제200806-2호, 시행]

흡수합병을 함에 있어 존속회사가 보유하고 있던 소멸회사의 주식 일부에 대해서만 합병신주를 배정한 경우 이를 증명하는 서면(합병계약서 등) 등을 첨부하여 합병으로 인한 변경(발행주식 총수, 자본의 총액 등)등기를 신청할 수 있다. (2008. 6. 23. 공탁상업등기과-648 질의회답)

라. 채권자보호절차

- 상법 제527의5조 제1항 제2항 제3항, 제232조 제2항 제3항, 제530조 제2항, 제439조 제3항

[선례 351] 채권자보호절차이행증명서

제정 1991. 8. 1. [상업등기선례 제1-228호(등기선례 제3-955호), 시행]

회사가 합병을 하는 경우에는 상법 제232조 또는 그 준용규정에 따른 회사 채권자의 보호절차를 반드시 밟아야 하는 것으로서, 합병 후 소멸하는 회사의 재무제표상 채무가 없다는 이유만으로는 그 절차를 생략하거나 보다 간이한 방법으로 채권자의 보호절차를 밟을 수는 없다. (1991. 8. 1. 등기 제1617호)

[선례 352] 정관에서 정한 회사의 공고방법과 다른 공고를 하였을 경우 공고로서의 효력이 있는지 여부

제정 2001.10.31 [상업등기선례 제1-225호(등기선례 제6-673호), 시행]
회사합병등기에서는 채권자보호절차로서 채권자에 대한 이의제출 공고 및 최고를 한 사실을 증명하는 서면을 제출하도록 하고 있는바, 정관에서 정한 공고방법과 다른 공고를 한 경우에는 상법상 채권자보호절차를 이행하였다고 볼 수 없으므로 공고로서의 효력이 발생하지 않는다. (2001. 10. 31. 등기 3402-735 질의회답)

[선례 353] 회사의 본점 소재지를 잘못 기재한 공고문을 첨부하여 합병으로 인한 등기를 신청할 수 있는지 여부

제정 2007. 6. 14. [상업등기선례 제2-74호, 시행]
주식회사가 합병에 따른 이의 제출 공고(상법 527조의5)를 할 때 공고문에 합병을 하는 회사를 표시하면서 회사의 본점 소재지가 아닌 다른 장소(예를 들어, 대표이사의 주소 등)를 기재한 경우, 그 공고에 의하여는 합병을 하는 회사의 동일성을 식별하기 어려워 적법·유효한 공고라고 볼 수 없기 때문에 그 공고문을 첨부한 등기신청(비송사건절차법 제215조제3호)은 수리될 수 없다. (2007. 6. 14. 공탁상업등기과-667 질의회답)

[선례 354] 합병절차진행중의 상호변경등기 가부

제정 1995. 6. 14. [상업등기선례 제1-232호(등기선례 제4-865호), 시행]
주식회사가 다른 주식회사를 흡수하여 합병함에 있어 채권자에 대한 공고와 최고기간 중이라도 합병 후 존속하는 주식회사에 대한 상호변경등기를 한 후 합병의 등기를 신청할 수 있다. (1995. 6. 14. 등기 3402-465 질의회답)

[선례 355] 상법 제527조의5의 규정에 의하여 합병에 이의를 한 채권자와 채권의 존부 및 채권액에 관하여 다툼이 있는 경우에도 합병으로 인한 변경등기신청서에 비송사건절차법 제215조 제3호의 서면을 첨부하여야 하는지 여부

제정 1999.04.02 [상업등기선례 제1-234호(등기선례 제6-640호), 시행]
흡수합병으로 인한 변경등기신청서에는 상법 제527조의5제1항의 규정에 의한 공고 및 최고를 한 사실과 이의를 진술한 채권자가 있는 때에는 이에 대하여 변제 또는 담보를 제공하거나 신탁을 한 사실을 증명하는 서면을 첨부하여야 하는바, 이의를 진술한 채권자들의

채권의 존부와 채권액에 대하여 회사가 이를 다투고 있다(소송계속중이라는 것임)는 사실만으로 위와 같은 서면의 첨부없이 합병으로 인한 변경등기를 경료받을 수는 없을 것이다. (1999. 4. 2. 등기 3402-354 질의회답)

마. 소멸회사의 주식의 병합 또는 분할

- 상법 제530조 제3항, 제329의2조 제3항, 제440조 ~ 제444조

[선례 356] 주식회사가 주권을 발행하지 아니하였다는 이유로 주권제출기간을 명시하지 않은 주식액면분할공고절차만을 거친 채 주식분할로 인한 변경등기를 신청할 수 있는지 여부(소극)

제정 2000. 7. 3. [상업등기선례 제1-196호(등기선례 제6-660호), 시행]
주식분할로 인한 변경등기신청서에는 회사가 1개월 이상의 기간을 정하여 주식분할의 뜻과 그 기간 내에 주권을 회사에 제출할 것을 공고하였음을 증명하는 서면을 첨부하여야 하는바(비송사건절차법 제209조 , 상법 제329조의2 , 제440조 참조), 이러한 주권제출의 공고는 주식회사가 사실상 주권을 발행하지 아니하였다는 이유로 이를 생략할 수 없다고 할 것이므로, 주식회사가 주권을 발행하지 아니하였다는 이유로 주권제출기간을 명시하지 않은 주식액면분할공고절차만을 거친 채 주식분할로 인한 변경등기를 신청할 수는 없다. (2000. 7. 3. 등기 3402-471 질의회답)

[선례 357] 주권제출공고증명서에 갈음하여 주주 전원의 이의가 없다는 서면을 첨부하여 주식분할로 인한 변경등기를 신청할 수 있는지 여부(소극)

제정 2000. 11. 8. [상업등기선례 제1-199호(등기선례 제6-664호), 시행]
주식분할로 인한 변경등기신청서에는 회사가 1개월 이상의 기간을 정하여 주식분할의 뜻과 그 기간 내에 주권을 회사에 제출할 것을 공고하였음을 증명하는 서면을 첨부하여야 하는바(비송사건절차법 제209조 비송사건절차법 제209조, 상법 제329조의2 , 제440조), 이러한 주권제출공고절차는 주주 전원의 이의가 없다는 이유로 이를 생략할 수 없다고 할 것이므로, 주권제출공고증명서에 갈음하여 주주 전원의 이의가 없다는 서면을 첨부하여 주식분할로 인한 변경등기를 신청할 수는 없다. (2000. 11. 8. 등기 3402-800 질의회답)

[선례 358] 주식회사의 합병등기절차

제정 1982. 8. 2. [상업등기선례 제1-227호(등기선례 제1-880호), 시행]
자본금 100억원인 갑회사가 자본금 25억원인 을회사를 "합병 후 자본금 110억원, 합병비율 갑회사 주식 1주당 을회사 주식 2.5주"의 합병조건으로 흡수합병하는 경우에는, 소멸회사에 관하여 합병비율에 따른 감자등기를 거칠 필요는 없고, 합병비율에 따라 주식의 병합절차를 이행한 사실을 증명하는 서면을 합병등기신청서에 첨부하면 될 것이다.
(1982. 8. 2. 등기 제313호)

[선례 359] 합병으로 인하여 주식을 병합 또는 분할하는 경우 합병으로 인한 변경등기 신청서에 반드시 주권제출의 공고를 증명하는 서면을 첨부하여야 하는지 여부(적극)

제정 1999. 3. 22. [상업등기선례 제1-233호(등기선례 제6-668호), 시행]
갑 주식회사가 을 주식회사를 흡수합병함으로 인하여 주식의 병합 또는 분할을 한 때에는 합병으로 인한 변경등기신청서에 상법 제440조 의 규정에 의한 공고를 증명하는 서면을 첨부하여야 하는바, 갑 주식회사의 발행주식 총수를 병이 소유하고 있고, 을 주식회사의 발행주식 총수를 병과 정이 소유하고 있으며 을 주식회사가 주권도 발행하지 아니하였고 병이나 정이 그 소유의 주식에 질권을 설정한 바가 없는 경우라도, 상법 제440조 의 규정에 의하여 병과 정에게 통지를 한 사실을 증명하는 서면을 첨부함으로써 위 공고를 증명하는 서면의 첨부에 갈음할 수는 없을 것이다.
(1999. 3. 22. 등기 3402-311 질의회답)

바. 공정거래위원회에의 신고

- 같은법 제12조 제1항 제4호, 제6항, 제7항
- 같은법시행령 제12의2

사. 보고총회 또는 창립총회

(1) 보고총회 (존속회사)

- 상법 제526조 제1항 제2항 제3항, 제383조 제5항

(2) 창립총회 (신설회사)

- 상법 제527조 제1항 제2항 제3항, 제316조 제2항, 제308조 제2항, 제309조, 제311조, 제312조, 제524조 제6호, 제383조 제5항

[판례 3] 합병철회·주주총회결의취소 (대법원 2009. 4. 23. 선고 2005다22701,22718 판결)

【판시사항】

[1] 구 금융산업의 구조개선에 관한 법률 제5조는 합병당사회사 일방 혹은 쌍방이 부실금융기관인지 여부에 관계없이 적용되는지 여부(적극)

[2] 주주의 의결권 행사를 위한 대리인 선임의 한계

[3] 주주 본인 및 대리권을 증명하는 서면의 의의

[4] 주주의 대리인의 자격을 주주로 제한한 정관의 효력(유효) 및 이 경우 주주인 국가, 지방공공단체 또는 주식회사 소속의 공무원, 직원 또는 피용자 등이 주주를 위한 대리인으로서 의결권을 대리행사하는 것은 허용되는지 여부(적극)

[5] 외국인 주주로부터 의결권 행사를 위임받은 상임대리인이 제3자에게 그 의결권 행사를 재위임할 수 있는지 여부(적극)

[6] 상법 제368조의2 제1항에 정한 통지기간을 위반한 의결권 불통일행사의 효력

[7] 증권예탁원에 대한 의결권 대리행사 신청이 구 증권거래법 제174조의6 제5항에 정한 시한을 넘겨 도착한 경우, 그 신청 취지에 따른 증권예탁원의 의결권 대리행사의 효력

[8] 해외에서 발행하는 주식예탁증서의 경우, 발행회사의 실질주주명부에 실질주주로 기재된 해외예탁기관에게 주주총회 소집통지 등을 하면 회사가 면책되는지 여부(적극)

[9] 합병비율이 현저하게 불공정한 경우 합병할 각 회사의 주주 등이 상법 제529조에 의한 합병무효의 소를 제기할 수 있는지 여부(적극) 및 합병비율이 현저하게 불공정한지 여부의 판단 방법

[10] 신설합병의 창립총회 자체를 이사회의 공고로써 갈음할 수 있는지 여부(적극)

[11] 신설합병의 창립총회에 갈음하는 이사회 공고의 방식

【판결요지】

[1] 구 금융산업의 구조개선에 관한 법률(2002. 12. 26. 법률 제6807호로 개정되기 전의 것) 제2조 제1호와 제3호는 각 '금융기관'과 '부실금융기관'을 구별하여 정의하고 있고, 같은 법 제3조 내지 제5조는 '금융기관' 간의 합병에 관하여 규정하면서 그 적용범위를 '부실금융기관' 사이의 합병으로 한정하고 있지 아니하므로, 구 금융산업의 구조개선에 관한 법률 제5조는 합병당사회사들이 모두 금융기관이라면 어느 일방 혹은 쌍방이 부실금융기관인지 여부에 관계없이 적용될 수 있다.

[2] 주주의 자유로운 의결권 행사를 보장하기 위하여 주주가 의결권의 행사를 대리인에게 위임하는 것이 보장되어야 한다고 하더라도 주주의 의결권 행사를 위한 대리인 선임이 무제한적으로 허용되는 것은 아니고, 그 의결권의 대리행사로 말미암아 주주총회의 개최가 부당하게 저해되거나 혹은 회사의 이익이 부당하게 침해될 염려가 있는 등의 특별한 사정이 있는 경우에는 회사가 이를 거절할 수 있다.

[3] 상법 제368조 제3항이 규정하는 '대리권을 증명하는 서면'이라 함은 위임장을 일컫는 것으로서 회사가 위임장과 함께 인감증명서, 참석장 등을 제출하도록 요구하는 것은 대리인의 자격을 보다 확실하게 확인하기 위하여 요구하는 것일 뿐, 이러한 서류 등을 지참하지 아니하였다 하더라도 주주 또는 대리인이 다른 방법으로 위임장의 진정성 내지 위임의 사실을 증명할 수 있다면 회사는 그 대리권을 부정할 수 없다. 한편, 회사가 주주 본인에 대하여 주주총회 참석장을 지참할 것을 요구하는 것 역시 주주 본인임을 보다 확실하게 확인하기 위한 방편에 불과하므로, 다른 방법으로 주주 본인임을 확인할 수 있는 경우에는 회사는 주주 본인의 의결권 행사를 거부할 수 없다.

[4] 상법 제368조 제3항의 규정은 주주의 대리인의 자격을 제한할 만한 합리적인 이유가 있는 경우 정관의 규정에 의하여 상당하다고 인정되는 정도의 제한을 가하는 것까지 금지하는 취지는 아니라고 해석되는바, 대리인의 자격을 주주로 한정하는 취지의 주식회사의 정관 규정은 주주총회가 주주 이외의 제3자에 의하여 교란되는 것을 방지하여 회사 이익을 보호하는 취지에서 마련된 것으로서 합리적인 이유에 의한 상당한 정도의 제한이라고 볼 수 있으므로 이를 무효라고 볼 수는 없다. 그런데 위와 같은 정관규정이 있다 하더라도 주주인 국가, 지방공공단체 또는 주식회사 등이 그 소속의 공무원, 직원 또는 피용자 등에게 의결권을 대리행사하도록 하는 때에는 특별한 사정이 없는 한 그들의 의결권 행사에는 주주 내부의 의사결정에 따른 대표자의 의사가 그대로 반영된다고 할 수 있고 이에 따라 주주총회가 교란되어 회사 이익이 침해되는 위험은 없는 반면에, 이들의 대리권 행사를 거부하게 되면 사실상 국가, 지방공공단체 또는 주식회사 등의 의결권 행사의 기회를 박탈하는 것과 같은 부당한 결과를 초래할 수 있으므로, 주주인 국가, 지방공공단체 또는 주식회사 소속의 공무원, 직원 또는 피용자 등이 그 주주를 위한 대리인으로서 의결권을 대리행사하는 것은 허용되어야 하고 이를 가리켜 정관 규정에 위반한 무효의 의결권 대리행사라고 할 수는 없다.

[5] 구 증권업감독규정(2001. 10. 4. 금융감독위원회 공고 제2001-72호로 개정되기 전의 것) 제7-16조 제1항은 외국인은 보관기관 중에서 상임대리인을 선임할 수 있고 선임한 상임대리인 이외의 자로 하여금 본인을 위하여 취득유가증권의 권리행사 기타 이와 관련된 사항 등을 대리 또는 대행하게 하지 못한다고 규정하고 있다. 이는 외국인이 상임대리인을 선임하여 놓고도 수시로 상임대리인 이외의 자로 하여금 취득유가증권의 권리행사를 하도록 할 경우 발생할 수 있는 혼란을 피하기 위하여 마련된 규정이라고 해석되므로, 외국인 주주가 상임대리인이 아닌 다른 자에게 의결권

행사를 위임하는 것이 아니라, 외국인 주주로부터 의결권 행사를 위임받은 상임대리인이 제3자에게 그 의결권 행사를 재위임하는 것은 위 규정에 의하여 금지된다고 볼 수 없다. 그리고 대리의 목적인 법률행위의 성질상 대리인 자신에 의한 처리가 필요하지 아니한 경우에는 본인이 복대리금지의 의사를 명시하지 아니하는 한 복대리인의 선임에 관하여 묵시적인 승낙이 있는 것으로 보는 것이 타당하므로, 외국인 주주로부터 의결권 행사를 위임받은 상임대리인은 특별한 사정이 없는 한 그 의결권 행사의 취지에 따라 제3자에게 그 의결권의 대리행사를 재위임할 수 있다.

[6] 상법 제368조의2 제1항은 "주주가 2 이상의 의결권을 가지고 있는 때에는 이를 통일하지 아니하고 행사할 수 있다. 이 경우 회일의 3일 전에 회사에 대하여 서면으로 그 뜻과 이유를 통지하여야 한다"고 규정하고 있는바, 여기서 3일의 기간이라 함은 의결권의 불통일행사가 행하여지는 경우에 회사 측에 그 불통일행사를 거부할 것인가를 판단할 수 있는 시간적 여유를 주고, 회사의 총회 사무운영에 지장을 주지 아니하도록 하기 위하여 부여된 기간으로서, 그 불통일행사의 통지는 주주총회 회일의 3일 전에 회사에 도달할 것을 요한다. 다만, 위와 같은 3일의 기간이 부여된 취지에 비추어 보면, 비록 불통일행사의 통지가 주주총회 회일의 3일 전이라는 시한보다 늦게 도착하였다고 하더라도 회사가 스스로 총회운영에 지장이 없다고 판단하여 이를 받아들이기로 하고 이에 따라 의결권의 불통일행사가 이루어진 것이라면, 그것이 주주평등의 원칙을 위반하거나 의결권 행사의 결과를 조작하기 위하여 자의적으로 이루어진 것이라는 등의 특별한 사정이 없는 한, 그와 같은 의결권의 불통일행사를 위법하다고 볼 수는 없다.

[7] 증권예탁원에 대한 의결권 대리행사 신청이 비록 구 증권거래법(2002. 1. 26. 법률 제6623호로 개정되기 전의 것) 제174조의6 제5항에 정한 주주총회 회일의 5일 전이라는 시한을 넘겨 도착하였다 하더라도, 증권예탁원이 그 신청 취지에 따라 의결권을 대리행사하겠다고 승낙하고 주주총회에서 실제 그 취지에 따라 의결권의 대리행사가 이루진 경우에는 특별한 사정이 없는 한 그와 같은 증권예탁원의 의결권 대리행사를 가리켜 무효라고 할 수는 없다.

[8] 구 증권거래법(2002. 1. 26. 법률 제6623호로 개정되기 전의 것) 제174조의8 제2항은 "예탁원에 예탁된 주권의 주식에 관한 실질주주명부에의 기재는 주주명부에의 기재와 동일한 효력을 가진다"고 규정하고 있으므로, 회사는 실질주주명부의 면책적 효력에 의하여 증권예탁원 이외에 실질주주에게 주주총회의 소집통지 등을 하면 이로써 면책된다. 한편, 해외예탁기관이 국내 법인의 신규 발행주식 또는 당해 주식발행인이 소유하고 있는 자기주식을 원주로 하여 이를 국내에 보관하고 그 원주를 대신하여 해외에서 발행하는 주식예탁증서(Depositary Receipts, DR)의 경우, 해외예탁기관이 발행회사의 실질주주명부에 실질주주로 기재되므로, 발행회사로서는 실질주주명부에 실질주주로 기재된 해외예탁기관에게 주주총회 소집통지 등을 하면 이로써 면책되고, 나아가 주식예탁증서의 실제 소유자의 인적 사항과 주소를 알아내어 그 실제

소유자에게까지 이를 통지할 의무는 없다.

[9] 현저하게 불공정한 합병비율을 정한 합병계약은 사법관계를 지배하는 신의성실의 원칙이나 공평의 원칙 등에 비추어 무효이고, 따라서 합병비율이 현저하게 불공정한 경우 합병할 각 회사의 주주 등은 상법 제529조에 의하여 소로써 합병의 무효를 구할 수 있다. 다만, 합병비율은 자산가치 이외에 시장가치, 수익가치, 상대가치 등의 다양한 요소를 고려하여 결정되어야 할 것인 만큼 엄밀한 객관적 정확성에 기하여 유일한 수치로 확정할 수 없고, 그 제반요소의 고려가 합리적인 범위 내에서 이루어진 것이라면 결정된 합병비율이 현저하게 부당하다고 할 수 없다. 따라서 합병당사회사의 전부 또는 일부가 주권상장법인인 경우 증권거래법과 그 시행령 등 관련 법령이 정한 요건과 방법 및 절차 등에 기하여 합병가액을 산정하고 그에 따라 합병비율을 정하였다면 그 합병가액 산정이 허위자료에 의한 것이라거나 터무니없는 예상 수치에 근거한 것이라는 등의 특별한 사정이 없는 한, 그 합병비율이 현저하게 불공정하여 합병계약이 무효로 된다고 볼 수 없다.

[10] 상법 제527조 제4항은 신설합병의 경우 이사회의 공고로써 신설합병의 창립총회에 대한 보고에 갈음할 수 있다고 규정하고 있고, 상법 제528조 제1항은 신설합병의 창립총회가 종결한 날 또는 보고에 갈음하는 공고일로부터 일정기간 내에 합병등기를 하도록 규정하고 있으므로, 상법 제527조 제4항은 신설합병의 창립총회 자체를 이사회의 공고로써 갈음할 수 있음을 규정한 조항이라고 해석된다. 한편, 상법 제527조 제2항은 신설합병의 창립총회에서 정관변경의 결의를 할 수 있되 합병계약의 취지에 위반하는 결의는 하지 못하도록 규정하고 있는바, 정관변경은 창립총회에서 할 수 있다는 것이지 반드시 하여야 하는 것은 아니고, 주식회사를 설립하는 창립총회에서는 이사와 감사를 선임하여야 한다는 상법 제312조의 규정이 상법 제527조 제3항에 의해서 신설합병의 창립총회에 준용되고 있다 하더라도, 상법 제524조 제6호에 의하면 합병으로 인하여 설립되는 회사의 이사와 감사 또는 감사위원회 위원을 정한 때에는 신설합병의 합병계약서에 그 성명 및 주민등록번호를 기재하게 되어 있고, 그 합병계약서가 각 합병당사회사의 주주총회에서 승인됨으로써 합병으로 인하여 설립되는 회사의 이사와 감사 등의 선임이 이루어지는 만큼, 이러한 경우에는 굳이 신설합병의 창립총회를 개최하여 합병으로 인하여 설립되는 회사의 이사와 감사 등을 선임하는 절차를 새로이 거칠 필요가 없고 이사회의 공고로 갈음할 수 있다.

[11] 상법은 신설합병의 창립총회에 갈음하는 이사회 공고의 방식에 관하여 특별한 규정을 두고 있지 아니하므로, 이 경우 이사회 공고는 상법 제289조 제1항 제7호에 의하여 합병당사회사의 정관에 규정한 일반적인 공고방식에 의하여 할 수 있다.

[선례 360] 신설합병절차에서 창립총회를 이사회의 결의에 의한 공고로 갈음할 수 있는지 여부(적극)

제정 2001.08.09 [상업등기선례 제1-236호(등기선례 제6-672호), 시행]
주식회사의 신설합병절차에서 합병계약서에 일반적인 합병사항과 신설회사의 등기할 사항에 대한 내용이 포함되고 이 합병계약서가 주주총회의 특별결의로 승인되었다면 단지 보고만을 위한 창립총회는 상법개정으로 이사회의 결의에 의한 공고로 갈음할 수 있으며, 신설회사에 대한 설립등기도 등기사항이 합병승인을 위한 주주총회에서 승인되었다고 볼 수 있으므로 일반적인 회사설립에서 필요한 창립총회를 거칠 필요없이 등기가 가능하다. (2001. 8. 9. 등기 3402-542 질의회답)

---

3. 합병의 등기절차

가. 등기기간

- 상법 제528조 제1항
- 독점규제 및 공정거래에 관한 법률 제12조 제6항 제7항
- 독점규제 및 공정거래에 관한 법률 시행령 제12조의2

나. 등기신청인

- 상업등기법 제23조 제1항, 제63조 제1항

다. 동시신청 및 경유신청

- 상업등기법 제63조 제2항 제3항

라. 등기신청

(1) 존속회사의 등기사항

- 상업등기법 제62조 제1항, 제528조 제2항

[선례 361] 흡수합병에 의하여 존속회사가 취득한 자기주식의 소각여부와 변경등기 절차 등

제정 2000. 8. 1. [상업등기선례 제1-235호(등기선례 제6-671호), 시행]

1. 유한회사가 주식회사와 합병하는 경우에 합병 후 존속하는 회사가 주식회사인 때에는 법원의 인가를 얻어야 하는바(상법 제600조 제1항 참조), 법원에 대한 합병인가신청은 합병보고총회 전에는 이루어져야 할 것이다.
2. 회사가 합병하는 경우에 해산회사가 존속회사의 주식을 가지고 있다면 이는 존속회사가 자기주식을 취득하게 되는 경우에 해당하는바, 합병계약서에 합병으로 취득하는 자기주식을 소각하는 뜻과 그 주식의 수 및 소각으로 인한 자본액의 변동이 없다는 사실을 기재하는 경우에는 합병절차 외에 별도의 절차를 거치지 않고도 자본감소가 없는 주식소각이 가능할 것이며, 이 때 발행주식의 총수가 변경되므로 '발행주식의 총수, 그 종류와 각종주식의 내용과 수'(상법 제317조 제2항 제3호)에 대하여는 변경등기를 하여야 하나, '자본의 총액'(같은 항 제2호)에 대해서는 변경등기를 하지 않는다.

(2000. 8. 1. 등기 3402-534 질의회답)

[선례 362] 흡수합병절차에서 해산회사가 존속회사의 발행주식을 보유하고 있는 경우, 존속회사가 합병으로 취득한 위 자기주식을 합병신주로 해산회사의 주주에게 배정하는 것이 가능한지 여부 등

제정 2003. 1. 29. [상업등기선례 제1-239호(등기선례 제200301-15호), 시행]

1. 흡수합병절차에서 해산회사가 존속회사의 발행주식을 보유하고 있는 경우에 존속회사는 합병에 의하여 이를 승계하게 되는바, 존속회사는 합병의 대가로 합병으로 승계할 위 자기주식을 해산회사 주주에게 지급하는 것을 내용으로 하는 합병계약을 체결하고 그에 대한 합병등기를 신청할 수 있다.
2. 흡수합병절차에서 해산회사가 존속회사의 발행주식 전부를 소유하고 있고 존속회사는 합병으로 승계할 위 자기주식을 자본감소에 의하여 전부 소각하며, 해산회사의 주주에게는 합병신주를 발행하여 교부하는 것으로 합병계약에서 정한 경우, 합병으로 인한 존속회사의 발행주식총수 및 자본의 총액의 등기부상 각 기록방법은 합병신주의 발행으로 인한 변경등기를 먼저 한 후에 주식소각으로 인한 변경등기를 하여야 하며, 합병신주발행과 주식소각으로 인하여 최종적으로 변동되는 부분만의 변경등기를 경료할 수는 없다. 또한 위 경우에 자본감소가 없이 자기주식의 전부를 소각하는 것으로 합병계약에서 정한 때에는, 자본의 총액(발행주식총수는 위와 동일함)은 소각으로 인하여 변동이 없으며 합병신주의 발행으로 인하여 증가하는 자본액 만큼의 변경등기를 하여야 한다. (2003. 1. 29. 공탁법인 3402-27 질의회답)

(1) 신설회사의 등기사항

- 상업등기법 제62조 제1항
- 상법 제528조 제2항

(2) 소멸회사의 등기사항

- 상업등기법 제62조 제2항

마. 첨부서면

(1) 존속회사 변경등기신청서의 첨부서면

(가) 합병계약서

- 상업등기규칙 제148조 제1호

[선례 363] 주권상장법인이 주주의 주식매수청구권 행사로 취득한 자기주식을 소각하는 경우 그 변경등기신청서에 첨부할 이익의 존재를 증명하는 서면

제정 2012.07.18 [상업등기선례 제201207-2호, 시행]

주권상장법인이 직전 결산기 이전에 합병반대주주의 주식매수청구권행사로 인하여 취득한 자기주식을 그 결산기 이후에 「자본시장과 금융투자업에 관한 법률」 제165조의5제4항 단서에 의하여 주주에게 배당할 이익으로 소각함으로 인한 변경등기신청서에 첨부해야 하는 이익의 존재를 증명하는 서면은 정기총회(또는 「상법」제449조의2의 요건을 갖출 경우 이사회)의 승인을 얻은 직전 결산기의 대차대조표상에 「상법」제462조제1항에 따른 이익배당을 할 수 있는 한도가 0 또는 그 이상의 금액이 남아있는 것을 의미한다. (2012. 07. 18. 사법등기심의관-2142 질의회답)

(나) 존속회사의 주주총회의사록 및 이사회의사록

- 상업등기규칙 제128조 제2항, 제148조 제5호

(다) 소멸회사의 (종류)주주총회 또는 이사회 의사록이나 사원총회의사록 또는 총사원의 동의가 있음을 증명하는 서면

- 상업등기규칙 제148조 제2호 제3호

(라) 채권자보호절차를 거쳤음을 증명하는 서면

- 상업등기규칙 제148조 제8호

(마) 이사회의 공고로 합병보고총회에 대한 보고를 갈음한 경우 이를 증명하는 서면

- 상업등기규칙 제148조 제4호

[선례 364] 회사의 본점 소재지를 잘못 기재한 공고문을 첨부하여 합병으로 인한 등기를 신청할 수 있는지 여부

제정 2007.06.14 [상업등기선례 제200706-1호, 시행]

주식회사가 합병에 따른 이의 제출 공고(상법 527조의5)를 할 때 공고문에 합병을 하는 회사를 표시하면서 회사의 본점 소재지가 아닌 다른 장소(예를 들어, 대표이사의 주소 등)를 기재한 경우, 그 공고에 의하여는 합병을 하는 회사의 동일성을 식별하기 어려워 적법·유효한 공고라고 볼 수 없기 때문에 그 공고문을 첨부한 등기신청(비송사건절차법 제215조제3호)은 수리될 수 없다. (2007. 6. 14. 공탁상업등기과-667 질의회답)

[선례 365] 정관에서 정한 회사의 공고방법과 다른 공고를 하였을 경우 공고로서의 효력이 있는지 여부

제정 2001.10.31 [상업등기선례 제1-225호(등기선례 제6-673호), 시행]

회사합병등기에서는 채권자보호절차로서 채권자에 대한 이의제출 공고 및 최고를 한 사실을 증명하는 서면을 제출하도록 하고 있는바, 정관에서 정한 공고방법과 다른 공고를 한 경우에는 상법상 채권자보호절차를 이행하였다고 볼 수 없으므로 공고로서의 효력이 발생하지 않는다. (2001. 10. 31. 등기 3402-735 질의회답)

[선례 366] 신설합병절차에서 창립총회를 이사회의 결의에 의한 공고로 갈음할 수 있는지 여부(적극)

제정 2001.08.09 [상업등기선례 제1-236호(등기선례 제6-672호), 시행]
주식회사의 신설합병절차에서 합병계약서에 일반적인 합병사항과 신설회사의 등기할 사항에 대한 내용이 포함되고 이 합병계약서가 주주총회의 특별결의로 승인되었다면 단지 보고만을 위한 창립총회는 상법개정으로 이사회의 결의에 의한 공고로 갈음할 수 있으며, 신설회사에 대한 설립등기도 등기사항이 합병승인을 위한 주주총회에서 승인되었다고 볼 수 있으므로 일반적인 회사설립에서 필요한 창립총회를 거칠 필요없이 등기가 가능하다. (2001. 8. 9. 등기 3402-542 질의회답)

(바) 간이합병 또는 소규모합병의 경우 그 관련된 사실을 증명하는 서면

- 상업등기규칙 제148조 제5호, 제6호, 제7호

(사) 주권제출공고를 하였음을 증명하는 서면

- 상업등기규칙 제148조 제9호

(아) 존속회사가 자본금감소를 한 경우 채권자보호절차를 거쳤음을 증명하는 서면 등

- 상업등기규칙 제142조 제1호, 제111조 제2호

(자) 「독점규제 및 공정거래에 관한 법률」에 따른 합병신고를 하였음을 증명하는 서면

- 독점규제 및 공정거래에 관한 법률 제16조 제2항

(2) 신설회사 설립등기신청서의 첨부서면

(가) 합병계약서

- 상업등기규칙 제149조 제4호, 제148조 제1호

(나) 소멸회사의 (종류)주주총회 또는 이사회 의사록이나 사원총회의사록 또는 총사원의 동의가 있음을 증명하는 서면

- 상업등기규칙 제149조 제4호, 제148조 제2호 제3호

(다) 채권자보호절차를 거쳤음을 증명하는 서면

- 상업등기규칙 제149조 제4호, 제148조 제8호

(라) 주권제출공고를 하였음을 증명하는 서면

- 상업등기규칙 제149조 제4호, 제148조 제9호

(마) 신설회사의 정관

- 상업등기규칙 제149조 제3호, 제129조 제1호

(바) 창립총회의사록

- 상업등기규칙 제149조 제3호, 제129조 제9호

(사) 이사회의 공고로 창립총회에 대한 보고를 갈음한 경우 이를 증명하는 서면

- 상업등기규칙 제149조 제1호

(아) 이사·대표이사와 감사 또는 감사위원회 위원의 취임승낙을 증명하는 서면

- 상업등기규칙 제149조 제3호, 제129조 제10호

(자) 명의개서대리인을 둔 때에는 명의개서대리인과의 계약을 증명하는 서면

- 상업등기규칙 제149조 제3호, 제129조 제11호

(차) 「독점규제 및 공정거래에 관한 법률」에 따른 합병신고를 하였음을 증명하는 서면

- 상업등기규칙 제52조 제1항 제2호

(카) 설립위원의 자격을 증명하는 서면

- 상업등기규칙 제149조 제2호, 제112조 제2호
- 상법 제175조, 제434조, 제599조, 제230조

(3) 소멸회사 해산등기신청서의 첨부서면

- 상업등기규칙 제53조 제3항

바. 등록면허세 · 등기신청수수료 등의 납부

(1) 등록면허세 · 지방교육세

- 지방세법 제28조 제1항 제6호 가목 바목, 제2항 제1호, 제151조 제1항 제2호

(2) 등기신청수수료

- 수수료규칙 제5조의3 제2항, 제5조의5 제4항

사. 등기소의 처리

- 상업등기법 제64조 제1항 제2항 제3항
- 상업등기규칙 제154조 제1항, 제116조 제1항 제5호

4. 합병의 효력

- 상법 제530조 제2항. 제234조, 제527조의4 제1항

[판례 4] 추심금 (대법원 2003. 2. 11. 선고 2001다14351 판결)

【판시사항】

회사 합병의 의미 및 합병으로 소멸되는 회사의 사원(주주)의 지위

【판결요지】

회사의 합병이라 함은 두 개 이상의 회사가 계약에 의하여 신회사를 설립하거나 또는 그 중의 한 회사가 다른 회사를 흡수하고, 소멸회사의 재산과 사원(주주)이 신설회사 또는 존속회사에 법정 절차에 따라 이전·수용되는 효과를 가져오는 것으로서, 소멸회사의 사원(주주)은 합병에 의하여 1주 미만의 단주만을 취득하게 되는 경우나 혹은 합병에 반대한

주주로서의 주식매수청구권을 행사하는 경우 등과 같은 특별한 경우를 제외하고는 원칙적으로 합병계약상의 합병비율과 배정방식에 따라 존속회사 또는 신설회사의 사원권(주주권)을 취득하여, 존속회사 또는 신설회사의 사원(주주)이 된다.

제27절 분할 또는 분할합병의 등기

1. 서설

가. 분할 또는 분할합병의 종류

(1) 단순분할과 분할합병

- 상법 제530조의2 제1항, 제2항, 제3항

[선례 367] 회사분할합병으로 인한 설립등기신청시 검사인 등의 조사보고서 첨부여부(소극)

제정 2003. 7. 25. [상업등기선례 제1-244호(등기선례 제200307-14호), 시행]
갑회사를 분할하여 그 일부와 을회사를 합병하여 병회사를 신설하는 한편 갑회사는 존속하는 신설분할합병을 하면서, 분할된 갑회사의 일부에 해당하는 출자지분에 관하여는 존속하는 갑회사에게, 합병으로 소멸하는 을회사에 해당하는 출자지분에 관하여는 을회사의 종전 주식비율에 따라 을회사의 주주들에게, 각각 신설된 병회사의 주식을 배정·교부한 경우에, 병회사의 설립등기 신청시에 검사인이나 공증인의 조사보고서 등을 첨부할 필요는 없다.

(2003. 7. 25. 공탁법인 3402-179 질의회답)

[선례 368] 주주총회의 해산 결의에 의하여 해산한 주식회사가 물적분할 또는 인적분할의 방법으로 회사를 설립할 수 있는지 여부(적극)

제정 2006.05.24 [상업등기선례 제200605-4호, 시행]

1. 주주총회의 해산 결의에 의하여 해산한 주식회사(이하, '청산회사'라 한다)는 재산의 환가처분(상법 제542조 제1항, 제254조 제1항 제3호)의 한 방법으로서 물적분할 또는 인적분할을 통하여 새로 회사를 설립할 수 있으나(상법 제530조의2 제4항), 분할

후 청산절차를 계속 진행하여야 하며 회사 계속의 결의(상법 제519조) 없이 해산 전의 영업을 할 수는 없다.

2. 물적분할과 인적분할은 절차상 차이가 없고(상법 제530조의12) 채권자보호도 해산 전의 회사분할과 동일한 절차에 따르면 충분하다. 따라서, 청산회사는 동시에 물적분할과 인적분할의 방법으로 수 개의 회사를 설립할 수 있고, 그에 따라 각 신설 회사는 본점 소재지 관할 등기소에서 설립등기를 함으로써 성립한다(상법 제530조의11 제1항, 제528조, 제317조, 제234조) (2006. 5. 24. 공탁상업등기과-445 질의회답)

[선례 369] 이른바 물적흡수분할합병의 경우에도 분할합병에 따른 변경 등기가 허용되는지 여부(적극)

제정 2003.10.08 [상업등기선례 제1-246호, 시행]

갑회사를 분할하여 그 일부와 을회사를 합병하고 갑회사와 을회사는 모두 존속하는 흡수분할합병을 하면서, 분할된 갑회사의 일부에 해당하는 출자지분에 관하여 존속하는 갑회사에게 주식을 배정·교부하는 이른바 물적흡수분할합병의 경우에도 분할합병에 따른 변경등기가 가능할 것이다. (2003. 10. 8. 공탁법인 3402-239 질의회답)

---

(2) 물적분할과 인적분할

- 상법 제530조의12

[선례 370] 분할합병의 상대방 회사가 분할되는 회사의 주식 전부를 소유하고 있는 경우 무증자 분할합병등기의 가부

제정 2009.09.02 [상업등기선례 제200909-1호, 시행]

분할합병의 상대방 회사가 분할되는 회사의 주식을 전부 소유하고 있는 경우에는 분할되는 회사의 주주인 분할합병의 상대방 회사 자신이나 분할되는 회사에 대하여 분할합병의 상대방 회사의 주식을 주지 않는 내용의 분할합병계약을 체결하고(따라서 분할합병의 상대방 회사의 발행주식의 총수와 자본의 총액이 증가하지 않음), 그 분할합병계약서를 첨부하여 분할합병에 따른 변경등기를 신청할 수 있다. (2009. 9. 2. 사법등기심의관-1961 질의회답)

나. 해산회사의 분할의 제한

- 상법 제530조의2 제5항

2. (단순)분할의 절차

가. 분할계획서의 작성(분할계획서의 기재사항)

- 상법 제530조의5

[선례 371] 회사 분할시 제3자의 출자 가능 여부(적극)

제정 2003. 9. 1. [상업등기선례 제1-245호(등기선례 제200309-16호), 시행]
주식회사를 분할하여 새로운 회사를 설립하는 경우에 분할되는 회사의 출자 이외에 새로운 주주를 모집하여 설립할 수도 있다.

(2003. 9. 1. 공탁법인 3402-207 질의회답)

[선례 372] 주식회사 분할시 피분할회사의 자본감소절차가 반드시 필요한지 여부

제정 2001.12.04 [상업등기선례 제1-242호(등기선례 제200112-18호), 시행]
주식회사의 분할 및 분할합병시 분할되는 것은 회사의 재산 즉 특정영업을 위하여 조직화되고 유기적 일체를 이루는 적극 및 소극재산이므로, 피분할회사가 존속하는 불완전분할의 경우 분할로 피분할회사의 재산이 감소한다고 해서 필요적으로 자본감소를 수반하는 것은 아니며, 자본감소에 관한 사항이 분할계획서 또는 분할합병계약서에 포함된 때에 한하여 자본감소절차가 필요하다. (2001. 12. 4. 등기 3402-781 질의회답)

---

(1) 분할되는 회사가 소멸하는 경우

- 상법 제530조의5 제1항

(가) 설립되는 회사의 자본금과 준비금에 관한 사항

- 상법 제459조 제1항 제2항

(2) 분할되는 회사가 존속하는 경우

- 상법 제530조의5 제2항

나. 분할계획서 등의 공시

- 상법 제530조의7 제1항, 제3항, 제522조의2 제2항

[선례 373] 흡수분할합병시 무증자합병이 가능한지 여부(적극)

제정 2002.01.02 [상업등기선례 제1-243호(등기선례 제200201-17호), 시행]
피분할회사가 존속하면서 일부사업부문을 인적분할하여 존립중인 기존의 회사에 흡수합병하는 소위 흡수분할합병에서, 분할되는 특정사업부문이 제530조의7 제1항 제2호의 대차대조표상 순자산가치가 0(령)인 경우에는 합병차익이 존재하지 않으므로 피분할회사의 주주에게 분할합병의 상대방 회사의 주식의 배정이 없는 무증자합병이 가능하다. (2002. 1. 2. 등기 3402-2 질의회답)

다. 분할의 승인

- 상법 제530조의3 제3항, 제4항, 제5항, 제6항

라. 채권자보호절차

- 상법 제530조의9 제1항 제4항, 제530조의11, 제439조 제3항, 제527조의5

[선례 374] 회사 분할에 따른 등기시 채권자보호절차를 거쳤음을 증명하는 서면의 첨부 요부

제정 2007. 5. 3. [상업등기선례 제2-82호, 시행]
분할에 의하여 회사를 설립하면서(상법 제530조의2제1항) 분할되는 회사(이하, '분할회사'라 한다)는 자본을 감소하고, 그에 따라 분할회사의 변경(자본감소 등)등기 및 분할로 인하여 설립되는 회사(이하, '신설회사'라 한다)의 설립등기를 신청하는 경우, ①그 자본 감소가 주주에 대한 출자의 환급이 없는 명목상의 것이고 ②분할 후 분할회사의 자본과 신

설회사의 자본의 합계액이 분할 전 분할회사의 자본액 이상이며 ③신설회사가 분할회사의 채무에 관하여 연대하여 변제할 책임(상법 제530조의9제1항)을 부담한다면, 그 신청서에 채권자보호절차를 거쳤음을 증명하는 서면(비송사건절차법 제211조제1호, 제215조제3호, 제216조의2제2항)은 첨부할 필요가 없다.

(2007. 5. 3. 공탁상업등기과-468 질의회답)

[선례 375] 회사 분할에 따른 등기시 채권자보호절차를 거쳤음을 증명하는 서면의 첨부 요부

제정 2007.05.03 [상업등기선례 제200705-2호, 시행]

분할에 의하여 회사를 설립하면서(상법 제530조의2제1항) 분할되는 회사(이하, '분할회사'라 한다)는 자본을 감소하고, 그에 따라 분할회사의 변경(자본감소 등)등기 및 분할로 인하여 설립되는 회사(이하, '신설회사'라 한다)의 설립등기를 신청하는 경우, ①그 자본 감소가 주주에 대한 출자의 환급이 없는 명목상의 것이고 ②분할 후 분할회사의 자본과 신설회사의 자본의 합계액이 분할 전 분할회사의 자본액 이상이며 ③신설회사가 분할회사의 채무에 관하여 연대하여 변제할 책임(상법 제530조의9제1항)을 부담한다면, 그 신청서에 채권자보호절차를 거쳤음을 증명하는 서면(비송사건절차법 제211조제1호, 제215조제3호, 제216조의2제2항)은 첨부할 필요가 없다. (2007. 5. 3. 공탁상업등기과-468 질의회답)

[선례 376] 회사분할에 의한 등기의 신청서에 채권자보호절차를 거쳤음을 증명하는 서면을 첨부해야 하는 경우

제정 2006.06.13 [상업등기선례 제200606-1호, 시행]

1. 주식회사가 상법 제530조의2 제1항의 규정에 의하여 단순분할하면, 분할에 의하여 설립되는 회사(이하, '신설회사'라 한다)는 분할되는 회사(이하, '분할회사'라 한다)의 분할 전 회사채무에 관하여 원칙적으로 연대책임이 있고(상법 제530조의9 제1항), 이 경우에는 채권자보호절차(상법 제530조의9 제4항, 제527조의5)를 거칠 필요가 없으므로 채권자보호절차를 거쳤음을 증명하는 서면(비송사건절차법 제216조의2 제2항, 제215조 제3호)은 분할에 의한 등기의 신청시 제출할 필요가 없다.
2. 분할계획서의 승인결의로 신설회사가 분할회사의 채무 중에서 출자한 재산에 관한 채무만을 부담할 것을 정한 경우(상법 제530조의9 제2항, 제530조의5 제1항 제8호)에는 채권자보호절차를 거쳐야 하며(상법 제530조의9 제4항, 제439조 제3항, 제527조의5) 분할에 의한 등기의 신청서에 채권자보호절차를 거쳤음을 증명하는 서면(비송사건절차법 제216조의2 제2항, 제215조 제3호)을 첨부하여야 한다. (2006. 6. 13. 공탁

상업등기과-546 질의회답)

마. 창립총회

- 상법 제530조의11 제1항, 제527조 제1항 제2항 제4항

3. 분할합병의 절차

가. 분할합병계약서의 작성(분할합병계약서의 기재사항)

(1) 흡수분할합병의 경우

- 상법 제530조의6 제1항

[선례 377] 회사분할과 흡수합병으로 인한 등기를 동시에 신청할 수 있는지 여부

제정 2006.12.27 [상업등기선례 제200612-2호, 시행]

1. 주식회사 갑은 그 사업부문의 일부를 인적 또는 물적 분할하여 새로운 회사를 설립하는 절차와 회사 을, 병, 정을 흡수합병하는 절차를 동시에 진행한 후에 관련된 등기를 신청할 수 있다. 다만, 이처럼 절차를 동시에 진행하게 되면 그렇지 않은 경우에 비해 여러 가지 문제들(특히, 관련 회사의 주주 및 채권자의 보호와 관련하여)이 생길 수 있을 것이다.
2. 위에서, 갑의 본점 소재지를 관할하는 등기소(이하, '갑 관할등기소'라 합니다)와 분할로 인하여 설립되는 회사의 본점 소재지를 관할하는 등기소(이하, '신설회사 관할등기소'라 합니다)가 같은 경우에는, 분할로 인한 갑의 변경 등기와 신설회사의 설립 등기, 흡수합병으로 인한 갑의 변경 등기와 을, 병, 정의 해산 등기를 갑 관할등기소에 동시에 신청할 수 있다. 그러나, 갑 관할등기소와 신설회사 관할등기소가 다른 경우에는, 분할로 인한 신설회사의 설립 등기가 경료된 후에 흡수합병으로 인한 갑의 변경 등기와 을, 병, 정의 해산 등기를 신청할 수 있다. (2006. 12. 27. 공탁상업등기과-1455 질의회답)

(가) 분할합병의 상대방 회사의 증가할 자본금의 총액과 준비금에 관한 사항

- 상법 제459조 제1항 제2항

(나) 분할 전 분할회사의 채무에 관해 연대책임을 배제하는 정함이 있는 경우에는 그 내용

- 상법 제530조의9 제1항 제2항 제3항

(다) 분할합병을 할 날

- 상법 제530조의11 제1항, 제234조

(2) 신설분할합병의 경우

- 상법 제530조의6 제2항

(3) 분할합병을 하지 않는 부분에 관한 사항

- 상법 제530조의6 제3항

나. 분할합병계약서 등의 공시

- 상법 제530조의7 제1항 제2항 제3항, 제522조의2 제2항

다. 분할합병의 승인

(1) 주주총회의 특별결의에 의한 승인

- 상법 제530조의3 제1항 ~ 제6항, 제530조의6 제1항 제8호, 제530조의11 제2항, 제522조의3

(2) 간이분할합병(분할되는 회사의 주주총회의 승인을 이사회의 승인으로 갈음)

- 상법 제530조의11 제2항, 제527조의2 제1항 제2항

(3) 소규모분할합병(분할합병의 상대방회사의 주주총회의 승인을 이사회 승인으로 갈음)

- 상법 제530조의11 제2항, 제527조의3 제1항 ~ 제5항

라. 채권자보호절차

- 상법 제530조의11 제2항, 제527조의5, 제439조 제2항 제3항, 제530저의6 제3항, 제530조의5 제2항 제1호~제2호, 제232조

마. 보고총회 또는 창립총회

(1) 보고총회

- 상법 제530조의11 제1항, 제526조, 제383조 제5항

(2) 창립총회

- 상법 제530조의11 제1항, 제527조, 제383조 제5항

[선례 378] 주식회사 분할시 신주인수권부사채나 전환사채의 승계가 있는 경우 승계에 따른 등기를 하여야 하는 시점

제정 2003.11.14 [상업등기선례 제1-247호(등기선례 제200311-13호), 시행]

1. 주식회사를 분할하는 경우에 신주인수권부사채(전환사채도 동일)의 승계가 있는 때에는 원칙적으로 상법 제528조 제2항, 제530조의11 제1항의 규정에 따라 사채의 승계 사실을 증명하는 서면(예, 분할계획서·분할계획서 승인의 주주총회의사록 등)을 첨부하여 분할에 따른 각 등기신청과 동시에 사채의 등기신청을 하여야 할 것이다.
2. 그러나 신주인수권부사채의 승계에 관한 등기가 분할에 따른 각 등기신청과 동시에 경료되지 못한 경우에는 등기해태의 책임여부는 별론으로 하고 사채의 승계가 있었다는 사실을 증명하는 서면(예, 분할 당시의 분할계획서와 분할계획서 승인의 주주총회 의사록·승계에 따른 세부사항을 정한 이사회의사록·채권자보호절차의 이행을 증명하는 서면 등)을 첨부하여 분할에 따른 각 등기의 종료 후에라도 등기신청을 할 수는 있을 것이다.
3. 이때 등기관은 신청인이 제출한 신청서와 각 첨부서면, 당해 등기부 등을 심사자료로 하여 분할의 효력 발생시점을 기준으로 신주인수권부사채가 분할계획서에 따라 이전 승계되는 적극·소극재산에 포함되었는지를 조사하여 수리여부를 결정하여야 할 것이다. (2003. 11. 14. 공탁법인 3402-270 질의회답)

---

4. 분할 또는 분할합병의 등기절차

가. 등기사항

- 상업등기법 제70조 제1항 제2항
- 상업등기규칙 제150조, 제151조
- 예규 제1542호 2.

[선례 379] 한국증권선물거래소법에 의한 한국증권선물거래소 설립을 위한 분할합병등기시 비송사건절차법 제216조의2(분할 또는 분할합병에 의한 등기)와 등기예규 제964호(주식회사의 분할 또는 분할합병으로 인한 등기의 사무처리지침)가 유추적용될 수 있는지 여부(적극) 등

제정 2004.06.03 [상업등기선례 제1-248호(등기선례 제200406-10호), 시행]

1. 한국증권업협회의 협회중개시장운영 부분을 분할하여 한국증권거래소 등과 합병하여 한국증권선물거래소를 설립하는 경우, 한국증권업협회에 관하여는 분할로 인한 변경등기를 요하지 않으나, 목적 사업 변경에 따른 민법상 변경등기를 하여야 할 것이다.
2. 한국증권선물거래소법에의하여한국증권선물거래소를 설립하는 경우, 비송사건절차법 제216조의2(분할 또는 분할합병에 의한 등기)의 규정과 등기예규 제964호(주식회사의 분할 또는 분할합병으로 인한 등기의 사무처리지침)는 관련법령에서 특별히 정한 경우를 제외하고는 그 성질에 반하지 아니하는 한 유추적용할 수 있을 것이다.
3. 한국증권선물거래소 설립등기 신청시, 분할 또는 분할합병되는 법인과 회사의 출자 외에 다른 출자가 없고 불비례적 신주 배정이 아닌 한, 검사인 등의 조사보고서를 첨부할 필요는 없을 것이다. (2004. 6. 3. 공탁법인 3402-125 질의회답)

---

(1) 분할신설회사

- 상업등기법 제70조 제1항
- 상법 제530조의11 제1항, 제528조 제2항

[선례 380] 신설회사가 분할회사의 상호로 변경등기를 할 수 있는지 여부

제정 2009.08.04 [상업등기선례 제200908-1호, 시행]

주식회사(분할회사)가 영업을 분할하여 다른 주식회사(신설회사)를 설립하면서 신설회사의 상호를 분할회사의 상호로 하여 설립등기를 하고, 분할회사에 대하여는 본래의 상호에 '홀딩스'를 붙여 변경등기를 하는 것은, 분할회사의 변경 후의 상호가 동일한 특별시 · 광역시 · 시 또는 군 내에서 동일한 영업을 위하여 다른 사람이 등기한 것과 동일한 상호가 아니라면 가능하다. (2009. 8. 4. 사법등기심의관-1763 질의회답)

---

(2) 흡수분할합병회사

- 상업등기법 제70조 제2항

(3) 분할존속회사

- 상업등기법 제70조 제3항

나. 등기기간

- 상법 제530조의11 제1항, 제528조 제1항

다. 등기신청인

- 상업등기법 제71조 제1항, 제23조 제1항

라. 경유신청과 동시신청

- 상업등기법 제71조 제2항 제3항
- 예규 제1542호 제3조 제2항

마. 첨부서면

(1) 분할신설회사의 설립등기

- 상업등기규칙 제150조

[선례 381] 갑 주식회사가 일부를 분할하여 갑 주식회사의 출자만으로 을 주식회사를 설립하는 경우 을 주식회사의 설립등기신청서에 첨부되는 정관에 서명할 발기인 여하 등

제정 1999.04.26 [상업등기선례 제1-240호(등기선례 제6-634호), 시행]

1인이 발행주식의 총수를 소유하고 있는 갑 주식회사가 그 일부를 분할하여 갑 주식회사의 출자만으로 을 주식회사를 설립하고자 하는 경우,

가. 을 주식회사의 설립을 위해 발기인을 두어야 하는 것은 아니며, 정관에는 갑 주식회사의 대표이사가 서명 또는 기명날인하여야 할 것이다.

나. 설립등기신청서에 첨부되는 을 주식회사의 정관은 공증인의 인증을 요하지 아니하나, 창립총회의사록 등에는 을 주식회사의 본점소재지를 관할하는 지방검찰청에 소속된 공증인의 인증을 받아야 한다.

다. 이 경우 신설되는 을 주식회사의 설립등기신청은 분할되는 갑 주식회사에 대한 변경등기신청과 동시에 갑 주식회사의 관할등기소에 하여야 한다. (1999. 4. 26. 등기 3402-452 질의회답)

[선례 382] 물적분할로 신설되는 주식회사의 설립등기신청서에 검사인이나 공증인의 조사보고서와 그 부속서류 또는 감정인의 감정서와 그 부속서류를 첨부하여야 하는지 여부

제정 1999.05.27 [상업등기선례 제1-241호(등기선례 제6-670호), 시행]

제530조의12의 규정에 의한 물적분할의 경우, 분할(분할합병이 아님)로 인하여 신설되는 주식회사의 설립등기신청서에 검사인이나 공증인의 조사보고서와 그 부속서류 또는 감정인의 감정서와 그 부속서류를 첨부할 필요는 없을 것이다. (1999. 5. 27. 등기 3402-553 질의회답)

(가) 분할계획 또는 분할합병계약을 승인한 분할존속회사 또는 분할소멸회사의 주주총회의사록

- 상법 제436조, 제530조의3 제6항

(나) 정관

[선례 383] 갑 주식회사가 일부를 분할하여 갑 주식회사의 출자만으로 을 주식회사를 설립하는 경우 을 주식회사의 설립등기신청서에 첨부되는 정관에 서명할 발기인 여하 등

제정 1999.04.26 [상업등기선례 제1-240호(등기선례 제6-634호), 시행]

1인이 발행주식의 총수를 소유하고 있는 갑 주식회사가 그 일부를 분할하여 갑 주식회사의 출자만으로 을 주식회사를 설립하고자 하는 경우,

가. 을 주식회사의 설립을 위해 발기인을 두어야 하는 것은 아니며, 정관에는 갑 주식회사의 대표이사가 서명 또는 기명날인하여야 할 것이다.

나. 설립등기신청서에 첨부되는 을 주식회사의 정관은 공증인의 인증을 요하지 아니하나, 창립총회의사록 등에는 을 주식회사의 본점소재지를 관할하는 지방검찰청에 소속된 공증인의 인증을 받아야 한다.

다. 이 경우 신설되는 을 주식회사의 설립등기신청은 분할되는 갑 주식회사에 대한 변경등기신청과 동시에 갑 주식회사의 관할등기소에 하여야 한다.

(1999. 4. 26. 등기 3402-452 질의회답)

(다) 신설회사의 창립총회의사록

- 상법 제530조의11 제1항, 제527조 제4항

(라) 분할 또는 분할합병으로 신설되는 회사가 전환사채 또는 신주인수권부사채를 승계하기로 한 경우에는 이를 증명하는 서면

[선례 384] 주식회사 분할시 신주인수권부사채나 전환사채의 승계가 있는 경우 승계에 따른 등기를 하여야 하는 시점

제정 2003.11.14 [상업등기선례 제1-247호(등기선례 제200311-13호), 시행]

1. 주식회사를 분할하는 경우에 신주인수권부사채(전환사채도 동일)의 승계가 있는 때에는 원칙적으로 상법 제528조 제2항, 제530조의11 제1항의 규정에 따라 사채의 승계사실을 증명하는 서면(예, 분할계획서·분할계획서 승인의 주주총회의사록 등)을 첨부하여 분할에 따른 각 등기신청과 동시에 사채의 등기신청을 하여야 할 것이다.
2. 그러나 신주인수권부사채의 승계에 관한 등기가 분할에 따른 각 등기신청과 동시에 경료되지 못한 경우에는 등기해태의 책임여부는 별론으로 하고 사채의 승계가 있었다는 사실을 증명하는 서면(예, 분할 당시의 분할계획서와 분할계획서 승인의 주주총회 의사록·승계에 따른 세부사항을 정한 이사회의사록·채권자보호절차의 이행을 증명하는 서면 등)을 첨부하여 분할에 따른 각 등기의 종료 후에라도 등기신청을 할 수는 있을 것이다.
3. 이때 등기관은 신청인이 제출한 신청서와 각 첨부서면, 당해 등기부 등을 심사자료로

하여 분할의 효력 발생시점을 기준으로 신주인수권부사채가 분할계획서에 따라 이전 승계되는 적극·소극재산에 포함되었는지를 조사하여 수리여부를 결정하여야 할 것이다.
(2003. 11. 14. 공탁법인 3402-270 질의회답)

[선례 385] 기존의 주식회사를 분할하여 회사를 설립하면서 기존 존속회사가 분할로 인하여 설립되는 회사에 건설업을 양도할 경우, 분할로 인하여 설립되는 회사의 설립등기신청서에 건설업의 양도에 관한 주무관청에의 신고를 증명하는 서면을 첨부하여야 하는지 여부(소극)

제정 2004.08.30 [상업등기선례 제1-249호(등기선례 제200408-16호), 시행]
기존의 주식회사를 분할하여 회사를 설립하면서 기존 존속회사가 분할로 인하여 설립되는 회사에 건설업을 양도할 경우, 이는 신고사항에 불과하여(1999. 4. 15. 종래의 인가사항을 신고사항으로 개정) 분할로 인하여 설립되는 회사의 설립등기신청서에는 건설업의 양도에 관한 주무관청에의 신고를 증명하는 서면은 첨부할 필요가 없을 것이다. (2004. 8. 30. 공탁법인 3402-187 질의회답)

---

(2) 흡수분할합병회사의 변경등기

- 상업등기규칙 제151조

(가) 분할합병을 승인한 분할되는 회사의 주주총회의사록 또는 이사회의사록 등

- 상법 제436조, 제530의조3 제6항

(3) 분할존속회사의 변경등기와 분할소멸회사의 해산등기

- 상법 제530조의5 제2항 제1호 제2호, 제530조의6 제3항 제1호, 제439조 제2항, 제232조

[선례 386] 회사 분할에 따른 등기시 채권자보호절차를 거쳤음을 증명하는 서면의 첨부 요부

제정 2007. 5. 3. [상업등기선례 제2-82호, 시행]

분할에 의하여 회사를 설립하면서(상법 제530조의2제1항) 분할되는 회사(이하, '분할회사'라 한다)는 자본을 감소하고, 그에 따라 분할회사의 변경(자본감소 등)등기 및 분할로 인하여 설립되는 회사(이하, '신설회사'라 한다)의 설립등기를 신청하는 경우, ①그 자본 감소가 주주에 대한 출자의 환급이 없는 명목상의 것이고 ②분할 후 분할회사의 자본과 신설회사의 자본의 합계액이 분할 전 분할회사의 자본액 이상이며 ③신설회사가 분할회사의 채무에 관하여 연대하여 변제할 책임(상법 제530조의9제1항)을 부담한다면, 그 신청서에 채권자보호절차를 거쳤음을 증명하는 서면(비송사건절차법 제211조제1호, 제215조제3호, 제216조의2제2항)은 첨부할 필요가 없다.

(2007. 5. 3. 공탁상업등기과-468 질의회답)

- 상업등기규칙 제53조 제3항
- 예규 제1542호 제4조 제3항

바. 등록면허세·등기신청수수료 등 납부

(1) 등록면허세 및 지방교육세

- 지방세법 제28조 제1항 제6호 바목, 제151조 제1항 제2호

(2) 등기신청수수료

- 수수료규칙 제5조의3 제2항, 제5조의5 제4항

사. 등기소의 처리

- 상업등기법 제72조 제1항 제2항 제3항
- 예규 제1542호 제5조 제3항

5. 분할 또는 분할합병의 효력

- 상법 제530조의11 제1항, 제234조, 제530조의10

제28절 주식의 포괄적 교환 · 이전의 등기

1. 주식의 포괄적 교환 및 이전 제도

가. 도입취지

- 상법 제360조의2 제1항

나. 주식교환과 주식이전의 의의 등

- 상법 제360조의3, 제360조의14, 제360조의15 ~ 제360조의23

2. 주식의 포괄적 교환

가. 주식교환의 절차

(1) 주식교환계약서의 작성

- 상법 제360조의3 제3항

(2) 주식교환계약서 등의 사전공시

- 상법 제360조의4 제1항 제2항, 제391조의3 제3항

(3) 주식교환계약서의 승인

- 상법 제360조의3 제1항 제2항, 제436조, 제360조의3 제5항, 제435조 제2항

(4) 주식교환에 반대하는 주주최 주식매수청구권

- 상법 제360조의5 제1항 제2항 제3항, 제374조의2 제2항 ~ 제4항

(5) 완전모회사의 자본금증가의 한도액

- 상법 제360조의7 제1항 제2항

(6) 주권의 실효절차

- 상법 제360조의8 제1항 제2항, 제442조

(7) 간이주식교환

- 상법 제360조의9 제1항 제2항

(8) 소규모주식교환

- 상법 제360조의10 제1항 제3항 제4항 제5항 제7항

(9) 주식교환의 사후공시

- 상법 제360조의12 제1항, 제391조의3 제3항

나. 주식교환의 효과

(1) 주식의 이전 및 신주의 발행

- 상법 제360조의2 제2항, 제360조의11 제1항, 제443조

(2) 완전모자회사관계의 성립 및 완전자회사의 구주권의 실효

- 상법 제360조의2, 제360조의8

(3) 완전모회사의 이사 및 감사의 임기

- 상법 제360조의13

다. 주식교환무효의 소

- 상법 제360조의14 제1항 ~ 제4항, 제431조
- 비송법 제107조 제9호

라. 주식교환에 의한 완전모회사의 변경등기절차

(1) 등기사항 및 등기기간

- 상법 제360조의3 제3항 제1호

(2) 첨부서면

- 상업등기규칙 제146조, 제128조 제2항, 제52조 제1항 제1호 제2호

(3) 등록면허세 · 등기신청수수료 등의 납부

- 지방세법 제28조 제1항 제6호 가목2, 제2항, 제151조 제1항 제2호
- 수수료규칙 제5조의3 제2항, 제5조의5 제4항

3. 주식의 포괄적 이전

가. 주식이전의 절차

(1) 주식이전계획서의 작성

- 상법 제360조의16 제1항

(가) 설립하는 완전모회사의 자본금 및 자본준비금에 관한 사항

- 상법 제459조 제1항 제1조의2

(2) 주식이전계획서의 승인

- 상법 제360조의16 제1항 제4항, 제436조

(3) 주식이전계획서 등의 사전공시

- 상법 제360조의17

(4) 완전모회사의 자본금의 한도액

- 상법 제360조의18, 제360조의16 제1항 제3호, 제459조 제1항 제1조의3

(5) 주권의 실효절차

- 상법 제360조의19 제1항 제2항, 제442조

(6) 주식이전에 반대하는 주주의 주식매수청구권 등

- 상법 제360조의22, 제360조의5, 제360조의11, 제360조의12

나. 주식이전에 의한 완전모회사의 설립등기절차

(1) 첨부서면

- 상법 제360조의18
- 상업등기규칙 제147조
- 금융지주회사법 제3조 제1항
- 금융지주회사법 시행규칙 제52조 제1항 제2호

(2) 등록면허세・등기신청수수료 등의 납부

- 지방세법 제28조 제1항 제6호 가목 1, 제151조 제1항 제2호
- 수수료규칙 제5조의3 제2항, 제5조의5 제4항

다. 주식이전의 효과

- 상법 제360조의21

라. 주식이전무효의 소

- 상법 제360조의23 제1항 ~ 제4항, 제193조
- 비송법 제107조 제9호

제29절 조직변경의 등기

1. 서설

[판례 1] 법인세부과처분취소 (대법원 1985. 11. 12. 선고 85누69 판결)

【판시사항】

가. 법률 제3196호로 제정, 공포된 조세감면규제법 부칙 제6조에 따른 증자소득공제 혜택을 받는 법인의 범위
나. 회사의 조직변경이 허용되는 경우

【판결요지】

가. 면세소득의 범위는 과세의 공평과 세수의 확보를 위하여 엄격히 해석하여야 할 것이

므로 구 조세감면규제법 부칙(1978.3.25. 자 법률 제3096호 부칙 제3조 및 1979.12.28자 법률 제3196호 부칙 제6조) 규정의 해석상 위 법률 제3196호에 따른 증자소득공제혜택 대상은 종전과 같이 법률 제3096호의 시행일인 1978.3.25 이전에 설립된 법인에 한하고 법률 제3196호의 시행전인 1978.12.31 이전에 설립된 법인까지 포함한다고 확장해석할 수 없다.

나. 회사의 조직변경은 회사가 그의 인격의 동일성을 보유하면서 법률상의 조직을 변경하여 다른 종류의 회사로 되는 것을 일컫는다 할 것이고 상법상 합명, 합자회사 상호간 또는 주식, 유한회사 상호간에만 회사의 조직변경이 인정되고 있을 뿐이므로 소외 계룡건설합자회사가 그 목적, 주소, 대표자등이 동일한 주식회사인 원고 회사를 설립한 다음 동 소외 회사를 흡수 합병하는 형식을 밟아 사실상 합자회사를 주식회사로 변경하는 효과를 꾀하였다 하더라도 이를 법률상의 회사조직변경으로 볼 수는 없다.

- 상법 제604조, 제607조, 제287조의44

[선례 387] 특수법인인 지방공사를 상법상의 주식회사로 조직변경등기를 할 수 있는지 여부

제정 2005. 2. 14. [상업등기선례 제1-252호(등기선례 제200502-11호), 시행]

특수법인인 지방공사를 상법상의 주식회사로 전환하기 위해서는 조직변경에 관한 근거규정을 법률에 두어야 할 것인바, 이러한 근거규정이 없는 경우에는 조직변경에 따른 등기신청을 수리할 수 없을 것이다.

(2005. 2. 14. 공탁법인 3402-40 질의회답)

[선례 388] 지방공기업법에 의하여 설립된 지방공사를 조례에 의하여 상법상 주식회사로 전환할 수 있는지, 동 지방공사를 상법상 주식회사 또는 농업협동조합법에 의한 업종별조합과 합병할 수 있는 지 여부 등

제정 2005. 12. 26. [상업등기선례 제2-144호, 시행]

1. 지방공기업법 제49조 에 의하여 설립된 특수법인인 지방공사를 상법상의 주식회사로 전환하기 위해서는 조직변경에 관한 근거법률이 있어야 하므로, 지방공기업법 등에 이러한 근거규정이 없는 경우, 지방공사설치조례의 폐지조례에 주식회사로 전환할 수 있는 근거규정을 두는 방법으로는 지방공사를 상법상의 주식회사로 전환할 수 없을 것이다.
2. 또한, 위 공사가 상법상 회사 등과 합병을 하기 위해서는 그 근거법률이 있어야 하는

데, 지방공기업법, 비송사건절차법 등에 지방공사가 농업협동조합법에 의하여 설립된 업종별조합 또는 상법상 주식회사와 합병할 수 있다는 근거규정 및 합병등기절차에 관한 규정이 없으므로, 지방공사와 농업협동조합법에 의한 업종별조합 또는 상법상 주식회사와의 합병으로 인한 변경등기는 할 수 없을 것이다.

(2005. 12. 26. 공탁법인과-723 질의회답)

2. 주시회사의 유한회사로의 조직변경

가. 총주주의 일치에 의한 주주총회의 결의

- 상법 제604조 제1항 제3항, 제543조 제3항, 제547조 제1항, 제568조 제2항, 제562조 제2항

[선례 389] 주식회사가 유한회사로 조직변경되는 경우의 등기신청과 우선주의 처리

제정 2000. 1. 13. [상업등기선례 제1-251호(등기선례 제6-676호), 시행]

주식회사는 이익이나 이자의 배당 또는 잔여재산의 분배에 관하여 내용이 다른 수종의 주식을 발행할 수 있고(상법 제344조 제1항), 이때 그 종류와 각종 주식의 내용과 수는 등기하여야 하는 것이나(상법 제317조 제2항 제3호), 위와 같은 규정이 없는 유한회사에서는 이러한 사항을 정할 수는 없을 것이며, 이는 보통주와 우선주를 발행한 주식회사가 유한회사로 그 조직을 변경하는 경우에도 마찬가지이므로 주식회사의 보통주와 우선주가 유한회사의 보통지분·우선지분으로 변경되거나 또는 보통지분·우선지분의 구별을 둘 수는 없을 것이며, 우선주에 대하여 주어져야 할 지분에 대하여는 조직변경 결의시의 주주총회에서 정할 사항이며 반드시 우선주를 소각하여야만 하는 것은 아니다.

(2000. 1. 13. 등기 3402-27 질의회답)

[선례 390] 지방공사의 주식회사로의 변경등기 가부

제정 1999.06.09 [상업등기선례 제1-250호(등기선례 제6-647호), 시행]

지방공기업법 제49조의 규정에 의하여 설립된 지방공사가 상법상의 주식회사로 전환할 수 있는 법률규정이 없으므로, 지방공사설치조례의 폐지조례에 주식회사로 전환할 수 있는 근거규정을 두는 방법으로는 지방공사를 상법상의 주식회사로 전환할 수 없을 것이다. (1999. 6. 9. 등기 3402-601 질의회답)

[선례 391] 지방공기업법에 의하여 설립된 지방공사를 조례에 의하여 상법상 주식회사로 전환할 수 있는지, 동 지방공사를 상법상 주식회사 또는 농업협동조합법에 의한 업종별조합과 합병할 수 있는 지 여부 등

제정 2005.12.26 [상업등기선례 제200512-4호, 시행]

1. 지방공기업법 제49조에 의하여 설립된 특수법인인 지방공사를 상법상의 주식회사로 전환하기 위해서는 조직변경에 관한 근거법률이 있어야 하므로, 지방공기업법 등에 이러한 근거규정이 없는 경우, 지방공사설치조례의 폐지조례에 주식회사로 전환할 수 있는 근거규정을 두는 방법으로는 지방공사를 상법상의 주식회사로 전환할 수 없을 것이다.
2. 또한, 위 공사가 상법상 회사 등과 합병을 하기 위해서는 그 근거법률이 있어야 하는데, 지방공기업법, 비송사건절차법 등에 지방공사가 농업협동조합법에 의하여 설립된 업종별조합 또는 상법상 주식회사와 합병할 수 있다는 근거규정 및 합병등기절차에 관한 규정이 없으므로, 지방공사와 농업협동조합법에 의한 업종별조합 또는 상법상 주식회사와의 합병으로 인한 변경등기는 할 수 없을 것이다. (2005. 12. 26. 공탁법인과-723 질의회답)

[판례 2] 상법위반(이의신청) (대법원 2005. 3. 8. 자 2004마800 전원합의체 결정)

【판시사항】

임기의 만료나 사임에 의하여 퇴임한 이사가 그 퇴임으로 법률 또는 정관에 정한 이사의 원수를 채우지 못하게 되어 후임이사의 취임시까지 이사로서의 권리의무를 유지하게 되는 경우, 이사의 퇴임으로 인한 변경등기기간의 기산일(=후임이사의 취임일) 및 후임이사의 취임 전에 위 변경등기만을 따로 신청하는 것이 허용되는지 여부(소극)

【결정요지】

대표이사를 포함한 이사가 임기의 만료나 사임에 의하여 퇴임함으로 말미암아 법률 또는 정관에 정한 대표이사나 이사의 원수(최저인원수 또는 특정한 인원수)를 채우지 못하게 되는 결과가 일어나는 경우에, 그 퇴임한 이사는 새로 선임된 이사(후임이사)가 취임할 때까지 이사로서의 권리의무가 있는 것인바(상법 제386조 제1항, 제389조 제3항), 이러한 경우에는 이사의 퇴임등기를 하여야 하는 2주 또는 3주의 기간은 일반의 경우처럼 퇴임한 이사의 퇴임일부터 기산하는 것이 아니라 후임이사의 취임일부터 기산한다고 보아야 하며, 후임이사가 취임하기 전에는 퇴임한 이사의 퇴임등기만을 따로 신청할 수 없다고 봄이 상당하다.

나. 사채의 상환

- 상법 제600조 제2항, 제604조 제1항

다. 자본금의 총액의 제한

- 상법 제604조 제2항, 제605조 제1항

라. 채권자보호절차

- 상법 제608조, 제232조

3. 주식회사의 유한책임회사로의 조직변경

- 상법 제287조의44, 제604조 ~ 제606조, 제287조의43 제1항

4. 등기절차

가. 등기사항

- 상업등기법 제65조 제1항 제2항
- 상업등기규칙 제154조 제1항

나. 등기기간

- 상법 제606조

다. 해산등기와 설립등기의 동시신청 등

- 상업등기법 제66조, 제11조 제1항, 제67조

라. 첨부서면

(1) 유한회사 설립등기신청서의 첨부서면

(가) 주주총회의사록

- 상업등기규칙 제128조 제2항, 제155조 제2항
- 상법 제604조 제1항

(나) 정관

- 상업등기규칙 제152조 제1호

(다) 회사에 현존하는 순재산액을 증명하는 서면

- 상업등기규칙 제152조 제2호

(라) 사채의 상환을 완료하였음을 증명하는 서면

- 상업등기규칙 제152조 제3호

(마) 채권자보호절차를 이행하였음을 증명하는 서면

- 상업등기규칙 제152조 제4호, 제111조 제2호

(바) 이사 등의 취임승낙을 증명하는 서면

- 상업등기규칙 제152조 제6호

(사) 이사 등의 주민등록번호, 주소를 증명하는 서면

- 상업등기규칙 제52조 제1항 제3호

(아) 인감신고서의 제출

- 상업등기법 제25조 제1항

(2) 주식회사 해산등기신청서의 첨부서면

- 상업등기규칙 제53조 제1항

마. 등록면허세·등기신청수수료 등의 납부

(1) 주식회사의 해산등기

- 지방세법 제28조 제1항 제6호 바목, 제151조 제1항 제2호
- 수수료규칙 제5조의3 제2항, 제5조의5 제4항

(2) 유한회사의 설립등기

- 지방세법 제28조 제1항 제6호 가목 1, 바목, 제151조 제1항 제2호
- 수수료규칙 제5조의3 제2항, 제5조의5 제4항

[판례 3] 등록세등부과처분취소 (대법원 2012. 2. 9. 선고 2010두6731 판결)

【판시사항】

주식회사의 조직변경에 따른 유한회사 설립등기가 구 지방세법 제137조 제1항 제1호 제1목 적용대상인지 여부(소극)

【판결요지】

법인에 관한 어떠한 등기가 구 지방세법(2010. 3. 31. 법률 제10221호로 전부 개정되기 전의 것, 이하 같다) 제137조 제1항 어느 호에 해당하는지는 실질과세의 원칙에 의하여 그 명칭이나 형식과 관계없이 실질 내용에 따라 판단하여야 한다. 상법상 주식회사의 유한회사로의 조직변경은 주식회사가 법인격의 동일성을 유지하면서 조직을 변경하여 유한회사로 되는 것이다. 그럼에도 주식회사의 해산등기와 유한회사의 설립등기를 하는 것은 유한회사의 등기기록을 새로 개설하는 방편일 뿐이고, 주식회사가 해산하고 유한회사가 설립되기 때문이 아니다. 또한 이러한 조직변경이 있더라도 구 지방세법 제137조 제1항 제1호 제1목에서 등록세의 과세표준으로 삼고 있는 신규출자가 이루어지지 아니한다. 이러한 점들을 종합하여 볼 때, 주식회사의 조직변경에 따른 유한회사의 설립등기는 구 지방세법 제137조 제1항 제1호 제1목의 적용대상이라고 할 수 없다.

바. 주식회사의 유한책임회사로의 조직변경에 따른 등기절차

- 상법 제287조의43 제1항
- 상업등기규칙 제120조 제3호 제4호 제5호, 제128조 제1항, 제152조, 제53조 제3항

제30절 청산인에 관한 등기

1. 서설

가. 청산인의 의의

- 상법 제542조 제2항, 제389조, 제393조

나. 청산인의 자격 및 원수

(1) 청산인의 자격

- 상법 제542조 제2항, 제411조
- 민법 제690조
- 예금자보호법 제35조의8 제1항

(2) 청산인의 원수

[판례 4] **소유권이전등기말소 (대법원 1989. 9. 12. 선고 87다카2691 판결)**

【판시사항】

가. 가처분에 의하여 선임된 대표이사 직무대행자의 변호사선임행위가 회사의 상무에 속하는지 여부(적극)

나. 주식회사의 청산인의 수

다. 청산법인의 주주총회에서 한 이사선임 결의의 효력

라. 직무집행정지기간의 정함이 없는 이사직무집행정지가처분의 효력존속기간

【판결요지】

가. 가처분에 의하여 대표이사 직무대행자로 선임된 자가 변호사에게 소송대리를 위임하고 그 보수계약을 체결하거나 그와 관련하여 반소제기를 위임하는 행위는 회사의 상무에 속하나, 회사의 상대방 당사자의 변호인의 보수지급에 관한 약정은 회사의 상무에 속한다고 볼 수 없으므로 법원의 허가를 받지않는 한 효력이 없다.

나. 주식회사의 청산인의 수에 대하여는 제한이 없으므로 1인이라도 상관없으며 그 경우에는 1인 청산인이 당연히 대표청산인이 된다.

다. 회사가 해산한 경우 합병 또는 파산의 경우 외에는 정관에 다른 규정이 있거나 주주총회에서 따로 청산인을 선임하지 아니하였다면 이사가 당연히 청산인이 되고 이사

가 임기만료 되면 새로운 이사를 선임할 수 있다 할 것이므로 청산법인의 주주총회에서 청산인을 선임하지 아니하고 이사를 선임하였다 하여 그 선임결의가 그 자체로서 무효가 된다고 볼 수 없다.

라. 가처분에 의해 직무집행이 정지된 당해이사 등을 선임한 주주총회 결의의 취소나 그 무효 또는 부존재확인을 구하는 본안소송에서 가처분채권자가 승소하여 그 판결이 확정된 때에는 가처분은 그 직무집행정지기간의 정함이 없는 경우에도 본안승소판결의 확정과 동시에 그 목적을 달성한 것이 되어 당연히 효력을 상실하게 된다.

- 상법 제542조 제2항, 제886조 제1항

다. 청산인의 지위와 권한

- 상법 제542조 제1항 제2항, 제254조 제1항, 제393조, 제391조 제1항, 제389조 제3항, 제209조 제1항, 제532조
- 비송법 제117조 제2항

2. 청산인의 취임·퇴임

가. 청산인의 결정·선임

(1) 법정청산인

- 상법 제531조 제1항

[판례 1] 낙찰허가 (대법원 2000. 10. 12. 자 2000마287 결정)

【판시사항】

[1] 상법 제520조의2의 규정에 의하여 해산된 주식회사의 대표자

[2] 낙찰허가결정에 대하여 채무자를 대표할 권한이 없는 자가 항고를 제기하였음에도 제1심법원은 낙찰허가결정에 대한 항고에 있어서 보증의 제공이 없음을 이유로 항고장을 각하하는 취지의 결정을 하고 원심도 이를 그대로 유지한 경우, 그 이유는 달리하나 항고가 부적법하다 하여 결정으로써 이를 각하한 결론 자체는 정당하다는 이유로 원심결정을 유지한 사례

【결정요지】

[1] 상법 제520조의2의 규정에 의하여 해산된 주식회사의 경우 정관에 다른 규정이 있거나 주주총회에서 따로 청산인을 선임하지 아니한 이상 그 해산 당시의 이사는 당연

히 청산인이 되고, 그러한 청산인이 없는 때에는 이해관계인의 청구에 의하여 법원이 선임한 자가 청산인이 되며, 이러한 청산인만이 회사의 청산사무를 집행하고 대표하는 기관이 된다.

[2] 낙찰허가결정에 대하여 채무자를 대표할 권한이 없는 자가 항고를 제기하였음에도 제1심법원은 낙찰허가결정에 대한 항고에 있어서 보증의 제공이 없음을 이유로 항고장을 각하하는 취지의 결정을 하고 원심도 이를 그대로 유지한 경우, 그 이유는 달리하나 항고가 부적법하다 하여 결정으로써 이를 각하한 결론 자체는 정당하다는 이유로 원심결정을 유지한 사례.

[선례 392] 자본감소와 발행예정주식총수의 변경등기 외

제정 2006. 11. 23. [상업등기선례 제2-41호, 시행]

1. 상법 제340조의2 의 규정에 의한 주식매수선택권을 행사하여 신주를 인수한 자는 행사 가액의 전액을 납입한 때에 주주가 된다(상법 제340조의5 , 제516조의9 전단).
2. 주식을 소각하거나 병합하는 방법으로 자본을 감소(상법 제343조 제1항 본문, 제440조 , 제441조)하는 경우, 상환주식을 상환하는 경우(상법 제345조), 정관의 정한 바에 의하여 주주에게 배당할 이익으로써 주식을 소각하는 경우(상법 제343조 제1항 단서), 정기총회에서 특별결의에 의하여 주식을 매수하여 소각하는 경우(상법 제343조의2) 등에는 감소된 주식수만큼 회사가 발행할 주식의 총수(상법 제317조 제2항 세1호 . 이하 '발행예정주식총수'라 한다)도 감소한다. 따라서, 회사는 발행한 주식의 총수(이하, '발행주식총수'라 한다)의 변경등기뿐 아니라 발행예정주식총수의 변경등기도 신청하여야 한다(상법 제317조 제2항 , 제4항 , 제183조).
   ① 위의 경우에 발행예정주식총수의 변경등기는 발행주식총수의 변경등기와 동시에 신청하는 것이 바람직하나, 동시에 신청할 것을 강제하는 규정(비송사건절차법 제184조 제2항 , 제159조 제12호 , 상업등기처리규칙 제66조 등)이 없으므로 발행주식총수의 변경등기가 경료된 후에 신청하더라도 등기관은 수리하여야 한다.
   ② 자본감소 등에 의해 발행예정주식총수가 감소하였음이 발행주식총수 변경등기신청서의 첨부서면이나(동시에 신청하는 경우) 등기부에 의해(발행주식총수의 변경등기가 경료된 후에 신청하는 경우) 명백하게 나타나는 경우에는, 그 변경을 증명하는 서면을 따로 첨부할 필요가 없다. 다만, 발행예정주식총수에 관하여 다른 정함이 있는지 여부를 등기관이 확인할 수 있도록 하기 위해 정관을 첨부하여야 한다.
   ③ 등기예규 제1038호 3.의 취지에 비추어 볼 때, 발행주식총수의 변경등기와 발행예정주식총수의 변경등기를 같은 신청서에 의해 함께 신청한다면 발행주식총수의 변경등기에 필요한 등록세(지방세법 제137조 제1항 제6호)만을 납부하면 될 것이다.
3. 상법 제520조의2(휴면회사의 해산) 제4항 의 규정에 의하여 청산이 종결된 것으로 보는 주식회사(이하, '청산종결 간주된 회사'라 합니다)도 청산사무가 종결되지 않았음을

소명하여 청산종결등기의 말소를 신청할 수 있다(비송사건절차법 제234조 제1항 제2호). 청산종결등기의 말소 신청이 있으면 등기관은 그 등기용지를 부활하고 청산종결등기를 말소한다(상업등기처리규칙 제53조). 또한, 청산종결 간주된 회사라도 어떤 권리관계가 남아 있어 현실적으로 정리할 필요가 있으면 그 범위 내에서는 아직 완전히 소멸하지 아니하고 청산의 목적범위 내에서 여전히 존속하는데, 이러한 경우 그 회사의 해산 당시의 이사는 정관에 다른 규정이 있거나 주주총회에서 따로 청산인을 선임하지 아니한 경우에 청산인이 되는 것이므로(대법원 1994. 5. 27. 선고 94다7607 판결 등 참조), 주주총회에서 청산인을 선임할 수 있다. (2006. 11. 23. 공탁상업등기과-1315 질의회답)

---

(2) 정관의 규정 또는 주주총회의 선임결의에 의한 청산인

- 상법 제520조의2 제1항, 제531조 제1항

[판례 2] 소유권이전등기 (대법원 1994. 5. 27. 선고 94다7607 판결)

【판시사항】

해산 및 청산종결 간주된 휴면회사의 대표자

【판결요지】

상법 제520조의2의 규정에 의하여 주식회사가 해산되고 그 청산이 종결된 것으로 보게 되는 회사라도 어떤 권리관계가 남아 있어 현실적으로 정리할 필요가 있으면 그 범위 내에서는 아직 완전히 소멸하지 아니하고, 이러한 경우 그 회사의 해산 당시의 이사는 정관에 다른 규정이 있거나 주주총회에서 따로 청산인을 선임하지 아니한 경우에 당연히 청산인이 되고, 그러한 청산인이 없는 때에는 이해관계인의 청구에 의하여 법원이 선임한 자가 청산인이 되므로, 이러한 청산인만이 청산 중인 회사의 청산사무를 집행하고 대표하는 기관이 된다.

[선례 393] 자본감소와 발행예정주식총수의 변경등기 외

제정 2006. 11. 23. [상업등기선례 제2-41호, 시행]

1. 상법 제340조의2 의 규정에 의한 주식매수선택권을 행사하여 신주를 인수한 자는 행사 가액의 전액을 납입한 때에 주주가 된다(상법 제340조의5 , 제516조의9 전단).
2. 주식을 소각하거나 병합하는 방법으로 자본을 감소(상법 제343조 제1항 본문, 제440조 , 제441조)하는 경우, 상환주식을 상환하는 경우(상법 제345조), 정관의 정한

바에 의하여 주주에게 배당할 이익으로써 주식을 소각하는 경우(상법 제343조 제1항 단서), 정기총회에서 특별결의에 의하여 주식을 매수하여 소각하는 경우(상법 제343조의2) 등에는 감소된 주식수만큼 회사가 발행할 주식의 총수(상법 제317조 제2항 제1호 . 이하 '발행예정주식총수'라 한다)도 감소한다. 따라서, 회사는 발행한 주식의 총수(이하, '발행주식총수'라 한다)의 변경등기뿐 아니라 발행예정주식총수의 변경등기도 신청하여야 한다(상법 제317조 제2항 , 제4항 , 제183조).

① 위의 경우에 발행예정주식총수의 변경등기는 발행주식총수의 변경등기와 동시에 신청하는 것이 바람직하나, 동시에 신청할 것을 강제하는 규정(비송사건절차법 제184조 제2항 , 제159조 제12호 , 상업등기처리규칙 제66조 등)이 없으므로 발행주식총수의 변경등기가 경료된 후에 신청하더라도 등기관은 수리하여야 한다.

② 자본감소 등에 의해 발행예정주식총수가 감소하였음이 발행주식총수 변경등기신청서의 첨부서면이나(동시에 신청하는 경우) 등기부에 의해(발행주식총수의 변경등기가 경료된 후에 신청하는 경우) 명백하게 나타나는 경우에는, 그 변경을 증명하는 서면을 따로 첨부할 필요가 없다. 다만, 발행예정주식총수에 관하여 다른 정함이 있는지 여부를 등기관이 확인할 수 있도록 하기 위해 정관을 첨부하여야 한다.

③ 등기예규 제1038호 3.의 취지에 비추어 볼 때, 발행주식총수의 변경등기와 발행예정주식총수의 변경등기를 같은 신청서에 의해 함께 신청한다면 발행주식총수의 변경등기에 필요한 등록세(지방세법 제137조 제1항 제6호)만을 납부하면 될 것이다.

3. 상법 제520조의2(휴면회사의 해산) 제4항 의 규정에 의하여 청산이 종결된 것으로 보는 주식회사(이하, '청산종결 간주된 회사'라 합니다)도 청산사무가 종결되지 않았음을 소명하여 청산종결등기의 말소를 신청할 수 있다(비송사건절차법 제234조 제1항 제2호). 청산종결등기의 말소 신청이 있으면 등기관은 그 등기용지를 부활하고 청산종결등기를 말소한다(상업등기처리규칙 제53조). 또한, 청산종결 간주된 회사라도 어떤 권리관계가 남아 있어 현실적으로 정리할 필요가 있으면 그 범위 내에서는 아직 완전히 소멸하지 아니하고 청산의 목적범위 내에서 여전히 존속하는데, 이러한 경우 그 회사의 해산 당시의 이사는 정관에 다른 규정이 있거나 주주총회에서 따로 청산인을 선임하지 아니한 경우에 청산인이 되는 것이므로(대법원 1994. 5. 27. 선고 94다7607 판결 등 참조), 주주총회에서 청산인을 선임할 수 있다. (2006. 11. 23. 공탁상업등기과-1315 질의회답)

---

(3) 법원의 선임에 의한 청산인

- 상법 제531조 제2항, 제542조 제1항, 제252조, 제328조 제2항, 제193조 제1항, 제2항
- 비송법 제119조

[판례 3] 임시주주총회결의무효확인 (대법원 1991. 11. 22. 선고 91다22131 판결)

【판시사항】

가. 주식회사가 해산된 경우 주주와 이사의 지위

나. 주식회사가 해산된 이후 해산 당시의 이사 또는 주주가 해산 전에 이루어진 주주총회 결의의 무효확인을 구하는 소와 소의 이익

다. 주식회사가 법원의 해산판결로 해산된 경우 주주와 이사의 지위

라. 법원의 해산판결로 해산등기가 마쳐졌고 법원이 선임한 청산인의 취임등기까지 경료된 경우, 해산판결 선고 전에 부적법하게 해임된 주주인 이사가 해산판결 전에 이루어진 주주총회 결의나 이사회 결의의 무효확인을 구할 법률상 이익이 있는지 여부(소극)

【판결요지】

가. 주식회사는 해산된 뒤에도 청산법인으로 되어 청산의 목적범위 내에서 존속하므로, 그 주주는 주주총회의 결의에 참여할 수 있을뿐더러 잔여재산의 분배청구권 및 청산인의 해임청구권이 있고, 한편 해산 당시의 이사는 정관에 다른 규정이 있거나 주주총회에서 따로 청산인을 선임하지 아니한 경우에 당연히 청산인이 되고 해산 당시 또는 그 후에 임기가 만료되더라도 새로 청산인이 선임되어 취임할 때까지는 청산인으로서 권리의무를 가진다.

나. 주식회사가 해산되었다 하더라도 해산 당시의 이사 또는 주주가 해산 전에 이루어진 주주총회 결의의 무효확인을 구하는 청구에는 청산인선임결의의 무효를 다투는 청구가 포함되어 있을 수 있고 이 경우 그 중요 쟁점은 회사의 청산인이 될 지위에 관한 것이므로 항상 소의 이익이 없다고 단정할 수 없다.

다. 주식회사가 법원의 해산판결로 해산되는 경우에 그 주주는 여전히 위 "가"항의 권리를 보유하지만 이사의 지위는 전혀 다른바, 그것은 상법상 이사는 당연히 청산인으로 되는 게 아니라 법원이 임원 기타 이해관계인 또는 검사의 청구에 의하여 또는 직권으로 청산인을 선임하도록 규정하고 있고, 청산법인에서는 이사에 갈음하여 청산인만이 회사의 청산사무를 집행하고 회사를 대표하는 기관이 되기 때문이다.

라. 주식회사에 대하여 법원의 해산판결이 선고, 확정되어 해산등기가 마쳐졌고 아울러 법원이 적법하게 그 청산인을 선임하여 그 취임등기까지 경료된 경우, 해산 당시 이사가 설사 해산판결 선고 이전에 부적법하게 해임된 바 있어 주주총회의 이사해임 결의가 무효라 하더라도 그 이사로서는 청산인의 지위에 이를 방도가 없게 되었고, 한편 그 이사가 주식회사의 주주라 하여도 위와 같이 회사가 적법하게 해산된 데다가 적법한 청산인이 선임된 이상 주주의 지위에는 아무 영향이 없다 할 것이므로, 결국 위 이사로서는 해산판결 전에 이루어진 회사의 주주총회 결의나 이사회 결의의 무효확인을 구할 법률상 이익이 없다.

나. 청산인의 임기

[판례 4] 직무대행선임 (대법원 1998. 9. 3. 자 97마1429 결정)

【판시사항】

회사가 휴면회사가 되어 해산등기가 마쳐졌음에도 대표청산인이 청산절차를 밟지 않고 있고, 회사채권자인 재항고인의 수차례에 걸친 주소보정에도 불구하고 대표청산인에 대한 재산관계 명시결정이 계속적으로 송달불능 상태에 있는 경우, 직무대행자를 선임할 필요성이 인정되는지 여부(적극)

【결정요지】

사건본인 회사가 휴면회사가 되어 해산등기가 마쳐졌음에도 사건본인 회사의 대표청산인으로서의 권리의무를 보유하고 있는 자가 해산등기 이후 상법의 규정에 따른 청산절차를 밟고 있지 아니하고, 재항고인의 수차례에 걸친 주소보정에도 불구하고 사건본인 회사의 대표청산인에 대한 재산관계 명시결정이 계속적으로 송달불능 상태에 있다면, 사건본인 회사의 채권자인 재항고인으로서는 현재의 대표청산인을 상대로 하여서는 재산관계 명시결정을 공시송달의 방법에 의하지 아니하고는 송달할 방법이 없게 되어 재산관계의 명시신청을 통하여 재항고인이 얻고자 하는 효과를 얻을 수 없게 되는바, 이와 같은 경우에는 사건본인 회사의 대표청산인이 부재한 것과 다름이 없어 대표청산인에게 그 권리의무를 보유하게 하는 것이 불가능 또는 부적당한 경우라고 할 것이므로, 이는 상법 제386조 제2항에 따라 사건본인 회사의 채권자로서 이해관계인인 재항고인의 청구에 의하여 일시 이사의 직무를 행할 자를 선임할 필요가 있다고 인정되는 때에 해당한다.

다. 청산인의 퇴임

- 민법 제689조 제1항, 제690조
- 상법 제539조 제1항 제2항, 제542조의6 제3항
- 상법 시행령 제32조

라. 청산인의 권리의무가 있는 자

- 상법 제542조 제2항, 제386조 제1항

[판례 5] 임시주주총회결의무효확인 (대법원 1991. 11. 22. 선고 91다22131 판결)

【판시사항】

가. 주식회사가 해산된 경우 주주와 이사의 지위

나. 주식회사가 해산된 이후 해산 당시의 이사 또는 주주가 해산 전에 이루어진 주주총회 결의의 무효확인을 구하는 소와 소의 이익
다. 주식회사가 법원의 해산판결로 해산된 경우 주주와 이사의 지위
라. 법원의 해산판결로 해산등기가 마쳐졌고 법원이 선임한 청산인의 취임등기까지 경료된 경우, 해산판결 선고 전에 부적법하게 해임된 주주인 이사가 해산판결 전에 이루어진 주주총회 결의나 이사회 결의의 무효확인을 구할 법률상 이익이 있는지 여부(소극)

【판결요지】

가. 주식회사는 해산된 뒤에도 청산법인으로 되어 청산의 목적범위 내에서 존속하므로, 그 주주는 주주총회의 결의에 참여할 수 있을 뿐더러 잔여재산의 분배청구권 및 청산인의 해임청구권이 있고, 한편 해산 당시의 이사는 정관에 다른 규정이 있거나 주주총회에서 따로 청산인을 선임하지 아니한 경우에 당연히 청산인이 되고 해산 당시 또는 그 후에 임기가 만료되더라도 새로 청산인이 선임되어 취임할 때까지는 청산인으로서 권리의무를 가진다.
나. 주식회사가 해산되었다 하더라도 해산 당시의 이사 또는 주주가 해산 전에 이루어진 주주총회 결의의 무효확인을 구하는 청구에는 청산인선임결의의 무효를 다투는 청구가 포함되어 있을 수 있고 이 경우 그 중요 쟁점은 회사의 청산인이 될 지위에 관한 것이므로 항상 소의 이익이 없다고 단정할 수 없다.
다. 주식회사가 법원의 해산판결로 해산되는 경우에 그 주주는 여전히 위 "가"항의 권리를 보유하지만 이사의 지위는 전혀 다른바, 그것은 상법상 이사는 당연히 청산인으로 되는 게 아니라 법원이 임원 기타 이해관계인 또는 검사의 청구에 의하여 또는 직권으로 청산인을 선임하도록 규정하고 있고, 청산법인에서는 이사에 갈음하여 청산인만이 회사의 청산사무를 집행하고 회사를 대표하는 기관이 되기 때문이다.
라. 주식회사에 대하여 법원의 해산판결이 선고, 확정되어 해산등기가 마쳐졌고 아울러 법원이 적법하게 그 청산인을 선임하여 그 취임등기까지 경료된 경우, 해산 당시 이사가 설사 해산판결 선고 이전에 부적법하게 해임된 바 있어 주주총회의 이사해임 결의가 무효라 하더라도 그 이사로서는 청산인의 지위에 이를 방도가 없게 되었고, 한편 그 이사가 주식회사의 주주라 하여도 위와 같이 회사가 적법하게 해산된 데다가 적법한 청산인이 선임된 이상 주주의 지위에는 아무 영향이 없다 할 것이므로, 결국 위 이사로서는 해산판결 전에 이루어진 회사의 주주총회 결의나 이사회 결의의 무효확인을 구할 법률상 이익이 없다.

마. 일시청산인

- 상법 제542조 제2항, 제386조 제1항 제2항

[판례 6] 직무대행선임 (대법원 1998. 9. 3. 자 97마1429 결정)

【판시사항】

회사가 휴면회사가 되어 해산등기가 마쳐졌음에도 대표청산인이 청산절차를 밟지 않고 있고, 회사채권자인 재항고인의 수차례에 걸친 주소보정에도 불구하고 대표청산인에 대한 재산관계 명시결정이 계속적으로 송달불능 상태에 있는 경우, 직무대행자를 선임할 필요성이 인정되는지 여부(적극)

【결정요지】

사건본인 회사가 휴면회사가 되어 해산등기가 마쳐졌음에도 사건본인 회사의 대표청산인으로서의 권리의무를 보유하고 있는 자가 해산등기 이후 상법의 규정에 따른 청산절차를 밟고 있지 아니하고, 재항고인의 수차례에 걸친 주소보정에도 불구하고 사건본인 회사의 대표청산인에 대한 재산관계 명시결정이 계속적으로 송달불능 상태에 있다면, 사건본인 회사의 채권자인 재항고인으로서는 현재의 대표청산인을 상대로 하여서는 재산관계 명시결정을 공시송달의 방법에 의하지 아니하고는 송달할 방법이 없게 되어 재산관계의 명시신청을 통하여 재항고인이 얻고자 하는 효과를 얻을 수 없게 되는바, 이와 같은 경우에는 사건본인 회사의 대표청산인이 부재한 것과 다름이 없어 대표청산인에게 그 권리의무를 보유하게 하는 것이 불가능 또는 부적당한 경우라고 할 것이므로, 이는 상법 제386조 제2항에 따라 사건본인 회사의 채권자로서 이해관계인인 재항고인의 청구에 의하여 일시 이사의 직무를 행할 자를 선임할 필요가 있다고 인정되는 때에 해당한다.

[판례 7] 일시이사및일시대표이사직무대행선임 (대법원 2000. 11. 17. 자 2000마5632 결정)

【판시사항】

[1] 법원이 일시 이사의 직무를 행할 자를 선임할 수 있는 요건인 상법 제386조 제2항 소정의 '필요한 때'의 의미 및 그 판단 기준

[2] 회사의 대표이사 및 이사의 임기 만료로 법률 또는 정관에 정한 이사의 원수(원수)에 결원이 발생한 경우, 회사 동업자들 사이에 동업을 둘러싼 분쟁이 계속되고 있다는 사정만으로는 그 임기 만료된 대표이사 및 이사에게 회사의 대표이사 및 이사로서의 권리의무를 보유하게 하는 것이 불가능하거나 부적당한 경우에 해당한다고 할 수 없다고 한 사례

【결정요지】

[1] 상법 제386조는 이사의 퇴임으로 말미암아 법률 또는 정관에 정한 원수를 결한 경우에 임기의 만료 또는 사임으로 인하여 퇴임한 이사로 하여금 새로 선임된 이사가 취임할 때까지 이사의 권리의무를 행하도록 하는 한편 필요하다고 인정할 때에는 법원은 이사, 감사, 기타의 이해관계인의 청구에 의하여 일시이사의 직무를 행할 자를 선

임할 수 있도록 규정하고, 같은 법 제389조에 의하여 이를 대표이사의 경우에 준용하고 있는바, 여기에서 필요한 때라 함은 이사의 사망으로 결원이 생기거나 종전의 이사가 해임된 경우, 이사가 중병으로 사임하거나 장기간 부재중인 경우 등과 같이 퇴임이사로 하여금 이사로서의 권리의무를 가지게 하는 것이 불가능하거나 부적당한 경우를 의미한다고 할 것이나, 구체적으로 어떠한 경우가 이에 해당할 것인지에 관하여는 일시이사 및 직무대행자 제도의 취지와 관련하여 사안에 따라 개별적으로 판단하여야 할 것이다.

[2] 회사의 대표이사 및 이사의 임기 만료로 법률 또는 정관에 정한 원수에 결원이 발생한 경우, 회사 동업자들 사이에 동업을 둘러싼 분쟁이 계속되고 있다는 사정만으로는 그 임기 만료된 대표이사 및 이사에게 회사의 대표이사 및 이사로서의 권리의무를 보유하게 하는 것이 불가능하거나 부적당한 경우에 해당한다고 할 수 없다고 한 사례.

[판례 8] 임시이사및임시공동대표이사선임 (대법원 2001. 12. 6. 자 2001그113 결정)

【판시사항】

[1] 상법 제386조 소정의 '임시이사선임이 필요하다고 인정되는 때'의 의미 및 그 판단 기준

[2] 비송사건절차법 제84조 제1항의 '직무대행자의 선임에 관한 재판을 하는 경우 이사와 감사의 진술을 들어야 한다.'는 규정의 의미

【결정요지】

[1] 상법 제386조가 규정한 '임시이사선임이 필요하다고 인정되는 때'라 함은 이사가 사임하거나 장기간 부재중인 경우와 같이 퇴임이사로 하여금 이사로서의 권리의무를 가지게 하는 것이 불가능하거나 부적당한 경우를 의미하는 것으로서 그의 필요성은 임시이사 제도의 취지와 관련하여 사안에 따라 개별적으로 판단되어야 한다.

[2] 비송사건절차법 제84조에 의하여 이사와 감사의 진술을 할 기회를 부여한 이상 법원은 그 진술 중의 의견에 기속됨이 없이, 그 의견과 다른 인선을 결정할 수도 있는 터이어서 이해관계를 달리하는 이사나 감사가 있는 경우 각 이해관계별로 빠짐없이 진술의 기회를 주지 않았다고 하여 그 사정이 재판의 결과에 영향을 주게 되는 것은 아니다.

[판례 9] 가옥명도등 (대법원 1964. 4. 28. 선고 63다518 판결)

【판시사항】

가. 퇴임이사의 새로 선임된 이사가 취임 할때까지의 이사로서의 권리의무

나. 상법 제386조 제1항의 이른바 "법률 또는 정관에 정한 이사의 원수를 결한 경우"의 의의와 법원의 직무를 행할 자의 선임

【판결요지】

가. 이유야 어떻던 임기의 만료 또는 사임으로 인하여 퇴임한 이사는 새로 선임된 이사가 취임할 때까지 이사의 권리의무가 있다.

나. 법원에 의한 이사의 직무를 행할 자의 선임은 어떠한 경우이던 이사의 결원이 있을 때에는 상법 제386조 제2항에 의하여 이사직무를 행할 자를 선임할 수 있다.

바. 청산인의 직무대행자

- 상법 제542조 제2항, 제407조 제1항 제2항, 제408조 제1항

[판례 10] 소유권이전등기말소 (대법원 1989. 9. 12. 선고 87다카2691 판결)

【판시사항】

가. 가처분에 의하여 선임된 대표이사 직무대행자의 변호사선임행위가 회사의 상무에 속하는지 여부(적극)

나. 주식회사의 청산인의 수

다. 청산법인의 주주총회에서 한 이사선임 결의의 효력

라. 직무집행정지기간의 정함이 없는 이사직무집행정지가처분의 효력존속기간

【판결요지】

가. 가처분에 의하여 대표이사 직무대행자로 선임된 자가 변호사에게 소송대리를 위임하고 그 보수계약을 체결하거나 그와 관련하여 반소제기를 위임하는 행위는 회사의 상무에 속하나, 회사의 상대방 당사자의 변호인의 보수지급에 관한 약정은 회사의 상무에 속한다고 볼 수 없으므로 법원의 허가를 받지않는 한 효력이 없다.

나. 주식회사의 청산인의 수에 대하여는 제한이 없으므로 1인이라도 상관없으며 그 경우에는 1인 청산인이 당연히 대표청산인이 된다.

다. 회사가 해산한 경우 합병 또는 파산의 경우 외에는 정관에 다른 규정이 있거나 주주총회에서 따로 청산인을 선임하지 아니하였다면 이사가 당연히 청산인이 되고 이사가 임기만료 되면 새로운 이사를 선임할 수 있다 할 것이므로 청산법인의 주주총회에서 청산인을 선임하지 아니하고 이사를 선임하였다 하여 그 선임결의가 그 자체로서 무효가 된다고 볼 수 없다.

라. 가처분에 의해 직무집행이 정지된 당해이사 등을 선임한 주주총회 결의의 취소나 그 무효 또는 부존재확인을 구하는 본안소송에서 가처분채권자가 승소하여 그 판결이 확정된 때에는 가처분은 그 직무집행정지기간의 정함이 없는 경우에도 본안승소판결의 확정과 동시에 그 목적을 달성한 것이 되어 당연히 효력을 상실하게 된다.

[판례 11] 소유권이전등기 (대법원 1991. 12. 24. 선고 91다4355 판결)

【판시사항】

가. 회사의 해산 전에 법원의 가처분에 의하여 선임된 이사 직무대행자는 회사가 해산하는 경우 당연히 청산인 직무대행자가 되는지 여부(적극)

나. 이사 직무대행자가 선임된 회사가 해산되고 해산 전의 가처분이 실효되지 않은 채 새로운 가처분에 의하여 해산된 회사의 청산인 직무대행자가 선임된 경우에 있어서 적법한 청산인 직무대행권자

다. 상법 제408조 제1항 소정의 이사 직무대행자가 할 수 있는 '회사의 상무'에 속하는 행위의 의미

라. 종업원이던 자가 회사를 상대로 제기한 소송에서 회사의 대표이사 직무대행자가 변론기일에 출석하지 아니하여 의제자백판결로 패소하였고 또 그에 대하여 항소를 제기하지 아니하여 판결이 확정되었다 할지라도 이는 위 '다'항의 '회사의 상무'에 해당한다고 한 사례

【판결요지】

가. 회사의 이사에 대한 직무집행을 정지하고 그 직무대행자를 선임하는 법원의 가처분이 있는 경우 해산 당시의 이사의 직무는 그 직무대행자에 의하여 이루어지고 직무대행자의 직무행위의 내용은 직무집행이 정지된 이사의 그것과 일응 동일하므로 상법 제531조 제1항에 따라 해산 전 가처분에 의하여 선임된 이사 직무대행자는 회사가 해산하는 경우 당연히 청산인 직무대행자가 된다.

나. 주식회사 이사의 직무집행을 정지하고 그 직무대행자를 선임하는 가처분은 그 성질상 당사자 사이뿐만 아니라 제3자에게도 효력이 미치며 가처분에 반하여 이루어진 행위는 제3자에 대한 관계에 있어서도 무효인 한편 가처분에 의하여 선임된 이사 직무대행자의 권한은 법원의 취소판결이 있기까지 유효하게 존속하고 그 판결이 있어야만 소멸한다 할 것이며 따라서 이사 직무대행자가 선임된 회사가 해산되고 해산 전의 가처분이 실효되지 않은 채 새로운 가처분에 의하여 해산된 회사의 청산인 직무대행자가 선임되었다 하더라도 선행가처분의 효력은 그대로 유지되어 그 가처분에 의하여 선임된 직무대행자만이 청산인 직무대행자로서의 권한이 있다.

다. 상법 제408조 제1항에서 말하는 “상무”는 일반적으로 회사의 영업을 계속함에 있어 통상업무범위 내의 사무, 즉 회사의 경영에 중요한 영향을 미치지 않는 보통의 업무를 뜻하는 것이고 직무대행자의 지위가 본안소송의 판결시까지 잠정적인 점 등에 비추어 보면 회사의 사업 또는 영업의 목적을 근본적으로 변경하거나 중요한 영업재산을 처분하는 것과 같이 당해 분쟁에 관하여 종국적인 판단이 내려진 후에 정규 이사로 확인되거나 새로 취임하는 자에게 맡기는 것이 바람직하다고 판단되는 행위가 아닌 한 직무대행자의 상무에 속한다.

라. 종업원이 회사로부터 지급받을 출장비 대신에 부동산을 대물변제 받기로 한 약정에

따라 회사에게 그 소유권이전등기절차의 이행을 구하는 소송에서 회사의 대표이사 직무대행자가 법원으로부터 적법한 소환을 받고도 변론기일에 출석하지 아니하여 의제자백으로 승소하였고 또 그에 대하여 위 직무대행자가 항소를 제기하지 아니하여 그 판결이 확정되었으므로 비록 위 직무대행자의 위와 같은 행위로 인하여 청구를 인낙하는 것과 같은 효과를 가져왔다고 하더라도 그 부동산이 회사의 기본재산이거나 중요한 재산에 해당한다고 볼 수 없다면 회사의 직무대행자의 위 일련의 행위는 회사의 상무행위에 해당하지 아니한다고 할 수 없다고 한 사례.

- 예규 제1536호 제5조 제3항

[판례 12] **건물명도 (대법원 1992. 5. 12. 선고 92다5638 판결)**

【판시사항】

가. 대표이사의 직무집행정지 및 직무대행자선임의 가처분이 이루어진 이후대표이사가 해임되고 새로운 대표이사가 선임된 경우 새로이 선임된 대표이사가 대표이사로서의 권한을 가지는지 여부(소극)

나. 위 "가"항의 경우 새로이 선임된 대표이사가 위 가처분에 위반하여 회사 대표자의 자격에서 한 법률행위의 효력 유무(소극)와 이때 동인의 거래상대방이 자신이 선의였음을 들어 위 법률행위의 유효를 주장할 수 있는지 여부(소극)

【판결요지】

가. 대표이사의 직무집행정지 및 직무대행자선임의 가처분이 이루어진 이상, 그 후 대표이사가 해임되고 새로운 대표이사가 선임되었다 하더라도 가처분결정이 취소되지 아니하는 한 직무대행자의 권한은 유효하게 존속하는 반면 새로이 선임된 대표이사는 그 선임결의의 적법 여부에 관계없이 대표이사로서의 권한을 가지지 못한다.

나. 위 "가"항의 경우 위 가처분은 그 성질상 당사자 사이에서 뿐만 아니라 제3자에게도 효력이 미치므로, 새로이 선임된 대표이사가 위 가처분에 위반하여 회사 대표자의 자격에서 한 법률행위는 결국 제3자에 대한 관계에서도 무효이고 이때 위 가처분에 위반하여 대표권 없는 대표이사와 법률행위를 한 거래상대방은 자신이 선의였음을 들어 위 법률행위의 유효를 주장할 수는 없다.

[판례 13] **사정변경에의한가처분취소 (대법원 1995. 3. 10. 선고 94다56708 판결)**

【판시사항】

가. 사정변경에 의한 직무집행정지 및 직무대행자선임 가처분의 취소신청권자

나.'가'항의 가처분에 의하여 직무집행이 정지된 자의 임기가 만료되고 후임자가 선임된 경우, 사정변경의 유무

【판결요지】

가. 법인 등 단체의 대표자를 피신청인으로 하여 그 직무집행을 정지하고직무대행자를 선임하는 가처분이 있은 경우 그 후 사정변경이 있으면 그 가처분에 의하여 직무집행이 정지된 대표자는 그 가처분의 취소신청을 할 수 있는 것이고, 그 대표자의 임기가 만료되어 새로 대표자가 선임되었다고 하여도 그 가처분이 존재하는 한 그 직무집행이 정지된 대표자로서 그 취소신청을 할 수 있다고 보아야 한다.

나. '가'항의 가처분결정이 있은 후 직무집행이 정지된 대표자의 임기가 만료되고 새로 단체의 대표자가 선임되었다면, 새로운 대표자의 선임이 그 효력이 없다는 등의 특별한 사정이 없는 한 직무집행이 정지된 위 대표자가 단체의 대표자로서의 직무집행을 계속하여 위 단체에 회복하기 어려운 손해를 입힐 가능성은 없어졌다 할 것이어서 위 가처분결정은 이를 더 이상 유지할 필요가 없는 사정변경이 생겼다고 할 것이다.

3. 대표청산인의 취임・퇴임

가. 대표청산인의 의의, 자격 등

- 상법 제542조 제2항, 제389조 제1항

나. 대표청산인의 결정・선정

- 상법 제542조 제1항 제2항, 제255조 제2항, 제389조 제1항

다. 대표청산인의 퇴임

- 상법 제542조 제1항, 제255조 제2항

라. 대표청산인의 권리의무 있는 자, 일시대표청산인, 대표청산인의 직무대행자

- 상법 제542조 제2항, 제389조 제3항, 제386조 제1항 제2항

마. 공동대표청산인

- 상법 제542조 제1항 제2항, 제389조 제2항, 제255조 제1항 제2항

4. 등기절차

가. 최초 청산인 및 최초 대표청산인의 등기

(1) 등기사항

- 상법 제452조 제1항, 제253조 제1항, 제531조 제1항
- 상업등기규칙 제55조 제1항 제2항

[선례 394] 주식회사 이사변경등기의 등기기간 기산점

제정 1998.10.08 [상업등기선례 제1-152호(등기선례 제5-842호), 시행]
주식회사 이사의 취임등기기간은 그 취임의 효력이 발생한 날로부터 진행된다고 할 것이므로, 이사 홍길동의 임기만료 전에 개최된 정기주주총회에서 미리 이사 홍길동을 중임하기로 하는 결의가 이루어진 경우, 상법 제317조 제4항 및 제183조의 규정에 의한 등기기간은 그 취임의 효력이 발생한 날, 즉 이사 홍길동이 임기만료로 퇴임함과 동시에 주주총회의 결의에 의하여 중임되어 새로이 임기를 개시하게 된 날로부터 진행된다고 할 것이다. (1998. 10. 8. 등기 3402-985 질의회답)

[선례 395] 주식회사 임원의 등기부상 퇴임일과 취임일

제정 2005.03.15 [상업등기선례 제1-169호(등기선례 제200503-9호), 시행]
1. 임기만료로 인한 주식회사 임원의 등기부상 퇴임일은 상법 제386조 제1항, 제389조 제3항, 제415조의 규정에 의하여 새로 선임된 임원이 취임할 때까지 임원으로서의 권리의무를 행사하고 있었다 하더라도 권리의무행사기간종료일이 아니라 본래의 임기만료일이 될 것이다.
2. 주식회사 임원의 등기부상 취임일은 임기개시일을 별도로 정하지 않는 한 선임결의와 해당 임원의 취임승낙이 있는 때가 될 것이나, 실제에 있어서는 대부분 미리 해당 임원의 의사를 확인할 것이므로 특별한 소명이 없는 경우 선임결의일로 등기될 것이다.

(2005. 3. 15. 공탁법인 3402-71 질의회답)

[판례 14] 소유권이전등기말소등 (대법원 1981. 9. 8. 선고 80다2511 판결)

【판시사항】

가. 일시이사 및 일시대표이사의 자격
나. 일시이사 및 일시대표이사가 청산인 및 대표청산인의 자격이 있는지의 여부(적극)
다. 해산등기 및 청산인 취임등기의 대항력
라. 대표청산인이 청산인회의 승인없이 회사로부터 회사재산을 매수하여 제 3 자에게 매도한 경우 회사가 제3 취득자를 상대로 대표청산인의 위 매수행 위의 무효를 주장하기 위한 요건
마. 대표청산인이 청산인회의 승인없이 회사로부터 회사 부동산을 매수하여 제3자에게 매도 하였으나 회사가 제 3 취득자를 상대로 한, 대표청산인의 위 매수행위의 무효를 원인으로 한 이전등기말소청구가 기각되는 경우에 회사가 대표청산인을 상대로 한 이전등기말소청구소송의 소의 이익 유무(소극)

【판결요지】

가. 주식회사의 이사 및 대표이사 전원이 결원인 경우에 법원이 선임하는 일시이사 및 일시대표이사의 자격에는 아무런 제한이 없으므로 동 회사와 무슨 이해관계가 있는 자만이 일시이사 등으로 선임될 자격이 있는 것이 아니다.
나. 주식회사가 해산(상법시행법 제15조 제3항에 의하여 해산간주 된 경우를 포함)한 경우(합병 또는 파산의 경우 제외)에 정관에 다른 규정이 있거나 주주총회에서 타인을 선임한 때를 제외하고는 해산 당시의 일시이사 및 일시대표이사는 청산인 및 대표청산인이 된다.
다. 주식회사의 해산등기 및 청산인등기는 제3자에 대한 대항요건에 불과하므로 상법시행법 제15조 제3항에 의한 해산간주에 따른 해산등기 및 상법 제531조 제1항에 의한 당연청산인 취임등기가 없다 하여도 동 해산 및 대표청산인의 자격에 아무런 소장이 없다.
라. 주식회사의 이사 또는 청산인이 이사회 또는 청산인회의 승인없이 회사를 대표하여 자기를 위하여 회사 이외의 제3자와의 사이에 회사와 이해상반하는 거래를 한 경우 및 회사와 직접 거래하여 취득한 목적물을 제3자에게 매도한 경우에 회사는 당해 이사 또는 청산인에 대하여는 이사회 또는 청산인회의 승인이 없었다는 이유로 그 행위의 무효를 주장할 수 있지만, 위 제3자에 대하여는 그 거래에 대하여 이사회 또는 청산인회의 승인이 없었다는 것 외에 상대방인 제3자가 악의라는 사실을 주장 입증하여야만 비로소 그 무효를 제3자에게 주장할 수 있다.
마. 주식회사의 청산인이 청산인회의 승인없이 회사소유 부동산을 매수하여 타에 매도한 경우에 회사의 제3취득자에 대한 동 부동산소유권이전등기청구가 청산인회의 승인이 없었다는 점에 관한 제3취득자의 악의를 입증하지 못하여 기각되는 때에는 위 청산인에 대한 관계에 있어서도 청산인회의 승인이 없다는 무효주장으로 동 부동산소유권이전등기의 말소를 구할 이익이 없다.

(2) 등기신청인

- 상업등기법 제23조 제1항, 제25조 제1항 제2항

[선례 396] 청산회사의 대표자

제정 1987.09.29 [상업등기선례 제1-271호(등기선례 제2-704호), 시행]

회사가 해산되면 청산의 목적범위 내에서만 존속하게 되어 영업의 담당자인 이사는 그 지위를 잃고 청산인(상법 제531조 참조)이 청산사무의 집행과 청산회사를 대표하게 되므로, 청산회사 명의로 하는 등기신청은 청산인이 하여야 할 것이다. (1987. 9. 29. 등기 제574호)

- 비송법 제107조 제4호

(3) 첨부서면

(가) 법정청산인의 등기

- 상법 제531조 제1항, 제542조 제1항, 제255조 제1항
- 상업등기규칙 제154조 제1항, 제107조 제1항

[선례 397] 법정청산인의 등기에 필요한 서면과 대표청산인 변경등기 방법

제정 2014. 4. 21. [상업등기선례 제2-94호, 시행]

1. 주식회사의 법정청산인은 법률에 의하여 당연히 청산인 또는 대표청산인의 지위를 취득하는 것이므로 청산인등기를 하기 위해 별도의 주주총회의사록이나 취임승낙을 증명하는 서면 등은 필요하지 않으나, 정관에 청산인에 관하여 정함이 없다는 것을 증명하기 위하여 정관을 첨부하여야 한다.
2. 해산간주 상태인 회사가 청산인회 결의로 대표청산인을 해임한 경우, 새로 선임된 대표청산인의 변경등기(취임등기 및 해임등기)를 신청하기 위해서는 그 전제로서 종전의 법정청산인의 등기를 선행하거나 동시에 하여야 한다.

(2014. 4. 21. 사법등기심의관－1715 질의회답)

[선례 398] 청산종결등기 후의 회사명의 재산의 청산관계

제정 1993.03.19 [상업등기선례 제1-279호(등기선례 제3-971호), 시행]

주식회사의 청산종결등기가 경료된 후 그 회사 소유명의의 부동산이 있는 경우에 그 부동산은 무주 부동산이 되어 바로 국가로 귀속되는 것은 아니고, 그 부동산이 회사소유 명의로 남아 있는 한 회사의 청산사무가 종결된 것이 아니므로 청산절차에 의해 그 부동산이 처리될 것이다. (1993. 3. 19. 등기 제653호)

(나) 정관 소정의 청산인의 등기

- 상업등기규칙 제128조, 제154조 제1항, 제107조 제2항

(다) 주주총회에서 선임한 청산인의 등기

- 상업등기규칙 제128조, 제154조 제1항, 제107조 제2항

(라) 법원에서 선임한 청산인의 등기

- 상법 제542조 제1항, 제255조 제2항
- 상업등기법 제107조 제2항

나. 청산인 및 대표청산인에 관한 변경등기

(1) 등기기간

- 상법 제542조 제1항, 제252조 제2항, 제183조

(2) 등기사항

- 상업등기규칙 제55조 제1항 제2항 제3항

[선례 399] 법정청산인의 등기에 필요한 서면과 대표청산인 변경등기 방법

제정 2014. 4. 21. [상업등기선례 제2-94호, 시행]

1. 주식회사의 법정청산인은 법률에 의하여 당연히 청산인 또는 대표청산인의 지위를 취

득하는 것이므로 청산인등기를 하기 위해 별도의 주주총회의사록이나 취임승낙을 증명하는 서면 등은 필요하지 않으나, 정관에 청산인에 관하여 정함이 없다는 것을 증명하기 위하여 정관을 첨부하여야 한다.

2. 해산간주 상태인 회사가 청산인회 결의로 대표청산인을 해임한 경우, 새로 선임된 대표청산인의 변경등기(취임등기 및 해임등기)를 신청하기 위해서는 그 전제로서 종전의 법정청산인의 등기를 선행하거나 동시에 하여야 한다.

(2014. 4. 21. 사법등기심의관-1715 질의회답)

---

(3) 등기신청인

- 비송법 제107조 제1호 제4호
- 자본시장법 제202조 제9항 제2호

(4) 첨부서면

(가) 청산인 또는 대표청산인의 취임

- 상업등기규칙 제128조, 제154조 제1항, 제107조 제2항

(나) 청산인 또는 대표청산인의 취임

- 상업등기규칙 제154조 제1항, 제107조 제2항

(다) 공동대표 규정의 설정, 변경, 폐지

- 상업등기규칙 제128조 제154조 제1항, 제107조 제2항

(라) 청산인 또는 대표청산인의 성명, 주소 등의 변경

- 상업등기규칙 제52조 제1항 제4호

다. 등록면허세·등기신청수수료 등의 납부

- 지방세법 제28조 제1항 제6호 바목, 제151조 제1항 제2호

- 수수료규칙 제5조의3 제2항, 제5조의5 제4항
- 예규 제1565호 3. 다. (1)

제31절 청산종결의 등기

1. 서설

- 비송법 제117조 제2항, 제118조

2. 청산절차

가. 재산목록 및 대차대조표의 작성, 승인 등

- 상법 제533조

나. 채권시고의 공고・최고

- 상법 제535조 제1항 제2항

[선례 400] 청산종결등기 신청서에 회사채권자에의 최고 공고문 첨부 요부

제정 1997. 4. 3. [상업등기선례 제1-280호(등기선례 제5-848호), 시행]
주식회사를 설립하였으나 사업을 시작하지 않고 해산결의를 하여 주주 이외 다른 채권채무가 없다 하더라도, 청산인은 취임한 날로부터 2월 내에 회사채권자에 대하여 일정기간(2월 이상이어야 함) 내에 그 채권을 신고할 것과 그 기간 내에 신고하지 아니하면 청산에서 제외된다는 뜻을 2회 이상 공고로써 최고하여야 하며, 따라서 청산종결등기신청은 최고기간이 지나야 하지만 그 등기신청서에는 결산보고서를 승인한 주주총회 의사록을 첨부하면 되고 채권신고를 최고한 공고문은 첨부할 것이 아니다.

(1997. 4. 3. 등기 3402-257 질의회답)

다. 채권신고기간 내의 변제금지와 채무의 변제

- 상법 제536조, 제542조 제1항, 제254조 제4항
- 민법 제93조

라. 잔여재산의 분배

- 상법 제542조 제1항, 제260조, 제538조

마. 청산의 종결

(1) 결산보고서의 작성, 주주총회의 승인 등

- 상법 제540조 제1항, 제542조 제1항, 제264조

(2) 청산종결의 등기와 회사의 소멸

[판례 1] 수표반환등 (대법원 1968. 6. 18. 선고 67다2528 판결)

【판시사항】

청산법인이 청산종결의 등기의 당사자 능력

【판결요지】

청산결과의 등기를 하였더라도 채권이 있는 이상 청산은 종료되지 않으므로 그 한도에서 청산법인은 당사자 능력이 있다

- 예규 제1087호 1.

[선례 401] 상법 제520조의2(휴면회사의 해산)의 규정에 의하여 직권에 의한 해산 및 청산종결등기가 경료된 주식회사에 있어서 잔여재산이 남아있는 경우 그 처리방법 등

제정 2004. 6. 9. [상업등기선례 제1-281호(등기선례 제200406-11호), 시행]
상법 제520조의2 (휴면회사의 해산)의 규정에 의하여 직권에 의한 해산 및 청산종결등기가 경료된 주식회사의 경우, 회사계속등기를 할 수는 없으나, 잔여재산이 남아 있는 경우에는 등기용지 폐쇄일로부터 20년이 경과하지 아니하였다면, 청산사무가 종결되지 않았음을 증명하여 청산종결등기의 말소등기를 신청함으로써 폐쇄된 등기용지를 부활시키고 청

산종결등기를 말소한 다음, 청산인 등기를 하는 등 청산절차를 진행할 수 있을 것이다. (2004. 6. 9. 공탁법인 3402-131 질의회답)

[선례 402] 자본감소와 발행예정주식총수의 변경등기 외

제정 2006. 11. 23. [상업등기선례 제2-41호, 시행]

1. 상법 제340조의2 의 규정에 의한 주식매수선택권을 행사하여 신주를 인수한 자는 행사 가액의 전액을 납입한 때에 주주가 된다(상법 제340조의5 , 제516조의9 전단).
2. 주식을 소각하거나 병합하는 방법으로 자본을 감소(상법 제343조 제1항 본문, 제440조 , 제441조)하는 경우, 상환주식을 상환하는 경우(상법 세345조), 정관의 정한 바에 의하여 주주에게 배당할 이익으로써 주식을 소각하는 경우(상법 제343조 제1항 단서), 정기총회에서 특별결의에 의하여 주식을 매수하여 소각하는 경우(상법 제343조의2) 등에는 감소된 주식수만큼 회사가 발행할 주식의 총수(상법 제317조 제2항 제1호 . 이하 '발행예정주식총수'라 한다)도 감소한다. 따라서, 회사는 발행한 주식의 총수(이하, '발행주식총수'라 한다)의 변경등기뿐 아니라 발행예정주식총수의 변경등기도 신청하여야 한다(상법 제317조 제2항 , 제4항 , 제183조).
   ① 위의 경우에 발행예정주식총수의 변경등기는 발행주식총수의 변경등기와 동시에 신청하는 것이 바람직하나, 동시에 신청할 것을 강제하는 규정(비송사건절차법 제184조 제2항 , 제159조 제12호 , 상업등기처리규칙 제66조 등)이 없으므로 발행주식총수의 변경등기가 경료된 후에 신청하더라도 등기관은 수리하여야 한다.
   ② 자본감소 등에 의해 발행예정주식총수가 감소하였음이 발행주식총수 변경등기신청서의 첨부서면이나(동시에 신청하는 경우) 등기부에 의해(발행주식총수의 변경등기가 경료된 후에 신청하는 경우) 명백하게 나타나는 경우에는, 그 변경을 증명하는 서면을 따로 첨부할 필요가 없다. 다만, 발행예정주식총수에 관하여 다른 정함이 있는지 여부를 등기관이 확인할 수 있도록 하기 위해 정관을 첨부하여야 한다.
   ③ 등기예규 제1038호 3.의 취지에 비추어 볼 때, 발행주식총수의 변경등기와 발행예정주식총수의 변경등기를 같은 신청서에 의해 함께 신청한다면 발행주식총수의 변경등기에 필요한 등록세(지방세법 제137조 제1항 제6호)만을 납부하면 될 것이다.
3. 상법 제520조의2(휴면회사의 해산) 제4항 의 규정에 의하여 청산이 종결된 것으로 보는 주식회사(이하, '청산종결 간주된 회사'라 합니다)도 청산사무가 종결되지 않았음을 소명하여 청산종결등기의 말소를 신청할 수 있다(비송사건절차법 제234조 제1항 제2호). 청산종결등기의 말소 신청이 있으면 등기관은 그 등기용지를 부활하고 청산종결등기를 말소한다(상업등기처리규칙 제53조). 또한, 청산종결 간주된 회사라도 어떤 권리관계가 남아 있어 현실적으로 정리할 필요가 있으면 그 범위 내에서는 아직 완전히 소멸하지 아니하고 청산의 목적범위 내에서 여전히 존속하는데, 이러한 경우 그 회사의 해산 당시의 이사는 정관에 다른 규정이 있거나 주주총회에서 따로 청산인을 선임하지 아니한 경우에 청산인이 되는 것이므로(대법원 1994. 5. 27. 선고 94다7607

판결 등 참조), 주주총회에서 청산인을 선임할 수 있다. (2006. 11. 23. 공탁상업등기과-1315 질의회답)

바. 청산종결의 간주

- 상법 제520조의2 제4항

3. 청산종결의 등기절차

가. 등기기간

- 상법 제542조 제1항, 제264조

나. 등기사항

- 상업등기규칙 제55조 제1항

다. 첨부서면

- 상법 제535조
- 상업등기규칙 제154조 제1항, 제110조 제2항

[선례 403] 청산종결등기 신청서에 회사채권자에의 최고 공고문 첨부 요부

제정 1997. 4. 3. [상업등기선례 제1-280호(등기선례 제5-848호), 시행]

주식회사를 설립하였으나 사업을 시작하지 않고 해산결의를 하여 주주 이외 다른 채권채무가 없다 하더라도, 청산인은 취임한 날로부터 2월 내에 회사채권자에 대하여 일정기간(2월 이상이어야 함) 내에 그 채권을 신고할 것과 그 기간 내에 신고하지 아니하면 청산에서 제외된다는 뜻을 2회 이상 공고로써 최고하여야 하며, 따라서 청산종결등기신청은 최고기간이 지나야 하지만 그 등기신청서에는 결산보고서를 승인한 주주총회 의사록을 첨부하면 되고 채권신고를 최고한 공고문은 첨부할 것이 아니다. (1997. 4. 3. 등기3402-257 질의회답)

라. 청산종결등기의 수행

- 상업등기규칙 제154조 제1항, 제116조 제1항 제4호, 제2항, 제38조 제1항

마. 등록면허세 · 등기신청수수료 등의 납부

- 지방세법 제28조 제1항 제6호 바목, 제151조 제1항 제2호
- 수수료규칙 제5조의3 제2항, 제5조의5 제4항

4. 청산종결등기의 말소와 등기기록의 부활

가. 청산사무의 잔존과 청산종결등기의 말소

- 상업등기규칙 제58조 제2항

[선례 404] 회사의 청산종결등기 후 잔여재산처분을 위한 청산인 등 변경등기

제정 1992. 5. 27. [상업등기선례 제1-278호(등기선례 제3-970호), 시행]

국유재산법 제55조 , 동법시행령 제60조 , 제61조 에 의하여 총괄청이 지정한 청산법인에 대한 청산종결등기를 마쳤으나 그 후 잔여재산이 있어 이를 환가 처분하고자 연합청산위원회에서 청산을 재개하기로 결정하고 1차 청산종결 당시 대표청산인 및 청산인을 해임하고 새로이 청산인 등을 선임한 경우 그 등기는 다음과 같은 방식으로 행하여 진다. 즉 청산종결등기가 착오에 의한 것임을 증명하여 청산종결등기의 말소등기를 신청함으로써 폐쇄된 등기용지를 부활시키고, 연합청산위원회의 청산인, 감사 등에 대한 해임 및 선임등기의 신청에 따라 부활된 그 등기용지에 해당 등기가 행해질 것이다(위 등기신청들은 동시에 행할 수 있음). 다만 이 경우 등기용지의 양식이 바뀌었으므로 등기공무원으로서는 청산종결등기로 인하여 폐쇄된 등기용지를 막바로 부활시키는 대신 폐쇄등기부에 기재된 폐쇄 당시 효력이 있는 등기사항을 신등기용지에 이기하는 방식에 의하여 폐쇄된 등기용지를 부활시키게 될 것이다.

(1992. 5. 27. 등기 제1153호 성업공사 대 질의회답)

[선례 405] 자본감소와 발행예정주식총수의 변경등기 외

제정 2006. 11. 23. [상업등기선례 제2-41호, 시행]

1. 상법 제340조의2 의 규정에 의한 주식매수선택권을 행사하여 신주를 인수한 자는 행사 가액의 전액을 납입한 때에 주주가 된다(상법 제340조의5 , 제516조의9 전단).
2. 주식을 소각하거나 병합하는 방법으로 자본을 감소(상법 제343조 제1항 본문, 제440조 , 제441조)하는 경우, 상환주식을 상환하는 경우(상법 제345조), 정관의 정한 바에 의하여 주주에게 배당할 이익으로써 주식을 소각하는 경우(상법 제343조 제1항 단서), 정기총회에서 특별결의에 의하여 주식을 매수하여 소각하는 경우(상법 제343조의2) 등에는 감소된 주식수만큼 회사가 발행할 주식의 총수(상법 제317조 제2항 제1호 . 이하 '발행예정주식총수'라 한다)도 감소한다. 따라서, 회사는 발행한 주식의 총수(이하, '발행주식총수'라 한다)의 변경등기뿐 아니라 발행예정주식총수의 변경등기도 신청하여야 한다(상법 제317조 제2항 , 제4항 , 제183조).
   ① 위의 경우에 발행예정주식총수의 변경등기는 발행주식총수의 변경등기와 동시에 신청하는 것이 바람직하나, 동시에 신청할 것을 강제하는 규정(비송사건절차법 제184조 제2항 , 제159조 제12호 , 상업등기처리규칙 제66조 등)이 없으므로 발행주식총수의 변경등기가 경료된 후에 신청하더라도 등기관은 수리하여야 한다.
   ② 자본감소 등에 의해 발행예정주식총수가 감소하였음이 발행주식총수 변경등기신청서의 첨부서면이나(동시에 신청하는 경우) 등기부에 의해(발행주식총수의 변경등기가 경료된 후에 신청하는 경우) 명백하게 나타나는 경우에는, 그 변경을 증명하는 서면을 따로 첨부할 필요가 없다. 다만, 발행예정주식총수에 관하여 다른 정함이 있는지 여부를 등기관이 확인할 수 있도록 하기 위해 정관을 첨부하여야 한다.
   ③ 등기예규 제1038호 3.의 취지에 비추어 볼 때, 발행주식총수의 변경등기와 발행예정주식총수의 변경등기를 같은 신청서에 의해 함께 신청한다면 발행주식총수의 변경등기에 필요한 등록세(지방세법 제137조 제1항 제6호)만을 납부하면 될 것이다.
3. 상법 제520조의2(휴면회사의 해산) 제4항 의 규정에 의하여 청산이 종결된 것으로 보는 주식회사(이하, '청산종결 간주된 회사'라 합니다)도 청산사무가 종결되지 않았음을 소명하여 청산종결등기의 말소를 신청할 수 있다(비송사건절차법 제234조 제1항 제2호). 청산종결등기의 말소 신청이 있으면 등기관은 그 등기용지를 부활하고 청산종결등기를 말소한다(상업등기처리규칙 제53조). 또한, 청산종결 간주된 회사라도 어떤 권리관계가 남아 있어 현실적으로 정리할 필요가 있으면 그 범위 내에서는 아직 완전히 소멸하지 아니하고 청산의 목적범위 내에서 여전히 존속하는데, 이러한 경우 그 회사의 해산 당시의 이사는 정관에 다른 규정이 있거나 주주총회에서 따로 청산인을 선임하지 아니한 경우에 청산인이 되는 것이므로(대법원 1994. 5. 27. 선고 94다7607 판결 등 참조), 주주총회에서 청산인을 선임할 수 있다. (2006. 11. 23. 공탁상업등기과-1315 질의회답)

[선례 406] 폐쇄일로부터 20년이 지난 등기용지의 부활 가부

제정 2011.07.04 [상업등기선례 제201107-1호, 시행]

1. 청산인등기가 되어 있지 않은 상태에서 등기부가 폐쇄된 주식회사가 등기의무자로서 부동산등기신청을 하기 위해서는 폐쇄된 등기부를 부활하여야 하나, 구 「비송사건절차법」(2007. 7. 27. 법률 제8569호로 개정되기 전의 것)의 규정에 따라 등기용지가 폐쇄되어 그 등기용지가 폐쇄된 지 20년이 경과한 주식회사는 폐쇄된 등기부를 부활할 수 없다.
2. 폐쇄된 등기부를 부활할 수 없는 주식회사에 대해 등기청구권을 갖는 자가 등기의무자와 공동신청에 의해 자기 앞으로 소유권이전등기를 마치는 것은 불가능하지만, 이러한 회사도 소유권이전등기의무가 남아 있는 이상 그 청산사무의 범위에서 법인격을 가지고 소송상 당사자능력이 있으므로, 등기권리자는 그 회사를 상대로 한 판결을 받아 단독으로 소유권이전등기를 신청할 수 있다. (2011. 7. 4. 사법등기심의관-1491 질의회답)

나. 폐쇄된 등기용지상의 청산종결등기의 말소

(1) 신청서의 접수

- 예규 제1546호 제2조 제1항

(2) 신청서의 조사

- 공증인법 제66조의2 제1항
- 공증인법 시행령 제2조의3
- 예규 제1546호 제4조 제2항

(3) 전산등기부로의 개제

- 예규 제1546호 제5조

(4) 등기부 등초본 등의 발급 정지

- 예규 제1546호 제6조

第32절 채무자 회생 및 파산에 관한 법률에 따른 등기

1. 개요

가. 회생절차의 우선적용

- 채무자회생법 제44조 제1항 제1호, 제58조 제2항 제1호, 제256조 제1항

나. 회생절차의 실패와 파산절차의 진행

- 채무자회생법 제6조 제1항 제2항 제8항, 제256조 제1항

2. 회생 또는 파산절차와 관련된 상업등기

가. 등기촉탁

(1) 일반

- 채무자회생법 제25조 제1항
- 예규 제1518호 제3조 제1항 제2항

[선례 407] 회사정리절차 종료 전에 정리계획의 일환으로 수행된 전환사채 및 신주인수권부사채의 상환이 전부 완료되었으나 이에 대한 관할법원의 말소등기촉탁이 누락된 경우 이를 말소하는 방법

제정 2003. 10. 14. [등기선례 제200310-17호, 시행]

회사정리절차 종료 전에 정리계획의 일환으로 수행된 전환사채 및 신주인수권부사채(비분리형)의 상환이 전부 완료되었다면 회사정리법 제17조 제1항, 제3항 에 따라 관할법원은 직권으로 등기소에 그 말소등기를 촉탁하여야 할 것이며, 착오로 인하여 이를 누락한 것이라면 정리절차 종료 후의 정리회사 또는 신회사의 대표이사는 관할법원에 전부상환을 원인으로 하여 추가촉탁신청을 할 수도 있을 것이다. (2003. 10. 14. 공탁법인 3402-242 질의회답)

---

(2) 절차의 개시 등과 관련한 등기촉탁

- 채무자회생법 제23조 제1항, 제25조 제2항 제3항
- 채무자회생규칙 제9조 제1항
- 예규 제1518호 제11조 제2항 ~ 제4항, 제6조

(3) 채무자의 기관에 관한 등기촉탁

(가) 관리인, 파산관재인 등의 선임 관려 등기촉탁

- 채무자회생법 제23조 제2항 제3항, 제74조 제3항 제4항, 제76조 제1항 제5항, 제362조 제1항 제4항, 제362조 제3항
- 채무자회생규칙 제9조 제2항 제3항

(나) 등기기록상 기재방법

- 예규 제1518호 제5조 제2항 제3항

(다) 인감의 제출 및 증명

- 예규 제1518호 제7조 제1항 ~ 제4항
- 예규 제1615호 3. 라. 1) (ㄴ)

나. 촉탁등기사항 이외의 등기사항에 대한 등기신청권자

- 채무자회생법 제56조 제1항, 제74조 제4항, 제85조, 제328조
- 예규 제1518호 제4조 제1항 제2항

[선례 408] 법인이 파산한 경우, 파산재단 사무실 이전을 본점이전에 준하여 등기사항으로 볼 수 있는지의 여부

제정 2002. 4. 16. [상업등기선례 제1-264호(등기선례 제200204-13호), 시행]

1. 법인이 파산선고를 받게 되면 파산법인은 파산재단에 속하게 된 자신의 재산에 관하여 관리처분권을 상실하고 파산관재인이 그 관리, 환가, 배당 등에 관하여 전권을 행사함으로써 파산절차는 그 개시부터 종료에 이르기까지 파산관재인을 통하여 이루어지지만, 회사의 비재산적 활동범위에 속하는 사항(회사의 조직법적 사단활동)에 관한 권한

은 여전히 법인에게 있으며,

2. 파산법인과 파산재단은 법인격상 동일하지 않으므로 파산재단의 사무실 이전을 파산법인의 본점이전으로 보아 등기할 수는 없으며, 파산법인의 본점이전은 비재산적 활동범위에 속하므로 일반절차에 따라 대표이사가 변경등기를 신청한다. (2002. 4. 16. 등기 3402-232 질의회답)

[선례 409] 회사정리법 제226조 제1항의 규정에 의한 신회사설립형식으로 정리계획안이 확정되어 정리법원이 회사설립등기를 촉탁할 경우 등록세 면제여부 등

제정 2002.11.20 [상업등기선례 제1-265호(등기선례 제200211-15호), 시행]

회사정리계획안이 회사정리법 제226조 제1항에 의한 신회사 설립으로 인가되어 정리법원이 관할등기소에 회사설립등기를 촉탁할 경우, 회사설립에 따른 등록세는 지방세법 제128조 제3호의 규정에 의하여 면제된다. 또한, 이에 따라 설립된 신회사가 취득하는 사업용 재산의 이전등기에 따르는 등록세는 조세특례제한법 제119조 제1항 제22호의 규정에 의하여 면제된다. (2002. 11. 20. 등기 3402-644 질의회답)

[선례 410] 파산법인의 본점이전시 파산관재인이 본점이전등기신청을 할 수 있는지 여부(소극)

제정 2004. 2. 4. [상업등기선례 제1-134호(등기선례 제200402-9호), 시행]

파산법인과 파산재단은 법인격상 동일하지 않으므로 파산재단의 사무실이전을 파산법인의 본점이전으로 보아 등기할 수는 없으며, 파산법인의 본점이전은 비재산적 활동범위에 속하므로 일반절차에 따라 법인의 대표자가 본점이전등기신청을 하여야 한다. (2004. 2. 4. 공탁법인 3402-29 질의회답)

[선례 411] 회사정리법 제226조 제1항의 규정에 의한 신회사설립형식으로 정리계획안이 확정되어 정리법원이 회사설립등기를 촉탁할 경우 등록세 면제여부 등

제정 2003. 3. 12. [상업등기선례 제1-266호(등기선례 제200211-15호), 시행]

1. 파산선고를 받은 법인도 파산절차가 진행되는 동안은 파산의 목적범위 내에서는 아직

존속되는 것으로 보므로(파산법 제4조 참조), 파산재단 이외의 관계에 있어서는 업무를 집행하여야 할 집행기관이 필요한바 이사가 그 집행기관이 된다.
2. 파산선고에 의하여 기존이사는 상법 제382조 제2항의 준용에 의한 민법 제690조에 근거하여 위임관계가 종료되어 당연 퇴임될 것이나, 후임이사가 선임될 때까지는 등기관이 기존이사에 관한 등기사항을 직권으로 주말할 수는 없다.
3. 파산법인이 신임이사를 선임한 경우에는 법인의 대표자는 기존이사의 퇴임등기와 신임이사의 취임등기를 신청할 수 있다. (2003. 3. 12. 공탁법인 3402-68 질의회답)

[선례 412] 청산절차 진행 중 법인이 파산한 경우 등기부에 기재된 청산인과 감사등기를 신임 청산인과 감사의 취임등기를 하지 아니하고 말소할 수 있는지 여부(소극)

제정 2003. 6. 3. [상업등기선례 제1-268호(등기선례 제200306-30호), 시행]

1. 파산선고를 받은 법인도 파산절차가 진행되는 동안은 파산의 목적범위 내에서는 아직 존속되는 것으로 보므로, 파산재단 이외의 관계에서 업무를 집행하여야 할 업무집행기관과 감독기관으로서 감사는 필요적 상설기관으로서 필요하다.
2. 청산중 법인이 파산한 경우에 업무집행기관으로서의 청산인과 감독기관으로서의 감사는 당해 파산법인이 신임 청산인과 신임 감사의 취임등기를 하지 아니하면 파산종결등기를 할 때까지 퇴임등기를 할 수 없을 것이다.

(2003. 6. 3. 공탁법인 3402-132 질의회답)

[선례 413] 법원의 촉탁에 따른 파산관재인의 선임등기를 할 수 있는지 여부(적극)

제정 2000.12.09 [상업등기선례 제1-263호(등기선례 제6-510호), 시행]

법원이 법인에 대하여 파산선고를 한 때에는 직권으로 파산등기를 촉탁하여야 하는바(파산법 제109조), 법원이 파산등기의 촉탁과 함께 파산관재인의 선임등기를 촉탁한 경우, 등기관은 회사정리법 제17조의 규정을 유추하여 이를 등기할 수 있을 것이다. (2000. 12. 9. 등기 3402-895 질의회답)

[선례 414] 해산등기 및 정리절차종결등기를 한 때에 반드시 당해 등기용지를 폐쇄하여야 하는지 여부

제정 2007.01.26 [상업등기선례 제200701-3호, 시행]

정리계획에 의하여 정리절차종결의 결정일에 해산한 회사에 대하여 해산등기 및 정리절차종결등기를 한 때에는 당해 등기용지를 폐쇄한다(등기예규 제1126호 제13조제3항, 폐지된 등기예규 제935호 4. 바.). 그런데, 이러한 때라도 정리절차종결의 결정서에 당해 회사의 청산이 종결되지 않아 채권의 추심과 채무의 변제, 잔여 재산의 분배 등 청산사무가 남아 있음이 나타나면 등기관은 그 등기용지를 폐쇄하지 않는다. (2007. 1. 26. 공탁상업등기과-110 질의회답)

[선례 415] 정리절차종결 후 정리계획의 수행에 따른 유상감자등기에 있어서 그 신청서에 첨부하여야 할 서면

제정 2007.01.26 [상업등기선례 제200701-4호, 시행]

1. 정리절차가 종결된 후 정리계획의 수행에 따라 자본감소로 인한 변경등기를 신청하는 경우, 그 신청서에는 정리계획인가의 결정서 또는 정리계획변경허가의 결정서의 등본 또는 초본을 첨부하여야 한다(회사정리법 제253조제3항, 「채무자 회생 및 파산에 관한 법률」(법률 제7428호) 부칙 제3조). 그러나, 채권자보호절차(상법 제232조, 제439조제2항)를 거쳤음을 증명하는 서면과 주권 제출의 공고(상법 제440조)를 하였음을 증명하는 서면(비송사건절차법 제211조)은 첨부할 필요가 없다.
2. 위의 경우에 정리계획 또는 정리계획변경계획에서 일정한 절차를 거쳐 자본을 감소할 것을 정한 때에는 그러한 절차를 거쳤음을 증명하는 서면을 첨부하여야 한다. 예를 들어, 법원의 허가를 받아 별도로 공고하는 기간 내에 유상 소각을 신청한 주주들의 주식을 소각하도록 정리계획에서 정한 때에는 법원의 허가서와 이러한 공고를 하였음을 증명하는 서면을 첨부하여야 한다. (2007. 1. 26. 공탁상업등기과-111 질의회답)

다. 등록면허세 등

- 채무자회생법 제25조 제4항
- 예규 제1518호 제8조 제1항 제2항 제3항

제33절 설립무효의 판결 등의 재판에 따른 등기

- 상법 제328조 제2항, 제192조 제378조, 제380조, 제381조 제2항
- 비송법 제98조 제107조 제4호
- 상업등기법 제22조 제2항, 제25조 제3항 제1호
- 수수료규칙 제5조의3 제2항 제1호

1. 설립무효의 등기

가. 설립무효의 판결

- 상법 제328조 제1항 제2항, 제190조, 제193조

나. 등기절차

- 상법 제328조 제2항, 제192조, 제193조
- 비송법 제98조, 제108조
- 상업등기규칙 제55조 제2항, 제145조

2. 주주총회결의 취소, 부존재 또는 무효 등의 등기

가. 주주총회결의 취소, 부존재 또는 무효 확인 등의 판결

(1) 주주총회결의취소의 판결

- 상법 제376조 제1항 제2항, 제381조 제1항 제2항, 제190조

(2) 주주총회결의의 무효 또는 부존재 확인판결

- 상법 제380조, 제190조, 제328조 제1항, 제429조, 제445조, 제529조 제1항, 제530조의11 제1항

(3) 주주총회결의 변경의 판결

- 상법 제381조 제1항 제2항, 제190조

나. 등기절차

(1) 등기사항

- 상법 제378조, 제380조, 제381조 제2항, 제308조 제2항, 제376조 ~ 제381조

(2) 등기의 촉탁

- 비송법 제107조 제6호, 제108조
- 예규 제751호

[선례 416] 본점이전에 관한 주주총회결의부존재의 판결이 확정된 경우 그 처리절차 등

제정 2003.04.02 [상업등기선례 제1-132호(등기선례 제200304-22호), 시행]

1. 주식회사의 본점이전에 관한 주주총회의 결의에 대하여 취소, 무효, 부존재의 판결이 확정된 때에는 제1심 수소법원은 회사의 본점과 지점소재지의 등기소에 그 등기를 촉탁하여야 한다(비송사건절차법 제107조.
2. 구 비송사건절차법(1991. 12. 14. 법률제4423호 전문개정전 법률)에 의하면 본점이전등기신청을 구본점과 신본점 소재지 등기소에 각각 신청하도록 되어 있으므로, 이 경우의 등기촉탁은 원칙적으로 신본점 소재지 등기소에는 본점이전등기의 말소촉탁을, 구본점 소재지 등기소에는 폐쇄된 등기부의 회복촉탁을 각각 하여야 하지만, 동시처리를 위하여 제1심 수소법원은 신본점 소재지 등기소에만 그 등기촉탁을 하고, 신본점 소재지 등기소는 그 촉탁에 따라 본점이전등기를 말소함과 동시에 구본점 소재지 등기소에 그 뜻을 통지하며, 구본점 소재지 등기소는 그 통지에 따라 폐쇄된 구본점등기를 회복하고 있다(1992. 1. 15. 제751항).
3. 그러나 구본점 소재지 등기소에서만 본점이전등기를 신청하고 신본점 소재지 등기소에서는 본점이전등기를 신청하지 않은 경우에는 신본점 소재지 등기소에 본점이전등기의 말소촉탁을 할 필요가 없으므로, 제1심 수소법원은 구본점 소재지 등기소로 폐쇄된 등기부를 회복하라는 촉탁을 보내야 할 것이고, 구본점 소재지 등기소는 이 촉탁에 따라 폐쇄된 등기부를 회복시켜야 한다. (2003. 4. 2. 공탁법인 3402-82 질의회답)

(3) 등기의 기록

- 상업등기규칙 제55조 제2항, 제153조 제1항

[선례 417] 주주총회결의부존재확인판결에 의한 이사 등 취임등기말소와 종전이사 등의 등기회복

제정 1991. 2. 27. [상업등기선례 제1-260호(등기선례 제3-950호), 시행]
A가 대표이사 겸 이사로, B·C가 이사로, D가 감사로 있던 "갑" 주식회사의 등기부에 90. 1. 12.자로 A·B·C의 종임등기가 경료되고, 같은 날 E·F가 이사로, G가 대표이사 겸 이사로, H가 감사로 각 선임되었다는 내용의 등기와 90. 3. 24.자로 감사 D는 사임하였다는 내용의 등기가 각 경료된 후, 갑 회사의 주주들이 갑 회사를 상대로 90. 1. 12.자 주주총회결의에 대한 부존재확인소송을 제기하여 원고승소판결이 확정된 경우, 그 판결에 기하여 말소등기촉탁이 있는 때에는 등기공무원은 그 등기사항을 말소함과 아울러 상법 제386조 제1항 , 제389조 제3항 , 제415조 의 규정에 의하여 이사 및 감사의 권리의무가 있는 종전 이사 및 종전 감사의 등기를 직권으로 회복하여야 할 것이다.

(1991. 2. 27. 등기 제432호)

3. 신주발행 또는 자본금감소 무효의 등기

가. 신주발행 또는 자본금감소 무효의 판결

(1) 신주발행의 무효

- 상법 제429조, 제432조 제1항 제2항

[판례 1] 신주발행무효확인 (대법원 2012. 11. 15. 선고 2010다49380 판결)

【판시사항】

[1] 신주발행무효의 소에서 출소기간 경과 후 새로운 무효사유를 추가하여 주장하는 것이 허용되는지 여부(소극)

[2] 신주 등의 발행에서 주주배정방식과 제3자배정방식을 구별하는 기준

[3] 회사가 주주배정방식으로 신주를 발행하면서 주주가 인수를 포기하거나 청약을 하지 아니하여 실권된 신주를 이사회 결의로 제3자에게 처분할 수 있는지 여부(적극) 및 이때 실권된 신주를 제3자에게 발행하는 것에 관하여 정관에 근거 규정이 있어야 하는지 여부(소극)

【판결요지】

[1] 상법 제429조는 신주발행의 무효는 주주·이사 또는 감사에 한하여 신주를 발행한 날부터 6월 내에 소만으로 주장할 수 있다고 규정하고 있는데, 이는 신주발행에 수반되

는 복잡한 법률관계를 조기에 확정하고자 하는 것으로서, 새로운 무효사유를 출소기간 경과 후에도 주장할 수 있도록 하면 법률관계가 불안정하게 되어 위 규정의 취지가 몰각된다는 점에 비추어, 위 규정은 무효사유의 주장시기도 제한하고 있는 것이라고 해석함이 타당하므로, 신주발행무효의 소에서 신주를 발행한 날부터 6월의 출소기간이 경과한 후에는 새로운 무효사유를 추가하여 주장할 수 없다.

[2] 신주 등의 발행에서 주주배정방식과 제3자배정방식을 구별하는 기준은 회사가 신주 등을 발행하면서 주주들에게 그들의 지분비율에 따라 신주 등을 우선적으로 인수할 기회를 부여하였는지 여부에 따라 객관적으로 결정되어야 하고, 신주 등의 인수권을 부여받은 주주들이 실제로 인수권을 행사함으로써 신주 등을 배정받았는지 여부에 좌우되는 것은 아니다.

[3] 회사가 주주배정방식에 의하여 신주를 발행하려는데 주주가 인수를 포기하거나 청약을 하지 아니함으로써 그 인수권을 잃은 때에는(상법 제419조 제4항) 회사는 이사회 결의로 인수가 없는 부분에 대하여 자유로이 이를 제3자에게 처분할 수 있고, 이 경우 실권된 신주를 제3자에게 발행하는 것에 관하여 정관에 반드시 근거 규정이 있어야 하는 것은 아니다.

[판례 2] 신주발행무효 (대법원 2010. 4. 29. 선고 2008다65860 판결)

【판시사항】

[1] 신주발행의 무효원인 및 그 유무의 판단 기준

[2] 신주발행을 결의한 갑 회사의 이사회에 참여한 이사들이 하자 있는 주주총회에서 선임된 이사들이어서, 그 후 이사 선임에 관한 주주총회결의가 확정판결로 취소되었고, 위와 같은 하자를 지적한 신주발행금지가처분이 발령되었음에도 위 이사들을 동원하여 위 이사회를 진행한 측만이 신주를 인수한 사안에서, 위 신주발행이 무효라고 한 사례

【판결요지】

[1] 신주발행 무효의 소를 규정하는 상법 제429조에는 그 무효원인이 따로 규정되어 있지 않으므로 신주발행유지청구의 요건으로 상법 제424조에서 규정하는 '법령이나 정관의 위반 또는 현저하게 불공정한 방법에 의한 주식의 발행'을 신주발행의 무효원인으로 일응 고려할 수 있다고 하겠으나 다른 한편, 신주가 일단 발행되면 그 인수인의 이익을 고려할 필요가 있고 또 발행된 주식은 유가증권으로서 유통되는 것이므로 거래의 안전을 보호하여야 할 필요가 크다고 할 것인데, 신주발행유지청구권은 위법한 발행에 대한 사전 구제수단임에 반하여 신주발행 무효의 소는 사후에 이를 무효로 함으로써 거래의 안전과 법적 안정성을 해칠 위험이 큰 점을 고려할 때, 그 무효원인은 가급적 엄격하게 해석하여야 하고, 따라서 법령이나 정관의 중대한 위반 또는 현저한 불공정이 있어 그것이 주식회사의 본질이나 회사법의 기본원칙에 반하거나 기

존 주주들의 이익과 회사의 경영권 내지 지배권에 중대한 영향을 미치는 경우로서 신주와 관련된 거래의 안전, 주주 기타 이해관계인의 이익 등을 고려하더라도 도저히 묵과할 수 없는 정도라고 평가되는 경우에 한하여 신주의 발행을 무효로 할 수 있을 것이다.

[2] 신주발행을 결의한 갑 회사의 이사회에 참여한 이사들이 하자 있는 주주총회에서 선임된 이사들이어서, 그 후 이사 선임에 관한 주주총회결의가 확정판결로 취소되었고, 위와 같은 하자를 지적한 신주발행금지가처분이 발령되었음에도 위 이사들을 동원하여 위 이사회를 진행한 측만이 신주를 인수한 사안에서, 위 신주발행이 신주의 발행사항을 이사회결의에 의하도록 한 법령과 정관을 위반하였을 뿐만 아니라 현저하게 불공정하고, 그로 인하여 기존 주주들의 이익과 회사의 경영권 내지 지배권에 중대한 영향을 미쳤다는 등의 이유로 무효라고 한 사례.

[판례 3] 주주총회결의부존재확인 (대법원 1989. 7. 25. 선고 87다카2316 판결)

【판시사항】

가. 상법 제335조 제2항 단서의 시행전에 주권이 발행되어 그 발행전의 주식양수인 이외의 자에게 교부된 경우 그 주식양도의 효력

나. 부존재한 이사회의 신주발행결의와 상법 제429조의 적용여부(소극)

【판결요지】

가. 상법 제335조 제2항 단서의 규정이 시행되기 전에 이미 주권이 발행되어 주권발행전의 주식양수인 이외의 자들에게 주권이 교부된 경우에는 같은 법 부칙 제6조의 규정을 적용하여 주권발행전의 주식양도를 유효하다고 볼 여지가 없다.

나. 주주들에게 통지하거나 주주들의 참석없이 주주 아닌 자들이 모여서 개최한 임시주주총회에서 발행예정주식총수에 관한 정관변경결의와 이사선임결의를 하고, 그와 같이 선임된 이사들이 모인 이사회에서 대표이사 선임 및 신주발행결의를 하였다면 그 이사회는 부존재한 주주총회에서 선임된 이사들로 구성된 부존재한 이사회에 지나지 않고 그 이사들에 의하여 선임된 대표이사도 역시 부존재한 이사회에서 선임된 자이어서 그 이사회의 결의에 의한 신주발행은 의결권한이 없는 자들에 의한 부존재한 결의와 회사를 대표할 권한이 없는 자에 의하여 이루어진 것으로서 그 발행에 있어 절차적, 실체적 하자가 극히 중대하여 신주발행이 존재하지 않는다고 볼 수 밖에 없으므로 회사의 주주는 위 신주발행에 관한 이사회결의에 대하여 상법 제429조 소정의 신주발행무효의 소의 제기기간에 구애되거나 신주발행무효의 소에 의하지 않고 부존재확인의 소를 제기할 수 있다.

(2) 자본금감소의 무효

- 상법 제445조

[판례 4] 감자무효 (대법원 2010. 2. 11. 선고 2009다83599 판결)

【판시사항】

[1] 주주총회의 자본감소 결의에 취소 또는 무효의 하자가 있더라도 자본감소의 효력이 발생한 후에는 자본감소 무효의 소에 의해서만 다툴 수 있는지 여부(원칙적 적극)

[2] 법률상 사항에 관한 법원의 석명 또는 지적의무

[3] 자본감소 결의의 무효확인을 구하는 청구취지의 기재에도 불구하고 자본감소 무효의 소를 제기한 것으로 볼 여지가 충분한데도, 석명권을 행사하여 이를 분명히 하고 그에 따른 청구취지와 청구원인을 정리하지 아니한 채 자본감소 결의의 무효확인 판결을 선고한 원심판결을 파기한 사례

【판결요지】

[1] 상법 제445조는 자본감소의 무효는 주주 등이 자본감소로 인한 변경등기가 있은 날로부터 6월 내에 소만으로 주장할 수 있다고 규정하고 있으므로, 설령 주주총회의 자본감소 결의에 취소 또는 무효의 하자가 있다고 하더라도 그 하자가 극히 중대하여 자본감소가 존재하지 아니하는 정도에 이르는 등의 특별한 사정이 없는 한 자본감소의 효력이 발생한 후에는 자본감소 무효의 소에 의해서만 다툴 수 있다.

[2] 민사소송법 제136조 제4항은 “법원은 당사자가 명백히 간과한 것으로 인정되는 법률상 사항에 관하여 당사자에게 의견을 진술할 기회를 주어야 한다”라고 규정하고 있으므로, 당사자가 부주의 또는 오해로 인하여 명백히 간과한 법률상의 사항이 있거나 당사자의 주장이 법률상의 관점에서 보아 모순이나 불명료한 점이 있는 경우 법원은 적극적으로 석명권을 행사하여 당사자에게 의견진술의 기회를 주어야 하고 만일 이를 게을리 한 경우에는 석명 또는 지적의무를 다하지 아니한 것으로서 위법하다.

[3] 청구취지에서는 자본감소 결의의 무효확인을 구하였으나, 사건명을 “감자무효의 소”라고 표시하였을 뿐 아니라, 당사자들이 변론과정에서 근거조문까지 명시하면서 상법 제445조의 자본감소 무효의 소를 제기한 것임을 전제로 재량기각 여부를 주된 쟁점으로 삼아 변론하였다면, 청구취지의 기재에도 불구하고 상법 제445조의 자본감소 무효의 소를 제기한 것으로 볼 여지가 충분한데도, 석명권을 행사하여 이를 분명히 하고 그에 따른 청구취지와 청구원인을 정리하지 아니한 채 자본감소 결의의 무효확인 판결을 선고한 원심판결을 파기한 사례.

나. 등기절차

(1) 등기의 촉탁

- 상법 제430조, 제192조, 제446조, 제192조
- 비송법 제107조 제8호, 제108조

(2) 등기의 기록

- 상업등기규칙 제153조 제2항, 제55조 제2항

4. 이사 등의 직무집행정지가처분 등의 등기

가. 직무집행정지가처분 등

- 상법 제407조 제1항 제2항, 제415조, 제415조의2 제6항, 제542조 제2항

[판례 5] 소유권이전등기말소 (대법원 1989. 9. 12. 선고 87다카2691 판결)

【판시사항】

가. 가처분에 의하여 선임된 대표이사 직무대행자의 변호사선임행위가 회사의 상무에 속하는지 여부(적극)

나. 주식회사의 청산인의 수

다. 청산법인의 주주총회에서 한 이사선임 결의의 효력

라. 직무집행정지기간의 정함이 없는 이사직무집행정지가처분의 효력존속기간

【판결요지】

가. 가처분에 의하여 대표이사 직무대행자로 선임된 자가 변호사에게 소송대리를 위임하고 그 보수계약을 체결하거나 그와 관련하여 반소제기를 위임하는 행위는 회사의 상무에 속하나, 회사의 상대방 당사자의 변호인의 보수지급에 관한 약정은 회사의 상무에 속한다고 볼 수 없으므로 법원의 허가를 받지않는 한 효력이 없다.

나. 주식회사의 청산인의 수에 대하여는 제한이 없으므로 1인이라도 상관없으며 그 경우에는 1인 청산인이 당연히 대표청산인이 된다.

다. 회사가 해산한 경우 합병 또는 파산의 경우 외에는 정관에 다른 규정이 있거나 주주총회에서 따로 청산인을 선임하지 아니하였다면 이사가 당연히 청산인이 되고 이사가 임기만료 되면 새로운 이사를 선임할 수 있다 할 것이므로 청산법인의 주주총회에서 청산인을 선임하지 아니하고 이사를 선임하였다 하여 그 선임결의가 그 자체로서 무효가 된다고 볼 수 없다.

라. 가처분에 의해 직무집행이 정지된 당해이사 등을 선임한 주주총회 결의의 취소나 그 무효 또는 부존재확인을 구하는 본안소송에서 가처분채권자가 승소하여 그 판결이 확정된 때에는 가처분은 그 직무집행정지기간의 정함이 없는 경우에도 본안승소판결의 확정과 동시에 그 목적을 달성한 것이 되어 당연히 효력을 상실하게 된다.

[판례 6] 건물명도 (대법원 1992. 5. 12. 선고 92다5638 판결)

【판시사항】

가. 대표이사의 직무집행정지 및 직무대행자선임의 가처분이 이루어진 이후대표이사가 해임되고 새로운 대표이사가 선임된 경우 새로이 선임된 대표이사가 대표이사로서의 권한을 가지는지 여부(소극)

나. 위 "가"항의 경우 새로이 선임된 대표이사가 위 가처분에 위반하여 회사 대표자의 자격에서 한 법률행위의 효력 유무(소극)와 이때 동인의 거래상대방이 자신이 선의였음을 들어 위 법률행위의 유효를 주장할 수 있는지 여부(소극)

【판결요지】

가. 대표이사의 직무집행정지 및 직무대행자선임의 가처분이 이루어진 이상, 그 후 대표이사가 해임되고 새로운 대표이사가 선임되었다 하더라도 가처분결정이 취소되지 아니하는 한 직무대행자의 권한은 유효하게 존속하는 반면 새로이 선임된 대표이사는 그 선임결의의 적법 여부에 관계없이 대표이사로서의 권한을 가지지 못한다.

나. 위 "가"항의 경우 위 가처분은 그 성질상 당사자 사이에서 뿐만 아니라 제3자에게도 효력이 미치므로, 새로이 선임된 대표이사가 위 가처분에 위반하여 회사 대표자의 자격에서 한 법률행위는 결국 제3자에 대한 관계에서도 무효이고 이때 위 가처분에 위반하여 대표권 없는 대표이사와 법률행위를 한 거래상대방은 자신이 선의였음을 들어 위 법률행위의 유효를 주장할 수는 없다.

[선례 418] 등기부에 직무집행정지 가처분등기만 되어 있고 직무대행자선임 가처분등기가 되어 있지 아니할 경우 등기예규 제359호의 적용 여부(소극)

제정 2003.12.31 [상업등기선례 제1-270호(등기선례 제200312-15호), 시행]
등기부에 직무집행정지 가처분등기만 되어 있고 직무대행자선임 가처분등기가 되어 있지 않을 경우에는 등기예규 제359호는 그 적용이 없으므로 직무집행정지 가처분등기가 말소되기 전이라도 직무집행이 정지된 임원에 대한 해임등기 및 후임 임원의 선임등기 신청을 할 수 있다. (2003. 12. 31. 공탁법인 3402-316 질의회답)

나. 등기절차

- 상법 제407조 제3항, 제415조, 제415조의2 제6항, 제542조 제2항
- 상업등기규칙 제55조 제2항, 제131조 제2항
- 비송법 제107조 제6호
- 예규 제1536호 제5조 제1항 제3항

[판례 7] 건물명도 (대법원 1992. 5. 12. 선고 92다5638 판결)

【판시사항】

가. 대표이사의 직무집행정지 및 직무대행자선임의 가처분이 이루어진 이후대표이사가 해임되고 새로운 대표이사가 선임된 경우 새로이 선임된 대표이사가 대표이사로서의 권한을 가지는지 여부(소극)

나. 위 "가"항의 경우 새로이 선임된 대표이사가 위 가처분에 위반하여 회사 대표자의 자격에서 한 법률행위의 효력 유무(소극)와 이때 동인의 거래상대방이 자신이 선의였음을 들어 위 법률행위의 유효를 주장할 수 있는지 여부(소극)

【판결요지】

가. 대표이사의 직무집행정지 및 직무대행자선임의 가처분이 이루어진 이상, 그 후 대표이사가 해임되고 새로운 대표이사가 선임되었다 하더라도 가처분결정이 취소되지 아니하는 한 직무대행자의 권한은 유효하게 존속하는 반면 새로이 선임된 대표이사는 그 선임결의의 적법 여부에 관계없이 대표이사로서의 권한을 가지지 못한다.

나. 위 "가"항의 경우 위 가처분은 그 성질상 당사자 사이에서 뿐만 아니라 제3자에게도 효력이 미치므로, 새로이 선임된 대표이사가 위 가처분에 위반하여 회사 대표자의 자격에서 한 법률행위는 결국 제3자에 대한 관계에서도 무효이고 이때 위 가처분에 위반하여 대표권 없는 대표이사와 법률행위를 한 거래상대방은 자신이 선의였음을 들어 위 법률행위의 유효를 주장할 수는 없다.

5. 일시이사 등의 등기

가. 일시이사 등의 선임 및 퇴임

- 상법 제386조 제2항, 제389조 제3항, 제415조, 제542조 제2항
- 상업등기규칙 제131조 제1항

나. 등기절차

- 상법 제386조 제2항, 제389조 제3항, 제415조, 제542조 제2항
- 비송법 제107조 제4호
- 상업등기규칙 제55조 제2항, 제131조 제1항

6. 합병무효의 등기

가. 합병무효의 판결

- 상법 제529조, 제530조 제2항, 제239조
- 독점규제 및 공정거래에 관한 법률 제16조 제2항

나. 등기절차

- 상법 제530조 제2항, 제238조
- 비송법 제99조, 제98조, 제108조
- 상업등기규칙 제154조 제1항, 제116조 제1항 제5호, 제55조 제2항

7. 분할 또는 분할합병 무효의 등기

가. 분할 또는 분할합병의 무효의 판결

- 상법 제530조의11 제1항, 제529조, 제240조. 제190조, 제239조

나. 등기절차

- 상법 제530조의11 제1항, 제238조
- 비송법 제99조, 제98조, 제108조
- 상업등기규칙 제154조 제6항, 제113조, 제55조 제2항

8. 주식교환 또는 주식이전 무효의 등기

가. 주식교환 또는 주식이전 무효의 판결

(1) 주식교환 무효의 판결

- 상법 제360조의14 제1항 제3항 제4항, 제190조

(2) 주식이전 무효의 판결

- 상법 제260조의23 제1항 제3항 제4항, 제190조, 제193조

나. 등기절차

(1) 주식교환 무효의 경우

- 상법 제360조의14, 제192조
- 상업등기규칙 제55조 제22항
- 비송법 제107조 제9호, 제108조

(2) 주식이전 무효의 경우

- 상법 제360조의23 제4항, 제192조
- 비송법 제107조 제9호, 제108조
- 상업등기규칙 제55조 제2항

제5장 유한회사의 등기

제1절 총 설

1. 유한회사 일반

가. 유한회사의 특징

- (구)상법 제556조 제1항, 제546조 제1항 제2항, 제545조
- 상법 제556조 제1항, 제543조 제1항, 제609조 제1항 제1호, 제562조, 제564조, 제550조, 제583조 제1항, 제458조 ~ 제460조

2. 등기사유에 관한 통칙

가. 사원총회

(1) 소집절차

- 상법 제571조 제1항 제2항 제3항, 제564조 제1항, 제613조, 제254조 제2항, 제366조 제2항, 제572조 제2항, 제364조

(2) 의결권

- 상법 제575조, 제578조, 제369조 제2항, 제578조, 제368조 제2항 제3항

(3) 결의의 방법

- 상법 제574조, 제585조 제1항, 제567조, 제570조, 제385조 제1항, 제543조 제2항 제2호, 제609조 제2항

[판례 1] 채권확정 (대법원 1995. 4. 11. 선고 94다33903 판결)

【판시사항】

가. 상법 제391조 제1항의 본문이 요구하고 있는 결의의 요건을 갖추지 못한 이사회결의의 효력

나. 주식회사의 대표이사가 이사회결의를 요하는 대외적 거래행위에 관하여 적법한 이사회결의 없이 한 거래행위의 효력

【판결요지】

가. 재적 6명의 이사 중 3인이 참석하여 참석이사의 전원의 찬성으로 연대보증을 의결하였다면 위 이사회의 결의는 과반수에 미달하는 이사가 출석하여 상법 제391조 제1항 본문 소정의 의사정족수가 충족되지 아니한 이사회에서 이루어진 것으로 무효라고 할 것이다.

나. 주식회사의 대표이사가 이사회결의를 요하는 대외적 거래행위를 함에있어서 실제로 이사회결의를 거치지 아니하였거나 이사회결의가 있었다고 하더라도 그 결의가 무효인 경우, 거래 상대방이 그 이사회결의의 부존재 또는 무효사실을 알거나 알 수 있었다면 그 거래행위는 무효라고 할 것이다.

(4) 서면결의

- 상법 제577조

(가) 총사원이 서면으로 결의할 것을 동의한 경우

- 상법 제577조 제1항 제4항, 제578조, 제368조 제3항, 제575조, 제369조 제2항, 제380조, 제381조

(나) 결의의 목적사항에 대하여 총사원이 서면으로 동의한 경우

- 상법 제577조 제2항, 제4항

[선례 1] 정관에서 정한 해산사유의 발생으로 인한 유한회사의 해산등기신청시 사원총회의 해산결의서를 첨부하여야 하는지 여부

제정 1996. 3. 22. [상업등기선례 제1-282호(등기선례 제4-868호), 시행]
정관에서 정한 해산사유의 발생으로 인한 유한회사의 해산등기신청서에는 그 사유의 발생을 증명하는 서면 이외에 사원총회의 해산결의서를 첨부할 필요는 없다. (1996. 3. 22. 등기 3402-202 질의회답)

[선례 2] 유한회사의 감자결의시 사원총회의 결의를 거치지 않고 총사원동의서를 첨부하여 변경등기를 신청할 수 있는지 여부

제정 2002. 6. 24. [상업등기선례 제1-283호(등기선례 제200206-13호), 시행]
유한회사에서 총회결의의 목적사항에 대하여 총사원이 서면으로 동의한 경우에는 총회의 결의와 동일한 효력이 있으므로, 유한회사의 자본감소에 관하여 총사원이 동의한 경우에는 사원총회의사록이 아닌 총사원동의서를 첨부하여 변경등기를 신청할 수 있다. (2002. 6. 24. 등기 3402-343 질의회답)

---

(5) 의사록 작성 등

- 상법 제578조, 제373조

나. 이사 또는 청산인 과반수의 동의에 의한 결의

- 상법 제564조 제1항 제2항, 제613조

3. 등기절차에 관한 통칙

가. 신청인

- 상법 제562조 제1항 제2항

나. 첨부서면 통칙

- 상업등기규칙 제155조

(1) 법원의 허가서

- 상업등기규칙 제155조 제1항

(2) 총사원의 동의서

- 상법 제573조, 제577조 제1항

제2절 설립의 등기

1. 설립절차

가. 개설

- 상법 제543조 제1항 제1호, 제179조 제3호, 제269조, 제543조, 제552조, 제547조 제1항, 제568조, 제609조 제1항 제1호, 제561조

[선례 3] 유한회사의 초대 이사 및 대표이사를 정관으로 정하지 아니한 경우 사원총회가 아닌 총사원의 서면동의로 위 임원을 선임할 수 있는지 여부(적극)

제정 2002. 8. 26. [상업등기선례 제1-284호(등기선례 제200208-16호), 시행] 유한회사의 초대 이사 및 대표이사를 정관으로 정하지 아니한 때에는 회사 설립전에 사원총회를 열어 이를 선임하여야 하는 바, 초대 이사 및 대표이사의 선임에 관하여 총사원이 서면으로 동의한 경우에는 사원총회의사록이 아닌 총사원동의서를 첨부하여 설립등기를 신청할 수 있다. (2002. 8. 26. 등기 3402-464 질의회답)

나. 정관의 작성

- 상법 543조 1항 2항

(1) 정관의 절대적 기재사항

- 상법 제543조 제2항

(2) 정관의 상대적 기재사항

(가) 변태 설립사항

- 상법 제544조

(나) 그 밖의 상대적 기재사항

① 사원에 관한 사항

- 상법 제575조 제1항, 제560조 제1항, 제343조 제1항, 제581조

② 사원총회에 관한 사항

- 상법 제571조 제2항, 제572조, 제574조

③ 임원에 관한 사항

- 상법 제562조 제1항 제2항 제3항, 제564조 제1항, 제568조 제1항

④ 중간배당에 관한 사항

- 상법 제583조, 제462조의3

⑤ 해산사유와 잔여재산의 분배 및 청산인에 관한 사항

- 상법 제609조, 제227조 제1호, 제612조, 제613조 제1항, 제531조 제1항

다. 정관의 인증

- 상법 제543조 제3항, 제292조

라. 사원총회(이사 및 감사의 선임)

- 상법 제547조 제1항 제2항, 제574조, 제568조

마. 출자의 이행 등

- 상법 제554조, 제548조 제1항

2. 등기절차

가. 등기기간 등

- 상법 제549조 제1항, 제172조
- 상업등기법 제23조 제1항

나. 등기사항

- 상법 제549조 제2항

다. 첨부서면

(1) 정관

- 상법 제543조 제3항, 제292조

(2) 출자 전액 납입 또는 현물출자의 목적인 재산 전부의 급여가 있었음을 증명하는 서면

- 상업등기규칙 제156조 제2호

(3) 사원총회의사록

- 상업등기규칙 제155조 제2항

(4) 이사 과반수의 동의가 있음을 증명하는 서면

- 상업등기규칙 제155조 제2항

(5) 이사의 취임승낙을 증명하는 서면

- 상업등기규칙 제156조 제3호

(6) 감사를 둔 때에는 감사의 취임승낙을 증명하는 서면

- 상업등기규칙 제156조 제4호

(7) 대표이사의 취임승낙을 증명하는 서면

- 상업등기규칙 제156조 제5호

(8) 이사 등의 주소, 주민등록번호(생년월일)를 증명하는 서면

- 상업등기규칙 제52조 제1항 제3호

(9) 인감의 제출

- 상업등기법 제52조 제1항

제3절 상호, 목적, 존립기간 또는 해산사유의 변경, 본점의 이전, 지점의 설치 · 이전 · 폐지 등의 등기

1. 상호, 목적, 존립기간 또는 해산사유의 변경등기

- 상업등기규칙 제155조 제2항

제4절 이사 · 대표이사 · 감사에 관한 변경등기

1. 이사 · 대표이사 · 감사의 변경절차

가. 이사의 취임 · 퇴임 등

(1) 이사의 취임

- 상법 제561조, 제562조 제2항, 제574조, 제547조 제1항

(2) 이사의 퇴임

(가) 해임

- 상법 제567조, 제385조, 제585조

(나) 자격상실 또는 자격정지자로 된 경우

- 상법 제567조, 제382조 제2항
- 민법 제690조
- 형법 제43조 제1항 제4호, 제44조

(3) 이사로서의 권리의무가 인정되는 경우 등

- 상법 제386조 제1항, 제2항, 제407조, 제408조, 제567조

나. 대표이사의 취임 · 퇴임 등

(1) 대표이사의 취임

- 상법 제563조

(2) 공동대표에 관한 규정의 설정, 변경, 폐지

- 상법 제562조 제3항

다. 감사의 취임·퇴임 등

(1) 감사의 취임

- 상법 제568조 제1항 제2항, 제547조

(2) 감사로서의 권리의무가 인정되는 경우 등

- 상법 제386조 제1항 제2항, 제407조, 제570조

2. 등기절차

가. 등기기간 등

- 상법 제549조 제4항, 제483조
- 상업등기법 제23조 제1항

나. 첨부서면

(1) 이사·대표이사·감사의 취임

(가) 사원총회의사록

- 상업등기규칙 제155조 제2항

(나) 정관 및 이사동의서(이사회의사록)

- 상업등기규칙 제155조

(다) 취임승낙을 증명하는 서면

- 상업등기규칙 제162조 제1항, 제130조

(2) 이사·대표이사·감사의 퇴임

- 상업등기규칙 제162조 제1항, 제130조
- 비송법 제107조 제6호, 제108조

제5절 자본금증가로 인한 변경등기

1. 자본금증가의 절차

가. 자본금증가의 방법

- 상법 제546조

나. 사원총회의 특별결의

- 상법 제543조 제2항 제2호, 제584조, 제585조, 제577조

다. 출자의 인수

- 상법 제587조, 제588조, 제589조 제1항 제2항

라. 출자의 이행

- 상법 제596조, 제548조, 제421조 제2항
- (구)상법 제596조, 제548조, 제334조

2. 등기절차

가. 등기기간

- 상법 제591조

나. 첨부서면

(1) 출자의 인수를 증명하는 서면

- 상업등기규칙 제157조 제1호

(2) 납입 또는 현물출자의 목적인 재산의 급여가 있음을 증명하는 서면

- 상업등기규칙 제157조 제2호
- 예규 제1445호 제27조

(3) 사원총회의사록 등

- 상업등기규칙 제155조 제1항 제2항

3. 자본금증가에 의한 변경등기의 효력

가. 자본금증가의 효력발생시기

- 상법 제592조

나. 자본금전보의 책임

- 상법 제593조 제1항 제2항, 제550조 제2항, 제551조 제2항, 제594조 제1항 제2항 제3항, 제551조

제6절 자본금감소로 인한 변경등기

1. 자본금감소의 방법

- 상법 제560조 제1항, 제343조 제1항, 제597조, 제443조, 제546조

2, 자본금의 감소

- 상법 제597조, 제439조 제1항

[선례 4] 유한회사의 감자결의시 사원총회의 결의를 거치지 않고 총사원동의서를 첨부하여 변경등기를 신청할 수 있는지 여부

제정 2002. 6. 24. [상업등기선례 제1-283호(등기선례 제200206-13호), 시행]
유한회사에서 총회결의의 목적사항에 대하여 총사원이 서면으로 동의한 경우에는 총회의

결의와 동일한 효력이 있으므로, 유한회사의 자본감소에 관하여 총사원이 동의한 경우에는 사원총회의사록이 아닌 총사원동의서를 첨부하여 변경등기를 신청할 수 있다. (2002. 6. 24. 등기 3402-343 질의회답)

---

3. 등기절차

- 상법 제549조 제4항, 제183조
- 상업등기법 제23조 제1항
- 상업등기규칙 제158조, 제111조 제2호
- 예규 제1445호 제28조

제7절 해산 및 청산인에 관한 등기

1. 해산의 등기

가. 해산사유

- 상법 제609조, 제585조 제1항

나. 등기절차

- 상법 제613조 제1항, 제228조
- 상업등기법 제23조 제1항
- 비송법 제93조, 제108조
- 상업등기규칙 제60조, 제162조 제1항, 제106조 제2항, 제155조

[선례 5] 정관에서 정한 해산사유의 발생으로 인한 유한회사의 해산등기신청시 사원총회의 해산결의서를 첨부하여야 하는지 여부

제정 1996. 3. 22. [상업등기선례 제1-282호(등기선례 제4-868호), 시행]

정관에서 정한 해산사유의 발생으로 인한 유한회사의 해산등기신청서에는 그 사유의 발생을 증명하는 서면 이외에 사원총회의 해산결의서를 첨부할 필요는 없다. (1996. 3. 22.

등기 3402-202 질의회답)

---

2. 청산인에 관한 등기

가. 청산인의 취임 · 퇴임

(1) 청산인의 의의, 자격 등

[판례 1] 임시주주총회결의무효확인 (대법원 1991. 11. 22. 선고 91다22131 판결)

【판시사항】

가. 주식회사가 해산된 경우 주주와 이사의 지위
나. 주식회사가 해산된 이후 해산 당시의 이사 또는 주주가 해산 전에 이루어진 주주총회 결의의 무효확인을 구하는 소와 소의 이익
다. 주식회사가 법원의 해산판결로 해산된 경우 주주와 이사의 지위
라. 법원의 해산판결로 해산등기가 마쳐졌고 법원이 선임한 청산인의 취임등기까지 경료된 경우, 해산판결 선고 전에 부적법하게 해임된 주주인 이사가 해산판결 전에 이루어진 주주총회 결의나 이사회 결의의 무효확인을 구할 법률상 이익이 있는지 여부(소극)

【판결요지】

가. 주식회사는 해산된 뒤에도 청산법인으로 되어 청산의 목적범위 내에서 존속하므로, 그 주주는 주주총회의 결의에 참여할 수 있을 뿐더러 잔여재산의 분배청구권 및 청산인의 해임청구권이 있고, 한편 해산 당시의 이사는 정관에 다른 규정이 있거나 주주총회에서 따로 청산인을 선임하지 아니한 경우에 당연히 청산인이 되고 해산 당시 또는 그 후에 임기가 만료되더라도 새로 청산인이 선임되어 취임할 때까지는 청산인으로서 권리의무를 가진다.
나. 주식회사가 해산되었다 하더라도 해산 당시의 이사 또는 주주가 해산 전에 이루어진 주주총회 결의의 무효확인을 구하는 청구에는 청산인선임결의의 무효를 다투는 청구가 포함되어 있을 수 있고 이 경우 그 중요 쟁점은 회사의 청산인이 될 지위에 관한 것이므로 항상 소의 이익이 없다고 단정할 수 없다.
다. 주식회사가 법원의 해산판결로 해산되는 경우에 그 주주는 여전히 위 “가”항의 권리를 보유하지만 이사의 지위는 전혀 다른바, 그것은 상법상 이사는 당연히 청산인으로 되는 게 아니라 법원이 임원 기타 이해관계인 또는 검사의 청구에 의하여 또는 직권으로 청산인을 선임하도록 규정하고 있고, 청산법인에서는 이사에 갈음하여 청산인만이 회사의 청산사무를 집행하고 회사를 대표하는 기관이 되기 때문이다.
라. 주식회사에 대하여 법원의 해산판결이 선고, 확정되어 해산등기가 마쳐졌고 아울러

법원이 적법하게 그 청산인을 선임하여 그 취임등기까지 경료된 경우, 해산 당시 이사가 설사 해산판결 선고 이전에 부적법하게 해임된 바 있어 주주총회의 이사해임 결의가 무효라 하더라도 그 이사로서는 청산인의 지위에 이를 방도가 없게 되었고, 한편 그 이사가 주식회사의 주주라 하여도 위와 같이 회사가 적법하게 해산된 데다가 적법한 청산인이 선임된 이상 주주의 지위에는 아무 영향이 없다 할 것이므로, 결국 위 이사로서는 해산판결 전에 이루어진 회사의 주주총회 결의나 이사회 결의의 무효확인을 구할 법률상 이익이 없다.

- 상법 제613조 제1항, 제532조, 제533조
- 비송법 제118조

(2) 청산인의 취임

(가) 합병, 파산 또는 재판(해산명령 등) 이외의 사유로 해산한 경우

① 사원총회에서 선임한 청산인

- 상법 제613조 제1항, 제531조 제1항, 제574조

② 법정청산인

- 상법 제613조 제1항, 제531조

③ 법원에서 선임한 청산인

- 상법 제613조 제1항, 제531조
- 비송법 제119조

(나) 법원의 해산명령이나 해산판결에 의하여 해산한 경우

- 상법 제613조 제1항, 제252조

(다) 설립의 무효 또는 취소의 판결이 확정된 경우

- 상법 제552조 제2항, 제193조

(3) 청산인의 퇴임

- 민법 제689조 제1항
- 상법 제574조, 제613조 제2항, 제539조 제1항

(4) 청산인으로서의 권리의무가 인정되는 경우 등

- 상법 제386조 제1항 제2항, 제407조, 제408조, 제613조 제2항

나. 대표청산인의 취임·퇴임

(1) 대표청산인의 의의, 자격 등

- 상법 제613조 제1항 제2항, 제562조 제2항, 제254조 제2항

(2) 대표청산인의 취임

- 상법 제613조 제1항, 제255조 제1항 제2항

[판례 2] 소유권이전등기말소등 (대법원 1981. 9. 8. 선고 80다2511 판결)

【판시사항】

가. 일시이사 및 일시대표이사의 자격

나. 일시이사 및 일시대표이사가 청산인 및 대표청산인의 자격이 있는지의 여부(적극)

다. 해산등기 및 청산인 취임등기의 대항력

라. 대표청산인이 청산인회의 승인없이 회사로부터 회사재산을 매수하여 제 3 자에게 매도한 경우 회사가 제3 취득자를 상대로 대표청산인의 위 매수행 위의 무효를 주장하기 위한 요건

마. 대표청산인이 청산인회의 승인없이 회사로부터 회사 부동산을 매수하여 제3자에게 매도 하였으나 회사가 제 3 취득자를 상대로 한, 대표청산인의 위 매수행위의 무효를 원인으로 한 이전등기말소청구가 기각되는 경우에 회사가 대표청산인을 상대로 한 이전등기말소청구소송의 소의 이익 유무(소극)

【판결요지】

가. 주식회사의 이사 및 대표이사 전원이 결원인 경우에 법원이 선임하는 일시이사 및 일시대표이사의 자격에는 아무런 제한이 없으므로 동 회사와 무슨 이해관계가 있는 자만이 일시이사 등으로 선임될 자격이 있는 것이 아니다.

나. 주식회사가 해산(상법시행법 제15조 제3항에 의하여 해산간주 된 경우를 포함)한 경우(합병 또는 파산의 경우 제외)에 정관에 다른 규정이 있거나 주주총회에서 타인을 선임한 때를 제외하고는 해산 당시의 일시이사 및 일시대표이사는 청산인 및 대표청산인이 된다.

다. 주식회사의 해산등기 및 청산인등기는 제3자에 대한 대항요건에 불과하므로 상법시행법 제15조 제3항에 의한 해산간주에 따른 해산등기 및 상법 제531조 제1항에 의한 당연청산인 취임등기가 없다 하여도 동 해산 및 대표청산인의 자격에 아무런 소장이 없다.

라. 주식회사의 이사 또는 청산인이 이사회 또는 청산인회의 승인없이 회사를 대표하여 자기를 위하여 회사 이외의 제3자와의 사이에 회사와 이해상반하는 거래를 한 경우 및 회사와 직접 거래하여 취득한 목적물을 제3자에게 매도한 경우에 회사는 당해 이사 또는 청산인에 대하여는 이사회 또는 청산인회의 승인이 없었다는 이유로 그 행위의 무효를 주장할 수 있지만, 위 제3자에 대하여는 그 거래에 대하여 이사회 또는 청산인회의 승인이 없었다는 것 외에 상대방인 제3자가 악의라는 사실을 주장 입증하여야만 비로소 그 무효를 제3자에게 주장할 수 있다.

마. 주식회사의 청산인이 청산인회의 승인없이 회사소유 부동산을 매수하여 타에 매도한 경우에 회사의 제3취득자에 대한 동 부동산소유권이전등기청구가 청산인회의 승인이 없었다는 점에 관한 제3취득자의 악의를 입증하지 못하여 기각되는 때에는 위 청산인에 대한 관계에 있어서도 청산인회의 승인이 없다는 무효주장으로 동 부동산소유권이전등기의 말소를 구할 이익이 없다.

(3) 청산인으로서의 권리의무가 인정되는 경우 등

- 상법 제386조 제1항 제2항, 제407조, 제408조, 제613조 제2항

다. 대표청산인의 취임·퇴임

(1) 대표청산인의 의의, 자격 등

- 상법 제613조 제1항 제2항, 제562조 제2항, 제254조 제2항

(2) 대표청산인의 취임

- 상법 제613조 제1항, 제255조 제1항 제2항

[판례 3] 소유권이전등기말소등 (대법원 1981. 9. 8. 선고 80다2511 판결)

【판시사항】

가. 일시이사 및 일시대표이사의 자격
나. 일시이사 및 일시대표이사가 청산인 및 대표청산인의 자격이 있는지의 여부(적극)
다. 해산등기 및 청산인 취임등기의 대항력

라. 대표청산인이 청산인회의 승인없이 회사로부터 회사재산을 매수하여 제 3 자에게 매도한 경우 회사가 제3 취득자를 상대로 대표청산인의 위 매수행 위의 무효를 주장하기 위한 요건

마. 대표청산인이 청산인회의 승인없이 회사로부터 회사 부동산을 매수하여 제3자에게 매도 하였으나 회사가 제 3 취득자를 상대로 한, 대표청산인의 위 매수행위의 무효를 원인으로 한 이전등기말소청구가 기각되는 경우에 회사가 대표청산인을 상대로 한 이전등기말소청구소송의 소의 이익 유무(소극)

【판결요지】

가. 주식회사의 이사 및 대표이사 전원이 결원인 경우에 법원이 선임하는 일시이사 및 일시대표이사의 자격에는 아무런 제한이 없으므로 동 회사와 무슨 이해관계가 있는 자만이 일시이사 등으로 선임될 자격이 있는 것이 아니다.

나. 주식회사가 해산(상법시행법 제15조 제3항에 의하여 해산간주 된 경우를 포함)한 경우(합병 또는 파산의 경우 제외)에 정관에 다른 규정이 있거나 주주총회에서 타인을 선임한 때를 제외하고는 해산 당시의 일시이사 및 일시대표이사는 청산인 및 대표청산인이 된다.

다. 주식회사의 해산등기 및 청산인등기는 제3자에 대한 대항요건에 불과하므로 상법시행법 제15조 제3항에 의한 해산간주에 따른 해산등기 및 상법 제531조 제1항에 의한 당연청산인 취임등기가 없다 하여도 동 해산 및 대표청산인의 자격에 아무런 소장이 없다.

라. 주식회사의 이사 또는 청산인이 이사회 또는 청산인회의 승인없이 회사를 대표하여 자기를 위하여 회사 이외의 제3자와의 사이에 회사와 이해상반하는 거래를 한 경우 및 회사와 직접 거래하여 취득한 목적물을 제3자에게 매도한 경우에 회사는 당해 이사 또는 청산인에 대하여는 이사회 또는 청산인회의 승인이 없었다는 이유로 그 행위의 무효를 주장할 수 있지만, 위 제3자에 대하여는 그 거래에 대하여 이사회 또는 청산인회의 승인이 없었다는 것 외에 상대방인 제3자가 악의라는 사실을 주장 입증하여야만 비로소 그 무효를 제3자에게 주장할 수 있다.

마. 주식회사의 청산인이 청산인회의 승인없이 회사소유 부동산을 매수하여 타에 매도한 경우에 회사의 제3취득자에 대한 동 부동산소유권이전등기청구가 청산인회의 승인이 없었다는 점에 관한 제3취득자의 악의를 입증하지 못하여 기각되는 때에는 위 청산인에 대한 관계에 있어서도 청산인회의 승인이 없다는 무효주장으로 동 부동산소유권이전등기의 말소를 구할 이익이 없다.

(3) 대표청산인의 퇴임

- 상법 제613조 제1항 제2항, 제255조 제1항, 제539조 제1항

(4) 공동대표청산인

- 상법 제613조 제2항, 제562조 제3항

라. 등기절차

(1) 청산인 또는 대표청산인에 관한 변경등기

(가) 청산인 또는 대표청산인의 퇴임

- 상업등기규칙 제162조 제1항, 제107조 제4항

(나) 공동대표규정의 설정, 변경, 폐지

- 상업등기규칙 제155조 제2항, 제162조 제1항, 제107조 제3항

(다) 청산인 또는 대표청산인의 성명, 주소 등의 변경

- 상업등기규칙 제52조 제1항 제4호

제8절 회사계속의 등기

1. 회사계속의 절차

- 상법 제610조, 제194조
- 채무자회생법 제540조
- 상업등기규칙 제109조 제2항 제3항

2. 등기절차

- 상업등기규칙 제155조 제2항, 제162조 제1항, 제130조, 제52조 제1항 제3호

제9절 합병의 등기

1. 서설

가. 합병의 의의

[판례 1] 추심금 (대법원 2003. 2. 11. 선고 2001다14351 판결)

【판시사항】

회사 합병의 의미 및 합병으로 소멸되는 회사의 사원(주주)의 지위

【판결요지】

회사의 합병이라 함은 두 개 이상의 회사가 계약에 의하여 신회사를 설립하거나 또는 그 중의 한 회사가 다른 회사를 흡수하고, 소멸회사의 재산과 사원(주주)이 신설회사 또는 존속회사에 법정 절차에 따라 이전·수용되는 효과를 가져오는 것으로서, 소멸회사의 사원(주주)은 합병에 의하여 1주 미만의 단주만을 취득하게 되는 경우나 혹은 합병에 반대한 주주로서의 주식매수청구권을 행사하는 경우 등과 같은 특별한 경우를 제외하고는 원칙적으로 합병계약상의 합병비율과 배정방식에 따라 존속회사 또는 신설회사의 사원권(주주권)을 취득하여, 존속회사 또는 신설회사의 사원(주주)이 된다.

나. 합병의 제한

- 상법 제174조 제2항 제3항, 제600조 제1항 제2항
- 비송법 제104조

[선례 6] 흡수합병에 의하여 존속회사가 취득한 자기주식의 소각여부와 변경등기 절차 등

제정 2000. 8. 1. [상업등기선례 제1-235호(등기선례 제6-671호), 시행]

1. 유한회사가 주식회사와 합병하는 경우에 합병 후 존속하는 회사가 주식회사인 때에는 법원의 인가를 얻어야 하는바(상법 제600조 제1항 참조), 법원에 대한 합병인가신청은 합병보고총회 전에는 이루어져야 할 것이다.
2. 회사가 합병하는 경우에 해산회사가 존속회사의 주식을 가지고 있다면 이는 존속회사가 자기주식을 취득하게 되는 경우에 해당하는바, 합병계약서에 합병으로 취득하는 자기주식을 소각하는 뜻과 그 주식의 수 및 소각으로 인한 자본액의 변동이 없다는 사실

을 기재하는 경우에는 합병절차 외에 별도의 절차를 거치지 않고도 자본감소가 없는 주식소각이 가능할 것이며, 이 때 발행주식의 총수가 변경되므로 '발행주식의 총수, 그 종류와 각종주식의 내용과 수'(상법 제317조 제2항 제3호)에 대하여는 변경등기를 하여야 하나, '자본의 총액'(같은 항 제2호)에 대해서는 변경등기를 하지 않는다.
(2000. 8. 1. 등기 3402-534 질의회답)

2. 합병절차

가. 합병계약서의 작성

(1) 합병계약의 일반

- 상법 제562조, 제564조 제1항

(2) 합병계약서의 기재사항

- 상법 제603조, 제522조 제1항, 제523조, 제524조

(가) 유한회사를 존속회사로 하는 흡수합병계약서의 기재사항

- 상법 제603조, 제523조 제2호 ~ 제9호

(나) 유한회사를 신설회사로 하는 합병계약서의 기재사항

- 상법 제603조, 제524조

[선례 7] 유한회사의 합병에 대한 이의를 진술한 채권자가 있는 경우 상업등기법 제107조 제3호(주:현행 상업등기규칙 제159조 제4호)의 담보를 제공한 사실을 증명하는 서면

[상업등기선례 제201101-1호, 제정 2011.1.3.]

1. 유한회사의 합병으로 인한 변경등기신청서에는 「상법」 제603조, 제232조 제1항에 따른 공고 및 최고를 한 사실과 이의를 진술한 채권자가 있는 때에는 이에 대하여 변제 또는 담보를 제공하거나 신탁한 사실을 증명하는 서면을 첨부하여야 하는 바(「상업등기법」 제107조 제3호 => 주 : 현행 상업등기규칙 제159조 제4호), 여기에서의 담보는

물적 담보뿐만 아니라 인적 담보도 포함된다.

2. 「상법」 제603조, 제232조 제3항의 상당한 담보인지 여부는 사회통념에 따라 객관적으로 판단하여야 하는 바, 「은행법」에 의하여 설립된 은행이 채권액에 상당하는 지급보증을 한 경우에는 특별한 사정이 없는 한 그 상당성을 인정할 수 있으며, 그 이외의 인적 담보의 상당성 여부는 물적 담보만큼의 충분한 지급확보가 가능한지 여부, 채권의 존부나 채권액에 다툼이 있는지 여부, 합병 전·후의 재무상태 등을 종합적으로 고려하여 판단할 사항이다. (2011. 1. 3. 사법등기심의관-2 질의회답)

나. 합병계약서 등의 공시

- 상법 제603조, 제522조의2

다. 합병결의

- 상법 제598조. 제585조, 제230조, 제269조, 제522조 제3항, 제434조

라. 채권자보호절차와 주식 또는 지분의 병합·분할

- 상법 제603조, 제236조, 제443조

마. 보고총회 또는 창립총회

(1) 보고총회

- 상법 제603조, 제526조 제1항

(2) 창립총회

- 상법 제175조, 제230조, 제269조, 제434조, 제585조, 제603조, 제527조

3. 등기절차

가. 등기기간 및 등기신청인

- 상법 제602조, 제63조 제1항

• 상업등기법 제23조 제1항

나. 동시신청 및 경유신청

• 상업등기법 제63조 제2항 제3항

다. 등기사항

(1) 존속회사의 등기사항

(가) 소멸회사의 상호·본점과 합병을 한 뜻

• 상업등기법 제62조 제1항

(2) 신설회사의 등기사항

(가) 통상의 설립등기사항

• 상법 제602조, 제549조 제2항

(3) 소멸회사의 등기사항

• 상업등기법 제62조 제2항

라. 첨부서면

(1) 존속회사 변경등기신청서의 첨부서면

• 상업등기규칙 제159조 제1호 ~ 제4호, 제155조 제2항, 제111조 제2호, 제52조 제1항

(2) 신설회사 설립등기신청서의 첨부서면

• 상업등기규칙 제160조, 제159조 제1호 ~ 제4호, 제112조 제2호, 제155조 제2항, 제156조 제1호 ~ 제5호, 제130조, 제52조 제1항 제1호

(3) 소멸회사 해산등기신청서의 첨부서면

• 상업등기규칙 제53조 제3항

4. 합병의 효과

가. 합병의 효력발생시기

- 상법 제603조, 제234조

나. 회사의 소멸과 설립 등

- 상법 제609조 제1항 제1호, 제227조 제4항, 제603조, 제235조

다. 소멸되는 회사의 사원(주주)의 수용

[판례 2] 추심금 (대법원 2003. 2. 11. 선고 2001다14351 판결)

【판시사항】

회사 합병의 의미 및 합병으로 소멸되는 회사의 사원(주주)의 지위

【판결요지】

회사의 합병이라 함은 두 개 이상의 회사가 계약에 의하여 신회사를 설립하거나 또는 그 중의 한 회사가 다른 회사를 흡수하고, 소멸회사의 재산과 사원(주주)이 신설회사 또는 존속회사에 법정 절차에 따라 이전·수용되는 효과를 가져오는 것으로서, 소멸회사의 사원(주주)은 합병에 의하여 1주 미만의 단주만을 취득하게 되는 경우나 혹은 합병에 반대한 주주로서의 주식매수청구권을 행사하는 경우 등과 같은 특별한 경우를 제외하고는 원칙적으로 합병계약상의 합병비율과 배정방식에 따라 존속회사 또는 신설회사의 사원권(주주권)을 취득하여, 존속회사 또는 신설회사의 사원(주주)이 된다.

라. 합병 전에 취임한 이사, 감사의 임기.

- 상법 제527조의4

제10절 조직변경의 등기

1. 서설

- 상법 제242조, 제286조, 제287조의43, 제604조, 제607조

[판례 1] 법인세부과처분취소 (대법원 1985. 11. 12. 선고 85누69 판결)

【판시사항】

가. 법률 제3196호로 제정, 공포된 조세감면규제법 부칙 제6조에 따른 증자소득공제 혜택을 받는 법인의 범위

나. 회사의 조직변경이 허용되는 경우

【판결요지】

가. 면세소득의 범위는 과세의 공평과 세수의 확보를 위하여 엄격히 해석하여야 할 것이므로 구 조세감면규제법 부칙(1978.3.25. 자 법률 제3096호 부칙 제3조 및 1979.12.28자 법률 제3196호 부칙 제6조) 규정의 해석상 위 법률 제3196호에 따른 증자소득공제혜택 대상은 종전과 같이 법률 제3096호의 시행일인 1978.3.25 이전에 설립된 법인에 한하고 법률 제3196호의 시행전인 1978.12.31 이전에 설립된 법인까지 포함한다고 확장해석할 수 없다.

나. 회사의 조직변경은 회사가 그의 인격의 동일성을 보유하면서 법률상의 조직을 변경하여 다른 종류의 회사로 되는 것을 일컫는다 할 것이고 상법상 합명, 합자회사 상호간 또는 주식, 유한회사 상호간에만 회사의 조직변경이 인정되고 있을 뿐이므로 소외 계룡건설합자회사가 그 목적, 주소, 대표자등이 동일한 주식회사인 원고 회사를 설립한 다음 동 소외 회사를 흡수 합병하는 형식을 밟아 사실상 합자회사를 주식회사로 변경하는 효과를 꾀하였다 하더라도 이를 법률상의 회사조직변경으로 볼 수는 없다.

2. 유한회사에서 주식회사로의 조직의 변경

가. 사원총회의 결의

- (구)상법 제607조 제1항
- 상법 제607조 제5항, 제604조 제3항, 제607조 제2항 제4항, 제550조 제2항, 제551조 제2항 제3항

나. 법원의 인가

- 상법 제608조, 제232조

3. 등기절차

가. 등기기간 등

- 상법 제607조 제5항, 제606조
- 상업등기법 제66조

나. 등기할 사항

(1) 주식회사의 설립등기

- 상업등기법 제65조 제1항

(2) 유한회사의 해산등기

- 상업등기법 제65조 제2항

다. 첨부서면

(1) 주시회사의 설립등기

- 상업등기규칙 제161조

(가) 조직변경에 관한 사원총회의사록

- 상업등기규칙 제155조 제2항

(나) 정관

- 상업등기규칙 제161조 제1호

(다) 회사에 현존하는 순재산액을 증명하는 서면

- 상업등기규칙 제161조 제3호, 제152조 제2호

(라) 채권자보호절차를 이행한 사실을 증명하는 서면

- 상업등기규칙 제161조 제3호, 제152조 제4호, 제111조 제2호

(마) 이사 등의 취임승낙을 증명하는 서면

- 상업등기규칙 제161조 제2호, 제129조 제10호

(바) 명의개서대리인과의 계약을 증명하는 서면

- 상업등기규칙 제161조 제2호, 제129조 제9호

(사) 이사 등의 주민등록번호, 주소를 증명하는 서면

- 상업등기규칙 제52조 제1항 제3호

(아) 법원의 인가서

- 상업등기규칙 제155조 제1항

(2) 유한회사의 해산등기

- 상업등기규칙 제53조 제3항

제11절 청사종결의 등기

1. 등기절차

- 상업등기규칙 제162조 제1항, 제110조 제2항
- 상법 제613조 제1항, 제264조

제12절 설립무효의 판결 등의 재판에 따른 등기

1. 설립의 무효 또는 취소의 등기

- 상법 제552조 제1항 제2항, 제192조, 제193조 제1항 제2항
- 비송법 제98조, 제107조 제2호

2. 사원총회결의의 취소, 부존재 또는 무효 등의 등기

- 상법 제578조, 제376조 ~ 제381조
- 비송법 제107조 제7호, 제108조

3. 자본금증가 또는 자본금감소 무효의 등기

- 상법 제595조 제1항 제2항, 제597조, 제445조, 제430조 ~ 제432조, 제446조
- 비송법 제107조 제10호, 제108조

4. 이사 등의 직무집행정지가처분 등의 등기

- 상법 제567조, 제570조, 제407조
- 민집 제306조

5. 일시이사등의 등기

- 상법 제567조, 제570조, 제613조 제2항, 제386조 제2항

6. 합병무효의 등기

- 상법 제603조, 제529조

제6장 외국회사의 등기

제1절 총 설

1. 외국회사의 의의

- 상법 제617조

[선례 1] 소련항공사의 한국 내 영업소 설치등기의 가부

제정 1990. 5. 22. [상업등기선례 제1-288호(등기선례 제3-944호), 시행]
소련의 항공사가 소련의 국내법상 법인격을 가지고 있지 아니하다 하더라도 내국회사와 유사한 실체를 가지고 우리나라에 지점을 설치하여 영업을 하는 경우에는, 대한민국에서 설립되는 동종의 회사 또는 가장 유사한 회사의 지점등기와 동일한 영업소 설치등기를 할 수 있으며(상법 제614조 참조), 다만 위 영업소 설치등기신청서에는 소련항공의 본국관할관청 또는 대한민국에 있는 소련영사의 인증을 받은 주사무소의 존재를 증명하는 서면과 대표자의 자격을 증명하는 서면 및 소련항공의 정관 또는 그 성질을 식별할 만한 서면을 첨부하여야 한다.

(1990. 5. 22. 등기 제1031호)

2. 외국회사의 대한민국에서의 영업요건

- 상법 제614조 제1항 제2항

[선례 2] 외국의 은행 및 증권회사의 대표사무소 설치등기의 가부

제정 1988. 2. 4. [상업등기선례 제1-286호(등기선례 제2-680호), 시행]
외국의 은행 및 증권회사의 대표사무소는 상법 제614조 가 규정하는 영업소에 해당하지 아니하고 따라서 국내에서 그 설치등기를 할 수는 없다. (1988. 2. 4. 등기 제57호)
질의요지 : 외국의 은행 및 증권회사가 한국은행 또는 재무부 등 관련 감독기관으로부터 대한민국에서의 대표사무소의 설치허가를 받은 후 사무소를 설치하여 지점과 같은 정도의 포괄적인 영업행위는 하지 않는다 하더라도 관계기관 및 기업 등의 업무에 관련된 정보교환 및 자료수집과 본사와의 업무연락 등 허가받은 범위 내에서 한정된 업무활동을 수행하

고 있는 경우 그 대표사무소를 상법 제614조 에 규정된 영업소에 해당하는 것으로 보아 대한민국에서 설립되는 동종의 회사 또는 가장 유사한 회사의 지점과 동일한 설치등기를 할 수 있는지 여부

[선례 3] 외국회사 영업소 설치등기와 유사상호(주:현행은 동일상호)

(상업등기선례 제200512-5호, 제정 2005.12.27.)

1. 타인이 등기한 상호는 동일한 특별시, 광역시, 시, 군에서 동종영업의 상호로 등기할 수 없는 바(상법 제22조), 그 제도적 취지가 상호권자의 이익보호 및 등기된 상호에 대한 일반 공중의 오인혼동을 방지하여 이에 대한 신뢰를 보호하고자 하는 것이라는 점에서, 이미 등기되어 있는 외국회사 영업소가 청산예정이고 그 외국회사 영업소가 유한회사의 설립등기로 인하여 동일 상호가 중복하여 등기되는 것에 대하여 승낙한다고 하더라도 유한회사의 설립등기신청은 수리될 수 없으며(비송사건절차법 제159조 제13호 및 제164조 => 주: 현행 상업등기법 제26조 제13호 및 제29조)
2. 이와 반대로, 외국회사 영업소 설치등기를 할 경우에 있어서는, 외국회사 영업소가 지점의 성격을 가지고 있으며, 지점에 있어서의 등기는 상법상 강제되어 있기 때문에, 이미 유한회사의 설립등기가 되어 있는 관할 등기소 내에 동종영업을 목적으로, 동일 상호로 외국회사 영업소 설치등기를 하는 것이 가능할 것이다(상법 제614조 제2항, 제35조) (2005. 12. 27. 공탁법인과-730 질의회답)

[선례 4] 외국회사(주식회사)가 국내영업소설치를 함에 있어 등기사항 중 대표이사나 국내에서의 대표자 외에 일반임원(이사, 감사 등)에 대한 사항도 등기하여야 하는지 여부(소극)

제정 2001. 8. 25. [상업등기선례 제1-294호(등기선례 제6-639호), 시행]

1. 외국회사의 국내영업소 설치등기는 국내에서 설립되는 동종의 회사 또는 가장 유사한 회사의 지점에 관한 등기와 동일한 등기를 하여야 하므로, 외국회사가 주식회사인 경우 임원등기와 관련하여 보면 본점의 대표이사와 국내에서의 대표자의 성명과 주소를 기재하면 되고 다른 임원(이사, 감사 등)은 등기사항이 아니다.
2. 위의 규정에도 불구하고 본점의 대표이사나 국내에서의 대표자가 아닌 일반임원이 등기가 되었다면 이는 등기할 사항이 아닌 것으로 등기관의 직권 또는 당사자의 말소신청에 의하여 그 등기를 말소할 수 있다. (2001. 8. 25. 등기 3402-595 질의회답)

제2절 영업소 설치의 등기

1. 영업소의 설치

- 상법 제614조

[선례 5] 외국회사의 국내영업소 설치등기신청과 첨부서면

제정 1997. 7. 22. [상업등기선례 제1-291호(등기선례 제5-826호), 시행]
일본국에 본점을 둔 부엌용품, 미용기구, 보석, 악세사리 등 귀금속의 수출입 및 판매 등을 하는 주식회사가 대한민국 내에 영업소 설치등기를 신청하는 경우에는 주무관청의 허가서를 첨부할 필요가 없다. (1997. 7. 22. 등기 3402-556 질의회답)

2. 대한민국에서의 대표자

- 상법 제614조 제4항, 제209조
- 상업등기법 제23조 제3항

[선례 6] 외국회사의 대한민국에서의 대표자의 대표권

제정 1988. 4. 14. [상업등기선례 제1-287호(등기선례 제2-678호), 시행]
외국회사의 대한민국에서의 대표자의 대표권은 국내의 모든 영업소에 미치므로, 외국회사가 국내에 2개 이상의 영업소를 설치하는 경우 각 영업소별로 서로 다른 대표자를 정하여 등기하거나 대표권을 특정 영업소의 영업에 한정하는 취지의 등기를 할 수는 없지만, 각 영업소마다 지배인을 선임하여 지배인등기를 할 수는 있다.

(1988. 4. 14. 등기 제219호)

[선례 7] 외국회사의 한국에서의 대표자에 2인의 외국인을 공동대표로 추가하는 변경등기 방법

제정 1997. 1. 30. [상업등기선례 제1-290호(등기선례 제5-835호), 시행]
공동대표는 법률행위를 공동으로 하여야 하므로, 외국회사의 한국에서의 대표자에 2인의 외국인을 공동대표로 추가하는 변경등기를 할 경우 기존 대표자와 추가되는 외국인 2인의 대표자가 공동으로 변경등기를 신청하여야 한다.

(1997. 1. 30. 등기 3402-76 질의회답)

[선례 8] 외국회사의 대한민국에서의 대표자 변경등기 등

제정 1998. 7. 8. [상업등기선례 제1-292호(등기선례 제5-839호), 시행]

외국회사의 대한민국에서의 대표자변경등기에 있어서 그 등기된 사항에 관하여 무효의 원인이 있는 경우, 당사자는 무효의 원인이 있음을 증명하는 서면을 첨부하여 그 등기의 말소를 신청할 수 있으며, 그 등기를 말소함으로써 종전의 대표자의 대표권이 회복되는 경우, 등기관은 그 무효인 등기의 말소와 동시에 말소로 인한 회복등기를 하여야 한다. (1998. 7. 8. 등기 3402-630 질의회답)

---

3. 등기절차

가. 등기신청인과 등기기간

- 상법 제614조 제2항, 제181조, 제269조, 제317조 제3항, 제549조 제3항, 제615조
- 상업등기법 제23조 제3항

나. 등기사항

(1) 개설

- 상법 제614조 제2항 제3항, 제181조, 제269조. 제317조 제3항, 제549조 제3항
- 예규 제943호

[선례 9] 새마을금고의 이사장 직무대행자의 등기 가부

제정 1985. 1. 31. [상업등기선례 제1-388호(등기선례 제1-900호), 시행]

새마을금고법 및 동법시행령에 새마을금고의 이사장의 직무대행자에 관한 것을 등기사항으로 규정하고 있지 아니하므로 이사장 직무대행자의 등기는 이를 할 수 없다. (1985. 1. 31. 등기 제52호 새마을금고연합회장 대 법원행정처장 회답)

---

(2) 외국회사의 상호

- 예규 제1598호 제10조 제1항 제5항

(3) 대한민국에서의 대표자

- 상법 제614조 제3항

(4) 외국회사의 종류별 구체적 등기사항

(가) 외국회사가 주식회사인 경우

- 상법 제317조 제3항, 제616조의2 제1항 제2항
- 상업등기법 제74조

(나) 외국회사가 유한회사인 경우

- 상법 제549조 제3항

(다) 외국회사가 합명회사, 합자회사 또는 유한책임회사인 경우

- 상법 제181조, 제269조, 제287조의5 제2항

다. 첨부서면

- 상업등기규칙 제163조 제1항 제2항
- 예규 제1534호 제2조 제3조
- 예규 제1537호 제2조 제1항

[선례 10] 외국회사 영업소 설치등기시 첨부서면의 인증

제정 2013. 1. 9. [상업등기선례 제2-98호, 시행]

1. 외국회사 영업소 설치등기신청서에 첨부하는 「상업등기법」 제112조제1항 각호의 서류에 대한 같은 조 제2항의 인증에는, 외국회사의 본국법상 공증인에게 당해 사항을 인증할 권한이 있다면, 그 공증인의 인증도 포함될 것이다. 이 경우 공증인의 인증을 받은 서류에 본국 관할관청 또는 대한민국에 있는 그 외국 영사의 인증을 추가로 받을 필요는 없을 것이다.

2. 특별한 사정이 없는 한 위 공증된 문서에 대하여는 「재외공관공증법」 제30조에 의한 영사 확인을 받거나 아포스티유를 부착하여야 한다.

(2013. 01. 09. 사법등기심의관-111 질의회답)

[선례 11] 외국회사 영업소 설치등기시 첨부서면의 인증

(상업등기선례 제201301-1호, 제정 2013.1.9.)

1. 외국회사 영업소 설치등기신청서에 첨부하는 「상업등기법」 제112조 제1항(주 : 현행 상업등기규칙 제163조 제1항) 각호의 서류에 대한 같은 조 제2항의 인증에는, 외국회사의 본국법상 공증인에게 당해 사항을 인증할 권한이 있다면, 그 공증인의 인증도 포함될 것이다. 이 경우 공증인의 인증을 받은 서류에 본국 관할관청 또는 대한민국에 있는 그 외국 영사의 인증을 추가로 받을 필요는 없을 것이다.
2. 특별한 사정이 없는 한 위 공증된 문서에 대하여는 「재외공판공증법」 제30조에 의한 영사 확인을 받거나 아포스티유를 부착하여야 한다. (2013. 01. 09. 사법등기심의관-111 질의회답)

---

(1) 본점의 존재를 인정할 수 있는 서면

- 상업등기규칙 제163조 제1항 제1호

(2) 대한민국에서의 대표자의 자격을 증명하는 서면

- 상업등기규칙 제163조 제1항 제2호

(3) 정관 또는 회사의 성질을 식별할 수 있는 서면

- 상업등기규칙 제163조 제1항 제3호

(4) 대한민국에서의 공고방법의 결정을 증명하는 서면

- 상업등기규칙 제163조 제1항 제4호

(5) 허가서(인가서) 또는 그 인증 있는 등본

- 상업등기규칙 제52조 제1항 제2호
- 은행법 제58조 제1항 제3항

라. 등록면허세 등의 납부

- 지방세법 제28조 제1항 제6호 마목, 제151조 제1항, 제28조 제2항
- 수수료규칙 제5조의3 제1항 제1호, 제5조의5 제3항

제3절 영업소의 변경등기

1, 등기사항, 등기기간 등

- 상법 제615조

2. 첨부서면

- 상업등기규칙 제164조 제1항 제2항

3. 등록면허세 등

- 지방세법 제28조 제1항 제6호 바목, 제2항, 제151조 제1항
- 수수료규칙 제5조의3 제1항 제2호, 제5조의5 제3항

제4절 영업소 폐쇄 및 청산의 등기

1. 영업소 폐쇄의 등기

가. 영업소의 폐쇄

(1) 법원의 명령에 의한 영업소 폐쇄

- 상법 제619조 제176조 제2항 ~ 제4항, 제635조 제1항 제26호
- 비송법 제101조 제2항, 제92조, 제88조 제4항, 제90조 제1항, 제75조 제1항, 제91조

(2) 주무관청의 인가취소 등

- 은행법 제60조 제1항 제3항, 제61조 제1항 ~ 제3항

나. 등기절차

(1) 등기신청인 등

- 비송법 제101조 제2항, 제93조
- 상업등기규칙 제164조 제1항
- 예규 제1537호 제3조 제1항
- 은행법 제58조

(2) 등기기록의 폐쇄 등

- 상업등기규칙 제165조
- 예규 제1537호 제3조 제2항 제3항

[선례 12] 외국회사 한국영업소의 폐쇄등기에 관한 절차

제정 1992. 8. 27. [상업등기선례 제1-289호(등기선례 제3-942호), 시행]
외국회사가 한국에 영업소를 설치한 후 스스로 그 영업소를 폐쇄하는 때에는, 법원이 직권 또는 이해관계인의 신청에 의하여 청산의 개시를 명하고 청산인을 선임한 경우가 아닌 한 막바로 그 등기를 할 수 있을 것이다. (1992. 8. 27. 등기 제1860호)

[선례 13] 외국회사 영업소의 폐지등기에 관한 절차

제정 2000. 9. 27. [상업등기선례 제1-293호(등기선례 제6-675호), 시행]
대한민국에 영업소를 설치한 외국회사가 스스로 영업소를 폐쇄한 경우, 법원이 이해관계인의 신청에 의하여 또는 직권으로 대한민국에 있는 그 회사재산의 전부에 대한 청산의 개시를 명하고 청산인을 선임한 경우가 아닌 한, 청산절차를 거치지 않고도 영업소폐지의 등기를 신청할 수 있다. (2000. 9. 27. 등기 3402-680 질의회답)

---

2. 청산의 등기

가. 법원의 청산개시명령

- 상법 제620조 제1항

나. 청산절차

- 상법 제620조 제2항, 제536조, 제535조, 제537조, 제245조, 제253조, 제254조, 제255조, 제259조, 제264조

다. 등기절차

- 상법 제620조 제2항, 제542조 제253조 제1항, 제264조
- 상업등기규칙 제108조, 제118조, 제127조 제3항, 제145조, 제162조 제1항, 제263조, 제540조, 제165조 제3호

상업등기선례 색인표

상업등기선례 번호	등기선례 번호	제정일자	폐지일자	페이지
제1-16호	제200403-19호	2004. 3. 31.		148, 177
제1-44호	제3-1018호	1993. 3. 13.		167, 323
제1-51호	제1-856호	1985. 11. 4.		18
제1-52호	제1-857호	1985. 12. 31.		18
제1-53호	제1-859호	1985. 12. 31.		19
제1-54호	제1-860호	1985. 12. 31.		19
제1-55호	제2-676호	1989. 5. 23.		1
제1-56호	제3-936호	1991. 1. 5.		4
제1-57호	제3-937호	1993. 3. 10.		3
제1-58호	제200205-8호	2002. 5. 15.		10
제1-59호	제200502-12호	2005. 2. 18.		4
제1-60호	제3-938호	1992. 4. 28.		29
제1-63호	제2-705호	1988. 4. 29.		57, 59
제1-64호	제5-832호	1997. 11. 21.		41, 55
제1-65호	제2-689호	1988. 1. 13.		70
제1-66호	제3-946호	1990. 2. 16.		223
제1-68호	제4-863호	1994. 6. 3.		72.334
제1-69호	제6-649호	1999. 8. 17.		69
제1-70호	제200501-8호	2005. 1. 19.		71
제1-72호	제2-672호	1987. 6. 13.		121
제1-74호	제4-852호	1994. 4. 1.		118, 187, 193
제1-75호	제5-823호	1997. 11. 24.		135
제1-76호	제5-841호	1998. 9. 22.		99
제1-79호	제6-637호	1999. 10. 5.		94
제1-81호	제2-679호	1989. 11. 7.		142
제1-84호	제5-831호	1997. 1. 28.		130
제1-85호	제5-829호	1997. 4. 4.		131
제1-86호	제5-824호	1997. 11. 27.		137
제1-87호	제6-630호	1999. 1. 7.		137

상업등기선례 번호	등기선례 번호	제정일자	폐지일자	페이지
제1-88호	제6-631호	1999. 3. 10.		150, 265, 277
제1-90호	제6-633호	1999. 4. 22.		151
제1-91호	제6-636호	1999. 6. 2.		149
제1-93호	제200301-14호	2003. 1. 27.		150, 151, 265, 277
제1-94호	제200302-16호	2003. 2. 18.		42
제1-95호	제200302-17호	2003. 2. 25.		144, 146
제1-97호		2003. 5. 20.		141
제1-98호	제200309-17호	2003. 9. 22.		44
제1-100호	제1-875호	1985. 8. 21.		104
제1-102호	제3-952호	1992. 9. 21.		115, 158 165, 229, 232, 237
제1-103호	제1-872호	1984. 12. 31.		156
제1-104호	제1-873호	1985. 1. 15.		156
제1-107호	제4-861호	1994. 2. 19.	2014. 1. 1.	14
제1-109호	제4-866호	1995. 12. 7.		9
제1-110호	제200306-33호	2003. 6. 27.	사실상 폐지	14
제1-111호	제200402-10호	2004. 2. 4.		4
제1-112호	제200408-15호	2004. 8. 16.	사실상 폐지	14
제1-115호	제1-877호	1986. 2. 15.		128, 159
제1-116호	제1-879호	1986. 6. 5.		180
제1-117호	제2-691호	1988. 7. 15.		166, 237
제1-118호	제2-593호	1988. 11. 29.		168
제1-119호	제3-973호	1990. 6. 14.	사실상 폐지	169
제1-120호	제3-948호	1990. 6. 21.		164
제1-121호	제3-945호	1992. 5. 19.		173
제1-122호	제3-951호	1992. 8. 10.	사실상 폐지	97, 169
제1-125호	제3-199호	1993. 3. 31.		164
제1-126호	제4-853호	1994. 5. 4.		170, 177
제1-127호	제4-878호	1995. 2. 22.		182
제1-128호	제5-877호	1997. 11. 12.		181
제1-130호	제200111-11호	2001. 11. 1.		166
제1-131호	제200202-13호	2002. 2. 2.		173
제1-132호	제200304-22호	2003. 4. 2.		161, 171, 435
제1-133호	제200307-11호	2003. 7. 9.		162, 175

상업등기선례 번호	등기선례 번호	제정일자	폐지일자	페이지
제1-134호	제200402-9호	2004. 2. 4.		160, 431
제1-136호	제200402-12호	2004. 2. 6.		158, 181
제1-137호	제200403-16호	2004. 3. 3.		128, 140, 147
제1-138호	제1-871호	1984. 12. 21.	2014.11.21.	191
제1-139호	제1-874호	1985. 7. 29.		185
제1-140호	제2-685호	1987. 6. 13.		222, 232
제1-141호	제2-686호	1987. 7. 31.		189, 192
제1-142호	제2-686호	1989. 10. 18.	2014.11.21.	183
제1-144호	제3-947호	1989. 4. 12.		197, 220
제1-145호	제3-953호	1992. 12. 26.		226
제1-146호	제3-979호	1993. 5. 11.		224
제1-147호	제4-873호	1993. 9. 16.		152, 227
제1-149호	제5-834호	1996. 10. 23.		224
제1-152호	제5-842호	1998. 10. 8.		186, 193, 417
제1-153호	제5-843호	1998. 11. 11.		219
제1-154호	제6-642호	1999. 4. 8.		183
제1-155호	제6-643호	1999. 4. 21.		197
제1-156호	제6-680호	1999. 5. 10.		227
제1-157호	제6-645호	1999. 5. 10.		196, 221
제1-158호	제6-655호	1999. 12. 16.		199
제1-159호	제6-657호	2000. 1. 14.	사실상 폐지	227
제1-160호	제6-659호	2000. 4. 19.		231
제1-161호	제6-707호	2000. 4. 19.		217
제1-162호	제200111-10호	2001. 11. 1.		90, 192, 215
제1-164호	제200304-24호	2003. 4. 23.		208, 225
제1-165호	제200306-31호	2003. 6. 10.		189, 197
제1-166호	제200307-10호	2003. 7. 8.		209
제1-168호	제200502-13호	2005. 2. 18.		228
제1-169호	제200503-9호	2005. 3. 15.		187, 194, 205, 217, 218, 417
제1-170호	제1-867호	1982. 6. 18.		238
제1-171호	제1-869호	1984. 10. 22.		253, 280
제1-172호	제1-870호	1984. 12. 13.		271, 272
제1-173호	제1-876호	1986. 1. 27.		240
제1-174호	제2-683호	1987. 5. 19.		300
제1-175호	제2-684호	1987. 5. 21.		122, 292

상업등기선례 번호	등기선례 번호	제정일자	폐지일자	페이지
제1-176호	제2-673호	1987. 7. 7.		301
제1-177호	제2-688호	1987. 12. 23.	사실상 폐지	280
제1-179호	제3-949호	1990. 10. 31.		265
제1-180호	제4-862호	1994. 3. 22.		122, 292, 296
제1-181호	제5-833호	1996. 10. 7.		282
제1-183호	제5-836호	1997. 1. 31.		273
제1-186호	제5-838호	1998. 6. 23.		131, 255, 258
제1-187호	제5-840호	1998. 9. 7.		131, 243
제1-188호	제6-641호	1999. 4. 8.		303
제1-190호	제6-651호	1999. 8. 24.		259, 315
제1-191호	제6-652호	1999. 9. 27.		291, 293
제1-192호	제6-653호	1999. 10. 21.		273
제1-193호	제6-700호	1999. 10. 28.	사실상 폐지	260
제1-194호	제6-701호	1999. 11. 23.	사실상 폐지	261
제1-196호	제6-660호	2000. 7. 3.		289, 301, 366
제1-197호	제6-661호	2000. 7. 13.		282
제1-198호	제6-663호	2000. 11. 8.		271
제1-199호	제6-664호	2000. 11. 8.		289, 301, 366
제1-200호	제6-511호	2001. 2. 13.	사실상 폐지	261
제1-201호	제6-665호	2001. 4. 12.	사실상 폐지	259
제1-202호	제6-666호	2001. 8. 4.		292
제1-203호	제200112-19호	2001. 12. 7.		298
제1-204호	제200201-18호	2002. 1. 2.	사실상 폐지	262
제1-206호	제200206-12호	2002. 6. 14.	사실상 폐지	262
제1-207호	제200206-14호	2002. 6. 24.		258, 278, 280
제1-208호	제200208-15호	2002. 8. 26.		132, 255
제1-209호	제200305-13호	2003. 5. 2.		132
제1-211호	제200307-12호	2003. 7. 16.	사실상 폐지	263
제1-212호	제200310-18호	2003. 10. 17.		284

상업등기선례 번호	등기선례 번호	제정일자	폐지일자	페이지
제1-213호	제1-861호	1981. 11. 25.		319
제1-214호	제5-837호	1997. 6. 20.		310, 318, 321, 329, 330
제1-215호	제6-646호	1999. 5. 19.		320
제1-217호	제6-658호	2000. 2. 16.		320, 323
제1-218호	제6-658호	2002. 12. 21.		123
제1-223호	제4-854호	1994. 6. 20.		235
제1-224호	제4-854호	1998. 12. 10.		157, 236
제1-225호	제6-673호	2001. 10. 31.		299, 365, 375
제1-226호	제200501-11호	2005. 1. 26.		235
제1-227호	제1-880호	1982. 8. 2.		367
제1-228호	제3-955호	1991. 8. 1.		299, 364
제1-229호	제3-939호	1992. 5. 19.		54, 355
제1-232호	제4-865호	1995. 6. 14.		365
제1-234호	제6-640호	1999. 4. 2.		365
제1-235호	제6-671호	2000. 8. 1.		361, 373, 462
제1-236호	제6-672호	2001. 8. 9.		372, 376
제1-237호	제6-667호	2001. 10. 31.		357, 360
제1-238호	제200202-12호	2002. 2. 2.		363
제1-239호	제200301-15호	2003. 1. 29.		361, 373
제1-240호	제6-634호	1999. 4. 26.		389, 390
제1-241호	제6-670호	1999. 5. 27.		389
제1-242호	제200112-18호	2001. 12. 4.		381
제1-243호	제200201-17호	2002. 1. 2.		382
제1-246호		2003. 10. 8.		380
제1-247호	제200311-13호	2003. 11. 14.		386, 390
제1-248호	제200406-10호	2004. 6. 3.		387
제1-249호	제200408-16호	2004. 8. 30.		391
제1-250호	제6-647호	1999. 6. 9.		398
제1-253호	제1-882호	1982. 11. 20.		350
제1-254호	제1-882호	1985. 5. 25.		350, 352
제1-255호	제2-702호	1988. 12. 12.		349
제1-256호	제4-870호	1993. 11. 18.		335, 352
제1-257호	제4-872호	1994. 9. 12.		349, 353

상업등기선례 번호	등기선례 번호	제정일자	폐지일자	페이지
제1-258호	제6-677호	2000. 6. 21.		344, 348, 349
제1-263호	제6-510호	2000.12. 9.		432
제1-264호	제200204-13호	2002. 4. 16.		161, 430
제1-265호	제200211-15호	2002. 11. 20.		431
제1-266호	제200211-15호	2003. 3. 12.		200, 431
제1-270호	제200312-15호	2003. 12. 31.		441
제1-271호	제2-704호	1987. 9. 29.		341, 419
제1-272호	제2-701호	1988. 4. 25.		335
제1-274호	제3-962호	1993. 5. 24.		61, 84, 343
제1-275호	제5-845호	1998. 3. 17.		336
제1-276호	제5-846호	1998. 10. 2.		336
제1-279호	제3-971호	1993. 3. 19.		420
제1-281호	제200406-11호	2004. 6. 9.		344, 348, 423
제1-282호	제4-868호	1996. 3. 22.		446, 455
제1-283호	제200206-13호	2002. 6. 24.		446, 454
제1-284호	제200208-16호	2002. 8. 26.		448
제1-286호	제2-680호	1988. 2. 4.		471
제1-291호	제5-826호	1997. 7. 22.		473
제1-292호	제5-839호	1998. 7. 8.		474
제1-294호	제6-639호	2001. 8. 25.		472
제1-299호		1987. 4. 21.		148
제1-306호	제3-980호	1992. 6. 17.		188, 194
제1-311호	제4-881호	1993. 11. 29.		195
제1-332호	제6-693호	2001. 10. 31.		334
제1-353호	제2-725호	1989. 6. 8.		233
제1-373호	제200311-12호	2003. 11. 14.		219, 220, 231
제1-384호	제5-868호	1998. 6. 25.		118
제1-384호	제5-868호	1998. 6. 25.		122
제1-408호	제3-989호	1991. 7. 30.		195, 214

상업등기선례 번호	등기선례 번호	제정일자	폐지일자	페이지
제2-3호		2006. 7. 10.		274
제2-7호		2006. 8. 2.		241, 281
제2-9호		2007. 2. 16.		31
제2-12호		2007. 3. 14.		71, 74
제2-15호		2006. 7. 13.		132, 150, 264, 276
제2-24호		2007. 7. 24.		128, 159, 166, 179
제2-25호		2005. 8. 29.		192, 214
제2-27호		2007. 5. 3.		220
제2-28호		2007. 5. 25.		118
제2-29호		2007. 6. 20.		233
제2-32호		2009. 9. 9.		195, 221
제2-33호		2010. 12. 27.		218
제2-34호		2011. 1. 3.		153
제2-35호		2011. 5. 30.		202
제2-37호		2012. 10. 19.		222
제2-38호		2013. 5. 14.		230
제2-39호		2014. 5. 16.		230
제2-40호		2005. 1. 6.		283
제2-41호		2006. 11. 23.		286, 347, 405, 406, 424, 426
제2-42호		2007. 1. 10.		273, 319
제2-45호		2005. 8. 22.		138
제2-47호		2008. 8. 28.		133
제2-48호		2008. 9. 3.		138
제2-52호		2011. 3. 7.		155, 279
제2-54호		2012. 4. 23.		259, 275
제2-55호		2012. 7. 9.		238, 303, 305, 306
제2-57호		2012. 8. 20.		275
세2-58호		2012. 8. 20.		297

상업등기선례 번호	등기선례 번호	제정일자	폐지일자	페이지
제2-60호		2013. 4. 17.		279
제2-61호		2013. 6. 24.		307
제2-62호		2013. 10. 25.		154
제2-64호		2007. 1. 10.		321, 322, 330
제2-67호		2009. 6. 3.		331
제2-68호		2013. 1. 10.		328
제2-69호		2014. 7. 8.		308
제2-71호		2014. 5. 12.		129
제2-73호		2006. 8. 29.		362
제2-74호		2007. 6. 14.		365
제2-75호		2008. 6. 23.		361
제2-76호		2008. 9. 26.		360
제2-78호		2014. 1. 9.		357
제2-87호		2006. 5. 29.		225
제2-97호		2005. 12. 27.		11. 174. 178
제2-101호		2005. 7. 25.		340
제2-105호		2006. 11. 17.		172
제2-119호		2014. 4. 2.		201
제2-125호		2009. 4. 8.		195, 214
제2-129호		2014. 4. 23.		121

상업등기선례 번호	등기선례 번호	제정일자	폐지일자	페이지
제200111-10호		2001. 11. 1.		196
제200204-14호		2002. 4. 9.		248
제200307-11호		2003. 7. 9.		176
제200310-17호		2003. 10. 14.		429
제200507-2호		2005. 7. 25.		341
제200508-1호		2005. 8. 1.		129
제200508-2호		2005. 8. 3.		355
제200508-5호		2005. 8. 29.		190
제200510-1호		2005. 1. 6.		283
제200510-2호		2005. 10. 31.		177
제200512-2호		2005. 12. 20.		176
제200512-4호		2005. 12. 26.		399
제200512-5호		2005. 12. 27.		472
제200605-3호		2006. 5. 2.		213
제200605-4호		2006. 5. 24.		379
제200605-5호		2006. 5. 29.		215
제200606-1호		2006. 6. 13.		383
제200606-2호		2006. 6. 13.		206
제200607-1호		2006. 7. 10.		188
제200607-2호		2006. 7. 13.		145
제200608-5호		2006. 8. 29.		358
제200610-1호		2006. 10. 11.		178
제200611-2호		2006. 11. 17.		162
제200611-3호		2006. 11. 23.		239
제200612-2호		2006. 12. 27.		384
제200701-1호		2007. 1. 10.		324
제200701-2호		2007. 1. 10.		248
제200701-3호		2007. 1. 26.		433
제200701-4호		2007. 1. 26.		433
제200702-1호		2007. 2. 16.		29
제200702-2호		2007. 2. 28.	사실상 폐지	263

상업등기선례 번호	등기선례 번호	제정일자	폐지일자	페이지
제200703-3호		2007. 3. 14.		72
제200704-1호		2007. 4. 18.		174
제200705-1호		2007. 5. 3.		221
제200705-2호		2007. 5. 3.		383
제200705-5호		2007. 5. 25.		226, 232
제200706-1호		2007. 6. 14.		375
제200706-3호		2007. 6. 20.		184
제200706-4호		2007. 6. 21.		274
제200707-5호		2007. 7. 24.		160
제200805-1호		2008. 5. 2.		139, 141
제200806-2호		2008. 6. 23.		364
제200808-1호		2008. 8. 28.		255
제200809-1호		2008. 9. 3.		43
제200809-2호		2008. 9. 26.		354
제200901-2호		2009. 1. 21.		139
제200901-3호		2009. 1. 21.		228
제200905-1호		2009. 5. 27.		73
제200906-1호		2009. 6. 3.		324
제200907-1호		2009. 7. 2.		229
제200908-1호		2009. 8. 4.		387
제200909-1호		2009. 9. 2.		380
제200909-2호		2009. 9. 9.		222
제201012-2호		2010. 12. 27.		211
제201101-2호		2011. 1. 3.		188
제201103-1호		2011. 3. 7.		43
제201105-2호		2011. 5. 30.		199
제201107-1호		2011. 7. 4.		428
제201107-3호		2011. 7. 18.		249
제201109-1호		2011. 9. 8.		145
제201109-1호		2011. 9. 8.		43

상업등기선례 번호	등기선례 번호	제정일자	폐지일자	페이지
제201112-1호		2011. 12. 1.		94
제201204-2호		2012. 4. 23.		254
제201206-2호		2012. 6. 25.		182
제201206-3호		2012. 6. 25.		140
제201207-1호		2012. 7. 9.		239
제201207-2호		2012. 7. 18.		374
제201208-1호		2012. 8. 20.		260
제201208-2호		2012. 8. 20.		294
제201209-2호		2012. 9. 18.		356
제201210-1호		2012. 10. 19.		196
제201211-1호		2012. 11. 29.		300
제201301-1호		2013. 1. 9..		476
제201301-2호		2013. 1. 10.		329
제201304-1호		2013. 4. 17.		254
제201305-1호		2013. 5. 14.		228
제201310-2호		2013. 10. 1.		115
제201310-3호		2013. 10. 25.		193
제201310-4호		2013. 10. 25.		153
제201310-5호		2013. 10. 25.		253
제201401-1호		2014. 1. 9.		356
제201404-2호		2014. 4. 21.		343
제201405-2호		2014. 5. 12.		127
제201405-3호		2014. 5. 16.		229
제201407-1호		2014. 7. 8.		332

상업등기 실무요해

(질의·회신, 선례, 판례, 관련법)

2017年 7月 10日 初版 印刷
2017年 7月 17日 初版 發行

編 著 : 법률연구회
發行處 : 법률정보센터

136-052 서울 성북구 동선동2가 62번지
전화 (02) 953-2112
등록 1993.7.26. NO.1-1554
www.lawbookcenter.co.kr

ISBN 978-89-6376-304-0 定價 : 30,000원